(Titre général)

Oeuvres complètes
de
Louis Feuerbach.
Tome Premier.
Leipsic
Impr. et Libr. d'Othon Wigand.
1846-1849.
7 vol.

(en allemand.)

(Titres spéciaux)

To. 1. - Le Christianisme expliqué et complété dans son Essence. Par Louis Feuerbach.
To. 2. - Critiques et Principes philosophiques......
To. 3. - Réflexions sur la Mort et l'Immortalité......
To. 4. - Histoire de la Philosophie moderne depuis Bacon de Verulam jusqu'à Benoit Spinoza......
To. 5. - Exposition, Développement et Critique de la Philosophie de Leibnitz......
To. 6. - Pierre Bayle. Document pour l'histoire de la Philosophie et de l'Humanité. Deuxième Édition refondue et augmentée.
To. 7. - L'Essence du Christianisme. - Troisième Édition refondue et augmentée.

Ludwig Feuerbach's

sämmtliche Werke.

Erster Band.

 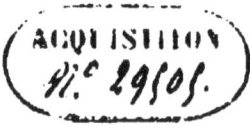

Leipzig,

Druck und Verlag von Otto Wigand.

1846.

Erläuterungen und Ergänzungen

zum

Wesen des Christenthums.

Von

Ludwig Feuerbach.

Leipzig,

Druck und Verlag von Otto Wigand.

1846.

Vorwort.

Indem ich hiemit die Gesammtausgabe meiner Schriften eröffne, muß ich vor Allem bemerken, daß diese Antiquitätensammlung nicht mir, sondern meinem Verleger ihre Entstehung verdankt.

Je ferme à jamais
Ce livre à ma pensée étranger désormais,
Je n'écouterai pas ce qu'en dira la foule,
Car qu'importe à la source où son onde s'ecoule?

So dachte ich nicht nur bei einer kleinen Broschur, bei welcher ich ausdrücklich diese Worte eines französischen Dichters anführte, so dachte ich bei jeder Schrift von mir. Jeder fertigen Schrift sagte ich für immer Adieu; jede hatte mir nur meine Fehler und Mängel zu Bewußtsein gebracht und daher nichts andres in mir zurückgelassen, als das dringende Verlangen, ihr Andenken durch eine neue Schrift auszulöschen. Und nun wurde mir auf einmal zugemuthet, meinen unzufriednen, schriftwidrigen, unbiblischen Geist auf alle meine längst meinem Sinn entschwundnen Schriften zu richten. Welche Zumuthung!

Wider den Strom des Lebens soll ich schwimmen? wider den Lauf der Natur statt vorwärts, rückwärts gehen? wider den guten Geschmack längst Verdautes wiederkäuen? wider den Trieb des Fleisches statt Kinder zeugen, Todte beleben? Nein! mein lieber Herr Wigand! das geht wider meine Natur, wider mein Gefühl.

Indeß, wie es so oft im Leben geht, die Reflexion siegte endlich über das widerstrebende Gefühl. Ich räsonnirte und disputirte nämlich also mit mir. Allerdings ist der Blick in deine namentlich frühern Schriften für dich nur ein unerfreulicher Blick in eine dir längst entfremdete Vergangenheit; aber ist denn, was für dich vergangen ist, deswegen auch für Andere vergangen? Sind nicht die Schuppen, die dir von den Augen gefallen, noch heute die Panzer deiner Gegner? Sind die Philosophen, welche in ihrem Kopfe kein Hirn haben, keine sinnliche, materielle Grundlage ihrer Gedanken, welche bei dem Worte Fleisch nur an eine Gänseleberpastete, bei den Sinnen als Zeugen der Wahrheit nur an ihre Testes, bei dem Thalamus nervorum opticorum nur an ein Hochzeitbette denken, weiter als du weiland als Student und Docent der Hegel'schen, Cartesischen, Spinozischen Philosophie? Hast du nicht gerade durch deine spätern Schriften, die — leider! nur noch sehr unvollkommen — deine jetzige Gesinnung und Denkart aussprechen, dich um deinen Credit gebracht? Hast du nicht durch sie die Hoffnungen vereitelt, die man, freilich nur aus Kurzsichtigkeit, auf deine frühern Schriften gründete? Ist aber nicht selbst auch deine obscure, im Rücken deines schriftstellerischen Curriculum vitae liegende Vergangenheit noch heute an der Tagesordnung? Sind die rechtchristgläubigen und die denkchristgläubigen Theologen, welche dich heute als reifen Mann schulmeistern wollen, weiter, als du als christgläubiger Gymnasiast warst? War dir nicht damals die Bibel die höchste Auctorität, die Quelle der Wahrheit, das Wort Gottes? Demonstrirtest du aber nicht zugleich weil dir doch schon unbewußt auch die Vernunft eine Auctorität war, den Theanthropos, der dir jetzt nur noch ein Kind der Liebe übernatürlicher und übermenschlicher Seligkeit ist, deinen zweifelnden Schulkameraden als ein objectives, wirkliches Wesen? Bezogst du nicht selbst schmählichen Andenkens als ein scholastischer Theolog, d. h. als ein Theolog, der die Glaubensvorstellungen als Vernunftwahrheiten erkennen will, die Universität? Glaubtest du nicht einst, daß, wenn du deinen Glauben verlörest, du auch das Band, das Leib und Seele zusammenhält, den Grund und Halt deines Lebens verlieren würdest? Ist aber nicht dieser Glaube noch heute allgemeiner Glaube? Hast du nicht selbst aus dem Munde von Ministern und Volksvertretern vernommen, daß der religiöse Glaube die Grundlage der menschlichen Existenz und Wohlfahrt ist? O! was wärst du für ein großer Denker, wenn du heute noch dächtest, wie weiland als christlicher Schulknabe!

Nicht zu läugnen; aber ist die Gegenwart das Maß der Wahrheit und Menschheit? ist sie die Gesetzgeberin der Zukunft? Ist nicht vielleicht schon in der nächsten Zukunft Wahrheit, was jetzt für Irrthum, Praxis, was jetzt für Theorie nur gilt? Soll also die Rücksicht auf den heutigen Tag deinen rastlos vorwärts strebenden Geist fesseln? Nimmermehr; nur dann, wenn du dich selbst mit deiner Vergangenheit versöhnen, wenn du sie mit deiner eignen Gegenwart, deinem gegenwärtigen Standpunkt zusammenreimen kannst, nur dann darfst du sie wieder aufleben lassen.

Wirf also einen unparteiischen Blick auf deine Vergangenheit, um zu sehen, ob und wie sie mit deiner Gegenwart im Einklang steht. Betrachte erstlich die Art und Weise, wie du dich in deinen Schriften, selbst schon in den frühsten ausgesprochen hast. Sprachst du dich als abstracter Philosoph aus? Nein! du dachtest als Philosoph, aber du schriebst nicht als Philosoph; du verwandeltest stets das Gedankenwesen, so wie du es aussprachst, in ein Wesen von Fleisch und

Blut. Du stelltest an das Object des Denkens die Forderung, daß es zugleich ein Object der Aesthetik sei; du wußtest, daß die Philosophie als solche, die bloße Vernunft, der reine Gedanke nichts für den Menschen ist, nichts über ihn vermag, daß man nur dann den Menschen von einer Wahrheit überzeugen kann, wenn man sie aus einem Vernunftwesen, einem Ens rationis zu einem dem Menschen gleichen, einem sinnlichen Wesen macht. Deswegen — freilich nicht blos aus diesem bewußten Grund, sondern aus innrer Nothwendigkeit zugleich — sprachst du schon in deiner ersten anonymen Schrift, deine Gedanken über Tod und Unsterblichkeit dich in poetischer, d. i. sinnlicher Sprache aus. Die Prosa dieser Schrift ist nur Vorwort, der Text derselben sind die Reime; was dort nur als eine philosophische Wahrheit, wird hier als eine religiöse d. i. anthropologische Wahrheit, als eine Sache der Empfindung, der unmittelbaren Gewißheit ausgesprochen. Hierin allein liegt auch die Bedeutung dieser Schrift und ihr Unterschied von andern fast gleichzeitig mit ihr erschienenen Schriften gegen die Unsterblichkeit; hierin, daß sie — wenigstens in diesem, aber höchst empfindlichen Punkte — die erste scharfe Gränzscheide zwischen der christlichen und nichtchristlichen Lebensanschauung bildet; denn nur da entstehen in der Geschichte der Menschheit Absätze und Ansätze zu neuem Leben, wo der Unglaube an die Götter der alten Welt als kategorische Ueberzeugung, als persönliche Wahrheit, als sinnliche Gewißheit sich ausspricht.

Denselben Gegenstand behandeltest du später wieder, aber nicht mehr vom Standpunkt der pantheistischen Identität aus, sondern vom Standpunkt der polytheistischen Differenz, des Leibnitz'schen Princips, des Unterschieds der Bestimmtheit in deinen „humoristisch-philosophischen Aphorismen." Der Gedanke dieser Schrift ist kürzlich der: der Geist, die Seele des Menschen ist nicht jenes unbestimmte, immaterielle, einfache, abstracte Wesen, worüber die Psychologen sich den Kopf zerbrechen, sie ist nichts weiter als die wesentliche Bestimmtheit des Menschen, die ihn zu dem macht, was er ist, die charakteristische Art, die epigrammatische Spitze seiner Individualität. Aber wie sprachst du diesen Gedanken nebst seinen Consequenzen aus? symbolisch, bildlich, d. h. in concreto, factisch in einem bestimmten, aber gleichwohl diesen allgemeinen Gedanken vollständig verwirklichenden und veranschaulichenden Exempel*). Diese sinnliche, concrete Anschauungs- und Darstellungsweise hast du aber überall, selbst auf dem Gebiete der Kritik und Geschichte der Philosophie geltend gemacht, überall das Abstracte an das Concrete, das Unsinnliche an das Sinnliche, das Logische an das Anthropologische angeknüpft. Der Unterschied zwischen Jetzt und Einst bei dir ist daher nur dieser, daß du zum Wesen gemacht hast, was dir früher nur Bild, zur Sache, zum Inhalt, was dir früher nur Form war, daß du jetzt bewußt, direct aussprichst, was du einst indirect, unbewußt ausgesprochen. Früher sagtest oder dachtest du wenigstens im Gegensatz zur Formularphilosophie: die wahre Philosophie ist die Philosophie, die sich selbst verläugnet, die sich nicht als Philosophie ausspricht, die der Form, dem Ansehn nach keine Philosophie; jetzt sagst du geradezu: die wahre Philosophie ist die Negation der Philosophie, ist keine Philosophie. Früher dachtest du und sprachst es auch, wenn gleich nicht förmlich, wörtlich, doch factisch aus: das Wahre muß gegenwärtig, wirklich, sinnlich, anschaulich, menschlich sein; jetzt sagst du consequent umgekehrt: nur das Wirkliche, Sinnliche, Menschliche ist das Wahre.

Nun wirf einen Blick auf den Inhalt deiner Schriften, besonders der historischen, worin du unter fremden Namen deine eignen Gedan-

---

*) Uebrigens hatte auch auf diese meine keineswegs den Gedanken nur veranschaulichende, sondern oft auch verhüllende Schreibart, wie überhaupt auf die Form und selbst den Inhalt meiner Schriftstellerei einen großen, aber nichts weniger als erfreulichen Einfluß der politische Zustand Deutschlands. Doch ich beschränke mich hier nur auf eine flüchtige Skizze meines Gedankenganges.

ten ausgesprochen hast. Der Zusammenhang deines Bayle, den du jedoch, treu deinem Gegenstande, nur auf dem Standpunkt des Rationalismus geschrieben hast, und der sich eben dadurch wesentlich von deinem Wesen des Christenthums unterscheidet, obgleich jener Standpunkt, aber nur im Widerspruch mit ihrem wahren Geiste auch auf diese Schrift influirt hat, eben so deines Leibnitz's, worin du im Gegensatz gegen das in deinen Todesgedanken ausgesprochne, auch noch im ersten Bande deiner Geschichte vorherrschende Princip der Identität, das Princip des Unterschieds, der Individualität, somit der Sinnlichkeit, aber selbst nur noch auf nominalistische, abstracte, unsinnliche, ja der Sinnlichkeit opponirende Weise erfaßt und geltend gemacht, und worin du zugleich eine, wiewohl nur einseitige, weil vom Gesichtspunkt der Metaphysik aus gefällte Kritik der Theologie gegeben hast, der Zusammenhang, sage ich, dieser Schriften mit den deinen gegenwärtigen Standpunkt bezeichnenden Schriften fällt in die Augen. Es bleibt also nur der erste Band deiner Geschichte noch im Rückstande. Hier spielt eine besondere Rolle das Verhältniß des Seins zum Denken, veranlaßt durch den Cartesischen Satz: Ich denke, also bin ich und den sogenannten ontologischen Beweis der Existenz Gottes, des höchsten Denkwesens.

Die Gläubigen aller Art haben sich von jeher über die Beweise vom Dasein Gottes geärgert und behauptet, das Dasein Gottes lasse sich nicht beweisen, und brauche auch nicht bewiesen zu werden; es sei unmittelbar gewiß. Aber dieser Behauptung widerspricht eben so die Geschichte, als die Vernunft. Unmittelbar gewiß ist im Unterschiede von der Selbstgewißheit des Menschen nur das Dasein der Natur, aber nicht das Dasein eines Gottes, d. h. eines von der Natur und vom Menschen unterschiednen Wesens. Dieses Wesen stützt sich vielmehr, wenigstens ursprünglich, nur auf einen Schluß — den Schluß nämlich, daß die Natur nicht von sich selbst sein könne, also ein anderes Wesen voraussetze — ist also nichts weniger, als ein unbezweifelbares Wesen. Mit Recht hast du daher die Frage von der Existenz Gottes nicht auf die leichte Achsel genommen. Besonders beschäftigte dich aber die Frage nach der Natur, der Beschaffenheit dieser Existenz. Gott ist ein Wesen, das nur der Vernunft, dem Denken, der Abstraction von der Sinnlichkeit gegeben ist; alle Eigenschaften eines sinnlichen Wesens fehlen ihm. Was ist also das Sein dieses Wesens? Kann die Existenz eines unsinnlichen Wesens eine sinnliche sein? Wie ist das möglich? das Sein ist ja nichts vom Wesen Unterschiedenes. „Wie sein Wesen, sagtest du also, so fällt auch seine Existenz in die Vernunft." „Von Gottes Wesen ist seine Existenz nicht zu unterscheiden, d. h. doch wohl seine Existenz ist eine wesentliche, keine sinnliche, so daß ich, um von seinem Dasein mich zu überzeugen, eines andern Organs, als der Vernunft bedürfte." Was heißt das aber nun anders als: das Vernunftwesen hat nur eine Vernunftexistenz? Und welchen andern Sinn hat dieser Satz wieder, als: Gott — als das unsinnliche, nur denkbare Wesen — existirt nicht außer der Vernunft? denn eine von der Vernunft unterschiedne Existenz oder eine Existenz außer der Vernunft ist ja nur eine Existenz in den Sinnen. Wie leicht ist nun von hieraus der Uebergang zum ersten Capitel vom Wesen des Christenthums, wo es heißt: Gott als unsinnliches, abstractes, anthropomorphismenloses Wesen ist nichts andres, als das Wesen der Vernunft! Gleichwohl kamst du erst nach Verlauf von sieben oder acht Jahren, wenigstens mit voller Klarheit und Entschiedenheit, zu diesem Resultat. Was hielt dich so lange auf und zurück? warum schlossest du nicht von dem Mangel an sinnlicher Existenz auf den Mangel an Existenz überhaupt? warum war dir ein bloßes Gedankenwesen ein reales, wirkliches Wesen? weil dir der Gedanke überhaupt Wesen, das Gedachte als solches Wirkliches, das Subjective Objectives, das Denken Sein war. Wo der Gedanke als solcher für

Wahrheit und Realität gilt, ist es natürlich, daß an der Wahrheit und Realität eines Wesens, das gar nichts andres ausdrückt, als das Wesen des Denkens, nichts andres ist, als der Culminations- und Centralpunkt der Abstraction, nicht gezweifelt wird. Warum galt dir aber das Denkwesen überhaupt für ein reales Wesen? weil du die Bedeutung und Wahrheit des sinnlichen Wesens noch nicht erfaßt hattest, weil dir das wahrhaft wirkliche, das sinnliche Wesen nur für ein endliches, eitles, nichtiges Wesen galt. Wo das Wirkliche für das Unwirkliche gilt, da gilt nothwendig das Unwirkliche für das Wirkliche. Was also deinen frühern Standpunkt vom jetzigen trennte, war einzig der Mangel an der Erkenntniß von der Wahrheit und Wesenhaftigkeit der Sinnlichkeit. Wie kamst du zu dieser Einsicht! wie entstand sie in dir — durch eine Generatio aequivoca oder durch organische Zeugung? Durch diese. Schon in diesem deinem ersten Bande liegen die Keime zu ihr. So sehr du gegen die Väter der Empirie, Bacon, Hobbes, Gassendi in der Lehre vom Ursprung der Ideen und andern Punkten polemisirtest, so hast du sie doch, vor allen den Bacon mit besonderer Liebe behandelt und die Empirie bereits für eine „Sache der Philosophie" erklärt. Wenn du nicht alsbald zu den Consequenzen der Bedeutung gelangtest, die du der Empirie einräumtest, so geschah das nur, weil die Natur der Gegenstände, die du behandeltest, daran dich verhinderte. Du bedurftest daher nur Raum und Zeit — die du glücklicher Weise fandest — dich sinnlich mit den sinnlichen Dingen und Wesen zu beschäftigen, um die wissenschaftliche Ueberzeugung von der Realität der Sinnlichkeit zu gewinnen. Aber gleichwohl war diese Ueberzeugung selbst zunächst nur noch eine naturwissenschaftliche. Und man kann auf dem Gebiete der Naturwissenschaft die Wahrheit der Sinnlichkeit anerkennen, aber sie gleichwohl auf dem Gebiete der Philosophie und Religion verläugnen, man kann sogar zugleich Materialist und Spiritualist, zugleich ein weltlicher Freigeist und geistlicher Obscurant, zugleich ein praktischer Atheist und doch in der Theorie ein vollgläubiger Theist sein. Baco, Cartesius, Leibnitz, Bayle, die neuere und neuste Zeit überhaupt ist ein glänzendes Beispiel dieses Zwiespalts. Wie überwandest du nun diesen Zwiespalt? wie kamst du von der naturwissenschaftlichen Realität der Sinnlichkeit zur absoluten Realität derselben? Nur dadurch, daß du erkanntest, daß das Wesen, welches man als ein heterogenes Wesen der Sinnlichkeit entgegensetzt, selbst nichts andres ist, als das abstracte oder idealisirte Wesen der Sinnlichkeit. Diese Einsicht gewannst du zuerst auf dem Gebiete der Religion. Du polemisirtest daher gegen die Philosophie, welche behauptet, sie habe denselben Inhalt mit der Religion, nur streife sie die Form der Sinnlichkeit ab, in welche ihn die Religion versenke; du entgegnetest: diese Form läßt sich nicht vom Inhalt der Religion absondern, ohne sie selbst aufzuheben; sie ist der Religion absolut wesentlich. Aber was du als das Wesentliche der Religion erkanntest, das war anfangs noch immer nicht dein Wesentliches, wenigstens theoretisch, für dein Bewußtsein, deine Erkenntniß; es spukte dir noch das abstracte Vernunftwesen, das Wesen der Philosophie im Unterschiede vom wirklichen, sinnlichen Wesen der Natur und Menschheit im — Kopfe. In diesem Widerspruch ist selbst noch, wenigstens theilweise, dein Wesen des Christenthums geschrieben; erst in deinem Luther, der daher keineswegs nur ein „Beitrag" ist, wie es auf dem Titel heißt, sondern zugleich selbständige Bedeutung hat, ist er wahrhaft überwunden; erst in ihm hast du den Philosophen vollständig „abgeschüttelt", den Philosophen vollständig im Menschen aufgehen lassen.

So hängen also deine Schriften zusammen; sie enthalten nichts als die Geschichte, die unwillkürliche Entstehung und Entwicklung, folglich Rechtfertigung deines gegenwärtigen Standpunkts.

Aber ist denn dieser dein gegenwärtiger Standpunkt nicht vielleicht schon ein antiquirter? Du hast gesagt: die Rücksicht auf die Gegenwart bestimme dich nicht, aber offenbar hast du hier nur einer Synekdoche dich bedient, einen Theil der Gegenwart für das Ganze gesetzt, jenen Theil, der nur auf die Conservation oder gar Restauration des Alten versessen ist. Also audiatur et altera pars. Was will dieser? Politische und sociale Reformen; aber um religiöse, geschweige um philosophische Dinge kümmert er sich nicht im Geringsten. Die Religion ist diesen Andern eine rein indifferente oder längst schon abgethane Sache. Es handelt sich gegenwärtig, sagen sie, nicht mehr um das Sein oder Nichtsein Gottes, sondern um das Sein oder Nichtsein von Menschen; nicht darum, ob Gott mit uns eines oder andern Wesens ist, sondern darum, ob wir Menschen einander gleich oder ungleich sind; nicht darum, wie der Mensch vor Gott, sondern wie er vor Menschen Gerechtigkeit finde; nicht darum, ob und wie wir im Brote den Leib des Herrn genießen, sondern darum, daß wir Brot für unsre eignen Leiber haben; nicht darum, daß wir Gott geben, was Gottes ist, und dem Kaiser, was des Kaisers ist, sondern darum, daß wir endlich dem Menschen geben, was des Menschen ist; nicht darum, daß und ob wir Christen oder Heiden, Theisten oder Atheisten sind, sondern darum, daß wir Menschen und zwar an Leib und Seel gesunde, freie, that- und lebenskräftige Menschen sind oder werden. Concedo, meine Herren! Das eben will ich auch. Wer von mir nichts weiter sagt und weiß, als ich bin Atheist, der sagt und weiß soviel von mir als wie Nichts. Die Frage, ob ein Gott ist oder nicht ist, der Gegensatz von Theismus und Atheismus gehört dem achtzehnten und siebenzehnten, aber nicht mehr dem neunzehnten Jahrhundert an. Ich negire Gott, das heißt bei mir: ich negire die Negation des Menschen, ich setze an die Stelle der illusorischen, phantastischen, himmlischen Position des Menschen, welche im wirklichen

Leben nothwendig zur Negation des Menschen wird, die sinnliche, wirkliche, folglich nothwendig auch politische und sociale Position des Menschen. Die Frage nach dem Sein oder Nichtsein Gottes ist eben bei mir nur die Frage nach dem Sein oder Nichtsein des Menschen.

Gut; aber dein Thema ist doch immer noch nur eine Sache des Kopfes und Herzens. Das Uebel sitzt aber nicht im Kopf oder Herzen, sondern im Magen der Menschheit. Was hilft aber alle Klarheit und Gesundheit des Kopfes und Herzens, wenn der Magen krank, wenn die Grundlage der menschlichen Existenz verdorben ist? Ich fühlte es, sagte eine Verbrecherin, wie mir die bösen Gedanken aus dem Magen aufstiegen. Diese Verbrecherin ist das Bild der heutigen menschlichen Gesellschaft. Die Einen haben Alles, was nur immer ihr lüsterner Gaumen begehrt, die Andern haben Nichts, selbst nicht das Nothwendigste in ihrem Magen. Daher kommen alle Uebel und Leiden, selbst die Kopf- und Herzkrankheiten der Menschheit. Was daher nicht unmittelbar auf die Erkenntniß und Hebung dieses Grundübels eingeht, ist nutzloser Kram. Und in diesen Kram gehören deine Schriften sammt und sonders. Leider, leider! Indeß gibt es doch auch viele Uebel, selbst Magenübel, die nur im Kopfe ihren Grund haben. Und ich habe mir nun einmal, bestimmt durch innere und äußere Veranlassungen, die Ergründung und Heilung der Kopf- auch Herzkrankheiten der Menschheit zur Aufgabe gemacht. Was man aber sich vorgesetzt, das muß man auch tenax propositi ausführen, was man begonnen, auch gründlich, sich selbst treu, vollenden. Ich habe mich daher auch zu dieser Gesammtausgabe nur unter der Bedingung verstanden, daß ich nicht nur meinen eignen, wenngleich kritischen, Antiquar machte, sondern den Bücherstaub meiner Vergangenheit zugleich als Dünger zu neuem, mein Thema, wenigstens seinen Grundzügen nach, vollendenden Erzeugnisse benützte. Deswegen beginne ich mit diesen — nach der Majorität des Inhalts dieses Bandes — also benannten „Erläuterungen und Ergänzungen zum Wesen des Christenthums," welche sowohl die wesentlichen Consequenzen, als Prämissen dieser Schrift enthalten.

Inhalt.

	Seite
Vorwort.	
Ueber das Wunder	1
Ueber Philosophie und Christenthum in Beziehung auf den der Hegelschen Philosophie gemachten Vorwurf der Unchristlichkeit	42
Kritiken des modernen Afterchristenthums.	
I. Kritik der „christlichen Rechts- und Staatslehre, von F. J. Stahl".	103
II. Kritik der christlichen oder „positiven" Philosophie	128
III. Kritik der christlichen Medicin	155
Ueber den Marienkultus	181
Beleuchtung einer theologischen Recension vom „Wesen des Christenthums".	200
Zur Beurtheilung der Schrift: „das Wesen des Christenthums".	245
Das Wesen des Glaubens im Sinne Luthers	289
Der Unterschied der heidnischen und christlichen Menschenvergötterung	326
Merkwürdige Aeußerungen Luthers nebst Glossen	334
Ueber das „Wesen des Christenthums" in Beziehung auf den „Einzigen und sein Eigenthum".	342
Ergänzungen und Erläuterungen zum „Wesen der Religion".	360
Das Wesen der Religion	410

Ueber das Wunder.

1839.

Die Welt, sagt Luther, ist wie ein besoffener Bauer, hebt man ihn auf der einen Seite auf den Sattel hinauf, so fällt er auf der andern wieder herunter. Das Bild ist derb, aber wahr — die Menschheit bewegt sich nur in Extremen. Auch an uns bestätigt sich leider! diese Wahrheit. Von dem leichtfüßigen Roß des Rationalismus, das unsre Väter trug, sind wir auf den faulen Packesel eines stieren Historismus und Positivismus herab gekommen. Was unsern Vätern noch vor wenigen Decennien für Thorheit galt, das gilt uns wieder für die tiefste Weisheit; was ihnen nur Bild, nur Vorstellung war, das ist uns wieder zur Sache, zum Faktum geworden. Frei und aufrecht war darum der Gang unsrer Väter, während wir, die wir die Taschen voll von historischen Faktis haben, gebückt und gedrückt einherkeuchen; denn leicht ist das Bild; es ist ätherischen, geistigen Wesens; aber schwer das Faktum — es ist grob materieller Natur — das Faktum drückt den Menschen zu Boden. O wir Armen! es geht uns jetzt gerade so, wie weiland in Florenz dem Calandrino, von welchem uns Boccaccio erzählt. Auch diesem pauvre Diable galten Fabeln für Fakta — Weinstöcke, die mit Bratwürsten zusammengebunden, Berge von Käse, Bäche vom besten Toscanerwein für naturhistorische Wahrheiten. Namentlich glaubte er steif und fest an das Mährchen von der Existenz eines gewissen schwarzen Steines, welcher die wunderbare Eigenschaft besitze, den Menschen unsichtbar zu machen. Aber wie schwer lag dem armen Calandrino dieses antirationalistische Faktum in den Taschen, während seine ungläubigen Freunde, Bruno und Buffalmacco, welche ihn auf seiner Expedition nach dem Wundersteine begleitet hatten, leicht wie Götter neben ihm einherwandelten und sich lustig machten über den Thoren, welcher so viele schwarze Steine als er nur immer auf den Feldern finden und tragen konnte, mit sich nach Hause schleppte. Und doch waren, armer Calandrino! diese deine wunderbaren Steine auch nichts weiter als natürliche Steine.

Zwar fehlt es auch unter uns nicht an Leuten, die das Bild unsrer freien und vernünftigen Väter treu im Busen bewahren, und, statt mit dem Geifer des Fanatismus zu besudeln, zu reinigen und vollenden suchen, nicht an Leuten, welche dem abergläubischen Historismus unsrer Zeit gegenüber dieselbe erfreuliche Rolle spielen, die einst Bruno und Buffalmacco dem Calandrino gegenüber spielten. Deiner muß ich vor Allen hier gedenken, trefflicher Schwabe! Aber hat sich nicht das gelehrte und gemeine Volk in Masse gegen Dich erhoben? Haben nicht selbst „Philosophen!" endlich auch ihr Scherflein dazu beigetragen, um Dich wo möglich in den Strom der Vergessenheit hinabzusenken? — Gewiß ist es also kein Anachronismus, den alten verstockten Esel Bileams einer genauen, wenn gleich kurzen, Besichtigung zu unterwerfen, um seine Verwandtschaft mit dem menschenfreundlichen, gutmüthigen Esel des Apulejus außer Zweifel zu setzen.

Die Wunder stehen in der Bibel. Allerdings; aber in der Bibel steht auch der Spruch: mit dem Maße, da ihr messet, mit dem soll ihr wieder gemessen werden. Wem sollen wir also mehr glauben? dem

Wunder*), welches nur eine Anomalie, oder diesem Spruch, welcher ein Vernunftgesetz ausdrückt? Ich dächte: diesem letztern. Beginnen wir also unter den Auspicien dieses Spruchs unsere Untersuchung des Wunders.

Mit dem Maße, da ihr messet, mit dem sollt ihr wieder gemessen werden; oder: was ihr wollt, daß euch die Leute thun, das thut ihnen auch; und folglich: was ihr nicht wollt, das euch die Leute thun, das thut ihnen auch nicht. Was thut denn nun aber das Wunder? — Das Wunder bringt die Erfahrung um ihren Credit; das Wunder verdient also selbst keinen Credit. Wer Andern eine Grube gräbt, fällt selbst hinein. Wer in dieser Welt Rechte für sich in Anspruch nehmen, wer Glauben von Andern fordern will, der füge sich vorerst selbst den Gesetzen dieser Welt; wo nicht, so ist er vogelfrei.

Aber sollte denn wirklich das Wunder so ein Exlex, sollte es wirklich so verblendet sein, daß es selbst die Gesetze, von welchen seine eigne Glaubwürdigkeit abhängt, mit Füßen tritt? Allerdings ist es so. Das Wunder widerspricht keineswegs einer bloßen Regel, wo freilich der Satz gilt: keine Regel ohne Ausnahme, einer Reihe von nur zufälligen

---

*) Es wird zur Verhütung von Mißverständnissen gleich hier bemerkt, daß das Wort Wunder hier immer in einem ganz präcisen, bestimmten Sinne genommen wird, nämlich in der Bedeutung einer (angeblich) supranaturalistischen Wirkung, also nicht in dem Sinne, in welchem man und zwar mit vollem Rechte von Wundern der Natur und Menschheit spricht, wie wenn man z. B. ein großes oder frühreifes Genie ein Wunder nennt. Oft genug hat man wohl diese beiden himmelweit verschiedenen Gattungen von Wundern mit einander verwechselt und durch die vernünftigen und natürlichen Wunder die hyperphysischen Wunder plausibel zu machen gesucht, aber höchst verkehrter und gedankenloser Weise, denn eben deswegen, weil wir schon in der Muttersprache der Natur reich sind an treffenden Ausdrücken für das Erhabenste und Tiefste, bedürfen wir nicht das unverständliche Kauderwelsch hyperphysischer Wunderzeichen. Zweitens bemerke ich, daß ich mich schämen müßte, über und gegen ein Subjekt, wie das Wunder ist, zu schreiben, wenn es mir nicht zum Behufe einer größern kritischen Arbeit der Vollständigkeit wegen nöthig gewesen wäre, auch dieses mauvais sujet in seiner ganzen Blöße hinzustellen.

oder gewöhnlichen Fällen; es widerspricht vielmehr den Gesetzen der Erfahrung, den Gesetzen unsers Denkens, den Gesetzen, an welche allein die Kriterien historischer Glaubwürdigkeit und Wahrheit gebunden sind. Das oberste Gesetz aller Erfahrung, alles Denkens, die Basis selbst unsers Lebens, die Hypothese unsers Glaubens und Zutrauens zu den Sinnen beruht einzig und allein auf der Bestimmtheit der Natur der Dinge. Diese Flüssigkeit z. B. ist Wasser, jene Tinte; wenn ich schreiben will, so greife ich nicht nach meinem Wasserglase, sondern nach dem Tintenfaß, weil ich weiß, daß nur die Tinte die für diesen bestimmten Zweck entsprechenden Eigenschaften hat. Die Erfahrung, sagt man daher, macht klug. „Ein gebranntes Kind scheut das Feuer." Und diese Bestimmtheit, in welcher der Mensch die Dinge firirt, beruht nicht auf seiner Wahrnehmungsweise, so daß nur in ihm, dem Unterscheidenden, die Dinge so erschienen. Die Natur selbst ist es, welche die Dinge so bestimmt, so unterscheidet. Jedes Ding, jedes Wesen in der Natur hat ein autonomisches Leben; die Bestimmtheit, in der es ist, was es ist, ist das Gesetz seines Lebens. So hat das Auge nur Empfindlichkeit für das Licht, das Ohr nur Sinn für den Schall.

Wahrheit ist darum der Charakter der Natur, sie spricht sich nicht dunkel und zweideutig wie die Götter, die Orakel der Menschen aus. In der Sprache der Natur werden vielmehr stets die Dinge bei ihrem wahren Namen genannt, bedeutet ewig Wasser nur Wasser, Wein Wein und sonst nichts Anderes. Semper idem ist der Wahlspruch der Natur. Aber das Wunder dagegen spricht sich nur amphibolisch aus, verdreht jedes Wort der Natur, so daß immer gerade der entgegengesetzte Sinn herauskommt, nimmt die heterogensten Dinge willkührlich für Synonyme, bindet sich an keine Zeit, keine Zahl, keine Form, kein Geschlecht, flectirt einen Stab in eine Schlange und wieder umgekehrt eine Schlange in einen Stab, steigert das kalte, geschlechtslose Substantivum: Wasser bis auf den Wärmegrad des Bluts und Weins oder bis auf den hyperbolischen Superlativ eines soliden Aggregats, wie z. B. bei dem Durchgang der Israeliten durch den Jordan, wo das Wasser auf einen Haufen zusammengehäuft wurde.

Wenn aber Wasser in Wein oder Blut verwandelt werden kann, so schwindet die Bestimmtheit der Natur und mit ihr die Wahrheit der Natur und Erfahrung, so ist der Wesensunterschied der Dinge ein bloßer Schein, so heben sich die Gränzen auf, die meine Wahrnehmung zu einer zuverlässigen, untrüglichen machen. Was durch die Wundermacht geschieht, das kann geschehen, aber was kann durch sie nicht geschehen? Ist ihr dieses nicht unmöglich, so ist ihr Nichts unmöglich. Wo wäre denn eine Gränze? Nur die Wesensbestimmtheit der Dinge könnte sie beschränken, aber diese ist ja nichts für sie*). Wer Wasser in Blut verwandeln kann, der kann Alles machen und in einander verwandeln, selbst Menschen in Steine und Steine in Menschen. Wer überhaupt ein Gesetz der Natur aufhebt, hebt alle Gesetze derselben auf — vorausgesetzt natürlich, daß diese Aufhebung selbst nicht eine gesetzmäßige, naturbestimmte, organisch vermittelte, sondern wunderbare ist. Denke man nicht, daß der Glaube an ein einzelnes Wunder sich nur auf dieses einzelne beschränkt, die übrige Natur unverletzt bestehen läßt, so daß nach der That des Wunders die Natur sogleich wieder vermittelst eines neuen Wunders in ihr gewöhnliches Geleise zurücktritt, oder selbst schon während des Vorgangs des Wunders die Aufhebung des Gesetzes sich, vermittelst einer höchst wundervollen Selbstbeschränkung der Wundermacht, nur auf diesen einzelnen Ort und Fall erstreckt. Abgesehen davon, daß auch in diesem Falle der natürliche Stand der Natur nur ein ungewisser, interimistischer ist, nur einem Vorhange gleicht, der auf

---

*) In der That hat man das Wesen der Dinge zur Gränze der Wundermacht gemacht, behauptet, die Wundermacht könne nicht mit einem Dinge verbinden, was dem Wesen oder Begriffe dieses Dinges widerspreche, ohne zu bedenken, daß durch diese Beschränkung das Wunder überhaupt geläugnet wird, denn das eben ist der Charakter des Wunders, daß es einem Dinge etwas beilegt, was dem Wesen desselben widerspricht.

kurze Weile heruntergelassen wird, bis wieder ein neues, wunderbares Schauspiel aufgeführt wird — der Glaube an dieses besondere Wunder ist der Glaube an Wunder überhaupt. Der Glaube oder das vermeintliche Faktum, daß dieser Unterschied zwischen Wasser und Blut oder Wein keine Realität, keine Wahrheit ist vor der Macht der Wunderkraft, ist der Glaube oder das Faktum, daß aller Unterschied kein Unterschied, alle Bestimmtheit keine Realität ist, daß die Masse der Natur ein geschmeidiger Thon ist, aus dem sich in den Händen der Wundermacht ad libitum alles Mögliche machen läßt. Wer einmal ein Wunder glaubt, dem ist überhaupt nicht die geistige Macht, noch die Macht der Natur, sondern allein die Wunderkraft die höchste, wahre, die Welt bestimmende und regierende Macht, dem erscheinen alle Gränzen, alle Unterschiede, alle Gesetze als rein willkührlich. Die Grundvorstellung ist hier die gemeine, niedrige: die Gesetze der Natur hat Gott gegeben, wie ein König eine Constitution gibt, was er gibt, das kann er wieder zurücknehmen. Heute macht das Wasser naß, morgen trocknet es vielleicht; heute bewegt sich die Sonne, morgen steht sie vielleicht stille. Die Bewegung, wie die Ruhe, ist nur der Wille des Herrn, aber der Wille ist seinem Wesen nach veränderlich, und der Naturzustand der Welt daher, als ein gewollter, nur ein schwankender, beliebiger, prekärer Zustand.

Wenn ich daher diesen Willen, wie ich soll, mir stets lebhaft vergegenwärtige, wenn ich in der Anschauung desselben als eines lebendigen Wesens lebe, wenn er mir eine präsente Wahrheit ist: so kann ich nicht bestimmt wissen, wenn ich z. B. an den Brunnen gehe, um mir zur Reinigung meiner Wäsche Wasser zu holen, ob das, was ich hier als Wasser sehe, wirklich Wasser ist, und ob nicht vielleicht meine Wäsche von ihm statt weiß, roth wie von Blut wird; denn die Wunderkraft kann mir absichtlich ein Quid pro quo vormachen, damit ich mich nicht auf mich verlasse, sondern stets in dem Abhängigkeitsgefühl von der Allmacht des wunderthätigen Willens erhalte. Wenn ich, wie Bileam, einen Esel reden höre, so weiß ich nicht mehr, ob ich ein Esel bin oder ob der Esel ein Mensch ist: der Unterschied zwischen Mensch und Thier ist aufgehoben*). Wenn ich Raben einen Propheten füttern sehe, so kann ich, mit meinen schwachen Augen wenigstens, zwischen diesen einträglichen Raben und zwischen Tauben, die gebraten in den Mund fliegen, keinen Unterschied entdecken**). Wenn Jehovah oder wenigstens der Engel Jehovahs als Mensch unter Menschen einherwandelt, so weiß ich nicht, ob nicht auch die Menschheit dieses meines Freundes oder Bruders, ja ob nicht vielleicht meine eigene Menschheit nur eine Maske ist, hinter welcher ein Engel Jehovahs steckt. Als ein Engel den Aeltern Simsons die Geburt desselben ankündigte, sah dieser Engel einem Menschen so frappant ähnlich, daß sie ihm selbst von einem Böcklein zu essen anboten. Aber wenn ich mich darin irren kann, daß ich einen Engel als einen Menschen ansehe und behandle, warum soll ich mich nicht irren können, wenn ich einen Menschen für einen Menschen und nicht für einen

---

*) Es hilft nichts zu sagen, der Esel habe nicht selbst geredet, er sei nur Organ gewesen, denn die Auswahl eines Organs richtet sich immer nach der Fähigkeit desselben. Wenn der Esel gleichgültig gewesen wäre, warum hätte nicht eben so gut auch die bloße Luft zum Organ dienen können? Aber auch zugegeben: der Esel oder vielmehr die Eselin Bileams sei nur ein ganz äußerliches und gleichgültiges Instrument gewesen: — ein Esel, der sich zu einem bloßen Sprachrohr gebrauchen läßt, ist ein bloßer Schein=esel, ein Esel, dem die wesentliche Eigenschaft der Eselsnatur, die Widerspenstigkeit und Hartmäuligkeit abgeht.

**) I. Kön. c. XVII. v. 4 und 6. Einige ältere Interpreten übersetzten das hebräische Wort hier nicht mit Raben, sondern mit Kaufleuten oder mit Arabern, oder mit Einwohnern der Stadt Horbo (Horebim), der gelehrte S. Bochart aber widerlegt sie. Ob die neuesten Interpreten dem edlen Rabengeschlecht das ehrenvolle Prophetenmundschenkamt gelassen oder entrissen haben, weiß ich nicht. Wenn übrigens ein Esel reden kann, so kann auch ein Rabe den Vormund eines Propheten machen, um so mehr, als der Rabe ein sehr pfiffiger Vogel ist. Aber auch die Verstandeskräfte des Raben ganz bei Seite gesetzt: die Stimme des Esels Bileams hat die ganze Natur bezaubert, und diese Stimme war zur Zeit des Propheten Elias noch nicht verhallt. Später (cap. 19.) wird Elias durch einen Engel gespeist, also auf eine Weise, die eben so wunderbar, wo nicht noch wunderbarer, als die durch den Raben ist.

Engel ansehe? Wer bürgt mir dafür, daß er nicht ein verkleideter Engel ist? Wer weiß, ob nicht über kurz oder lang diese schöne Menschengestalt wie eine Seifenblase zerplatzen und am Himmel als Engel verdunsten werde? So loderte ja auch einst die Menschengestalt, in welcher der Engel Simsons erschienen, mit der Opferflamme des Altars zum Himmel empor. Aber so, wie hier diese Menschengestalt, verflüchtigt das Wunder alle bestimmten und realen Gestalten der Natur in eitel Dunst und Schein; das Wunder macht den ernsten Coder der Natur zu einem lustigen Mährchenbuch; aber eben deswegen gebührt auch dem Wunder selbst nur der Rang eines Mährchens. Mit dem Maße, da ihr messet, mit dem sollt ihr wieder gemessen werden.

Um dem Wunder einen Schein historischer Glaubwürdigkeit zu geben, hat man die Wunder so viel als möglich beschränkt und die Bedingung ihres Geschehens an gewisse außerordentliche Zwecke geknüpft. So lange diese Zwecke nicht verwirklicht waren, so lange wären die Wunder nothwendig gewesen. So hat man z. B. die christlichen Wunder auf die ersten Jahrhunderte des Christenthums beschränkt. Aber alle solche Beschränkungen sind willkührlich. Die Wunderkraft ist an und für sich eine schlechthin unbeschränkte Kraft — eine Kraft, die sich an kein Gesetz, keine Nothwendigkeit, keinen Zweck bindet. Der Zweck eines Dings ist eins mit seiner Bestimmtheit. Wenn Wasser in Wein verwandelt werden kann, so ist der Wein umsonst, zwecklos; er kann durch das Wasser, wo er fehlt, ersetzt werden, die Wunderkraft braucht ihn nur aus dem Wasser zu entbinden. Eben deswegen halten die Dinge und Wesen so fest an ihrer Bestimmtheit, an ihrem Unterschiede; mit ihrer Bestimmtheit verlieren sie auch den Zweck, die Vernunft, den Werth ihres Daseins. Die Wunderkraft hebt aber die bestimmte Natur der Dinge auf; es ist daher ein Widerspruch mit ihrem Wesen, sie doch wieder durch Zwecke, wenn auch diese Zwecke anderer und höherer Art sein sollen, als die mit der Natur der Dinge unmittelbar identischen, beschränkt denken zu wollen. Wo einmal die Wunder beschränkt werden, da ist schon der ächte, wahre Wunderglaube, der aus der Liebe zum Wunder stammt, verschwunden. Man kann die Wunder nicht läugnen, weil man sonst andere unbezweifelte Dinge, womit sie verknüpft sind, läugnen müßte, und man glaubt sie daher nur, weil man sie nicht läugnen kann, nur aus äußerlicher Nothwendigkeit; aber man entschädigt sich für diesen Zwang, man huldigt zugleich wieder seinem ungläubigen Verstand, indem man sie soviel als möglich in die Enge treibt, und nur zum Behufe außerordentlicher Zwecke geschehen läßt*).

Wo der Glaube an Wunder ein wahrer, lebendiger ist, da geschehen immer Wunder, — denn die Nothwendigkeit des Wunders ist immer da, und sie ist eben da, wo der Glaube an Wunder eine innere Nothwendigkeit, und darum ein wahrer Glaube ist — da geschehen auch genug zwecklose Wunder. So gibt es im alten Testament genug Wunder, von welchen sich selbst nach dem Eingeständniß der orthodoxen Theologen der frühern Zeit, durchaus kein, wenigstens erheblicher, Grund oder Zweck derselben ausfindig machen läßt. Selbst im neuen Testament fehlt es nicht an solchen Wundern. Kein Wunder: jede Kraft strebt nach Aeußerung, d. i. nach Selbstbethätigung, so auch

---

*) Obgleich der Wunderglaube der Gelehrten im Zeitalter der Orthodoxie, das in allen diesen Dingen entscheidende Stimme hat, auch schon ein sich selbst widersprechender, verständiger, calculirender Mysterionsglaube war, daher sie auch den Grundsatz bei der Exegese der Bibel hatten, die Wunder nicht unnöthig zu vermehren: so war doch ihr Glaube darin noch eine gute Copie von dem ursprünglichen, lebendigen Wunderglauben, daß sie, mit Hülfe der Allmacht, auch die unvernünftigsten Wunder als Fakta gläubig hinnahmen — selbst wenn auch diese nur auf dem Mißverstande eines Worts beruhten. So glaubte selbst der gelehrte S. Bochart noch, daß Jehovah zum Besten des durstigen Simson aus der Zahnhöhle eines Eselskinnbackens eine Quelle habe hervorsprudeln lassen, bis Clericus und Andere herausbrachten, daß es sich hier nur von einer Höhlung überhaupt handle. Freilich ist an sich kein großer Unterschied zwischen dem Wunder in der frühern und spätern Erklärung, aber auf Seiten dieser ist doch wenigstens noch ein Schein von Natürlichkeit; das Wunder ist doch wenigstens an einen anständigen Ort versetzt worden.

die Wunderkraft, welche überdieß keine endliche, sich erschöpfende Kraft ist und daher keine ökonomischen Rücksichten zu nehmen braucht. Im Gegentheil: Verschwendung liegt im Charakter der Wunderkraft. Der Arme gibt wohl keinen Pfenning ohne einen Zweck aus, aber der Reiche, dessen Vermögen unerschöpflich ist, wirft Goldstücke selbst zum Fenster hinaus. Der beschränkte Gelegenheitsdichter bedarf wohl einer Hochzeit, einer Kindtaufe, einer Leiche, um einen armseligen Tropfen aus seiner poetischen Ader heraus zu bringen, aber dem vermöglichen Dichter, in dem die Poesie eine Naturkraft ist, strömen die Lieder in reicher Fülle, wie dem Vogel, von der Kehle weg. So auch hier. Dem, der die Wunderkraft, sei es nun als eine ursprüngliche oder abgeleitete, mitgetheilte Kraft besitzt, strömen unwillkührlich — denn die Wunderkraft ist seine Naturkraft — wie elektrische Funken die Wunder aus*). So war, als Paulus den Zauberer Elymas verfluchte und dieser Fluch unmittelbar die Erblindung desselben zur Wirkung hatte, diese Wirkung gleichsam ein elektrischer Schlag, der von der magischen Kraft des Apostels ausging. Wo daher einmal die Wunderkraft Wurzel geschlagen hat, da läßt sich ihr nicht mehr Maß und Ziel setzen, da wuchert sie unbeschränkt fort. Sie bleibt selbst nicht nur an die Persönlichkeit des Wunderthäters gebunden; sie theilt sich sogar, wie ein Con-

---

*) Die Wunder blos vom Willen abhängig zu machen, ist daher ganz falsch. So wenig der Wille ohne Dichtertalent ein Gedicht machen kann, so wenig kann er ohne Wundertalent ein Wunder hervorbringen. Die Wunderkraft ist keine erworbene, sondern angeborne Fertigkeit. Wer Wunder thut, ist selbst ein Wunder oder wundervolles Wesen. Wo er keine Wunder thut, da befindet er sich daher in einem unnatürlichen Zustand, da thut er sich Zwang an; da verläugnet er sich. Aber hingegen wo er Wunder thut, da zeigt er, was er ist, da wirft er die Schranken des Incognito, die er bisher beobachtet, hinweg, da offenbart er die Herrlichkeit und Wunder seiner Natur. Nicht das Thun, sondern das Nichtthun des Wunders hängt daher vom Willen ab, denn das Nichtthun ist die Verläugnung seiner höhern Wundernatur, aber es gehört mehr Willenskraft dazu, sich zu verläugnen, als seiner Natur gemäß zu handeln.

taglum, den Dingen mit, die mit den Wunderthätern in Berührung standen.

Der Katholicismus hat den Wunderbegriff nicht nur historisch, sondern lebendig in sich erhalten, aber hier haftet auch die Wunderkraft selbst an einzelnen Körpertheilen, an den Knochen, an den Haaren, selbst an den Kleidungsstücken der Heiligen und geistlichen Orden, z. B. an dem heiligen Carmeliter-Scapulier. So kam einst bei einer Belagerung in Flandern auf einen Fahnenträger eine feurige Kugel geraden Weges zugeflogen, aber o Wunder! o prodigium! das heilige Carmeliter-Scapulier, mit dem kurz zuvor der Fahnenträger beschenkt worden war, lähmte die Kraft der Feuerkugel, daß sie schadlos vor seinen Füßen niederfiel. Ein anderer Soldat sollte wegen seiner Vergehungen erschossen werden. Man schritt zur Execution. Die Kugeln trafen Kopf und Brust des Verbrechers, aber sie glitten kraftlos ab. Das heilige Carmeliter-Scapulier machte ihn kugelfest. In Padua wollte sich einmal ein lüderlicher Kerl aus Verzweiflung entleiben; aber er konnte nicht. Dreimal hatte er sich schon den Dolch in die Brust gestoßen, aber umsonst. Was war die Ursache? Das heilige Carmeliter-Scapulier, welches er an seinem Leibe trug. *)

Dergleichen Wunder sind keineswegs Folgen und Erscheinungen eines ausgearteten, abergläubischen Wunderglaubens; sie sind vielmehr nothwendige Consequenzen des wahren Wunderglaubens. Das Wunder widerspricht an und für sich der Vernunft; es läßt sich daher auch keine Gränze zwischen einem vernünftigen und unvernünftigen Wunder setzen. Im Gegentheil: je mehr ein Wunder der Vernunft widerspricht, je toller es ist, desto mehr entspricht es dem Begriffe des Wunders. Der Wunderglaube ist an und für sich ein superstitiöser Glaube; warum sollte er also nicht in seiner Ausbildung superstitiöse Früchte tragen, warum nicht in seiner Entwick-

---

*) P. Paul. Metzger: Sacra Historia etc. Aug. Vind. 1700. p. 671—75.

lung sich bis auf einen Heiligenknochen, bis auf den Unterrock der heiligen Maria, den Schleier der heiligen Agave, das h. Carmeliter-Scapulier erstrecken? Schon im alten Testamente haben wir ja einen wunderthätigen Prophetenmantel und wunderthätige Prophetenknochen. *)

Der Glaube an Wunder ist bei Lichte besehen nichts anderes als der Glaube an Magie, an Zauberei. Der Unterschied zwischen der Art und Weise, wie sich dieser Glaube bei den Israeliten und den Heiden gestaltet hat, ist nur dieser, daß er bei den Juden lediglich an den Glauben an Jehovah angeknüpft wurde. Die Kraft, zauberische, magische Wirkungen hervorzubringen, gehört im höchsten Grade nur dem Jehovah und seinen Dienern an. Auch die ägyptischen Zauberer thaten Wunder, aber nur so viel als Moses konnten sie nicht. Nicht der Qualität, nur dem Grade, der Stärke nach unterscheidet sich die mosaische oder jehovah'sche Wunderkraft von der Macht der ägyptischen Zauberer. So hatten die Israeliten auch ihre Orakel und Wahrsager, nur daß sie im Dienste Jehovah's stunden.

Die Wunderkraft ist keine „geistige", sondern eine sinnliche Kraft; was ungewöhnliche, in Verwunderung setzende, aber zugleich in die Augen fallende Wirkungen hervorbringen kann, das gilt dem rohen, gemeinen, abergläubischen Menschen für ein höheres Wesen. Die Wunderkraft bringt dieselben Producte hervor, wie die Natur, aber auf eine gewaltsame, gebieterische, dämonische Weise; daher ist sie selbst gelegentlich eine vernichtende Gewalt, wie sich dieß z. B. bei der Verfluchung des Feigenbaums und der Erblindung des Zauberers Elymas zeigte. Was aber nur sinnlich wirkt, sei es nun schaffend oder vernichtend, ist selbst nur sinnlichen Wesens. Wenn also die Wundermacht selbst eine sinnliche Macht ist, warum soll sie nicht auch an einem sinnlichen Stoffe haften? warum sich nicht dem Un-

---

*) Die Knochen des Propheten Elisa (II. Kön. c. 13.) und der Mantel des Elias (II. Kön. c. 2.)

terrock, dem Hemde, dem Schleier, dem Haarkamm mittheilen können, wie im Katholicismus? Legen doch selbst auch die neutestamentlichen Schriftsteller dem Schweißtüchlein und Koller Pauli (Apg. 19, 12.) und dem Kleide Christi eine wunderthätige Kraft bei! „Und da war ein Weib, das hatte den Blutgang zwölf Jahre gehabt und viel erlitten von vielen Aerzten und hatte alles ihr Gut darob verzehrt ꝛc. Da die von Jesu hörte, kam sie im Volk von hinten zu und rührete seine Kleider an, denn sie sprach: Wenn ich nur sein Kleid möchte anrühren, so wäre ich gesund. Und alsobald vertrocknete der Brunn ihres Blutes, und sie fühlte es am Leibe, daß sie von ihrer Plage war gesund geworden." „Und wo er in die Städte oder Märkte oder Dörfer einging, da legten sie die Kranken auf den Markt und baten ihn, daß sie nur den Saum seines Kleides anrühren möchten. Und alle, die ihn anrühreten, wurden gesund." Diese Wirkung kann man keineswegs als Folge des Glaubens ansehen; denn wenn der Glaube diese Macht hätte, wozu die Berührung? Ueberdieß fehlt es im neuen Testamente nicht an Wundern, welche offenbar nicht der Glaube bewirkt hat. Der Geist des Wunderglaubens im neuen Testament ist überhaupt nicht wesentlich verschieden von dem Geist des Wunderglaubens im alten Testament. Die Wunder des A. T. werden vielmehr im N. T. gläubig angenommen und anerkannt — so selbst die Wunder- oder Zauberkraft des Gebets, welches sinnliche Wirkungen in der äußern Natur hervorbringt, wie z. B. das Gebet des Propheten Elias. Und wenn daher auch gleich dem Glauben eine Wunderkraft beigelegt wird, so hat doch dieser Wunder wirkende Glaube keine andere Bedeutung, als das erfolgreiche Gebet des Propheten Elias um einen Regen — ein Gebet, welches offenbar kein geistiger Akt ist, denn wenn ich Gott um einen Regen anflehe, so ist mir das Gebet nur ein Mittel zu einem sinnlichen Zwecke, und wenn ich Gott durch mein Gebet förmlich bestimme und bewege zur Hervorbringung eines erwünschten, aber der Ordnung der Natur, sei es nun an sich oder wenigstens in diesem

Augenblick, widersprechenden Erfolgs, so ist mein Gebet eine magische Einwirkung auf Gott und vermittelst desselben auf die Natur, eine Beschwörungsformel, mit welcher ich aus dem seither unerbittlichen Felsen der himmlischen, Wasser schaffenden oder gebenden Macht Regen hervorzaubere.*)

Um das Wunder in seinem wahren Charakter zu erkennen, darf man nur nicht die Vorstellungen des historischen Wunderglaubens auf den lebendigen Wunderglauben, der wirkliche Wunder vor sich gehen sieht, übertragen, um nicht das, was das Wunder für spätere Zeiten ist, zu einer Beschaffenheit des Wunders an sich selbst zu machen. Das Wunder stammt aus Zeiten, welche nicht, wie die moderne Menschheit, in dem herben kritischen Unterschied zwischen Subjectivität und Objectivität, Vision und Erfahrung, Glaube und Wirklichkeit, Sage und Geschichte lebten, aus Zeiten, welchen der Glaube an sogenannte übernatürliche Dinge, an Wunder ein natürlicher Glaube war, welche daher sahen, was sie glaubten, weil sie es glaubten. Was man glaubt, ist schon vorher, ehe man es sieht, ein Faktum, eine sinnliche Gewißheit. So lange man glaubte, daß die Insekten aus Aas und Unrath entstehen, so lange sah man auch wirklich die Insekten aus Aas und Unrath entstehen.**) Es gibt in der That nichts Komischeres, als

---

*) Wie bei der Zauberei oder Magie — Worte, die wir hier für identisch nehmen — Zahlen und Charaktere die Hauptrolle spielen, so spielt auch bei dem magischen Gebet des Propheten Elias die Zahl: sieben eine Rolle. Siebenmal — offenbar zur Erinnerung an die sieben Schöpfungstage — muß sein Ministrant hin und her gehen und nach dem Meere blicken.

*) Der gelehrte Jesuit Athan. Kircher gibt uns selbst das Experiment an, wie wir Mücken aus den Cadavern von Mücken entstehen sehen können. So leicht ist es zu sehen, was man glaubt! Uebrigens ist die hier gezogene Parallele zwischen dem Wunderglauben und dem Glauben an die Entstehung der Insekten aus Koth und Aas keineswegs etwa eine bedeutungslose. Der Wunderglaube und der Aberglaube auf dem Gebiete der Natur fällt in Eins zusammen. Der Glaube an Wunder ist der Glaube, daß Alles möglich ist. Wer diesen Glauben im Kopfe hat, dem ist auch Alles ohne Unterschied auf dem Gebiete der Natur glaublich. Der Glaube an

die Frage: ob Wunder wirklich historische Fakta sind? ob wir ihren Erzählern Glauben schenken sollen? Für den Denkenden ist die Frage über die Faktieität des Wunders schon durch die Bemerkung, daß die Wunder zu Zeiten geschahen, wo der Wunderglaube ein allgemeines, historisches Faktum war, abgethan, indem schon hieraus der absolute Widerspruch zwischen einem Wunder und einem historischen Faktum sich deutlich ergibt. Historisches Faktum ist nämlich, was nicht eher ist, als es geschieht. Der historische Held hat wohl einen Plan, eine Absicht, eine Tendenz; aber die Begebenheiten vereiteln oder verändern doch seinen Plan; er weiß nicht voraus, was geschieht; das historische Faktum ist daher, es mag noch so viele Folgen, noch so große Bedeutung haben, es mag selbst nothwendig sein im Zusammenhang der Geschichte, doch für sich selbst ein zufälliges Faktum. Aber das Wunder ist, ehe es geschieht; es geht ihm ein Glaube, eine Vorstellung vorher; es muß geschehen. Das Wunder ist das Postulat einer Vorstellung*): es ist das Faktum, welches etwas bedeuten soll, und diese Bedeutung liegt eben in der dem Wunder vorausgehenden Vorstellung, und ist das Wesen des Faktums, welches ein Wunder ist. Während bei einem wirklichen Faktum die Faktieität das Wesentliche ist, ist sie dagegen bei dem Wunder das Unwesentliche. Die Bedeutung des historischen Faktums liegt darin, daß es Faktum ist, daß es geschehen ist. Das historische Faktum genügt sich selbst, es will nichts weiter sein, nicht

---

Wunder ist selbst der Glaube an eine Generatio aequivoca. Nur durch eine Generatio aequivoca entsteht Wein aus Wasser. Das Wunder ist ein Alchymist, der aus Koth Gold, ja noch mehr: ein organisches Wesen macht, wie Moses, der das erste Beispiel von dem Wunder einer Generatio aequivoca gab, indem er Staub in Läuse verwandelte — ein Wunder, das daher auch die ägyptischen Zauberer nicht nachmachen konnten.

*) „Und er trieb die Geister aus mit Worten und machte allerlei Kranke gesund, auf daß erfüllet würde, das gesagt ist durch den Propheten Jesaiam, der da spricht: Er hat unsere Schwachheit auf sich genommen und unsere Seuche hat er getragen." Matth. 8, 16. 17.

mehr bedeuten als sich selbst, es setzt seinen Stolz lediglich in die That, darein, daß es ist. Aber das Wunder allegorisirt, dogmatisirt, demonstrirt; das Faktum als solches, abgesehen von seiner Bedeutung, von der Qualität, daß es ein Wunder ist, ist ihm nicht Zweck, sondern nur Mittel. Das Wunder ist ein **analytisches** Faktum (wenn wir anders diesen Ausdruck: Faktum brauchen dürfen), das historische Faktum ein **synthetisches**, d. h. das wunderbare Faktum fügt nichts Neues, nichts von der Vorstellung Unterschiedenes zu der Vorstellung, welche dem Wunder vorausgeht, hinzu. Wenn Moses zweifelte, daß er ohne Wunder bei seinem Volke Glauben finden würde, und deßwegen von Jehovah mit Wunderkräften ausgestattet wurde, so war in den Israeliten hier der Glaube oder die Vorstellung vorausgesetzt, daß der nur, welcher Wunder thue, ein Abgesandter Jehovahs sei. Das Wunder ist die Hypothek, auf welche hin der Mißtrauische und Zweifelnde Glauben borgt. Aber das Ideal des Propheten, des Abgesandten Gottes hat er schon vorher in seinem Kopfe, er sieht schon im Geiste vor sich seinen Messias stehen; er zweifelt nur, ob dieses Mensch da der verheißene Erretter ist, — ein Zweifel, der, weil er nur eine Persönlichkeit, nicht eine Wahrheit betrifft, nur durch ein **sinnliches Zeichen** gehoben werden kann. Der Zuschauer gibt daher dem Wunderthäter seinen Beifall: „Da capo, sagt er zu ihm, du hast Recht; du bist's"; er erinnert sich nur; er sieht nichts Neues; er erkennt in dem Wunderthäter einen alten Bekannten und Vertrauten. Während der historische Held mit der Thüre in das Haus hineinfällt, erscheint der Wunderthäter als ein längst erwarteter Gast.

Also: der wesentliche Unterschied zwischen dem historischen und dem wunderbaren Faktum ist, daß der Glaube an ein historisches Faktum erst durch das Faktum selbst erzeugt wird, erst post festum, hinten drein nachfolgt, während der Glaube an das Wunder dem wunderbaren Faktum vorausgeht. Der Wunderglaube — versteht sich der lebendige, denn der historische Wunderglaube stammt aus dem (sei es nun wirklichen oder vermeintlichen) Faktum — muß deßwegen als der Ursprung des Wunders selbst anerkannt werden. Das wunderbare Faktum erzeugt mir nimmermehr den Glauben an das Wunder; denn um das Wunder auch nur als Wunder wahrzunehmen, dazu gehört schon ein besonderer Wundersinn oder Wunderglaube. Wenn z. B. das stürmische Meer plötzlich auf ein gebieterisches Wort stille wird, so sagen mir meine Sinne nichts weiter, als daß unmittelbar nach dem Worte, welches den Sturm beschwor, der Sturm sich legte; aber daß dieses Wort die Ursache von dieser plötzlichen Stille ist, — das sagen mir weder meine Sinne, noch meine Vernunft: denn die Vernunft glaubt nicht und weiß nichts davon, daß das Wort Zauberkraft ausübt, indem für sie das Wort nur auf den Sinn eines denkenden oder doch hörenden, aber nicht auf ein sinnloses Wesen einen Eindruck macht. Der Mensch, welcher nur seinen Sinnen und seiner Vernunft, den einzigen Quellen historischer Glaubwürdigkeit, folgt, kann daher nicht von diesem oder irgend einem andern ähnlichen Ereigniß behaupten: es ist ein Wunder. Er kann nichts weiter sagen als: ich begreife nicht wie das Ding zuging; es überrascht mich; es geht über meine bisherigen Erfahrungen; ich muß es als ein merkwürdiges Ereigniß in mein Raritätenbüchlein eintragen, aber ob es ein Wunder ist? — davon weiß ich nichts, das zu behaupten, wäre eine unvernünftige Dreistigkeit. Nur der Glaube an Wunder, der sich perfect auf die Sprache versteht, welche selbst auf sinnlose Creaturen eine Zaubermacht ausübt, dem das Wunder, wenn auch gar kein vernünftiger Zusammenhang zwischen der Ursache und Wirkung denkbar ist, etwas sehr Begreifliches und Natürliches ist, nur dieser ist gleich mit der Behauptung: es ist ein Wunder, bei der Hand. Es ist gleichgültig, ob dieses einzelne specielle Wunder dem Gläubigen schon vorher bekannt war; es ist genug, daß ihm das Wunder überhaupt eine natürliche, geläufige Vorstellung ist. Uebrigens repetiren sich auch die einzelnen Wunder. So beschwört schon Moses das Wasser, so trägt auch das Wasser schon im alten Testament (II. Kön. c. 6. v. 6.) einen schwereren, naturgesetzmäßig untersinkenden Körper, so speist auch der Prophet Elias mit einem ganz geringen, aber unerschöpflichen Quantum Mehl und Oel eine Frau nebst ihrer Familie ein ganzes Jahr hindurch, und der Prophet Elisa mit zwanzig Gerstenbroten hundert Mann, so weckten auch die Propheten schon selbst Todte auf.

Könnte man nachweisen, daß die Vorstellung des Wunders erst aus dem wunderbaren Faktum entstanden, daß sie nur diesem ihr Dasein verdanke, nur der präcise Aus- und Abdruck desselben sei, könnte man namentlich nachweisen, daß erst mit den Wundern des Christenthums die Vorstellung des Wunders und der Glaube daran unter die Menschen gebracht worden sei, so wäre die Thatsächlichkeit der Wunder erwiesen; wir würden kein Mißtrauen in sie setzen; es würde uns nicht einfallen, sie für subjective Erscheinungen oder Vorstellungen zu erklären, so wenig als wir ein Faktum beanstanden, dessen Vorstellung und Kunde uns erst durch das Faktum gegeben wurde. Da sich aber dieß nicht beweisen läßt, da vielmehr das Wunder, wenigstens das christliche, keine andere Bedeutung hat, als die, eine präcristirende Vorstellung, die Vorstellung, daß Wunderthätigkeit nur ein göttliches Attribut, wer also in Menschengestalt Wunder thut, in Wahrheit ein Gott sei, zu bestätigen und sinnlich zu beglaubigen, so müssen wir die Vorstellung des Wunders als den wahren Grund des faktischen Wunders erkennen. Das Wunder ist im Allgemeinen nichts anders als eine (relativ oder subjectiv) nothwendige Vorstellung, angeschaut als Faktum. Die wunderbaren Fakta gehören daher in eine ganz andere Sphäre, ganz andere Kategorie, als die historischen Fakta. Der Glaube an historische Fakta oder vielmehr das historische Wissen unterscheidet sich von dem sinnlichen und vernünftigen Wissen lediglich dadurch, daß es ein vermitteltes oder mittelbares Wissen ist. Der Historiker überzeugt sich von der Wahrheit des Faktums; er glaubt nicht blindlings; er vergleicht, prüft, untersucht. Das historische Faktum hat — und dieß ist der letzte entscheidende Grund — eine innere Wahrscheinlichkeit, daher wir alberne Dinge, auch wenn sie in einem sonst noch so glaubwürdigen Historiker stehen, wie z. B. die vielen Wundergeschichten im Sueton, unbedenklich verwerfen. Das historische Faktum unterscheidet sich nur seiner Besonderheit, aber nicht seinem allgemeinen Wesen nach von einem Faktum, das vor unsern Augen geschehen ist; es geht vielleicht wohl über den Kreis unsrer Erfahrungen hinaus, aber nicht über die Möglichkeit der Erfahrung selbst, über die Gesetze der Natur und des Denkens. Allerdings kann sich hierin der Einzelne irren, wenn er das beschränkte Maß seines Verstandes für das Normalmaß der Vernunft überhaupt hält und daher Alles, was über seinen Verstand hinausgeht, in das Reich des Fabelhaften verweist. Je kleinlicher, feigherziger ein Mensch ist, desto mehr wird er kühne Thaten bezweifeln, je einfältiger und gemeiner, um so weniger an den Edelmuth und das Genie anderer Menschen glauben. Aber durch solche particuläre Fälle wird nicht die Autorität der Vernunft als des obersten Princips aller historischen Glaubwürdigkeit erschüttert. Das historische Faktum ist daher ein Object des Wissens, weil ich nicht nur besondere, vermittelte Gründe; sondern auch allgemeine vernünftige Gründe dafür habe; ist es nicht geschehen, so konnte es doch geschehen. So sagen wir auch von einer Anekdote: ist sie nicht wirklich, so ist sie doch wahr, sie ist charakteristisch; sie trifft. Das historische Faktum ist ein schlichtes Faktum; es macht keine besonderen hochmüthigen Ansprüche; es beleidigt nicht unsere Vernunft; wir fühlen uns vielmehr von ihm angezogen; ein Band der Gemeinschaft findet zwischen ihm und uns statt; in dieser seiner Anspruchlosigkeit, seiner Gemeinschaftlichkeit liegt seine Gewißheit.

Aber das Wunder bleibt, auch angenommen als historisches Faktum, stets nur ein Gegenstand des Glaubens. Es geht über die Vernunft, über die Erfahrung hinaus, d. h. es widerspricht der Vernunft und Erfahrung; es ist ein absolut isolirtes, singuläres, analogieloses Faktum, welches ich daher nur glaube im Widerspruch mit dem, worauf ich sonst den Glauben an ein historisches Faktum gründe, wodurch mir sonst etwas zu einer historischen Thatsache wird. Der Glaube an das wunderbare Faktum ist immer zugleich der Glaube an die Wahrheit der Vorstellung z. B. der Auferstehung, welche durch dieses Wunder bewährt werden soll. Es ist eins, ob ich das Faktum oder die dem Faktum zu Grunde liegende Vorstellung (oder Lehre) hinstelle: die Vorstellung wird mir dadurch nicht gewisser, nicht klarer, nicht näher gebracht, sie mag mir nun in abstracto als Vorstellung, oder in concreto als sinnliches Faktum dargestellt werden. Wer mir eine Vorstellung als Faktum hinstellt, der will nur kurzen Proceß mit mir machen. „Es ist Faktum! punctum satis. Was willst du dagegen machen? Du mußt es glauben." Aber eben dadurch werden meine Zweifel nicht aufgeklärt, sondern nur niedergeschlagen — das Faktum ist ein Gewaltstreich — keine innern Gründe angegeben, die die Sache wahrscheinlicher machten. Das dogmatische Faktum ist illiberal, anmaßend, tyrannisch, es macht mir eine Vorstellung zum Gesetz, es schiebt mir sie ins Gewissen hinein, indem es dieselbe zu einem Faktum d. i. etwas nicht mehr zu Bezweifelndem macht, ohne doch die Zweifel und Schwierigkeiten aufzulösen.

Ein dogmatisches Faktum ist daher die tollste Chimäre, die je in einen Kopf gekommen, toller als ein hölzernes Eisen. Das Dogma als Dogma (d. h. als Lehre) hat nur innere Merkmale; es macht auf Wahrheit Anspruch, es appellirt mit diesem Anspruch an den Gedanken, es gibt sich der prüfenden Vernunft preis; es macht seine Geltung nur abhängig von der Note, die es beim Examen der Vernunft erhält. Ob etwas wahr oder nicht wahr, darüber kann nur die Vernunft, nicht die Sinnlichkeit entscheiden: der Sinnlichkeit fehlt's an Judicium. Das Faktum als solches ist gleichgültig gegen die Unterschiede von wahr oder falsch, gut oder schlecht, vernünftig oder unvernünftig. Auch das Schlechte geschieht, auch die Lüge existirt; auch sie ist eine sinnliche Thatsache. Ein dogmatisches Faktum ist daher nichts als ein Dogma, welches durch Unterschleif sich auf den Ehrenpost der Wahrheit emporschwingen will, indem es die schwache Seite des Menschen, die sinnliche Einbildungskraft besticht, um dadurch die Vernunft zu betäuben, welches, überzeugt, nicht durch innere Gründe, durch sich selbst zu siegen, sich auf Zeugen beruft, die eben so das Gegentheil bewähren. Durch dogmatische Fakta überhaupt siegen zu wollen, das ist eben so große Brutalität, als wenn ich in einer Disputation durch Ohrfeigen die Einwürfe meines Gegners widerlegen will. Das Faktum ist der Triumph der Sinnlichkeit über die Vernunft. Es bringt mir durch sinnliche, d. i. peinliche Zwangsmaßregeln,*) der Vernunft zum Trotz, das Geständniß ab, daß es recht hat; es entfesselt die niedern Kräfte des Menschen, die sinnlichen Begierden und Affecte, um dadurch die höhern Kräfte, die Freiheit des Urtheils und Entschlusses gefangen zu nehmen.

Da nun aber das Wesentliche des dogmatischen oder wunderbaren Faktums überhaupt die demselben zu Grunde liegende Vorstellung ist, das Faktum mir nicht gläubig wird, wenn nicht vorher mein Verstand oder Sinn der Vorstellung seinen Beifall gegeben hat, so ist es nothwendig, daß da, wo das wunderbare Faktum Beweiskraft hat, die demselben zu Grunde liegende Vorstellung eine geläufige, plausible Vorstellung ist. Das Faktum soll ja nichts weiter sein, als die sinnliche Bewährung der Vorstellung, und der Glaube an die Wirklichkeit des Faktums ist daher immer zugleich der Glaube an die Wahrheit der zu Grunde liegenden Vorstellung. Es ist unmöglich, daß der Mensch ein absolut isolirtes und analogieloses, ein absolut seinen Vorstellungen, seinem Verstande widersprechendes Faktum glaube.

---

*) „Sie fürchteten sich aber und verwunderten sich und sprachen unter einander: Wer ist dieser? Denn er gebietet dem Wind und dem Wasser, und sie sind ihm gehorsam."

Uns freilich widersprechen die Wunder, uns gehen sie über oder — es ist eins — wider die Vernunft, über und wider die Gesetze der Natur. Aber die, welche diese Wunder glaubten oder gar sahen, hatten die Natur nicht so, wie wir, zum Gegenstande, wußten nichts von Gesetzen der Natur. Sie glaubten die Auferstehung der Todten als ein Faktum, weil ihnen die Vorstellung der Auferstehung eine natürliche Vorstellung war. Der Glaube an die Auferstehung ist überhaupt für den ungebildeten Menschen der natürlichste Glaube an die Unsterblichkeit. Selbst bei den Wilden findet er sich. So entleibten sich die Negersklaven in Westindien, in der Hoffnung, in ihrem Vaterlande wieder aufzuleben.*) Die Kirchenväter suchten durch Bilder aus der Natur d. h. durch andere nach ihrer Meinung ähnliche Erscheinungen die Auferstehung der Körper den Heiden glaublich zu machen. **) Sie widersprach also nicht ihrer Naturanschauung. Und es ist gleichgültig, ob ihnen diese Analogien das vermeintliche Faktum glaublich und eingänglich machten, oder ob sie erst später, durch das Faktum, auf diese Analogien kamen. Genug: sie widersprach nicht der Weise, wie sie die Natur kannten und betrachteten: sie glaubten an die Wirklichkeit des Faktums, weil ihnen die Vorstellung, die das Faktum ausspricht, eine Wahrheit war. So läuft hier Alles auf die Vorstellung hinaus; selbst bei solchen Wundern, welche nicht eine bestimmte Vorstellung (ein Dogma im engern Sinne)

---

*) Wilde Völker glauben sogar an die Auferstehung von Thieren. Wenn z. B. die Lappen einen Bären — der Bär ist bei ihnen ein hochverehrtes Thier — aufgezehrt haben, so begraben sie die Knochen mit großen Feierlichkeiten und geben jedem Knochen einen eigenen Platz, weil sie überzeugt sind, daß der Bär wieder hergestellt werde, um einen neuen Körper zu bekommen. Penannt. Arktische Zoologie. I. Th. p. 68. Einige Nationen nennen den Colibri: Huitzitzil oder Vicililin, den Wiedergeborenen, weil sie glauben, daß er alle Jahre stürbe und bei dem Wiederaufblühen der Blumen, von welchen er sich nährt, wieder auflebe. Penannt. Ebend. II. Th. p. 269.

**) So sagt z. B. Minucius Felix in seinem Octavianus: Vide adeo, quam in solatium nostri resurrectionem futuram omnis natura meditetur. Sol demergit et nascitur, astra labuntur et redeunt: flores occidunt et reviviscunt: post senium arbusta frondescunt, semina non nisi corrupta revirescunt. c. 34. §. 12.

ausdrücken. Sie geschahen, weil man sie für möglich hielt, weil in den Vorstellungen, in der Naturanschauung der damaligen Menschheit ihnen kein Hinderniß in den Weg gelegt war, weil nicht am Eingang in die Welt der Verstand, welcher nichts einläßt, was seinen Gesetzen widerspricht, Wache stand, noch keine Handelssperre zwischen dem unbeschränkten Reich der Möglichkeit und dem festbestimmten Reich der Wirklichkeit eingetreten, noch kein Abgrund, keine Kluft zwischen der subjectiven und objectiven Welt befestigt war. Wunder geschehen, wo der Mensch sich, und zwar sich nicht in der allgemeinen und unendlichen Idee der Menschheit, sondern in der Beschränktheit seiner Einzelheit und Besonderheit, namentlich in seiner bestimmten Nationalexistenz, als den Endzweck der Natur erfaßt, wo daher die Natur an seinen Interessen und Schicksalen Theil nimmt, mit ihm lebt und fühlt, wo, was subjectiv, für den Menschen eine Bedeutung hat, auch objectiv, für die Natur von Bedeutung und Wichtigkeit ist. Bei der Geburt, bei dem Todesfall eines wichtigen Mannes, überhaupt bei einem bedeutungsvollen Ereigniß — da ergreift auch die Natur ein Schauer, der ihr durch alle Glieder geht und sie aus ihrer gewohnten Laufbahn bringt, — so z. B. bei den Römern. Was aber bei den Helden vermittelst einer Nervensympathie zwischen der Natur und dem Menschen gleichsam von selbst und folglich scheinbar zufällig erfolgt, das geschieh: bei den Israeliten auf den ausdrücklichen Befehl Jehovah's. Die Natur ist hier abgerichtet wie ein Pudel, der die tollsten Kunststückchen kann — ein geduldiger, folgsamer Esel, der auf seinem Rücken durch alle Gefahren hindurch Israel wohlbehalten ins gelobte Land trägt.

Die Wunder sind daher nichts weniger als übernatürliche und übermenschliche Werke oder Handlungen, wozu sie der historische, verständige Wunderglaube gemacht hat. Wenn der Wunderglaube selbst kein Wunder, nichts Uebernatürliches und Uebermenschliches ist, so sind auch die Gegenstände des Wunderglaubens keine Wunder, sondern sehr menschliche und natürliche Dinge. Um die objective

Realität des Wunders zu erweisen, müßte man daher erst beweisen, daß der Wunderglaube ein Wunder, daß die Vorstellung des Wunders eine übernatürliche und übermenschliche Vorstellung ist. Aber wie könnte denn der außerdem so natürliche Mensch eine wirklich übernatürliche Vorstellung haben? Müßte er nicht dazu selbst ein expreß mirakulöses Vermögen besitzen? Wie könnte er aber dieses mit seinem Selbstbewußtsein, seinem Verstande, seinen Vorstellungen zusammenreimen? Wie ein seinen übrigen Fähigkeiten widersprechendes Vermögen besitzen? Wie sich dieser übernatürlichen Vorstellungen bewußt sein, wenn sie wirklich über seine Natur gingen, folglich auch über die Möglichkeit der Vorstellung? Würde der natürliche Verstand, das natürliche Bewußtsein diese innerlichen Wunder nicht auch natürlich fassen, natürlich erklären, das Wunder also zerstören? Und wo bedürfte es denn äußerer Wunder, wenn schon der Wunderglaube ein Wunder wäre? Doch wozu Argumente gegen eine grundlose, alberne Annahme?

Die Wunder sind psycho- oder vielmehr anthropologische Erscheinungen; sie haben ihren Grund im Menschen. Aber wo? Der Mensch hat viel Gelaß; er ist eine lebendige Universität. Bei welcher Facultät sollen wir sie inscribiren? — Bei der philosophischen Facultät? Nein! der Vernunft widerspricht das Wunder — das ist ausgemacht, darin stimmen die Gläubigen und Ungläubigen überein, darum wird der Glaube an Wunder den Gläubigen als ein Verdienst angerechnet. Aber das Wunder widerspricht nicht dem Menschen im Allgemeinen; er hat vielmehr einen starken Hang zum Wunderglauben; er ist sogar wundersüchtig, so sehr auf das Wunder erpicht, daß er selbst den Glauben an Göttliches nur vom Wunder abhängig macht. Hätte der Mensch keine Liebe zum Wunder, wie käme es denn auch, daß er an wunderbaren Faktis so fest hielte? Was hätte er für ein Interesse an einem wunderbaren Faktum, hätte er keinen Sinn, keinen Hang zum Wunderbaren überhaupt? Wir haben daher hier einen Widerspruch zwischen der Vernunft und dem Menschen, denn wenn das

Wunder dem Menschen gefällt, aber der Vernunft mißfällt, so sind beide nothwendig mit einander im Zwiespalt. Aber wer kann diesen Streit schlichten, wer die Hand zur Versöhnung bieten? Offenbar nicht der leidenschaftliche Mensch, sondern nur die Vernunft, deren Grundsatz ist: der Klügere gibt nach, und deren Triumph über den Menschen gerade darin besteht, ihn so zu beherrschen, daß er ihre Herrschaft nicht fühlt. Sie kann ihn aber nicht beherrschen, ohne sich selbst zu einem Wesen seines Gleichen zu erniedrigen, nicht vergeistigen, ohne sich zu versinnlichen, nicht vernünftig machen, ohne mit ihm selbst, dem kindischen, unvernünftigen Menschen zu spielen. Die Vernunft als solche widerspricht dem sinnlichen Menschen; sie ist zu schlicht und einfach für ihn, zu sehr in sich vertieft, zu kalt und streng, zu unbekümmert um das, was ihm schmeichelt und wohlthut: die Vernunft hat das Allgemeine, das Ganze, das Universum im Auge, der sinnliche, egoistische Mensch nur sich, sein Wohl und Heil. Aber die Phantasie entspricht dem Menschen, die Phantasie ist die Vernunft, aber die entäußerte, die sinnliche Vernunft, die sich den menschlichen Schwächen, Leidenschaften und Wünschen accomodirende, die sich selbst verläugnende, die mit dem Menschen spielende Vernunft.

Das Wunder ist nur ein Phantasieobject — das allein ist seine wesentliche Bestimmung — vor der Vernunft als solcher löst es sich in ungereimte Widersprüche auf. Es gibt daher kein einziges als ein historisches Faktum erzähltes Wunder, das nicht die Phantasie hätte erfinden können, kein Wunder, das nicht für die Phantasie ein reizendes Schauspiel wäre, während es für die Vernunft sinnlos ist. Die Wunder gelten daher für übervernünftige Werke, weil die Phantasie dem sinnlichen, ungebildeten nur an der Oberfläche der Dinge klebenden Menschen eine höhere Macht als die Vernunft ist. Die Vernunft ist dem sinnlichen Menschen die Repräsentantin des trockenen Einerlei, die Repetiruhr der Außenwelt, wie er sie mit seinen gewöhnlichen Augen im alltäglichen Leben wahrnimmt. Der Sinn ist ihm, was er jetzt steht, die Vernunft, was er immer gesehen hat. Was so oft geschehen ist, wird und muß immer geschehen, weil es geschehen ist. Das Immer, welches sich von dem Jetzt nur durch die oftmalige Repetition desselben unterscheidet, hat für ihn die Bedeutung des Gesetzes, der Nothwendigkeit; aber der Grund ist kein innerer, kein vernünftiger Grund. Die Vernunft selbst ist in ihm nur eine Gewohnheit, aber die Gewohnheit die altera natura. Von Jugend auf hat er das Schauspiel der Natur gesehen, er hat sich daran gewöhnt; es ist ihm zur andern Natur geworden; obgleich es in seinem Anfang ein Unbekanntes war, und wenn er es in den Jahren, wo er fähig ist, über etwas sich zu verwundern, zum ersten Mal erblickte, auch etwas Unbekanntes und das größte Wunder wäre, so ist es ihm doch durch das ofte Sehen etwas Gewöhnliches, Natürliches, Gemeines, Bekanntes sich von selbst Verstehendes geworden. Die Frage: wie das Ding geschieht, hat für ihn gar keinen Sinn. So fragt er nur bei etwas Außergewöhnlichem, was er noch nicht gesehen hat. Seinen Verstand hat er in seinen Sinnen: der Grund liegt für ihn im bloßen Faktum. Frage ihn: wie siehst du? Er wird lachen. Er hat keinen Sinn für die Frage; wie sollte er einen Sinn für die Antwort haben? Das Sehen ist ihm kein Räthsel — er denkt und forscht nicht — wie sollte die Auflösung des Räthsels oder auch nur der Versuch für ihn Interesse haben? Würde er blind geboren worden sein und plötzlich zum Sehen gebracht werden, so würde er wohl staunend fragen: Ei, was ist das? wie geht das zu? Aber weil er von Jugend auf gesehen hat, so ist es ihm kein auffallender Gegenstand, der seine Witz- d. h. hier Neugierde reizte, d. i. kein Wunder.

Das Wunder existirt daher nur für die Menschen, welchen das Unbekannte das Bekannte, welchen das wahrhaft Wunderbare kein Wunder ist, und welche eben deswegen ein Bedürfniß nach besondern, aber gleichfalls sinn- und augenfälligen Wundern haben, um damit die Leere ihrer alltäglichen Anschauungen auszufüllen. Das

Wunder hat nur Sinn für die Menschen, welchen die Natur ein gleichgültiges Objekt der Gewohnheit ist, für die, welche keinen Sinn für die Natur und ihre Erkenntniß haben, für die, welche nicht auf dem Standpunkt der Erkenntniß, des Denkens stehen, wo sich der Mensch von der Natur unterscheidet und sie als Object sich gegenüber stellt, wo er den gedankenlosen Schlendrian seiner Jugendgewohnheiten und Vorurtheile gewaltsam unterbricht, wo die Natur ihm ein neuer, unbekannter, nicht nur seine Sinne, sondern seinen Geist reizender Gegenstand, das Gewöhnliche ein Fremdes, das Gemeine ein Erhabenes, das Natürliche etwas Wunderbares wird. Das Wunder hat nur Sinn im Gegensatz — das Wunder ist polemischer Natur — gegen ein als gemein und bekannt vorausgesetztes Ungemeines und Unbekanntes; denn seinem Inhalt und Wesen nach unterscheidet sich das Wunder — und hierin offenbart sich die ganze Flachheit und Nichtigkeit des Wunders — als ein sinnliches Faktum nicht von andern sinnlichen Faktis. Daß die Sonne, um das heroischste Wunder des Alten Testaments auszuwählen, stille stand, war ein Wunder. Aber worin lag das Mirakel? Darin, daß es bisher nie geschehen war. Wäre die Sonne immer stille gestanden, so wäre ihre Bewegung ein Wunder gewesen. Das Merkmal, daß es ein Wunder ist, liegt daher nicht an ihm selbst, am Inhalt an sich selbst, sondern nur darin, daß sie bisher nicht gestanden ist. Die Bewegung ist nichts Uebernatürliches, das Stillestehen gleichfalls nicht. Etwas wirklich Uebernatürliches wäre nur dann in diesem wunderbaren Faktum enthalten gewesen, wenn etwas, was über alle unsere Sinne geht, von dem wir nie etwas gesehen und geahndet, mit der Sonne vorgegangen wäre. Das Wunder liegt nur im Widerspruch mit der bisherigen Erfahrung. Das Wasser ist kein Wunder, auch das Gehen ist kein Wunder, aber das Gehen auf dem Wasser, weil dieß dem bisher Gesehenen oder Erfahrnen, welchem zufolge ein Mensch, der nicht schwimmt, im Wasser untersinkt, widerspricht, — das ist ein großes Wunder. Brot essen und von ihm gesättigt werden, ist kein Wunder, aber daß ein Paar Brote Tausende von Menschen sättigen, das ist Wunder. Der Unterschied von dem Gewöhnlichen ist nur, daß hier mit einem geringen Quantum eine Wirkung verknüpft wird, die sonst immer nur durch ein unvergleichlich größeres, der Menschenanzahl entsprechendes Quantum bewirkt wird. Der Inhalt ist immer ein rein sinnlicher; das (scheinbar) Wunderbare liegt nur darin, daß mit einem sinnlichen Ding ein andres sinnliches Prädicat, welches nur diesem Ding, jedoch nicht der sinnlichen Anschauung überhaupt widerspricht, aber wohl gemerkt! nicht ein unbestimmt andres, sondern das entgegengesetzte Prädicat verknüpft wird, so daß das Subject selbst zu einem andern Subject wird. Das Wunder verwandelt den Blinden in den Sehenden, den Tauben in den Hörenden, den Lahmen in den Gehenden, die Bewegung der Sonne in Ruhe, den Todten in den Lebendigen, Wasser in Wein oder Blut, den Sturm in Stille, wenig Brot in vieles Brot, „unsaubre Geister" in „Säue"

Die Verwandlung ist das Wesen des Wunders — das an der Hochzeit zu Cana in Wein verwandelte Wasser der symbolische Grundstoff aller Wunder. Aus der Finsterniß eines blinden Auges, d. h. eines Auges, dem die organischen Bedingungen des Sehens fehlen, plötzlich das Augenlicht hervorzuzaubern, das erfordert keine geringere Kraft, das ist eben so gut eine Creatio ex nihilo, eine Schöpfung aus Nichts, als die Verwandlung des Wassers in Wein eine Schöpfung aus nichts ist. Der Gesunde, der körperlich Vollkommne ist ein anderer Mensch als der Kranke, als der Krüppel — welch ein Unterschied zwischen einem gebornen Taubstummen und einem Menschen, dem von Kindesbeinen an der Engel des seelenvollen Tons hülf- und lehrreich zur Seite stand! Der Kranke, der urplötzlich aus seinem Elend in das Paradies der Gesundheit versetzt wird, hat daher eine eben so substanzielle Verwandlung erfahren, als das Wasser, welches in Wein verwandelt wird. Wer einen Taubstummen den Strom der Rede plötzlich entlockt, der thut eben so

Großes als Moses, wenn er aus einem Felsen einen lebendigen Quell hervorzaubert. So reduciren sich alle Wunder darauf, daß mit einem Subject ein Prädicat verknüpft wird, welches mit dem Wesen dieses Subjects im Widerspruch steht. Die Sprache liegt wohl im Wesen des Menschen, aber mit einem wirklichen Taubstummen nicht nur die Fähigkeit, sondern unmittelbar zugleich auch den vollkommnen Gebrauch der Sprache*) zu verknüpfen, das ist fast ein eben so großer Widerspruch, als wenn ich einem Esel menschliche Worte in den Mund lege, d. h, einen Esel, wenn auch nicht seiner Gestalt, aber seinem Sprachorgan nach, plötzlich in ein redendes Wesen verwandle. Daß sieben Brote sieben Menschen sättigen, das ist in der Ordnung, das ist legitim, daß aber sieben Brote fünftausende sättigen, das ist ein Widerspruch gegen alle logischen, physikalischen und mathematischen Gesetze, ein Widerspruch, der nur in der Mährchenwelt, in der Welt der Phantasie eine Möglichkeit ist.

Das Wunder drückt daher nichts andres aus, als das Wesen der Phantasie, denn das wesentliche Thun der Phantasie ist nichts andres als die willkührliche Verknüpfung und Verwandlung widersprechender Dinge mit- und ineinander. Kein Wunder widerspricht der Phantasie, kein Wunder ist der Phantasie ein Wunder, ein unverständliches, fremdartiges Ding. In der Phantasie macht sich der Mensch zum Herrn der Natur, aber eben nicht auf eine vernünftige, sondern phantastische, nicht auf eine geistige, sondern selbst wieder sinnliche Weise. In der Phantasie ist die geistige Thätigkeit nur eine formelle, nur Schein; die Phantasie ist versenkt in den Stoff der sinnlichen Anschauung; nur in der Anwendung desselben, in der Combination, in der Verknüpfung ist sie unbeschränkt, frei, d. i. willkührlich. Die Freiheit der Phantasie ist der Zufall der Willkühr — daher

---

*) „Und alsobald thaten sich seine Ohren auf, und das Band seiner Zunge ward los und redete recht." Marc. 7, 35.

alle phantastischen Köpfe die Freiheit der Phantasie, das Spiel der Willkühr für die Freiheit der Vernunft nehmen oder gar über diese setzen, weil dem kindischen, phantastischen Kopf der Ernst der Vernunft pedantischer Zwang ist. Die Phantasie ist die erste und darum selbst noch sinnliche Erhebung des Geistes über die Sinnlichkeit. Die schönsten Phantasien stammen daher aus dem Orient, wo die Menschheit in einer unentschiedenen Mitte zwischen Geistigkeit und Sinnlichkeit steht.

Aber was von der Phantasie, das gilt auch von ihrem Lieblingskinde, dem Wunder. Die angeblich höhere Geistesmacht, die sich im Wunder offenbaren soll, ist nur Illusion, denn das Wunder setzt, wie gezeigt, an die Stelle eines sinnlichen Prädicats oder Subjects nur ein andres ihm (sei es nun überhaupt oder in diesem besondern Fall) widersprechendes, aber immer wieder sinnliches Object und Prädicat. Der Stoff der Wunderthätigkeit ist, wie in der Phantasiethätigkeit, ein sinnlich gegebener, nur dieses Setzen des einen Objects oder Prädicats an die Stelle des andern ist keine in der äußern Natur gegenständliche, ist die subjective, eigne willkührliche Thätigkeit des Wunderthäters. Die Wunderthätigkeit ist eine Taschenspielerei, denn auch beim Wunder geht es eben so wie bei dem Taschenspieler — der größte Meister der Taschenspielerkunst ist aber die Phantasie — mit ganz natürlichen Dingen zu; das Geheimniß desselben ist nur das Geheimniß der Phantasie, welche die sinnliche Anschauung, ob sie gleich nur vom Fonds derselben lebt, zum Besten hält. Eben deßwegen, weil der Inhalt des Wunders ein sinnlicher, natürlicher ist, nur die Weise, wie das Subject oder Prädicat an die Stelle eines andern tritt, eine sinnlich nicht gegenständliche ist, ist es eine nothwendige, im Wesen des Wunders begründete Consequenz, daß das Wunder auch zum Object einer natürlichen Erklärung wird, auch die Weise, wie es dabei zuging, in das Gebiet der natürlichen Ursachen gezogen wird. Das Wunder hat sich einmal die Blöße gegeben, daß es den Gegensatz zur Natur selbst wieder in die sinnliche Sphäre hineinstellt und aus der

Natur nimmt, es kann daher nicht die Frage abweisen: bist du denn überhaupt ein Wunder? ist nicht vielleicht dieses Ereigniß, vorausgesetzt, daß ihm wirklich etwas Historisches zu Grunde liegt, daß es nicht handgreiflich sich als ein reines Product der Phantasie hinstellt, nur deßwegen ein Wunder, weil du nicht die Ursache, die Weise des Hergangs kennst? Und das Wunder kann hierauf nichts antworten, denn es ist kein Freund der Philosophie und Naturforschung; aber es will auch hierauf nichts antworten; denn es ist glücklich in seinen Träumen — ein unbefangenes kindliches, oft freilich auch kindisches Spiel der Phantasie mit den Dekorationen der Dinge dieser Welt, die für sie nur die Bedeutung eines Maskenballs hat, um dem Menschen eine angenehme Erholung von den strengen Arbeiten und Pflichten der Vernunft und Wirklichkeit zu verschaffen.

Die Phantasie ist, wie schon angedeutet, die von den Herzensbedürfnissen und Wünschen des Menschen bestimmte Intelligenz. Dem Menschen, der zu einem geliebten Gegenstand in der Ferne eilt, ist jeder Fluß, weil er nicht darüber hinweggehen kann, wie über festen Boden, jeder Baum, der ihn zu einem Umweg nöthigt, jeder Hügel, den er ersteigen muß, eine Schranke, die sich störend mitten zwischen ihn und den Gegenstand seiner Wünsche hinstellt; in seiner Phantasie ist er schon an dem ersehnten Orte, aber langsam schleppt er als eine lästige Bürde seinen schwerfälligen Körper mit sich fort. Der Schmerz über den Widerspruch der Wirklichkeit mit dem Bedürfniß seines Herzens preßt ihm den Wunsch aus: O wär' ich doch so leicht wie ein Vogel, so schnell wie der Wind; er seufzt — und siehe! dort oben im Himmel schweben seine Seufzer als Engel — vogelleichte, ungebundene, selige Wesen — und über diesen Engeln das höchste Wesen als ein schlechthin schrankenloses Wesen, als ein Wesen, dessen Willen nichts im Wege steht, bei dem Befehlen (Wünschen, Wollen) und Schaffen identisch ist. Das Herz vergegenständlicht, verselbstständigt seinen Wunsch und Drang, frei zu sein von allen Bestimmungen und Schranken, als die absolute, die göttliche Willkühr, die Allmacht. In der göttlichen Allmacht macht der bedrängte Wunsch sich Luft, hier strömt das beklommene Herz seine Seufzer aus, hier entledigt es sich der eignen Schranken; hier entschädigt es sich für das, was es in der Welt entbehrt; hier gibt sich der Mensch, was er haben möchte, was ihn schmerzt, nicht zu besitzen; hier macht er seine Wünsche zu den Gesetzen, den siegreichen Mächten der Welt. Gott ist in ihm die Anschauung und Empfindung der Freiheit von den Schranken der Wirklichkeit: Gott kann Alles; ihm ist nichts unmöglich, sein Wille ist das einzige Gesetz. Der Wunsch zerbricht die Schranken der Subjectivität — er will, daß das sei, was er wünscht — die Allmacht ist der realisirte Wille des Wunsches; denn dem Wunsch ist Nichts unmöglich; er mag und vermag Alles. Aber die willfährige Phantasie ist es, welche verwirklicht, was das Herz will; in ihr ist als Object gesetzt, was im Herzen nur als subjectiver Wunsch existirt. Die Phantasie ist der Engel des Herzens, der Himmel auf Erden, der Spiegel der Welt, wie sie den Wünschen des Menschen entspricht. Was anders ist denn nun aber das Wunder, als der als ein sinnliches Faktum realisirte Wunsch des Menschen, von den Gesetzen der Vernunft und Wirklichkeit, die seinem Herzen als Beschränkungen erscheinen, frei zu sein. Das Wunder speist Hungrige, ohne benöthigt zu sein, die Nahrungsmittel mühselig herbeizuschaffen, heilt Blind-, Lahm-, Taubstumm-Geborne; aber der Hungrige wünscht zu essen, der Lahme wünscht, gehen, der Blinde, sehen, der Taube hören zu können.

Keineswegs widerspricht darum auch das Wunder an der Hochzeit zu Cana dem Geiste und Wesen der übrigen Wunder. So wenig der Wunsch nach Wein, zumal bei einer Hochzeit, wo es erlaubt ist, des Guten ein wenig mehr zu thun, als gewöhnlich, ein unsittlicher Wunsch ist, so wenig ist der Wunsch des Kranken nach Gesundheit ein sittlicher Wunsch. Der Wunsch fragt überhaupt nicht darnach, ob er sittlich oder unsittlich ist: er ist sein eigner Herr und Gesetzgeber. Warum sollte der, welcher die Wünsche der Menschen zu Gesetzen seiner Handlungen macht, die Erfüllung derselben von ihrer Sittlichkeit oder Unsittlichkeit abhängig machen? Die Heilung eines Kranken hat wohl immer einen sinnlich wohlthätigen, aber deßwegen noch lange nicht einen religiös oder sittlich wohlthätigen Zweck und Erfolg. Der Wunsch, gesund zu werden, kann selbst auf ganz unsittlichen Motiven beruhen, und die Heilung daher in einem solchen Fall nur dazu dienen, den Reconvalescenten vollends ins Verderben zu stürzen. So war es mit den zehn aussätzigen Männern bei Lukas cap. 17, 12. Sie wurden alle durch die Wunderkraft geheilt, aber unter diesen Zehn war nur Einer, auf welchen dieses Wunder einen religiösen Eindruck machte. Warum sollen wir also an dem Wunder an der Hochzeit zu Cana Anstoß nehmen? Im Gegentheil, wir können dieses joviale Wunder auch in dieser Beziehung als dasjenige Wunder ansehen, wo uns allein reiner Wein eingeschenkt wird. In vino veritas, heißt es auch hier. Das Wunder geht vor in einer Gesellschaft. Schon hierin haben wir eine charakteristische Eigenschaft des Wunders überhaupt. Das Wunder bedarf Zuschauer, es producirt sich, es ist berechnet auf Effect, es ist ein Schauspiel, das nur gesehen, aber nicht gelesen werden kann, etwas nur für die Masse, aber nicht für den Denker, etwas für die Sinne aber nichts für den Geist. Die Gesellschaft empfindet Mangel an Wein. Das Wunder ergänzt diesen Mangel: das Wunder ist gefällig, zuvorkommend, es erfüllt die Wünsche des Menschen, und zwar mit einem einzigen Zauberschlag, ohne Vermittlung von Raum und Zeit und andrer langweiliger Kategorien, welche die von dem ungeduldigen Wunsch beflügelte Phantasie überspringt. Aber der objective Inhalt ist ein rein sinnlicher, wie bei allen andern Wundern, und muß ein sinnlicher sein, da der Wunsch, worauf er sich bezieht, seiner Natur nach immer sinnlich ist — die Wunderthätigkeit ist ein chemischer Proceß, der in seinem Product erlischt, der zu seinem Resultat ein caput mortuum hat: das Product des Wunders ist kein Wunder; Wasser wird in Wein verwandelt: ein indifferentes Getränk in einen Stoff, der des Menschen Herz erfreut. Wer sollte sich dieses nicht gefallen lassen? wer nicht ein Wesen, das die Fülle des Segens in sich trägt, dem die augenblickliche Erfüllung aller Wünsche zu Gebote steht, als ein höheres Wesen verehren? So haben wir hier das Geheimniß des Wunders klar aufgetischt. Das Wunder verwandelt das kalte, indifferente, universale Wasser der Vernunft, den Grundstoff der Lebensweisheit und Naturphilosophie in den wohlschmeckenden, sinneberauschenden, aber leicht verfliegenden Champagner der Phantasie.

Welche Realität kommt daher den Wundern zu? — Dieselbe, welche den Gespenstern. Die Gespenster sind Phantasiewesen, Phantasieproducte, Gestalten, die keine Gestalten, Körper, die keine Körper sind — reine Schemen, reine Erscheinungen, d. i. rein optische Wesen. Die Phantasie zerrüttet die Sinnenharmonie, sie isolirt und separirt den Gegenstand, wie er für die Augen erscheint, von seinem Dasein für die übrigen Sinne. Den materiellen Sinnen ist der Abgeschiedene entschwunden; aber wie er einst vor meinen Augen da stand, so steht er noch jetzt in der Erinnerung, in meiner Phantasie da; nur vermischt sich jetzt zugleich mit dem Bilde des Lebendigen das schauerliche Bild des Todten. Was ich, wenn auch nur innerlich sehe, steht mir als Object gegenüber. Die Gränze zwischen der Wahrnehmung des Objects in mir und des Objects außer mir ist eine leicht verschwindende. Je lebhafter ich einen abwesenden Gegenstand mir vorstelle, desto mehr werde ich der Gegenwart entrückt, desto weniger höre und sehe ich, was außer mir vorgeht. Warum soll mir nun nicht, indem mir das Wirkliche zum Unwirklichen, das Gegenwärtige zum Abwesenden wird, umgekehrt das Abwesende zum Gegenwärtigen, das Unwirkliche zum Wirklichen werden? warum soll ich nicht außer mir wahrnehmen, was ich selbst in mir schon in einem Zustand des Außersichseins wahrnehme? Die Erinnerung macht uns träumerisch; es verschwindet in ihr der Unterschied zwischen Subjectiv und Objectiv. Und die ergreifendsten Erinnerungen überraschen uns sogar oft plötzlich, unwillkührlich, mitten selbst in den trockensten, nüchternsten Beschäftigungen. Wie leicht nehme ich nicht in solchen Momenten, wo ich von meinen Erinnerungen plötzlich, wie von einem unerwarteten Gast, überrascht werde, dieses herzzerdrückende Phantasma als eine Erscheinung außer mir wahr! Wie relativ, wie individuell ist überhaupt für den Menschen im Besondern die Bedeutung des Wirklichen! Den rohen Menschen sind Träume wirkliche Begebenheiten. Sie glauben, daß die Seele im Schlaf außer den Körper hinausgehe und herumspaziere. Ist nun aber gar das Bild des Todten das Bild einer unsaubern Persönlichkeit, das Bild eines Bösewichts, eines Geizhalses, eines Misanthropen, eines Mörders, so wird das Bild zu einem förmlichen Gespenst, das als ein Gegenstand der Furcht und des Schreckens, hauptsächlich auch nur an ungeheuern Orten, auf Kirchhöfen, an einsamen Plätzen, in verlaßnen Schlößern und nur zur Zeit der Furcht, in der Nacht, umgeht. So isolirt die Phantasie die Gesichtserscheinung im Gespensterglauben und macht, ungeachtet des lauten Widerspruchs der übrigen Sinne, die rein optische Existenz, abgetrennt von allen andern die Wirklichkeit bedingenden Eigenschaften, zu einer wirklichen, objectiven Existenz. Daß nun aber das Gespenst ein bloßes optisches Phantasma ist, geht hauptsächlich daraus hervor, daß es ungeachtet seiner Leiblichkeit durch feste Gegenstände, durch Wände und verschloßne Thüren hindurchgeht. Dem reinen Schemen, dem absolut Durchdringlichen und Nichtigen ist natürlich auch die dichteste Materie nicht undurchdringlich. Ich sehe zwar nicht mit meinen leiblichen Augen durch die Thüre hindurch, aber die Augen der Phantasie, die keine Gränzen und Schranken kennt, sehen durch. Kein Wunder daher, daß auch das Phantasma durch die Thüren hindurchgeht, ohne Löcher zu machen. Die Gespenster machen nun freilich auch Lärm und Wind mancherlei Art; aber das sind lauter spätere menschliche Zusätze. Das Gespennst hat seinen Ursitz in der Phantasie und dem ihr zunächstliegenden Sinne, dem Auge*). Daß

---

*) Eine vollständige Genealogie des Gespensts soll übrigens hiermit nicht gegeben sein.

bei einem Gespenst, das einmal geglaubt und als wirklich geschaut, wird, auch die übrigen Sinne, vor allem das Ohr, das Organ der Furcht, sympathisch mit in Aufruhr kommt, ist ganz natürlich. Aber gerade der Tastsinn, der treue Controleur und Corrector des Auges geht leer dabei aus. Ja das Gespenst und der ungläubige Tastsinn sind absolute Antipoden. Alle Gespenster, die sich bisher noch auf der That ertappen ließen, waren argumenta ad hominem, daß die wahren Gespenster nur Entia optica sind — Abstractionen der Phantasie, Wesen, welchen die wesentlichsten Bestimmungen der Wirklichkeit, gerade die Bestimmungen abgehen, durch die wir das Phantasma von der Realität unterscheiden, Wesen, welche aber gleichwohl die Phantasie zu wirklichen Wesen macht, weil sie selbst diese Geschöpfe erzeugt und keine Thätigkeit sich selbst verläugnet, sondern jedes Object, welches ihrem Wesen gleicht, für ein wirkliches hält. So hält das Herz seine Gefühle für Wahrheiten, so denn auch die Phantasie ihre Phantasien für Realitäten.

Aber wie die Gespenster und die mit ihnen verwandten Engel und Dämonen, so ist auch das Wunder eine Abstraction der Phantasie, beruhend auf einer Störung der Harmonie der Sinne, der Grundlage von der Gewißheit aller Realität. Welche Mißtöne bringt nicht z. B. ein redender Esel in die Harmonie meiner Sinne! Meine Ohren sagen mir: der Esel ist ein Mensch, denn die Rede ist ein charakteristisches Merkmal des Menschen; aber meine Augen widersprechen dem Ohr und sagen: Quod non; der Esel da ist wirklich ein Esel. Das was meinen Augen sonst den Esel repräsentirt hat, dasselbe hat auch stets meinem Ohr einen Esel repräsentirt: ich habe nur Eselsgeschrei aus dem Maul eines Esels vernommen. Aber hier widerlegt das Auge das Ohr, und das Ohr hinwiederum das Auge. Ich kann daher auch nicht gewiß sein, ob der redende Esel Schein oder Wahrheit ist, weil die Zeugenaussagen sich widersprechen, so wenig als ich gewiß sein kann, ob ein Gespenst nur ein Phantasma oder eine Realität ist, so lange ich nicht das Gespenst mit Händen greifen kann. Wenn ich selbst auch sehe, daß der Esel sein Maul aufthut, indem ich zugleich menschliche Worte höre, so kann ich doch, da ich nur einen Esel vor mir sehe, einen Esel von dem ich nie erfahren habe, mir auch gar nicht denken kann, daß er spricht, keineswegs bestimmt sagen und wissen, daß diese Worte aus dem Esel selber kommen, ich kann mir höchstens nur einbilden, daß der Esel da vor meinen Augen es sein könnte, aus welchem die menschlichen Töne, die in mein Ohr fallen, kommen. Um die Gewißheit zu haben, daß der Esel wirklich es ist, welcher spricht, müßte ich in diesem außerordentlichen Falle die Worte in Gestalt von sichtbaren Figuren aus dem Munde des Esels aufsteigen sehen. Der Widerspruch des ungläubigen Auges gegen das gläubige Ohr könnte nur so gehoben werden. Es müßte also ein neues Wunder vorgehen, damit ich nur das Wunder als Wunder sehen, als eine sinnlich beglaubigte, objective Erscheinung wahrnehmen könnte. Aber so wie jetzt die Sachen stehen, ist der redende Esel nur ein abstractes Phantasma, und zwar kein optisches, sondern ein akustisches — ein Wunder der Akustik. Die optische Bedeutung des Wunders fiel hier nur in die Augen des Esels, der, hellsehender als Bileam, vor der glänzenden Erscheinung bereits furchtsam auf die Hinterbeine getreten war, während der verstockte Prophet noch nichts wahrnahm, bis ihn endlich der Esel zur Rede setzte. Aber dafür ist auch dieser Fall ein ganz besonderer, abnormer Fall; denn fast alle Wunder sind optische Phänomene.

Denken wir nur z. B. an den wunderbaren Gang auf dem Meere. Um den Gang auf dem Wasser zu einem Wunder zu machen, dazu wird erfordert, daß der Körper des Gehenden von Natur schwerer ist als das Wasser, denn wäre er seiner Natur nach leichter, so wäre das nicht Untersinken eine natürliche Erscheinung. In dem Moment daher, wo ein Wunderthäter auf dem Wasser auftritt, macht er durch sein absolutes Machtgebot seinen Körper leichter als Wasser, oder vielmehr zu keinem Körper, einem Körper ohne Schwere, einem Körper, wie er ein Object blos des Auges und der Phantasie ist, aber nicht der übrigen Sinne, durch die sich mir erst eine Erscheinung des Auges als reales Object darstellt. Wäre er ein wirklicher Körper, ein Körper, der die Totalität der Bestimmungen der Körperlichkeit in sich vereinigte, so müßte er im Wasser untersinken, durch den Druck der Schwerkraft meinen Augen entzogen werden. Meine von der Phantasie, die ihre Günstlinge selbst durch die festesten Gegenstände ohne Anstoß durchpassiren läßt, bezauberten Augen sehen daher wohl einen Körper über die Wogen dahin schweben, aber für meine Vernunft, welche den Eindruck der Schwere hier vermißt, ist dieser leichtfertige Körper nur ein Scheinkörper. Aus diesem Beispiel sehen wir zugleich, wie einfältig und oberflächlich die von der Erfahrung und Vernunft verlassene Phantasie ist. Die Phantasie negirt eine oder mehrere sinnliche Eigenschaften, aber nur nach ihrem oberflächlichen Schein, weil ihr nur dieser in die Augen fällt. So glaubt sie, daß die Schwere negirt ist, wenn ein Körper im Wasser nicht untersinkt oder mit Engelsflügeln durch die Lüfte schwebt, daß ein solcher Körper erhaben ist über die Gesetze der Schwere; sie sieht nicht ein, daß dennoch ihr sublimirter Körper ein gehorsamer Diener der Schwere ist, weil er geht oder fliegt, Gehen und Fliegen aber nur möglich ist nach den Gesetzen der Schwere.

Wenn bei einigen Wundern die nur optische Bedeutung selbst mit blendendem Glanze in die Augen fällt, so tritt sie dagegen bei andern Wundern allerdings in den Hintergrund. Aber man bedenke, daß die Wunderthätigkeit ein chemischer Proceß ist, welcher in seinem Producte erlischt, eine meteorologische Erscheinung, die zwar einen Augenblick den höhern Regionen angehört aber sogleich wieder verpufft, und so vom Himmel auf die Erde herabfällt. Die andern Sinne nehmen daher allerdings Theil an den Wundern, aber so wie das Wunder auf die Zunge oder in den Magen oder in die Hand genommen wird, so hat es schon aufgehört, ein Wunder zu sein, so ist auch nur noch das Caput mortuum, das irdische Resultat übrig geblieben. Der an der Hochzeit zu

Cana wunderbarlich producirte Wein war allerdings wohl seiner Ursache oder Entstehung nach ein übernatürlicher, himmlischer, aber seiner Qualität, seinen Wirkungen nach ein ganz natürlicher Wein — ein Wein, der recht gut, ohne daß es die Gäste gemerkt hätten, durch einen andern auf natürlichem Wege erzeugten Wein hätte ersetzt werden können. Wenn es ein übernatürlicher, himmlischer Wein gewesen wäre, so hätte ja auch ein neuer, ein übernatürlicher, ein himmlischer Magen und Gaumen zum Genusse desselben erschaffen werden müssen. Im Weine war also die Wunderthätigkeit im eigentlichen Sinne wieder zu Wasser geworden. Während sonst der Wein die Geistesthätigkeit potenzirt und erregt, so hatte er hier dagegen eine depotenzirende, niederschlagende Wirkung; denn so wie der Wein auf die Zunge kam und von ihr als natürlicher Wein erkannt wurde, so war auch schon der Wundereffect vorüber und das während der Verwandlung aus den Schranken seiner Ufer gewaltsam emporgehobene Wasser der Natur durch den Kanal der Kehle in sein altes Becken wieder zurückgelaufen, auf seinen primitiven Zustand reducirt. Objectiv lag hier das Wunder nur in dem momentanen mysteriösen Indifferenzpunkt des Verwandlungsactes — die beiden Pole der Wunderthätigkeit, der negative Pol des Wasserstoffes und der positive des Weinstoffes waren ja nur natürliche Potenzen — subjectiv aber nur in dem Moment der Ueberraschung, wo man aus den mit Wasser angefüllten Krügen wider Erwarten Wein herausfließen oder gar plötzlich Wasser in Wein sich verwandeln sah, d. h. plötzlich an der Stelle des Wassers Wein erblickte. Das Wunder war nur ein Augenblick und zwar nicht nur ein chrono- sondern auch physiologischer — ein abstractes Gesichtswunder, indem für den Geschmackssinn, welcher doch bei diesem ästhetischen Wunder die entscheidende Stimme hätte haben sollen, das Wunder bereits ein abgestandnes, traditionelles Wunder war, welches sich nur auf die einseitige Aussage des Auges stützte — eine Aussage, die aber eben vor dem Forum des Geschmackssinns ob der natürlichen Qualität des Weins als eine grundlose hyperphysische

Hypothese verworfen wurde — denn für den Gaumen wäre es nur ein unmittelbares, untrügliches Wunder gewesen, wenn sich auf der Zunge das Wasser in Wein verwandelt hätte.

Eben so ist es mit der wunderbaren Speisung der fünftausend Menschen. Für die Hände, den Magen, den Gaumen unterschied sich das wunderbare Brot nicht von gewöhnlichem, natürlichem Brote. Der Substanz nach war das Wunder gar kein Wunder; der Wunderact war nur der formelle Act der Brechung und Vervielfältigung des Brotes, ein Act, der eben nur eine Scene für das Auge war. Selbst die wunderbaren Heilungen sind nur optische Schemen, Phantasiegespenster von Heilungen, weil ihnen die Bestimmungen oder Merkmale abgehen, die allein eine Heilung zu einer wirklichen, organischen Heilung machen. So wenig ein Körper, dem die Schwerkraft abgeht, ein wirklicher Körper ist, so wenig ist ein Organismus, der sich nicht — sei es nun allein oder vermittelst der Unterstützung der Kunst — aus sich selbst kurirt, nicht in organischer Entwicklung die Krankheit selbstthätig überwindet, sondern plötzlich auf ein bloßes Machtgebot hin die Krankheit oder gar einen organischen Fehler wie ein Gewand von sich wirft, ein Organismus, welcher in der Wirklichkeit Stich und Stand hält*) Wer auf organischem Wege gesundet, genest nicht auf einmal; nur allmählig nehmen seine Kräfte zu, allmählig kehrt ihm das süße Gefühl der Gesundheit wieder; in diesem allmähligen Gang stellt ihm der Organismus gleichsam ein Zeugniß aus, daß seine Krankheit, aber auch seine Genesung keine Einbildung, sondern ein wirkliches Faktum ist. Die Genesung ist hier ein Gegenstand der innern und äußern

---

*) Keineswegs kann man die Wunderkuren etwa durch seltne, ungewöhnliche Fälle von natürlichen Heilkräften als durch Analoga veranschaulichen, denn die Wunderkuren sollen Dasselbe bedeuten und ausdrücken, als die Todtenerweckungen — die Macht des Unmöglichen. „Von der Welt an ist es nicht erhöret, daß Jemand einem gebornen Blinden die Augen aufgethan habe."

Erfahrung — die Krankheit eine schwere Last, deren Gewicht Tag für Tag verringert und deren Nachdruck selbst in dem Moment, wo der Körper endlich ausschnauft, noch verspürt wird. Ein Kranker dagegen, in dem die Gesundheit, im Widerspruch mit dem Wesen und den Gesetzen des Organismus, durch eine generatio aequivoca entstanden, der urplötzlich genesen ist, d. h. der krank ist gewesen und nun plötzlich gesund ist, ohne gesund geworden zu sein, bei dem das Tempus perfectum der Krankheit ohne das Mittelglied eines Imperfectum in das Praesens der Gesundheit übergeschnappt ist, ein solcher Patient kann sich wohl einbilden, daß er krank gewesen und nun gesund ist, kann wohl auch andern leichtgläubigen Leuten diese Einbildung beibringen, aber er kann sich nicht, selbst nicht einmal zu seinem eignen Privatgebrauch, durch ein glaubwürdiges Attest hierüber legitimiren. Ein Lahmgeborner, der „nie noch gewandelt" und nun plötzlich auf den Ruf: stehe auf! sich aufrichtete, wandelte, lief und sprang, wie die beiden Lahmen, die Petrus und Paulus geheilt, ein solcher Lahmer hatte auch nur eine doketische oder nur optische Lahmheit, einen doketischen oder nur optischen Körper; denn wäre sein Körper ein wirklicher gewesen, so hätte er nicht sogleich auf seinen Beinen stehen, geschweige die schwierigen gymnastischen Kunststücke des Springens und Laufens ausüben können, sondern den Gesetzen der Schwere unterliegen müssen, da ein Mensch, auch mit gesunden, aber noch ungebildeten und ungeübten Füßen, vorausgesetzt natürlich, daß er einen schweren Körper hat, erst kriechen und fallen muß, ehe er sich in das abstracte System des Gleichgewichts einschließt.

Ueber

Philosophie und Christenthum

in Beziehung auf den

Der Hegelschen Philosophie gemachten Vorwurf der Unchristlichkeit.

1839.

Die Chronique scandaleuse der deutschen Universitäten hat in unsern Tagen einen interessanten Beitrag erhalten. Bekanntlich gebührt die Ehre dieses Skandals der Universität Halle, derselben Universität, welche schon ein Jahrhundert früher, den 23. November 1723, Abends zwischen 8 und 9 Uhr, also bei Nacht und Nebel, die Philosophie, die damals in der Gestalt eines Wolf's die Heerde der Gläubigen in Schrecken versetzte, unter dem heißen Dankgebete der Pietisten, zum Teufel fahren sah. Ein schlagender Beweis, daß der Weltgeist ein beneidenswertheres Loos den Universitäten bestimmte als den Völkern, welche nur einmal im Laufe der Geschichte dieselbe glänzende Rolle spielen dürfen. Aber warum wählte wohl der Weltgeist — wenn wir anders diesen Namen in die kleinlichen „Entre-mangeries Professorales" hereinziehen dürfen — abermals Halle zum Schauplatz des

Skandals? Ist Halle allein der geweihte Boden? Fand er nur hier die tauglichen Subjecte? Und warum mußte dießmal ein Historiker der Urheber des Skandals sein? War nicht von jeher das heilige Amt der Verketzerung den Theologen anvertraut? Ging nicht auch anno 1723 der Skandal von einem Theologen aus? Ist es also nicht ein außerordentlicher Fall, ein Eingriff in die uralten Privilegien der theologischen Fakultät, daß hier ein Historiker den Ankläger macht? — O alberne Fragen! Ein Historiker mußte natürlicher Weise dießmal die Rolle des Joachim Lange, seines würdigen Vorgängers, übernehmen, erstens weil es der Beruf des Historikers ist, immer nur alten Kohl uns aufzuwärmen, und zweitens weil er uns durch die That beweisen sollte, daß Historie ohne gesunden Menschenverstand die Menschheit nicht nur nicht bessert und bildet, sondern sie vielmehr im Jahr 1838 genau wieder auf denselben Fleck zurückstellt, wo sie bereits im Jahre 1723 stand. Derselbe Ort mußte aber deswegen gewählt werden, damit die Menge, welche von jeher, um sich recht wichtig zu machen, die Erscheinungen ihrer Zeit für die einzigen in ihrer Art hielt, dießmal wenigstens durch ein augenfälliges Zeichen zu der Einsicht käme, daß auch derselbe Fall hier vorliegt, wie anno 1723. So führt der Untersuchungsrichter den Verbrecher an den Ort, wo er sein Verbrechen beging, um die Identität des Thatbestandes herzustellen und den Verbrecher wo möglich zur Selbsterkenntniß und zum Eingeständniß seiner Frevelthat zu bringen.

Allerdings hat der hallische Historiker dem aufgewärmten pietistischen Kohl von 1723 auch „Vogelmiere und Schöllkraut" als „Unkräutlich" beigemengt, um den Kohl etwas pikant zu machen; aber diesen Zusatz dürfen wir dem Professor nicht besonders anrechnen. Was vernimmt die Gelbsucht des pietistischen Historikers von dem göttlichen Leben der im Kleinsten großen, im Gemeinsten herrlichen und bewunderungswürdigen Natur? Was Wunder, wenn alles, was den Augen des Naturfreundes ein Gegenstand freudiger Anschauung ist, den Katzenaugen des Historikers, die nur in der Finsterniß vergangener Jahrhunderte in ihrem Esse sind, als vertilgungswerthes Unkraut erscheint! Die Vogelmiere ist ein liebliches Pflänzchen, und zeichnet sich, obwohl äußerlich unansehnlich, vor so vielen andern prahlerischen, aber ephemeren Erscheinungen der Pflanzenwelt vortheilhaft aus. Die Vogelmiere weiß nichts von dem Wechsel der Jahreszeiten; selbst unter der Decke des Schnees treibt sie im Stillen ihr immer grünendes und blühendes Leben fort. Herrliches Bild der Philosophie, die ihren Mantel nicht nach dem Winde der Zeiten hängt, der auch noch unter dem Geistesdrucke des religiösen Materialismus und Historismus unserer Tage das Herz im Busen selbstthätig fortschlägt! Und Schöllkraut, o welch köstlich Kraut! Schöllkraut ist zwar dem Vieh ein schädlich Kraut; Heu und Stroh ist das Futter der Wiederkäuer. Aber Geschwüre heilt Schöllkraut und Warzen beizt es den Menschen weg; Schöllkraut hat einen scharfen, bittern Saft. O herrliches Bild der Philosophie! Das tägliche Brot gibt die Philosophie nicht, aber Arzneikräfte besitzt sie; namentlich historische Schwären und Auswüchse, die das Antlitz der Menschheit entstellen und sie im Fortgang der Bildung hemmen, beizt sie weg mit dem scharfen, bittern Saft des Verstandes. Schäme dich darum nicht, Philosophie! daß du dem pietistischen Historiker als Unkraut erscheinst. Unkraut ist jegliche Pflanze — auch die schönste, auch die edelste — die da steht, wo sie nicht stehen soll, die an ihrem Standort dem Menschen mit seinen beschränkten Zwecken in die Quere kommt; für den Naturforscher gibt es kein Unkraut. Aber freilich auf dem Boden, wo der hallische Historiker steht, wie überhaupt da, wo der aus dem allgemeinen Leben verdammte Geist des mittelalterlichen Aberglaubens als Gespenst noch umgeht und mit den Ketten der Polizeigewalt jeden Selbstdenker bedroht, freilich da ist die Philosophie ein wahres Unkraut, denn sie steht hier ganz am unrechten Platze.

Zwar ist dem Professor der Geschichte nicht alle Philosophie ohne

Einschränkung Unkraut. Gott bewahre! Er macht — wie ist er doch so billig und gerecht! — einen Unterschied zwischen falscher und wahrer Philosophie, und er trägt daher kein Bedenken, — Dank seiner Großmuth! — den Hegel selbst „selig" zu sprechen. Natürlich! der alte Hegel hat geschrieben, aber er schreibt nicht mehr, er hat gelebt, aber er lebt nicht mehr. Hegel ist ein Perfectum, und nur das abgestandene Wasser der Vergangenheit ist Wasser auf die Mühle des Historikers; nur die Perfecta und Plusquamperfecta liefern ihm den Stoff zu seinen Manufakturarbeiten. Das Praesens dagegen legt dem Historiker das Handwerk, und er ist daher, lediglich aus Brotneid, ein abgesagter Feind der Gegenwart. So lange der Mensch lebt, ist, so lange gehört er noch sich selbst an, aber wenn es einmal von ihm heißt: er ist gewesen, o wehe! dann fällt er den Historikern in die Krallen. Zwar setzt der Lebende nach seinem Tode den Historiker zum Erben ein; aber natürlich wässert dem Historiographen schon bei Lebzeiten des Testamentators der Mund nach seiner einstigen Beute, und er lebt daher so lange in dem Zustande der peinlichsten Sorglichkeit, Begierlichkeit und Ungewißheit, so lange noch ein gesunder Blutstropfen in den Adern des Erblassers rollt. Kein Wunder also, daß der hallische Historiker — die personificirte Mißgunst des Historismus gegen die gesunden Blutstropfen der Gegenwart — vor dem alten Hegel respectvoll den Hut abzieht, denn der alte Hegel schlägt, eben weil er nicht mehr ist, in das Fach des Historikers ein. Hegel ist ein **wahrer Philosoph**, denn er hat aufgehört, zu philosophiren. Auch diejenigen Hegelianer, welche die treuen Bewahrer der „geistigen **Hinterlassenschaft**" Hegels sind, sind **wahre Philosophen**, die ächten Relicten Hegels, das heißt im Sinne des Historikers: sie sagen, was Hegel gesagt hat, sie sind Historiker, und welche Krähe hackt der andern die Augen aus? Aber die jungen Hegelianer, die nach Analogie von Jüngling vollkommen grammatisch richtig gebildeten Hegelinge, die sind dem Historiker ein wahrer Dorn im Auge, nicht deswegen, weil sie wirklich die

Philosophie Hegels entstellt und verdorben hätten — im Gegentheil: man muß ihnen vielmehr nur ihre orthodoxe Anhänglichkeit an Hegel zum Vorwurf machen — nein! nur deswegen, weil sie noch jung sind, d. h. noch Zeichen des Lebens von sich geben, noch gesunde Zähne in den Kinnladen, noch bewegliches und folglich kezerisches Blut in den Adern haben.

Die Unterscheidung des Historikers zwischen falscher und wahrer Philosophie ist daher nur eine Distinction seiner christlichen Heuchelei, hinter welcher er seinen Haß gegen die Philosophie überhaupt und jede selbständige, progressive Vernunftthätigkeit versteckt. Der freie Geist ist ihm ja eine Seifen-„Blase"; nur der Strang, an welchem im schreienden Widerspruch mit den heiligen Gesezen der Vernunft und Freiheit ein Kezer, d. i. ein Denker, erwürgt wird,*) ist ihm eine reale Potenz, der Nervus Rerum, das Band zwischen der Gottheit und Menschheit, der Faden des Zusammenhanges, der die Geschichte zu einem harmonischen Ganzen verknüpft, der Anhaltspunkt seiner Vernunft und Deductionskraft, der Docht zu der Fackel seines Geistes, mit welcher er die Geheimnisse des christlichen Glaubens bei den Ungläubigen in ein besseres Licht zu stellen bemüht ist. Aber Philosophie ist wesentlich freier Geist, darum nur der Vorzug freier Menschen. Epiktet war wohl von Stand ein Sklave, aber von Geist und Gesinnung ein freier Mensch. Die falsche Philosophie ist daher nur der Vorwand, unter welchem der Professor einen Kreuzzug gegen die wahre predigt. Die im Sinne des Historikers falsche, d. i. kezerische, Philosophie ist eben

---

*) Die ersten Kezer, welche hingerichtet wurden — der Gnostiker Priscillian und seine Anhänger in Spanien — wurden mit dem Schwerte hingerichtet (gladio perempti Sulpicius S.). Später wurde der Feuertod die solenne Todesart der Kezer. Bekanntlich wurden nur diejenigen, welche erklärten, im katholischen Glauben zu sterben, von der spanischen Inquisition aus christlicher Liebe zuvor erdrosselt. Aber bei der großen Holztheuerung der gegenwärtigen bedrängten Zeiten und bei dem Drange, Alles so schnell als möglich zu expediren, ist allein noch der Strang ein convenables Mittel.

die allein wahre. Ueberdem muß der, welcher wirklich die wahre Philosophie will leben lassen, um der wahren willen, auch die falsche leben lassen, denn mit der Möglichkeit des Irrthums fällt auch die Möglichkeit der Wahrheit.*) Der hallische Professor ist ein Arzt, der unter dem Vorwande, seinen Patienten radicaliter zu kuriren, ihn todtschlägt, oder wenigstens todtschlagen würde, wenn er dürfte und könnte, denn zur Zeit sind dem Historiker noch die Hände gebunden, so daß er das letzte schlagende Argument, das er gegen die Philosophen in petto hat, leider! noch nicht geltend machen kann, und sich daher einstweilen mit dem Trostspruche: in magnis voluisse sat est, zufrieden stellen muß. Indeß aufgeschoben ist nicht aufgehoben. Der Baum fällt nicht auf Einen Schlag. Doch ich überlasse Andern die „interessanten" — ja wohl unserer Zeit sehr interessanten und sehr einleuchtenden und auch sogleich von ihr, zur Bestätigung ihres bibelfesten Glaubens, mit einem erbaulichen Exempel aus der Bibel belegten und gewürzten — Wechselbälge unserer Zeit. Ich kehre zur Sache selbst zurück, d. h. hier zum Skandale.

Der hallische Skandal von 1838 muß, als der, wie bereits gemeldet, nur aufgewärmte und wiedergekäute pietistische Kohl von

---

*) Den nämlichen, übrigens sich von selbst verstehenden Gedanken eines Ungenannten läßt der Historicus (Die Hegelinge, II. Aufl. p. 32) groß drucken, um das Verbrecherische dieses Gedankens recht augenfällig zu machen, und bemerkt dann in der Anmerkung: die Behauptung, „daß zur Wahrheit der Irrthum, zur Tugend die Sünde," d. h. die Möglichkeit des Irrthums, der Sünde, „gehöre .... ist geradezu die Lehre des Teufels vis-à-vis des paradiesischen Menschen." Also jener Vater, welcher seinen Sohn bis in sein reifes Mannesalter, um ihn vor den Gefahren der Welt, d. h. vor der Möglichkeit der Sünde zu bewahren, einsperrte, beging eine ächt christliche Handlung, denn er versetzte seinen Sohn in den Zustand des paradiesischen Menschen. Schade, daß der Historicus seinen christlichen Tugendeifer nicht durch die That verwirklichen kann! Er würde sicherlich uns Allen mit einander die Beine abschlagen; denn der unchristliche Satz, daß mit der Möglichkeit nieder zu fallen, auch die Möglichkeit des menschlichen aufrechten Ganges fällt, stützt sich ja hauptsächlich auf unsre zwei Beine. Allerdings in der Idee ist nicht das Positive an das Negative geknüpft, aber in der Wirklichkeit gilt das ausgesprochene Gesetz absolut.

anno 1723 von einem allgemeinen Gesichtspunkt aus gefaßt und beurtheilt werden. Wir haben hier keinen originellen, besondern, neuen, sondern einen höchst gemeinen Vorfall — einen Fall, der selbst schon 1723 eine skandalöse Gemeinheit war. Denn schon vor Wolf war Cartesius der Gottlosigkeit beschuldigt worden, hauptsächlich deswegen, weil er den Zweifel als den einzig sichern Weg zur Gewißheit für die Philosophie bezeichnet hatte. Selbst heute noch hat es der Fanatismus religiöser Spekulanten dem Cartesius nicht vergeben, daß er eine so einfache und wohlthätige und jetzt noch wahre Lehre der Menschheit gegeben. Und schon vor Cartesius wurde Ramus, weil er an der Autorität des Aristoteles gerüttelt hatte, als der verruchteste, gottloseste Neuerer und Ketzer auf's Leidenschaftlichste verfolgt. Die Pariser theologische Facultät schämte sich nicht, selbst wegen der Veränderung der bisherigen Aussprache des lateinischen Buchstabens Q, einen Schüler des Ramus als Ketzer förmlich vor Gericht zu verklagen. Dasselbe Schicksal aber, wie Cartesius, wie Ramus, wie Wolf, hatte Aristoteles im Mittelalter, hatte Kant, hatte Fichte. Es handelt sich deswegen hier zunächst gar nicht darum, ob die Hegelsche Philosophie wirklich die Vorwürfe verdient, welche ihr der Historiker macht. Der Skandal wird vielmehr von einem unphilosophischen, beschränkten, ja falschen Gesichtspunkte aus betrachtet, wenn man den Fall nur als einen besondern, nur in Beziehung auf die Hegelsche Philosophie betrachtet. Der Hegelschen Philosophie ist widerfahren, was allen andern Philosophen begegnet ist; es muß daher nicht in ihrer besondern, sondern in ihrer allgemeinen Eigenschaft, darin, daß sie überhaupt Philosophie ist, der Grund ihrer Anfechtung von Seiten des religiösen Standpunktes gesucht werden. Und so führt uns denn sogleich der vorliegende specielle Streit auf die Differenz zwischen Religion und Philosophie überhaupt.

Ungeachtet aller Vermittlungsversuche ist die Differenz zwischen (positiver) Religion und Philosophie eine unaustilgbare, denn sie beruhen beide auf entgegengesetzten Geistesthätigkeiten. Die Basis der Philosophie ist das Denken und das Herz, — denn zum Denken gehört nicht nur ein wohlorganisirter Kopf, sondern auch ein gesundes freies Herz, — die Basis der Religion das Gemüth*) und die Phantasie. Das Gemüth scheut und verschmäht die Bestimmung und Begrenzung, die im Begriffe der Wissenschaft überhaupt liegt, obgleich sie nicht das Wesen, sondern nur die Form derselben ausmacht. Dem Gemüthe ist darum die Wissenschaft nur die Sphäre des Endlichen, weil ihm die Bestimmung nur als Schranke erscheint. Das Gemüth hüllt seinen Gegenstand in ein gewisses mysteriöses Helldunkel, und gibt sich dadurch, je weniger es ihn bestimmt, um so mehr Stoff zum Deuten und Fühlen; kurz das religiöse Gemüth hat zu seinem entsprechenden Bilde und Ausdruck den musikalischen Ton, die Philosophie das Wort. Das Wort spricht nicht so zum Gemüthe, wie der Ton, eben weil das Wort bestimmt und begrenzt und daher den zauberischen Reiz zerstört, der in dem unbestimmten Tone liegt. Die dem Gemüthe entsprechende intellectuelle Thätigkeit ist die Phantasie. Dem Gemüthe ist die Vernunft eine endliche, nur die Phantasie die unendliche Thätigkeit; denn dem Gemüthe erscheinen nicht nur die intellectuellen Bestimmungen, sondern auch die Gesetze der Natur, welche die Vernunft als vernünftige Gesetze erkennt, als Schranken, aber die Phantasie ist eben die Thätigkeit, welche sich nicht an die Gesetze der Natur bindet, sondern vielmehr mit schrankenloser Willkür gleichsam über die Natur gebietet, selbst die heterogensten Dinge in einander metamorphosirt. Die Religion ist daher wesentlich dramatischer Natur: sie hat nicht nur zur Folge und zu ihrem Ausdruck feierliche Handlungen, sondern auch zu ihrem Gegenstande erhabene, die

---

*) Das Herz ist männlichen, das Gemüth weiblichen Geschlechts. Das Herz ist das natürliche, gesunde Gemüth, das Gemüth das kranke, übernatürliche Herz. Pascal erklärte die Krankheit für den natürlichen Zustand des Christen.

Phantasie entzückende, das Gemüth ergreifende Schauspiele, Dramen — Wunder. Die Religion hat nun allerdings auch zu ihrem Ausdrucke das Wort, sie hat eine Lehre; aber da die Lehre zu ihrem Gegenstande und Inhalt nur die Thaten der Phantasie und die Leiden des Gemüths hat, so ist die Differenz und Collision zwischen der Religion und Philosophie, welche sich nicht nach dem, was dem Gemüthe wohlthut, sondern nach den strengen, rücksichtslosen Gesetzen der Vernunft und Wirklichkeit richtet, unvermeidlich und unaustilgbar.

Uebrigens kommt die Philosophie keineswegs mit der Religion selbst unmittelbar in Collision, denn mit der Religion selbst, wie sie als Glaube des Einzelnen oder als Volksglaube existirt und durch Handlungen des — sei es nun äußern oder innern — Cultus sich ausspricht, kann man nur auf sinnliche, darum rohe, pöbelhafte und eigentlich frivole Weise in Gegensatz treten; die Philosophie kommt mit der Religion nur in Collision, insofern sie in Worte, in Vorstellungen, in Begriffe, in Lehren gekleidet wird und diese ihre Vorstellungen und Begriffe als Wahrheiten an und für sich, als Gesetze der Intelligenz ausgesprochen und geltend gemacht werden, also nur mit der Religion, wie sie eine literärische Repräsentation hat — mit der Theologie. So wenig die Philosophie unmittelbar die Belehrung des Volkes zu ihrem Gegenstand und Zweck hat, so wenig hat sie die Bekämpfung eines wirklichen Glaubens zu ihrem Gegenstande. Der Philosoph weiß ohnedem, daß man gegen das, was einmal Glaube, wirklicher, nicht vorgespiegelter Glaube ist, durch Vernunftgründe nichts ausrichten kann; er kennt die Grenzen der Philosophie; er behauptet dem Leben überhaupt gegenüber die Stellung eines vernünftigen Arztes, dessen Weisheit vor Allem darin besteht, die Grenzen seiner Kunst zu wissen und am gehörigen Orte einzuhalten. Die Philosophie wendet sich nur an die Intelligenz, sie hat daher auch zu ihrem Gegenstande nur Lehren, nur Begriffe und Vorstellungen. Sie hat es also z. B. nicht mit dem religiösen Wunderglauben als solchem selbst zu thun, sondern nur mit den Begriffen und Vorstellungen, durch welche der religiöse Wunderglaube auch als ein vernünftiger Glaube begründet und gerechtfertigt, oder gar, wenn er vielleicht schon aus den intelligenten Classen des Volks verschwunden ist, von Neuem eingetrichtert, ihnen gewisser Maßen wieder aufgebürdet werden soll. Und hier ist es nun allerdings heilige Pflicht, Begriffe und Vorstellungen, die man als falsche erkennt und jedem Denkenden als falsche nachweisen kann, zu bekämpfen, damit wenigstens die Menschen, die noch einer Belehrung zugänglich sind, vor Irrthümern, vor falschen Vorstellungen bewahrt werden. Es ist Ehrensache der Menschheit, gegen solche intelligente Belehrung nicht gleichgültig zu sein, wenn sie nicht zur Thierheit herabsinken will, die nur ihre subjectiven praktischen Bedürfnisse im Auge hat. Die Philosophie kämpft also — wenn sie anders polemisirt — nicht gegen den Glauben selbst — dieser liegt außer ihrem Gebiete, — sondern gegen die Glaubenstheorien, oder überhaupt gegen den Glauben, wie er schon durch die Hände der gelehrten Herren hindurch gegangen (um mich eines Kunstausdrucks der Hegel'schen Philosophie zu bedienen), der Unmittelbarkeit des Volkslebens entkleidet, zu einem abstracten, d. i. wissenschaftlichen, wenigstens formal wissenschaftlichen Object erhoben ist. Aber was einmal auf das Gebiet der Literatur versetzt ist, das hat das Recht verloren, unantastbare Heiligkeit für sich in Anspruch zu nehmen; es muß sich vielmehr gefallen lassen, ein Object selbst der Kritik und Polemik zu werden. Wenn man daher verbieten wollte, gegen Glaubensgegenstände zu schreiben, so müßte man vorher verbieten, über Glaubensgegenstände zu schreiben, — ein absolutes Stillschweigen über religiöse Dinge gebieten; denn wenn es den Theologen erlaubt ist, die Wunder und andere Dinge durch schlechte Gründe, durch Sophismen zu rechtfertigen, so muß es doch wohl den denkenden Köpfen erlaubt sein, dieselben durch gute Gründe, durch evidente Wahrheiten zu widerlegen. Aber diese Widerlegung bezieht sich, wie gesagt, nicht direct auf den Glauben der

4*

Gläubigen, sondern auf den Doctorglauben, auf den Glauben der Gelehrten, die selbst die Geheimnisse ihres Glaubens verrathen haben, indem sie dieselben dem gefährlichen Element der Wissenschaft überantworteten, bezieht sich also nur auf die Bestimmungen, durch welche ein Glaubensgegenstand aus einem Object des Glaubens zu einem Gegenstand der Intelligenz gemacht wird. Es ist daher die größte Rohheit, diesen wichtigen Unterschied zu übersehen und einem Philosophen, der z. B. die Unhaltbarkeit des Wunderbegriffs aufzeigt, die Gemeinheit aufzubürden, daß er geradezu den Wunderglauben selbst angreife. Allerdings ist die Widerlegung der Vorstellungen und Begriffe, auf welche sich der Wunderglaube gründet, eine indirecte Widerlegung des Glaubens selbst, aber nur für Diejenigen, welche ihren Glauben von Gründen abhängig machen; denn der Wunderglaube stützt sich ursprünglich nicht auf den Begriff des Wunders — ein Theolog kann sich wohl durch allerlei Scheingründe den Glauben an das Wunder weißmachen, aber auch dieß wird ihm nur gelingen, wenn er schon aus Verstandesschwäche einen starken Hang zum Wunderglauben hat, und überhaupt nur ein Bedürfniß sein, wenn er vorher schon dem Unglauben verfallen war, und nun wieder den alten Glauben sich anschaffen will. Aber wer über diese Widerlegung des Glaubens sich ärgert und aufhält, der ärgere sich vorher über die Rechtfertigungen und Begründungen des Glaubens, denn diese sind es, welche den Gegensatz gegen den Glauben hervorrufen.

Wenn ein Beamter seinen Vorgesetzten als solchen in einer Schrift angreift, so hat er sich allerdings auch auf diesem geistigen Wege desselben Vergehens schuldig gemacht, als wenn er ihn unmittelbar angegriffen hätte. Aber wenn beide Schriftsteller sind, so wäre es wohl ein Bißchen zu viel verlangt, wenn man dem Subalternbeamten zumuthen wollte, daß er seinen Respect auch auf seinen Vorgesetzten als Schriftsteller übertragen, seine Werke untadelhaft finden sollte, weil sie die Werke seines Vorgesetzten sind. Derselbe oder wenigstens ein ähnlicher

Unterschied findet hier statt. Gegen den stillen, unmittelbaren, lebendigen, einfachen, in Handlungen sich bethätigenden Glauben wer sollte sich da kehren? Wer sollte ihn, sein Inhalt sei auch welcher er wolle, nicht schonen, nicht anerkennen, nicht ehren? Aber wer sollte dagegen nicht berechtigt sein, gegen den lauten und selbst vorlauten, den geschwätzigen und ruhmredigen Glauben, gegen den Glauben, der sich literarisch breit und mausig macht, gegen den Glauben der Gelehrten, welcher nur eine erkünstelte Treibhauspflanze, ein raffinirtes Reflexionsproduct des Unglaubens ist, zu Felde zu ziehen? Wenn daher die Philosophie gegen einen Glauben polemisch auftritt, so ist das ein untrügliches Zeichen, daß dieser Glaube kein wahrer, kein lebendiger, kein gründlicher Glaube mehr ist.

Aber auch abgesehen von dem angedeuteten Unterschiede: die Philosophie ist eine selbständige Wissenschaft. Wie sie ihre eigene Geschichte, so hat sie auch ihre eigenen Gesetze. Ihr höchstes Gesetz ist die Vernunft. Wahr ist ihr, was sie durch Vernunft- oder Erfahrungsgründe — was auf Eins hinausläuft — bewähren kann. Nicht das Heilige ist ihr wahr, sondern nur das Wahre heilig. Die Autorität gilt hier nicht, das theoretische oder wissenschaftliche Gebiet muß absolut frei sein. Diese Freiheit liegt im Begriffe der Philosophie; diese Freiheit ist der Grund ihres Daseins. Nur die verläumdungssüchtige Bosheit oder der Unverstand verwechselt die Freiheit des Gedankens und der Gesinnung, welche das oberste Gebot, der kategorische Imperativ der Wissenschaft ist, mit dem blinden und schrankenlosen Zerstörungstriebe, der nur dem religiösen oder politischen Fanatismus eigen ist.

Die Anlegung eines äußerlichen Maßstabes an die Philosophie, die Forderung, daß sie übereinstimme mit den Lehren der Kirche oder den Aussprüchen der Bibel, ist daher eine pöbelhafte und boshafte Forderung. Warum verklagt ihr denn nicht die Astronomie, nicht die Geologie, nicht die Botanik, nicht die Mineralogie, nicht die Mathematik?

Kümmert sich die Astronomie darum, ob in der Bibel die Sonne läuft oder stille steht? Hat nicht schon selbst Keppler in seiner Zeit gesagt: Heilig seien ihm wohl die Lehren der Kirche, heilig Lactanz, heilig Augustin, aber doch heiliger die Wahrheit? Kümmert sich die Geologie darum, daß die Fluth in der Bibel von den Thränen der Reue herkommt, die Jehovah in 40tägigen Regengüssen über die verderbte Erde herabströmen läßt? Kümmert sich die Mathematik darum, daß in der christlichen Theologie Drei nicht Drei, sondern Eins ist? Ließe sich aber nicht an diese Wissenschaften die nämliche Forderung stellen, wie an die Philosophie? Ließe sich nicht recht gut auch eine christliche Mathematik denken? Böte nicht zu einer solchen die Bibel reichlichen Stoff dar? Welche erbauliche Aufgabe wäre es nicht für einen Mathematiker, natürlich einen Mathematiker christlichen Sinnes, auszurechnen z. B.: „Ob und wie der Sand auf Erden zu zählen nach Genes. 13, 16?" „Wie viel Seelen mit Jacob in Aegypten gezogen?" „Wie die Tage des menschlichen Lebens durch alle Species der Rechenkunst erbaulich zu zählen sind?" oder auszumessen: „Wie groß die Statur des Riesen Goliath gewesen?" „Worin die schöne Taille oder proportionirliche Gestalt des Absaloms bestanden, also daß von den Fußsohlen bis zum Scheitel kein Fehl an ihm gewesen? 2. Sam. 14, 23." (J. J. Schmidt's Biblischer Mathematicus. Züllichau, 1736.) Wie höchst interessant wäre es aber erst für einen christlichen Mathematiker, die große Summe unserer Sündenschuld auszurechnen! Welcher Gegenstand könnte eines christlichen Mathematikers würdiger sein! „Setze z. B. mein Herz, ich habe schon 26 Jahre gelebt, so sind das 9496 Tage, 7 Stunden, 14 Minuten. Setze, Du habest an jedem Tage nur eine einzige Sünde begangen, deswegen Dir Gott hätte ungnädig werden müssen, so hast Du Deinen allerbesten Freund, Deinen allerfreundlichsten Wohlthäter und Deine höchste Obrigkeit schon über 9000 mal gereizet. Diese 26 Jahre machen 227,911 Stunden, 14 Minuten aus. Bedenke, mein Herz, ich bitte Dich, nur Deine Reden. Von einem jeden unnützen Worte müssen wir Rechenschaft geben, Matth. 12, 36. Nun setze: Du habest in jeder Stunde 10 unnütze Worte geredet, so hast Du 2,279,110 solcher Worte geredet, von deren jedem man Dich schon im Voraus zur Rechnung citirt hat." (Die höchst nöthige Berechnung der Sünden-Schulden v. G. Harganeck. Züllichau 1735.) Wie nützlich wäre es, um die zarten Gemüther der Jünglinge nicht durch die „gemüthlosen, leeren" Abstractionen der Mathematik für die christlichen Wahrheiten unempfänglich zu machen, die Mathematik an biblische Gegenstände anzuknüpfen und auf unsern Gymnasien und Universitäten, die ja so bereits fast nur noch Versorgungsanstalten der christlichen Frömmigkeit sind, statt des Euklides oder eines im Geiste der heidnischen Mathematik geschriebenen Lehrbuches einen christlichen Mathematikus zu introduciren!

Aber ließe sich nicht eben so gut, wie eine christliche Mathematik, auch eine christliche Mineralogie, Zoologie und Botanik denken und fordern? Welch ein würdiges Geschäft wäre es nicht für einen christlichen Botaniker, alle nicht in der Bibel enthaltenen Pflanzen als bloße in Folge der Erbsünde entstandene Abarten und Varietäten auf die in der Bibel vorkommenden Pflanzen zu reduciren, um zu beweisen, daß Alles in der Bibel stehe! Hat man nicht einst auch die heidnischen Philosophien aus Mose und den Propheten abgeleitet? Hat nicht auch schon zu Anfang des vorigen Jahrhunderts ein gewisser Zimmermann in seiner Scriptura Copernicans seu potius Astronomia Copernico-Scripturaria selbst das Copernicanische System aus der Bibel und zwar sogar aus derselben Stelle, auf welche sich vorzüglich die Opposition gegen dieses System stützte, herausgebracht? Wie weit hat es aber erst in unsern Tagen die biblische Exegese gebracht! Wie leicht müßte es also einem in die Geheimnisse der biblischen Exegese unserer Tage eingeweihten christlichen Botaniker sein, die ganze Flora in der biblischen Flora aufzufinden.! Doch weg mit den profanen Pflanzen! Ein Botaniker, der die außerbiblischen Gewächse auf den heiligen Kern der biblischen

Flora zurückführt, hat allerdings ein christliches Bestreben, aber keineswegs wahren christlichen Sinn; er ist schon getheilt zwischen der christlichen und unchristlichen Botanik; sein Herz ist schon verführt, sein Auge bezaubert von den Schönheiten und Mannigfaltigkeiten der profanen Flora; er will daher durch diese Reduction nur sein christliches Gewissen beschwichtigen, seine profane Beschäftigung entschuldigen. Weg also mit den profanen Pflanzen, aber auch weg mit den profanen Steinen! Der christliche Botaniker beschäftige sich nur mit den Pflanzen, der christliche Mineralog nur mit den Steinen des heiligen Landes! Wie würdig eines christlichen Mineralogen, nur in der Anschauung der Steine des himmlischen Jerusalems oder des Tempels Salomonis zu leben!

In der That, warum sollte der christliche Mineralog, wenn auch nicht alle Steine unserer lieben Erde in der Bibel enthalten sind, sich nicht demüthig auf die Steine beschränken, welche in der Bibel enthalten sind, aber dadurch allein schon einen unendlichen Werth in den Augen des christlichen Mineralogen haben? Befriedigt die Bibel alle Fragen in religiösen Dingen? Läßt sie nicht vielmehr sehr nahelegende, sehr bescheidene und doch zugleich höchst wichtige Fragen unbeantwortet? Legt sie nicht auch unserer religiösen Wißbegierde Schranken auf? Gebietet sie nicht auch hierin Resignation und tröstet uns blos mit dem Glauben? Woher wißt Ihr also, ob nicht auch in den natürlichen Dingen Das, was in der Bibel steht, die Grenze unseres Wissens und Forschens sein soll? Ihr wißt doch sonst so viel von den geheimen Absichten, Winken und Andeutungen der Bibel zu reden! Warum soll es denn nun nicht auch die Absicht der Bibel gewesen sein, Thiere, Pflanzen und Steine dazu in sich aufzunehmen, um die Menschen, welche nun einmal einen unwiderstehlichen Trieb zu derlei Dingen haben, einestheils zu befriedigen, anderntheils aber auch zu beschränken und von den Gefahren der sich selbst überlassenen Naturwissenschaft abzuhalten? Eine Pflanze, die in der Bibel vorkommt, hat nicht nur natürliche, sondern auch übernatürliche Kräfte, moralische Arzneikräfte; sie ist eine geistliche Culturpflanze, die nicht mehr das Gift des ungebändigten Naturgeistes aushaucht, sondern, veredelt von der Hand der heiligen Schriftsteller, die wohlthätigen milden Düfte verklärter Empfindungen uns einflößt. Aber eben so ist es mit den Steinen, eben so mit den Thieren der heiligen Schrift. Sehe ich einen Wolf, so sehe ich auch sogleich im Geiste „die Wölfe bei den Lämmern wohnen und die Parbel bei den Böcken liegen" und mein Herz wird fromm und sanft gestimmt; sehe ich eine Heuschrecke, so ruft sie mir unwillkürlich die Plagen Aegyptens mit allen ihren wohlthätigen moralischen Wirkungen in's Gedächtniß zurück; sehe ich eine Schlupfwespe, so denke ich auch sogleich an den Wurm, der in den wunderbaren Kürbis des Propheten Jonas stach, daß er sogleich verdorrte; sehe ich einen Esel, so fallen mir auch sogleich die erbaulichen Verse ein:

„Drei Eselswunder sind im Alten Testament,
Die wahrlich allerdings miraculos gewesen*)."

Aber warum kommen denn nun nicht alle Steine, alle Pflanzen, alle Thiere in der Bibel vor, wenn die wenigen, die sie geheiligt, so wohlthätige supranaturalistische Wirkungen in uns hervorbringen? Nur darum, daß wir uns mit den Steinen, Pflanzen und Thieren nicht um ihretwillen, sondern nur um der Bibel willen abgeben, daß wir mit Denen, die sie der Beschreibung oder ausdrücklichen Benennung gewürdigt, zufrieden sein und erkennen sollen, daß nicht die Natur, sondern die Bibel unsere wahre Bestimmung ist.

Ihr könnt Euch nicht mit der Ausrede helfen, daß diese natürlichen Dinge die Bibel gar nichts angehen; Ihr hättet wohl recht, so zu reden, wenn diese Dinge gar nicht in der Bibel vorkämen; aber da sie

---

*) Ehre dem Ehre gebührt. Diesen schönen Spruch verdanke ich einer höchst interessanten Schrift, betitelt: „Die bedenkliche und geheimnußreiche Zahl Drey in Theologicis, Historicis et Politicis v. J. F. Riederer, 1732.

nun einmal in ihr vorkommen, so müssen wir auch das in ihr enthaltene Maß des Wissens für das Normalmaß der Menschheit halten und anerkennen, daß die Bibel unsere Neu- und Wißbegierde auch in den natürlichen Dingen nur so weit befriedigen wollte, als eben die Kenntnisse und Aufschlüsse der Bibel hierüber reichen. Ueberdem ist die Trennung von Naturkenntniß und Religion eine unhaltbare, falsche Trennung. Wer uns religiöse Aufschlüsse geben will, muß uns auch über die Natur belehren. Andere religiöse Anschauungen erzeugen auch andere Naturanschauungen und umgekehrt. Der Gedanke des frommen Pascal, daß nur in sogenannten weltlichen oder natürlichen, aber nicht in religiösen Dingen das Gesetz der Progression gelte, ist eine Chimäre, und das Bestreben gar, geistige Rückschritte mit materiellen Fortschritten vereinbaren zu wollen, reine Thorheit. Der sonst allmächtige und allgegenwärtige Teufel ist hauptsächlich durch die Naturwissenschaft um seine Macht und selbst um die Würde einer selbständigen Persönlichkeit gekommen, so daß er jetzt höchstens nur noch in den Köpfen der alten Weiber, der frommen Theologen und gewisser speculativer Philosophen, welche die Stärke der Vernunft in die Begründung der Unvernunft setzen, sein Unwesen treibt. Das Copernicanische System namentlich hat wesentlich zur Veränderung der religiösen Anschauung der modernen Welt beigetragen. Unzähligen ist durch dieses System die Anschauungsweise, welche Gott nur auf den Menschen beschränkt, Gott selbst um des Menschen willen auf die Erde herabzieht, zu einer kleinlichen, unwürdigen Vorstellung geworden. Selbst wenn man auch nicht die Meinung hat, daß alle Sterne bewohnte Welten sind — eine Meinung, die selbst schon die Erde widerlegt oder doch limitirt, indem die Erde nur auf ihrer Oberfläche bewohnt ist, das Leben an den Polen, auf den höchsten Bergen, in den Sandwüsten erlischt, also nicht überall, wo Raum genug ist, auch schon die Bedingungen des organischen, wenigstens des höhern organischen Lebens sich vorfinden — so führt doch dieses System auf eine Anschauung der Natur, die sich nimmermehr mit den kirchlichen oder biblischen Vorstellungen, welchen zufolge Gott selbst die Haare auf unserm Haupte zählt, vertragen kann. Gewiß wäre es daher der Bibel würdiger gewesen, in prophetischem Geiste die Wirkungen der großen Entdeckungen der neuern Zeit, besonders des Copernicanischen Systems zu anticipiren und die Einwürfe dieses von Christen selbst entdeckten Systems gegen die biblischen Vorstellungen zu berücksichtigen, als das Praeputium der Juden und so manche andere uns, für die doch die Bibel bestimmt sein soll, völlig gleichgültige Dinge. Aber eben deswegen, weil nichts in der Bibel von dem Copernicanischen System und unzähligen andern Entdeckungen der modernen Welt steht, so hat die Bibel gewollt, daß wir mit den alten religiösen Vorstellungen auch die alten Vorstellungen von der Natur beibehalten, daß wir auch in den natürlichen Dingen nicht gescheuter werden sollen, als es die Erzväter Abraham, Isaak und Jakob waren; denn nur der fromme Wahn kann sich einbilden, daß man in natürlichen Dingen gescheuter werden kann, ohne es in religiösen Dingen zu werden, d. h. daß man mit dem einen Beine Fortschritte machen kann, während man mit dem andern Beine noch immer auf dem alten Flecke steht — eine Einbildung, die die gemeinste Erfahrung widerlegt. Ein Bauer, der den Gebräuchen seiner Väter in der Bestellung seiner Aecker und Felder untreu geworden, wird auch den religiösen Vorstellungen seiner Väter untreu; ein Schneider, der aus der Fremde in die Heimath zurückkommt, bringt mit einem neuen Hosenschnitt auch neue Ansichten über noch ganz andere Dinge mit. Oder glaubt Ihr, daß nur die Pflanzen, die Steine, die Thiere, die und wie sie dem Naturforscher Gegenstand sind, unschuldige oder überhaupt geringfügige, gleichgültige Dinge sind? O meine Herren! wenn Ihr diesen Glauben habt, so seid Ihr geradezu auf dem Holzwege. Diese Dinge nehmen nicht nur die Sinne, sondern auch die ganze Seele des Menschen in Anspruch. Ein wahrer Mineralog und Geolog schätzt weit höher die Steine der Erde, als die Steine des himmlischen Jerusalems. Ein Botaniker nannte in seiner profanen

Entzückung eine Blume sogar überhimmlisch schön. Und ein Zoolog, der sich mit den Eseln abgibt, wie sie sich in natura vorfinden, der versteht nicht mehr die Sprache des Esels Bileams; versteht er sich aber nicht mehr auf diese Sprache, so mag der Esel schreien, so viel er will, er wird an dem ungläubigen Zoologen nimmer zum Doctor des Supranaturalismus. Nichts wird mehr zur wirklichen Leidenschaft als das Studium der Natur. Aber wer sich einmal in die Natur sterblich verliebt hat, der erblickt seinen Gott auch nur in der Natur und wird so nothwendig dem Gotte Abrahams, Isaaks und Jakobs untreu.

Warum verklagt Ihr also nur die Philosophie, warum nicht auch die andern Wissenschaften? Warum stellt Ihr an sie nur Forderungen, die Ihr, wenn Ihr ehrlich, muthig, consequent und verständig sein wollt, an alle andern Wissenschaften stellen müßt? Ist also Eure Forderung an die Philosophie nicht, wie ich sagte, eine pöbelhafte Forderung? Warum wollt Ihr die biblischen oder kirchlichen Vorstellungen nur zu Schranken der Philosophie machen, warum nicht auch zu Schranken der übrigen Wissenschaften? Warum verlangt ihr nicht eine christliche Astronomie, eine christliche Chemie, eine christliche Botanik, warum nur eine christliche Philosophie?

Warum? — Ach! nur darum, weil Ihr in Eurem Wesen Heuchler und Lügner seid. Ihr haßt die Philosophie von Grund aus, ihr Wesen widersteht Euch, weil sie nicht die Haare auf Eurem Kopfe zählt, sondern Euch schonungslos beim Schopfe faßt, um Euch in den Strom des allgemeinen Lebens hinabzuwerfen, weil sie nicht die Wünsche des Herzens zu Gesetzen der Welt macht, nicht die Nothwendigkeit der Natur der Sache dem erbaulichen Spiel phantastischer Willkür, nicht die allgemeinen Vernunftwahrheiten zu Gunsten einer particulären historischen Erscheinung aufopfert. Aber Ihr versteckt Euren Haß gegen die Philosophie überhaupt hinter der Beschaffenheit der Unchristlichkeit dieser oder jener bestimmten Philosophie. Ihr wollt nicht, daß gar keine Philosophie sei; ei bei Leibe! Ihr wollt nur nicht und zwar um Gottes, d. h. um Eurer Seligkeit willen, daß eine unchristliche oder irreligiöse Philosophie sei. Aber wer nur eine christliche Naturwissenschaft will, der will nur das Christliche, nicht das Naturwissenschaftliche, der ist ein falscher Freund oder vielmehr ein versteckter Feind der Naturwissenschaft, welcher viel schlimmer und verächtlicher ist, als ein offener Gegner, denn der Accent, der Nachdruck ruht nur auf dem Prädicat der Christlichkeit; an und für sich, abgesehen von dem Beisatz des Christlichen, will er sie nicht.

Oder glaubt Ihr, daß es eine ganz andere Bewandtniß habe mit der Philosophie, als mit der Naturwissenschaft? Wohlan, so laßt uns denn die Philosophie selbst bis auf die einzelnen Theile, in welche die Philosophie, so auch die Hegel'sche, sich unterscheidet, durchgehen, um zu sehen, ob man an die Philosophie die Forderung der Christlichkeit stellen könne. Gibt es eine christliche Naturphilosophie im Unterschiede von einer heidnischen? Nein! Oder haben vielleicht die Christen andere Augen und Ohren als die Heiden? Oder kommen sie auf anderem Wege in die Welt als die Heiden? Oder sollte sich vielleicht doch wenigstens am Anfang der Naturphilosophie ein christliches Princip anbringen lassen? Dieses Princip könnte nur die Idee der Gottheit sein, aber die Idee der Gottheit, namentlich als des Princips der Natur, ist keine specifisch christliche, sondern allgemeine Idee (man denke nur z. B. an den Stoiker in Cicero's Schrift de natura Deorum) abgesehen davon, daß sich aus der Idee der Gottheit nichts Bestimmtes in der Natur ableiten und erkennen läßt? „Wie? auch nicht aus der concreten Idee der christlichen Trinität?" Freilich aus Bildern, die aus der Natur stammen, kann man hinwiederum mit leichter Mühe die Natur ableiten; aber es handelt sich hier nicht von Spielen der Phantasie, sondern von Erkenntniß, von wirklichen Begriffen. Also mit der Naturphilosophie ist nichts anzufangen. Darum weiter im Text.

Gibt es ein christliches, ein specifisch christliches Naturrecht? —

Auch nicht! Das Eigenthumsrecht, die persönliche Freiheit*), das Vaterland, die Obrigkeit, die Ehe waren den alten heidnischen Völkern eben so heilige Verhältnisse und Begriffe, als sie es uns sind. Ja, den Christen war die Ehe an sich selbst unheilig — es ist dem Menschen gut, sagt der Apostel, daß er kein Weib berühre. Aber um der Unzucht willen habe ein Jeder sein eigenes Weib**); besser ist Freien als Brennen — sie war ihnen nur heilig als Bild eines religiösen Verhältnisses. Aber der Rechtsphilosoph muß abstrahiren von dieser christlichen Deutung der Ehe, er hat die Bedeutung der Ehe lediglich aus der Natur der Ehe selbst abzuleiten und zu erkennen. Wenn der heidnische Philosoph Plato in seinem idealen Staate Eigenthum und Ehe verwirft, so hatte er dazu seine guten Gründe, wahrscheinlich dieselben Gründe, die unsere Staaten haben, wenn sie in Zeiten der Noth dem allgemeinen Besten die häuslichen Bande, Eigenthum und Personen aufopfern. Die alten Staaten hatten wohl Sklaverei, aber auch die christlichen hatten sie und haben sie noch zum Theil. Das Christenthum hat nicht die Sklaverei abgeschafft. Der Apostel selbst sagt: Wer ein Sklave ist, bleibe ein Sklave. Und Luther äußert sich in Betreff der Leibeigenschaft also (Leipz. Ausg. Th. III. S. 552—53) „die Leibeigenschaft ist nicht wider das christliche Wesen, und wer es saget, der leugt, sondern die christliche Freiheit erlöset die Seelen und Christus ist ein

---

*) Das Princip der Besonderheit, der Subjectivität im Gegensatz zum Einheitsprincip des Platon'schen Staates begründet und vertheidigt Aristoteles im zweiten Buche seiner Politik.

**) Die wahre Erklärung dieser Stelle gibt Tertullian: Melius est nubere quam uri: quale hoc bonum est, oro te, quod mali comparatio commendat? ut ideo melius sit nubere, quia deterius est uri, At enim quanto melius est neque nubere neque uri? Ad Uxorem. lib. I. Cap. 8. Siehe auch dessen Schrift: De exhortatione castitatis. Cap. 3. Lächerlich wäre es, sich mit damaligen Verhältnissen helfen zu wollen. Für den Christen ist kein Unterschied zwischen Damals und Jetzt. Die Welt ist für ihn heute noch eben so unchristlich, als es die damalige war, und der jüngste Tag noch jetzt eben so gut vor der Thür als einst.

Stifter derselbigen geistlichen Freiheit, die man nicht siehet. Was äußerlich ist, das läßet Gott gehn und fraget nicht so groß darnach." Das Christenthum war Indifferenz gegen rechtliche Verhältnisse. „Aeußerlich, sagt z. B. Luther (Th. XIX. S. 283) trägt ein Christ geduldiglich und fröhlich alle weltliche und bürgerliche Ordnung und braucht deren als Speise und Kleider; er kann leibeigen und unterthan seyn; er kann auch edel und ein Regent seyn; er kann sich Sächsischer Rechte oder Römischer Rechte im Brauch und Theilung der Güter halten. Solch Ding irret alles den Glauben nicht." Und anderswo (Th. XI. S. 471) „Nun sind wir zu diesem Leben nicht getauft, heißen auch nicht darum Christen, daß wir Bürger, Bauer, Herr, Knecht, Frau, Magd sind, regieren und uns regieren lassen, arbeiten und haushalten, sondern dazu sind wir getauft und dazu hören wir das Evangelium und glauben an Christum, daß wir dieselbigen Stände (ob wir schon hier auf Erden, so lange Gott will, darinnen leben....) allesammt lassen und aus dieser Welt fahren in ein ander Wesen und Leben." Wenn daher in dem Naturrecht eines christlichen Philosophen nicht der Begriff der Sklaverei als eines rechtlichen Zustandes vorkommt, wie in der Politik des Aristoteles[*]), so kommt das nicht daher, daß die Sklaverei als ein unchristliches, sondern daher, daß sie als ein unrechtliches, als ein dem Vernunftrecht, wenn auch nicht dem zufälligen positiven Rechte, widersprechendes Verhältniß erkannt ist.

Oder läßt sich die Forderung der Christlichkeit an die Logik und Metaphysik stellen? Aber ist denn bei den Christen das Ganze nicht mehr größer als der Theil, die Gattung nicht mehr universaler als die

---

[*]) Uebrigens findet sich bei den Alten schon die bestimmte Unterscheidung zwischen dem Bürger und dem Menschen. So sagt z. B. Aristoteles in seiner Ethik, daß der Herr, weil die Freundschaft auf Gleichheit beruhe, zwar nicht mit dem Sklaven als Sklaven, aber wohl als Menschen Freundschaft schließen könne.

Art, das Verhältniß von Grund und Folge, Ursache und Wirkung nicht mehr gültig? Allerdings hat von jeher die Metaphysik die Begriffe des absoluten Wesens, der ersten Ursache, des wahrhaft Seienden betrachtet, aber sind diese Begriffe specifisch christliche? Und ist nicht den christlichen Theologen nach ihrem eigenen Eingeständniß Gott ein „leerer Begriff," der volle, reale Gott nur der Fleisch gewordene, das Inhaltsvolle also das Fleisch? Denn wenn Gott an sich selbst ein „leerer Begriff" ist, so wird er ja nur durch die Zulage des Fleisches ein voller, und in dem Fleisch gewordenen Gott ist nicht Gott, sondern das Fleisch allein zu unterstreichen als das Punctum saliens. Aber kann man von der Metaphysik Fleisch verlangen? Selbst wenn auch der Begriff von Fleisch und Blut, der Begriff des Organismus in ihr vorkommen sollte, wie bei Hegel, so muß doch sie, welche die Dinge nach ihrer Allgemeinheit betrachtet, von dem bestimmten, historischen Fleische abstrahiren.

Oder läßt sich die Forderung der Christlichkeit an die Psychologie und Anthropologie stellen? Aber haben denn die Christen ein Gedächtniß, eine Vorstellungskraft, ein Empfindungsvermögen anderer Art, als die Heiden? Treffen wir nicht bei den Christen, auch wenn sie noch so fromm sind, dieselben Triebe und Leidenschaften, dieselben Gesetze des Empfindens und Vorstellens an, wie bei den Heiden? Oder an die Moral? Aber hat man nicht selbst schon im Zeitalter der Orthodoxie einen Unterschied zwischen allgemeiner oder natürlicher, d. h. philosophischer und christlicher Moral gemacht? Oder an die Aesthetik! Aber entzücken uns nicht eben so die classischen Werke der Alten, wie die der Neuern? Finden wir im Wesentlichen nicht heute noch dasselbe schön, was auch die Alten schön fanden? Oder brüstet Ihr Euch mit der Freiheit, Lieblichkeit und Gemüthlichkeit der christlichen Romantik? Nun so schlage ich Euch zum Lehrmeister der Aesthetik den goldenen Esel des Apulejus vor, der zwar im Zeitalter der Antonine lebte, aber doch noch ein eingefleischter Heide war. Dieser afrikanische Esel kann Euch das Geheimniß der christlichen Romantik lösen: es liegt in der wundervollen Fabel von der Vermählung der Psyche mit dem Amor — nichts zu erwähnen von untergeordneteren Erzählungen dieses humoristischen Romans, welche die Christen, wie z. B. Boccaccio, dem neuplatonischen Philosophen förmlich gestohlen haben.

Der Unterschied von Christenthum und Heidenthum tangirt also nicht die Philosophie, und es ist daher ein falscher Zug in der Hegelschen Geschichte der Philosophie, daß er zwischen der Philosophie des heidnischen und christlichen Zeitalters einen so großen wesentlichen Einschnitt macht. Die Philosophie entsteht gerade erst da unter den christlichen Völkern, wo sie auf die heidnischen Philosophen zurückgehen — so im Zeitalter der Reformation. Und eben so war im Mittelalter die Philosophie eine eingeschmuggelte. Die rationelle Philosophie vererbte sich auf die Christen durch den Aristoteles, die mystische durch den sogenannten Dionysius den Areopagiten, dessen wesentlicher Inhalt christlicher Neuplatonismus ist. Aber der Neuplatonismus unterscheidet sich — abgesehen von seiner universellen, eklektischen Tendenz und nur das ins Auge gefaßt, was ihn specifisch unterscheidet — von der alten Philosophie nur dadurch, daß das Mährchen, die Mythenthätigkeit, die bei Plato offenbar dem Logos, der Vernunftthätigkeit, untergeordnet war, bei den Neuplatonikern in Eins mit der Vernunft verschmolz, Phantasiren und Denken bei ihnen ununterschieden ist. Unsere Philosophie aber unterscheidet sich von der alten nur dadurch, daß wir andere Völker und Tausende von Jahren älter und an geschichtlicher Erfahrung reicher sind, daher auch ein viel complicirteres und tieferes Bewußtsein haben, als die Alten, deren Philosophie sich durch Unbedingtheit und Einfachheit auszeichnet — eine Simplicität, die übrigens im Besondern nothwendig in ihren Gegensatz, die Sophistik und Skeptik überspringt. Was daher an der heidnischen Philosophie heidnisch, ist nicht Philosophie, sondern Bestimmung von außen, was an der christlichen Philosophie christlich ist, Zusatz von der Philosophie an sich gleichgültigen, fremden Ingredienzien; denn in der Philosophie handelt es sich darum, ob etwas wahr oder unwahr, aber nicht darum, ob es christlich oder unchristlich ist. Die Philosophie hat die allgemeinen Gesetze zu ihrem Gegenstande; sie darf sich daher nicht in die Besonderheit einer Religion einschließen, um nicht die Freiheit und Unbefangenheit ihres Blicks zu verlieren. Jede Religion vindicirt sich allein die Wahrheit, sich allein wirkliche Wunder, sich allein einen unmittelbar göttlichen Ursprung — eben weil sie nicht über sich selbst, am wenigsten über ihren Ursprung nachdenkt — Denken ist nicht die Bestimmung der Religion. Aber die Philosophie hat dieß als ein allgemeines Gesetz zu begreifen, hat zu erkennen, wie dieß in der Natur der Religion überhaupt liegt. Jede Religion ist rationalistisch gegen die andern Religionen — wie rationalistisch sind z. B. Minucius Felix, Cyprian, Tertullian, Augustin gegen die Götter des Heidenthums! der rationalistische Monotheismus der Kirchenväter liegt überhaupt nur in ihrem Gegensatz zum Polytheismus der Heiden — aber in Bezug auf sich ist sie blind, bei sich macht sie eine Ausnahme von der allgemeinen Regel, da läßt sie nicht gelten, was sie bei andern ohne Bedenken gelten läßt. Findet sie in andern Religionen ähnliche oder gar dieselben Vorstellungen oder Wunder oder Gebräuche, so erklärt sie sich dieß ohne Weiteres entweder durch einen Diebstahl oder durch Teufelsspuk, wie z. B. Tertullian. Die Philosophie dagegen hat die verschiedenen Religionen, keineswegs nur, wie Hegel thut, wenigstens nicht von vorn herein, in einem Stufengang zu begreifen — denn bei einem Stufengang faßt man nur die Differenz ins Auge — sondern vielmehr zu verbinden, zu vergleichen; sie muß daher zunächst rein empirisch oder geschichtlich verfahren, um durch diese Beobachtung und Vergleichung die allgemeine Natur der Religion, welche das letzte und oberste Gesetz für jede bestimmte Religion ohne alle Ausnahme ist, zu eruiren. Die Philosophie muß daher, wenn sie die Religion zu ihrem Gegenstande macht, nicht nur die Bibel, sondern auch, und zwar mit derselben Freiheit und Unparteilichkeit, den Koran, den Zendavesta, die Vedas, die Religion der Griechen und Römer studiren, und kann es deswegen bei dieser Universalität ihres Sinnes und Bestrebens nicht vermeiden, wenigstens das Ehrgefühl der besondern Religion zu kränken. Die Theologie nimmt freilich auch Notiz von den andern Religionen, aber sie ist schon von Hause aus in ihrem Gesichtspunkt bestimmt, beschränkt und interessirt; denn es ist ihre, der Tendenz der Philosophie geradezu entgegengesetzte Tendenz, die besondere Religion in ihren ausschließlichen Prätensionen zu wahren. Ist Euch eine Philosophie mit solcher universaler Tendenz eine verfluchte, wohlan! so verflucht das Dasein der Philosophie überhaupt, aber verflucht dann auch das Dasein einer Vernunft, denn nur die Vernunft ist es, die uns aus den süßen Träumen des Glaubens aufgeweckt und solche universale, übrigens sehr humane, Untersuchungen und Tendenzen aufgedrungen hat.

Die Frage nun: ob die Hegelsche Philosophie in specie eine mit den Lehren der christlichen Religion übereinstimmende oder ihnen widersprechende Philosophie ist? diese Frage ist, in Beziehung auf sie im Ganzen, also unbeschränkt genommen, nicht nur eine gehässige, sondern auch absolut tölpelhafte und sinnlose, das Wesen der Philosophie verkennende Frage; nur in Bezug auf einen besondern Theil der Hegelschen Philosophie, in Bezug auf seine Religionsphilosophie verliert sie die Sinnlosigkeit, die sie in ihrer unbeschränkten Allgemeinheit hat. Hier, in seiner Religionsphilosophie, hat sich Hegel selbst auf den Boden der Religion gestellt; hier kann man mit Recht fragen: stimmt das, was Hegel für Christenthum ausgibt, wirklich mit dem Christenthum überein? Aber auch hier muß man wieder zunächst, wenn man wenigstens gerecht sein will, nicht fragen, ob die Religionsphilosophie Hegels, sondern, ob Religionsphilosophie überhaupt mit der Religion und ihren Lehren übereinstimmt, damit wir nicht der Hegelschen Religionsphilosophie als besondere Schuld anrechnen, was mehr oder weniger jeder Religionsphilosophie vorgeworfen werden kann. Denn auch hier stellt sich sogleich eine unvermeidliche Differenz heraus zwischen dem Gegenstand in der Religionsphilosophie und eben demselben Gegenstand in der Religion selbst oder der sich unmittelbar an sie anschließenden Religionslehre. In der Religionsphilosophie wird gedacht über die Dinge, worüber die Religionslehre, die nur das Wesen der Religion ausspricht und apodiktisch als einen Glaubenssatz hinstellt, nicht denkt. Die etwaigen unbegreiflichen Widersprüche, die dem religiösen, sich unmittelbar an der Religionslehre anhaltenden Menschen aufstoßen und zum Denken Anlaß geben könnten, beseitigt er dadurch, daß er von der Zukunft ihre Lösung hofft. Dem religiösen Menschen ist das Denken überhaupt eine kezerische, irreligiöse Thätigkeit; er findet nur in dem einfachen, unbedingten Glauben das dem religiösen Gegenstand entsprechende Verhältniß, er glaubt nur so dem Sinn und Willen der Religion gemäß zu handeln. Aber zwischen Denken und Nichtdenken ist ein großer Unterschied, ein Unterschied, der in der Sache selbst zum Vorschein kommen und selbst als ein wesentlicher, ein absoluter Widerspruch erscheinen muß, wenn man die Religionsphilosophie der Religionslehre gegenüberstellt, ohne über die Religionslehre zu denken und zu untersuchen, was denn eigentlich in ihr enthalten ist. So fand man z. B. den Widerspruch zwischen der Hegelschen Religionsphilosophie und der christlichen Religionslehre besonders darin, daß im Christenthum die Offenbarung Gottes eine gnadenvolle sei, zur Erlösung der in das Sündenelend versunkenen Menschheit, während nach Hegel der Segen der Offenbarung eigentlich nur Gott selbst zu gute komme, weil er erst in dem Menschen sich selbst offenbar werde. Wie absurd erscheint die Hegelsche Religionsphilosophie, wo um Gottes willen die Offenbarung geschieht, der christlichen Lehre gegenüber, wo sie nur um des bedürftigen Menschen willen geschieht! Was kann man sich widersprechender denken? So scheint es. Aber man braucht nur zu denken über die christliche Religionslehre, um wenigstens den Widerspruch nicht gar so horribel zu finden. Die Offenbarung ist dem Christenthum zufolge ein Werk der Liebe, Gott erbarmte sich der Menschheit. Gott ist also dem Christenthum zufolge nicht gleichgültig gegen das Wohl der Menschheit, das Heil derselben liegt ihm vielmehr am Herzen. Liebe ist selbst nach dem Christenthum die wesentliche Eigenschaft Gottes. Gott ist die Liebe, sagt der Evangelist. Aber der Liebe ist der (oder überhaupt ein) Gegenstand der Liebe ein Bedürfniß. Die Offenbarung drückt daher eben so auf Seiten Gottes, als auf Seiten des Menschen ein Bedürfniß aus, nur daß es dort das Bedürfniß des Gebers, hier des Empfängers ist. Erst an dem Menschen, an dem Gegenstand überhaupt wird die göttliche Liebe, wird das göttliche Wesen — wenn Liebe sein Wesen ist — seiner selbst bewußt. Auch der liebe- und mitleidsvollste Mensch wird, wenn ihm kein Gegenstand des Mitleids gegeben ist, nimmermehr wissen, was Liebe und Mitleid ist, und daß sie seine eigenen Eigenschaften sind. Erst in den Thränen der Liebe, die er über das Elend des Andern vergießt, wird ihm sein eignes vorher dunkles Wesen klar und durchsichtig, denn er erkennt jetzt seine Bestimmung, nicht nur für sich, sondern auch für Andere zu sein. Wodurch überhaupt ein des Bewußtseins fähiges Wesen Andern offenbar und bekannt wird, dadurch wird es sich selbst offenbar. Der Künstler wird durch sein Werk Andern als Künstler bekannt, aber er selbst kommt auch nur erst an seinem Werke zum Bewußtsein, daß er Künstler ist. Die christlichen Mystiker gingen daher so weit, daß sie geradezu sagten, daß Gott eine Sehnsucht nach dem Menschen habe, und selbst die orthodoxen Theologen behaupteten — nur die einen weniger kraß, als die andern — daß Gott die Welt erschaffen, überhaupt also sich geoffenbart habe, damit seine Eigenschaften offenbar und bekannt würden, folglich um sein selbst willen, sich zum Ruhme. Uebrigens erkannten auch diese Theologen nicht, weil sie nicht über sich selbst und ihre religiösen Vorstellungen, sondern nur innerhalb derselben, nur beschränkt dachten, daß sie eben mit diesem Zwecke der Offenbarung, womit sie Gott gleichsam die Ehre der höchsten Unabhängigkeit und bedürfnißlosen Selbständigkeit anthun wollten, Gott zu einem des Menschen bedürftigen Wesen machten; denn wer etwas um seines Ruhmes willen thut, der bedarf eines Wesens, welches ihn rühmt, eines Gegenstandes außer ihm oder ihm gegenüber, worin er sich spiegelt, woran seine Herrlichkeit sich erweist, sich offenbart. Wenn man daher dem Hegel diese seine Offenbarungstheorie zum Vorwurf macht, so macht man seiner Religionsphilosophie nichts weniger zum Vorwurf, als daß sie eben Religionsphilosophie ist. Denn wenn man einmal die Vorstellung einer Offenbarung, wenn auch in einem noch so allgemeinen Sinne, annimmt und darüber denkt, so muß man consequenter Weise eben so in dem offenbarenden, als in dem die Offenbarung empfangenden Wesen ein Bedürfniß, eine innere Nothwendigkeit der Offenbarung anerkennen. Die Vorstellung einer nur beliebigen, rein willkürlichen Offenbarung ist eine kindische, alberne Vorstellung. Warum anders verwirft der eigentliche Pantheist allen und jeden Gedanken an eine Offenbarung, als weil sie ihm schlechtweg eine die Gottheit erniedrigende, verendlichende Vorstellung ist?

Auch die weitern Vorwürfe, die man der Religionsphilosophie Hegels gemacht, reduciren sich darauf, daß sie eben Religionsphilosophie ist, so wenn man ihr vorgeworfen, daß sie nicht auf das Einzelne, Individuelle, sondern nur auf das Allgemeine gehe. Aber welche Philosophie, ja welche Wissenschaft überhaupt geht denn nicht auf das Allgemeine? Wenn der Naturforscher mit der größten Mühe und Sorgfalt diese einzelne Biene hier anatomirt, hat ihm diese einzelne Biene nicht allgemeine Bedeutung, läßt er sie nicht gleichsam den Opfertod für alle ihre übrigen lieben Schwestern sterben, um vermittelst dieser einzelnen alle zu erkennen? Wenn ihm nur die einzelne Biene als einzelne Gegenstand wäre, müßte er nicht alle einzelnen Bienen massacriren, um sich endlich nach dieser großen Heldenthat sagen zu können: jetzt kenne ich die Biene, d. h. alle einzelne? Ist ihm also diese Eine nicht

Alle? Wie kann man es aber nun vollends der Religionsphilosophie zum Vorwurf machen, daß ihr Gegenstand nicht ein „Jahleiner", ein individuelles Wesen, „der Eine", sondern der Alle ist? O welche Schande der Zeit, daß man sich nicht schämt, einem Philosophen den Vorwurf zu machen, daß Gott ihm nicht ein concretes, individuelles Wesen, sondern ein Abstractum, d. h. ein allgemeines Wesen ist, wenn schon ein Prediger des 14. Jahrhunderts (Tauler) es wagen durfte, in deutscher Sprache auszusprechen: Gott sei das gemeinste, d. h. das allgemeinste Wesen! Aber war diese Bestimmung nicht eine Bestimmung aller denkenden Köpfe, so befangen und beschränkt sie auch sonst waren? Findet sie sich nicht selbst bei den scholastischen Theologen, bei den Kirchenvätern — freilich hier im directesten Widerspruch mit den Vorstellungen ihrer positiven Religiosität? Bestimmter hat man ausgedrückt den Vorwurf, daß Gott nach Hegel nur ein Gattungsbegriff, und zwar der Gattungsbegriff der Menschheit sei. Zu bedauern ist nur, daß Hegel dieß nicht selbst bestimmt ausgesprochen, überhaupt den Gattungsbegriff der Menschheit, den Kant eigentlich erst in die Philosophie einführte (in seiner Idee zu einer allgemeinen Geschichte in weltbürgerlicher Absicht und in seiner Recension von Herders Ideen zur Philosophie der Geschichte,) nicht genug, wenigstens in dieser Beziehung, in Anwendung gebracht hat; dann würde seine Philosophie nicht den zweideutigen Nimbus von Mysticismus haben, der sie jetzt umgibt (z. B. in Betreff der Offenbarungstheorie), dann würde er nicht in ein demonstrirendes, nur zwischen Form und Inhalt unterscheidendes, sondern in das allein wahre, in ein kritisches Verhältniß zu aller religiösen Speculation und Dogmatik getreten sein. Aber wie kann man in seiner theologischen Beschränktheit und Befangenheit so weit gehen, daß man dem Hegel Etwas zum Vorwurf macht, was nicht nur alle religiöse Speculation, sondern die Religion selbst trifft? Kann denn ein menschliches Individuum in seinen Kopf oder sein Gemüth Etwas aufnehmen, was nicht ursprünglich aus dem Wesen der

Menschheit, aus seiner Gattung stammt? Kann der Mensch seine Gattung wie einen Balg von sich abstreifen? Ist nicht Alles, was er denkt und fühlt, absolut bestimmt durch seine Gattung? Sind nicht die erhabensten Bestimmungen, die er zu denken vermag, nur seiner Gattung entnommene Bestimmungen? Kann Euch die Phantasie, die doch sonst so unbeschränkt ist, eine höhere Gestalt als die menschliche vorzaubern? Was ist der englische Leib anders als ein „Excerpt" des menschlichen Leibes, aus dem man weggelassen, was den Menschen in seinen Wünschen genirt? Wenn nun aber der Mensch nicht einmal über seine sinnliche Gestalt hinaus kann, wie will er über sein Wesen, seine Gattung hinaus*)? Der positive Unterschied des Menschen von dem Thiere ist eben nur dieser, daß dem Menschen seine Gattung Gegenstand ist; dadurch hat er ein inneres, zu seinem Wesen sich verhaltendes Leben, welches dem Thiere mangelt. Was sind denn alle Prädicate — aber was ist das Subject ohne seine Prädicate, was ist es anders als der Inbegriff aller seiner Prädicate? — was sind, sage ich, alle Prädicate, welche die Speculation — und selbst die Religion — der Gottheit geben kann, als Gattungsbegriffe — Begriffe, die der Mensch seiner Gattung entnimmt? Sind denn Wille, Verstand, Weisheit, Wesen, Realität, Persönlichkeit, Liebe, Macht, Allgegenwart nicht Gattungsbegriffe? Was ist selbst der Begriff der schöpferischen Thätigkeit anders als der Gattungsbegriff der Thätigkeit, abgesondert von den Schranken der besondern Thätigkeit, welche als solche eine bestimmte, d. h. an einen bestimmten Stoff gebundene Thätigkeit ist? Was ist die Allgegenwart anders als die Gegenwart, welche im menschlichen Individuum an einen bestimmten Ort gebunden ist, gereinigt

---

*) Der eben genannte Tauler sagt: „All unser Meister können nit finden, ob Gottes Krafft größer sei oder der Seele Vermügen, hab ich denn alles Vermügen, so soll ich nimmer ufgehören, ich gewynn alle Ding. Were ich mir selber wert, alle Ding weren mir unwert, were ich mir selber groß, nichts nit were mir groß."

von den Schranken der bestimmten Localität? Es wird nicht verneint das Dasein am Orte überhaupt, das Dasein im Raume, also nicht der Gattungsbegriff, sondern nur das Dasein an diesem Orte, mit Ausschluß des andern. Wenn der heilige Augustin, Dionysius der Areopagite, Thomas Aquino, Albertus Magnus sagen: Gott ist nicht gut, nicht schön, nicht gerecht, nicht wahr, er ist die Güte, die Schönheit, die Wahrheit selbst, die Güte, die Wahrheit ist selbst sein Wesen, was heißt das anders — freilich nicht für sie, aber für uns, denen sie Gegenstand sind — als: Gott ist der reale Gattungsbegriff? Denn wenn nach eben denselben in der Essentia divina Wesen und Sein nicht sich unterscheiden, die Güte, die Wahrheit, die Gerechtigkeit u. s. w. aber die Essentia divina selbst sind, so ist die Gottheit nichts anderes als der realisirte oder personificirte Gattungsbegriff der Güte, Gerechtigkeit, Wahrheit. Oder sind etwa Wahrheit, Güte, Gerechtigkeit etwas anderes als Gattungsbegriffe*)? Aber wer kann dieß läugnen, als höchstens ein blinder Fanatiker oder ein schwärmerischer Ideolog oder ein theosophischer Trunkenbold?

Dieser Vorwurf ist allerdings ein begründeter, daß die Hegelsche Religionsphilosophie die Dogmen nicht im Sinne der Kirche nimmt, d. h. daß z. B. das Dogma der Trinität in ihr etwas anderes bedeutet, als in der kirchlichen Dogmatik? Hegel verdient diesen Vorwurf um so mehr, je größern Werth er auf die Uebereinstimmung seiner Philosophie mit der christlichen Dogmatik im Gegensatz zu den frühern Philosophen legt und je ungerechter er gegen den Rationalismus war, welchem er nicht die Unterscheidung zwischen Form und Inhalt, wie der Orthodoxie, zu gute kommen lassen wollte, als wenn nicht der Rationa-

---

*) Alle positiven Gattungsbegriffe — Ideen — haben nur darin ihren Ursprung, daß dem Menschen seine Gattung Gegenstand ist. Nur in und aus dem Bewußtsein der Gattung, der Menschheit, habe ich das Bewußtsein der Gerechtigkeit, der Liebe und Wahrheit.

lismus, der seiner Natur nach antidogmatisch ist, unendlich mehr Anspruch auf diesen Unterschied machen könnte, als die stets bornirte Orthodoxie, als wäre die Weise, wie sich in einigen Populärphilosophen und Theologen der Rationalismus ausgesprochen, die einzige mögliche Weise, als könnte nicht auch hier, wie überall, ein Unterschied zwischen Tiefe und Seichtigkeit, zwischen Gründlichkeit und Oberflächlichkeit stattfinden. Aber diesen Vorwurf muß man auch schon dem von den Deutschen doch so sehr bewunderten und geschätzten Leibnitz machen, wenn man gegen Hegel gerecht sein will. Auch er vertheidigt die Dogmen der Kirche gegen Bayle, aber ohne sich an den Sinn der Kirche zu halten. Auch seiner Theodicee erging es gerade so, wie jetzt der Hegelschen Religionsphilosophie und Philosophie überhaupt. Auch ihr warf man vor, daß sie die Lehren des Christenthums zerstöre, daß sie den Glauben mit der Vernunft, das Himmlische mit dem Irdischen vermenge. Ein gewisser „Pfaffe" sprengte sogar aus, Leibnitz habe selbst in vollem Ernste seine ganze Theodicee für ein bloßes Witzspiel und Blendwerk (lusum ingenii) erklärt, ja ein Theolog — gewiß ein denkwürdiger, classischer Zug theologischer Dünkelhaftigkeit! — sprach sogar Leibnitzen das Judicium, die Urtheilskraft ab. Das meiste Aergerniß erregte — wer sollte es denken? — die vorher bestimmte Harmonie und die beste Welt Leibnitzens. Die orthodoxen Theologen, welche ein systematisches Interesse daran haben, die Welt und Menschheit so schlecht als möglich zu machen, erblickten in der besten Welt eine gefährliche Nebenbuhlerin ihrer himmlischen Freudenwelt. Allerdings waren auch die Vorwürfe der Othodoxie gegen Leibnitz eben so begründet, als sie es heute gegen Hegel sind; aber gleichwohl hat weder Leibnitz noch Hegel geheuchelt. Die Differenz liegt in der Natur der Sache. Jede Vermittelung der Dogmatik und Philosophie ist eine Concordia discors, gegen die man eben so im Namen der Religion, als im Namen der Philosophie protestiren muß. Alle religiöse Speculation ist Eitelkeit und Lüge — Lüge gegen die Vernunft und Lüge gegen den Glauben — ein Spiel der Willkür, in welcher der Glaube die Vernunft und hinwiederum die Vernunft den Glauben um das Seinige betrügt. Wenn man sagt: „man muß glauben, um zu erkennen, und erkennen, um zu glauben," so ist dieß wohl im Allgemeinen richtig. Allerdings muß man glauben, um zu erkennen — jeder Denker glaubt an die Wahrheit, glaubt an die Vernunft, glaubt an die Menschheit — und allerdings erkennen, um zu glauben, wie wir denn dieß schon aus der alten Kinderfabel wissen, wo es heißt: Wer einmal lügt, dem glaubt man nicht, und wenn er auch die Wahrheit spricht. Aber in Beziehung auf den Streit von Dogmatik und Philosophie ist mit diesem allgemeinen Satz gar Nichts gesagt. Denn es handelt sich hier nicht von einem allgemeinen, sondern einem ganz besondern, einem historisch dogmatischen Glauben. Hier ist es sogar falsch, von einer Identität des Glaubens und der Erkenntniß zu sprechen; hier ist der Glaube der Verlust der Vernunft, und die Erkenntniß der Verlust des Glaubens; denn der Glaube vertritt eben hier die Stelle der Vernunft; man glaubt, was der Vernunft widerspricht, weil es ihr widerspricht.

So ist z. B. der Sündenfall ein bloßes Glaubensobject, denn er widerspricht nach allen seinen Dimensionen der Vernunft. Der Fall Adams und Evas war nämlich ein rein historischer Fall. Ein positiver Grund dafür war nicht da, denn er war ein verderblicher, unheilvoller Fall, ein Fall, der nicht geschehen sollte; Adam und Eva hätten im Urstand bleiben können und zum Besten ihrer Nachkommenschaft auch bleiben sollen. Es war ein rein willkürlicher Act und eben deswegen äußerlich ein rein historisches Factum, von dem ich nichts weiß und wissen kann aus der Vernunft, sondern nur durch die Tradition, ein Fall, der außer allem Zusammenhang, ohne alle Analogie, als ein absolut sinnloses $\ap ax\ \lambda\varepsilon\gamma\acute{o}\mu\varepsilon\nu o\nu$ für mich dasteht*). Lächer-

---

*) Das Gesagte erhellt noch mehr, wenn man bedenkt, das dem Fall Adams der Fall der Engel im Himmel vorhergeht — ein Fall, der aber nur ein particulärer

lich ist es daher, darüber speculiren, d. h. ein rein willkürliches Factum zu einer Vernunftsache machen zu wollen, aber nicht nur lächerlich, sondern auch ein wahrer Betrug gegen den Glauben und gegen die Vernunft. Denn ich kann das Factum nicht denken, die Vernunft nicht befriedigen, ohne das Factum zu etwas Anderem zu machen, als es dem Glauben gilt, nämlich zu einer nothwendigen Handlung, und ich kann den Glauben nicht befriedigen, das Object desselben nicht erhalten, ohne die Handlung zugleich wieder zu einer nicht-nothwendigen, nicht seinsollenden, zufälligen Handlung zu machen, d. h. ohne die Vernunft durch eine elende sophistische Distinction zu betrügen. Entweder war der Zustand Adams im Paradies ein vollkommener, wie es die Lehre des Glaubens ist — aber dann ist der Abfall ein Unding, das sich nimmermehr mit der Vernunft zusammenreimen läßt, oder ein unvollkommener, aber dann war der Abfall von seinem ersten Zustande ein gerechtfertigter, nothwendiger Abfall und folglich kein Abfall, sondern eine vernünftige, höchst lobenswerthe Handlung, deren Andenken wir noch heute feiern sollten. Will man daher den Glauben mit der Vernunft vermitteln, so bleibt nichts übrig als der Ausweg eines unvollkommnen vollkommenen Zustandes, d. h. eine Lüge, die zehnmal unvernünftiger und schlechter ist, als der alte Glaube. Wirklich ist denn auch diese Chimäre einer unvollkommenen Vollkommenheit das Geheimniß aller religiösen Speculation, besonders katholischer Seits über das Dogma des Sündenfalls; denn der einfache Sinn, worauf sich das Gewebe aller dieser Speculationen zurückführen läßt, ist kein anderer als der: Adam war zwar ein Mensch comme il faut — wenn man anders

---

war, denn nur einige, nicht alle Engel sind gefallen; hic haeret aqua — dessen ungeachtet ein Fall, ohne welchen des Menschen Fall, als der gleichsam nur irdische Niederschlag von jenem meteorologischen Prozeß nicht begriffen werden kann. Nemo qui nescit de diabolo quem vocant ejusque angelis, quisnam hic diabolus fuerit antea et quomodo factus sit Diabolus, tum qua causa cum eo desciverint qui vocantur ejus angeli, poterit cognoscere malorum originem. Origenes (contra Celsum. lib. IV.)

noch so ein erhabenes Wesen Mensch betiteln darf — aber er mußte seine Unschuld bewähren, er mußte seine Einheit mit Gott durch seinen Willen realisiren — hier spukt den Speculanten ein Satz der modernen ungläubigen Philosophie im Kopfe, daß der Mensch das, was er an sich, von Natur sei, durch sich selbst bethätigen müsse. Aber wenn Adam sich erst bewähren mußte, so war sein Urzustand, sein Stand, wie er aus Gottes Händen kam, noch nicht der wahre, noch ein mangelhafter, so befand sich Adam in einem Widerspruch zwischen dem, was er wirklich war und dem, was er sein sollte, so war Adam als Werk seines eigenen Willens — wenn er anders sich bewährt hätte — ein vollkommneres Wesen, denn als ein Werk Gottes. Aber dies widerspricht geradezu dem religiösen Glauben, ohne daß doch die Hypothese des Glaubens durch diesen und andere hier nicht zu erörternde Widersprüche, die sich die Willkür der Speculation erlaubt, auch nur im Geringsten wahrscheinlicher, begreiflicher und vernünftiger wird. Die religiösen Speculanten wollen zwei Herren dienen: dem Glauben und der Vernunft, aber eben dadurch befriedigen sie weder die Vernunft, noch den Glauben. Zwischen dem positiven Glauben und der Vernunft bleibt — Ihr mögt auch noch soviel von ihrer Einheit schwatzen — eine unaustilgbare Differenz, eine Differenz, die um so entschiedener sich herausstellen muß, je mehr das Bewußtsein der Vernunft, wie in unserer Zeit, erstarkt ist.

Wenn es daher schon an und für sich pöbelhaft ist, eine Wissenschaft — die Philosophie — des Unglaubens zu beschuldigen, und boshaft, eine bestimmte Philosophie zu verdächtigen, weil der Vorwurf nicht die bestimmte, sondern die Philosophie überhaupt trifft: so ist es dagegen jetzt, im neunzehnten Jahrhundert, ein wahrer Angriff auf die Ehre der deutschen Literatur und Wissenschaft und hiemit, wenn etwa auch unter Anderem die Ehre einer Nation in ihrer Wissenschaft und Literatur liegen sollte, ein Angriff auf die Ehre der deutschen Nation, wenn man sich erbreisten darf, die Philosophen anzuklagen, daß sie die deutsche Nation von ihrem Glauben abziehen wollen. Hat denn der alte Glaube noch eine respectable Nationalexistenz oder auch nur respectable Organe zu seinen Vertretern? Gehören die deutschen Philosophen nicht auch zur deutschen Nation? Oder haben sie sich etwa selbst fabricirt? Oder sind sie, wie einst die Galläpfel, unmittelbare Excremente des Teufels, emporgestiegen aus dem Abgrund der Hölle, um den frommen Deutschen die kostbare Perle ihres unbefleckten Glaubens zu entreißen? Oder haben nicht vielmehr schon die Poeten die frommen deutschen Schafe in der Scheere gehabt, ehe sie in die Hände der Philosophen gerathen? Schmeichelt sich nicht die Poesie eher in die Seele eines Jünglings ein, als die Philosophie mit ihren schmuck- und reizlosen, abstracten Sätzen? O welche Schande unserer Zeit, daß man die Namen und Gottlob höchst segensreichen Wirkungen eines Lessing, eines Herder, eines Schiller, eines Göthe schon vergessen hat — vergessen, daß die deutsche classische Literatur, eben gerade da beginnt, wo der alte Glaube zu Ende geht! Ist Klopstock nicht gerade an seiner Messiade gescheitert? Ist Euch das Distichon entfallen:

> Deine Muse besingt, daß Gott sich der Menschen erbarmte,
> Aber ist das Poesie, daß er so ärmlich sie fand?

Ist Klopstock nicht allein da Dichter, heute noch genießbarer Dichter, wo er sich seinen rein und frei menschlichen Empfindungen überläßt? Glaubt Ihr nun, daß ein Jüngling, welcher sich auch nur an den unschuldigen Gedichten eines Kleist, Hölty, Klopstock, Uz — des Verfassers der heterodoxen Kunst, stets vergnügt zu sein — ergötzt und mit Hölty z. B. aus voller Brust gesungen hat:

> Noch scheint der liebe Mond so helle,
> Wie er durch Adams Bäume schien
> Drum will ich, bis ich Asche*) werde,
> Mich dieser schönen Erde freu'n.

---

*) Wie ich höre, so hat die moderne Frömmigkeit in einer Liedersammlung für Schulen die poetische Asche Höltys in einen Engel umgewandelt. Aber dieser Engel

glaubt Ihr, frage ich, daß ein solcher Jüngling — vorausgesetzt, daß er kein characterloser Wechselbalg ist, daß er einen natürlichen Entwickelungsgang geht, was freilich nur ein Vorzug gesunder Naturen ist — je an den Gräueln der orthodoxen Theologie, an einem Sündenfall, der die ganze Natur und Menschheit verpestet hat, Geschmack finden wird? Wenn nun aber gar der nämliche Jüngling bei Lessings Nathan dem Weisen in die Lehre geht — die trefflichen polemischen Schriften Lessings gegen die Theologen wollen wir ihm sogar noch vorenthalten — und zugleich bei Herder Humaniora hört und hier noch obendrein bei der Confirmation eines deutschen Fürsten, ganz im Widerspruch mit den Lehren des Katechismus, auf die Frage: „Was ist Religion?" den Satz: „Religion ist, was das Gewissen bindet. Gewissen ist unsere innerste Ueberzeugung." Und auf die Frage: „was gehört also nicht zur Religion?" den Satz: „Was nicht mein Gewissen bindet: das ist, was mich nicht überzeugt, wovon ich keine Erkenntniß, keinen Begriff habe oder was nicht meine Pflicht nach meinem innersten Bewußtsein angeht;" zur Antwort empfängt, hierauf von Schiller sich in die Mysterien des Cultus der Schönheit einweihen läßt, und endlich, nachdem es ihm hier ein wenig zu warm geworden, die schillersche Gluth in dem stillen Ocean der Göthe'schen Liebes- und Lebensweisheit abkühlt, wenn, sage ich, dieser Jüngling nach solchen Vorstudien auf eine deutsche Universität kommt, so wird ihm — was gilt die Wette? — auch ehe noch die Philosophen ihren Beitrag dazu geliefert haben, die moderne pietistische Orthodoxie ungeachtet des „elastischen" Cul de Paris,

---

verdirbt uns gerade die Freude an dieser Erde. — Interessant ist es, wie die Poeten, so empfindlich und weichlich sie sonst sind, in den Momenten der Begeisterung ihr Selbst der Liebe und den Himmel des Jenseits dem Himmel des Diesseits opfern. Schon Petrarca wurde durch seine Laura dem Augustin'schen Glaubensbekenntniß untreu. Aber bei den Poeten läßt man sich gefallen, was bei den Philosophen für Verbrechen gilt, und doch ist die Sprache der Leidenschaft und Begeisterung die Verrätherin der innersten Geheimnisse.

den man jüngst dem Knochengerippe des alten Miracelglaubens untergepolstert hat, in einer solchen häßlichen, widerlichen Gestalt erscheinen, daß er nur in dem entschiedensten Gegensatz die Quelle des Lebens und Heils finden wird. Warum verklagt Ihr also nicht die Poeten? warum nur die Philosophen und selbst unter diesen warum nur Hegel? Warum bürdet Ihr nur ihm die heutigen „Vernichtungstheorien" auf? Kann man sie nicht eben so gut dem Kant, dem Fichte, dem Herder, dem Lessing, dem Göthe, dem Schiller zur Last legen? Unterschieden sie nicht schon aufs Strengste zwischen Historie und Wahrheit? War ihnen nicht schon das „historische" positive Christenthum etwas Ungewisses oder doch Gleichgültiges? Oder habt Ihr vergessen die inhaltsvollen Worte dieser gedankenreichen Männer? Nun so erlaubt mir, daß ich Euch wenigstens ein erbauliches Exempel ihres kritischen Antihistorismus ins Gedächtniß rufe. Schiller schreibt an Göthe: „Ich muß gestehen, daß ich in allem, was historisch ist, den Unglauben zu jenen Urkunden (Neues Test.) gleich so entschieden (hört! hört!) mitbringe, daß mir Ihre Zweifel an einem einzelnen Factum noch sehr räsonnabel vorkommen. Mir ist die Bibel (hört! hört!) nur wahr, wo sie naiv ist; in allem andern, was mit einem eigentlichen Bewußtsein geschrieben ist, fürchte ich einen Zweck und einen spätern Ursprung." Warum muß denn nun Hegel allein die Tendenz der Straußschen Kritik ausgeheckt haben? warum nur er allein Schuld sein an dem barbarischen „Vernichtungsglauben" der jungen Philosophen? War denn die Menschheit bis auf die Geburt Hegels stockblindgläubig? Ist er die Incarnation der Vernunft? Haben nicht die alten Philosophen und Helden schon an den Qualen des Tartarus und an den Freuden der elysäischen Felder gezweifelt? War Lucretius auch schon ein Hegelianer? auch Seneca, weil er sagt: Lex est, non poena perire, und anderswo: Homines pereunt, at humanitas perstat? Erwachte nicht sogleich in Italien mit der alten Kunst und Wissenschaft auch die Hyder des alten Zweifels? Unterschied nicht schon Spinoza zwischen Dauer und Ewigkeit, d. h. zwischen nur quantitativem und qualitativem Sein? Hat nicht schon Fichte auf's strengste die Endlichkeit des empirischen Ichs ausgesprochen, wenn er z. B. sagt: „In der Wissenschaftslehre muß die Individualität der Vernunft absterben; nur die Vernunft ist ihr ewig?" Hat nicht auch schon der Philosoph von Sans-Souci seiner Zeit gesungen:

> Mais nous qui renonçons à toute récompense,
> Nous qui ne croyons point vos éternels tourmens,
> L'intérêt n'a jamais souillé nos sentimens;
> Le bien du genre humain, la vertu nous anime:
> L'amour seul du devoir nous a fait fuir le crime;
> Oui, unissons sans trouble et mourons sans regret
> En laissant l'Univers comblé de nos bienfaits?

Und wenn der Verfasser „der Gedanken über Tod und Unsterblichkeit" ausführlich bekennt, seine Weisheit nicht blos vom Katheder geholt zu haben:

> Man hört die wahre Theologie
> Von dem Katheder wahrlich nie,
> D'rum bin ich nie auf Akademie
> In Mast gestanden wie ein Vieh.

wenn er erklärt, daß jede Wasserquelle, die sein Auge in die Tiefe ziehe, seine Seele mit fortspüle:

> Ich sehe in des Wassers Wellen
> Des Todes Nacht sich mild erhellen,

daß er nur aus dem Quell der Natur Friede und Weisheit schöpfe, daß er selbst in den dunkeln Grüften der Natur bei den den vornehmen Menschenseelen verächtlichsten Geschöpfen, bei Unken und Fröschen, die Andern nur sinnlose Töne hervorbringen, Collegia gehört habe, waren die Unken und Frösche auch graduirte Personen, auch Hegelianer, die die Natur für das Anderssein der Idee erklären? O wie seid Ihr doch so scharfsinnig! Wie bringt Euch um das Bißchen Verstand, das die gütige Natur Euch schenkte, Euer kleinlicher Parteihaß! Alles, Alles, was nur immer in der Natur des Menschen, in der Natur der Sache, in der Natur der Zeit liegt, muß dem Hegel auf den Hals geworfen werden. Am Ende machen sie noch in öffentlichen Blättern bekannt, daß wir erst aus der Hegelschen Philosophie essen und trinken gelernt haben. O wie bestätigt ihr doch, ohne daß Ihr es wißt und wollt, gerade in Eurem Eifer gegen die mythische Erklärung Eurer heiligen Geschichten diese Erklärungsweise! Wie jetzt der Haß Alles auf eine Person wälzt, so drängte einst die Liebe Alles in eine Gestalt zusammen. Blind ist der Haß und blind ist die Liebe, der Unterschied ist nur, daß die Liebe Götter, der Haß Teufel macht, daß die Liebe, blind gegen die Verdienste anderer Menschen, alles Gute in eine Person kondensirt, um durch diese Personification eine Sache zu heben und zu fördern, der Haß aber umgekehrt, gleichfalls auf Kosten fremder Verdienste, alles Schlimme in eine Gestalt hineinwürgt, um dadurch eine Sache zu begrabiren und den Vernichtungskampf dagegen sich zu erleichtern. So erleichterten sich einst die Menschen den Kampf nicht nur gegen das moralische, sondern auch physikalische Uebel, indem sie alle Störungen ihres Moral- und Nervensystems, ihrer Hausordnung, ihres Seelenfriedens und Unterleibs dem persönlichen Teufel Schuld gaben. Und so machen sie es jetzt mit Hegel. Wie einst der Teufel, so muß jetzt Hegel Alles gethan haben, was den Leuten ein Dorn im Auge und ein Pfahl ins Fleisch ist. Aber gerade so muß man es auch machen, um sich jede unangenehme Wahrheit auf leichte Weise vom Halse zu schaffen. Eine Sache, die man unter einen bestimmten Namen subsumirt, ist dadurch aus einer allgemeinen Vernunftsache, auf die Jeder kommen kann und kommen muß, wenn er sachgemäß denkt, zu einer zufälligen, particulären Sache degradirt, auf welche nur Dieser oder Jener in Folge dieses oder jenes bestimmten, an sich zufälligen Princips gekommen ist. Wie leicht ist es, den Tod zu widerlegen, wenn er nur eine Consequenz der Hegelschen Philosophie ist! Ach wie leicht! Man wirft einige Bonbons poetischer oder philosophischer oder theosophischer Floskeln hin — und mit solchen Zuckerplätzchen, die selbst die Thränen des Kindes nur auf einige Augenblicke zu stillen vermögen, ist nun der Mann, der ernste, denkende Mann für immer abgespeist. Gerade so verfuhr man auch einst gegen den Teufel, wie jetzt gegen die Vernunft. Statt bestimmter Heilmittel bedurfte man blos Namen, Floskeln, und Gebetsformeln, um das Uebel, d. h. den Teufel zu vertreiben.

Aber, meine Herren, Ihr richtet mit Euren geistlichen Beschwörungsformeln doch nichts aus; denn der Teufel, den Ihr außer Euch setzt, in eine besondere Gestalt verlegt, steckt in Euch selbst. Ihr seht nur die Splitter in den Augen der Philosophen, aber nicht die Balken des Unglaubens in den Augen der gläubigen Theologen. Ihr erkennt nur — aus Mangel an Sagacität — den offenen, ehrlichen Unglauben, aber nicht den hinter den Glauben versteckten Unglauben. Ihr bemerkt nur an Andern, an Euern Gegnern, daß sie nicht glauben, aber nicht, daß Ihr selbst in der That nicht glaubt, was Ihr zu glauben Euch einbildet, daß Euer Glaube nur Selbsttäuschung ist — nur ein Abortus des Unglaubens, der nicht zur gehörigen Reife und Ausbildung gediehen ist. Ihr staunt über meine Behauptung? O meine Herren! Diese Behauptung stützt sich auf Erfahrung und Erkenntniß. Wer den Glauben und den Unglauben kennt, beide aus ihren wahren Quellen kennt, wie sollte der nicht die ekle Composition von Glauben und Unglauben erkennen! Exempla docent: Ein moderner frommer Theologe nennt, um die alte krasse Inspirationstheorie — die doch, wie alle dogmatischen Bestimmungen der ältern Zeit, die einzig mögliche, consequente, ehrliche und insofern selbst die vernünftige ist, wenn man einmal auf dem Standpunkt des Offenbarungsglaubens steht — zu beseitigen, die Evangelisten und Apostel „freie Organe." Der fromme Mann gibt uns daher allerdings in dem Substantivum: „Organe" eine Probe von seinem guten alten ehrlichen Glauben, aber in dem Prädicat, in dem verhängnißvollen Adjectivum: „freie" zugleich eine glänzende Probe von seinem modernen Unglauben. So ist es: das Substantivum bei unserm frommen Theologen ist wohl der Glaube, aber das Prädicat, in dem erst der Sinn dieses Substantivums liegt, —

der Unglaube. Was Organ ist, das ist nicht frei, sondern dient selbst- und willenlos einer höhern Macht, und was frei ist, ist eo ipso nicht Organ. Wenn also die Apostel freie Organe gewesen sein sollen, so wird in demselben Moment, wo behauptet wird, daß sie inspirirt waren, die Eingebung geläugnet, denn ein freies Organ ist kein Organ. So spukt selbst die Gall'sche Schädellehre, — wer sollte es glauben? — den frommen Bibelgläubigen im Kopfe. Am Organ hat's den Aposteln nicht gefehlt, aber leider! wie dieß so oft bei der Gall'schen Schädellehre in specie der Fall ist, an der dem Organ entsprechenden Fähigkeit. So verdirbt der verfluchte Freiheitsschwindel der modernen Welt selbst in unsern Frommen die himmlischen Einflüsse, daß man nicht mehr unterscheiden kann, was Eingebung oder ein Ipse fecit der freien Organe war! Ein anderer bibelgläubiger Theolog erklärt das Wunder (z. B. an der Hochzeit zu Cana) für einen accelerirten Naturprozeß und gibt uns daher mit diesem beschleunigten Naturprozeß ein schlagendes Beispiel von der galoppirenden Schwindsucht des Wunderglaubens, der doch die Basis des ganzen Gebäudes ist, selbst in den Herzen der gläubigen Theologen. So weit ist die Cultur in unsern Tagen vorgeschritten! Den alten ehrlichen und deswegen so ehrwürdigen Theologen war das Wunder — und dieß ist die einzige richtige Bestimmung des Wunders, wenn man einmal Wunder glaubt und die Bibel nicht zum Besten haben will — der unmittelbare Ausdruck einer schrankenlosen willkürlichen Macht und daher eine gewaltsame Störung der guten Ordnung, ein übernatürlicher Eingriff in die Gesetze der Natur. Aber wie galant, wie höflich ist jetzt der Bibelglaube gegen die Natur! Jetzt sind die chemischen Feuerzeuge als beschleunigte Lichterzeugungsprozesse und die Dampfwagen als accelerirende Bewegungsmaschinen biblische Wunder — Wunder im Sinne unserer gläubigen Theologen. Wie „elastisch" ist doch der Wunderbegriff! Habe ich also falsch geredet, wenn ich sagte: der Glaube sei wohl das Hauptwort in den Seelen oder auf den Zungen unserer Theologen, aber das Epitheton ornans der Unglaube? Spinoza, der Patriarch der Freidenkenden der neuern Zeit — wie merkwürdig! ein Israelit von Geburt — hat in seinem Tractatus theol. polit., in dem trefflichen sechsten Capitel de miraculis, schon die Behauptung aufgestellt, daß die Wunder nichts anderes gewesen seien als ungewöhnliche natürliche Erscheinungen, die man aber aus Unwissenheit zu wider- und übernatürlichen Wirkungen gemacht habe. Wer daher ein Wunder für einen galoppierenden Naturprozeß erklärt, glaubt allerdings Wunder, aber er glaubt sie im Sinne des Unglaubens, welcher die Wunder natürlich erklärt; denn die Beschleunigung ist nichts Un- und Uebernatürliches. Wie lange wird es noch anstehen, daß die gläubigen Theologen den Ungläubigen die Concession machen: der Theanthropos war, nach Analogie des beschleunigten Naturprozesses, nur ein gesteigerter, beificirter Naturmensch! Ein anderer Theolog schildert in einer Schrift über die Sünde — oder wie sie sonst betitelt sein mag, ich erinnere mich nur noch, es sind schon sehr viele Jahre, des unauslöschlich widerlichen Eindrucks, den diese Schrift auf mich machte, und der tiefen Indignation, mit der ich den Frömmling zum Teufel warf — dieser Theologe schildert den Zustand des Sünders gerade in dem bedeutungsvollsten Moment — man rathe: womit? — mit einer poetischen Reminiscenz und zwar aus Schillers Taucherballade, wo es „wallet und siedet und brauset und zischt, wie wenn Wasser mit Feuer sich mengt." Der fromme Theologe hat also das Elend des Sünders, den Zustand der Erlösungsbedürftigkeit als einen höchst poetischen Zustand oder vielmehr als einen moussirenden Champagnerprozeß empfunden und dabei gewiß begeistert ausgerufen: Vivat die Sünde! Pereat die Tugend! Wieder andere Theologen läugnen, besonders den ungläubigen Kritikern gegenüber, geradezu, daß das in der Bibel steht, was mit klaren Worten in ihr geschrieben steht, wie z. B. das nahe Ende der Welt. Das Wort Gottes ist ihnen also nicht, wie sie sich selbst einbilden und vorgeben, das Wort Gottes, das Testament des Herrn; denn welcher treue Sohn wird an dem Testament seines verehrten Vaters, wenn er es einmal als das Testament seines Vaters aner­kennt, auch nur einen Buchstaben antasten, seinen letzten Willen nach Belieben verdrehen, läugnen, daß in dem Testament steht, was unwider­sprechlich in ihm steht? Wäre ihnen daher das angebliche Wort Gottes das wirkliche Wort Gottes, so müßten sie, mit vollkommener Verzicht­leistung auf ihren eigenen Verstand, Alles in der Bibel gerade so an­nehmen, wie es in ihr steht, und daher die unläugbaren Widersprüche der Bibel mit der Vernunft und den Gesetzen aller historischen Glaub­würdigkeit, die Irrthümer und Täuschungen der Apostel — z. B. in Er­wartung des jüngsten Tages — den ungläubigen Kritikern bemüthigst zugestehen, statt durch die Sophistik einer willkürlichen Exegese wegzu­läugnen. Ja, so müßten sie handeln, wenn es ihnen wahrer Ernst wäre mit dem Wort Gottes, denn woher wissen sie denn, ob es nicht der Wille des Testamentators war, diese Widersprüche, diese Irrthümer und Täuschungen gerade deswegen in die Bibel hineinzuweben, damit doch endlich einmal die Menschheit so gescheut würde, ein zeitliches Wort nicht mehr mit dem ewigen Worte zu verwechseln, und dadurch erlöst von den endlosen Zweifeln und Streitigkeiten, die an ein unter allen Bedingungen der Endlichkeit verfaßtes Buch nothwendig gebunden sind?

Warum verklagt Ihr also die Philosophen, wenn sie einen Glauben verwerfen, der in Euch selbst keine Wahrheit mehr ist, einen Glauben, der, weil ein einmal entschwundener Glaube eben so wenig naturgemäß wieder zurückgerufen werden kann, als die verlorene Jungferschaft, in den beßern Köpfen nur als eine Karrikatur, als ein affectirter, er­heuchelter Glaube, in den beschränkten Köpfen aber nur in der Furien­gestalt der Desperation und fanatischer Brutalität zum Vorschein kommen kann? Die Philosophen haben von jeher keine andere Bestim­mung gehabt, als ehrlich auszusprechen, was die Menschheit zu be­stimmten Zeiten im Sinne hatte, was sie freilich immer, so wie es ihr mit kahlen, dürren Worten in's Gesicht gesagt wurde, verschmähte und verläugnete, weil sie nicht die Wahrheit verträgt, weil sie sich absichtlich über sich selbst täuscht, die Selbsterkenntniß flieht, welche den eigenthümlichen Zauber der Illusion zerstört. Nicht die Philosophen und Freigeister sind die Verderber der Zeit. O nein! in Euch, meine Herren, steckt das Verderben der Zeit; es steckt in Eurem Glauben, der nur ein verkappter Unglaube ist. Die Heuchelei — nicht nur die gemeine, äußerliche, sondern die innerliche, die Heuchelei der Selbstbethörung — ist das Grundlaster der Gegenwart. Wenn einmal Philosophen oder überhaupt Freidenker gegen einen Glauben auftreten und zwar mit entschiedener Ueberzeugung, mit Gründen wissenschaftlicher Erkenntniß, so ist der Glaube bereits verschwunden aus den edleren Organen der Nation, aus den Denkorganen; er hat aufgehört, eine reale Potenz, eine geistige Macht zu sein, er existirt nur noch in der Erinnerung, die ihn, eben weil er bereits entschwunden, mit dem eigenthümlichen Reiz der Vergangenheit ausmalt, nur noch in der Einbildung der Einzelnen. So werft Ihr den jungen Philosophen als ein besonderes Verbrechen vor, daß sie den Glauben an das himmlische Jenseits und ihre individuelle Fortdauer verwerfen. Aber — abgesehen von der Pöbelhaftigkeit, einem Denker eine Erkenntniß zum Vorwurf zu machen, die sich durch Nachdenken seinem Bewußtsein als eine Vernunftnothwendigkeit ergibt, eine Erkenntniß, die er, wenn er sie Andern mittheilt, ihnen nicht als einen Glaubensartikel, als eine religiöse Wahrheit aufdringt — nur in diesem Falle würde er sich selbst prostituiren — sondern als ein Object der freien Intelligenz, d. h. als etwas Widerlegbares und Bezweifelbares hinstellt, abgesehen von dieser Pöbelhaftigkeit — wer kann, wenn er anders ein Paar Augen im Kopfe hat, verkennen, daß dieser Glaube längst aus dem allgemeinen Leben verschwunden ist, daß er nur in der subjectiven Einbildung der Einzelnen, wenn auch Unzähliger, noch existirt? Wo ein Glaube eine Wahrheit ist, nicht blos eine Einbildung, da ist er — meine Herren, — eine praktische, lebendige Wahrheit. Steht doch in der Bibel selbst der schöne Spruch: aus ihren Früchten sollt Ihr sie, d. h. die Herren, erkennen. Ein Glaube daher, der nicht mehr die entsprechenden Früchte trägt, ist nur noch ein chimärischer Glaube, der nur einen philosophischen Kopf — Philosophen sind ehrliche, entschiedene Leute — zu seinem Organ zu bekommen braucht, um den Schein wegzuwerfen und sich als Unglaube zu erfassen und auszusprechen.

Was sind denn nun aber die Früchte, welche an dem Baume des himmlischen Paradieses hängen, wenn er noch in voller Kraft da steht, so daß seine Aeste stark genug sind, solche Früchte zu tragen? — Diese Früchte, diese himmlischen Geschöpfe auf Erden sind nichts anderes als Mönche und Anachoreten, aber nicht Professoren der Geschichte, Mathematik, Medicin, Philosophie. Wie sträflich ist es, durch die Philosophie den Glauben um das Verdienst zu bringen, welches ihm allein die Ansprüche auf ewige Seligkeit erwirbt, um das Verdienst der Demuth, der Resignation auf die Vernunft! Wie thöricht, hier wissen zu wollen, was wir dort, ja nur dort! wissen können, wissen sollen, wissen werden, und zwar ohne alle Anstrengung des Denkens, die nur eine irdische Thätigkeit ist! Hier sollen und müssen wir darben, um uns die Freude der himmlischen Erkenntniß nicht zu verderben. Die Kinderchen selbst, die sich recht auf Weihnachten freuen, haben schon so viel Selbstbeherrschung, daß sie, auch wenn sie die Gelegenheit haben, die verborgenen Schätze schon vorzeitig zu Gesichte zu bekommen, ihre Neugierde unterdrücken, um sich die volle Freude auf den heiligen Abend aufzusparen. O Ihr genäschigen, vorwitzigen Philosophen, nehmt Euch diese Kinderchen zum Vorbild? Die Hoffnung auf den Himmel ist die einzige Weisheit dieser Erde; jeder Gedanke ist ein frevelhafter Zweifel an der Wahrheit dieser Hoffnung, ein Eingriff in die Rechte des Himmels. Oder soll etwa das Bißchen Wissen uns dort zu gute kommen? Aber dann müssen auch im Himmel Schulanstalten, wenn auch keine Gymnasien, Universitäten und Akademien, weil diese heidnischen Ursprungs sind, aber doch geistliche Schulanstalten sein, damit die hier hinter uns Zurückgebliebenen uns nachkommen, und so vollkommene Gleichheit und Einheit hergestellt werde, denn wo Unterschied ist, da ist

Neid, wo Neid, da ist Streit, und wo Streit, keine Seeligkeit. Wer also einen Himmel glaubt, der philosophirt nicht, und wer philosophirt, der glaubt keinen Himmel; widrigenfalls ist sein Philosophiren entweder bloßer Tand oder sein Glaube eine bloße Einbildung, die er durch sein Thun widerlegt. Aber sind die übrigen Wissenschaften von dem Vorwurf der Lächerlichkeit, der Eitelkeit, der Frevelhaftigkeit frei, da wo der Glaube an den Himmel und die Hölle eine Wahrheit? Eben so wenig als die Philosophie. Wie lächerlich ist es, hier Tag und Nacht beim trüben Lampenschein der menschlichen Vernunft sich mit historischen Forschungen abzugeben, wie frevelhaft, die verborgenen Zusammenhänge und Gänge des Labyrinths der Geschichte hier beleuchten zu wollen! Dort wird sich uns mit einem einzigen Blicke der ganze Wirrwarr enthüllen, wenn wir anders dort noch den Erdkloß eines Blickes würdigen. Was sind überdieß alle historischen Quellen, die uns hier zu Gebote stehen, anders als elende, unzuverlässige, oberflächliche Zeitungsberichte politischer Kannegießer? Selbst wenn sie von Augenzeugen stammen, wie schwierig ist es, richtig zu sehen und Alles zu sehen, was zu einem historischen Factum gehört! Wer hat in Zeiten einer allgemeinen fieberhaften Aufregung, in Zeiten, wo geistige Epidemien die Menschheit befallen — und gerade diese sind die historisch interessantesten — den Blick des prüfenden, unparteiischen Beobachters? Und wenn uns auch ein Held seine Geschichte selbst überliefert, wer bürgt uns denn dafür, daß er nicht hier im Nebel dieser Erde Alles getrübt angesehen hat? Wie lächerlich ist es daher, hier die Geschichte aus — angeblichen — Quellen studiren zu wollen, da uns erst dort im unmittelbaren Verkehr mit den großen und kleinen Helden und Geistern der Vergangenheit, sei es nun im Himmel oder in der Hölle, das geheime Archiv der Geschichte aufgeschlossen wird! Oder verlieren wir dort die geschichtlichen Erinnerungen? Blüht dort nur noch die Herbstzeitlose des kahlen Selbstbewußtseins? Aber was bleibt denn dann von der Seele eines Historikers noch übrig, wenn man von ihm die Summe seines historischen Wissens abzieht? Ja was bleibt selbst von uns Andern übrig, wenn wir die geschichtlichen Erinnerungen verlieren? Müssen wir nicht, um unsern diesseitigen Verstand, unser diesseitiges Bewußtsein Jenseits zu erhalten, auch den Inhalt des Diesseits mit hinüber nehmen? Wie lächerlich ist es nun aber gar, sich als Anatom oder Physiolog in das verwickelte, schwierige System des irdischen Leibes hienieden hineinzustudiren, da doch einst — und dieses Einst ist vielleicht schon Uebermorgen, vielleicht schon Morgen, vielleicht noch Heute — dieses ganze System des rohsten Materialismus durch den himmlischen Leib über den Haufen geworfen wird! Wenn ich die Gewißheit habe, daß ein philosophisches Lehrgebäude nächster Tage — und wer den Himmel glaubt, der muß wünschen, daß der nächste Tag der letzte Tag auf Erden sei — von einem nagelneuen, wunderherrlichen, unzerstörbaren und zugleich höchst einfachen und lichtvollen System in seiner ganzen Erbärmlichkeit und Nichtigkeit dargestellt werde, lohnt es sich der Mühe, dieses nichtige System zu studiren? Wenn ich weiß, daß ich morgen in Gold und Silber strahle, werde ich den schmutzigen, lumpigen Kittel, den ich heute anhabe, eines andern als höchstens eines verächtlichen Blickes würdigen? War es zufällig, daß, so lange der Glaube an Himmel und Hölle eine Wahrheit war, die Naturwissenschaften so vernachlässigt und zurückgesetzt waren? Wie lächerlich ist es ferner, sich der Mathematik zu widmen, mit ihren passageren Wahrheiten die unsterbliche Seele zu bemakeln! Dort verschwinden alle Wahrheiten der Größen und Zahlenlehre; dort tanzen Millionen der himmlischen Schaaren, denen auch ich mich einst anschließen werde, auf einem mathematischen Punkte. Wie kann ich aber das zur Basis meiner anhaltenden Forschungen, zum Princip meines geistigen Lebens und Wirkens machen, was ich einst selbst mit Füßen treten werde? Wie lächerlich und frevelhaft ist es nun aber vollends, sich mit Beschäftigungen und Erfindungen abzugeben, welche keinen andern Zweck haben, als das menschliche Leben zu erleichtern, zu verschönern, zu vervollkommnen, also keinen andern Zweck, als das Diesseits zu vergöttern! Was ist dieses Leben gegen das ewige Leben? Eine bloße Wallfahrt in das himmlische Jerusalem, ein transitorischer Kandidatenzustand, ein Mißton, der in dem unendlichen Concert des Jenseits überhört wird, ein elender Tropfen gegen den Ocean der Ewigkeit, ein Pfifferling gegen die erhabene Palme, die im Paradies mir blüht. Wenn das Leben aber nur eine Pilgerfahrt in den Himmel, die Erde blos mein Nachtquartier ist, werde ich mich in ihr einrichten, als wäre sie mein Wohnhaus? Werde ich nicht vielmehr ganz gleichgültig sein gegen die Beschaffenheit meiner Herberge? Werde ich nicht die Ungeschliffenheit, die Härte und Kälte des Bodens meines Nachtquartiers in der Hoffnung und dem Glauben an meinen himmlischen Wohnort selbst mit Freuden ertragen? Ist überdieß die Cultur des Bodens nicht auch ein Eingriff in die Prärogative des Himmels? Warum cultivirt der Mensch den Boden, als um sich einen glückseligen Zustand zu verschaffen? Will er also nicht durch Selbstthätigkeit sich erschaffen, was Gott nur sich selbst vorbehalten, was nur ein Gnadengeschenk des Himmels ist? Ist dieß nicht ein frevelhaftes, hochmüthiges Bestreben? Ist dieß nicht Fichte'scher Idealismus, der Euch dem Atheismus gleich ist? Verläßt sich nicht auch in der Cultur des Bodens der Mensch nur auf sich? Macht er nicht sein Glück, sein Sein nur von der Selbstthätigkeit abhängig?

In der That: sind wir für den Himmel geboren, so sind wir für die Erde verloren; die Erde — aber was gehört nicht zur Erde? — ist unsere Fremde, der Ort unserer Verirrung; unsere wahre Bestimmung hienieden ist nur der Gedanke an den Himmel, die Sorge, den Himmel uns zu erwerben, sei es nun durch das Verdienst der guten Werke oder durch das Verdienst des Glaubens. Der heilige Antonius — mit Recht der Heilige, denn er war kein Lügner und Heuchler wie die modernen Gläubigen: er bestätigte seinen Glauben durch sein Leben — redete also zu den ägyptischen Mönchen: „Unser ganzes Leben ist Nichts gegen das ewige Leben und die ganze Erde eine Kleinigkeit gegen das Himmelreich. Wenn auch die ganze Erde unser Eigenthum wäre und wir verzichteten darauf, was wäre dieses Opfer gegen den Gewinn des Himmels? — der Verlust einer kupfernen Drachme gegen den Gewinn von hundert goldenen Drachmen. Der Spruch des Apostels: ich sterbe täglich, muß uns daher nie aus dem Sinne kommen, denn wenn wir so leben, als wenn wir jeden Tag sterben sollten, so werden wir nie sündigen. Dieß ist aber so zu verstehen: wenn wir des Morgens aufwachen, so müssen wir denken, daß wir nicht mehr den Abend erleben, und wenn wir uns wieder niederlegen, so müssen wir denken, daß wir nicht mehr aufwachen, denn das Leben ist nicht nur seiner Natur nach ungewiß, sondern auch Tag für Tag von der göttlichen Vorsicht uns zugemessen. Wenn wir so gesinnt sind und so leben Tag zubringen, so werden wir nicht sündigen, nach nichts ein Verlangen haben, Niemanden zürnen und uns keine Schätze auf der Erde sammeln; nein! in der täglichen Erwartung unseres Todes werden wir besitzlos bleiben und Allen Alles vergeben und nimmermehr dem Verlangen nach fleischlicher oder sonstiger schmutzigen Lust unterliegen, sondern die irdische Lust als etwas Vergängliches verabscheuen im ängstlichen Hinblick auf den Tag des Gerichts, denn je größer die Furcht und die Gefahr der Foltern ist, desto leichter wird die Lust überwunden und der sinkende Muth wieder aufgerichtet" *).

Wo daher der Glaube an ein himmlisches Leben Wahrheit ist, da lösen sich alle Bande der Liebe und Menschheit auf, denn sie sind nur irdische, endliche, der himmlischen Bestimmung entfremdende, Verhältnisse. Die Gattin, die Mutter verliert über den Gedanken an das Wohl des Gatten, der Kinder, den Gedanken an den Himmel; selbst Jenseits noch verbittert ihr der Gedanke an die Ihrigen die himmlische Seligkeit, denn sie kennt keine egoistische Seligkeit, sie kennt nur die Seligkeit, die in der Verbindung mit den Ihrigen liegt. Der wahre,

---

*) Vita S. Antonii a. D. Athanasio scripta; edit. D. Hoeschelio. Augustae Vind. 1611. p. 26, 28, 30.

ihrem Glauben entsprechende Stand einer **Himmelsbraut** ist daher nur der Nonnenstand. Der Glaube an den Himmel concentrirt den Menschen nur auf sich, auf sein eigenes ewiges Heil; die himmlische Seligkeit genießt Jeder, wenn auch, in Gesellschaft, nur für sich selbst, und was für Andere geschieht, geschieht nur im Interesse der eigenen ewigen Seligkeit. Der Glaube an ein himmlisches Leben zerstört das Gattungsleben der Menschheit, vertilgt den wahren Gemeingeist, entmenscht den Menschen, und ist daher der wahre Vernichtungsglaube. Hierin allein liegt der Grund von der Verachtung, Anfeindung und Unterdrückung des Gattungstriebes im Christenthum — der Gattungstrieb widerspricht dem Trieb nach ewiger selbstischer Seligkeit. Wo daher der Glaube an den Himmel nicht mehr diese Früchte trägt, nicht mehr Heilige, wie ein Antonius, in seinem Gefolge hat, nicht mehr die in diesem Glauben gegründeten Stiftungen wenigstens noch historisch heilig gehalten werden, da ist dieser Glaube keine Wahrheit mehr, da ist er nur noch eine Einbildung, eine Phantasie, d. h. mit andern Worten, ein ehr- und charakterloser Glaube, ein Glaube, der nur noch die Bedeutung eines subjectiven Trostmittels, aber keine moralische Würde, keine praktische und folglich objective Realität mehr hat.

Warum klagt Ihr also den Denker an, wenn er mit der Vernunft widerlegt, was Ihr, Heuchler! selbst vermittelst Eures Lebens verläugnet und widerlegt? Freilich Ihr helft Euch auch hier wieder sogleich und sucht durch armselige Sophismen den Widerspruch Eures Lebens mit Eurem Glauben Euch aus dem Bewußtsein zu entfernen. Die Strenge der alten Christen, d. h. ihre Wahrhaftigkeit und Ehrlichkeit, ist Euch nur Uebertreibung oder gar Mißverstand der christlichen Wahrheit und Tugend. Natürlich! man muß, wie theoretisch ein Mittel zwischen Glauben und Unglauben, so auch praktisch ein schönes Juste-Milieu zwischen der christlichen Moral und dem Epikurismus der modernen Welt inne halten. Ihr wollt zwar, wie die alten Christen, die himmlischen Freuden, aber nicht, wie sie, dem Himmel die irdischen

Freuden zum Opfer bringen. Während die alten Christen auf den Knieen über dornige und steinige Pfade zum Himmel emporklimmten, wollt Ihr, auf den Lorbeeren des Unglaubens ausruhend, auf Eisenbahnen und Dampfwagen ins himmlische Jerusalem hineingleiten. Euer Leben ist das treue Ebenbild Eures Glaubens und Eurer biblischen Exegese. Wie der Glaube bei Euch nur die Bedeutung des Unglaubens hat, so legt Ihr auch in Euren Handlungen, wahrscheinlich um den Ungläubigen die Wahrheit Eures Glaubens ad oculos zu demonstriren, die moralischen Gebote des Christenthums immer nur im entgegengesetzten Sinne aus. Der biblische Spruch z. B.: Niemand kann zwei Herren dienen, heißt bei Euch: Jedermann kann zwei Herren dienen. Wie leicht konnte ja auch so ein alter Abschreiber aus übertriebenem Eifer oder aus Mißverstand des Christenthums, welches ja die sinnlichen Triebe nur verklären will, Niemand mit Jedermann verwechseln! O Ihr Heuchler und Lügner! Die Früchte des alten Glaubens wollt Ihr im Jenseits genießen, aber im Diesseits Euch unterdessen die Früchte des modernen Unglaubens köstlich schmecken lassen*). Und dennoch erdreistet Ihr Euch zu fragen und darüber zu klügeln: was das Verhältniß des Staates zu einer ungläubigen Philosophie sei? Als wäre nicht Euer ganzes Leben ein Pasquill auf Euern Glauben und als dürfte man einen Glauben wohl durch die

---

*) So hat man auch in unsern Tagen der Rechtgläubigkeit des heiligen Athanasius ein donnerndes Vivat gebracht und auf das Wohlsein derselben so manche Champagnerflasche geleert; aber von dem Leben des heiligen Antonius, welcher die Herrlichkeit dieses rechten Glaubens selbst mit dem Schmutze seines Leibes, den er aus Frömmigkeit nicht abwusch, beleuchtete und bestätigte, von diesem Leben, das uns der nämliche Athanasius als ein Muster vorhält, davon schweigen die Herren stille. Ja! statt mit dem Amulet des alten Glaubens zugleich auch das charakteristische Symbolum, das Epitheton ornans, die Decoration dieses Glaubens — das schmutzige Ziegenfell des heiligen Antonius sich wieder anzuhängen, encouragiren selbst die Herren, in der einen Hand das Crucifix, in der andern die Fahne der Gewerbs- und Handelsfreiheit, die Völker dazu, daß sie nur getrost auf den Bahnen des praktischen Unglaubens fortfahren sollen! O welche Heuchelei!

That, aber nur nicht durch den Gedanken widerlegen. Aber, meine Herren, die Quelle des Unglaubens ist eben der Widerspruch des Lebens mit dem Glauben. Erst wird der Glaube durch die Handlung, dann erst durch den Gedanken widerlegt. Die Vernunft kommt ja bei dem Menschen immer erst hinterdrein, nach der That. Ehe Ihr daher fragt: was das Verhältniß des Staates zu ungläubigen Denkern sei, so fragt zuerst: was sein Verhältniß zu solchen Subjecten sei, die zwar nicht gegen ihren Glauben schreiben, aber gegen ihren Glauben handeln und leben und daher dem beobachtenden Denker nichts weiter übrig lassen, als aus den Prämissen, welche sie ihm selbst dargeboten, die traurige Conclusion zu ziehen, daß ihr Glaube nur noch eine Chimäre ist. Oder ist es nicht mehr erlaubt, auch nur Thatsachen auszusprechen und zu analysiren? nicht mehr erlaubt, aus Prämissen, die uns das Leben selbst in die Feder dictirt, richtige Folgerungen zu ziehen? Ist ein logischer Denker ein Staatsverbrecher?

Aber, meine Herren! noch eine Gewissensfrage zum Abschied — sind denn unsere Staaten wirklich christliche Staaten? Stimmt der Begriff des Staates überhaupt mit dem Christenthum überein, mit dem Christenthum, welchem die Weltweisheit, die Philosophie des Diesseits widerspricht? Weiß das Christenthum von etwas Anderm als von einer religiösen Gemeinde? Widerspricht nicht selbst schon eine solche religiöse Gemeinde, die äußerlichen Staat und Prunk macht, die selbst durch den Donner der Kanonen die Kraft ihres geistlichen Segens unterstützt, dem Wesen des Christenthums, geschweige erst der Staat? Kommt mir nicht mit den Stellen der Bibel, welche die Anerkennung der weltlichen Obrigkeit aussprechen! Anerkannte nicht auch das Christenthum den Sklavenzustand*)? Folgert Ihr daraus die Christlichkeit dieses

---

*) Die Rechtmäßigkeit der Sklaverei hat man wirklich aus der Bibel, sowohl dem A. als dem N. T., deducirt. So z. B. den Dictionnaire univ. des Sciences Morale, Economique, Politique etc. (par Robinet) à Londres 1777. Art. Esclave, p. 174—182.

Zuſtandes? Und beziehen ſich jene Stellen nicht auf beſtehende Obrigkeiten? Aber ſoll denn unter den Chriſten nicht die einzige regierende Macht die religiöſe Macht, nicht ihr einziger Herr und Meiſter und König Der ſein, von dem ſie ihren Namen ableiten? Wo bleibt denn die göttliche übernatürliche Macht des Chriſtenthums, wenn es zu ſeiner Unterſtützung, um die Chriſten in Zucht und Ordnung zu halten, der Polizeigewalt bedarf? Und wenn ja Strafen auch unter ihnen nothwendig ſind, ſollen und können nicht bei Chriſten die kirchlichen Strafen dieſem Bedürfniß hinreichend entſprechen? Bedarf ferner der fromme Chriſt eines andern Schutzes als der göttlichen Obhut? Oder ſchickt ſich etwa nicht für den Gott, der die Blumen auf dem Felde kleidet, ohne daß ſie ſpinnen, und die Raben nicht verhungern läßt, eine unmittelbare Vorſehung, bedarf er zur Vermittlung der Vorſorge einer weltlichen Regierung? Aber iſt dadurch nicht das Band zwiſchen Gott und den Menſchen unterbrochen? Iſt dieß nicht ein epikuriſcher Grundſatz? Haben die frommen, wahren Chriſten nicht ſelbſt eingeſtanden, daß mit der Erhebung des Chriſtenthums auf den Thron der weltlichen Macht der Verfall des wahren Chriſtenthums begonnen habe? Haben ſie nicht offen bekannt, daß weltliches Glück das größte Unglück des Chriſten ſei? Haben ſie nicht ſelbſt Krankheiten des Leibes für Wohlthaten der Seele erklärt? Wenn alſo ein Staat das weltliche Glück ſeiner Unterthanen ſich zum Zwecke ſetzt, wenn er alle das leibliche Wohlſein bezweckende Anſtalten fördert, und folglich ſeinen Unterthanen nur weltliche Beſtrebungen und Geſinnungen gewiſſer Maßen zum Geſetz macht, widerſpricht er nicht dem Glauben und den ausdrücklichen Lehren der Chriſten, welche ſelbſt die heutigen Chriſten noch als die Muſter ihres Glaubens, wenn auch nicht ihres Lebens, anerkennen?

Wenn nun aber der Staat den Krieg ſanctionirt und ſelbſt dem Kriegerſtand den Vorzug vor allen andern Ständen gibt, ſanctionirt er hiemit nicht ein unchriſtliches Princip? — Ihr helft Euch, um Euer Gewiſſen zu belügen, mit der Gerechtigkeit der Sache. Aber wenn einmal der Krieg an sich unchristlich ist, was Ihr nicht bezweifelt, so bleibt er dem Christen, auch wenn er gerecht ist, immer ein Gegenstand des Abscheues, denn nicht was Recht, sondern was christlich, ist dem Christen Gesetz und Richtschnur. Der Feind raubt Euch Eure Weiber, Eure Schätze, Eure Ehre, Eure Freiheit; das ist zweifelsohne sehr unrecht. Aber was raubt er denn Euch im christlichen Sinn? irdische Güter, die dem Christen in der Gewißheit der himmlischen Güter Nichts sein sollen. Opfert Ihr also nicht der Erhaltung der irdischen Güter die himmlischen Güter, der Heiligkeit des Eigenthums die Heiligkeit des Christenthums, der bürgerlichen Freiheit die christliche Freiheit, dem rechtlichen Sinn den christlichen auf? Selbst wenn der Feind Euch das Heiligthum Eures Glaubens rauben will, was ist der einzige christliche Widerstand? — der Märtyrertod. Ihr helft Euch ferner mit der traurigen Nothwendigkeit dieser Welt. Aber für den Christen ist eben nur das Christliche das Nothwendige. Trefflich sagt der Kirchenvater Tertullian in seiner Schrift de Corona im XI. Capitel, wo er die Widersprüche des Kriegsdienstes mit dem Christenthum aufzeigt: „Der Stand des Glaubens läßt keine Nothwendigkeiten zu. Wo nur die Eine Nothwendigkeit ist, nicht zu sündigen, da gibt es keine Nothwendigkeit, zu sündigen." Ihr helft Euch endlich damit, daß Ihr sagt, der Soldat, welcher seinen Nächsten oder gar seinen Bruder in Christo todtschlägt, thue dieß nicht aus persönlichem Haß und Rachegefühl. Aber was ist damit gesagt? Gegen diesen einzelnen Franzosen da, welchen der Deutsche niedersticht, hat er freilich keine besondere Malice, aber den Feind, die Franzosen überhaupt, haßt er bis in den Tod; er würde, wenn er so glücklich wäre, die ganze Nation unter einen Hut zu bringen, mit dem größten Vergnügen der vielgliederigen Bestie mit einem Hiebe den Kopf abschlagen, nur um seinem lieben Vaterland die Kriegskosten zu ersparen. Den alten unbedingten, unverdorbenen Christen war Blutvergießen (wenigstens zum Behufe weltlicher Zwecke) ein

Gräuel*). Also meine christlichen oder vielmehr allerchristlichen Herren, ehe Ihr die Frage aufwerft: was das Verhältniß des Staates zu einer unchristlichen Philosophie sei? bitte ich mir die Frage zu beantworten: — aber Nota Bene ohne schlechte Sophismen — ob und wie unsere Staaten, ja der Staat überhaupt mit dem Christenthum zusammenstimmt? Doch verzeiht einem Philosophen diese thörichte Frage! Philosophen sind ja schlecht in Historicis bestellt. Eben fällt mir — aber leider zu spät — mein krasser Irrthum ein. Diese Frage ist ja schon seit Constantin dem Großen gelöst, der Standpunkt selbst, von dem diese Frage aufgeworfen werden könnte, ein **abgethaner, überwundener Standpunkt.** Ja wohl! Seitdem das Christenthum das ascetische Pallium Tertullians und das Ziegenfell des heiligen Antonius

---

*) Nobis, sagt M. Felix in seinem Octavius Cap. 30, Not. 7, homicidium nec videre fas. nec audire (oder vielmehr audire nach J. A. Ernesti's Ausgabe, Not. 13.) tantum ab humano sanguine cavemus, ut nec edulium pecorum in cibis sanguinem noverimus. Wenn dagegen andere Kirchenväter den Krieg für erlaubt halten, wenn selbst die Kirche die, welche Kriegsdienste thaten, nicht von der Kirche und der Taufe ausschloß u. s. w. — man sehe hierüber die Citationen in H. Grotius de jure belli ac pacis, Lib. I. Cap. II. §. 9 (und §. 7, über das Verhältniß zur Obrigkeit) — so haben wir hier denselben Fall, wie mit der Ehe und andern Punkten. Der Apostel Paulus und die Kirchenväter erlauben und anerkennen die Ehe, aber was ihre wahre, innerste Gesinnung war, die sie nur der äußerlichen Weltnothwendigkeit zum Opfer brachten, unterliegt keinem Zweifel. Krieg, Staat, Ehe gehört im Sinne des Christen nur **dieser** Welt an, die er nicht als seine **wahre** Welt, als seine **Heimath** anerkennt. Der **Christ ist Bürger des Himmels; nur was im Himmel gilt, nur was dort die Probe besteht, ist sein Gesetz.** Wenn daher auch der Christ die Gebräuche und Sitten dieser Welt anerkennt und mitmacht, so geschieht das nur aus demselben Grund und mit denselben Gesinnungen, als wenn ein Reisender die Gebräuche und Sitten eines fremden Landes, so lange er sich dort aufhält, mitmacht. Die Vertretung und Darstellung der wahren christlichen Gesinnungen übernahm daher später ein besonderer Stand, gleichsam zur Sühne für die übrigen unchristlichen Stände. Uebrigens ist die Geschichte des Christenthums — nicht nur die äußere, sondern auch die innere, welche denkenden Köpfen ein höchst interessantes und weites Feld noch darbietet — die Geschichte der größten Widersprüche, die je in die Erscheinung getreten sind.

mit dem Purpur und Priesterrock vertauscht hat*), ist selbst das Schinderhandwerk, ungeachtet die Kirche sich bei der Hinrichtung der auf ihr Anstiften geschlachteten Ketzer immer krank gestellt und eine besondere Blutscheu afficirt hat, nicht nur ein christliches, sondern — noch weit mehr — ein allerchristlichstes Handwerk geworden. Seitdem die Staaten christlich sind, sind die Christen keine Christen mehr. Wenn man einen Vicarius Dei hat, was braucht man Gott selbst? Und wenn die Welt christlich ist, was braucht der Christ selbst noch Christ zu sein? Freilich muß man hierbei nicht vergessen die übernatürliche magische Kraft des Christenthums, welche die Natur der Dinge verkehrt, ihre natürlichen Eigenschaften in entgegengesetzte verwandelt. Die verfolgende, herrschende und herrschsüchtige Kirche ist z. B. in der Sprache des heiligen Augustins nicht die verfolgende, Gott bewahre! sondern die verfolgte, die unterdrückte, die leidende, und der Strick, mit dem ein Ketzer erst gepeitscht und dann geknebelt und endlich gewürgt wird, nicht ein Zwangsmittel der peinlichen Halsgerichtsordnung, nein! nur ein Angebinde der christlichen Liebe. So verwandelt die magische Kraft des christlichen Glaubens Galle in Honig, Haß in Liebe, Lüge in Wahrheit! O Wunder über Wunder! Erst geschehen nur natürliche Wunder, aber mit Constantin dem Großen kommen die moralischen Wunder an die Reihe. Sonst wurde Wasser zu Wein, der Kranke gesund,

---

*) Schon im Zeitalter Constantins galt der Geistlichkeit das apostolische Pallium für ein unanständiges Gewand. Ein gewisser Eustachius wurde auf dem Concilium zu Gangrena anathematisirt, weil er als Priester das Pallium trug und dieses einfache Gewand bei der Geistlichkeit wieder einführen wollte. (S. Salmasius Notae zu Tertullians Schrift: De pallio. Lugduni B. 1656. S. 87.) Da bekanntlich Kleider Leute machen, besonders Leute von Distinction, so hat offenbar auch nur der Priesterrock den Unterschied zwischen Laien- und Priesterstand hervorgebracht. Denn derselbe Tertullian, der einen pompösen Panegyricus auf das ascetische Pallium schrieb, derselbe sagt noch: Vani erimus, si putaverimus quod sacerdotibus non liceat, laicis licere. Nonne et laici sacerdotes sumus? ubi tres, ecclesia est, licet laici. De exhort. castit. Cap. 7.

der Blinde sehend, aber jetzt wurde das Unchristliche zum Christlichen. Erst wurden die Heiden auf wunderbare Weise in Christen, aber dann wieder die Christen auf natürliche Weise in Heiden verwandelt. Das Mittelalter hatte die Aufgabe, den wunderbaren Transsubstantiationsprozeß des Christlichen ins Unchristliche und des Unchristlichen ins Christliche fortzusetzen und auszubilden, und das tieffromme Mittelalter hat diese Aufgabe aufs Beste gelöst. Jetzt haben wir statt der Dornenkrone des Christenthums die christliche Kaiserkrone, statt Armuth Reichthum, statt Einfachheit Prunksucht, statt Demuth Hochmuth, statt Barfüßigkeit Stiefeln und Sporn*). Sonst hieß es bei den Christen: nur die Tugend unterscheidet uns — sola virtute distinguimur**) — aber jetzt kommen die christlichen Höfe, die christlichen Fürsten, die christlichen Grafen und Freiherren zum Vorschein, und es schneiden sich die Unterschiede zwischen den Patriciern und Plebejern selbst mit Messerstichen Angesichts der christlichen Liebe und des christlichen Glaubens in die allerchristlichsten Herzen ein. Und nicht genug haben die gläubigen Christen an den weltlichen Würden, Reichthümern, Distinctionen und Titulaturen: auch die Kirche, die Perle, die aus dem blutigen Saft des Seitenstichs des Heilands am Kreuze gequollen, muß mit allem Glanze irdischer Herrlichkeit und Eitelkeit schimmern, damit auch an der heiligsten Stätte die religiöse Macht des Christenthums, als ein lockender Gegenstand der Ehrsucht und Habsucht, ihre Versöhnung mit

---

*) Quis in principio, cum ordo coepit monasticus, ad tantam crederet monachos inertiam devenire? O quantum distamus ab his qui in diebus Antonii extitere monachi! Sic Macarius vixit! Sic Basilius docuit? Sic Antonius instituit? Sic patres in Aegypto conversati sunt? Mentior, si non vidi abbatem sexaginta equos et eo amplius in suo ducere comitatu. Dicas, si videas eos transeuntes, non patres esse monasteriorum, sed Dominos castellorum. (Divus Bernardus Clarev. ad Gulielmum abbatem Apologia.)

**) Minucius Felix (Octav. Cap. 37, §. 10) neben dem hier schicklich Voltaire einen Platz einnimmt, indem er gleichfalls sagt (Mahomet): Les mortels sont égaux, ce n'est point la naissance, c'est la seule vertu, qui fait leur différence.

der Welt und mit den menschlichen Schwächen und Leidenschaften feiere*).
So verwandelte sich das erst abstracte Christenthum in concretes,
reales Christenthum! Geistigkeit, Einfachheit, Armuth, Barfüßigkeit
sind Abstractionen, traurige Abstractionen; aber glänzende Federn, aber
Silber und Gold, aber Purpur und Seide, aber Stiefeln und Sporn
sind „reale Potenzen," Dinge, womit sich schon ein menschliches Herz
sattsam befriedigen kann. Zwar führte auch das Mittelalter in seinem
Wappen die drei Blumen der Keuschheit, der Armuth, der Demuth
(Gehorsams). Aber was einst freier Wille war, wurde jetzt, wo der
Wille verschwunden, zu einem äußerlichen Gesetz, und was einst Tugend,
zu einem Gelübde, welches nicht gehalten wurde. Das Wesen war
untergegangen, aber der Schein davon zurückgeblieben als ein Bild der
Vorstellung und Einbildungskraft. Die Verwirklichung dieses aus dem
Leben verschwundenen, nur in der Einbildung existirenden Christenthums
war die christliche Kunst. Das Bild erhält den Menschen in der süßen
Illusion, das noch zu besitzen, was er bereits verloren; es sagt ihm
gleichsam in den wohlklingendsten Phrasen orientalischer Blumensprache
die größten Schmeicheleien ins Gesicht, welche dem Thoren, weil sie ihm
gefallen, für baare Münze gelten und ihn daher in den frommen Wahn
einwiegen, daß er das wirklich noch sei und besitze, was das Bild ihm

---

*) La grandeur, sagt ein satyrischer Franzose, et la majesté de l'Eglise Catholique demandent un Chef qui possede non pas les vertus d'un Prêtre, mais les talens d'un fin Politique. Elles demandent un Chef qui ait le courage de se damner pour le bien et pour l'agrandissement de ses Etats. C'est là le moyen de faire l'office du bon Pasteur, qui met sa vie pour ses brebis. Dieses satyrische Urtheil bestätigte das Urtheil der Katholiken selbst. Der Cardinal Bellarmin gab auf die Frage: warum denn so wenige Cardinäle in der Liste der Heiligen stünden? zur Antwort: perchè vogliono esse santissimi. (Bayle, Dictionnaire hist. Art. Bellarmin. Rem. U.) Der Cardinal Palavicini sagt von dem frommen Pabst Hadrian VI.: Fu Ecclesiastico ottimo, Pontefice in verità mediocre. (Bayle ibid. Art. Hadrian VI. Rem. Q.) Und der Pabst Eugenius IV. bekannte selbst, nach dem Bericht seines Lebensbeschreibers, auf dem Todtenbette, daß es für sein Seelenheil besser gewesen wäre, wenn er nie Cardinal und Pabst gewesen. (Bayle Art. Eugene IV. Rem. C.)

vorspiegelt. Die christliche Kunst war der Bernstein, zu dem sich das ätherische Oel des Christenthums verkörpert hatte; aber das Christenthum, das in dem schönen Stein eingefaßt war, ach! es war so wenig ein lebendiges, als das Insekt, das in dem Bernstein eingeschlossen ist, es war nur ein Rest einer untergegangenen Welt. Den Mangel an innerer Wahrheit sollte die Kunst mit ihrer Farbenpracht beschönigen. Das einfache Abendmahl des Herzens war so zu einem splendiden Ohren- und Augenschmaus geworden*). Der Tert des Tafelgesangs war der Vers:

> Will das fromme Herz sich laben,
> Muß auch Ohr und Aug' was haben.

Endlich kam die Reformation und zerstörte den blendenden, aber wesenlosen Schein und verwarf die drei christlichen Tugenden, die längst als lästige Gebote empfunden waren, als die charakteristischen Eigenschaften des christlichen Standes und als die Mittel zur christlichen Seligkeit**). Nur im Glauben, hieß es jetzt, liegt die differentia specifica des Christen; im Uebrigen ist er Mensch wie ein Anderer, gehört er der Welt, dem Staate an. Ihr dürft heirathen und Kinder zeugen, so viel Ihr wollt und könnt, ohne Euch darüber ein einziges graues Haar wachsen zu lassen; Ihr dürft Euch Schätze sammeln im Himmel, aber auch auf Erden, ohne Euch damit einer widerchristlichen Handlung zu

---

*) Ostenditur pulcherrima forma sancti vel sanctae alicujus et eo creditur sanctior quo coloratior. Magis mirantur pulchra quam venerantur sacra. O vanitas vanitatum, sed non vanior quam insanior. Fulget ecclesia in parietibus et in pauperibus eget. De sumptibus egenorum servitur oculis divitum. Inveniunt curiosi quo delectentur et non inveniunt miseri quo sustententur. (Bernard. loc. cit.)

**) Das positive Verdienst der Reformation um die Menschheit in sittlicher Beziehung — ein Verdienst, welches allein schon die Reformation als eine nothwendige Handlung legitimirt — liegt eben hierin, daß sie die Hefe Heuchelei und Scheinheiligkeit der Klerisei und des Mönchthums entlarvte und zerstörte.

zeihen; Ihr dürft Kriege und Injurienprozesse führen, so viel Ihr wollt, ohne Euch darüber Scrupel zu machen; kurz Ihr dürft Alles thun, was nur nicht mit Recht und Moral streitet; aber glauben müßt Ihr, glauben steif und fest; nur der Glaube macht Euch selig, nur der Glaube zu Christen, sonst Nichts. So schwand das Christenthum aus dem Leben und an seine Stelle trat die natürliche Moral, der weltbürgerliche Verstand. Das Christenthum gab das Adelsdiplom seiner übernatürlichen Herkunft auf: der Christ amalgamirte sich mit dem natürlichen Menschen; aber ein Anhaltspunkt der Differenz blieb noch übrig — der Glaube im Widerspruch mit der natürlichen Vernunft, d. h. mit der Vernunft κατ' ἐξοχήν. Nur diesen Widerspruch ließ man sich noch als den letzten Ausweg offen; er ist die letzte Grenze zwischen Himmel und Erde, der letzte Anhaltspunkt des Anspruchs auf ein himmlisches Jenseits, denn mit der Aufhebung dieses Widerspruchs schwindet das intellectuelle Bedürfniß und folglich die sittliche Bestimmung des Jenseits, welche allein darin bestehen kann, die Unbegreiflichkeiten und Widersprüche des Glaubens mit der Vernunft aufzulösen und so den Glauben in Erkenntniß umzuwandeln. Aber o Wunder über Wunder! der letzte und größte Transsubstantiationsprozeß des Christlichen ins Unchristliche und des Unchristlichen ins Christliche wird in unserer Zeit vollbracht.

Die ersten Stacheln von der Dornenkrone des Christenthums gingen tief in das Fleisch des natürlichen Menschen hinein; selbst im Mittelalter ward noch von Einzelnen das Christenthum als das Kreuz des natürlichen Menschen empfunden — so brüsteten sich die Franciscaner noch mit den Wunden, den Stigmaten, welche dem Fleische des heiligen Franciscus als Wahrzeichen seiner himmlischen Liebesglut eingebrannt gewesen. Die Reformation zog die Stacheln der Dornenkrone aus dem Fleische heraus, aber das Christenthum war ihr doch noch ein Dorn im Auge des natürlichen Menschen. „Alle unsere Artikel im Glauben, sagt Luther, sind sehr schwer und hoch, die kein Mensch ohne des heiligen Geistes Gnade und Eingeben faſſen kann. Ich zeuge und rede davon als einer, der nicht wenig erfahren hat ..." „Da wird ſich die Vernunft nimmer drein ſchicken können, daß wir, wenn man uns in die Taufe ſteckt, durch das Blut Chriſti von Sünden abgewaſchen werden, daß wir im Brote den Leib Chriſti eſſen ꝛc. Solche Artikel werden für eine lautere Narrheit von weltweiſen Leuten gehalten. Aber wer's glaubt, ſoll ſelig werden." „Es iſt aber eine lächerliche Predigt, die hier St. Paul thut, wovon beide Tod und ewiges Leben herkommen, und läßt ſich anſehen für ein große ſtarke Lüge bei der klugen Vernunft und weltlichen Weisheit, daß das ganze menſchliche Geſchlecht ſoll um fremder Schuld willen eines einzigen Menſchen allzumal ſterben ꝛc. das iſt ja ein ungeſchickt Ding, wenn man ihm will nachdenken. Und hat mich ſelbſt oft wunderlich und fremd angeſehen, und iſt wahrlich ein ſchwerer Artikel ins Herz zu bringen, wenn ich ſehe einen Menſchen todt hintragen und beſcharren, daß ich doch mit ſolchem Herzen und Gedanken ſoll davon gehen, daß wir werden mit einander wieder auferſtehen. Woher oder wodurch? Nicht durch mich oder um irgend eines Verdienſtes willen auf Erden, ſondern durch dieſen einigen Chriſtum. Darum heißt es eine Predigt für den Chriſten und ein Artikel des Glaubens." „Auferſtehung des irdiſchen Leibes ſtrebt wider die Erfahrung. Denn man ſiehet vor Augen, daß alle Welt hingeriſſen wird und ſtirbt. Einen freſſen die wilden Thiere, den andern friſſet das Schwert; dieſer läſſet ein Bein in Ungarn, jener wird mit Feuer verbrannt, den verzehren die Würmer in der Erden, jenen die Fiſche im Waſſer, einen andern freſſen die Vögel unter dem Himmel und ſo fort an. Da will's ſchwer ſein zu glauben, daß der Menſch (d. i. der Leib) wiederum leben ſoll und des Menſchen Glieder, die ſo weit von einander zerſtreuet, zu Aſche und Pulver gemacht werden in Feuer, Waſſer, Erde, wiederum zuſammenkommen ſollen. Wenn man's nach der Vernunft ausrechnen will, ſo läßt ſich's anſehen, als ſei dieſer Artikel von der Auferſtehung der Todten gar nichts oder doch ganz ungewiß*)." O armer Luther, o hätteſt Du erlebt das Licht unſerer Tage, wie glücklich wärſt Du! Den letzten Haken, an den das Chriſtenthum ſeine Diſtinction angeknüpft, den letzten Splitter von dem Kreuze der Chriſten, den letzten Dorn im Auge des natürlichen Menſchen, den Du übrig gelaſſen, hat man jetzt, im goldenen Zeitalter der „gläubigen, poſitiven Philoſophie," vermittelſt einer wunderbaren chirurgiſchen Operation glücklich herausgebracht. Jetzt, Luther! wäreſt Du nicht mehr genöthigt, zur Ehre der Bibel „die Vernunft zu erwürgen." Die einſt Dir ſo peinliche Unvernunft des Glaubens iſt jetzt zur Vernunft geworden, aber dafür freilich auch die Vernunft zur Unvernunft übergeſchnappt. Nicht mehr iſt die Vernunft ein brüllender Löwe, ein ungeſchlachtes wildes Thier, welches man mit dem Schwerte des Glaubens erwürgen muß; nein, ſie iſt kirre wie eine Turteltaube und fromm wie ein Lamm und geduldig wie ein Eſel, dem man alles Mögliche aufbürden kann, und poſſirlich wie ein Affe, der dem Glauben alle ſeine Sprünge über die Grenzen der Vernunft und Natur nachmacht. O Wunder über Wunder! Auf der Hochzeit zu Kana wurde das Waſſer auf eine der Vernunft unbegreifliche und widerſprechende Weiſe in Wein verwandelt, und jetzt auf der Hochzeit des Glaubens und der Vernunft wird das miraculös transſubſtanzirte Waſſer wieder in integrum reſtituirt, d. h. in das natürliche Waſſer der Vernunft aufgelöſt. Wie „elaſtiſch" iſt doch das Chriſtenthum! Erſt geſchahen die natürlichen Wunder, hierauf die moraliſchen und endlich geſchehen die intellectuellen Wunder. Erſt wurden die Helden in Chriſten und dann wieder die Chriſten in praktiſche Helden, und endlich, um alle Facultäten durchzumachen und das Ganze für immer würdig zu beſchließen, auch in theoretiſche, in intellectuelle Helden verwandelt. O wundervolles Finale! Ich ſelbſt

---

*) Dieſe Stellen ſind Bretſchneiders Schrift: die Theologie und die Revolution, entnommen.

bin ganz davon entzücket, ob ich gleich nicht verhehlen kann, daß mir der Esel Bileams durch sein überlautes Geschrei, womit er mir, zweifelsohne um seine Existenz und Glaubwürdigkeit zu sichern, gegen die Verbindung des Glaubens mit der Vernunft feierlichst protestiren zu wollen schien, einige Mißtöne in das sonst so harmonische Concert gebracht hat *). Doch ich will durch eine so odiöse Erinnerung Euch nicht den Genuß verbittern. Ich bitte mir aber dafür von Euch Eines

---

*) Der Esel oder vielmehr die Eselin Bileams wird hier keineswegs Scherzes halber angeführt. Wenn man von der Uebereinstimmung der Vernunft und des Christenthums redet, so hat auch der Esel Bileams ein Wort mit drein zu reden. Das Wunder mit diesem Esel wird von der Bibel eben so schlicht als eine historische Begebenheit erzählt, als irgend ein anderes Wunder. Der gelehrte Joh. Clericus (le Clerc) macht in seinem Commentar zu den Büchern Mosis, ob er gleich für seine Zeit ein aufgeklärter Orthodoxer war und selbst von den strengen Orthodoxen diesem seinem Commentar der Vorwurf gemacht wurde, daß er die Weissagungen und Wunder zu entkräften (enervare) suche, über das Wunder mit dem Esel Bileams folgende Bemerkung: Idem effecit Deus per se aut per Angelum in asinae ore ac id quod facit in Organo, qui ejus instrumenti certis motibus varios modulatur sonos. Hoc a Deo fieri potuisse non magis incredibile est, quam creatos initio homines, quos loquendi facultate ornavit. Profecto res in se spectata nullam difficultatem habet; nec quidquam huic historiae objici potest, nisi mirum videri, propter rem tantillam factum esse prodigium, cui nunquam postea simile contigit. Quo factum ut Maimonides haec omnia in visione Balahamo visa esse fieri. ut alii observarunt, crediderit. At nihil est in hac narratione, quod vel minimam suspicionem creare possit somnii hic narrati. Nam quamvis invenire nequeamus rationem, ob quam Deus tantum ediderit portentum, quis hinc ausit colligere editum non fuisse? Dei consilia et fines Dei quis dicere potest se ita perspexisse etc.? Itaque huic historiae nihil potest objici, quod ejus fidem dubiam facere possit. p. 424 (Edit. Tubingae 1733). Herder in seinem Geist der hebräischen Poesie erklärt dieses Wunder aus den merkwürdigen Zuständen und der an das Unglaubliche grenzenden Einbildungskraft einer Schamanenseele, also als eine psychologische Erscheinung, eine Vision. Das läßt sich hören; aber mit dieser oder irgend einer andern natürlichen Erklärung haben wir auch dem Esel das Maul gestopft und der Vernunft allein das Stimmrecht eingeräumt. Und nun stimmt freilich auch die Vernunft mit dem Esel überein, aber nur weil der Esel jetzt selbst mit der Vernunft übereinstimmt, und zwar nur dadurch, daß er auf menschliche Sprache und Vernunft verzichtet hat und nichts mehr sein will, als ein purer Naturesel.

aus: verlangt nicht von den Ungläubigen, welche nicht, wie Ihr, mit dem einen Auge in das himmlische Jenseits hinauf, mit dem andern auf die Erde herabblicken, sondern beide Augen auf einen Punkt concentriren, daß sie auch schielen, wie Ihr, und mit dem Himmel auch die Wahrheit opfern.

Kritiken des modernen Afterchristenthums.

I.

Kritik der „christlichen Rechts- und Staatslehre."

(Von Fr. Jul. Stahl 1833.)

1835.

Nachdem der Verf. in dem ersten Bande zur niederschlagenden Beschämung der menschlichen Vernunft, die nun, für immer gewitzigt, sich nicht mehr unterstehen wird, auf eigne Faust zu speculiren, die großen Philosophen, ehemals die Götzen ihrer Zeit, namentlich einen Spinoza, Fichte und Hegel als gottlose Helden aus dem Reiche des zeitlichen und ewigen Lebens in das Scheol der dürren todten Abstraction hinabgeschleudert und hiermit den negativen und theoretischen Beweis von den Schwächen der Vernunft geliefert hat: so folgt denn nun in dem zweiten positiven Theile, dem wir daher auch wegen seiner größern Wichtigkeit aus Mangel an Raum allein diese Anzeige bestimmt haben, der practische und positive Beweis, den er jedoch — und zwar ganz consequenter Weise — hier nicht mehr von der Vernunft Anderer, sondern seiner eignen ablegt. Der Verfasser geht nämlich bei seiner Philosophie von den Principien des Christenthums aus, und er mußte daher, nachdem er die Splitter in den Augen der Andern aufgezeigt hat, die Balken in seinem eignen Auge öffentlich zur Schau tragen, um so mehr, als eben gerade diese Balken die einzigen festen Stützen seines philosophischen Gebäudes sind. Denn hätte er nicht die Blößen seiner eignen Vernunft aufgedeckt, so wäre Er ja als die Instanz übrig geblieben, an welche die menschliche Vernunft, nachdem sie doch bereits in dem ersten Theile den Prozeß verloren, noch immer und gewiß mit Erfolg hätte appelliren können. Erkennen wir hierin die tiefe Ironie des Verfassers! Die Philosophen sind gefallen durch eine fremde Hand. Er aber fällt durch seine eigne; er stirbt den Tod des Helden, den Tod des Märtyrers, um die Wahrheit seiner Philosophie, daß es mit der sich selbst überlaßnen Vernunft nichts ist, mit seinem Blute zu besiegeln.

Doch zur Sache! Das Buch beginnt mit der Freiheit und Persönlichkeit Gottes, als dem Principe, an welches von nun an die Philosophie und die Wissenschaften überhaupt angebunden werden sollen. Die bisherigen Begriffe der Philosophie von der Freiheit sind aber nach dem Verfasser nur negative Begriffe, so auch der Begriff der Selbstbestimmung. „Auch das nothwendig Wirkende, das Gesetz, der Mechanismus ist nicht von Anderem bestimmt." „Der positive Begriff der Freiheit ist, daß dieses eigne Wesen, welches von keinem andern bestimmt wird, auch ein schöpferisches sei, d. i. daß ihm eine unendliche Wahl zukomme." „Freiheit ist Wahl." „Bei der Vorstellung der Freiheit stellt sich unserem Bewußtsein auch die der Wahl unzertrennlich dar. Wer keine Wahl hat, den wird niemand frei nennen." Schon in ihrem Anfange gibt die sogenannte „positive Philosophie" ein augenfälliges Beispiel von der Oberflächlichkeit und Unwahrhaftigkeit, mit der sie die bereits vorhandnen tiefen Bestimmungen der Philosophie von der Freiheit auffaßt. Von der Selbstbestimmung, um nur bei dieser als der allgemeinsten Bestimmung stehen zu bleiben, ist unzertrennlich die Actuosität. Mit dem Begriffe eines bestimmt seienden Wesens wurde von jeher in der Philosophie der Begriff eines passiven, mit dem Begriffe aber eines sich selbstbestimmenden der Begriff eines durch und aus sich selbst activen Wesens verbunden. Man denke z. B. nur an die Leibnitzischen Monaden. Der Begriff des Geistes, des Lebens (im Allgemeinen), der aus sich selbst zeugenden und schaffenden Kraft ist also identisch mit dem Begriffe der Selbstbestimmung. Dem Verfasser aber ist die Selbstbestimmung eins mit Nicht- von Anderm bestimmt-werden, und daher aus dem ganz natürlichen Grunde, weil er sie nur negativ auffaßt und ausdrückt, ein negativer Begriff, gleichwie jeder positive Satz, negativ ausgedrückt, nichtssagend ist. Die ursprünglich in dem Begriffe der Selbstbestimmung schon enthaltene und mitgedachte Bestimmung der schaffenden Thätigkeit bringt er erst, nachdem er sie eigenmächtig daraus weggelassen hat, hintennach herbei und zwar als eine besondere, aparte Bestimmung, und verbindet dann nach seiner leicht-fertigen Manier durch ein gedankenloses: das ist das Schaffen mit dem Wählen, als verstünde sich deren Einheit von selber. Die Art, wie der Verfasser die Philosophie versteht und beurtheilt, besteht überhaupt darin, daß er durch die eigne Seichtigkeit seiner Auffassung ihre Ideen auf das Minimum ihres Inhalts reducirt, daß er gerade den Kern aus ihnen herausfallen läßt, und nur die leere Schaale in seinen Händen behält, um dann die eignen Bestimmungen als die wahren positiven Bestimmungen hineinlegen zu können. Das Schönste aber dabei ist, daß der sogenannte negative Begriff immer gerade der positive wahre Begriff; dagegen der sogenannte positive Begriff, nicht nur der allernegativste, dürftigste Begriff, sondern vielmehr die der Sache unangemessenste, die begriff- und gedankenloseste Bestimmung ist, die man sich nur immer vorstellen kann. Denn was soll man dazu sagen, wenn man liest, daß die Wahl der positive Begriff der Freiheit, ja der absoluten Freiheit Gottes sein soll? Die Wahl ist so wenig Freiheit, daß gerade nur in der Negation der Wahl die Freiheit besteht, daß accurat da, wo die Wahl aufhört, die Freiheit anfängt. Wahl macht Qual. Frei fühlt sich der Mensch nur da, wo er es zum Entschluß, zur Entscheidung, zur bestimmten, das Gegentheil, ja die Möglichkeit des Gegentheils ausschließenden Handlung gebracht hat, frei fühlt er sich nur im Thun, aber nicht im Wählen, frei also nur in der Kraft der Selbstbestimmung, in der Energie, die Wahl aufzuheben, sich selbst seine Nothwendigkeit zu sein. Die lebendige That, der positive Begriff der Freiheit, ist die Selbst-Bestimmung, die Wahl nur ein der Freiheit, wie sie am Endlichen, im menschlichen Individuum erscheint, voraus- und entgegengesetzter, ein auf Unbestimmtheit und Unentschiedenheit, also auf einem Mangel beruhender, folglich ein aufzuhebender, endlicher Zustand — ein Zustand, keine That, keine Energie. Der göttlichen Freiheit wird daher der Mensch nur in solchen Momenten des Lebens theilhaftig, wo seine Handlungen, Worte, Empfindungen, Gedanken den Charakter der absoluten Bestimmtheit, das ist der Nothwendigkeit an sich tragen. Der schöpferische Geist des Menschen ist, wenn und indem er wählt, aus sich herausgerissen, in einem unseligen Mittelzustand zwischen Schaffen und Nichtschaffen. Nur da fühlt der Mensch sich frei, wird er die Kraft des Schaffens auf eine beseligende Weise inne, wo seine Empfindungen und Gedanken die Möglichkeit des Andersseins ausschließen, wo sie mit ihrem Gegenstand identische das ist nothwendige sind, wo sein Kopf kein Lericon ist, in dem er aus einer Menge gleichbedeutender oder verwandter Ausdrücke den passendsten nach Gutdünken auswählt, sondern ein geistvolles Collectaneenbuch so zu sagen, in dem lauter ἅπαξ λεγόμενα vorkommen. Aber der Mensch erhebt sich vermöge der Schranke seiner Individualität auch in den Momenten der höchsten Freiheit, in den Momenten seiner geistigen Schöpfungen nur selten in das ungetrübte Gefühl und Bewußtsein der absoluten Vollkommenheit und Nothwendigkeit, es bleibt ihm meist noch im Hintergrunde das wenn gleich schwache Gefühl der Möglichkeit des Anders- und Besserseins übrig. Wahl ist also ein unverkennbares Zeichen der Beschränktheit eines Wesens.

Das Genie trifft mit Einem Schlage den Nagel auf den Kopf; es wählt nicht.

Es ist richtig: die Auswahl, die der Verfasser nach seiner unzuverlässigen, schwankenden, begrifflosen Confussionsmethode nicht von Wahl unterscheidet, bedeutet im Leben so viel als Reichthum. „Freiheit, sagt der Verfasser, ist Reichthum, aber nicht ein Reichthum des Besitzes, sondern der Erzeugung" — ein Zusatz, der jedoch hier nicht in Betracht kommt — und als einen „unwiderleglichen?" Beweis von dem Dasein einer unendlichen Wahl führt er ein Beispiel ihrer Wirkungen an, nämlich dieß, daß es, „unzählige Steine und Muscheln und Gewächse und unzählliche menschliche Individualitäten gibt!" Es ist richtig, wer eine reiche Garderobe hat, ist nicht beschränkt und abhängig, wie der arme Teufel, der nur Einen Rock im Vermögen hat und daher, wenn er zerrissen ist, beim schönsten Wetter zu Hause bleiben muß, wenn er gleich herzlich gerne ausgehen möchte. Der Reiche kann, frei vom Zwange der Noth, nach Belieben zwischen Diesem oder Jenem wählen; aber diese Freiheit ist selbst nur eine beschränkte, fällt selbst in das Gebiet der Unfreiheit hinein; nur in Bezug auf das Besondere, auf dieses oder jenes Individuum, aber nicht in Bezug auf die Sphäre, die Gattung, zu der diese Individuen gehören, ist er frei, also z. B. wohl frei in der Beziehung, ob er heute den schwarzen, den rothen oder blauen Rock anziehen will, aber nicht frei in Bezug auf den Rock selbst. Reichthum ist eben so gut Abhängigkeit als Armuth. Die Auswahl, der Reichthum setzt eine Fülle an zwar der Beschaffenheit nach verschiedenen, aber doch im Wesen gleichen Dingen voraus. Aber gerade dieser Ueberfluß deckt die Blöße des Reichthums auf, zeigt ihn in seinem Elend, seiner Nichtigkeit und Geistlosigkeit. Dem Geiste genügt vollkommen ein einziges Individuum aus einer Fülle wesensgleicher Dinge. Und der Mensch ist daher gerade darin frei, daß er sich nur auf das Nothwendige beschränkt. Die Armuth eines Diogenes ist ein würdigeres und richtigeres Beispiel der Freiheit, als der Reichthum eines Crösus. Wir sehen daher die positive Philosophie schon in ihrem obersten und wichtigsten Begriffe in ihrer ganzen Eitelkeit und Nichtigkeit. Statt uns mit dem Begriffe der Freiheit in das Gebiet des Geistes zu erheben, führt sie uns vielmehr, um unsre Augen mit dem nur einer kindischen Phantasie imponirenden Farbenreiz einer unendlichen Mannigfaltigkeit zu blenden, in einen Galanteriewaarenladen als den angemessensten Platz, wo sie ihre tiefen Mysterien von der Schöpfung der Welt auskramen kann. „Es ist nothwendig, sagt der Verfasser, daß die Schöpfung göttlich ist. Aber es war nicht nothwendig, daß die Schöpfung gerade diese wurde, die sie nun wirklich ist, Gott konnte die unermeßliche Fülle seines Wesens auch in anderer und der mannigfachsten Weise offenbaren." Welch ein kindischer Gedanke! als wäre das Wort Gottes, die Welt nicht ein $\ddot{\alpha}\pi\alpha\xi$ $\lambda\varepsilon\gamma\acute{o}\mu\varepsilon\nu o\nu$, als wäre Gott nicht gerade deswegen Gott, weil, was er schafft, schlechterdings so ist, wie es sein soll, das ist absolut der Idee gleich und gemäß, und daher da, wo zwischen dem Begriff und dem Object, zwischen der Idee und dem Product oder dem Dasein eine absolute Identität stattfindet, nicht alle Möglichkeit des Andersseins, folglich alle Auswahl und Mannigfaltigkeit ausgeschlossen. Nur dem Elend, der Noth des materiellen Daseins verdankt die Mannigfaltigkeit ihren Ursprung. So kommt die Mannigfaltigkeit der menschlichen Individualitäten nur daher, daß kein einzelnes Individuum wegen seiner Beschränktheit der adäquate Ausdruck der Idee, der Gattung ist und daher die Natur den Mangel der einen Existenz durch die Schöpfung eines andern Wesens zu ergänzen sucht, um durch diese Mannigfaltigkeit im Dasein die Einheit des Wesens darzustellen. Alle Varietät existirt nur für die sinnliche Anschauung; in der wahrhaften, der göttlichen Anschauung ist sie nur der Ausdruck des einfachen, sich überall gleichen Wesens. Vor Gott machen die unzähligen mannigfaltigen Menschen nur Ein Wesen, das ist den Menschen aus.

Eben so wie die Auswahl das ist die unbestimmte Wahl, die Wahl zwischen blos Verschiedenem, fällt aber auch die Wahl als be=

stimmte Wahl, als Wahl zwischen Entgegengesetztem in das Gebiet der gemeinsten Empirie. Der Verfasser sagt selbst richtig: „Gott ist allerdings auch eine Möglichkeit versagt ... die Möglichkeit des Ungöttlichen." „Er kann nicht zugleich das Böse (absolut) wollen." „Die Wahl zwischen Gut und Bös ist allerdings bei Gott nicht, und ist gerade ein Widerspruch gegen die Freiheit, sondern Wahl überhaupt(?) und zwar unendliche schaffende Wahl." Allein da in Gott keine Wahl zwischen Gut und Bös, diesen sittlichen Gegensätzen ist, so ist in ihm überhaupt keine Wahl zwischen Gegensätzen, denn Nicht-schaffen (I. B. 313. 325) — oder wie man sonst die Gegensätze der Wahl ausdrücken will — ist für Gott eben so gut eine Impotenz, ein Mangel, ein rein Negatives, wie das Böse; folglich ist in ihm gar keine Wahl, denn Wahl ist nur denkbar zwischen Verschiedenem oder Entgegengesetztem. Im Endlichen ist die Negation einer positiven Bestimmung selbst wieder etwas Bestimmtes, Positives, kein rein Negatives; die Gegensätze sind in ihm beide Realitäten. Aber eben deswegen kann auch nur im Endlichen Wahl stattfinden; denn wie sollte da, wo das Eine ein rein Negatives, das Andre ein rein Positives ist, die Wahl Platz haben? Der Esel Buridans steht in der Mitte zwischen Heu und Wasser, die beide für ihn Realitäten sind, und das Plus oder Minus derselben kann vernünftiger Weise nur der intensivere Grad des Durstes oder Hungers bestimmen. Aber die Negation einer Bestimmung, wie sie in Gott ist und gedacht wird, ist eine reine bloße Negation, denn die Realitäten in Gott sind nicht einseitige, sondern absolute, darum gegensatzlose Realitäten. So ist Nichtschaffen im Endlichen ein positiver Zustand, eine Realität: Ruhe, Erholung; aber in Gott ist nur Schaffen. Das Nichtkönnen-nicht-schaffen gerade das ist die absolut positive Kraft Gottes, seine Freiheit, gleichwie das Nicht-anders-sein-können, die unbedingte Verneinung der Möglichkeit irgend eines Andersseins das absolute Sein Gottes ausmacht. Wahl und Auswahl sind also durch und durch, schlechterdings Gottes unwürdige Bestimmungen — Bestimmungen, von renen wir nicht Dieses oder Jenes, sondern die wir selbst ganz und gar ohne alle Schonung fahren lassen müssen, um uns zur Idee Gottes und der Freiheit auch nur erheben zu können. Durch die Prädicate: „unendlich, schaffend, zeugend," wodurch sie specifisch von der menschlichen Wahl unterschieden werden sollen, werden sie nicht fähig, die göttliche Natur auszudrücken, weil sie ihrem Wesen nach, toto genere, ihrer unwürdig und von ihr abgetrennt sind, und es überdem im höchsten Grade gedankenlos ist, Bestimmungen, die in die Sphäre der äußersten Endlichkeit hineinfallen, das Prädicat des Unendlichen anzukleben. Das Endliche hat nur einen Sinn in der Schranke seiner Bestimmtheit, so auch die Wahl. Die unendliche, die schaffende Wahl ist daher eine leere Phrase, ein Unding.

Nachdem nun also der Verfasser mit apodiktischer Gewißheit in den wunderschönsten Phrasen das Wesen der Freiheit in die Wahl gesetzt und so das schwierige Capitel von der Freiheit mit leichter Mühe abgefertigt hat, kommt ihm plötzlich, wie ein Pudel, der seinen Herrn verloren hat, der leidige Begriff der Nothwendigkeit zwischen die Beine gelaufen. Die Wahl wurde angewandt, um die Nothwendigkeit von Gott auszuschließen, gleichwohl ist dieser Begriff aber wie ein zudringlicher Gläubiger, der seine Forderungen in aller Strenge geltend macht. Es wäre besser, denkt der Verf. bei sich im Stillen, wenn dieser Begriff gar nicht wäre, aber da er nun einmal, leider Gottes! ist und als eine unläugbare Realität sich dem menschlichen Bewußtsein aufdringt, so muß man ihm doch auch, wenigstens honoris causa, eine Stelle in der Philosophie zu verschaffen suchen. Man denkt vielleicht, daß der Verf. über das Plätzchen, das er der Nothwendigkeit einräumen soll, in große Verlegenheit gerathen wird, aber man irrt sich. Er placirt ohne allen Anstand blos vermittelst des Machtspruchs: „Gottes Freiheit ist durchaus nicht dasselbe mit der Nothwendigkeit in keiner Beziehung, aber doch mit ihr geeint" zur Rechten Gottes die Freiheit, zur Linken die Nothwendigkeit. Wundre sich Keiner darob und frage: wie die Nothwendigkeit mit der Freiheit zusammenhänge. Die Freiheit, die Freiheit, und nochmals die Freiheit ist ja von nun an das Princip der Welt und der Wissenschaft, nicht der triste, rigorose, langweilige Vernunftzusammenhang, der vielmehr „für immer entfernt und abgehalten werden soll", und der Mensch ist das Ebenbild Gottes, der absoluten Freiheit. Und das Ebenbild stellt sein Urbild in der Wissenschaft darin dar, daß der Grund dieser Verknüpfung der Nothwendigkeit mit der Freiheit, so wie der Verbindung aller andern Prädicate mit ihren Subjecten nicht Gesetz, Vernunft, Nothwendigkeit, sondern der Wille, die freie That, der lebendige Entschluß des Ebenbildes ist, das im Besitze seiner unendlichen Wahlfülle eben so wie die Nothwendigkeit auch irgend einen andern beliebigen Begriff mit der Freiheit hätte verknüpfen können. Zwar gibt sich die positive Philosophie, um den Vorwurf der Willkürlichkeit nicht an sich kommen zu lassen, auch den Schein von Deduktionen und Vermittlungen, aber sie verdeckt die erste Willkürlichkeit immer nur durch eine zweite noch gröbere Willkürlichkeit. Durch ganz fremde, mit den Haaren herbeigezogene Bestimmungen sucht sie nämlich entgegengesetzte, nur durch die gesetz- und gedankenwidrigste Willkür zusammengeflickte Begriffe mit einander zu vermitteln. So sucht denn auch der Verf. scheinbar die Freiheit mit der Nothwendigkeit in einen Zusammenhang zu setzen, und zwar dadurch, daß er die Prädicate „der Bestimmtheit und Unveränderlichkeit Gottes" zwischen jene zwei heterogene Begriffe einschiebt. „Die Person, in dieser Weise macht der Verf. seinen Uebergang von der Freiheit zur Nothwendigkeit, ist ein bestimmtes, an Kräften und Eigenschaften reiches Wesen und ist selbstbewußter Geist." Aber — abgesehen von diesem letztern Nachsatz, dem zufolge das Wesen der Person: der selbstbewußte Geist als eine besondere, nachträgliche Eigenschaft erscheint — ist denn der Stein, der Baum, das Thier nicht auch ein bestimmtes, an Kräften und Eigenschaften reiches Wesen? Ist diese Bestimmung aus dem Begriffe der Freiheit und Persönlichkeit abgeleitet? Ist damit etwas Bestimmtes,

Besonderes von ihr ausgesagt? Oder sind wir nicht vielmehr plötzlich aus dem Gebiete der Freiheit in das Gebiet der Botanik, Mineralogie und Zoologie versetzt? Wie hängen denn überhaupt die Begriffe des Wesens und der Bestimmtheit mit dem Begriffe der Persönlichkeit zusammen? Jacobi sagt: „Meine Philosophie fragt: wer ist Gott, nicht, was ist er?" und spricht dadurch die große Differenz zwischen diesen Begriffen deutlich genug aus. Der Terminus medius zwischen dem Begriffe eines bestimmten Wesens und der Persönlichkeit, das Band also zwischen der Nothwendigkeit und Freiheit ist bei dem Verf. daher nicht ein bestimmter Gedanke, nicht ein vernünftiger Grund, nicht logischer Zusammenhang, sondern im Gegentheil die gedankenlose Willkür, die später auch die Persönlichkeit Gottes auf die nämliche gesetzlose Weise mit der Dreieinigkeit verknüpft, obgleich Gott ganz in dem antitrinitarischen Sinne eines Jacobi von dem Verf. als persönlicher gefaßt und bestimmt wird. Aber dergleichen Widersprüche und Gesetzlosigkeiten incommodiren natürlich nicht das laxe Gewissen der positiven Philosophie. Sie ist ja schon von Hause aus nichts weiter als eine willkürliche Composition von den widerstreitendsten Elementen, die man sich nur vorstellen kann, nämlich von Vorstellungen, 1) aus der Persönlichkeitsphilosophie Jacobi's (vergl. z. B. auch I. B. S. 53—55, wo die Entgegensetzung des Logischen und Geschichtlichen fast verbotenus mit Jacobi's Lehre von der logischen Identität des Grundes und der Folge im Gegensatze gegen die reale Causalität übereinstimmt), 2) aus der Naturphilosophie Schellings, die oft plötzlich, aber in ganz entstellten, kaum mehr kenntlichen Zügen (z. B. in den Ansichten über den Mechanismus) aus dem Hintergrunde hervortritt, 3) aus der Leibnitzschen Philosophie von den unendlichen möglichen Welten, unter denen Gott diese wirkliche zur Hervorbringung auswählte, 4) aus der kirchlichen Orthodoxie und Symbolik, 5) aus dem eignen Kopfe des Verfs., quantum satis. Und ihr oberstes Princip selbst, wenn wir durch ihre Machinationen und die sophistischen Intriguen ihrer unbestimmten, ausweichenden, nie bei der Klinge bleibenden, aalsschlüpfrigen, schlupfwinkelichen Methode hindurch mit penetranten Blicken ihr auf den Grund schauen und die Sache in geraden deutschen Worten beim rechten Namen nennen wollen, ist nichts als der von der Vernunft abgetrennte, durch sie nicht bestimmte, für sich selbst als Realität firirte Wille, d. h. die absolute Willkür, die unter dem schönen Namen der Freiheit als das höchste Wesen auf den Thron gesetzt wird. Wenn man der Philosophie, die der Verf. nach seiner Confusionsmanier immer die rationalistische nennt — als wäre die Philosophie nicht allein sich selbst gleich, eben so weit von Mystik als dem sogenannten Rationalismus entfernt, als wäre sie nicht, wie doch die Erfahrung beweist, auf gleiche Weise von den Rationalisten, wie von den Mystikern stets mißverstanden und angefeindet worden — den Vorwurf macht — ob es ein Vorwurf ist, lassen wir hier dahin gestellt sein — daß sie die Vernunft — doch wohl nicht die Vernunft, wie sie in diesem oder jenem Individuum als ein gewisses Quantum von Denkkraft und Erkenntniß erscheint, sondern wie sie an und für sich selber in ihrem wahren Wesen ist — zu Gott macht: so trifft die positive Un-philosophie dagegen der gegründete Vorwurf, daß sie die Impotenz, das Unvermögen, logisch, d. i. vernünftig, nothwendig zu denken, daß sie die Geistesschwäche, die Ideenassociationskraft der träumerischen Phantasie, d. i. die Zufälligkeit und Willkürlichkeit des Denkens außer sich als absolute Macht verselbständigt, um sich über sich selbst zu beruhigen und zu trösten. Die Bestimmungen und Ausdrücke, die den Begriff der Willkür von Gott abzuhalten scheinen, wie die Begriffe der Bestimmtheit, der Nothwendigkeit, sind nur die feine Baumwollenemballage, die um das köstliche, aber höchst zerbrechliche Idol der göttlichen Wahlfreiheit herumgewickelt wird, um es vor Druck und Stoß einer kräftigen Kritik wohl zu verwahren; sind nur äußerliche Decorationen, die blos in den Fällen der dringendsten, lebensgefährlichsten Noth die positive Philosophie von der negativen, aber nur auf einige Augenblicke, erborgt, um sich vor dem ungläubigen Pöbel damit in Respect zu setzen; sind nur Complimente, die das Ebenbild Gottes dem rationellen Menschen deswegen macht, weil beide in einem zwar sehr lockern, doch gewisser Maßen collegialischen Verhältniß zu einander stehen, und es die Weltklugheit und Convenienz erfordern, wenn man auch innerlich sich spinnenfeind ist, wenigstens im Aeußern das Decorum zu beobachten; sind nur amicale oder vielmehr schmeichelhafte Handschreiben an die Vernunft des Inhalts: „Sie möchte doch ja nicht bei dem Worte Willkür an Willkür denken und etwa sich einbilden, daß damit der ihrem Stande gebührenden Ehre etwas hätte derogirt werden sollen; um sie vollkommen zu satisfaciren, sei man sogar auf der Stelle bereit, statt des Wortes Willkür das delicatere Wort: Wahl, ja Freiheit, ja selbst Nothwendigkeit und was sie sonst nur noch verlange, zu setzen. Man gebe ihr hiemit ein für alle Mal das Ehrenwort, daß man stets mit ihr, wenigstens vor der Welt, in gutem Vernehmen zu stehen angelegentlichst sich bemühen werde." Frühere Mystiker, die von denselben Principien ausgingen, waren so ehrlich und kühn, das Schooßkind der modernen Mystik bei seinem wahren Namen zu nennen. Lavater sagt irgendwo geradezu: „Wir bedürfen einen willkürlichen Gott." Und der französische Mystiker Poiret ging so weit, daß er die sittlichen Gesetze und Vernunftwahrheiten nicht durch sich selbst bestehen und wahr sein ließ, sondern sie von dem Liberum Arbitrium Gottes abhängig machte. Aber freilich in unsrer Zeit geht das nicht mehr so geradezu an. Man hat wenigstens so viel Respect vor der Philosophie, daß, wenn man auch im Innern sie verläugnet, doch wenigstens äußerlich sich den Schein derselben gibt. Namentlich ist dieß der Fall mit der sogenannten positiven Philosophie. Obwohl sie die schwachsinnigste Mystik von der Welt ist, obwohl sie in ihrem innersten Grunde den stockfinstersten Obscurantismus birgt und die directe Vernichtung des Princips wahrhafter Wissenschaft und Vernunfterkenntniß in sich enthält, macht sie doch sich und Andern, sei es nun absichtlich oder unabsichtlich, einen blauen Dunst von Philosophie vor. Wollte der Verf. entgegnen: die Willkür finde in Gott nicht statt, denn Gott sei ein bestimmtes Wesen; er könne nicht anders handeln als gemäß dieser seiner Bestimmtheit, in der er Gott ist; seine Handlungen und Thaten trügen also auch den Stempel dieser Bestimmtheit an sich: so entgegnen wir, daß eben der Begriff der Bestimmtheit, wie schon oben angedeutet wurde, nur von der Sophistik, nicht des Scharfsinns, sondern der Schwachsinnigkeit eingeschaltet wurde. Denn was ist, wenn wir näher fragen, diese Bestimmtheit Gottes? nichts anderes als eben die absolute Wahl oder Willkür, die, als das Wesen der Freiheit, das Wesen Gottes ist. Gott handelt also immer seiner Natur gemäß, wenn auch gleich seine Handlungen rein willkürliche sind — denn eben die absolute Willkür ist sein bestimmtes Wesen — und alle seine Handlungen sind bestimmte, denn sie tragen sammt und sonders den Charakter der Willkür an sich. O Heil Dir, positive Philosophie, Du segensreichstes Product der allerneuesten Zeit! Sonst nahmen die Menschen nur in außerordentlichen Fällen, nur da, wo sie auf Facta stießen, welche sie, von unzureichenden Principien ausgehend, nicht mit der Vernunft in Uebereinstimmung bringen konnten, zu dem Willen Gottes ihre Zuflucht und nannten daher denselben offenherzig genug den Zufluchtsort der Unwissenheit, das Asylum ignorantiae. Jetzt aber wird das Asyl der Ignoranz sogar zum Princip der Wissenschaft gemacht, also z. B. der Stufengang in der Natur folgender Maßen deducirt: „Gott schuf die Welt zur Offenbarung seines Wesens und seiner Herrlichkeit. Er wollte aber in dieser Offenbarung einen Stufengang!" O herrliches Vorspiel jener goldnen Zeit, wo „alle Wissenschaft wieder Geschichte und Erzählung, und dann erst die letzte Weisheit sein wird," wo die aus Altersschwäche kindisch gewordene Menschheit von den lebendigen Thaten Gottes, wie von den Abenteuern eines Romanhelden sich erzählen, wo sie Mythen und Mährchen, Theogonieen à la Homer und Hesiod einem Plato und Aristoteles vorziehen wird, wo die Rockenstuben an die Stelle der Akademieen treten werden!

Indeß brauchen wir nicht erst von der Zukunft zu erwarten, welche Früchte die allerneuste Philosophie der Wissenschaft bringen wird. Eine köstliche Frucht besitzen wir bereits durch die Gunst des Schicksals an der christlichen Staats- und Rechtslehre, man merke wohl: an der christlichen Staats- und Rechtslehre des Hrn. Verfs. Denn die positive Philosophie — und eben darum nennt sie sich auch die gläubige, die christliche Philosophie im Gegensatze der rationalistischen — behauptet, daß die Wissenschaft, folglich auch die Rechtsphilosophie nur dann eine sichere Basis haben und bleibende, befriedigende Resultate liefern wird, wenn sie durch die Lehren des Christenthums begründet wird. „Es ist gewiß (sagt der Verf. in der Vorrede S. XI): durch die christliche Lehre lösen sich die Probleme, mit welchen die ganze Periode der rationalistischen Philosophie sich vergeblich beschäftigt hat: der Begriff des Rechts und sein Verhältniß zur Sittlichkeit, die Unterscheidung des öffentlichen und des Privatrechts u. s. w., kurz die Ableitung und die innerste Bedeutung eines jeden Instituts, endlich das System des Rechts d. i. sein wahrer wirklicher Zusammenhang." Und in dieser Gewißheit hat es denn wirklich der wahrheitliebende Verf. unternommen, eine orthodoxe Rechtslehre zu schreiben. Es ist dies Unternehmen auch in der That ganz im Geiste der positiven Philosophie, — denn die Confusion, die Willkür ist ihr innerstes und oberstes Princip — aber eben deswegen ein eben sowohl dem Geiste des Christenthums, als dem Geiste des Rechts durch und durch widersprechendes Unternehmen.

Der wesentliche Unterschied und Vorzug der christlichen Religion vor allen andern Religionen besteht gerade darin, daß es das Wesen der Religion lauter und rein von allen fremden, der Religion an sich äußerlichen Ingredienzen und Interessen zur Wirklichkeit gebracht hat, so daß es eine Verunreinigung und Auslöschung der specifischen Differenz des Christenthums ist, die rechtlichen d. i. weltlichen Institute aus ihm ableiten zu wollen. Mein Reich ist nicht von dieser Welt, sagte sein Stifter. Die Liebe (sowohl objectiv als Bestimmung Gottes, als subjectiv, als sittliche Bestimmung des Menschen) ist das Wesen des Christenthums. Die Liebe aber hat nichts zu eigen, sie weiß nichts von Hab- und Selbstsucht, nichts von Besitz und Eigenthum, nichts von Verträgen, denn sie gibt, ohne einen Gegendienst zu fordern, nichts von Beleidigung und Injurienprozessen. Das Recht dagegen begründet die große Scheidung in Mein und Dein, und ist darin, obwohl es andrerseits die Gemeinschaft unter den Menschen gerade dadurch wieder erzeugt, daß es Jedem ohne Unterschied das Seine gibt und sichert, die Quelle alles Haders und Zwiespalts; es isolirt den Menschen, concentrirt ihn auf sich selbst, setzt ihn als ein eignes für sich seiendes Wesen dem Andern gegenüber. Der Christ (d. h. natürlich der wahre, der mit dem Geiste des Christenthums identische) hat kein Eigenthum, das heißt: er ist nur äußerlicher, sinnlicher, nicht geistiger Besitzer dessen, was er zufällig hat. Er ist in seiner Gesinnung davon frei; es hat keine Realität für ihn; sein Geist hängt nicht an solchen Dingen. Die rechtliche Person dagegen betrachtet das, was sie hat, als wirkliches Eigenthum, als einen Theil von sich selbst; sie ist versessen, erpicht darauf, firirt es im Geiste, in der Gesinnung; es ist für sie eine Herzens- und Gewissenssache, während es für den Christen ein Adiaphoron ist. Kurz für die rechtliche Person ist das Eigenthum ein Ding an sich, ein Sein, für den Christen dagegen ein bloßes Accidenz, ein $\mu\dot\eta$-$\ddot o\nu$, eine Nullität. Die Basis des Eigenthums ist darum im Christenthum nicht zu suchen; es darf aus ihm nicht begründet und deducirt werden. Das Alte Testament gibt das Gebot: Du sollst nicht stehlen. Das Christenthum setzt dieses und ähnliche Gebote und deren Anerkennung voraus, aber dergleichen äußerliche Pflichten und ihre Erfüllung hat für dasselbe nicht mehr die Bedeutung des Religiösen. Es kam in die Welt, nicht um zu scheiden, sondern zu einen, nicht um die rechtlichen Verhältnisse und Unterschiede zu gründen, sondern um ihnen ihre Schärfe zu nehmen, sie zu lindern und zu mäßigen. Hierin allein liegt sein Zusammenhang mit dem Rechte. Das Recht im strengen

Sinne festgehalten, widerspricht dem Christenthum, man müßte denn die Logik und Hermeneutik der positiven Philosophie anerkennen und etwa ihr zufolge, wenn einer z. B. wegen einer Maulschelle dem Andern vor Gericht einen Injurienprozeß an den Hals wirft, wozu er im Namen und Geiste des Rechts vollkommen befugt ist, diese Handlung für eine sachgetreue Auslegung und praktische Anwendung des bekannten Gebotes Christi: „So dir Jemand einen Streich gibt auf deinen rechten Backen, so biete ihm den andern auch dar!" erklären. Selbst die Ehe hat insofern, als sie den Menschen particularisirt und säcularisirt, den Mann interessirt auf das Seinige macht, engherziger, um das Endliche überhaupt besorgter, einen die allgemeine geistige Liebe beeinträchtigenden Charakter. Der Apostel Paulus, ob er gleich ganz im Geiste des Christenthums die Lehre, welche die Ehe verbietet, eine Teufelslehre nennt, gibt doch bekanntlich deutlich genug dem ehelosen Stande den Vorzug. In der Augsburger Confession wird eigentlich nur aus negativen Gründen, nur um der menschlichen Schwachheit willen das Cölibat verworfen. Die Apologie derselben behauptet die Heiligkeit und Christlichkeit des Ehestandes bei den Gläubigen, sagt aber doch wenigstens, daß „die Jungfrauschaft oder Keuschheit eine höhere Gabe denn der Ehestand" sei. Doch die ganze Geschichte des Christenthums, welche freilich die positive Philosophie bei der Begründung ihrer Staats- und Rechtslehre nicht besonders zu respectiren scheint, da sie überhaupt aus der Geschichte, obwohl sie sich, wahrscheinlich aber nur aus Ironie, die geschichtliche nennt, nur solche Dinge excerpirt, die eben gerade in ihren Kram passen, hat diese Artikel bereits in zu bedeutenden und bekannten Thatsachen exponirt, als daß es nöthig wäre, noch Worte hierüber zu verlieren.

Recht und Christenthum sind selbständige, lediglich durch sich selbst bestimmte, begreifliche und begründete Wesenheiten, die nur so lange in ihrer Dignität und Integrität bleiben, als sie in ihren naturgemäßen Schranken gehalten, in keine fleischliche Vermischung gebracht werden. Wenn daher, ungeachtet seiner Natur- und Vernunftwidrigkeit, dennoch der Versuch gemacht wird, beide zusammen zu schmelzen, was anders kann das Resultat sein, als ein unfruchtbares, geistloses Spiel der Phantasie, eine Tändelei mit frommen Bildchen? — Laßt uns denn sehen, ob des Verfs. Ableitungen der rechtlichen Bestimmungen und Verhältnisse aus dem Christenthum etwas andres als gedankenlose Spielereien sind!

Das Privat- und öffentliche Recht wird also begründet und unterschieden: „Jedes Verhältniß, in welchem der Mensch steht, weil er das Ebenbild Gottes ist, ist ein Verhältniß des Privatrechts; in welchem er aber steht, weil er das Geschöpf Gottes, ihm zu dienen, von ihm erfüllt zu sein bestimmt ist, ist ein Verhältniß des öffentlichen Rechts. Das Urbild des Privatrechts ist das Wesen, das des öffentlichen die Herrschaft Gottes." Aber was ist mit diesen vagen, unbestimmten Bildern ausgesagt? Wie gedankenlos ist es, das Wesen und die Herrschaft Gottes so von einander zu unterscheiden, als könnte die Herrschaft für sich als etwas Reales, Substantives, als ein positiver Begriff dem Wesen gegenübergesetzt werden! Welche Confusion, bei der Begründung des Staatsrechts die Ebenbildlichkeit Gottes, die Majestät nicht dem Staate, dem Herrscher, sondern dem Individuum im Privatrechte zuzuschreiben, als wäre nicht dadurch, daß das Individuum als solches schon das Ebenbild Gottes ist, die Basis zur Begründung des Staats von Vorne herein hinweggenommen! Der Verf. beweist aber hiedurch, daß sein christliches Staatsrecht nur durch theologische Phrasen und Bilder, aber nicht durch wesentliche Begriffsbestimmungen von den frühern abstracten Naturrechten, die er doch so vornehm abgefertigt hat, sich unterscheidet. Das im Privatrecht in seiner Einzelheit als selbständig anerkannte Individuum nämlich, das die frühern Naturrechtslehren als ein Absolutes firirten und so dem Staatsverbande voraussetzten, ist hier eben so als ein Absolutes, aber unter dem frommen Ausdruck des Ebenbildes Gottes firirt, und das öffentliche Recht, der Staat erscheint daher auch hier, dieser Voraussetzung gegenüber, als eine bloße Einschränkung, als eine Negation der Ebenbildlichkeit Gottes, und daher selbst als etwas in seinem Wesen nur Negatives. Das Privatrecht ist das Absolute, es hat sein Urbild, d. i. seinen Grund in Gottes Wesen selbst, aber das öffentliche Recht hat zu seiner Basis die Herrschaft Gottes — einen nur relativen und negativen, höchst prekären Begriff; denn Gott kann sein und gedacht werden, ohne Herrscher zu sein, Herrschaft drückt keine wesentliche Realität aus. Es ist übrigens leichter einzusehen, wie die Menschen selbst aus dem Status naturalis eines Hobbes sich in den Status civilis fügen und begeben, als wie diese majestätischen, gottebenbildlichen Menschen sich zu einem Staatsverbande und zum Gehorsam verstehen können. Wenn das Individuum im Gehorsam seine Gottähnlichkeit aufgibt, so ist es vollkommen berechtigt, dem Staate keinen Gehorsam zu leisten, d. h. ihm nicht seine Gottebenbildlichkeit zum Opfer zu bringen.

Das Eigenthum wird also deducirt: „der Mensch ist das Ebenbild Gottes nicht blos an Freiheit und Persönlichkeit, sondern auch an Macht über den Stoff. Er ist als Herr in die Natur gesetzt, sie soll ihm dienen zu seiner Befriedigung — darauf beruht das Vermögen." Diese Deduction begründet aber so wenig das Eigenthum, gibt so wenig einen bestimmten Begriff von ihm, daß ein Physiolog, der im Geiste des Verfs. philosophirte, dasselbe Argument zur Deduction des Essens und Trinkens folgender Maßen benutzen könnte: „damit der Mensch auch an Macht über den Stoff Gott ähnlich sei, dazu und zu diesem Zweck allein hat er zermalmende Zähne in seinem Kiefer und einen allverzehrenden Magen in seinem Unterleibe. Er ist als Herr in die Natur gesetzt, sie soll ihm dienen zu seiner Befriedigung — darauf beruht das Essen und Trinken." In der That ist es auch eben so ungereimt, in Gott, dem unendlichen Wesen, dessen Idee uns nur entsteht, indem wir uns über die erbärmliche Beschränktheit endlicher Verhältnisse erheben, eine Bestimmung aufzusuchen, aus der als dem Urbilde das

Eigenthum deducirbar ist, als es ungereimt wäre, zum Behufe der Deduction des Essens und Trinkens eine analoge Function in Gott aufsuchen zu wollen. Es erhellt aber hieraus zur Genüge, welche erhabne Begriffe der Verf. von Gott haben muß, wenn er mit dem Gedanken an ihn die Vorstellung des Eigenthums verknüpfen kann. Daher es uns auch nicht befremden kann, wenn er sogar den Zeugungsprozeß schnurstracks aus Gott ableitet. S. 240 heißt es: „damit der Mensch auch durch Zeugung Gott ähnlich sei, befindet er sich in der Familie. Die geoffenbarte Lehre von der ewigen Zeugung des Sohns kann allein das Wesen der Familie aufklären." Ja wohl! Das Wesen der Familie kann nur aus einer von ihr entlehnten, auf Gott nur gleichnißweise angewandten Vorstellung abgeleitet und begriffen werden! Idololatrie ist der Geist der positiven Philosophie; ihr Erkenntnißprincip besteht in nichts Anderm, als das Bild einer Sache für die Sache selbst zu nehmen, um dann hintendrein wieder aus dem Bilde als dem Urbilde die reale Sache als das Nachbild zu construiren. Obige Deduction ist daher auch gerade so geist- und gedankenvoll, wie wenn er aus dem bildlichen Ausdruck: der Geist fließt aus*) vom Vater und Sohne, den Ursprung und Begriff des Wassers uns veranschaulicht und deducirt hätte. Jammerschade ist es nur, daß der Verf. bei seinen Deductionen so äußerst inconsequent ist und uns z. B. bei der Ableitung der Ehe aus Gott nicht die Polygamie als die christliche Form der Ehe construirt hat, etwa in dieser Art: damit der Mensch auch in der Ehe eine Auswahl habe und als das Ebenbild der göttlichen Freiheit, die in der absoluten Auswahl besteht, sich darstelle, lebt er in der Vielweiberei. Aber was ist Inconsequenz für den Verf.? Er hat ja von Vorne herein allen Ver-

---

*) Die Redensart: „der Geist fließt aus" ist zwar keine in der lateinischen Kirche gebräuchliche; aber die Griechen bedienen sich zur Bezeichnung der Genesis des Geistes unter andern auch des Bildes und Wortes: προχεῖσθαι ausfließen. S. D. Petavii Theol. Dogm. T. II. de Trinit. l. VII. c. 10.

nunftzusammenhang, alle Nothwendigkeit als eine lästige Bürde sich vom Halse geworfen, und der Willkür Thür und Thor geöffnet. Demgemäß nimmt er bei seinen Deductionen des Rechts ad libitum bald die, bald jene Bestimmung, bald eine reale, bald eine nur bildliche, bald eine metaphysische, bald eine moralische Eigenschaft zum Princip aus seinem Deus ex machina heraus, schöpft dabei zugleich einige Bestimmungen aus der eigenthümlichen selbstständigen Natur des jedesmaligen Gegenstands oder aus der Rechtsgelehrsamkeit, und wenn er auch mit diesen Principien nicht ausreicht, so nimmt er zuletzt noch den Zustand des Menschen in der Zeitlichkeit als ein eigenthümliches Princip mit zu Hülfe. So leitet er das Dienstbotenverhältniß aus dem Zustande des Menschen in der Zeitlichkeit ab, wahrscheinlich aber nur deswegen, weil er in Gott kein Urbild dafür fand. Der Verf. hätte jedoch schon aus christlicher Liebe darauf bedacht sein sollen, den armen Dienstboten auch ein Plätzchen im Himmel ausfindig zu machen. Nach des Refer. unmaßgeblicher Meinung hätte er ja an den Engeln ein schönes Vorbild für sie finden können. Sat sapienti.

II.
Kritik der christlichen oder „positiven" Philosophie.

(Ueber das Wesen und die Bedeutung der speculativen Philosophie und Theologie in der gegenwärtigen Zeit, von Dr. Sengler, ord. Prof. der Philos. 1837.)

1838.

„Die Philosophie der neuern Zeit — so heißt es in dieser Schrift, die wir zur Veranlassung unsrer Kritik benutzen — hat in ihren beiden Hauptrichtungen: der subjectiven, idealistischen (Kant, Fichte), und der objectiven (Spinoza, Hegel, Leibnitz), Gott, hier mit dem objectiv-, dort mit dem subjectiv-menschlichen Geiste confundirt, und war daher Pantheismus." So heißt es z. B. von Hegel: „der absolute Geist ist nichts weiter als der Begriff und zwar nur des menschlichen Geistes, insofern er seinem Begriffe entspricht und deshalb unendlich oder absolut ist." „Die Confundirung des objectiven Begriffs des menschlichen Geistes mit Gott ist schon in der Phänomenologie des Geistes zu suchen" S. 311. Ferner: „Wie die subjective Selbstbegründung den subjectiven Geist zum absoluten und zwar fast durchweg in seiner bloßen Naturbestimmtheit oder logischen Form machte, so machte die objective Selbstbegründung den objectiven Geist als die Wahrheit seiner subjectiven Selbstgewißheit zur absoluten Wahrheit, verabsolutirte den objectiven Geist" S. 379. Die positive Philosophie oder richtiger Speculation, welche in Hrn. Günther ihren Anfang, — „der Anfangs- oder Ausgangspunkt der absoluten Selbstbegründung der Philosophie … ist das System Günthers" S. 383, — in Hrn. Fr. v. Baader ihr theosophisches Centrum gefunden und in Hrn. v. Schelling als das noch zu erwartende System „der Immanenz der That" wahrscheinlich ihre wissenschaftliche Vollendung feiern wird, — die positive Speculation — ich sage Speculation, denn zwischen Philosophie und Speculation ist ein wesentlicher Unterschied — hat dagegen sich über das sich selbst vergötternde menschliche Wesen zum wahren Gott, zum absoluten Geist in höchst eigener Person emporgeschwungen und damit die „absolute Selbstbegründung," das längst ersehnte Ziel der Philosophie erreicht.

Ja wohl das Ziel der Philosophie, wenn das Ziel einer Sache auch ihr Ende ist, denn in der That ist die sogenannte positive Philosophie — wenigstens nach dem zu urtheilen, was bis jetzt von ihr erschienen ist — das Ende der Philosophie. Ihr Princip ist nämlich kein anderes, als die Persönlichkeit, und zwar die Persönlichkeit als ein Concretum: Gott ist persönliches Wesen oder die absolute Persönlichkeit — dies ist der oberste, wesentlichste Begriff und Grundsatz dieser theologischen Speculation. Aber eben da, wo die Persönlichkeit in concreto anfängt, ist die Philosophie an ihrem Ende. Die Person ist ein Gegenstand der Anbetung, der Anstaunung, der Anfühlung, der Anschauung, aber kein Gegenstand der Wissenschaft, kein Gegenstand des Denkens. Person ist das von mir Unabsonderliche an mir, das, was nicht in den Begriff aufgeht, was außerhalb bleibt, das, was nicht über sich speculiren läßt. Jacobi's Princip war die Persönlichkeit Gottes, aber eben darin bewies er, daß ihm die Persönlichkeit keine Floskel, sondern eine Wahrheit war, bewies er sich selbst als einen seinem

Principe conformen, sich selbst getreuen, consequenten und darum classischen Geist, daß er die absolute oder göttliche Persönlichkeit nicht zu einem Gegenstande des Wissens und Denkens machte, sondern zu einem unerklärlichen Axiom eines unmittelbaren, schlechthin apodiktischen Gefühls, d. i. zu einer rein persönlichen Wahrheit und Angelegenheit. Das Gleiche wird nur durch das Gleiche erkannt: die Person nur auf unmittelbar persönliche Weise wahrgenommen, nur so, wie ich mich selbst, mein eignes Dasein wahrnehme. Daß ich bin, daß ich persönliches Wesen bin, weiß ich unmittelbar, beruht auf keinem Denkact, keiner wissenschaftlichen Wahrheit. Die Gewißheit des Daseins folgt aus keiner Demonstration, aus dem einfachen Grunde, weil das Dasein keine Sache des Denkens, sondern des Gefühls ist. Aber eben so ist es mit der Person. Sie offenbart sich mir nur als Gegenstand eines persönlichen Gefühls. Liebe ist die Erkenntniß der Person.

Entgegne mir Keiner, daß das Gesagte nicht auf die absolute Persönlichkeit angewandt werden könne. Nennt Ihr Gott Person, so muß auch alles das von Gott gelten, was im Begriff der Person liegt? Und legt Ihr ihm denn nicht in der That die wesentlichen Merkmale einer wirklichen, menschlichen Persönlichkeit bei? Und wenn Ihr ihm nicht alle, auch die secundären Attribute der menschlichen Persönlichkeit zuschreibt, ist dies nicht ein ganz willkürlicher Abbruch und Einhalt, der, entweder nur aus Klugheit oder aus Kurzsichtigkeit, Euer Princip nicht zu seinen, obgleich nothwendigen, Consequenzen kommen läßt? Ja was von der endlichen Person gilt, daß sie nämlich kein Vernunftobject ist, das gilt noch weit mehr von der absoluten Persönlichkeit. Denn die absolute Persönlichkeit ist eben die allerpersönlichste Persönlichkeit, um mich so auszudrücken, das absolut singuläre Wesen, welches durchaus keine allgemeinen Prädicate und daher keine Anhaltspunkte mehr für das Denken hat. Sie ist zwar Persönlichkeit, wie ich auch; aber ihre Absolutheit ist ihre Singularität, ihre Distinction von mir. Ueber eine andere endliche Person kann ich daher wegen ihrer Verwandtschaft mit mir wohl rathen und vermuthen, aber über die absolute Person kann ich, weil hier selbst die Basis der Vermuthung des möglichen mir gleich Denkens und Handelns wegfällt, nur träumen und faseln. Die Bestimmungen eines wirklichen persönlichen Wesens sind keine Gedankenbestimmungen, sondern unmittelbar persönliche, die sich dem Denken entziehen. Alle Speculation über ein persönliches Wesen ist nicht Philosophie, nicht Weisheit, sondern Naseweisheit. Die Ideen, als Ideen eines persönlichen Wesens, sind Gedanken, Absichten, Pläne. Aber wer, außer der vermessene Thor, wird die innern, subjectiven Gedanken und Vorgänge eines persönlichen Wesens ausspeculiren wollen*)? Glaube, Zutrauen, Achtung, Ehrfurcht, Liebe sind allein die innerhalb der Sphäre der Persönlichkeit liegenden, adäquaten, gehörigen Verhältnisse, in denen Du zu einem Wesen stehst, das ein persönliches ist. Wo Du über ein persönliches Wesen zu speculiren anfängst, da erklärst Du, daß es Dir ein Dorn im Auge ist; Du machst es zu einem Dinge, mit dem Du außer das persönliche Verhältniß Dich gesetzt hast. Nur, wo Du mit ihm zerfallen bist, wo es Dir feindlich gegenüber steht, wo es für Dich den Werth der Persönlichkeit verloren hat, speculirst Du über das, was es ist, was es denkt und beabsichtigt, was es thut und spricht. Religion ist das wahre Verhältniß zu einem persönlichen Wesen. Die Verhältnisse des Gatten zur Gattin, des Kindes zum Vater, des Freundes zum Freunde, des Menschen zum Menschen sind in Wahrheit religiöse Verhältnisse; nur der zerstörende Wahn der Su-

---

*) „Warum," sagt der h. Augustin (de genesi contra Manichaeos l. I. c. 2.) „machte Gott Himmel und Erde? — weil er wollte. — Wer aber fragt: warum wollte Gott Himmel und Erde machen? der geht über den Willen Gottes hinaus, welcher doch das Allerhöchste ist. Der Mensch lasse also solch verwegnes Fragen! — Wer den Willen Gottes erforschen will, der mache sich erst zum Vertrauten Gottes, denn wenn Einer den Willen eines Menschen ausforschen wollte, ohne dessen Freund zu sein, so würde er von Allen wegen seiner Unverschämtheit und Thorheit ausgelacht werden."

perstition hat sie in die Classe irdischer Verhältnisse hinabgeworfen. Wo der persönliche Gott eine Wahrheit ist, wo er wirklich und aufrichtig bekannt und bejaht wird, da wird nothwendig darum und mit Freuden die Philosophie — wenigstens als Speculation über Gott — gehaßt, verworfen, verneint, denn alle Philosophie über Gott führt zum Pantheismus, wie Jacobi mit einem wahren Genieblick erkannt und ausgesprochen, obgleich er den Pantheismus in einer viel zu speciellen und darum beschränkten Bedeutung nahm. Der positiven Philosophie, welche beides verbinden will, ist daher weder die Persönlichkeit, noch die Philosophie eine Wahrheit; wäre ihr die Philosophie eine Wahrheit, so würde sie ihr die Persönlichkeit aufopfern; wäre ihr die Persönlichkeit eine Wahrheit, so würde sie die Philosophie fahren lassen und sich in das ihrem Gegenstande gebührende Verhältniß, das Verhältniß des Glaubens, des Gehorsams, der Verzichtung auf die Vernunft versetzen und fügen, denn in Bezug auf ein persönliches Wesen ist Wißbegierde Neugierde, Speculation Hochmuth, Vermessenheit, Frechheit. Aber zu diesem Aut Aut fehlt es der sogenannten positiven Philosophie an Charakter. Sie ist zu rationalistisch, um gläubig, und zu gläubig, um rationalistisch, zu irreligiös, um religiös, und zu religiös, um irreligiös sein zu können. Sie hat nicht die Demuth der Religion, aber auch nicht den Muth des Unglaubens. Sie hat keinen Frieden in der Religion, denn wo die Religion den Menschen befriedigt, da befriedigen ihn auch die religiösen Vorstellungen und Verhältnisse unmittelbar als solche — er philosophirt nicht, — aber sie hat auch keinen Frieden in der Philosophie, denn die religiösen Vorstellungen sind ihr Bedürfnisse, die religiösen Verhältnisse die Grundlagen ihrer Speculation. Wo aber die Religion nicht mehr den Menschen befriedigt mit ihren selfeignen Vorstellungen und Verhältnissen, da ist sie nicht mehr. Die Religion ist sich selbst genug und nur Religion, wo sie sich selbst genug, in sich selig und befriedigt ist. Eben so ist die Philosophie nur da Philosophie, wo sie an sich selbst genug hat, wo sie freudig ausruft:

omnia mea mecum porto. Die positive Philosophie ist daher, indem sie beides sein will, Religion und Philosphie: religiöse Philosophie (wie sie sich selbst nennt), keines von beiden, weder Religion, noch Philosophie. Die positive Philosophie schämt sich des bürgerlichen, schlichten Wesens der Religion und ihrer Vorstellungen — sie belächelt vielleicht selbst die Dogmen, wie sie früher gefaßt und ausgedrückt wurden, früher, d. h. zu den Zeiten, wo sie noch eine Wahrheit waren und ihnen eben deswegen die wahre, die einzig mögliche adäquate Form gegeben wurde, — sie stutzt die Dogmen daher philosophisch zu, sie will nicht nur Religion, sie möchte gern noch etwas drüber hinaus, sie möchte auch Philosophie sein, aber eben dadurch geht es ihr wie dem Bourgeois Gentilhomme des Molière, der uns weder den Bürger, noch den Edelmann, sondern nur einen lächerlichen Widerspruch repräsentirt. Hochmuth kommt vor dem Fall.

Die positive Philosophie ist der gläubige Unglaube oder der ungläubige Glaube, die Wahrheit- und Charakterlosigkeit, das specifische Uebel der Gegenwart, wie es sich auf dem Gebiete der Philosophie etablirt; sie ist eine Lüge, mit welcher sich unsere Zeit aus der Noth der Widersprüche, in die sie von Grund aus zerrissen ist, herauszuhelfen sucht. Sie allein ist die eigentlich frivole Philosophie unserer Zeit. Frivol ist nämlich nicht der, welcher die Persönlichkeit Gottes läugnet, denn er läugnet sie nur, weil er sie als eine ungöttliche, endliche Bestimmung erkennt, frivol nicht der, welcher ein Dogma verwirft, denn er verwirft es nur, weil er es für eine Unwahrheit erkennt, und selbst wenn er es verspottet, so ist er nur in Beziehung auf die, welche das Dogma glauben oder wenigstens zu glauben heucheln, aber nicht in Beziehung auf sich, nicht an sich, nicht vor Gott frivol, denn er verspottet das Dogma nur, weil er es für einen Spott auf das göttliche Wesen hält. Frivol ist nur der, dem das ihm Heilige oder heilig sein Sollende nicht heilig, die Persönlichkeit Gottes eine Wahrheit und doch zugleich eine leere Floskel, das Dogma oder die Bibel das Wort Gottes und doch zugleich ein Spielball der willkürlichsten Exegese oder ein Wortspiel seines speculativen Witzes ist.

Die Dogmen sind keine philosophischen Lehren, sondern Glaubensartikel. Was der Unglaube der Jetztwelt als das Unwesentliche, Historische, Zufällige, aus der subjectiven Auffassung einer früheren Zeit Entsprungene von dem Dogma absondert, ist gerade das Wesentliche, der Kern des Dogmas. Es gehört zum Wesen des Dogmas, daß es der Vernunft widerspricht: es soll ihr widersprechen — darin besteht das Verdienst des Glaubens; das Dogma ist nichts ohne Glaube, der Glaube nichts ohne den Widerspruch mit Vernunft und Erfahrung. Die Dogmen haben nur Sinn und Verstand, so sehr dieser Verstand der Vernunft widerspricht, wenn sie in dem Sinne und Verstande genommen werden, in welchem man sie früher nahm und heiligte, und sie haben längst schon die Form gefunden, die allein ihrem Wesen entspricht. Die Form läßt sich überdem nicht vom Wesen absondern, ohne das Wesen selbst zu ändern. Das dem Wesen des Dogmas entsprechende, nicht frivole Verhältniß zu ihm ist daher allein das des gläubigen Annehmens und nichts verändernden Festhaltens. Die „reichere Explication des Dogmas," deren die positive Philosophie sich rühmt, ist eine reine Lüge eben sowohl gegen das Dogma, als gegen die Philosophie: — eine Lüge gegen die Philosophie, weil sie mit philosophischen Begriffen dogmatische Vorstellungen, welche diesen Begriffen geradezu widersprechen, rechtfertigt und begründet, gegen das Dogma, weil sie mit Begriffen, welche dem Dogma nicht nur widersprechen, sondern dasselbe geradezu verneinen, das Dogma vertheidigt und begründet. Das Dogma macht die Philosophie zu einer Floskel, aber die Philosophie macht auch wieder, um sich zu revanchiren, das Dogma zu einer bloßen Floskel. So ist es z. B. mit der Günther'schen Construction der Trinität. Diese Construction ist, wie später noch sich zeigen wird, nichts anderes als eine Construction des Selbstbewußtseins à la Fichte; da sie aber zugleich eine Rechtfertigung und Begründung dogmatischer Vorstellungen sein soll, so werden die Unterschiede, die in dem Begriffe des Selbstbewußtseins liegen, in „Substanzen" travestirt, aber auch sogleich wieder die drei Substanzen zu leeren Floskeln gemacht, weil an und für sich schon, namentlich aber bei dem einmal zu Grunde liegenden Begriffe des Selbstbewußtseins sich unter den drei Substanzen nichts denken läßt, als die Unterschiede des Selbstbewußtseins, die keine Substanzen sind. Die Lehre von dem Selbstbewußtsein des Geistes ist die philosophische Lehre der Trinität und geschichtlich an die Stelle der letzteren getreten; das Dogma wird daher begründet durch Begriffe, welche das Dogma geradezu aufheben, begründet durch eine Lehre, welche nur den Unglauben an das Dogma begründen kann und factisch begründet hat. Ein anderes Exempel ist die reichere Explication des Sündenfalls. „Der Urstand, heißt es bei Herrn Günther, ist bei all seiner Vollkommenheit ein unvollendeter, vollkommen als Satzung und Wirkung Gottes, unvollendet vor und ohne Mitwirkung des Menschen. Die Freiheitsprobe ist Selbstvollendungsprozeß in der Geisterwelt, in welcher das geistige Leben (das Bewußtsein) zum höchsten und letzten Durchbruch kommt. Darin liegt die Möglichkeit der Ursünde." S. 401. Und Herr von Baader sagt z. B. (Ferm. cognit. 6. Heft. S. XXVIII), daß der Creatur die Illabilität nicht angeschaffen werden konnte, daß es aber in ihrem Vermögen gestanden wäre, durch Selbstverneinung **sich selbst für immer illabil zu machen.** Hier wird gleichfalls eine Kategorie des modernen Unglaubens, die Kategorie der Nothwendigkeit der Entwickelung und Selbstverwirklichung, welcher zufolge ein geistiges Wesen in seinem Anfange, seiner Unmittelbarkeit nicht ist, was es sein soll, sondern seine Wesenheit selbstthätig realisiren muß, zur Begründung eines Dogmas gemacht, welches eben durch diese Kategorie widerlegt und aufgehoben wird. Denn dem Dogma zufolge war Adam vollendet erschaffen, er kam aus Gottes Händen, wie er sein sollte; er war schon die realisirte Idee des Menschen vor dem Falle, das vollkommene Ebenbild Gottes. Die Ursünde war daher ein purer Abfall, ein reines Verderben, der

Verlust „der Gerechtigkeit vor Gott," und eben deswegen ist die absolute Unerklärlichkeit und Unbegreiflichkeit des Sündenfalls eine wesentliche Bestimmung dieses Dogmas. Wie einst Josua der Sonne gebot, daß sie stille stehe, so gebietet dieses Dogma dem Verstande, daß er stille stehe. Es ist ein theoretisches Mirakel; ein grundloses Factum, über das sich nur grübeln, aber nicht denken läßt, ein bloßes Object des Glaubens.

Aber wie mit den Dogmen, ist es mit der Persönlichkeit. Die positive Philosophie nennt sich im Unterschiede vom Pantheismus, ja im Gegensatze zu demselben das „System der Immanenz in Gott." Aber der Begriff der Immanenz ist eben eine pantheistische Kategorie oder Form; der Pantheismus wird daher durch eine Kategorie widerlegt, welche den Pantheismus begründet. Immanenz ist nämlich der Ausdruck eines innigen Zusammenhanges, eines Zusammenhanges, wie z. B. zwischen Grund und Folge, Wesen und Eigenschaft, daher der charakteristische Ausdruck des Verhältnisses, des Zusammenhanges, in welchem der Pantheist Gott und Welt denkt, indem ihm beide untrennbar sind.

Die Persönlichkeit dagegen zerreißt dieses Band zwischen Gott und Welt, sie macht Gott zu einem außerweltlichen Wesen und die Welt zu einem außergöttlichen Sein, das in Bezug auf Gott ein rein Indifferentes ist und daher auch nur einem an sich indifferenten Willensact sein Dasein verdankt. Wo Gott als ein persönliches Wesen vorgestellt wird, da bringt er eine Welt außer sich hervor; aber in dieser zweiten Vorstellung wird nur realisirt, was schon an und für sich von vornherein im Begriffe der Persönlichkeit liegt, denn die Persönlichkeit ist ein sich von einem Aeußeren, Anderen unterscheidendes und darin für sich seiendes und sich wissendes Wesen, welches nothwendig seine Wirkungen entäußert und daher auch nur ein äußerliches Verhältniß zu ihnen hat. Zwar wird auch da, wo die Persönlichkeit als das höchste Wesen angeschaut wird, ein Zusammenhang zwischen Gott und Welt angenommen, aber er ist ein, weil mit dem Begriffe der Persönlichkeit nicht zusammen vereinbarer, völlig unbegreiflicher. Die positive Philosophie verbindet daher mit der Persönlichkeit ein den Begriff der Persönlichkeit verneinendes Verhältniß. Mit der Immanenz hebt sie die Persönlichkeit, und mit der Persönlichkeit die Immanenz auf. Sollte Eure Immanenz keine bloße Floskel sein, so könnte der Unterschied zwischen Eurer Immanenz und zwischen der Immanenz des Spinozismus oder Pantheismus nur dieser sein: Ihr seid in Gott, aber nicht, wie bei Spinoza, als Accidenzen in der Substanz, sondern, da Ihr Gott nicht Substanz, sondern „absoluten Geist" nennt, als Empfindungen, Vorstellungen, Gedanken, denn ein Geist hat keine Accidenzen, sondern Empfindungen, Vorstellungen u. s. w. Aber da Ihr dies nicht mit Eurer Immanenz ausdrücken wollt und könnt, da Ihr Eure liebe Persönlichkeit der absoluten Persönlichkeit gegenüber erhalten wollt, so ist Eure Immanenz eine Floskel ohne Sinn und Verstand, denn Personen sind nur dadurch Personen, daß sie außer einander sind, daß sie in keinem immanenten Verhältnisse stehen und denkbar sind.

Die „positive Philosophie" ist die Philosophie der absoluten Willkür, die, sich hinwegsetzend über alle Denkgesetze die widersprechendsten Dinge unbedenklich verbindet. Als der höchste metaphysische Ausdruck dieser Willkür kann der Satz: „Gott ist, was er will," angesehen werden, — ein Satz, der den directesten Gegensatz zur Philosophie bildet, denn die Philosophie sagt: Gott ist, was er sein soll, im Unterschiede von dem Endlichen, welches nicht ist, was es sein soll. Hierin hat die Bedeutung ihren Grund, welche die positive Philosophie der Erfahrung im Gegensatze zu dem sogenannten apriorischen Denken der rationalistischen Philosophie gibt. Von einem vernünftigen und sittlichen Menschen, d. h. einem Menschen, der nach den unwandelbaren Gesetzen der Vernunft und Ethik sich selbst und sein Leben bestimmt, kann man voraus wissen und sagen, daß er so und nicht anders handeln werde, daß er so und nicht anders gehandelt haben könne, und wenn uns Jemand ein Factum erzählt, welches nicht mit seinem Wesen übereinstimmt, so werden wir im festen Glauben an seinen Charakter das Factum entweder geradezu als eine reine Verläumdung läugnen oder in einem Sinne auslegen, der mit dem Begriffe und Wesen des Mannes übereinstimmt, in der Gewißheit, daß der rechtliche Mann nun und nimmermehr einen Schurken machen könne. Aber von einem Menschen, der ein Windspiel seiner subjectiven Launen, der Narr seiner eigenen Willkür ist, der zwar nicht „ohne" sittliche und vernünftige Idee ist, aber doch nicht „durch" sie sein Leben bestimmt — die positive Philosophie nämlich negirt die Vernunft, gemäß ihrer Halbheit und Charakterlosigkeit, nicht ganz, nicht charaktervoll, sondern halb: die Vernunft ist ihr nicht: Ohne, aber kein Durch, — von einem solchen Menschen können wir nicht a priori wissen, noch sagen, was er ist, was er thut, thun wird und bereits gethan hat; wir sind hier an den Zufall der Empirie verwiesen. Die geniale Carnevalszeit, wo Jeder thut und ist, was er will, ist das Vorbild der positiven Philosophie.

Die Willkür als ein theoretischer Act ist die Einbildung. Widersprechende Dinge verbinden kann nur die Einbildung, nicht die Vernunft. Was der Vernunft eine Unmöglichkeit, ist der Einbildung eine Leichtigkeit. Denken kann man nur das Vernünftige, aber vorstellen, einbilden kann man sich alles Mögliche. Das Denken ist eine durch die Vernunft bestimmte und begrenzte Thätigkeit; aber schrankenlos ist die Einbildung: sie ist der Sinn für das Sinnlose: es existirt für sie kein Gesetz, keine Wahrheit. Die positive Philosophie hat zu ihrer Basis die Einbildung, nicht das Denken: sie substituirt dem Gedanken die bloße Vorstellung, der Sache das Bild, dem Begriffe das Phantasma: sie ist die absolut phantastische Philosophie. Die immanente Persönlichkeit ist eine Chimäre, ein fabelhaftes Ungeheuer. Aber eben so sind alle weiteren Bestimmungen der Persönlichkeit, eben deswegen, weil die Persönlichkeit kein Object des Denkens ist, nichts als begrifflose Vorstellungen, Einbildungen — Anthropomorphismen. Das Charakteristische des Anthropomorphismus ist nämlich — da natürlich, wo die Reflerion sich mit ihm verbindet, — daß er einen Begriff von Etwas zu einer Vorstellung von Nichts macht. Augustin z. B. sagt: Gott zürnt, aber ohne menschlichen Affect, ohne Leidenschaft. Der Begriff des Zorns ist aber eben der Begriff einer Leidenschaft. Was ist also der Zorn Gottes? Eine blinde Vorstellung, ein Object der Einbildung, aber ein Nichts für den Gedanken. Das scheinbar Tiefe auf dem Standpunkte des Antropomorphismus ist eben dieses Vacuum des Gedankens; je dunkler, je gedankenleerer eine Vorstellung ist, desto tiefer erscheint sie, gleichwie auch das seichteste Wasser, wenn es trüb und dunkel ist, uns unendlich tief scheint. Der Gedanke begrenzt und bestimmt, setzt der Einbildungskraft Maß und Ziel; wo dagegen der Gedanke ausgeht, ist der Deutung und Illusion ein unbegrenztes Feld eröffnet — daher der Eindruck der Tiefe. So ist es nun auch hier, in der positiven Philosophie, mit der absoluten Persönlichkeit, dem absoluten Selbstbewußtsein. Das Selbstbewußtsein einer wirklichen Persönlichkeit ist stets ein individuell-bestimmtes und beschränktes, es ist der Act, wodurch es sich von einem Andern unterscheidet, sich gegen ein Anderes abschließt und dadurch sich als Sich selbst setzt. Das absolute Selbstbewußtsein ist ein Non-Ens; man kann sich Nichts dabei denken; denn was man dabei denken könnte, das wäre die Begrenzung, die individuelle Bestimmtheit dieses Bewußtseins, die aber eben durch das Prädicat „absolut" entfernt wird. Wäre die Persönlichkeit als eine Kategorie der absoluten Substanz ein realer Begriff, so wäre die nothwendige Consequenz die Spinozistische Consequenz: nur Gott ist Person. Da aber der Pantheismus durch die Persönlichkeit beseitigt werden soll, da die Persönlichkeit nur deswegen zur Gottheit erhoben wird, damit die Personen im Plural ihre Existenz als eine wahrhafte begründen und sichern können, die absolute Persönlichkeit gleichsam nur die Gluckhenne ist, unter deren Fittige sich die lieben kleinen Personen, vor der Kälte der Natur- und Vernunftnothwendigkeit verbergen und schützen, da überdem im Begriffe der Persönlichkeit die

Vielheit enthalten ist: so ist nothwendig der Begriff der Persönlichkeit der absoluten Substanz der Begriff einer einzelnen, atomistischen, für sich firirten Persönlichkeit, und folglich auch das Selbstbewußtsein derselben ein individuelles, wie das unsrige ist. Der Zusatz „absolut," wodurch ihr Selbstbewußtsein zu einem andern, als das unsrige gemacht werden soll, drückt daher kein Wesen, keine Realität, keinen bestimmten, objectiven Begriff aus, sondern ist eine bloße Einbildung, eine Vorspiegelung, durch die der Speculant sich in die Illusion versetzt, daß das Object seiner Speculation nicht sein eigenes Selbst, sondern ein anderes, das göttliche ist. Das speculirende Subject verobjectivirt sich selbst, wenn es tief ist, sein Gemüth und dessen Prozesse, seine Seele, sein ihm selbst verborgenes Wesen, wenn es flach und egoistisch ist, wie die modernen Speculanten, seine Person, und speculirt nun über sich selbst als ein anderes Wesen, aber Nota bene! bewußtlos — Bewußtlosigkeit, Kritiklosigkeit ist der Charakter aller Mystik und Speculation, im Unterschiede von der Philosophie, — und gibt dann seinem eigenen, als ein anderes Wesen vorgestellten Wesen Prädicate, die ihm, als einem anderen, zukommen, und so dem Phänomen des eigenen Wesens den Schein eines objectiven Wesens geben. Hierin liegt der mystische Reiz und Zauber dieser und aller verwandten Speculation; es ist dieses sich außer sich Setzen und wieder in sich zurücknehmen, diese Mystification des eigenen Selbstes, diese Vernehmung seiner selbst als eines anderen Wesens, welche, namentlich in den älteren mystischen Speculationen, uns ergreift, wie das Echo, welches die in die Weite hinausgerufenen eigenen Worte in die Ohren, die eigentlichen Fühlhörner des Gemüths, uns als die Worte eines anderen Wesens zurücktönt.

Das speculirende Subject spiegelt sich in sich selbst ab: der Gedanke ist das durchsichtige Element, das Phantasma, die Vorstellung aber die Folie, der dunkle, begrifflose Grund, auf dem der an sich reale Begriff, wie der des Bewußtseins, durch das Prädicat „absolut" zur begrifflosen Einbildung, aber eben dadurch zur Vorstellung eines Andern gesteigert wird. So wird der Gedanke auf dem dunklen Grunde des Phantasmas zu einem Spiegel, in dem das Subject sich erblickt, aber unendlich vergrößert, so daß es dieses Ab- und Ebenbild seiner selbst für ein anderes Wesen, aber zugleich sein Urbild hält. Dieses als ein anderes Subject vorgestellte Spiegelbild ist die absolute Person. Gott denkt sich — so heißt es z. B. in der Günther'schen Construction der Trinität — aber das speculirende Subject denkt sich selbst oder weiß wenigstens, daß es sich selbst denkt, in dem Momente, wo es sagt und denkt: Gott denkt sich; denn wie könnte es sonst das sich Denken verobjectiviren, d. h. als einen Act eines anderen Wesens vorstellen? Ein bewußtloser Stein, der, per impossibile, dächte, würde die Bewußtlosigkeit als sein höchstes Wesens feiern. Das, was Gott denkt, ist sein Ebenbild, sein von ihm selbst vergegenständlichtes Wesen, sein Selbander, ut ita dicam, oder wie man es sonst noch ausdrücken will. Aber dieses vergegenständlichte Wesen ist nichts anderes als das Bild des Speculanten von sich selber, das er eine Weile inne hält und von sich absondert, und dann wieder in sich selbst, in seinen Anfang zurücknimmt, indem er erkennt und sagt: dieses Gedachte, dieses Andere bin in Wahrheit nur Ich selbst. Das Selbstbewußtsein ist eine Thätigkeit, die sich in drei Momente unterscheiden läßt. Aber weil das Subject über sich selbst als über ein anderes Wesen speculirt, so verselbständigt, verobjectivirt es diese Momente oder Gedankenunterschiede als drei Substanzen, Personen, die nichts anderes sind, als eben diese Gedankenunterschiede, gesetzt als Vorstellungen, nichts anderes als dramatische Effecte des stets in das Gebiet der Bilderthätigkeit sich umsetzenden Gedankens — Apostasieen der Vernunft. Das, was gedacht wird, wird immer zugleich, indem es gedacht wird, dem Denken entzogen. Das Subject verbirgt scheu vor dem Lichte der prüfenden Vernunft sein Wesen in dunkle Bilder, um dadurch den unbeschreiblichen Reiz zu empfinden, von sich selbst als von einem andern Wesen afficirt zu werden. Das Subject träumt mit offenen Augen. Die Speculation ist die Philosophie im Zustande des Somnambulismus. Darum haßt das speculirende Subject die eigentliche Philosophie, weil diese die innere Verdoppelung und Entzweiung des eigenen Wesens in die einfache Identität des Selbstbewußtseins zusammenfaßt und dadurch sich um alle jene dramatischen Effecte bringt, welche die Speculation und Mystik hervorbringen. Die Philosophie ist Enttäuschung — darum abstringirend, bitter, herb, widerlich, unpopulär — die Speculation ist Selbsttäuschung des Menschen — darum gemüthlich, annehmlich, populär, wie jede Illusion. Der Philosoph philosophirt über das Wesen des Menschen, aber mit dem Bewußtsein, daß dieses Wesen sein Wesen ist; der Speculant speculirt darüber, ohne daß er es weiß, weil er nicht, wie der Philosoph, zwischen seinem individuellen und allgemein menschheitlichen Wesen unterscheidet; er hält sein eigenes Wesen für ein anderes: er täuscht sich. Der Speculant ist ein Tautolog: er glaubt etwas Anderes, als sich selbst, auszusprechen, er sagt aber immer Dasselbe, nur daß er es zweimal sagt; er dreht sich im Kreise nur um sich selbst herum. Es geht dem Speculanten, wie dem Poeten, der menschenscheu sich der Natur in die Arme wirft, aber seinen Wahn, daß der Mensch dem Menschen entfliehen könne, dadurch als einen Wahn factisch eingesteht und abbüßt, daß er die Natur zu einem menschlichen Wesen macht.

> Denkt auf diesen Fluren
> Bald kein Redner mein,
> Denkt doch mein die Aue
> Und der stille Hain.

So heißt es z. B. bei Herrn v. Baader — und dies ist der Kern seiner ungeschlachten Theosophie —: „der Mensch soll und kann nicht anders sagen, als: Ich bin gesehen (durchschaut, begriffen), darum sehe ich, ich bin gedacht, darum denke ich, ich bin gewollt, darum bin ich wollend." „Das sich selber Wissen des endlichen Geistes ist ein secundäres Wissen. Er weiß daher sein Gewußtsein von dem ihn hervorbringenden absoluten Geiste. Cartesius hat dieses secundäre Wissen für ein primitives genommen.... Dadurch wurde die Ueberzeugung der Coincidenz des Sichwissens mit seinem Sichgewußtwissen vom absoluten Geiste verdunkelt." „Der menschliche Geist ist von Gott erkannt und erkennt sein Erkanntsein, die Natur ist erkannt und erkennt sich aber nicht selbst. Der Mensch erkennt sein von Gott Erkanntsein oder seine Idee, insofern er in Gott ist oder durch seine Immanenz in Gott, nicht daß er Gott ist oder zu Gott wird." Der Sinn dieser Worte ist nicht: ich erkenne mich, weil ich erkenne, daß ich von Gott erkannt bin, ich denke mich, weil ich denke, daß ich von Gott gedacht bin, denn in diesem Falle würde ja mein Denken immer nur von einem Denken abhängig gemacht, sondern es ist eine unmittelbare, chemische Durchdringung des göttlichen und menschlichen Denkens — Hr. Baader ist nämlich als Theolog und Theosoph immer zugleich Chemiker und Mechaniker, — eine eigentliche Coincidenz und Immanenz gemeint: Ich denke, weil ich von Gott gedacht bin, mein Denken ist realiter abhängig von dem mich Denken Gottes; ich denke in Gott und aus Gott, als dem Grunde meines Denkens. Hinter diesen theosophischen Floskeln scheint nun Wunder wie viel zu stecken, aber es ist nichts als Illusion. Ist das Erkennen Gottes ein anderes als das meinige, anderer Natur, so kann ich nicht in seinem Erkennen mich erkennen; ich müßte, wenn es ein anderes ist, auch noch ein anderes Erkennen haben, als das meinige ist, um mich in dem seinigen zu erkennen. Eben so wenig kann sein Denken anders sein als meines, wenn das meinige von dem seinigen abhängen soll. Wie könnte ich denn auch mein von Gott gedacht Sein denken, wie nur eine Vorstellung davon haben, wenn es ein anderes wäre? Wie kann für mich das Verständniß eines Wortes von dem mich Verstehen meines Lehrers abhängen, wenn er eine fremde, mir unverständliche Sprache spricht? Also ist das mich Denken Gottes nur das verobjectivirte mich selbst Denken. Ich mache — wie bin ich doch so demüthig! — mein Denken von dem mich Denken Gottes ab; aber ich mache auch dafür — wie bin ich doch so hochmüthig! — das göttliche Denken zu rein menschlichem Denken. Der Mensch wird negirt, aber zum Ersatz dafür Gott zu einem menschlichen Wesen gemacht. — Dasselbe gilt von der Idee oder dem Inhalte des göttlichen Wissens. Das Ich macht sich zum Inhalte Gottes: Gott weiß mich. Insofern er mich weiß und mich so weiß, wie er „Alles weiß, indem er sich weiß," insofern kann ich nicht in seinem Wissen mich wissen, indem dieses Alles Wissen, für mich wenigstens, ein confuses, unbestimmtes, mein Bild verwischendes Wissen ist. Ich kann also aus diesem Wissen mein Wissen von mir, das ein ganz bestimmtes ist, ich mag nun unter diesem Mir den Menschen überhaupt oder diesen Menschen verstehen, nicht ableiten. So wenig ich aus der universalen Idee der Pflanze die Rose, das Veilchen, die Lilie erkenne, weil in ihr das fehlt, was die Rose zur Rose, im Unterschiede von andern Pflanzenarten, macht, so wenig kann ich in der universalen Idee der Creatur in Gott die Idee dieser bestimmten, der menschlichen Creatur finden. Nur in einer ganz bestimmten Idee, einer Idee, die mit Ausschluß aller anderen nur das menschliche Wesen repräsentirt, kann ich mich finden und erkennen. Nur in einer Vorstellung Gottes von mir, die sich nicht unterscheidet von der Vorstellung, die ich selbst aus mir und durch mich von mir habe, kann ich mich vorgestellt wissen. Die Idee Gottes von mir ist also keine andere als die Idee, die ich von mir aus mir selber habe, nur daß diese meine Vorstellung oder Idee als die Vorstellung eines Andern von mir vorgestellt oder verobjectivirt wird. So löst sich hier Alles in die leerste Tautologie und Phantastik auf! Das Menschliche wird bewußtlos zum Göttlichen gemacht, um dann mit Bewußtsein aus dem als das Göttliche vorgestellten Menschlichen das Menschliche als das Secundäre abzuleiten, — so hier das menschliche Denken aus dem göttlichen, welches doch nichts weiter als das verobjectivirte menschliche Denken ist. Wir können kein anderes Denken denken, als das unsrige ist — eine Behauptung, die sich für den denkenden, vernünftigen Menschen durch sich selbst rechfertigt — denn wenn es ein wirklich anderes Denken ist, so ist es ein solches, welches nichts gemein hat mit unserem Denken und folglich undenkbar ist; ein Denken, wovon ich einen Gedanken habe, ist aber ein mit meinem Denken übereinstimmendes Denken.

Alle Bestimmungen, die man nur immer vorbringen mag, um einen Unterschied zwischen dem göttlichen und menschlichen Denken auszudrücken, fallen in unser Denken, sind Gedanken von uns, Gedanken, in denen sich unser Denken bethätigt. Der Satz z. B.: Gott weiß und denkt Alles, indem er sich weiß und denkt — ein Satz, der schon bei den ältesten Mystikern und Scholastikern, dem Dionysius Ar., Albertus M., Thomas Aq. vorkommt — scheint das göttliche Denken und Wissen absolut über das menschliche Denken hinauszustellen. Aber es ist nur ein den Phantasten, nicht den Denker verblendender Schein. Dieser Satz enthält nämlich implicite oder zu seiner Voraussetzung den Satz oder Gedanken: Gott ist Alles; wie könnte er sonst, indem er Sich weiß, Alles wissen? Gott ist aber Alles nicht auf materielle, sinnliche, singuläre, sondern auf ideale, geistige, universale Weise: er ist alle Wesen im Wesen, in der Idee, weil er das Wesen aller Wesen, das allgemeine Wesen ist. Indem Gott sich denkt, denkt er daher Alles, aber nicht Alles in seiner aufgelösten Vielheit, in seiner Einzelheit — so wäre sein Wissen selbst ein sinnliches, ein Wissen des Einen nach und außer dem Andern — sondern Alles in seiner allgemeinen Idee, wo das Sinnliche, Vielfache wegfällt. Geht denn nun aber dieses Denken über den Begriff unsers Denkens hinaus? Wie könnten wir sonst davon reden, wenn anders unsere Rede nicht eine sinn- und gedankenlose Rede sein soll? Ist die Idee z. B. des Menschen nicht die Idee aller Menschen, abgesehen von ihren individuellen und speciellen Unterschieden? Denke ich nicht selbst in der That, indem ich Gott als allgemeines Wesen — und dieser Begriff liegt, wie gesagt, dem Satze: Gott denkt Alles, indem er sich denkt, zu Grunde — oder als das Wesen der Wesen denke, ihn als alle Wesen in ihrer Wesenheit? Fasse ich nicht selbst, indem ich sage:

„Gott ist idealiter alle Wesen," alle verschiedenen Wesen, mit Weglassung ihrer Verschiedenheit, in dem allgemeinen Begriffe des Wesens zusammen, in dem sie idealiter enthalten sind? Was ist also für ein Unterschied zwischen dem angeblich göttlichen und menschlichen Denken? Keiner, wenigstens für den Gedanken, wenn auch nicht für die Einbildung, der das Unmögliche möglich, das Phantom Realität ist. Die Begründung des menschlichen Denkens durch das göttliche ist daher nur eine Selbsttäuschung: das menschliche Denken wird in Wahrheit nur durch sich selbst begründet.

Am eclatantesten kommt die Selbsttäuschung der Speculation zum Vorschein in der Creationstheorie, welche für sie, als die erhabenste und effectvollste theatralische Vorstellung, zu der sie sich emporschwingen kann, natürlich von ganz besonderer Wichtigkeit ist. Nachdem das speculirende Subject das Selbstbewußtsein, aber nicht als sein eigenes, sondern als das Bewußtsein eines andern, des absoluten Wesens construirt, d. h. den Satz, daß das wahre, das absolute Leben, das selbstbewußte Leben ist — aber nur in einer verkehrten Construction — ausgesprochen und begründet hat, — denn welchen andern Sinn hat der Satz: das absolute Wesen ist selbstbewußt, als: das Selbstbewußtsein ist absolutes Wesen? — geht das Subject über zur Construction der Welt. Diese Aufgabe ist indessen keine andere, als die: wie komme ich aus dem selbstgenügsamen Selbstbewußtsein zum Bewußtsein eines Andern, aus der Subjectivität heraus zum Begriffe der Objectivität? Das speculirende Subject zieht sich in sich selbst zurück, unterscheidet sich von allem Andern außer ihm und feiert dieses sein sich von allem Andern unterschieden Wissen als seine höchste Wahrheit und Seligkeit, Freiheit und Unsterblichkeit. Das absolute Wesen vor der Schöpfung ist nichts anderes als die außer allen Nexus herausgesetzte, außerweltliche Subjectivität, die als das absolute Wesen vorgestellt wird. Das Setzen des Andern, der Welt ist daher freie That, d. h. das Subject verobjectivirt seine subjective Willkür, mit der es von der Vorstellung des selbstgenügsamen Selbstes zur

Vorstellung eines Andern übergeht, als freie That; denn es ist kein Grund vorhanden zu einem Uebergange, keine Nothwendigkeit da, daß ein Anderes gesetzt werde, indem das außerweltliche Selbst sich selbst als das absolute Wesen erscheint oder vorstellt. Die Creation ist eine Gewaltthat, ein Machtspruch, ein Werk zwar nicht der „blinden Nothwendigkeit," aber der blinden Willkür.

Zwar sucht das speculirende Subject auch die Creation zu vermitteln, d. h. Gründe anzugeben, aber eben durch diese Begründung verräth es aufs deutlichste, daß seine Speculation über das absolute Wesen nur eine Speculation über die eigene Subjectivität ist. „Die Schöpfung als Offenbarung Gottes, sagt z. B. H. Günther, kann zunächst keinen andern Zweck haben, als Wesen außer ihm offenbar zu werden. Diese Offenbarung an Andere involvirt also zugleich die Setzung anderer Wesen, d. h. Creation und Manifestation nach Außen bedingen sich wechselseitig." Andere Wesen außer sich setzen, heißt nichts anderes als sich selbst beschränkt setzen, setzen als ein Wesen; indem ich andere Wesen außer mir wahrnehme, nehme ich mich selbst als ein einzelnes, besonderes, beschränktes Wesen wahr. Der Hochmüthige dünkt sich der Alleinige zu sein; alle Anderen außer ihm verschwinden vor ihm ins Nichts; er nur ist sich Gegenstand, aber eben deswegen ist er (in seiner Einbildung) der ausschließlich, der unvergleichlich, der unbeschränkt Weise, Gute oder Schöne. Der Vernünftige dagegen nimmt außer sich noch andere Wesen an und wahr, die an denselben Gütern mit ihm Antheil haben, und eben dadurch erkennt er seine eigenen Grenzen, setzt er sich als ein beschränktes Wesen. Aber eben nur ein Wesen, das an sich ein beschränktes ist, kann sich setzen als ein beschränktes. Die Creation ist daher das Selbstbekenntniß der absoluten Person, daß sie nur die mystificirte menschliche Person ist. „Die Contraposition kommt in Gott (setze: im Menschen) nur dadurch zu Stande, daß Er sich selber in seiner Ichheit formal negirt und diese Negation real setzt, d. i. realisirt oder affirmirt. Der Gedanke in der Gottheit (richtiger:

Menschheit) von dieser Negation Ihrer selbst ist die Idee der Creatur in ihrer Totalität (Universum), folglich ist die Creatur in ihrer Realität (Wirklichkeit) die real objectivirte Idee vom göttlichen (das heißt: menschlichen) Nicht-Ich." „Gott hat sein Ich nie ohne Nicht-Ich (Creatur) der formalen Wirklichkeit nach gedacht, der realen Wirklichkeit nach aber muß Gott nur das realisiren, was sein Ich constituirt, nicht dieses, was die Negation desselben ist ... Ideen objectiv realisiren heißt erschaffen. So formell nothwendig nun in Gott neben und mit der Ichheit einerseits die Idee eines Nicht-Ich vorhanden ist (denn die Selbstbejahung involvirt als solche schon eine formale Selbstverneinung in der Selbstunterscheidung vom Sohne): so durchaus nicht nothwendig ist anderseits die gegenständliche Verwirklichung jener Idee, da solche eben kein Moment ist in der realen Constituirung der absoluten Ichheit und Persönlichkeit. Gott muß sein Nicht-Ich denken, aber nicht schaffen." Welch ein eitles Possenspiel! Der Mensch denkt sein Ich nie ohne Nicht-Ich, das Bewußtsein seiner selbst ist zugleich das Bewußtsein eines Andern, oder vielmehr das Ich ist nur Ich in der Vorstellung eines möglichen oder wirklichen Nicht-Ich, das es sich gegenübersetzt und von dem es sich unterscheidet — so auch Gott: er denkt sich nicht, er ist nicht Ich, ohne die Idee einer Negation, eines Andern, der Welt: Gott ist so das verobjectivirte Ich. Aber weil es als ein anderes Ich vorgestellt wird, so muß ein Unterschied gesetzt werden; dieser ist die Erschaffung. Gleichwohl ist dieser Unterschied wieder nur ein formeller, imaginärer, vor dem Gedanken verschwindender. Die Erschaffung ist nämlich als die Realisirung der Idee ein ganz formeller, gleichgültiger, aber beswegen auch beliebiger Act, ein Act, der geschehen oder unterbleiben kann, ohne daß in der Hauptsache selbst etwas verändert ist; denn der Idee nach ist die Welt schon fertig und vollendet. Die Welt ist schon innerlich da; daß sie äußerlich, sinnlich auch da ist, ist ein Zusatz, der nur eine sinnliche Vorstellung, aber keinen neuen Gedanken und Begriff hinzufügt. Dem menschlichen Ich ist äußerlich, sinnlich die Welt vorausgesetzt, dem göttlichen innerlich, denn das göttliche Ich ist nicht Ich ohne die Idee seines Nicht-Ich, das Nicht-Ich also als Idee der Idee des göttlichen Ich von sich selbst vorausgesetzt — ein Unterschied, der aber nur ein illusorischer ist, denn die innerliche Nothwendigkeit der Welt für Gott ist in Wahrheit nur ein Ausdruck, eine Folge ihrer unläugbaren äußern, wirklichen Existenz. Aber eben so sind die andern Unterschiede, die dann noch zwischen dem göttlichen und menschlichen Selbst gemacht werden, reine Illusionen der Phantasie oder handgreifliche Possenspiele der speculativen Willkür. So wenn es z. B. bei Hr. Günther heißt: „Der Mensch hat nur die Form, das Selbstbewußtsein, nicht aber das Wesen mit Gott gemein, er ist dreifaltig im Wesen und Eins in der Form, bei Gott ist es umgekehrt." Ja wohl umgekehrt; denn euer Gott ist nur der umgekehrte Mensch. Es ist nur ein formeller Unterschied zwischen beiden, d. h. ein Unterschied nur für den Phantasten, den speculativen Taschenspieler, aber nicht für den ernsten, besonnenen, kritischen Denker. Ich kann eben so gut sagen: der Mensch ist dreifaltig in der Form, aber eins im Wesen — denn er ist nur Eine Person, Ein Wesen, Eine Substanz, nicht drei Substanzen, aber er wird sich dieses Einen Wesens auf dreierlei Weise bewußt, — als ich sagen kann: er ist dreifaltig im Wesen, aber eins in der Form. Die absolute Person ist nur die Tabula rasa, auf der der Speculant sich selbst abporträtirt, der goldene Rahmen, der das liebe Bild der menschlichen Persönlichkeit umschließt. Der Unterschied zwischen dem Baaderschen und Güntherschen „System" ist nur: daß bei Hr. Günther die menschliche Persönlichkeit, gleich einer Käferlarve, unverkennbar als solche nackt und offen zu Tage liegt, während sie bei Hrn. v. Baader gleich einer Wassereulen- oder Aftermottenlarve ihren Hinterleib in ein aus allerlei curiosen Naturalien und Materialien zusammengesetztes Gehäuse versteckt, so daß man die Momente, wo sie gerade ihren Kopf hervorstreckt, erlauschen muß, um zu erkennen, daß ein thierisches Wesen in diesem tollen Dinge steckt. Ob Hr. v. Baader einen göttlichen oder chemischen Prozeß im Sinne hat, dürfte in den meisten Fällen schwer zu unterscheiden sein. Besonders spielt er mit dem Feuer gern — man könnte ihn füglich den Feuerwerker der deutschen Speculanten nennen, — aber gleichwohl sind alle diese seine Naturspiele für den Kenner nichts weiter als zu Ehren der menschlichen Persönlichkeit und Beschränktheit veranstaltete Feuerwerke. Der Gott des Herrn von Baader hat an dem Menschen selbst seinen Cooperator und Vicarius. Sat sapienti.

Wodurch unterscheidet sich denn nun also die sogenannte positive Philosophie von dem Pantheismus der früheren Philosophie? Lediglich durch den Wahn des religiösen Fanatismus, der sich allein im Besitz des allein wahren Gottes, der allein seligmachenden Vorstellung zu sein dünkt, der seine Particularempfindung, seine Particularvorstellung von Gott für Gott selbst hält, und daher alles, was dieser seiner particulären Vorstellung und Empfindung widerspricht, als Götzendienst mit Füßen tritt. Ihr glaubt, dadurch dem Pantheismus, der Confundation des Geschöpfes mit dem Schöpfer entgangen zu sein, daß ihr eurem Gott eine eigene, persönliche Existenz gebt? O sancta simplicitas! Hatten die Götter des Olymps nicht auch persönliche Existenz? Kommt nicht dem Ibis, dem Apis der Aegyptier auch eine eigne Existenz zu? Kommt es nicht einzig und allein auf die Wesensbestimmung an? Habt ihr aber andere Bestimmungen, als entweder aus dem Wesen der Natur oder aus dem Wesen des Menschen? Sind nicht wirklich eure Bestimmungen des göttlichen Wesens Bestimmungen des menschlichen Wesens? Sind Persönlichkeit, Bewußtsein, Wille, Denken nicht menschliche Bestimmungen, und die Unterschiede, die ihr zwischen göttlichem und menschlichem Bewußtsein u. s. w. macht, nur Phantasmen, der reale Begriff immer die menschliche Bestimmung? Entweder macht ihr also den Menschen zu keiner Creatur, gebt ihm ein besonderes Privilegium, macht ihn in der That zu Gott, nur daß ihr ihn, als Gott, als ein eigenes persönliches Wesen wieder Euch gegenübersetzt, oder eure Speculation ist so gut Pantheismus, so gut Confundation des Geschöpfes mit dem Schöpfer, als die frühere Philosophie, nur daß euer Pantheismus ein Pantheismus anderer Art ist. Und so ist es auch in der That. Ihr habt vor dem Pantheisten nur den Schein und die Einbildung, daß ihr keine Pantheisten seid, voraus und unterscheidet euch, eben nicht gerade zu eurem Vortheil, nur dadurch von ihm, daß der Pantheist, der Philosoph das Wesen des Menschen vergöttert, in dem Bewußtsein, daß der Mensch nicht über sein Wesen hinaus kann, ihr aber das menschliche Selbst, die Person, vergöttert, befangen in dem Wahne des tiefsten und verderblichsten Hochmuthes, in dem Wahne, daß das menschliche Individuum über das Wesen des Menschen hinauskönne. Oder glaubt Ihr etwa, durch eure religiösen Gefühle den Gedanken überflügeln zu können? O sancta simplicitas! muß ich abermals ausrufen. Sind eure Gefühle menschliche oder außer- und übermenschliche, d. h. über das Wesen des Menschen hinausgehende? Was über das Wesen des Menschen hinausgeht, das geht auch über die Vorstellbarkeit und Empfindbarkeit für ihn hinaus. Sind sie aber menschliche, was sie nothwendig sind, so ist auch ihr Inhalt ein menschlicher. Was nur immer in eure Gefühle eintreten kann, es ist nichts anderes als eine Manifestation des euch verborgenen menschlichen Wesens, das das absolute Maß des menschlichen Individuums ist. Und wie ihr euch auch nur immer zu einem Gegenstande verhalten mögt, dadurch allein schon, daß ihr euch zu ihm verhaltet, daß er euch Gegenstand ist, macht ihr ihn zu einem menschlichen Gegenstande. Die Religionsphilosophie ist daher nur dann Philosophie, wenn sie die Religion als die esoterische Psychologie weiß und behandelt. Die großen Epochen in der Geschichte der Religion und Philosophie bestimmen sich nur nach dem, was von dem Wesen des Menschen vergöttert, d. h. als das Höchste angeschaut wird. Die Orientalen vergötterten z. B. das als Phantasie sich bethätigende und den Menschen beherrschende Wesen des Menschen oder selbst gar den Wahnsinn, die Verrücktheit, das griechische Volk die ästhetische Anschauung, der griechische Weise die praktische oder theoretische Intelligenz, das Christenthum das Gemüth. Wem die Intelligenz das Höchste ist, dem ist die ästhetische Anschauung das Niedere, und der daher, dem diese das Höchste ist, ein Götzendiener; wem das sich selbst unbegreifliche Gemüth dagegen das Höchste ist, dem ist der Diener der selbstbewußten klaren Intelligenz ein Götzendiener. Nicht so unterscheiden sich also Heldenthum und Christenthum, daß jenes Götzendienst, dieses wahrer Gottesdienst ist — so urtheilt nur der Fanatismus des religiösen Particularismus, denn dem Muhamedanismus ist auch das Christenthum Götzendienst, — sie unterscheiden sich nur dadurch, daß das Heldenthum, das philosophische wenigstens, den Verstand, das Christenthum die Liebe als das Höchste anschaute. Gott ist der *Noῦs*, der Verstand — ein Satz, dem aber das Enthymema zu Grunde liegt: das Höchste ist der Verstand, also ist u. s. w. — dies ist der specifische Kern des philosophischen Heldenthums; Gott ist die Liebe — ein Satz, dem aber wieder das Enthymema zu Grunde liegt: das Höchste ist die Liebe, also u. s. w. — dies ist der specifische, positive Kern des Christenthums — eine Behauptung, die eben so einfach als fruchtbar ist und bis in die speciellsten Differenzen hinein sich durchführen und bewähren ließe. Wenn darum der als Gott angeschaute *Noῦs* Menschenwerk ist, so ist es auch die als Gott angeschaute Liebe. Aber was ist dann nicht Menschenwerk? Selbst die Bäume, die Sterne, die wir sehen, sind so, wie wir sie sehen, Menschenwerk — menschliche Bäume, menschliche Sterne. Andern Wesen mit anderen Augen erscheinen die Wesen oder Dinge, die wir als Bäume benennen und anschauen, vielleicht als ganz andere Wesen oder Dinge. Dem bewaffneten Auge erscheint der todte Wassertropfen als ein belebter Fischteich. Und so nothwendig — so unabhängig von unserm subjectiven Meinen und Wollen — die Dinge, die wir als Bäume sehen, uns mit unsern Sinnen als Bäume erscheinen, so nothwendig erscheint sich die Vernunft in dem wahrhaft Denkenden, die Liebe in dem wahrhaft Liebenden, als das höchste

Wesen. Selig, befriedigt in sich ist die Liebe, selig, befriedigt in sich die Vernunft. Was in sich selig ist, will nicht über sich hinaus, kennt nichts Höheres als sich, weiß sich als und ist in der That das Göttliche. Darum gebietet uns Christus, zu werden wie die Kinder, wenn wir das Himmelreich erben wollen, — darum, weil das Kind nicht über sich hinaus will, weil es befriedigt ist in sich, befriedigt in dem kindlichen Wesen des Menschen — wenigstens so lange es noch ein wahres und unverdorbenes Kind ist.

Zum Schlusse erinnern wir daher die „positive Philosophie" an das Sokratische: Erkenne dich selbst und an den nicht oft genug zu wiederholenden Spruch der Bibel: Ihr seht nur die Splitter in den Augen Anderer, aber nicht die Balken in euren eigenen, auf daß sie demüthigst in sich gehe und zur Einsicht ihrer Schranke komme und uns hinfüro mit ihren großsprecherischen Phrasen und Verheißungen verschone. Die Philosophie muß allerdings über die Hegelsche Philosophie hinausgehen. Es ist speculative Superstition, an eine wirkliche Incarnation der Philosophie in einer bestimmten historischen Erscheinung zu glauben. Ihr wollt Philosophen sein und schließt in enge Zeit- und Raumgrenzen das ewig schaffende Leben des Geistes ein? Gab es nicht eine Zeit, in der Aristoteles für die Philosophie und Vernunft selbst galt? Ist nicht diese Zeit mit ihrem Glauben verschwunden? Wird es nicht eben so auch mit euch und eurem Glauben ergehen? Oder ist, was in einem Averrhoes Superstition war, bei euch Vernunft? Die Philosophie werde also frei und selbständig, aber sie werde auch einfach und natürlich. Die einfachsten Anschauungen und Gründe sind allein die wahren Anschauungen und Gründe. Die wichtigsten historischen natürlichen und psychologischen Erscheinungen lassen sich auf eine weit einfachere und natürlichere, aber eben deswegen unwidersprechlichere Weise erklären und auffassen, als von der speculativen Philosophie bisher geschah. Die speculative Philosophie

Deutschlands lasse daher das Beiwort: speculativ fahren, und werde und nenne sich in Zukunft Philosophie schlechtweg — Philosophie ohne Bei- und Zusatz. Die Speculation ist die betrunkene Philosophie. Die Philosophie werde daher wieder nüchtern. Dann wird sie dem Geiste sein, was das reine Quellwasser dem Leibe ist.

III.
Kritik der christlichen Medicin.

(System der Medicin. Ein Handbuch der allgemeinen und speciellen Pathologie und Therapie, zugleich ein Versuch zur Reformation und Restauration der medicinischen Theorie und Praxis. Von Dr. J. N. von Ringseis, königl. baier. Obermedicinalrath, Ritter des Civilverdienstordens der baierschen Krone. 1841.)

1841.

Veritas sigillum bonitatis — nur was wahr, ist gut, und nur was gut, heilig und verehrungswürdig. Aber was ist wahr? Was nicht mehr sein will, als es sein kann, und nicht weniger, als es sein soll — was sich selbst genug ist. Alles hat seine Grenze; aber eben nur was in seiner (normalen) Grenze sich unbegrenzt fühlt, was an sich selbst genug hat, nur das ist ein seiner Bestimmung entsprechendes, ein wahres Wesen. So war auch das Christenthum, wenigstens nach dem Sinn und Eingeständniß der alten musterhaften Christen, nur so lange wahres Christenthum, so lange es die Seligkeit der Geistesarmuth als sein höchstes Gut pries, so lange es innerhalb seiner Grenze, seiner specifischen Differenz, d. h. in sich selbst befriedigt, auf die Doctorwürde der Wissenschaft und die Schönheit der Kunst verzichtete. Die Kirche entschuldigte ihren luxuriösen Cultus mit der Behauptung, daß der sinnliche Mensch nur durch sinnliche Reizmittel zum Uebersinnlichen emporgehoben werden könne; aber wo einmal Wohlgerüche, schöne Melodien und Bilder dem Glauben unter die Arme greifen müssen, da ist eben seine eigene, immanente Kraft bereits erloschen, da ist an die Stelle der religiösen Macht des Glaubens die Macht des Geruchsinns, die Macht der Ohren- und Augenlust getreten. Wohl können Mißtöne, Uebelgerüche, häßliche Bilder uns die Lust am Sinnlichen verleiden und so uns veranlassen, zum Uebersinnlichen unsere Zuflucht zu nehmen; aber offenbar die entgegengesetzte Wirkung haben Wohlklänge, Wohlgerüche und schöne Bilder; sie fesseln uns an sich selbst; sie ziehen uns, statt hinauf zum Creator, herab zur Creatur. „Unsere Vorfahren, die alten Christen," sagt J. Aventin in seiner Chronika (III. Bd.: Von dem Brauch der alten Christen), „waren fromme, rechte, geistliche Leute, meineten wir wären die rechten waren lebendigen Bilder, Gemehl und Kirchen Gottes, darinnen Gott selbst und der heilige Geist wohnet..... Darum ehreten und zieretens solche Gottsheuser nit mit Geld, Gemehl und Gold, so alles weltliche und ungeistliche Ding sind, dadurch die wahre Geistlichkeit geändert wird...... suchten gar keinen Lust weder mit dem Gesicht, noch dem Gehör, man hett weder Orgel, noch Pfeiffen, weder Gold, noch Silber, Seiden noch Gemehl in Kirchen, ließen sich an wenig genügen*)." Was aber im Mittelalter die Kunst, das ist jetzt die Wissenschaft. Der alte Glaube verlegte nur in sich die Christlichkeit; die Wissenschaft war ihm das allgemein Menschliche, das Gebiet der natürlichen, d. i. allgemeinen Vernunft,

---

*) Der Benedictiner Edm. Martenne bemerkt in seiner Schrift de antiquis Monachorum ritibus Lugd. 1690: primis ecclesiae seculis, cum adhuc in venis fidelium pro nobis effusus Christi sanguis ferveret, psalmos ita *modico vocis flexu decantatos* fuisse, ut *pronuncianti* vicinior esset psallens quam *canenti:* sed *refrigescente* postmodum *charitate* ad excitandam Christianorum et fidem et devotionem, cum *suavi vocis modulatione* divina celebrari coepisse officia.

worauf auch die außerdem blinden Helden sehend waren, und zwar nur zu häufig hellsehender als die Christen selbst. Das moderne Christenthum dagegen verlangt eine christliche Jurisprudenz, eine christliche Medicin, eine christliche Philosophie. Woher dieser Unterschied? Ist das jetzige Christenthum reicher, erfüllter, als das alte, ursprüngliche? O nein! Der Unterschied kommt nur daher: der alte Glaube hatte einen Inhalt, war reich in sich, hatte an sich selbst genug, darum brauchte er keine christliche Wissenschaft; der moderne Glaube aber ist leer im Kopf und eitel im Herzen; er sucht daher seinen Inhalt außer sich, um die eigene Blöße mit den Erzeugnissen des Unglaubens zu bedecken. Was nicht mehr im Menschen, in den Personen, verlegt man in die Dinge, die Sachen. Die alten Philosophen, Juristen und Mediciner waren als Menschen Christen, aber in ihrer wissenschaftlichen Qualität Helden; die Philosophen, Juristen, Mediciner nach dem neuesten Modeschnitt dagegen sind als Philosophen, als Juristen, als Mediciner Christen, aber als Menschen — Helden. Die alten Christen wiesen dem Christenthum einen besondern Ehrenplatz im Tempel ihres Leibes an, gaben ihm das Herz*) nur zum Wohnsitz, die übrigen Fleischesglieder aber hatten sie mit den Helden gemein, fanden sie aber eben deswegen im Widerspruch mit ihrem christlichen Sinn; darum sehnten sie sich nach einem Zustand, wo dieser Widerstreit des Christlichen und Unchristlichen aufgehoben sein würde. Anders ist es dagegen bei den modernen Christen. Diese verrichten selbst noch einen christlichen Actus, wenn sie ihre körperliche Nothdurft verrichten; das Christenthum erstreckt sich bei ihnen selbst bis auf den After. Aber eben deswegen

---

*) Der fromme H. Suso schrieb sogar „den Namen Jesu auf Pergament, schnitte solchen den Buchstaben nach aus, band ihn aufs Herz und trug solchen stets, daß sein Herz sich nie bewegen konnte, es mußte denn den Namen Jesu berühren." Und der heiligen Katharina von Siene nahm ihr himmlischer Bräutigam ihr eigenes Herz aus dem Leibe und gab ihr dafür das seinige, so daß sie in ihren Gebeten an ihn sagte: ich empfehle Dir Dein, nicht mein Herz.

ist auch der moderne christliche Glaube im eigentlichsten und vollsten Sinne des Wortes nur ein Afterglaube — ein Glaube, der das Christenthum im Munde, aber das Heidenthum im Herzen hat — ein Glaube, der mit jedem Worte, das er spricht, sich selbst Lügen straft, kurz ein durchaus eitler, wahrheitsloser und eben deswegen moralisch nichtswürdiger, ästhetisch widerlicher Glaube.

Als ein charakteristisches Bild des modernen Afterchristenthums heben wir hier hervor das oben allegirte orthodoxe „System der Medicin."

Der Verfasser geht nämlich aus von der „Ueberzeugung, daß die Medicin, wie alle Wissenschaften, ihre Principien in der traditionellen Offenbarungslehre habe" (Vorr. S. X), von dem Bestreben, „die Forderungen der Wissenschaft in Uebereinstimmung zu bringen mit den kirchlichen Lehren" (S. 15) und behauptet: „Außer der Arche Noah's wird Niemand gerettet; das vom Leibe getrennte Glied kann nicht leben, oder lebt nur das allgemeinste niederste Leben: außer der Kirche weder Kunst noch Wissenschaft, nur Schein und Zerrbilder Beider" (S. 563). „Die Emancipation der Vernunft von der Offenbarung führte zur Emancipation des Staates von der Kirche, des Menschen von Gott, des Weibes vom Manne, eines Jeden von Jedem, des Fleisches vom Geiste, des Atoms vom Atome; sie führte folgerecht auch zur Emancipation der Medicin von Kirche, Cultus, Sacramenten und Sacramentalien, und diese Emancipation gleicht völlig der Emancipation der Muskeln von den Nerven" (S. 28). „Meine Herren und Freunde! Schöpfung, Sündenfall und Erlösung sind centrale und universelle Vorgänge, darum nothwendig sich abspiegelnd in Allem. Die zweite göttliche Person ist Mit-Allschöpfer, Allerhalter, Allwiederhersteller, somit wirksam nicht blos in jeder sittlich-geistlichen, sondern auch leiblichen Erhaltung und Heilung. Wer davon nichts einsieht, rühme sich nimmer, etwas von Philosophie zu verstehen."

Ebendaselbst. „Wohl ist Natur ein Gottesbild selbst in ihrer äußersten Sphäre, aber wie der Mensch ein durch Sünde getrübtes und entstelltes" (S. 26). „Erdbeben, Stürme, Ueberschwemmungen, Hitze und Kälte u. dgl. sind keine ursprünglichen, normalen, gesetzlichen Verhältnisse, sondern spätere, krankhafte, gesetzwidrige" (S. 47 u. 121). „Im Paradies waren schon alle Thiere, und ohne Verbrechen des Menschen wären sie wohl kaum gestorben" (S. 109). „Die Fleischwerdung Christi ist eine geschichtliche Thatsache" (S. 125). „Die Gebete und Segnungen der Kirche müssen sich auf alles Denken, Wünschen, Wollen und Handeln und auf alle Dinge erstrecken, da durch Sünde und ihre Folgen alle verunreinigt wurden" (S. 124). „Da die Krankheit ursprünglich Folge der Sünde, und der Sündige den erhaltenden und wiederherstellenden Kräften in den Kreisen des bewußten und unbewußten Lebens viel weniger, den bewußt und unbewußt zerstörenden aber viel leichter zugänglich: so ist, wenn auch laut Erfahrung nicht immer unerläßlich, doch ohne Vergleich sicherer (o welch ein unsicherer Glaube!), daß sich der Kranke und Arzt vor dem Heilversuche entsündigen lassen. Der Heiland begann alle Heilung mit Vergebung der Sünde oder Anerkennung des Glaubens des Kranken. Der christliche Arzt betrachtet unter beständigem Gebet um Erleuchtung, wie die größten Heiligen thaten, den Kranken als Stellvertreter Christi und sich als seinen Diener. Gewissenlose, unsittliche, außer den höheren Einflüssen stehende Aerzte entbehren nicht blos dieser Einflüsse, sondern wirken durch unlautere, z. B. politische, parteiliche Zwecke mißleitet, noch positiv gefährlich. Auch der entsündigte berufene Arzt heilt nicht jeden entsündigten Kranken (ei! ei!), das wissen wir, aber er ist sicher, ihm nicht zu schaden. — Die Mittel der Entsündigung lehrt die Kirche" (S. 451). „Wer den ärztlichen Stand nach anhaltendem Gebete und nach dem Rathe frommer Freunde und Seelenführer gewählt hat, dem fehlen gewiß weder ärztlicher Blick und praktisches

Geschick, noch die nöthige Begeisterung" (S. 450). Wir sehen hinlänglich aus diesen wenigen Stellen: der Verfasser ist ein Starkgläubiger, ein Orthodoxer comme il faut, „ich glaube, rühmt er selbst von sich, an Gott, Christus, Sündenfall und Erlösung, ja sogar an den Teufel" (S. 548), und in der Vorrede (S. IX) beruft er sich sogar zur Beglaubigung seiner Rechtgläubigkeit auf das Attest der theologischen Facultät. „Die propädeutische Abtheilung des Werkes las ich meinem seligen theuern Freunde Prof. Klee mit der Bitte vor, mich auf die etwa dem Dogma widerstreitenden Stellen aufmerksam zu machen. Er fand nichts zu rügen, bemerkte vielmehr, er würde sich in einer neuen Ausgabe seiner Dogmatik öfter darauf berufen." Wie ehrenvoll!

Aber so sehr sich der Verf. seines Glaubens rühmt, und so sehr er gegen die ungläubigen Philosophen und Naturforscher brutalisirt — er selbst steckt, wie wir sehen werden, tief bis über die Ohren drin im Elend des modernen Unglaubens — er glaubt nur mit dem Munde, aber er glaubt nicht in der That und Wahrheit — sein Glaube ist ein Taugenichts, ein Renommist, ein Windbeutel, der nicht hält, was er verspricht, nicht thut, was er sagt, wenigstens sein Glaube als Patholog und Therapeut, der Glaube, den er auf dem anatomischen Theater der Medicin producirt; aber das ist eben der Glaube, welcher allein für uns Interesse hat; denn was der Herr Obermedicinalrath für sich selbst als Privatmensch glaubt, ob an Gott oder an den Teufel, ob an Muhamed oder Christus, ob an den Papst oder den Dalailama — das natürlich ist uns völlig einerlei.

Schon im Princip der Pathologie bewährt sich sein Glaube als ein völliger Taugenichts. Die Krankheit ist ihm nämlich wohl Folge der Sünde, aber wohl gemerkt! nur ursprünglich. O wie illusorisch, Herr Obermedicinalrath! wie gläubig und zugleich wie ungläubig! Nur ursprünglich, d. h. im Reich der Träume und Vergangenheit, nicht im Reich der Gegenwart und Wirklichkeit, im Jenseits, aber nicht im

Diesseits der Medicin, im Vorhof der Propädeutik, aber nicht im Klinikum der Pathologie selbst, wo es vielmehr ganz natürlich zugeht, die Krankheit aus natürlichen Ursachen abgeleitet wird. Zwar sucht er die Krankheit so viel als möglich anzuschwärzen; er bezeichnet und schildert sie als ein widernatürliches, heterogenes, feindseliges Wesen im organischen Wesen, als ein eigenes selbständiges und selbstthätiges Lebensprincip (S. 260 u. 261). Aber haben nicht auch solche Aerzte, die nicht von den Principien der christlichen Tradition ausgingen, im Wesentlichen eben so die Krankheit bestimmt? Meckel z. B. sagt: „Man kann die Exantheme als sehr unvollkommene Organismen oder sogar als mehr oder minder gelungene Versuche zur Bildung von Eiern ansehen," Hartmann: „Krankheit ist eine eigene Art des Lebens und einem Schmarotzergewächse vergleichbar, das sich in oder auf einer anderen Pflanze einnistet," Bernt: „Krankheiten sind fremdartige, in das Leben eingedrungene Lebensschemata," Eisenmann: „Man mag sich einen Standpunkt wählen, welchen man will, so werden uns die Krankheiten immer als Leben am Leben und auf Kosten des Lebens erscheinen." (Die vegetativen Krankheiten S. 88). Gerade nun so, wie die naturhistorischen Aerzte, bestimmt auch unser christlicher Medicus die Krankheiten*). „Die Krankheitsursache ist zoophytisches Wesen"

---

*) Besonders gefällt er sich darin, die Krankheit mit einem feindlichen Angriff auf den Organismus zu vergleichen. Aber auch dieses Bild ist nichts Besonderes und Neues. So vergleicht schon der Arzt Levinus Lemnius in seiner Schrift: Occulta Naturae miracula (1564) l. II. c. 4 die acute Krankheit mit einem feindlichen Sturme, der auf die Festung des Leibes gemacht wird. Zu bemerken ist noch, daß der Verf. besonders eifert gegen die Pathologen, welche Krankheitserscheinungen, wie Fieber, Entzündung, Exantheme als Heilbestrebungen, als Reactionen betrachten, während sie nach ihm in Beziehung auf den Kranken Passionen, in Beziehung auf die Krankheitsursache Actionen sind. Aber wer läugnet denn, daß dergleichen Reactionsprozesse zugleich Krankheitsprozesse sind? So bemerkt z. B. Häser über Eisenmann (Archiv f. d. ges. Medicin Bd. I. H. 1. 1840. S. 142), daß man „nicht vergessen dürfe, daß diese Reactionen nichts desto weniger krankhafte Erscheinungen sind." Ist nicht die Thräne Erscheinung eines Gemüthslebens, aber zugleich gerade als Aeußerung des

(S. 374). „Die pseudoplastischen Wesen stufen sich ab von den pflanzenhaften oder zoophytischen, korallenähnlichen mit ihrem Boden, dem Organismus Verwachsenen, bis zur selbstständigen Absonderung von demselben in den Würmern" (S. 256). Zwar hebt er, wie schon erwähnt, besonders hervor das feindselige un- und widernatürliche Wesen der Krankheit, aber gleichwohl kann er nicht umhin, dennoch derselben einen dem Organismus immanenten, also natürlichen Ursprung zu vindiciren. „Insofern der Körper nicht vermag, alle äußeren Dinge zu beherrschen, d. i. sie zu überwinden, niederzuhalten oder sich anzueignen ꝛc., insofern kann der Mensch erkranken oder was dasselbe, hat er allgemeine, sog. natürliche Anlage zu Krankheiten, eine Anlage, die der jetzigen (?) menschlichen Natur nicht widerspricht" (§. 290). „Die Krankheitsursache, ihr Prozeß und ihr Product sind somit, im Allgemeinen betrachtet, allerdings natürliche, ja organische Dinge, aber feindlich entgegengesetzt der individuellen Natur und Organisation des Erkrankten" (§. 310). Wer wird das läugnen? Er parallelisirt selbst die Krankheitsprozesse mit natürlichen, normalen Erscheinungen. (S. z. B. §. 311, 308, 369). Ja er vergleicht sogar, wie viele andere Pathologen und Physiologen, den Zustand der Krankheit mit dem Zustand der Schwangerschaft (S. 270—276). „Die Krankheit ist Schwängerung durch ein Fremdartiges"*). Sehr schön; aber wo ist denn hier eine Spur von dem theologischen Ursprung der Krankheit?

Schmerzes, das Linderungsmittel derselben? So ist auch der Schrei allerdings „Wahrnehmung und Ausdruck des Schmerzes" (§. 324), aber zugleich Reaction, Mittheilung des Schmerzes an die Außenwelt, darum Erleichterung.

*) Uebrigens müssen wir der Wahrheit gemäß bemerken, daß der Verf. bei dieser Vergleichung als scrupulöser Orthodox sogleich die pfäffische Note unter den Text setzt: „Allerdings ist die gegenwärtige Weise, zu zeugen und zu empfangen, schon Folge der großen Katastrophe des Sündenfalls." Aber die Gründe, welche er in seiner Propädeutik (S. 119—20) für die Abnormität des gegenwärtigen Zeugungsvermögens vorbringt, sind so abnorm, daß er offenbar nur auf indirecte Weise die Normalität desselben beweisen wollte.

Warum bestimmt er denn dieses Fremdartige, wodurch der Mensch geschwängert wird, nicht als den Teufel, wenn der ursprüngliche, d. i. wahre Grund der Krankheit die Sünde, der Teufel aber der Grund der Sünde ist? „Der Mensch wendete seine mütterlich empfangende Liebe freiwillig, wie heilige Urkunden sagen, durch die bösen Engel verführt, von Gott ab" (S. 118). Warum? weil er als Arzt läugnet, was er als Christ glaubt, weil er nur in der Propädeutik Christ, in der Pathologie selbst aber Naturalist und Rationalist ist.

R. Fludd definirt also die Krankheit in seinem Integrum Morborum Mysterium (T. I. Tract. II. Sect. I. P. II, c. I.): Morbus est malum seu angustia quaedam quae homini *peccanti ob faciei Jehovae absentiam* et *occultationem* advenit. Vel sic: Morbus est quaedam *a manu Jehovae irascentis percussio*, quae pro proprietatis percussoris varietate varia esse dignoscitur. Vel sic: Morbus est dolor quem impertitur Deus in ira sua. Vel sic: Morbi sunt *sagittae omnipotentis* in aegrotum graves admodum, quarum virus ebibit spiritum ipsius. In der That eine christliche Medicin, eine Medicin, welche wirklich, nicht nur vorgeblich und illusorisch ihr Princip aus dem traditionellen Offenbarungsglauben ableitet, hat keine andere Aufgabe und Tendenz, denn die Krankheiten als Ausbrüche des Zornes Gottes oder, was dasselbe ist, denn die Dämone verdanken ihre Existenz offenbar nur dem Zorne Gottes, als dämonische Krankheiten aufzufassen, darzustellen und zu erweisen. Hat die Krankheit einen übernatürlichen Grund, so müssen auch die Krankheiten einen solchen haben, denn der Apfel fällt nicht weit vom Stamme. Unglücklicher Weise gibt es nicht nur Eine, sondern sehr viele Krankheiten, aber glücklicher Weise, wenigstens für den wissenschaftlichen christlichen Arzt, gibt es auch nicht nur Einen, sondern sehr viele Teufel. Dies ist eine historische Thatsache. So gab es zu Christi Zeiten einen Besessenen, der nicht weniger als eine Legion Teufel, d. h. gerade so viele, als eine römische Legion Soldaten, also 6666 Teufel (s. Haubolds Christusgeschichte I. Th. S. 213) bei sich hatte. Ja noch im vorigen Jahrhunderte, 1784, fand sich zu Velpa in Tyrol eine Besessene, die sogar eine Million Teufel im Leibe hatte (S. Göze Nützl. Allerlei II. Bd. S. 66, 67). Der christliche Arzt hat also die Aufgabe, nicht nur die Krankheit im Allgemeinen, die ja keine Existenz hat, sondern auch die vielen verschiedenen Krankheiten aus den vielen verschiedenen Teufeln abzuleiten und bei dieser Deduction folgenden Weg einzuschlagen. Obgleich der Inhalt der christlichen Medicin ein durchaus supranaturalistischer ist (s. z. B. hierüber des eben citirten R. Fludds christliches Mysterium der Krankheiten)*), so muß sie doch, schon um der Ungläubigen willen, formell wenigstens sich an die natürliche Logik anschließen und daher vom Bekannten zum Unbekannten, vom Leichtern zum Schwereren, vom Sichtbaren zum Unsichtbaren aufsteigen. Sie geht also aus von der eigentlichen unverkennbaren Teufelsbesessenheit als einer unläugbaren, nicht nur durch die göttliche Tradition der Kirche, sondern auch durch die gegenwärtige Erfahrung noch (s. J. Kerner) beglaubigten Thatsache, und hat nun nach den Regeln der natürlichen Analogie und Syllogistik zu beweisen, daß auch die übrigen Krankheiten von Dämonen

---

*) Wenn ich oben die Scheidung des Christlichen und Unchristlichen, Geistlichen und Weltlichen als den Charakter der frühern Christen bezeichne, hier dagegen auf Fludd, als das Muster eines christlichen Mediciners verweise, so ist dieß kein Widerspruch, denn Fludd ist ein Mystiker. Der Mysticismus, wenigstens der, von dem hier die Rede, ist aber gerade der **christliche oder religiöse Naturalismus und Materialismus**. Der Mystiker begnügt sich nicht mit einer Ableitung der Welt aus Gott im Allgemeinen, er will eine **specielle Erklärung der materiellen Erscheinungen**; er ist insofern Naturalist; aber er ist zugleich Christ noch; er macht also Gott, das **supranaturalistische Wesen der Religion zu einem materiellen, naturalistischen Wesen**. So leitet Fludd aus einer zusammenziehenden, dicht, kalt machenden und einer ausdehnenden, verdünnenden, warm machenden Eigenschaft Gottes die natürlichen Erscheinungen ab. Aber eben wegen dieser Vermischung des Supranaturalismus und Naturalismus fand der Mysticismus nie allgemeine Anerkennung unter den Christen; er ist eine abnorme Erscheinung, kommt also bei einer allgemeinen Charakteristik nicht in Betracht.

herkommen, nur mit dem Unterschied, daß in den κατ' ἐξοχὴν sogen. dämonischen Krankheiten der Teufel sensibel, in den übrigen Krankheiten aber latent ist. Und die weitere Aufgabe der christlichen Medicin ist nun keine andere, als diesen latenten Teufel zu entbinden; denn ist einmal der versteckte stumme Teufel zur Rede gesetzt, erkannt, was für ein Teufel in dieser oder jener Krankheit steckt, so ist auch leicht das Mittel zu finden, wie dieser specielle Teufel auszutreiben ist. Damit haben wir nun auch sogleich einen schönen natürlichen Uebergang von der christlichen Pathologie zur christlichen Therapie gefunden. Die christliche Pathologie hat zu lehren, daß Alles, auch das physische Uebel, aus der Sünde, aus dem Unglauben oder, was eins ist, aus dem Teufel, die christliche Therapie, daß Alles, auch das physische Heil, nur aus dem Glauben kommt. Wenn die Sünde die Krankheit verursacht und nicht nur den Menschen, — „unser gegenwärtiger Körper ist das Kind des Versehens am Bilde der Schlange" S. 118 — sondern auch die ganze Natur mit ins Verderben gerissen, verändert, entstellt, getrübt und vergiftet hat — „alle Gesetze der Natur veränderte die Sünde des Menschen" S. 169 — so ist ja nothwendig das Princip der Heilung und Genesung außerhalb der Natur, nur in der göttlichen supranaturalistischen Macht des Glaubens zu finden. Eitel und frivol wäre der Einwurf, daß der Glaube nur das Antidotum des Unglaubens, der Sünde sei, aber gegen die materiellen Folgen der Sünde, gegen die leiblichen Krankheiten nichts, wenigstens unmittelbar, vermöge, denn dieser Einwurf, diese Distinction drückt nichts aus als den Unglauben an die Macht des Glaubens und die Wahrheit der „göttlichen Traditionen." Der Glaube ist nicht gebunden an den schlechten Causalnexus der natürlichen Logik, an die langweiligen Differenzen von Mittelbar und Unmittelbar, an die endlichen Distancen von Raum, Zeit und Qualität. Nein! der Glaube ist vielmehr eine schlechthin ungebundene, unbeschränkte, ja allmächtige Kraft, vor der alle Grenzen und Gesetze (?) der Natur, die nur den „dummen" ungläubigen Philosophen und Naturforschern als

ewige Gesetze imponiren, in Nichts verschwinden. Und diese Universal-
macht des Glaubens ist eine geschichtliche Thatsache, bestätigt durch
„tausendjährige Erfahrungen und Traditionen" der allein selig machenden, aus dem Diluvium des Unglaubens und ewigen Verderbnisses er-
rettenden Arche Noahs.

Beispiele und historische Beweise von der wunderbaren Heilkraft
des christlichen Glaubens.

Zu dem heiligen Malachias, einem Zeitgenossen des heiligen Bernhard, kam einst eine schwangere, ja wahrhaft schwangere (vero gravida)
Frau mit der Klage, daß sie wider alle Gesetze der Natur bereits 15 Monate und 20 Tage eine Leibesfrucht in sich trage. Was thut nun der
heilige Malachias? Wie macht er den Accoucheur? Greift er nach dem
Pelvimeter, nach dem Perforatorium, nach der Geburtszange? Ei bei
Leibe! So erniedrigt sich nicht der Glaube; der christlichen Arzneikunst
stehen andere Remedia zu Gebote. Der heilige Malachias, ergriffen von
Mitleid, „betet und die Frau gebiert zur Freude und Verwunderung der
Anwesenden." Eine Frau lag am Tode. Sehnsuchtsvoll schickt sie
nach dem heiligen Malachias, aber er kann nicht auf der Stelle abkom-
men. Was thut nun der Heilige? Erkundigt er sich etwa darnach,
was ihr fehlt? Schickt er ihr etwa einstweilen ein Arzneimittelchen?
Bewahre! der heilige Malachias rief einen Burschen herbei und sagte
zu ihm: bringe der Frau diese drei Aepfel da, über die ich den Namen
des Herrn angerufen; ich habe das Vertrauen, daß sie, wenn sie davon
gekostet, so lange leben wird, bis ich selbst nachfolgen kann. Und richtig, so wars: die Frau starb nicht nur, die Frau genas (Vita S. Mal.
a beato *Bernardo* edita). Und nicht nur über die Pseudorganismen
im menschlichen Organismus, über die Krankheiten, auch über die organischen Wesen außer dem Menschen, ja selbst über die unorganischen
Mächte, über die Elemente gebietet der in der traditionellen Offenbarungslehre gegründete Glaube. So kam einst der heilige Bernhard
in eine von ihm gegründete Abtei. Als man das neue Oratorium ein-

weihen wollte, beläſtigte eine unglaubliche Menge von Mücken die Eingehenden. Der heilige Bernhard ſagte: ich thue ſie in den Kirchenbann (excommunico eas) — und am andern Morgen fand man alle todt*). *(Vita Sancti Bernhardi l. I. c. 12)*. Einſt dictirte eben dieſer Heilige einem Kloſterbruder einen Brief religiöſen Inhalts in die Feder. Sie ſaßen beide unter freiem Himmel. Auf einmal ſtürzt über ſie ein Platzregen los. Der Schreiber natürlich will jetzt nicht mehr ſchreiben. Aber der heilige Vater verwehrte es ihm mit den Worten: Das iſt eine Sache Gottes, fürchte dich nicht zu ſchreiben. Und er ſchrieb und ſchrieb mitten im Regen ohne Regen in medio imbre sine imbre (Ebend.). Nichts vermochte die Naturgewalt gegen das Blatt Papier, das beſtimmt war, die heiligen Gedanken des frommen Vaters aufzunehmen. So ſchirmt der Glaube vor Waſſersgefahren. Aber nicht nur waſſerdicht, auch feuerbeſtändig macht der traditionelle Glaube den Menſchen. Und dieſe Kraft der Incombuſtibilität inhärirt dem Glauben nicht etwa nur, wenn er, wie z. B. die heilige Katharina von Siena, dem gemeinen Küchenfeuer, ſondern ſogar auch, wenn er dem furchtbarſten Feuer, das wir kennen, dem vulcaniſchen Feuer ausgeſetzt wird. So erzählt die Kirchengeſchichte, daß einſt die Einwohner der Stadt Catanea nur dadurch die ihnen bereits den Untergang drohenden Feuerſtröme des Aetna von ſich ableiteten, daß ſie ihnen den Schleier der heiligen Agathe entgegenhielten, alſo bei dieſer Gelegenheit die erfreuliche „Erfahrung" machten, daß dieſer Schleier ein untrügliches Mittel gegen die Flammen feuerſpeiender Berge ſei. *(Sacra Hist.* de gentis hebr. ortu etc. aut. *P. P. Mezger. Cum facultate superiorum.* Aug. V.

---

*) „Der Papſt excommunicirte ſogar den Cometen, der ſich 1832 am hellen Tage zeigte. Im Jahr 1554 excommunicirte der Biſchof von Lauſanne eine Art von Blutegel, weil ſie den Fiſchen, den Faſtenſpeiſen der geiſtlichen Herren nachtheilig ſeien." Chriſt. Kapp. Hertha S. 293—298. Zweifelsohne verfehlten auch dieſe Bannflüche nicht ihre Wirkung.

1700. p. 571.) Seht an diesen Exempeln, die sich übrigens bis ins Unendliche vervielfältigen und verstärken ließen, wie sich der Glaube von Kunst und Wissenschaft discernirt. Was der Natur, der Kunst, der Wissenschaft eine Unmöglichkeit, ist dem Glauben eine Leichtigkeit. Die Kunst gehorcht der Natur, der Glaube gebietet ihr — gebietet über Tod und Leben. Die Kunst vermag wohl den schlummernden Lebensfunken im Scheintode wieder zur hellen Flamme anzufachen, aber der Glaube kann Todte, wirklich Todte wieder lebendig machen. So rief der heilige Malachias nach der glaubwürdigen Erzählung seines Biographen, des heiligen Bernhard, Todte ins Leben zurück und zwar lediglich vermittelst der Kraft seiner Thränen und Gebete.

Wenden wir uns nun wieder zu unserem modern christlichen Medicus zurück. Er verlangt allerdings, wie wir gesehen, in seiner Therapie, daß der christliche Arzt beten, sich und den Kranken entsündigen lassen müsse. Er räumt also dem Gebete, überhaupt den geistlichen Mitteln, eine entsündigende Kraft ein; aber warum nicht auch eine entkrankheitende? Er beginnt also nur die Heilung mit dem Gebete, aber vollbringt sie nicht mit ihm? Erst läuft der Herr Obermedicinalrath in die Kirche und dann in die Apotheke? Erst wendet er sich an seinen Beichtvater und dann an Hippokrates? Erst greift er nach dem Gebetbuch und dann nach der Mora, nach dem Kauterium? Mehr vermag also die Glut des Eisens als die Glut des Gebetes? An der Macht der Materie scheitert die Macht des Gebetes, des Glaubens? Stimmt das mit den heiligen Traditionen der Kirche überein *)?

Unser christlicher Medicus sagt selbst in seiner Propädeutik S. 151: „Im Gebete berühren (womit? mit welchem Organ?) wir Gott, setzen uns in Verbindung mit dem Urquell aller Macht, alles Le-

---

*) Allerdings, wenigstens mit dem frommen Betruge jener Mönche, welche die Hundswuth mit dem heiligen Hubertusschlüssel curirten, aber so, daß sie nebenbei das Eisen glühend machten.

bens. Erfahrungsthatsache ist es, daß durch Gebet häufig (wie? nur häufig? nicht immer?) gegenwärtige Uebel gehoben werden, weil im Gebete der Mensch wieder in ein richtigeres Verhältniß zu Gott und dadurch zur Natur tritt, somit die Folge der Trennung von Gott, das Uebel, schon darum aufhört oder abnimmt (nur abnimmt?) .... Betend werden wir vermittelnde Zuleiter göttlicher Kräfte an den, für welchen wir beten .... Das Gebet maßte sich an, die unabänderliche Weltordnung, den ewigen Rathschluß Gottes zu ändern und zu stören? Ja wie Arzneien, Wetterableiter und Dämme. Jede mächtigere Kraft beschränkt nothwendig die schwächere. Wenn Gedanke und Wille nicht blos den eignen Körper, sondern selbst den Pendel bewegen, auf Magnetisirte und Andere wirken: wie vermag man die leitenden Kräfte des tiefsten und innigsten aller Acte im Menschen zu läugnen?" S. 152. Und in seiner allgemeinen Therapie: „Die Sacramente und Sacramentalien sind vom Schöpfer, Erhalter und Erlöser, vom Heiland, vom Arzt aller Aerzte berührte Talismane und Träger von göttlichen Kräften. Die völlige Blindheit über das wahre Verhältniß des Geschöpfs zum Schöpfer und über den gegenwärtigen Zustand der geschaffenen Natur führte zur herrschenden Naturvergötterung, denn wer den wahren Gott nicht erkennt, schnitzt nothwendig sich Götzen. Die Natur hat allerdings göttliche Kräfte (so?), noch reine Verhältnisse; aber sie ist nirgends mehr ganz rein (o welche Halbheit und Mediocrität!), überall ist sie, hier mehr, dort weniger, vergiftet. Die Kirche und der zuerst selbst entsündigte Mensch hat den Auftrag, wahrhaft alchemistisch das Unreine vom Reinen zu scheiden und das Reine auf allen Wegen, durch alle Sinne und äußere Organe dem Menschen und der ganzen Natur wieder zuzuführen. Das ist die Bedeutung der Sacramente und Sacramentalien." S. 498. Wenn nun aber das Gebet der unmittelbare Contact mit dem Urquell aller Macht, alles Lebens ist, wenn wir uns durch dasselbe in ein richtigeres Verhältniß zu Gott und Natur setzen, wenn es gegenwärtige Uebel heilt, ja die Quelle alles Uebels, die Trennung von Gott, aufhebt, wenn überdies die übernatürlichen Kräfte des Gebetes so natürlich sind, als Blitzableiter, Arzneien und Dämme: warum macht er denn nicht das Gebet zum Princip seiner Therapie? wozu das Gerede von assimilirbaren und nicht assimilirbaren Heilmitteln? Wenn das Gebet überhaupt das Uebel überhaupt, das Grundübel heilt, so muß ein bestimmtes Gebet auch ein bestimmtes Uebel heilen. Warum verläugnet er also die nothwendigen, immanenten und immediaten Consequenzen seines Princips? Warum gibt er uns keine schweißtreibenden, keine abführenden, keine krampfstillenden Gebete und Litaneien*) zum Besten? Wenn die Gebete schon wirken wie Arzneien, warum wirft er denn nicht die Apotheken, diese Asyle des Unglaubens, zum Teufel? Wenn ich des Glaubens bin, daß mein Gebet die Kraft eines Blitzableiters hat, prostituire ich nicht zu aller Welt Lust und Schau eben diesen meinen Glauben, wenn ich dennoch zugleich einen metallenen Blitzableiter auf mein Haus setze? Wenn die Kirche schon „eine elektrisirende Batterie ist" (S. 159), wozu noch die galvanische Batterie der Physik? Ist sie nicht überflüssig? Wenn ferner die Sacramente „vom Arzt aller Aerzte berührte Talismane und Träger von göttlichen Kräften sind," warum curirt er denn nicht allein mit ihnen, warum vertauscht er diese göttlichen Heilmittel mit Blasenpflastern, Senfteigen, Fontanellen, Mercurialpräparaten? Wie kann er mit der Wirkung und „Bedeutung der Sacramente und Sacramentalien" unmittelbar die Wirkung und Bedeutung von „Brechmitteln, von Schweiß, Urin und Stuhlgang befördernden Mitteln" verknüpfen? Ist das nicht die hilloseste Vermischung des Reinen und Unreinen, des Göttlichen und Ungöttlichen? Solche Mixtur soll die Menschheit curiren und restauriren? Hat so der heilige Bernhard, der

---

*) So heilte z. B. P. Joh. Franz Suarez S. J. den Erzbischof von Wien in Frankreich vom Podagra, indem er nur die lauretanische Litanei für ihn betete. S. A. v. Bucher: Die Jesuiten in Baiern. II. Abth. S. 436. Sämmtl. W. II. B.

heilige Malachias seine Patienten behandelt und curirt? Haben sie in das geweihte Wasser, welches sie aus dem Born der göttlichen Allmacht schöpften und den Kranken als Heilmittel spendeten, zugleich „fachinger" oder „geilnauer," „bilnauer" oder „bockleter Wasser" (S. 530) hineingeschüttet, um es kräftig und wirksam zu machen? Haben sie bei ihren Curen zugleich die Hostie und die Klystierspritze, das Crucifix und den Blutegel applicirt? Haben sie ihre Kranken und Zuhörer zugleich auf Christus und Hippokrates verwiesen *)? O wie unendlich fern waren sie von dieser Unlauterheit und Indiscretion der Empfindung und Gesinnung des modernen Glaubens, von dieser wahrhaft sodomitischen Unzucht des Geistes und Charakters, welche das keusche Lamm Gottes mit dem schamlosen Hund des Aesculapius zusammenkoppelt. So sagt der heilige Bernhard: „Hippokrates und seine Anhänger (darunter gehört auch unser Medicus) lehren, das Leben in dieser Welt zu erhalten, Christus und seine Schüler aber, es zu verlieren ... Epikur gibt dem körperlichen Vergnügen, Hippokrates der körperlichen Gesundheit den Vorzug; mein Meister aber predigt mir die Verachtung von beidem." Wie? der Herr Obermedicinalrath will an die heiligen Traditionen der Kirche sich anschließen? Ist aber diese eben ausgesprochene Gesinnung nicht die von der Kirche anerkannte, geheiligte, autorisirte Gesinnung? nicht die Gesinnung, welche zu allen Zeiten die wahrhaft Heiligen mit ihren Schriften und ihrem Leben bekräftigten? Und er macht den Hippokrates zum Collegen, ja zum eigentlichen Medicinalrath des Heilands? Denn wer gibt ihm denn alle die assimilirbaren und nicht assimilirbaren, die roborirenden und debilitirenden, die derivirenden und excitirenden Arzneien, womit er seine Patienten curirt, in den Kopf und an die Hand? Der Heiland oder Hippokrates? Hippokrates. Also vermag der Heiland nichts ohne Hippokrates? der Glaube

---

*) Der Verf. knüpft seine Lehre nämlich an zugleich an „die uralten Lehren der großen Beobachter und Praktiker, so wie an die göttlichen Traditionen." S. 25.

nichts ohne Blutegel und Klystierspritzen? O wie schwach, wie impotent, wie nichtsnutzig ist der Glaube des Herrn Obermedicinalraths! Wie tritt er die heiligsten Traditionen der Kirche mit Füßen! Dem heiligen Bernhard wurde angeboten, von dem Haupte des heiligen Cäsarius sich nach Belieben einen Theil zu nehmen. Er wählte einen Zahn. Seine Fratres bemühten sich, mit eisernen Instrumenten den Zahn herauszureißen, aber vergeblich — der Zahn blieb unbeweglich. Da sagte der heilige Bernhard: Laßt uns beten! Wir bringen den Zahn nicht heraus, wenn ihn nicht der heilige Märtyrer selbst hergibt. Gesagt, gethan. Und nun nach verrichtetem Gebete zog er mit der größten Leichtigkeit den hartnäckigen Zahn heraus. (Vita S. Bernh. lib. IV. c. l.) Sehen Sie, Herr Obermedicinalrath, an diesem abermaligen Beispiel, was Glauben und Beten heißt — Glauben und Beten in Uebereinstimmung mit den göttlichen Traditionen der Kirche; und wie sehr Sie selbst in der Irre des Unglaubens, wie Sie dem Satan verfallen sind!

Sie vergleichen „die Emancipation der Medicin von Kirche, Cultus, Sacrament und Sacramentalien mit der Emancipation der Muskeln von den Nerven." Sehr schön gesagt und sehr kirchlich gläubig gedacht! Der Kirchenglaube — denn was ist Cultus, Sacrament, Kirche ohne Glauben? — ist der Nervus Rerum der Medicin. Aber zeigen Sie mir doch — ich bitte Sie inständigst — die Nervenstränge, vermittelst welcher Sie die „elektrische Batterie der Kirche" mit den Muskeln der Arzneikunde in Berührung bringen. Ich mag meine Augen anstrengen so viel ich will — ich erblicke in Ihrer Pathologie und Therapie nur pures blankes Muskelfleisch, aber keine Nerven. Sie reden zwar an mehreren Stellen sehr erbauungsvoll von den segensreichen Wirkungen der Sacramente und Sacramentalien, aber Sie hätten an diesen Stellen eben so gut auch mit „infernaler Begeisterung" die wohlthätigen Wirkungen eines Ballettes, die himmlischen Reize einer Venus Anadyomene feiern können, ohne die Continuität ihres medicinischen Fleisches auf eine unangenehme Weise zu unterbrechen. Ja man kann geradezu alle diese salbungsvollen Stellen mit dem anatomischen Messer der Kritik wegschneiden, ohne daß dadurch der Organismus ihrer Pathologie und Therapie auch nur den geringsten Verlust und Schaden erlitte. Nirgends, nirgends finden wir einen Nervenfaden, der sich vom Haupte der Kirche in das ungläubige Fleisch des Herrn Obermedicinalrath hineinerstreckte. Ueberall läßt ihn sein Glaube im Stich. Er versprach uns, das gemeine Wasser der natürlichen Heilkunde vermittelst der galvanischen Batterie der Kirche zu magnetisiren; aber das Experiment ist total mißlungen. Das bockleter und brückenauer Wasser spielt nach wie vor die nämliche Rolle, hat seine Bedeutung, Wirkung und Beschaffenheit nicht verändert. Die geistlichen Einflüsse sind bei ihm nicht in succum et sanguinem übergegangen. Stark war der Geist, aber noch stärker das Fleisch. Wirksam ist das heilige Chrisma, aber doch noch wirksamer ein Blasenpflaster.

Sie sagen: die von der Kirche abgetrennte Kunst und Wissenschaft ist nur Schein und Zerrbild und dennoch sagen Sie wieder in der Einleitung S. 29: „Welche das Christenthum und alle Beziehungen zu demselben verkennen oder verhöhnen, mögen das darauf Bezügliche im Folgenden überschlagen." Gestehen Sie nicht dadurch selbst naiv genug ein, daß das Christenthum bei Ihnen nicht tief in das Fleisch gedrungen ist, daß es in keinem organischen Zusammenhang mit Ihrer Medicin steht, daß folglich auch Ihre Medicin ein von der Kirche abgetrenntes, emancipirtes Scheinleben führt? O wie widersprechen Sie Ihrem Glauben — und zwar weit stärker, als die Ungläubigen selbst. Die Ungläubigen sagen: wir brauchen in der Medicin nicht die Kirche, wir haben die den Muskel bewegenden Nerven in unserm Fleische; Sie aber sagen: Quod non; das christliche Glaubenssystem ist das Nervensystem der Medicin — eine Behauptung, aus der unmittelbar folgt, daß wer kein Christenthum im Leibe hat, nicht einmal klystiren und schröpfen kann, denn wo der Nerv unterbunden wird, da findet keine Muskelbewegung mehr statt. Aber gleichwohl schröpfen und klystiren Sie nach Noten in

Ihrer Therapie, ohne daß Ihre Muskeln bei diesen Operationen von dem Oberhaupte der Kirche oder den empfindlichen Nerven eines christlichen Heiligen zur Bewegung gereizt würden. Welch ein Widerspruch! Die Ungläubigen, wenigstens die Tieferen, läugnen nicht, daß der Muskel nicht ohne Nerv Leben und Bewegung habe, nur wollen sie ihr Fleisch durch ihre eignen, nicht durch die Nerven des heiligen Nepomuk oder des heiligen Ignaz von Loyola in Bewegung gesetzt wissen; Sie aber stellen, factisch wenigstens, die in der Physiologie unerhörte Lehre auf, daß sich der Muskel ohne Nerven bewegen könne, denn wie gesagt und bewiesen, in Ihrer Pathologie und Therapie bewegen sich Ihre Muskeln, obgleich der Nerv des Zusammenhangs mit der christlichen Kirche durchschnitten ist. Wie stark, wie autokratisch ist das Muskelfleisch Ihres ärztlichen Hylozoismus! Wie ohnmächtig das Nervensystem Ihres christlichen Glaubens! Es darf uns daher auch nicht im Geringsten befremden, wenn es Ihnen eine durch „tausendjährige Erfahrung" ausgemachte Wahrheit ist, daß „Verstorbene, Wiedererschienene denken ohne Gehirn *) (folglich Kopf) und Blut" (S. 116), da ganz im Widerspruch mit der Vernunft und Natur, welche selbst die Zusammenziehung der Muskeln des Mastdarms und der Blase, desgleichen die Empfindung und das Bedürfniß der Ausleerung unter den Einfluß des Nervensystems

---

*) Vortrefflich ist der Beweis hievon. „Daß Denken von Gehirnfunction verschieden, zeigt auch die Thatsache, daß wir kein Bewußtsein vom anatomisch-physiologischen Zustand des Gehirns haben." Hieraus folgt, daß die Verstorbenen auch ohne Nieren, Harnleiter und Urinblase pissen können, daß auch das Pissen eine von der Function dieser Organe verschiedene Thätigkeit ist, denn wir haben im Pissen kein Bewußtsein vom anatomisch-physiologischen Dasein, geschweige Zustand der Nieren, Harnleiter und Urinblase. In unser Bewußtsein und Gefühl fällt nur die Wirkung, aber nicht die Ursache. Aus dem Gefühl und Bewußtsein des Hungers wissen wir nicht, daß und was der Magen ist; wir wissen es nur aus der Anatomie und Physiologie. So haben wir also auch im Denken, ausgenommen abnorme Fälle, wo es Kopfweh verursacht, kein Gefühl, kein Bewußtsein von seiner organischen Ursache. Diese Kluft zwischen der bewußten Wirkung und der unbewußten, ungegenständlichen Ursache ist die Quelle alles psychologischen Aberglaubens.

res Hirns und Rückenmarks gestellt hat, Sie in Ihrer Allgemeinen Therapie, z. B. S. 526, schwitzen, sich erbrechen, uriniren und den besten Stuhlgang haben, ohne daß Sie in allen diesen so wichtigen, so entscheidenden Acten der ärztlichen Praxis auch nur den geringsten Consensus Nervorum mit ihrem geistlichen Oberhaupt verrathen. Welch ein Widerspruch! Sie haben Ihren Mastdarm und Ihre Blase von der Kirche emancipirt — und Ihr Kopf nur schmachtet noch in den Ketten der Hierarchie? Sie haben einen „kritischen Stuhl," einen „kritischen Urin" (S. 526), und doch einen unkritischen Kopf! Ihr Kopf wimmelt nach Ihrem eignen Geständniß von „hirnlosen Gespenstern" aller Art und Ihrem Mastdarm überlassen Sie die „alchemistische Scheidung des Reinen und Unreinen," der assimilirbaren und nicht assimilirbaren Heilmittel Ihrer Therapie? Läßt sich das zusammenreimen? Kann man den Teufel im Leibe und zugleich den heiligen Geist der Hierarchie im Kopf haben? Nimmermehr, denn auch der Kopf gehört zum Leibe und der Leib zum Kopfe, der Leib ist nichts ohne Kopf, aber auch der Kopf nichts ohne Leib. Also werfen Sie sich ganz und gar mit Leib und Seele, mit Rumpf und Kopf entweder dem heiligen Ignatius von Loyola oder dem unheiligen Hippokrates in die Arme. Das heißt auf gut ärztliches Deutsch: emancipiren Sie entweder auch den Kopf von dem hirnlosen Gespenste der Hierarchie oder — die Wahl steht Ihnen natürlich frei — stellen Sie auch den Mastdarm, ohne welchen sich keine ärztliche Praxis denken läßt, in allerunterthänigster Devotion der Hierarchie zur Disposition! Sie sagen: „das Höchste wirkt nicht ohne Träger und sinnliche Zeichen. Nicht der Koth und Speichel heilte, womit Christus den Kranken berührte, sondern Christus durch den Speichel, nicht ohne denselben: conditio sine qua non. Wir lassen den sinnlich materiellen Mitteln ihre Ehre, erkennen ihre Bedeutung." (S. 489.) Ja wohl! Das wissen wir recht gut. Sie lassen nicht nur den sinnlich materiellen Mitteln ihre Ehre, Sie geben ihnen überall, wo es zum Treffen kommt, die einzige Ehre, Sie curiren ganz im

Widerspruch mit Ihren Glaubensprincipien, welchen zufolge die Natur gefallen und verdorben ist, und folglich nur durch einen außer- und übernatürlichen Arzt geheilt werden kann, die Natur aus der Natur, mit der Natur, durch die Natur, gerade so wie die ungläubigen Naturvergötterer (s. z. B. §. 505, 519)*). Wir tadeln Sie deswegen nicht: im Gegentheil, es gereicht Ihnen zur Ehre und Ihren Patienten zum Vortheil, daß Sie die phantastischen Principien Ihrer theologisch-medicinischen Theorie in der Praxis negiren. Aber beflecken Sie nicht mit dem „Kothe" Ihres von der kirchlichen Autorität emancipirten Maßdarms die Ehre des alten traditionellen Glaubens! Wie viele durch die Tradition und Autorität der Kirche verbürgten Wundercuren sind unmittelbar durch die bloße Kraft des Willens und Gebetes vollbracht worden! Wie widersprechen Sie also dem Glauben der Kirche, wenn Sie den Glauben nicht ohne den „Koth" der Materie wirken lassen! Ja freilich bedient sich auch häufig der Glaube bei seinen Curen sinnlich materieller Zeichen und Träger. Aber was sind das für Zeichen und Träger? vom Glauben, von der Kirche emancipirte Dinge? Belladonna, Hyoscyamus, Digitalis, Quecksilberpräparate, Blasenpflaster, Blutegel u. dgl. gottloses Zeug? Die Träger und Leiter, deren sich der Glaube bedient, sind Dinge, die an und für sich selbst ganz indifferent, in den

---

*) Die immanente Heilkraft der Natur, Vis naturae medicatrix, ist das charakteristische Princip der Hippokratischen Iatrosophie. Der Verfasser lese nur hierüber seine eigne frühere Schrift nach de doctrina Hippocratica et Browniana §. 10 und §. 84. Aber gerade diese selbstthätige Heilkraft der Natur verwarfen als ein heidnisches, irreligiöses Princip die christlichen Denker. S. z. B. J. Chr. Sturm: de Naturae agentis idolo; Malebranche de la Rech. de la Verité. T. II. L. VI. P. II. ch. 3; Rob. Boyle de ipsa Natura, wo er unter Anderm sagt, daß Gott und die Engel öfter, als die Philosophen sich einbilden, bei den menschlichen Krankheiten sich in das Mittel schlagen und den Säften einen ganz andern Lauf geben, als die allgemeinen Gesetze erforderten. So sehr daher auch unser moderner Bombastus mit dem Christenthum renomirt, so wenig weiß er doch, wie so viele christliche Schwätzer der Gegenwart, was Christenthum ist und wie es sich vom Heidenthum unterscheidet.

Augen und Händen des Unglaubens völlig unwirksam sind, in gar keinem Zusammenhang stehen mit den Organen, welche durch sie geheilt werden — dergleichen sind die Sacramente, Reliquien, das Zeichen des Kreuzes, der Rosenkranz u. s. w. Um seine Ungebundenheit zu zeigen, bedient sich sogar der Glaube, gleichsam der Natur zum Trotz und Hohn, solcher Mittel, welche an sich selbst die entgegengesetzten Wirkungen von denen haben, welche der Glaube vermittelst derselben hervorbringt. Ipsam aquarum salsuginem sale in aquas misso sanavit Elisaeus, ut tanto illustrius esset miraculum. P. Metzger loc. c. p. 560. Die Mittel deren sich der Glaube bedient, haben nur die Bedeutung an sich willkürlicher Ceremonien. Die Könige von Frankreich hatten bekanntlich die Wundergabe, die Kröpfe zu heilen durch bloße Berührung, indem sie dabei das Zeichen des Kreuzes machten und zu jedem Kranken sagten: *Roi te touche, Dieu te guerisse.* Der König berührte, Gott heilte den Kropf, d. h. der Glaube, nicht der thierische Magnetismus. Das royalistische Attouchement war nur eine Ceremonie. Als im vierzehnten Jahrhundert die Gesuche um das Canonisiren der Wunderärzte kein Ende nahmen, wurden zur Einschränkung derselben folgende bemerkenswerthe Bedingungen festgesetzt: „wenn ein Arzt für eine Wundercur unter die Heiligen versetzt werden solle, so müsse die Krankheit, in der er Hülfe geleistet, völlig unheilbar gewesen, und die Heilung in einem Augenblick geschehen sein, wenn endlich der Arzt ein Mittel angewendet habe, so müsse sich aus der Theorie gar nicht erklären lassen, wie es die Heilung habe bewirken können." (Eichhorn. Geschichte der Literatur. II. B. Erste Hälfte s. 393.) Warum schweigen sie also in Ihrer auf die tausendjährigen heiligen Traditionen der Kirche gegründeten Medicin von den Wunderheilmitteln der Kirche? „Die Kirche, sagen sie trefflich, ist industriös bis zum Luxus." Nun warum sind denn Sie so karg, so zurückhaltend mit den medicinischen Luxusartikeln der Kirche? Nirgends eine Sylbe von den zahllosen Heiligen der Kirche, von denen fast jeder der Vorstand eines besondern

Uebels ist, oder den miraculösen Mariabildern, — was um so unverzeihlicher, als Sie in Ihrem Kopfe nur „Bilder," keine Gedanken haben und daher den Ausspruch jenes Franzosen bestätigen, daß in München nur gebildert, nicht gedacht wird — nirgends auch nur die leiseste Spur eines Eindrucks von einem heilbringenden Unterkiefer oder Schenkelknochen eines christlichen Märtyrers, nirgends auch nur der geringste Fetzen von dem wunderthätigen Carmeliterscapulier oder dem wunderthätigen Sterbekleid des heiligen Ignatius*). Oder haben Sie so ein kurzes Gedächtniß? Sind Ihnen die heiligen Geschichten entfallen? Aber sicherlich klingt Ihnen doch noch in den Ohren die Wundermedaille, die erst vor einigen Jahren, und wenn ich nicht irre, selbst in München so vielen Anklang gefunden hat. Warum sind Sie auch davon mäuschenstill? O wie verheimlichen und verläugnen Sie den Glauben der Kirche! Oder geben Sie diese wunderthätigen Heilmittel der kirchlichen Tradition uns erst in der speciellen Pathologie und Therapie zum Besten? Wir wollen sehen und zur Ehre Ihres Glaubens es hoffen. Oder sollten wir nicht zu dieser Hoffnung berechtigt sein? Sollte ein wunderthätiger Unterrock der Mutter Gottes, ein wunderthätiger Rückenwirbelknochen eines Heiligen den Horizont Ihres Glaubens übersteigen? Gewiß nicht. Ihr Kopf wimmelt nach Ihrem eignen Eingeständniß von „hirnlosen" Dingen und Gespenstern. Sie kennen keine Gesetze der Natur und folglich auch keine Gesetze des Denkens. Ihnen ist das Vernünftige das Absurde und folglich das Absurde das Vernünftige, das Natürliche das Unnatürliche und folglich das Widernatürliche das Natürliche. Sie sind ein Ungläubiger in den allein glaubwürdigen, aber ein Starkgläubiger in allen unglaublichen Dingen. Sie sind ein Esprit fort gegen die Philosophie und Naturwissenschaft, aber dafür glau-

---

*) J. P. Maffeius de Vita et Moribus Ignatii Loiolae. *Ex auctoritate superiorum.* l. III. c. 14.

ben Sie Alles ohne Anstand, was Ihnen nur immer der Pfaff vorschwatzt. Als Beispiel nur noch dies: „Der Pfarrer Held (wohlgemerkt! ein Pfarrer, sonst würde es vielleicht der Herr Obermedicinalrath selbst nicht glauben) in Oberailsfeld, Landgerichts Hollberg in Oberfranken, fand durch Versuche, daß, wenn er Kartoffeln gegessen hatte, ein an einem Faden gehaltener Ring Kreis- und Pendelbewegungen machte über Kalk und Feuersteinen, gesammelt auf dem Acker, auf dem jene Kartoffeln gewachsen waren, nicht aber über andern Steinen seiner Mineraliensammlung." (S. 70.) Ihren Principien zufolge können Sie also Alles ohne Unterschied, auch das Unglaublichste und Ungereimteste glauben, und nicht nur glauben, auch ohne Bedenken denken und beweisen; Ihnen ist ein in Weingeist aufbewahrtes Stück ägyptischer Finsterniß so evident und klar, als uns „ungläubigen Dummköpfen" ein in Weingeist aufbewahrtes Stück Fleisch. Aber eben deswegen berechtigen sie auch uns zu den schönsten Erwartungen und Hoffnungen — berechtigen Sie uns, zu hoffen und selbst zu verlangen von Ihnen, daß Sie die aufgezeigten Blößen Ihrer allgemeinen Pathologie und Therapie in der speciellen mit dem wunderthätigen Brustlatz des heiligen Ignatius von Loyola oder sonst eines andern accreditirten Heiligen — die Wahl steht Ihnen natürlich auch hierin frei — zudecken werden. Täuschen Sie uns nicht in dieser Hoffnung! Gelingt Ihnen auch nur eine einzige Wundercur, d. h. eine Cur aus dem Fundament und Princip Ihrer Medicin — so seien Sie sicher, daß sie auf ewig den Unglauben aus dem Gebiete der Naturwissenschaft verbannt haben, daß, wie die Mücken vor dem Bannstrahl des heiligen Bernhard, so wir Ungläubigen vor Ihnen mausetodt zu Boden fallen werden. In keiner Zeit waren Wundercuren, Wunder überhaupt nothwendiger, als in der unsrigen. Daß da Wunder geschehen, wo Wunder geglaubt werden, ist kein Wunder, ist sehr natürlich; aber da Wunder zu thun, wo keine geglaubt werden, das ist das größte Wunder. Möge es Ihnen beschieden sein, das Wunder

der Wunder zu vollbringen und somit das dringendste Zeitbedürfniß zu befriedigen! Aber durchschneiden Sie mir ja nicht mehr die pneumogastrischen Nerven, denn nur diese sind im Stande, die Bedürfnisse Ihres medicinischen Unterleibes mit dem hierarchischen Oberhaupt zu vermitteln; sonst mißlingt abermals die Operation. Der heilige Ignaz von Loyola sei mit Ihnen!

Ueber den Mariencultus.

(Die Glorie der heiligen Jungfrau Maria. Legenden und Gedichte
durch Eusebius Emmeran. 1841.)

1842.

Eine Sammlung von marianischen Gedichten und Legenden in der lieblichsten Form. Aber was ist ihre Tendenz? Eine phanero- oder kryptokatholische? Oder eine fromme, eine christliche überhaupt? Nein, eine rein ästhetische, eine rein poetische Tendenz. Aber läßt sich nicht mit der poetischen Tendenz unbeschadet ihrer Freiheit und Selbstgenugsamkeit dennoch ein didaktischer oder praktischer Zweck verknüpfen? Warum nicht? wenn nur anders dieser Zweck nicht besonders für sich hervortritt, wenn er unmittelbar mit der freien poetischen Tendenz in Eins zusammenfällt. Was will nun aber Eusebius Emmeran mit diesem schönen Blumenstrauß seiner marianischen Gedichte und Legenden uns sagen? Nichts Anderes und Geringeres, als daß die heilige Jungfrau Maria, die Mutter Gottes, die einzig göttliche und positive, d. h. die einzig verehrungs- und liebenswürdige, die einzig poetische Gestalt des Christenthums ist; denn Maria ist die Göttin der Schönheit, die Göttin der Liebe, die Göttin der Menschlichkeit, die Göttin der Natur, die Göttin der Freiheit von Dogmen.

Die Göttin der Schönheit.

> Was suchet ihr? Wofern
> Ein Haupt von welchem Golde reich umlockt,
> Ein lichtgeborner, schöner Augenstern
> Euch also sehr verleitet und verlockt,
> Wo strahlen auch dergleichen Herrlichkeiten
> In so vollkommen göttlich ächter Schau,
> Wie bei der hohen Frau,
> Der himmlischen, der hochgebenedeiten?
>
> (Spanisch.) S. 78.

> Wie bist du reich an Liebreiz,
> Ganz Seligkeit, ganz Schöne,
> Ganz Himmel und ganz Licht!
> Ein nie gefühltes Feuer
> Durchströmt Gebein und Ader.
>
> S. 80.

So spricht ein Maure, den keine Belehrung, keine Drohung der Clerisei, den nur die Schönheit der Maria seinem Glauben abspenstig machte. In der marianischen Legendensammlung von Bovius (5 Th. 31 Er.) heißt Maria daher ausdrücklich „die Mutter der Schönheit." Und die Kirche bezog die Lobsprüche, die im hohen Liede Salomonis der Bräutigam seiner Braut ertheilt, auf die heilige Jungfrau, so z. B. den Vers: „Du bist allerdings schöne, meine Freundin, und ist kein Flecken an Dir." Tota pulchra es, amica mea, formosa mea, columba mea. Nun ist aber ein wesentliches Attribut der weiblichen Schönheit, wie männiglich bekannt, ein „schneeweißer Busen." „Wie schön sind deine Brüste, meine Schwester, liebe Braut!" heißt es im Hohenlied Cap. 4, V. 10. Kein Wunder also, wenn auch im Cultus Mariä der Busen eine besonders hervortretende Rolle spielt. Siehe z. B. Glorie, Anm. S. 164. und Nr. IX, wo Maria einem kranken Canonicus „den himmelreinen Busenschnee" darreicht. In Italien bildete sich sogar im Jahr 1742 eine eigne zahlreiche Secte von Mammillaren, Busengeistern auf

Veranlassung einer Tatti mammillari betitelten Schrift des Jesuiten Benzi. (S. Bucher Allerneuester Jesuit. Eulenspiegel S. 480.)

Vor Allem gehört aber auch zur weiblichen Schönheit ein schönes Haar. Natürlich konnte also dieses der Maria, als dem Ideale weiblicher Schönheit, nicht fehlen. Und so war denn auch wirklich das schöne Haar Mariä ein Gegenstand der religiösen Verehrung. So hatten die Jesuiten in München eine besondere Andacht zu den heiligen Haaren Mariä*) und besangen sie in folgenden erbaulichen und geschmackvollen Versen, die uns glücklicher Weise die Geschichte aufbewahrt:

> Doch Maria deine Locken
> Mich zu deiner Lieb anlocken,
> Schönste Jungfrau deine Strehnen
> Pfleg ich allzeit anzuflehnen.
>
> Steh uns bei in all Gefahren,
> Deck' uns zu mit deinen Haaren,
> Führe uns an deinen Locken
> In die Stadt, wo all frohlocken.
> (Bucher. Die Jesuiten in Baiern vor und nach
> ihrer Aufhebung. I. B. S. 88.)

Man erlaube mir bei dieser Gelegenheit eine höchst interessante Conjectur. Der Pater J. Pemble, weiland Präses der lateinischen Congregation zu München, nennt in seiner Anno 1760 herausgegebenen Pietas quotidiana die Maria die Kellnerin der ganzen heiligen Dreifaltigkeit: Maria est cellaria totius Trinitatis. Warum eine Kellnerin? Offenbar, wenigstens nach meiner Vermuthung, nur wegen ihrer kör-

---

*) Wir haben uns hier nur auf einige und zwar exoterische Schönheiten des weiblichen Körpers beschränkt; natürlich kamen aber auch die esoterischen im Marienkultus zur Sprache. Die miraculöse Empfängniß und Geburt — Materien, worin die Maria wenigstens für den Verstand keineswegs die rosa sine spina war — gaben hierzu die Initiative. Auch gab es, wie an die einzelnen Körpertheile Christi, so an die einzelnen Körpertheile der Maria gerichtete Gebete.

perlichen Schönheit, denn bekanntlich zeichnen sich die baierischen, besonders münchner Kellnerinnen durch ihre Schönheit aus. Mache man deswegen dem Pater Pemble nicht den Vorwurf der Gemeinheit und Frivolität. Wenn ein Raphael seine Geliebte zum Vorbilde seiner Madonna wählte, so kann man es gewiß einem baierischen Jesuiten nicht verargen, wenn er in einer münchner Kellnerin das Modell der Jungfrau Maria erblickt und verehrt.

Maria ist die Göttin der Liebe — eine nothwendige Folge ihrer Schönheit, denn beide sind unzertrennlich.

> Ich habe mir erlesen
> Ein Lieb so zart, ein Lieb so fein;
> Hochadelig von Wesen,
> Hochfürstlich ist die Traute mein;
> Von allem Harm ist meine Brust genesen
> Seit ich belacht von ihrer Hulden Schein.
>
> O Gott wie kann sie grüßen
> Aus minniglichem Rosenmund!
> Wie kann sie Blicke schließen
> Bis in der Seele tiefsten Grund!
> Wie sollte dem noch eine Thräne fließen,
> Dem diese Grüße, diese Blicke kund.
>
> (Altdeutsch.) S. 148.

Zwar soll die Schönheit der himmlischen Jungfrau keine unkeuschen, d. h. verliebten Gedanken erwecken. Der Anblick der Schönheit der seligen Jungfrau, sagt z. B. der h. Thomas, reizt zur Keuschheit an. Ein französischer Cartheuser schrieb ihr darum eine Chasteté pénétrative zu, d. h. wie es Bayle exponirt, eine nicht nur immanente, sondern auch transeunte, gleichsam ansteckende Keuschheit. Aber gleichwohl ist sie doch der Gegenstand einer förmlichen Liebe. So gibt der eben genannte Pater Joseph Pemble — weiland, sagte ich, ich muß mich aber corrigiren, auch jetzt noch der wenigstens unsichtbare Apollo und Präses der marianischen Congregatio Litteratorum zu München — verschiedene Arten an, wie man der heiligen Jungfrau die Cour machen soll. Darunter kommen z. B. folgende vor: 1) „Den Namen Mariä küssen, so oft er im Lesen auffält." O wie verliebt! 2) „Der Jungfrau Maria sagen, daß man geneigt wäre, ihr seinen Platz im Himmel einzuräumen, wenn sie nicht schon einen eignen hätte." O wie galant! 3) „Oefters gegen den Himmel blicken, um Maria zu sehen, ja deswegen früher oder auf der Stelle zu sterben wünschen." O wie schmachtend! 4) „Keinen Apfel essen, weil Maria von der Schuld des Apfelessens frei geblieben." O wie abgeschmackt! Aber Amare et Sapere vix Deo competit. O Pemble! O Pemble! Wie hat dich die Maria um dein Bischen Verstand gebracht! Doch Pemble bei Seite! — Zwischen der religiösen und wirklichen Weiberliebe läßt sich kein reeller Unterschied aufzeigen. Die himmlische Jungfrau hat natürlich zwar schönere Augen und Haare als die irdischen Jungfrauen; aber ihre Augen sind doch immerhin Augen, ihre Haare immerhin Haare. Es ist daher durchaus nicht einzusehen, warum die schönen Augen der Jungfrau Maria einen andern, wenigstens einen wesentlich andern Eindruck auf uns machen sollten, als die schönen Augen einer irdischen Jungfrau. Und wenn wir auch allenfalls den Liebesblicken der Maria noch besondere Prärogative zugestehen wollen, so müssen wir doch dies schlechterdings verneinen von den heißen Küssen, die sie ihren Liebhabern auf Stirn und Lippen drückt. S. z. B. Glorie Nr. XII und XXI. Kuß ist Kuß. Der Kuß von irdischen Lippen ist ein himmlischer, aber der Kuß von himmlischen Lippen ein irdischer Genuß. Die Blicke sind die immateriellsten, subtilsten, unbestimmtesten Liebeserklärungen; sie lassen uns in der Pein des Zweifels stecken, ob wirkliche Liebe oder nur eine fallacia optica vorhanden ist; aber unter dem Drucke der Lippen, ach! da hört alles Räsonniren, Distinguiren und Platonisiren auf, da entzündet sich das Feuer des indiscreten Sensualismus. Der Blick ist die durch die Censur des Anstandes, des Zweifels, der Rücksicht beschränkte Liebe; aber der Kuß ist die Preßfreiheit der Liebe, die erst die Wahrheit ungeschmälert ans Licht bringt. Also, wenn die heilige Jungfrau sich einmal so weit herabläßt, daß sie küßt, so kann sie nicht mehr läugnen, daß sie liebt, wirklich liebt, liebt wie ein irdisches Weib.

Maria ist die Göttin der Dogmenfreiheit — eine nothwendige Folge der Preßfreiheit. Um selig zu werden, braucht man nichts weiter zu wissen und zu sagen — so liberal ist Maria — als nur das Ave oder Salve Maria. Ein Gruß also, dem holden Weibe dargebracht, hat für alle Zeit und Ewigkeit mehr oder doch eben so viel Gewicht und Kraft, als die gesammte christliche Dogmatik. So war einmal in Spanien ein Clericus, dem weiter gar nichts in den Kopf einging, als:

> Das Salva sancta parens,
> Das sang er unbeschwert,
> Nur in Mariens Preise
> Stark, munter und gelehrt.

Der orthodoxe Episcopus fordert darob erzürnt den einfältigen Priester vor sein Gericht. Aber dieser wendet sich in seiner Noth an Maria — und Maria, stets dienstfertig und hilfreich gegen die Ihrigen, tritt alsogleich vor den Episcopus hin und hält ihm eine derbe Strafpredigt:

> Ihr haltet es für arge
>   Strafwerthe Ketzerei,
> Daß man in Kirchen singe
>   Nur meine Melodei?
> Sogleich von aller Sorge
> Macht den Erschreckten frei.

S. 56.

Ja es ist nicht einmal nöthig, die heilige Dreifaltigkeit zu kennen und verehren. Wer nur Sie, die Einzige, ja nur ihren Namen kennt, weiß genug, weiß Alles, was zu seiner Seligkeit noth thut. S. z. B. Glorie Nr. VI.*).

---

*) Und selbst der Name Maria darf bis auf den Anfangsbuchstaben dahin fahren. Das bloße M schon besiegt die Pforten der Hölle. „Eine Pfarrköchin schwört Jesum

Maria ist die Göttin der Natur. — Unter ihren Tritten sprossen Blumen hervor (Nr. XXXIII.), Thiere knieen vor ihrem Bilde und beten es an, Bäume und Stauden tragen es wie ihre eigne Frucht auf ihren Zweigen, Teiche spiegeln es in ihren Fluthen ab, Fische tragen es aus dem Meere empor, geflügelte Ameisen kommen alljährlich über das Meer, um auf ihrem Altar zu sterben (Nr. I.). Was aber aufs Schönste die nicht theo-, sondern geologische Natur und Sinnesart der Maria darstellt und beweist, das ist — wahrlich ein herrlicher Zug — ihre Vorliebe für Berge und Anhöhen. Oft brachte man von den Bergen herab daselbst gefundene wunderbare Marienbilder ins platte Land und in Städte, um ihr hier Kirchen zu erbauen; aber plötzlich waren sie verschwunden und man fand sie wieder auf den alten Plätzen: nur wo die Freiheit wohnt, nur auf Bergen, nur in der frischen freien Natur gedeiht die Blume der holden Jungfrau. „Fliehet auf das Gebirge." Luc. 21, 21. „Warum auf das Gebirge? schreibt ein Benedictiner, weil auf den Bergen Maria wohnt, die Mutter der Gnade, die Mutter der Barmherzigkeit, die thauvolle regenschwangere Wolke." Maria erscheint also hier — auch in mehreren Sagen — als eine wahre Regenmutter — als eine Maria pluvia, ähnlich dem Jupiter pluvius des Heidenthums.

Maria ist die Göttin der Menschlichkeit — der liebenswürdigsten Menschlichkeit, der Alles ohne Unterschied, ohne Bedenken, ohne Vermittlung vergebenden Nachsicht und Milde, — die allgemeine, die allbarmherzige Mutter.

> O haltet an Marien fest!
> Arm ist allein, wer sie verläßt;
> Und was ihr auch für Schuld verübt,
> Und wie ihr auch den Herrn betrübt,

---

und die Maria ab. Doch behält sie vom Namen Maria das M, und der Teufel, mit dem sie etliche Jahre in der Welt herum hurte, konnte nicht über sie Meister werden." (Bucher. Die Jesuiten in Baiern. II. Bd. S. 495.)

Sein noch so dräuend Strafgericht,
Schirmt jene nur, es schmettert nicht.

(Nr. VI.)

O Rose du alleine
Die ohne Dorn,
Licht ohne Gluth,
In dessen hellem Scheine
Wir unsre Geister wohlgemuth
Und ohne Bange sonnen
Du aller Huld ein Bronnen,
Du alles Heils ein Born!

(Nr. XXXIX.)

Maria ist zwar für sich selbst die Keusche; aber wunderleicht vergibt sie doch Andern die Sünden gegen die Keuschheit. Unter den Geboten, die sie einer ihrer Dienerinnen, die sich um ihre Gunst besonders bewerben wollte, gibt, findet sich kein Keuschheitsgebot. Nur Mildthätigkeit, Demuth, Versöhnlichkeit gebietet sie (Nr. XV.). Ja für eine Klosterküsterin, die aus Weltlust ihrem Kloster entsprungen, functionirte die gutmüthige Maria selbst so lange, bis die Verirrte das Leben im „sündentrunkenem Weltgebiet" herzlich satt hatte und nun, weil geistig und leiblich aufs Erbärmlichste heruntergekommen, wieder fähig und bereit war, in den Stand einer Betschwester einzutreten.

So handelt' unsre Königin
An einer armen Sünderin;
Solch eine Langmuth und Geduld
Erprobte sie an dieser Schuld;
Solch eine Demuth übte sie
Und kein Verzug betrübte sie,
Mit solch erhabner Liebe Thau
Labt einzig unsre liebe Frau.

S. 26.

Maria ist mit einem Worte das Bild der Weiblichkeit — der Cultus der Jungfrau Maria der Cultus des Weibes, der Cultus der Frauenliebe.

„Das ewig Weibliche
Zieht uns hinan."

Göthe.

Wollte nur der Himmel, daß sich mit diesem Bilde keine andern Eindrücke verknüpften, als die schönen, welche die Maria des E. Emmeran auf uns macht! Wer sollte sich nicht erfreuen an einem reinen, vollendeten Bilde der Weiblichkeit, finde er es auch wo er es wolle? Aber leider! hat hier unter dem wechselnden Monde Alles seine Licht- und Schattenseite. Und E. Emmeran hat uns in seiner poetischen Begeisterung nur einseitig die Maria dargestellt. Die Gerechtigkeit und Wahrheit erfordern, auch ihre Schattenseite zu zeigen. Maria ist nämlich keineswegs, wie uns der Verfasser, freilich nur indirect, insinuiren will, eine christliche Venus, wenn sie gleich, namentlich im Volksglauben, Manches mit der heidnischen Venus gemein haben mag, wie z. B. dies, daß sie aus dem Meere heraufsteigt, daß unter ihren Tritten Blumen emporsprossen — Maria ist wesentlich eine negative, naturwidrige Gestalt, nichts Anderes als die naturwidrige katholische Castität als eine Person. Sie heißt darum ausdrücklich die Magistra Virginitatis oder Castitatis, und der Maria dienen, sich weihen, sich vermählen, heißt nichts Anderes als sich, zwar nicht leiblich, was die Kirche streng verbot, aber geistig castriren, sich entmannen. Aber zwischen der geistigen und leiblichen Castration ist kein wesentlicher Unterschied. Die physiologische Function ist die Seele eines Organs; jene nehmen, heißt diese nehmen. Wenn es also erlaubt, ja löblich, christlich ist, einem Organe seine Function, seine Seele zu nehmen, so soll es nicht erlaubt sein, dieses Organes Leichnam, eine Existenz, die keine Existenz mehr ist, zu nehmen? O ihr Hypokriten! Aber so war es von jeher, so ist es noch heute. Die Seele dir oder Andern zur Ehre Gottes foltern und zu Tode martern, das hat nichts auf sich, denn es fällt nicht in die Sinne, es scheint nicht so zu sein, wie es wirklich ist; aber nur kein Blut darf fließen; denn da hat der Schein ein Ende; die blutige That spricht zu laut, als daß der Hipokrit sie läugnen könnte. Mit dem Gedanken an die Maria ist daher unzertrennlich verbunden der Gedanke oder die Erinnerung an alle jene widernatürlichen, widerwärtigen, abscheulichen und zugleich abgeschmackten Mittel der Selbstentmannung, welche die Priester und Diener derselben anwandten, um ihrem himmlischen Vorbilde nachzukommen. „Zu London hat sich Ursus mit seinen Nägeln das Gesicht zerrissen, damit sich seine schöne Gestalt verlieren und er Niemand zur Liebe reizen möchte." „In Ingolstadt hat Cajus seine Hand so lange auf Kohlen gebraten, bis die unkeusche Brunst in seinem Herzen nachließ." „Innerhalb neun Jahren lebte ein Sodalis in einer Stadt und er kannte seine zwei Basen nicht einmal von Angesicht." „Titus hat einen Bund mit seinen Augen gemacht und verlobt, dieselben gar nimmer zu eröffnen. Nun geschah es öfter, daß er in eine Lache fiel oder da und dort anstieß, wie denn der Teufel selbst Manchen an ihn anrennen ließ, daß er über und über purzelte und eine Beule am Kopfe davon trug. Aber alle diese Schmerzen hat er seiner Braut Maria aufgeopfert." (Die Jesuiten in Baiern von Bucher I. B. S. 111—118.) Wahrlich man braucht nur an die Jesuiten und marianischen Congregationen Baierns zu denken, um von aller poetischen Begeisterung für den Marien cultus für immer radicalster curirt zu werden. Oder sollten die unflähtigen, obscönen und zugleich lächerlichen Mortificationsmittel des baierischen Jesuitismus nicht der Mutter Gottes selbst Schuld gegeben werden können? — Qualis rex, talis grex. Ein ästhetischer Cultus hat nothwendig eine ästhetische, ein unästhetischer nothwendig eine unästhetische Gestalt zur Voraussetzung. Das widernatürliche Dogma, daß die Enthaltung von einer nothwendigen physiologischen Function eine Tugend, ja eine exquisite, wahrhaft himmlische Tugend sei, hat nothwendig eine widernatürliche, d. h. abgeschmackte, unästhetische Praxis im Gefolge. Die Enthaltung von nothwendigen, in den tiefsten Tiefen der Natur begründeten Bedürfnissen ist per se eine Albernheit; die Folgen eines albernen Princips — was können sie anders als alberne sein? Wer die Natur, gibt die Vernunft auf. Wenn es einmal Gesetz ist, daß du die Natur tödtest, so ist es ganz gleichgültig, wie du sie tödtest — gleichgültig, ob du dich mit bloßem Körper im Schnee wälzest, oder einen aus Brennnesseln und Rosendörnern geflochtenen Bußgürtel anhast, oder gar wie die heilige Mutter Passidea von Siena wie eine Fledermaus im Schornsteine dich aufhängst, um durch diesen verkehrten asketischen Hang dich ins himmlische Jenseits hinüberzuschwingen.

Und wenn einmal ein nothwendiger, wesentlicher Naturtrieb negirt wird, so ist durchaus kein Grund vorhanden, warum nicht auch andere Bedürfnisse und Triebe auf eine eben so widersinnige und widernatürliche Weise beschränkt und unterdrückt werden sollen. Wenn daher Mönche, um den natürlichen Abscheu des Menschen vor allem Ekelhaften und Häßlichen zu bezwingen, sogar todte Mäuse und Ratten verzehrten, wenn marianische Brüder zur Mortification ihres Fleisches den Spülicht in der Küche auffraßen, wie Hunde und Schweine, und die Theile ableckten, welche der Aussatz angesteckt hatte (Die Jesuiten in Baiern. Bucher, I. B. S. 117.): so waren alle diese und ähnliche heroische Thaten der geschmackwidrigsten Selbst- und Naturverläugnung keine zufällige „Uebertreibungen" oder „Verirrungen," sondern ächte, wahre, nothwendige Consequenzen des an und für sich selber natur- und geschmackwidrigen Princips der Abstinenz. Oder ist etwa die in Nonnenklöstern in Folge einer widernatürlichen Abstinenz so häufig vorkommende Krankheit des Mutterkrebses*) auch nur eine zufällige Verirrung, die dem Principe selbst nicht zur Unehre und zum Fluche gereicht? Aber eben weil mit dem Gedanken an die Jungfrau Maria sich wesentlich verknüpft der Gedanke an die Uebel, welche dieses Muster der perpetuirlichen und immaculirten Jungferschaft den unglücklichen Nonnen zuzog, eben deswegen ist die Maria ungeachtet alles poetischen Scheines, der sie äußerlich umgibt, eine im Grunde und Wesen unästhetische, unpoetische, abstracte Gestalt. Auch die Helden verehrten ewige Jungfrauen:

---

*) Elias von Siebold Handb. der Frauenzimmerkrankheiten. 2. Aufl. I. B. S. 653 u. 654.

Minerva, Diana, Vesta. Aber die Motive ihrer Jungferschaft sind keine unmenschlichen, Minerva konnte und mochte nicht aus Kriegslust, Diana nicht aus Jagdlust und mädchenhafter Sprödigkeit sich in die Bande der Liebe schmiegen. Diana rächte zwar strenge die Verletzungen der Keuschheit, aber gleichwohl blieb sie selbst nicht unempfindlich gegen die Schönheit des Jägers Endymion. Was aber die Vesta betrifft, so vergesse man doch ja nicht, daß sie die Conservation ihrer Jungferschaft nur einem Esel verdankt. Die keusche Jungfrau war, des süßen Weines voll, eingeschlummert; diesen günstigen Augenblick wollte Priap benutzen, um sie ihres jungfräulichen Schmuckes zu berauben; aber in demselben Moment fing unglücklicher Weise der vorlaute Esel Silen's furchtbar zu schreien an — und Vesta erwachte. Welch ein Unterschied also zwischen der heidnischen und christlichen Jungfrau! Die Vesta konnte doch ihre Jungfräulichkeit verlieren und hätte sie auch wirklich beinahe verloren; aber die Maria konnte sie nicht verlieren und verlor sie selbst nicht durch die Mutterschaft. Perfecta Virginitas excludit omnem aperturam et dilatationem claustri foeminei juxta illud Ezechielis cap. 4: Porta haec clausa erit et non aperietur. . . . Quod non stat cum perfecta virginali integritate Mariae, hoc non potest admitti. (Bucher II. B. S. 500.) Aber nur die verlierbare, die in Gefahr schwebende, die, wenigstens der Möglichkeit nach, vergängliche Jungfräulichkeit hat einen poetischen Reiz.

Allerdings ist Maria wieder ein sinnliches Wesen — die christliche Liebesgöttin. Aber dieses Feuer der Sinnlichkeit, welches Eusebius Emmeran so rühmend, so begeistert an der Maria hervorhebt, hat keineswegs primitive, sondern nur secundäre Bedeutung. Weil ihr ursprüngliches Wesen die Negation der Sinnlichkeit ist, gerade deswegen ist es eine nothwendige Folge, daß sie hernach wieder die Position der Sinnlichkeit ist. Was das religiöse Bewußtsein im Leben, in der Wirklichkeit verneint, das gerade bejaht es in der Religion. Was es hier auf Erden, d. h. im wirklichen Leben aufopfert, das bekommt es im

Himmel der Religion hundertfältig wieder. „Je mehr das Sinnliche negirt wird, desto sinnlicher ist der Gott, dem das Sinnliche geopfert wird." Maria ist die volle und zugleich sinnfällige Bestätigung dieser Wahrheit. Maria ist das religiöse Opfer des Fleisches, das feierliche Gelübde der Keuschheit, die aufgegebene irdische Liebe, aber dafür ist sie selbst wieder der Gegenstand irdischer Liebe. Was sie dem Menschen mit der einen Hand nimmt, das gibt sie ihm mit der andern wieder zurück. Der Verlust der menschlichen Schönheit hat zur Folge den Gewinn der himmlischen oder göttlichen Schönheit, die aber selbst gar nichts Andres ist, als die verlorne menschliche, durch die Phantasie wiederhergestellte Schönheit*). So sagt der unvergeßliche, nicht oft genug zu nennende Pater Jos. Pemble in seinem Quodlibet von schönen Verehrungen der heiligen Jungfrau, man solle: „die Augen an ein schönes Marienbild heften, das Ansehen und Wohlgefallen irdischer Frauenzimmer zu hemmen," d. h. auf deutsch: man solle über den schönen Augen und Brüsten der himmlischen Jungfrau die schönen Augen und Brüste der irdischen Jungfrauen vergessen und verschmerzen. An einer andern Stelle ruft derselbe Pater geradezu entzückt aus: „Welche Seligkeit, die jungfräulichen Brüste zu schauen!" Aber, müssen wir abermals fragen, was ist für ein Unterschied zwischen himmlischen und irdischen Brüsten? Ach lieber Pater Pemble! Wo die Tatti mammillari anfangen, da hört der Unterschied zwischen Himmel und Erde auf. — Also: Maria ist nur positiv, weil

---

*) Ein höchst populäres Beispiel aus dem Marianischen Gnaden- und Wunderschatz v. E. Bovius 1. Th. 16. Exemp. Die schöne Euphemia hatte „ihre Jungfrauschaft Gott dem Herrn durch ein Gelübd geschenkt und aufgeopfert." Aber ihre Eltern wollten sie trotzdem verheirathen. Was thut nun Euphemia? Sie schneidet „mit resoluter Hand die Nase und Lefzen hinweg, wodurch sie die Annehmlichkeit vor denen menschlichen Augen verloren, bei Gott aber selbe vermehret hat." Jedoch durch die Gnade der Maria wurde ihr später „die Nasen und Lefzen wiederum ergänzet" und zwar „mit solchem Glanz und Schein, daß fast die Sonnen selbsten in dero Vergleich mußte dahinten stehen."

sie negativ ist. Und das Negative ist ihr Wesen, das Positive nur
Schein. Sie besticht unsere Augen, unsere Phantasie durch das Gold
ihrer blonden Locken und den blendendweißen Busenschnee. Aber wenn
wir über diese doch immer nur äußerlichen, nur oberflächlichen Reize
hinausgehen und tiefer in ihr Wesen eindringen, so kommen wir zuletzt
zu unsrer größten Bestürzung und Entrüstung auf die obgedachten Uebel
der Abstinenz. Zwar ist die Maria keine strenge Sittenrichterin; sie
vergibt vielmehr, wie wir wissen, außerordentlich leicht Sünden, besonders die Sexualsünden; allein sie bleibt doch immer die heikle, natur-
scheue, immaculirte Jungfer, die allein schon durch den Anblick einer
„nackten Wade oder Zehe" aufs Tiefste verletzt wird. (S. Pater
Pemble's Quodlibet.) Was sie Anderen erlaubt oder doch vergibt, verdammt sie an sich selber. Ihr Liberalismus in Beziehung auf Andere
widerspricht dem, was sie in Beziehung auf sich selbst ist.

Damit soll jedoch keineswegs geläugnet werden, daß die Maria,
inwiefern sie das Weib überhaupt repräsentirt — also abgesehen von
der, dem weiblichen Wesen widersprechenden, perpetuirlichen Jungferschaft — im Gegensatz zur Beschränktheit des protestantischen Ortho-
doxismus und Pietismus, im Gegensatz zu dem moralischen Despotismus „blutbefleckter naturfeindlicher männlicher Gottheiten" eine erfreuliche, wohlthätige und selbst zweckmäßige Erscheinung ist. Demuth,
Milde, Güte, Geduld, Liebe, Barmherzigkeit — alle diese Tugenden
sind generis feminini. Als Eigenschaften männlicher oder abstracter
Gottheiten machen sie keinen harmonischen und haltbaren Eindruck; sie
stehen mit dem sonstigen Wesen dieser Gottheiten in Widerspruch oder
doch nicht in einem innigen nothwendigen Zusammenhang. Erst in eine
weibliche Gestalt eingekehrt, sind sie auf ihrem eignen Grund und Boden, haben sie eine mit ihrem Wesen übereinstimmende Existenz. Die
Liebe männlicher Gottheiten ist nur eine vorgestellte, nur ausgesagte;
es mangelt ihr eine objective, reelle Basis; wir können daher keine unbedingte Zuneigung, kein ungetheiltes, zweifelloses Vertrauen zu ihr

fassen. Nur was selbst die reine, selbstlose Hingebung ist, erweckt auch wieder unbedingte Hingebung. Aber mit einem männlichen Gotte verbindet sich nothwendig die abstoßende Vorstellung des Egoismus, der Herrsch- und Ehrbegierde, des Ingrimms, des Zornes. Nur eine weibliche Gestalt verbürgt ein weibliches Herz und nur das weibliche Herz ist das Centralorgan, das Hirn der Liebe. Die männliche Gottheit sucht nur sich, die weibliche Anderes, jene setzt ihr Höchstes in die Ehre, den Ruhm, diese in die Liebe. Kein Wunder daher, daß die Menschen durch das weibliche Herz der Maria die Gewalt der männlichen Gottheiten bezwungen oder doch besänftigt sich vorstellten:

> .... in jener lichten Höhe,
> Wo um Marieen und den Mächtigen,
> Der zartbewältigt ihr im Schooße ruht
> Und alle seine Macht an sie entäußert,
> Ein myriadenfältig Ave schallt." (Glorie S. 111.)

Kein Wunder, daß das weibliche Herz der Maria die Herzen der Völker für sich gewann und der Zufluchtsort der Schuldbeladenen, der Bedrängten, der Nothleidenden ward.

> Mutter, zu Dir, zu Dir
> Sämmtliche seufzen wir,
> Düster umrungen von Jammer und Noth,
> Trösterin magst allein,
> Freundliche, du uns sein.
> Schrecket uns Arme der grimmige Tod,
> Fasset sein Weh' uns,
> Liebend ersteh' uns
> Gnad' und Erbarmen vom himmlischen Thron,
> Schirmend erweiche den göttlichen Sohn! (Glorie S. 144.)

Kein Wunder, sage ich, denn die Liebe in einer weiblichen Gestalt ist allein die deutliche, die allgemein faßliche, die populäre Liebe. Das weibliche Herz ist der Kehlkopf der Liebe, durch den sie die Stimme ihrer verborgenen Weisheit zur Volksstimme macht. Aber wenn irgendwo die Allgemeinfaßlichkeit ein Zeichen der Wahrheit ist, so ist es hier. Liebe ohne ein weibliches Wesen oder Princip ist — wenn nämlich zugleich diese castrirte Liebe doch wieder als ein Wesen vorgestellt wird — nichts Anderes, als eine hirnlose Chimäre.

Aber ungeachtet aller der Würden und Ehrentitel, welche der Maria als der Mutter der Gnädigkeit und Barmherzigkeit, als der Göttin der Liebe gegeben werden — als da sind z. B. die, daß sie ist die Domina Mundi, die Imperatrix Universi, die Janua Coeli, die Mediatrix hominum, die Porta Paradisi — Ehrentitel, die ihr allerdings von Rechts wegen zukommen, übrigens auch, freilich nur mit Lucrezischer Frivolität, recht gut auf eine heidnische Venus übertragen werden könnten — ungeachtet aller dieser herrlichen Prädicate müssen wir dennoch dem E. Emmeran offenherzig eingestehen, daß, auch ganz abgesehen von ihren negativen Eigenschaften, die Maria, als eine einseitige Gestalt, uns nicht genügt, und zwar weder in physiologischer, noch intellectueller Beziehung. Nicht in physiologischer, weil die Maria, inwiefern sie das himmlische Complement und Surrogat der, sei es nun freiwillig oder unfreiwillig verlornen, irdischen Liebe ist und sein soll, als ein nur weibliches Wesen diesen Posten offenbar nicht ausfüllt; denn sie befriedigt wohl im Manne das Bedürfniß der Liebe; aber sie befriedigt es nicht im Weibe. Der Mann hat seinen Himmel in einem weiblichen, aber das Weib in einem männlichen Principe. Wie daher Maria, und zwar hauptsächlich für die Männer, so war Christus, und zwar hauptsächlich für die Weiber — gleichgültig ob als Mann oder Kindlein — der Gegenstand einer förmlichen, sinnlichen Liebe. So seufzte einst die heilige Katharina von Siena nach der Erzählung ihres Beichtvaters: „Ich möchte den Leib meines Herrn. Und siehe! es erscheint ihr herrlicher Bräutigam, öffnet seine Seite und sagt zu ihr: nun trinke so viel Blut, als Du selbst willst." „So ließ sich die heilige Kapuzinerin Veronica Juliani mit dem göttlichen Lämmlein vermählen, es an ihren jungfräulichen Brüsten trinken, küssete und halsete es und gab auch wirklich einige Tropfen Milch von sich. Und als sie endlich die Blatterrose in der Stirne bekam, träumte es ihr,

Christus habe ihr seine Dornenkrone aufgesetzt." Noch weit rührender aber ist, was der Kreuzordensnonne Agnes Blanbeckin passirte. Von ihr heißt es: Eam aliquando scire desiderasse cum *lacrymis et moerore maximo, ubinam esset praeputium Christi*. Ecce vero in instanti sensisse eam illud et dulcissimi quidem saporis in ore, super lingua vel centies versatum, quod totidem vicibus deglutiverit, donec tandem, cum pelliculam hanc tentaret digito attingere, ea sponte in guttur descenderit. Köstlich ist auch folgendes im alten würtembergischen Gesangbuch stehende Lied:

>Ich suchte dich in meinem Bette,
>Holdseligster Immanuel,
>O daß ich dich gefunden hätte,
>So freute sich mein Leib und Seel',
>Komm, kehre willig bei mir ein,
>Mein Herz soll deine Kammer sein.
>Kannst du dein Haupt sonst nirgends legen,
>So leg' es hier auf meine Brust,
>So kann ich süßer Wohllust pflegen*).

Bemerken müssen wir noch, daß selbst auch den Jesuiten ungeachtet ihrer servilen Devotion für die Maria die „jungfräuliche Milch" für sich allein nicht ganz zusagte und daß sie deswegen dieselbe mit dem Blute des Heilandes vermischten. So sagt der ehrwürdige Pater Pemble in seinem Quodlibet, man solle „sich zwischen die Wunden Christi und die Brüste Mariä legen und so viele Gnaden daraus saugen, als möglich ist." Freilich war den Jesuiten auch hinwiederum das Blut für sich allein nicht schmackhaft und wirksam genug. Darum singt oder schreit vielmehr ein anderer Jesuit:

>Nach Gott sollst du o Jungfrau rein
>Zu lieben mir die nächste sein,
>Durch deine Brust beweg' dein Sohn,
>Daß er allorten mir verschon';

---

*) Oſiander über die Entwicklungskrankheiten in den Blüthenjahren des weiblichen Geschlechts I. Th. 1820.

Vermisch' dein Milch mit seinem Blut,
Das ist für mich das beste Gut. (Bucher II. Bd. S. 507.)

Aber noch weniger thut uns die Maria in intellectueller Beziehung Genüge. Die höchsten, allumfassenden und von einander unzertrennlichen Principien sind Leben oder Lieben — denn das eigentliche Leben ist die Liebe — und Denken. Und die Individualisationen, die Existenzen dieser Principien sind Mann und Weib. Im Weibe concentrirt sich das Princip des Lebens oder Liebens, im Manne das des Denkens. Wahrheit und Vollkommenheit ist daher nur da, wo beide Principien verbunden werden. Der ausschließliche, der unbeschränkte Cultus des Weibes, der *Cultus Hyperduliae*, wie von der katholischen Theologie die der Maria gebührende Verehrung bezeichnet wird, schwächt die Willens-, Denk- und Urtheilskraft; denn der Cultus des Weibes erfordert keine besondere Kopfarbeit; eine Kraft aber schwindet, wenn sie nicht durch einen ihr entsprechenden Stoff in Uebung, in Thätigkeit versetzt wird. Je mehr aber der Kopf zurücktritt, desto gewaltsamer tritt die Brutalität im Menschen hervor. Mit dem kopflosen Cultus der Jungfrau Maria ist daher immer zuletzt die Brutalität des religiösen Fanatismus verbunden. Zwar ist mit dem Cultus jeder ausschließlichen Persönlichkeit Fanatismus, d. h. die Wuth, Alles, was diese Persönlichkeit nicht anerkennt, zu verdammen, zu vernichten, verbunden. Aber wenn nun gar diese Persönlichkeit eine weibliche ist, und zwar eine Jungfrau, und noch dazu eine keusche, reine Jungfrau, so steigert sich der religiöse Fanatismus bis zum Furor der sinnlichen Liebe. Wer ihre jungfräuliche Ehre antastet, wer da läugnet oder nur zweifelt, daß sie noch eine keusche Jungfrau ist — und wie leicht ist daran zu zweifeln! — der ist ohne Weiteres ein des Todes würdiges Subject. So kam einst der heilige Ignaz von Loyola, der Don Quixote des Katholicismus, über einen Mauren, welcher die Jungferschaft der Maria nach ihrer Geburt läugnete, so in heilige Wuth, daß er den frivolen Heiden ohne Weiteres erdolcht haben würde, wenn ihn nicht ein glücklicher Zufall, d. h. sein Maulesel zur Raison gebracht hätte. (S. *Maffei de Vita et Moribus Ignatii L*. l. l. c. III.) Und seine würdigen Nachfolger, die Jesuiten, nahmen sich leider! nicht diesen räsonnabeln Maulesel, sondern nur den wuthentbrannten Ignaz zum Vorbild. Die baierischen Jesuiten namentlich liefern die glänzendsten Belege, daß mit dem scheinbar so liberalen, so milden, so menschenfreundlichen Cultus der Maria ein wahrhaft bestialischer, ja hundswüthiger Fanatismus verbunden ist. Ich sage ein hundswüthiger Fanatismus. Hier die Rechtfertigung dieses bezeichnenden Beiworts. Der Pater Xaver Gruber, Prediger in der Maltheserkirche zu München, sagt in einer noch im Jahre 1781 gehaltenen Predigt: „Auch wir Prediger und Seelsorger ... sollen gute Haushunde, gute Kirchenhunde sein, wenn die falschen Propheten und Irrlehrer die Kirchenzucht angreifen wollen. Da sollen wir uns tapfer wehren und so lange bellen, bis wir die gottlose Räuberbande verjagen. Da ist es eine heilige Pflicht zu zürnen, darein zu schlagen mit dem furchtbaren Arm unserer geistlichen Macht, zu beißen mit den Zähnen des festen Glaubens" (Bucher II. Bd. S. 94). Sind hier nicht alle Symptome der Hundswuth vorhanden?

Beleuchtung einer theologischen Recension
vom
„Wesen des Christenthums."
1842.

Die in Hamburg erscheinenden theologischen Studien und Kritiken, Jahrgang 1842. I. Heft, enthalten eine vom Standpunkt der Theologie verfaßte, J. Müller unterzeichnete Recension meiner Schrift: „das Wesen des Christenthums."

An und für sich ist die Recension einer Beleuchtung unwürdig, denn nur im Traume hat der Rec. meine Schrift gelesen; nur im Traume sie recensirt. Aber gleichwohl hat derselbe sie so gelesen, so aufgefaßt, so beurtheilt, so widerlegt, wie sie jeder Theologe als Theologe lesen, auffassen, beurtheilen und widerlegen wird und muß; der Theologe — natürlich als Theolog, nicht als Mensch — kann und darf aus heiliger Verpflichtung mir, der ich nicht als Theolog, sondern als denkender Mensch über die Mysterien der Theologie schreibe, nicht Recht geben. Er muß vielmehr die sonnenklarste Evidenz für rabenschwarze Nacht, den schlagendsten Beweis für unbegründete Voraussetzung, die einfachste Wahrheit für dialektische Spiegelfechterei, die unvermeidliche Nothwendigkeit der Natur der Sache für ein willkürliches Hirngespinst ansehen und erklären. Er muß über die wesentlichen Dinge so oberflächlich und „leicht wie eine Wasserspinne" hinweggehen, in den unwesentlichen Dingen aber sich aufhalten und mir hier aus theologischer Eitelkeit den impertinenten Vorwurf der „Unwissenheit" machen, um sich und sein Publicum mit der Täuschung zu trösten: weil im Unwesentlichen, so sei natürlich auch im Wesentlichen meine Schrift nichts. Er muß, jedoch mit christlicher Liebe und Demuth, also auf schlangenkluge Weise der Schrift immoralische Tendenzen und Consequenzen substituiren; er muß besonders die Stellen, wo im Gegensatz zu den hohlen Illusionen des Supranaturalismus der Materie, der Natur, der Sinnlichkeit das Wort geredet wird, hervorheben, und, weil er selbst nichts im Kopfe hat als biblische Bilder und Vorstellungen, zu verstehen geben, daß ich nach dem Vorangang des Apostels Paulus, welcher συνεκδοχικῶς das Praeputium des Menschen für den ganzen Menschen setzt, den ganzen Menschen in das cavum abdominis, in die Bauchhöhle einschließe, Alles aber, was darüber hinausgeht, wie die Lunge, das Herz, den Kopf, die Augen und Ohren nicht mehr zur Natur und Sinnlichkeit, sondern bereits zu den hohlen Illusionen des Supranaturalismus zähle. Er muß aus theologischer Verkehrtheit selbst die formellen Eigenschaften der Schrift als Irrlichter — im empörten Wahrheitsgefühle „Blasphemie", in der Geistesfreiheit „Frivolität", im rücksichtslosen Affect „Schlauheit", im unwillkürlichen Style „kluge Manier", im Enthusiasmus des naturwissenschaftlichen Wissenstriebes die „entfesselte Lust" des Geschlechtstriebes erblicken. Kurz er muß es, wenigstens der Hauptsache nach, gerade so machen, wie es der Rec. gemacht hat. Ich betrachte daher seine Recension als die Recension nicht eines theologischen Individuums, sondern der Theologie. Dieser Gesichtspunkt nur bestimmte mich zu einer Erwiedrung, die ich übrigens so kurz und schnell als möglich abfertigte.

Die Vorwürfe des Recensenten sind im Wesentlichen folgende:

In Betreff meiner Einleitung beschuldigt mich der Recensent einer „Subjectivitätsphilosophie, der kein Object gegeben sei." „Auch die sinnlichen Gegenstände sind, sage ich, weil und wiefern sie dem Menschen Gegenstand sind, Offenbarungen des menschlichen Wesens;" aber er bedarf, schließt daraus der Rec., „der illusorischen Vorstellung eines Objects, um an dem Gegenstand sich seiner selbst bewußt zu werden." Keine grundlosere Beschuldigung als diese! Daraus, daß die Gegenstände, weil und wiefern sie der Mensch erkennt, Spiegel seines Wesens sind, folgt nicht im Geringsten die Irrealität der Gegenstände oder die bloße Subjectivität der Erkenntniß. Nur ein Beispiel, um die Sache kurz abzumachen. Cajus ist ein Mineraloge; wer nicht weiß, daß Cajus ein leidenschaftlicher Mineraloge ist, weiß nicht, was er ist — ist mit Leib und Seele. Daß sich aber der Mensch selbst für den todten Stein interessiren, ja begeistern kann, dies drückt eine wesentliche Bestimmung der menschlichen Natur aus, so daß der Mensch sich selbst und zwar hier als ein mineralogisches Wesen erkennt, indem er die Steine erkennt. Aber folgt hieraus, daß die Mineralogie nur eine illusorische Vorstellung des Menschen ist?

Uebrigens ist meine Einleitung nur aufzufassen und zu würdigen in Beziehung auf das eigentliche Thema der Schrift, auf die Religion, wo sich der Mensch nicht zu Dingen außer ihm, sondern zu seinem Wesen verhält. Sie ist nur entsprungen aus der Analyse der Religion, und erst gemacht worden, nachdem die Schrift schon im Wesentlichen fertig war, und nur gemacht, um der wissenschaftlichen Formalität, die das Allgemeine dem Besondern vorausschickt, Gnüge zu leisten. Wenn daher der Rec. von dem allgemeinen Satze in der Einleitung: „Bei den sinnlichen Gegenständen ist Bewußtsein und Selbstbewußtsein wohl zu unterscheiden, aber bei dem religiösen Gegenstande fallen sie zusammen", behauptet, er habe „nicht die Dignität eines Resultates", sondern die eines „vermeintlichen Axioms" oder vielmehr einer „unbewiesenen Voraussetzung", so verdankt offenbar diese komische Behauptung ihren Ursprung nur der scharfsinnigen Beobachtung, daß auf dem Papier jener Satz vorausgesetzt ist. Hätte ich ihn am Schlusse meiner Schrift ausgesprochen, so würde er ihm sicherlich nicht die Dignität eines positiven Resultates verweigert haben, gleichwie er jetzt in dem biblischen Edite, bibite, weil ich damit meine Schrift schließe, das positive Resultat derselben erblickt.

Als ein Beispiel von den „unzähligen Uebertreibungen", deren ich mich schuldig mache, führt der Rec. den Satz aus der Einleitung an: „Die Religion weiß nichts von Anthropomorphismen; die Anthropomorphismen sind ihr keine Anthropomorphismen," und bemerkt dagegen: „also wenn Christus die Erde den Schemel der Füße Gottes nennt, meint der Verf. wirklich, daß Christus und die Apostel Gott als eine menschliche Gestalt vorstellten?" Der Rec. hat nichts in seinem Kopfe und Herzen, als seine liebe, heilige Theologie, und nun glaubt er natürlich auch von mir, daß ich gleichfalls nichts weiter, nur in einem entgegengesetzten Sinne, im Kopfe und auf dem Korn habe, als die liebe, heilige Theologie. Aber ich muß dem Rec. gleich von vornherein erklären, daß die Tendenz meiner Schrift eine höhere, eine allgemeine, philosophische ist. Polemische Beziehung auf die niedrigen Vorstellungen der Theologie war unvermeidlich, aber nur Nebensache. So dachte ich denn auch wirklich bei dieser „Uebertreibung" an die abstracten Theisten, an die Pantheisten, an die Philosophen, welche nicht nur Liebe, Güte, Gerechtigkeit, sondern sogar Selbstbewußtsein, Persönlichkeit, Wille, Verstand als menschliche Eigenschaften von Gott negiren. Wo aber einmal Selbstbewußtsein und Persönlichkeit auf dem Spiele stehen, wahrlich! da denkt man nicht mehr an die anatomischen Extremitäten des Menschen, an die Hände und Füße. Hände und Füße kann der Mensch verlieren, ohne aufzuhören, Anthropos zu sein. Was der Rec. daher Uebertreibung nennt, das ist nichts andres, als die unendliche Erhabenheit des philosophischen Standpunctes über den Standpunkt der Theologie, welcher sich nicht einmal über den Schemel der Füße Gottes erhebt.

Ueber den Satz der Einleitung, daß „je menschlicher Gott im Wesen sei, um so größer die scheinbare Differenz zwischen Gott und Mensch sei", macht der Rec. die theologische Exclamation: „O wie unsäglich schlau und raffinirt ist doch die Religion." Dies ist eine Entstellung. Die Religion beruht auf der unwillkürlichen Selbstentäußerung, Selbstanschauung des menschlichen Wesens. Unsäglich schlau und raffinirt ist nur die Theologie. Und gegen den Satz: „Je mehr das Sinnliche negirt wird (am Menschen), desto sinnlicher ist der Gott, dem das Sinnliche geopfert wird", macht er die spitzige Bemerkung: „der Verf. hätte nur auch nachweisen sollen, wie sein oben aufgefundenes Gesetz sich auch nach der entgegengesetzten Seite an den sinnlich genießenden Heiden bewahrheite, deren religiöse Vorstellungen hiernach ohne Zweifel höchst spirituell und idealistisch sein werden." Vollkommen bewährt es sich auch hier. Erst seitdem sich die Menschen über die Beschränktheit der christlichen Askese zur Freiheit eines vernünftigen Lebensgenusses erhoben, haben sie sich auch über die religiösen Sinnlichkeiten der älteren und ersten Christen, über die Vorstellungen eines fleischlichen Gottes, einer fleischlichen Auferstehung und Unsterblichkeit zu idealistischen Vorstellungen erhoben. Der vernünftige Realismus im Leben wird zu einem vernünftigen Idealismus im Geiste, wie umgekehrt ein unvernünftiger Idealismus, richtiger Spiritualismus im Leben zu einem unvernünftigen Realismus, richtiger Materialismus im Geiste wird. S. 251 greift der Rec. diesen Satz nochmals auf und will mich hier des Widerspruchs zeihen, daß, nach meiner Ansicht, welcher zufolge die Negation des Sinnlichen in ungleich höherm Maße dem Christenthum wesentlich sei, als dem Hebraismus, die neutestamentlichen Vorstellungen von Gott viel sinnlicher sein müßten, als die alttestamentlichen. Wahrscheinlich hat hier wieder der Rec. die anatomischen Extremitäten der Menschheit im Sinne. Aber ist denn nicht der neutestamentliche Gott, im Unterschiede vom Jehovah des A. T., Vater und Sohn in sich? Concentrirt sich aber nicht in diesem Verhältniß eine Fülle der intensivsten sinnlichen Gefühle und Vorstellungen? Ist Christus, der eins mit dem Vater, nicht eine menschliche Gestalt? und zwar dieselbe, nur jetzt verklärte Gestalt im Schooße der Trinität im Himmel, die er hier auf Erden war? Ist nicht Christus, der reelle, weil herzliche, fühlbare Gott des Christenthums, ein Wesen, das einst selbst den verklärten Augen des Körpers Gegenstand sein wird? Ist ferner die Liebe des Vaters zu den Menschen, um deren willen er selbst des eignen eingebornen Sohnes nicht schonet, keine sinnliche Vorstellung?

S. 190 wundert sich der Rec., den Geheimnissen der und zwar hier speculativen Theologie das Geheimniß der Natur angereiht zu treffen und fragt: „Soll denn das Christenthum Alles, was die Speculation und Theosophie in seinem äußern Geschichtsgebiet erzeugt hat, zu vertreten haben? Dann gäbe es, um es der verderblichsten Tendenz oder doch des entsetzlichsten Widerspruchs mit sich selbst zu überführen, ja gar kein einfacheres Mittel, als daß ihm der Verf., der doch auch die Wohlthat der Bildung (wahrscheinlich die Wohlthat? des christlichen Religionsunterrichtes) in jenem Gebiete genossen hat, seine eigne philosophische Lehre aufbürdete." Aber habe ich denn dem Christenthum das Geheimniß der Natur in Gott aufgebürdet? Oder mache ich ihm daraus einen Vorwurf, daß es im Logos die göttliche Kraft des Wortes, in Christus die göttliche Kraft des Herzens bewahrheitet hat? Was indeß die in dieser Schrift niedergelegten Ansichten betrifft, so muß ich allerdings gestehen, daß ich sie dem Christenthum verdanke, denn ich habe sie nur durch die unbestochne Analyse seines Inhalts gefunden, selbst die am Schlusse ausgesprochne Ansicht. Ich für mich wäre wahrlich nie darauf gefallen, Essen und Trinken für religiöse Acte zu erklären. Nur die Analyse des Christenthums, welches sich seines Gottes auch vermittelst der organischen Functionen des Essens und Trinkens bemächtigt, brachte mich auf diesen Satz. „Dis," sagt Luther, „ist in Summa unsre Meinung, daß wahrhaftig in und mit dem Brod der Leib Christi geessen wird, also daß alles, was das Brot würcket und leidet, der Leib Christi leide und würcke, daß er ausgetheilt, geessen und mit den Zähnen zerbißen werde propter unionem sacramentalem." (Plancks Gesch. der Entst. des protest. Lehrbeg. VIII. B. S. 369.) Wie leicht ist es nun aber hieraus zu schließen, daß dem Essen und Trinken eine religiöse Bedeutung zukommt, wenn sich der Mensch vermittelst dieser Acte des religiösen Gegenstandes versichert und bemächtigt! Die am Schluße ausgesprochnen Ansichten, die mir der Verf. als meine eignen positiven anrechnet, gehören mir daher eben so wenig oder eben so viel an, wie die im ersten Theile ausgesprochnen, eigentlich positiven Ansichten, wie z. B. Leiden für Andere ist göttlich.

S. 200 ruft der Rec. aus: „was sollen wir nun sagen zu dieser Procedur, wodurch der Gesammtinhalt der christlichen Religion in das Erzeugniß begehrlicher, anmaßender Subjectivität rc. aufgelöst werden soll?" Was ihr dazu sagt, das ist mir ganz einerlei. Zeigt und beweist mir, daß das Wunder nicht ein realisirter supranaturalistischer Wunsch, die Auferstehung nicht der realisirte Wunsch unmittelbarer Gewißheit von der individuellen Fortdauer nach dem Tode, die Allmacht der Güte nicht die Allmacht des Gemüths, der christliche Himmel nicht der realisirte Wunsch des Menschen nach unbeschränkter unaufhörlicher Glückseligkeit ist.

S. 201 „protestirt der Rec. dagegen, daß das Christenthum verantwortlich gemacht werde für die Verehrung einer Mutter Gottes — die nach dem Verf. S. 83 eben so wesentlich zur christlichen Religion gehört, wie der Glaube an den Sohn Gottes und den Gott Vater — oder für die Rede von einem Leiden und Sterben Gottes." Auch bei den Protestanten heißt Maria die hochgelobte Jungfrau, die „wahrhaftig Gottes Mutter und gleichwohl eine Jungfrau blieben ist" „alles höchsten lobes wert" Apol. der Augsb. Conf.

Art. 9. Die Vorstellung von einem Gott Vater, einem Sohne Gottes führt nothwendig auf die Mutter Gottes. Wenn aber gar der Rec. die Rede von einem Leiden und Sterben Gottes verwirft als eine unchristliche, so verläugnet er die tiefste Wahrheit des christlich religiösen Gemüthes und Affectes. Nur wenn das Leiden Christi als ein wirkliches Leiden Gottes vorgestellt wird, ist die Incarnation, ist die Liebe Gottes, der Grund der Incarnation, keine Phrase, keine Illusion. Freilich, was das Gemüth, was der Affect bejaht und bestätigt, das läugnet wieder die Verstandeslist der Dogmatik.

S. 202 „macht der Rec. mir den Vorwurf, daß ich es mir sehr bequem," sollte heißen sehr sauer gemacht habe, „wenn ich die frommen Wünsche und Bedürfnisse die christlichen Vorstellungen von einem liebenden Gotte, einer Trinität selbst erzeugen lasse." Aber gerade diese, natürlich unwillkürliche Genesis ist der wohlbegründetste und eigentlich philosophische Centralpunkt meiner Schrift. Allgewaltig ist das Bedürfniß, wenn es einmal ein wahres Bedürfniß geworden. Ist es aber einmal ein wahres, inniges, den Menschen mit sich fortreißendes Bedürfniß geworden, so sind eben damit auch die Hemmungen, Zweifel und Schranken verschwunden, die seiner Befriedigung im Wege standen. Darum wende ich den Ausspruch der gemeinen Noth: „Noth bricht Eisen", an einer Stelle auch auf die Gemüthsnoth an. Was einmal zum Bedürfniß, das ist mir zur Nothwendigkeit geworden. Und was den Charakter der Nothwendigkeit, das hat für mich den Charakter der Objectivität. Nur die Vorstellung, nur das Gefühl der Nothwendigkeit gibt mir die Vorstellung, gibt mir das Gefühl einer Materie, einer Objectivität. S. hierüber des Verf. Leibnitz §. 8. Bei inneren Gegenständen aber fällt die Vorstellung und das Bedürfniß zusammen. Entsteht in mir das Bedürfniß, so entsteht auch zugleich in mir die Vorstellung der Sache. Aber die Vorstellung, die aus einem Bedürfniß, aus innerer Gemüthsnothwendigkeit entspringt, ist eben deswegen eine wesenhafte, nothwendige und als eine solche die Vorstellung eines nothwendigen Wesens. Weil sie eine gewaltsame Vorstellung, eine Vorstellung des Bedürfnisses ist, verliert sie den Charakter einer idealen Vorstellung, wird sie eine materielle, d. h. eben eine unfreie oder besser unfreiwillige Vorstellung, eine Vorstellung, die nicht ich, sondern die mich beherrscht. Zu dieser Macht des Bedürfnisses gesellt sich aber noch eine andere souveräne Macht, die Macht der Zeit, deren Herrschaft auch das Herz oder Gemüth unterthan ist. Bestimmte Bedürfnisse entstehen und befriedigen sich nur zu bestimmten Zeiten. Und die Zeit der Befriedigung ist erschienen, wo eben ein Bedürfniß nicht mehr den Charakter eines subjectiven, darum unberechtigten Wunsches hat, sondern unter der Gunst oder Mißgunst äußerer historischer Verhältnisse und Bedingungen mit der Gewalt, d. h. dem absoluten Rechte der Nothwendigkeit auftritt. Das Bedürfniß ist die höchste, die souveräne Macht — das Schicksal der Geschichte. Und noch mehr: das Bedürfniß einer Zeit ist die Religion dieser Zeit — der Gegenstand dieses Bedürfnisses ihr höchstes Wesen, ihr Gott. Nur im Bedürfniß wurzelt die Religion. Was du bedarfst, aus innerstem Grunde bedarfst — das allein, sonst nichts ist dein Gott. So ist auch die christliche Religion aus Bedürfnissen und zwar Herzens-, aber zugleich auch Vernunftbedürfnissen entsprungen, denn was der Mensch als etwas Nothwendiges empfindet, erkennt er auch als etwas Vernünftiges. Wo der Mensch mit dem Verstande oder der Vernunft verneint, was er mit dem Herzen bejaht, da ist Etwas kein wahres, kein objectives Bedürfniß mehr. Aber es ist anmaßend, die Bedürfnisse des Herzens, aus denen die christlichen Vorstellungen der Trinität, des Himmels, des persönlichen Gottes entsprungen, von der Geschichte abzusondern, sie als unzeitliche, übergeschichtliche Bedürfnisse hinzustellen, d. h. das christliche Gemüth zu dem universalen, schlechthin absoluten Wesen zu machen, dem alle Zeiten und Menschen ohne Unterschied unterthan sein sollen. Auch die Bedürfnisse des Gemüths gehorsamen, wie gesagt, der Macht der Zeit. Wie viele Vorstellungen, welche den frühern Christen Gemüthsbedürfnisse waren, sind es den heutigen nicht mehr! Ach wie viele! Mit Wohlbedacht und ohne mir zu widersprechen, wie mein oberflächlicher, incompetenter Rec. meint, brauche ich daher in meiner Schrift die Worte: Gemüth und Herz. Wo es nicht nothwendig ist, sie zu unterscheiden, unterscheide ich sie auch nicht; außerdem ist mir das Herz das universale Gemüth, das Gemüth das christliche Herz — das Herz, das lediglich in den Inhalt des Christenthums das Wesen, das absolute Wesen des Herzens setzt. Das Herz ist mir das „weltoffne" Gemüth, das Gemüth, das sich nicht gegen die Macht der Zeit und Vernunft, d. i. die Macht der Wahrheit sträubt; das Gemüth aber das Herz, das sich von dem Schicksal der Welt absondert, das sich verschließt vor der Macht der Natur und Geschichte, das besondere, historische Bedürfnisse zu absoluten, über alle Zeit erhabenen Bedürfnissen macht. Das Christenthum, sage ich, ist entsprungen aus dem Herzen, inwiefern es aus dem göttlichen Triebe der Wohlthätigkeit im höchsten Sinne entsprungen, inwiefern es das Leiden für Andere als das höchste Gebot ausgesprochen; aber weil auch das Christenthum unter historischen Bedingungen und Vorstellungen entsprungen, so hat es diese allgemeine Wahrheit an gewisse historische und zwar supranaturalistische Vorstellungen geknüpft und dadurch die Sache des Herzens zu einer Sache des Gemüthes gemacht. Wenn ich daher erst das Positive des Christenthums, welches lediglich die Liebe des Menschen zum Menschen ist, aus dem Herzen ableite, dagegen später, nachdem ich das Herz näher bestimmt, unterschieden habe in Herz und Gemüth, dem Christenthum als dem durch die Differenz des christlichen Glaubensbekenntnisses beschränkten Herzen das Gemüth, dem Heidenthum, d. h. dem Unglauben, überhaupt der Philosophie das Herz vindicire, so ist das kein Widerspruch, höchstens nur in den Augen eines befangenen theologischen Recensenten, der ex officio auch die sonnenklarste Wahrheit läugnen muß. Denn nicht das christliche Gemüth, sondern das Herz hat sich über die Differenz von Christenthum und Heidenthum erhoben, die Schranken niedergerissen, welche die Glaubensbornirtheit zwischen der christlichen und heidnischen Menschheit befestigt hatte. Das Herz ist, wie gesagt, das universale Gemüth, und aus diesem allgemeinen Gemüthe kam das Allgemeine, das Positive des Christenthums, die Liebe des Menschen zum Menschen; denn auch die Heiden hatten schon theilweise als Philosophen die Idee und Gesinnung der allgemeinen Menschenliebe. Nun wieder zu unserm Rec. zurück.

S. 202 ruft er ächt theologisch aus: „Warum folgt ihr nicht einer Stimme des Herzens, die nicht schweigen will noch kann? Soll das Christenthum seine objective Wahrheit dadurch bewähren, daß es dem Bedürfniß des Herzens nicht entspricht?" Nein! nur mache man nicht die Herzensbedürfnisse einer vergangenen Zeit zu ewigen Bedürfnissen! Nur bürde man nicht die Bedürfnisse des himmlischen, supranaturalistischen Gemüthes dem durch Philosophie und Naturanschauung gebildeten und gezüchtigten Herzen als Gesetze auf! Nur anerkenne man die Verschiedenheit und Veränderlichkeit des menschlichen Herzens im Laufe der Weltgeschichte und bedenke also, daß, was das Herz einer frühern Zeit aufs Höchste entzückte, das Herz einer spätern Zeit aufs Tiefste empört und indignirt. „Die meisten Empfindungen, sagt Napoleon (Las Cases), sind Ueberlieferungen; wir erfahren sie, weil sie vor uns da waren." Sehr wahr; und so manche Empfindungen und Bedürfnisse des Gemüths sind Luxusartikel. Ja wohl! auch das Gemüth hat seinen Luxus. Der Rec. fährt fort: „So sehen wir, wie hier der Angriff auf das Christenthum wider seinen Willen (wider seinen Willen? o wie blind ist doch der Theologe!) in eine Apologie desselben umschlägt." „Was über die Correspondenz zwischen Christenthum und Gemüth gelehrt wird, darunter finden wir Vieles (wie gnädig!) ganz richtig, Einiges sogar (natürlich nur Einiges, nicht z. B. die Deduction der Mutter Gottes, welche der

Rec. von seinem Standpunkt aus ex officio schon perhorresciren muß) schön entwickelt und mit einer seltsamen (?) unwillkürlichen Begeisterung vorgetragen, die von der geheimen Macht zeugt, die der fremd gewordne Gegenstand wenigstens noch über die Phantasie des Verf. ausübt" (S. 203). Ueber die Phantasie? O ich bin nicht so schwach, daß ich mich durch eine geheime auf die Phantasie wirkende Macht übertölpeln lasse. Meine Begeisterung ist überall eine unwillkürliche, aber eine bewußte, vom Verstande überwachte. Ich bestimme keinen Gegenstand willkürlich durch vorausgefaßte Begriffe und Vorstellungen; ich lasse mich von ihm bestimmen: patior. Wie er ist, so stimmt er mich — das Positive stimmt und macht mich positiv, das Negative negativ. Ist ter letzte Satz meiner Analyse frivol, so erkenne man daher auch ihn an als den adäquaten Ausdruck einer gegenständlichen Frivolität. Der Vorwurf der Frivolität, der Blasphemie ist mir übrigens, wie überhaupt jeder Vorwurf und Schimpf aus dem Munde eines beschränkten Theologen, ein absolut gleichgültiger*). Ich bin nichts weniger als ein nicht unterscheidender, unkritischer, fanatischer Gegner ter Religion. Ich scheide nur das Wahre vom Falschen — eine Scheidung, die freilich der Theolog qua Theologus nicht vertragen, nicht acceptiren kann, denn er goutirt nur die Wahrheit, wenn ihr eine tüchtige Dosis von Falschheit beigemengt ist. Insbesondre unterscheide ich zwei Elemente im Christenthum — ein universelles (oder menschliches), welches die Liebe, und ein egoistisches (oder theologisches), welches der Glaube ist, weil im Unterschiede von der Liebe sein Gegenstand nichts anderes ist, als das abgezogene Wesen des menschlichen Selbstes. Und ich bin daher nicht für das begeistert, was im Sinne der Theologie, sondern was im Sinne der Anthropologie das Wahre und Wesenhafte der Religion ist. So feire ich z. B. die Maria, aber ich feire in ihr nicht die Wahrheit des Katholicismus, sondern die

---

*) Man lese, was schon P. Bayle hierüber gesagt.

Wahrheit und Nothwendigkeit des weiblichen Wesens. Nicht also für die Maria als religiösen Gegenstand, sondern als Bild des wirklichen Weibes, nicht für die in den Himmel der theologischen Illusion erhobene, sondern für die auf das wirkliche Weib als ihr Urbild reducirte Maria bin ich begeistert. So feire ich auch z. B. den Logos, aber nicht als ein besonderes, theologisches Wesen, sondern nur als ein Bild, als einen Ausdruck von der Macht und Bedeutung des menschlichen Worts.

„Aber hat denn nicht, ruft der Rec. aus (S. 204), der Verf. gezeigt, daß a l l e diese Bedürfnisse selbstischer Natur sind, daß die Religion ..... ganz auf dem Egoismus des Gemüths ruht?" Wo hat er denn das gezeigt? Ist denn das Bedürfniß, von sich zu abstrahiren und vermittelst des Denkens zum Begriffe der reinen Intelligenz sich zu erheben, ein Bedürfniß, welches sich im Begriffe des von allen endlichen und anthropomorphistischen Bestimmungen gereinigten Urwesens vergegenständlicht und befriedigt, auch ein Bedürfniß selbstischer Natur? Oder das Bedürfniß, der göttlichen Realität des Wortes, der Phantasie, des Willens sich bewußt zu werden? Oder gar das Bedürfniß, die für Andere lebende und sterbende Liebe als das höchste Wesen zu bekennen? Oder ist es vielleicht überhaupt gar Egoismus, wenn nur der Mensch den Menschen liebt, den Menschen zum höchsten Gegenstande seiner Liebe und Thätigkeit macht? Allerdings, wenigstens in dem Wahne des unverfälschten orthodoxen Glaubens, der aus Furcht vor dem Zorne eines selbstischen, eifersüchtigen Gottes, d. h. aus Furcht vor dem Gespenst seines eignen Selbstes sich nicht den Menschen um des Menschen willen zu lieben getraut. Diesen starken Glauben scheint auch der Rec. noch zu haben ganz im Widerspruch mit dem purgirten Glauben der modernen Welt. Er sagt nämlich: „Aber wenn der Mensch in der Religion doch nur sein eignes und zwar subjectives Wesen vergegenständlicht, indem er dasselbe zur Absolutheit erhebt, was ist die Religion Anderes, als Egoismus?" (S. 206.) Ja sie ist Egoismus, aber in demselben Sinne, als es Egoismus ist, wenn der

Mensch in der Liebe zur Menschheit auf- und untergeht. Aber über diesen Egoismus könnt ihr nicht hinaus, ohne in einen unendlich widrigern, ohne in den eigentlichen Egoismus zu verfallen. Je mehr ihr euern Gott vom Wesen des Menschen unterscheidet, desto selbstischer ist er; selbst wenn ihr euch helft zum Behufe dieses Unterschiedes mit der nichtigen Unterscheidung zwischen Bestimmungen des göttlichen Wesens, die jetzt, und zwischen Bestimmungen, die einst erst euch offenbar werden — auch diese Kluft zwischen Jetzt und Einst ist mir eine Leere, eine Pore eures Selbstes. Gott vom Wesen des Menschen unterscheiden, heißt sich vom Wesen der Menschheit absondern, sich über sein Wesen hinwegsetzen. Der außer- und übermenschliche Gott ist nichts Anderes, als das außer- und übernatürliche Selbst, das seinen Schranken entrückte, über sein objectives Wesen gestellte subjective Wesen des Menschen.

In der Abendmahlslehre, bemerkt der Rec. S. 216, zeige ich mich „wenig unterrichtet von den hier vorkommenden Unterschieden — katholische, lutherische, calvinische Vorstellungen werden ziemlich wirr durch einander geworfen." Ei ei! wenig unterrichtet? Und doch citire ich auch in Betreff dieser Materie, die ich gerade um so gründlicher studirte, je geistloser sie ist, den h. Bernhard, den Ambrosius, den Petrus Lombardus, die *Theol. schol.* von Metzger, das Concordienbuch, den J. Fr. Buddeus, den Melanchthon, die lutherische Glaubenskomödie von Frischlin, und hätte noch weit mehr citiren können, wenn ich nicht überhaupt nur deswegen citirte, um mir den boshaften Pedantismus jener armseligen Zunftgelehrten vom Halse zu schaffen, die nur dadurch zeigen wollen, daß sie Etwas wissen, daß sie Andern Unwissenheit vorwerfen und zwar in Dingen, über die man sich in einer Viertelstunde bis zum Ueberdruß satt instruiren kann, wenn man es nicht verschmäht, in das Handwerk irgend eines Zunftgelehrten hineinzublicken. Wie ich mich überhaupt von meinem Standpunkte aus mehr an das Identische, Allgemeine des religiösen Bewußtseins hielt, so war es mir auch in dieser Materie nicht darum zu thun, die confessionellen Unterschiede besonders hervorzuheben oder gar die katholische oder protestantische Abendmahlslehre als die allein vernünftige *a priori* zu demonstriren. Uebrigens hebe ich dennoch genug die Unterschiede hervor, aber natürlich nur für den, der Augen hat, und zwar gute Augen. „Auch über die Lehre der Kirche von der Taufe als Kindertaufe ist der Verf. übel instruirt, wenn er S. 326 bemerkt, daß man dabei das Moment der Subjectivität in den Glauben Anderer, in den Glauben der Eltern oder deren Stellvertreter verlegt habe." Der ohnmächtige Theologe! Weil er nicht im Stande ist, auch nur einen wesentlichen Satz meiner Schrift umzuwerfen, sucht er sich dadurch zu revangiren, daß er in Lappalien mich widerlegen will. Und doch kommt er mir auch nicht einmal hierin bei. Sage ich, daß dies die Lehre der Kirche war? Drücke ich mich nicht unbestimmt aus, wenn ich sage: man habe ⁊c.? Und ist dies nicht wirklich so? Hier gleich die Beweisstellen. Non quod vel ipsi (infantes), quando baptizantur, fide omnino careant, *sine qua impossibile est vel ipsos placere Deo*, sed salvantur et *ipsi per fidem*, non tamen suam, sed *alienam*. *Bernard.* Epist. ad magistrum Hugonem de Sct. Victore (Ep. 77 in der in meiner Schrift citirten Ausgabe). His aliisque testimoniis aperte ostenditur, adultis sine fide et poenitentia vera in baptismo non conferri gratiam remissionis, quod *nec parvulis sine fide aliena*, quia *propriam habere nequeunt*, datur in baptismo remissio. *Petrus Lomb.* l. IV. dist. IV. c. I. Soll denn nur das ein Ausdruck der Religion sein, was die Schlangenklugheit der Kirche zum Dogma gestempelt hat? O wie pauvre, wie arm an Geist und Herz wäre die Religion, wenn nur das für Religion gelten sollte, was der Papst oder ein aufgeblasener Professor der protestantischen Dogmatik ex cathedra spricht!

Auch in Betreff des Wunders ist mein guter Rec. aus sehr begreiflichen Gründen nicht gut auf mich zu sprechen. Nach meiner Schrift ist „das Wunder, d. h. bei dem Verf. die Aufhebung der Naturgesetze nicht blos des Glaubens liebstes, sondern eigenstes Kind." Wie? nur bei mir ist das Wunder die Aufhebung des Naturgesetzes? *Per miracula enim ordo naturae tollitur. J. Fr. Buddei* Comp. Inst. Th. dog. l. II. c. I. §. 28. Ad miraculum enim requiritur, ut *leges naturae* a Deo stabilitae *tollantur* vel *suspendantur; q*uod cum *sine potentia infinita* fieri nequeat, sequitur, solum Deum posse miracula edere. Solus quoque Deus leges istas constituit, solus ergo etiam eas tollere aut suspendere potest. (Ebendas. l. II. c. II. §. 28 Anm.) „Hieraus erhellet, sagt selbst Leibnitz (Abhandl. von der Uebereinst. des Glaubens mit der Vernunft §. 3 nach der Uebers. v. Gottscheb), hieraus erhellet, daß Gott die Gesetze, welche er den Creaturen vorgeschrieben, auch gar wohl hinwiederum aufheben und in denselben etwas hervorbringen könne, was die Natur nicht mit sich bringt." Cum Deus sit omniscius et omnipotens, quid est, cur non possit aut quod scit, significare, aut *quod vult*, agere, etiam *extra communem naturae ordinem*, quippe *a se constitutum* et *opificii jure subjectum. H. Grotius* de verit. Rel. chr. l. I. §. 13. Alle andern Bestimmungen des Wunders, wie z. B. daß es sei eine übernatürliche Wirkung, eine Wirkung, die nicht aus den Kräften der Creatur abgeleitet werden könne, sind nur unbestimmte Periphrasen der allein präcisen Definition, daß das Wunder, als eine unmittelbare Position des göttlichen Willens, die Negation der natürlichen Nothwendigkeit, des Naturgesetzes ist. Allerdings ist diese Bestimmung nur ein Urtheil des Verstandes über das Wunder des Glaubens; oder nur dem erscheint das Wunder so, welcher bereits mit seinem Verstande außer dem Glauben steht, dessen Verstand daher das Wunder widerspricht, ob er es gleich glaubt, und weil er es glaubt, nun auch in seinem Verstande annimmt. Erst in der scholastischen Theologie ist daher diese Bestimmung des Wunders aufgekommen. Dem Glauben selbst aber ist, weil er nichts von Gesetzen, überhaupt nichts von der Natur weiß, das Wunder eine ganz natürliche Wirkung, wie ich dies schon in meiner Abhandlung über das Wunder ausgesprochen habe. Die Wunder sind ihm gleichbedeutend mit den natürlichen Wirkungen, weil ihm die Wirkungen der Natur Wirkungen der Allmacht Gottes sind, weil er nur Eine Ursache kennt — Gott. Der Mangel des Begriffs der Natur ist ein specifisches Merkmal des religiösen Bewußtseins. Wenn daher die Kirchenväter, wie z. B. Augustin in seiner Civitas Dei, die Wunder nicht der Natur entgegensetzen, so kommt das nur daher, weil sie auch von der Natur nur eine theologische, d. h. miraculöse Anschauung haben, sie nur vom Gesichtspunkte der Allmacht aus betrachten, kurz weil sie keinen Begriff von der Natur und folglich auch keinen specifischen Begriff vom Wunder haben. Aber dadurch, daß das Wunder für den Glauben kein Wunder, wenigstens in unserm Sinne, keine Negation des Gesetzes, des Wesens der Natur ist, hebt sich nicht die gegebene Bestimmung auf.

Wenn übrigens das Wunder als das specifische Object des Glaubens bestimmt wird, so ist damit nicht das äußerliche, gemeine, physikalische Wunder gemeint. Auch die Dogmen sind Wunder — intellectuelle Wunder, der gesammte Inhalt des Christenthums von Anfang bis zu Ende ist ein Cyklus von Wundern. Das äußerliche Wunder ist nur ein „Phänomen," daher selbst nicht immer unbedingt nothwendig. Die Hauptsache ist der Glaube an das Wesen, welches diese Wunder thut zum Wohl und Heil des Menschen — der Glaube also an das wunderthätige, allmächtige, an keine Gesetze der Natur gebundene, unbeschränkte Wesen. Das Princip des Wunders ist das Princip des Glaubens. Ob Wunder geschehen oder nicht, das ist einerlei; wenn nur der Glaube feststeht an das Wesen, welches Alles thun kann, was es nur will — non ob aliud vocatur omnipotens (sc. Deus), nisi quoniam *quidquid vult potest.* Augustin. de civ. Dei l. 21. c. 7 — und was es thut oder geschehen läßt, auch das Widrige, nur zum Wohle des Menschen, sei es nun dem zeitlichen oder ewigen, thut. Die zeitliche und räumliche Erscheinung des Wunders kann man fahren lassen; das Wesen des Wunders kann man nicht aufheben, ohne das Wesen des Glaubens zu negiren.

Dies gilt auch von der Vorsehung, über deren von mir gegebene Bestimmung sich, gleichfalls aus sehr begreiflichen Gründen, der Rec. S. 222 gewaltig skandalisirt. „Der Satz: die Vorsehung offenbare sich nur im Wunder, hat zur Kehrseite den Satz: wo keine Wunder geschehen, da ist für den Glauben auch keine Vorsehung. Und eine solche Schwäche und Beschränktheit des Glaubens, dem der natürliche Zusammenhang eine unübersteigliche Schranke für das göttliche Wirken wäre, wagt der Verf. dem christlichen Glauben als wesentliches Attribut aufzubürden, ja wie zum Hohne gerade darein seine Stärke zu setzen. Um diese monströse Beschuldigung zu belegen, citirt er sonderbarer (?) Weise zwei Stellen protestantischer Autoren ... eine dritte von L. Vives." Ach! was wäre ich für ein armseliges Geschöpf, wenn ich einen so wesentlichen Gedanken auf ein Paar Stellen gründete! Mein ganzes Buch ist der Beweis. Aber hier besonders, freilich nicht weniger auch bei allen andern Gelegenheiten, beweist eben der Rec., daß er meine Schrift, ob er gleich sie beurtheilen will, nicht nur nicht begriffen hat, sondern auch von seinem theologischen Standpunkt aus unfähig ist, sie zu verstehen. Ich sage nicht, daß sich die Vorsehung überhaupt, sondern daß sich die religiöse Vorsehung, die ich wohlweislich von der natürlichen unterscheide, im Wunder offenbare. Die religiöse Vorsehung ist nur die, welche dem Menschen seinen specifischen Unterschied von den übrigen natürlichen Wesen zum Bewußtsein bringt, denn die Religion beruht — erster Satz meiner Schrift — auf dem wesentlichen Unterschied des Menschen vom Thiere. Die natürliche Vorsehung erstreckt sich aber auf alle Wesen ohne Unterschied; sie unterscheidet nicht den Menschen von den Lilien auf dem Felde und von den Vögeln unter dem Himmel; sie ist nichts anderes, als die Vorstellung der Natur, wie sie das religiöse Bewußtsein an die Vorstellung Gottes anknüpft. Die Lilie, die heute blüht, ist morgen verwelkt, und der Vogel, der heute singt, morgen auf ewig verstummt in Gemäßheit der natürlichen Vorsehung, d. h. in Folge des natürlichen Verlaufs der Dinge. Um der Thiere willen geschehen keine Wunder, aber um der Menschen willen. Also ist erst die Vorsehung, welche den Menschen durch das Wunder aus dem natürlichen Zusammenhang der übrigen Dinge und Wesen hervorhebt und auszeichnet, die religiöse Vorsehung*). Unglaublich ist es oder wäre es, wenn nicht von einem Theologen, wenigstens im Kampfe gegen den Unglauben, Alles glaublich wäre, daß mir ein Theologe den Satz streitig macht, daß der Glaube an Wunder und der Glaube an die religiöse Vorsehung identisch sind. Ist nicht das ganze alte Testament, das ganze neue Testament der Beweis davon? Was ist der Beweis der göttlichen Vorsehung im A. T.? Das Wunder. Was der Hauptbeweis im N. T.? Die Erscheinung des Sohnes Gottes auf Erden? Aber ist diese kein Wunder? Was ist die Vorsehung Gottes für den Menschen Anderes, als seine Vorliebe für denselben? Aber wodurch konnte er diese besser zeigen und beweisen als durch die wunderbare Sendung seines eingebornen Sohnes? Die Vorsehung ist, wie bewiesen wird in meiner Schrift, eine Vorstellung ohne Realität, eine Phrase, wenn sie nicht die Liebe zur Basis hat. Die Liebe allein ist die intime, die specielle Vorsehung; die Liebe aber bewährt sich durch außerordentliche Thaten. Nur die Liebe wirkt Wunder im wahren und imaginären Sinne. Also realisirt sich die Vorsehung in der Liebe, die Liebe aber im Wunder. Und an diesem innigen Bande zwischen der Vorsehung und dem Wunder hält heute noch das religiöse Gemüth auch im Protestantismus fest, wenn gleich die Willkür einer raffinirten casuistischen Dogmatik dies Band zerrissen hat. Die Protestanten glauben zwar keine kirchlichen Wunder mehr, wie die Katholiken, aber Wunder der Vorsehung im Privatleben der

---

*) Darum definire ich in meiner Schrift die religiöse Vorsehung (das Wunder) als das religiöse Bewußtsein des Menschen von seinem Unterschiede von der Natur.

Menschen glauben sie heute noch, wie dies genug Schriften beweisen. Bei dieser Gelegenheit gibt der Rec. ein schönes Pröbchen von der, ich weiß nicht soll ich sagen Gedanken- oder Gewissenlosigkeit seiner Recension. „Der Verf., sagt er, verwickelt sich hier in das Netz widersprechender Behauptungen. In der Natur, heißt es, offenbare sich nur die natürliche, nicht die göttliche Vorsehung, die Vorsehung, wie sie Gegenstand der Religion. Im Widerspruch damit heißt es: Der religiöse Naturalismus ist allerdings auch ein Moment der christlichen Religion. Und doch wieder auf der folgenden Seite: die natürliche Vorsehung ist in den Augen der Religion so viel als keine. Dies steigert sich gleich darauf noch dahin: wenn die Vorsehung in der Natur, welche von den frommen christlichen Naturforschern so sehr bewundert wird, eine Wahrheit ist, so ist die Vorsehung der Bibel eine Lüge und umgekehrt." Wodurch entstehen nun aber diese Widersprüche? Dadurch, daß der Rec. eine wesentliche Bestimmung ausläßt. Es heißt nämlich in meiner Schrift also: „Der religiöse Naturalismus ist allerdings auch ein Moment der christlichen Religion — mehr noch der mosaischen, so thierfreundlichen Religion. Aber er ist keineswegs das charakteristische, das christliche Moment der christlichen Religion." Beide Worte sind noch dazu unterstrichen; aber was übersieht nicht ein Theolog in der Furcht seines Herrn? Der religiöse Naturalismus ist nicht das christliche Moment der christlichen Religion, heißt nun aber nichts Andres als: die natürliche Vorsehung, die Vorsehung, die sich in den Fang- und Freßwerkzeugen der Thiere offenbart, ist nicht die religiöse, ist eine „ganz andere," ja der religiösen entgegengesetzte. Seht! so widerlegt der Theolog! Aber eine noch schönere, eine wahrhaft charakteristische Probe von seiner kritischen Capacität gibt der Rec. S. 251. In meiner Schrift heißt es S. 145: „Im Essen und Trinken feiert und erneuert der Israelite den Creationsact; im Essen erklärt der Mensch die Natur für ein an sich nichtiges Object. Als die siebzig Aeltesten mit Mose den Berg hinanstiegen, da „„„sahen sie Gott und da sie Gott geschauet hatten, tranken und aßen sie."" Der Anblick des höchsten Wesens beförderte also bei ihnen nur den Appetit zum Essen."

Dagegen bemerkt nun der Recensent: „Jeder Kundige weiß, daß dies Essen und Trinken hervorgehoben werde im Gegensatze gegen die herrschende Vorstellung, daß der Anblick Gottes todbringend sei. Daraus zieht der Verf. den Schluß (Schluß?): der Anblick des höchsten Wesens ꝛc. Mit derselben Frivolität und Unwissenheit wird unmittelbar vorher Exod. 16, 12 schmählich verdreht." Impertinent! Gerade das, was mir der Rec. hier entgegenstellt und worüber er mich in seinem theologischen Dünkel belehren will, gerade das führe ich selbst auf derselben Seite in der Anmerkung an: Tantum abest, ut *mortui sint, ut contra convivium hilares celebrarint.* (Clericus in seinem Commentar des A. T.) Eben so impertinent als lächerlich ist die Beschuldigung wegen Exod. 16, 12, da ich diese Stelle hinstelle, ohne eine Erklärung zu geben. Aber freilich haben nur die Theologen das Privilegium, die Bibel „schmählich verdrehen" zu dürfen. Oder nimmt etwa gar mein scharfsinniger Rec. die vorausgehende Stelle: „nur im Genusse des Manna wurden die Israeliten ihres Gottes inne," im wörtlichen Sinne, oder als eine Behauptung, von welcher das nachfolgende Citat der Beweis sein soll? Wenn er das glaubt — und er glaubt es wirklich, wie er dies bei Gelegenheit eines Citats von mir aus Paulus beweist — so ist er gewaltig in der Irre. Ueberall kommt es nur auf das Princip an. Gesetzt, es stünden die angeführten Stellen auch gar nicht in der Bibel; es bliebe doch die gezogene Consequenz. Das Judenthum, welches innerhalb des heidnischen Zeitalters das ist, was außerhalb dieser Zeit das Christenthum, hatte im Gegensatz zu der einerseits ästhetischen, andrerseits idololatrischen Anschauung der Heiden von der Natur nur eine egoistisch-teleologische Anschauung, deren sinnliche Spitze die gastrischen Sinne sind.

S. 258 beschuldigt mich der Rec. der Willkür, Nichtigkeit und

Abhängigkeit zu indentificiren. „Sollte Gott nur über Nichtiges, Unwirkliches Herr sein wollen? Nein, so viel Selbstsein hat Gott der Creatur gegönnt, daß sie Gott zu läugnen vermag," wie z. B. der Verf. Abhängig im religiösen Sinne ist, was den Grund seines Seins und Bestehens nicht in sich, sondern in Gott hat, was für sich selbst, ohne Gott, außer Gott Nichts ist? Gott ist es, in dem die Creatur ihr Sein und Wesen hat — Gott allein ist das Positive in ihr. Und eben deswegen, weil die Creatur für sich selbst, ohne Gott nichts ist, hängt sie von Gott ab. Die Abhängigkeit ist nur die zum Gefühl, zum Bewußtsein, zur Erscheinung kommende innere Nichtigkeit. So weit ich mich abhängig fühle, so weit fühle ich mich nichtig. Nur im Gefühl meiner Selbstständigkeit habe ich das Gefühl, daß ich Etwas bin. Wer ein vom Urtheil anderer Menschen abhängiges Urtheil hat, der hat in Wahrheit gar kein Urtheil. Seine Stimme gilt nichts. Freilich, indem mit dem eigentlich pantheistischen Begriff des Wesens Gottes zugleich der Begriff der Individualität, Persönlichkeit verbunden wird, so tritt die Creatur als ein selbstpersönliches, selbstberechtigtes Wesen dem Creator gegenüber. Und je mehr die Persönlichkeit Gottes hervor, desto mehr tritt die Abhängigkeit des Menschen zurück; denn nur da wird das höchste Wesen als persönliches erfaßt, der höchste Nachdruck auf seine Persönlichkeit gelegt, wo die Persönlichkeit als das höchste Wesen erkannt wird, wo also der Mensch sein höchstes Selbstgefühl darin findet, ein persönliches Wesen zu sein. Aber dieser Punkt ist sattsam in meiner Schrift entwickelt, wenigstens dem Princip nach. Ueberhaupt ist Alles, was der Rec. gegen die von mir behauptete antikosmische Tendenz des Christenthums vorbringt, so wenig im Widerspruch mit dem Princip, dem wesentlichen Grundgedanken meiner Schrift, daß es vielmehr dem Scharfsinn des Rec. keine große Ehre macht, nicht entdeckt zu haben den einzigen erheblichen Widerspruch, an welchem meine Schrift laborirt, nämlich diesen, daß ich nur den Einklang, nicht auch den Widerspruch der antikosmischen Tendenz der alten Christen mit dem Wesen der christlichen Religion dargestellt habe. Wenn nämlich das Wesen der Religion, d. i. das Wesen Gottes nichts andres ist, als einerseits das abgezogene, geläuterte und idealisirte Wesen der Welt — ein Moment, das ich jedoch nicht in meiner Schrift darstellte, mich lediglich auf den Menschen beschränkend — andrerseits das abgezogene, geläuterte und idealisirte Wesen des Menschen, so ist es nothwendig, daß in der Entwicklung der Religion das zuerst als ein andres, als ein dem Menschen entgegengesetztes Wesen angeschaute Wesen derselben als ein menschliches und weltliches verwirklicht werde. Meine Schrift hat daher die seltsame Eigenschaft, daß ihre Wahrheit um so mehr bestätigt wird, je mehr sie von den modernen Christen und Theologen angegriffen und verworfen wird. Denn weswegen greifen sie meine Schrift an, weshalb eifern sie sich so gegen dieselbe? Deswegen, weil ich sage, das Wesen Gottes sei das Wesen des Menschen? Ach! die Theologie ist längst zur Christologie geworden; und die Christologie ist nichts Anderes, als die offenbare religiöse Anthropologie. Nein! deswegen, weil ich z. B. sage, die Ehelosigkeit, natürlich die freiwillige, die aus ungetheilter, enthusiastischer, mystischer Liebe zu Gott sich ergebende Ehelosigkeit entspreche dem Wesen des Christenthums. Die modernen Christen aber sind sammt und sonders verheirathet, meist glücklich verheirathet; sie haben Gefühl, ein warmes Gefühl für die ehelichen Freuden; sie huldigen selbst ungescheut der successiven Polygamie. Zugleich wollen sie aber Christen sein, und zwar gute, ächte Christen, ja Christen par excellence, Christen im vorzüglichsten Sinne, Christen im Sinne der ersten, der biblischen Christen. Was man in praxi bekräftigt, kann man in der Theorie nicht verläugnen, ohne sich einen unerträglichen Widerspruch auf die Schultern zu laden. Es ist daher ganz natürlich, daß die modernen Christen die Ehelosigkeit, die sie praktisch desavouiren, auch theoretisch als unchristlich verwerfen; höchstens historisch, als einen nur für die Zeit der Gründung der Kirche, wo den physikalischen Wundern auch moralische zur Seite stehen mußten, nothwendigen Stand anerkennen — ganz natürlich, daß sie den als Ketzer, als Irrlehrer höhnend bezeichnen, der lehrt, daß nicht die Ehe, sondern die Ehelosigkeit das Geheimniß des esoterischen, wahren Christenthums sei. Und sie haben hierin vollkommen Recht — selbst im Sinne dieses Irrlehrers; denn wenn das allgemeine, d. i. göttliche Wesen des Christenthums nichts andres, als das menschliche Wesen ist, so kann es auch nicht den menschlichen Gefühlen und Trieben in dieser Beziehung widersprechen. Wenn aber das Christenthum dem Geschlechtstrieb, überhaupt den Bedürfnissen und Trieben des natürlichen Herzens nicht entgegen, sondern vielmehr conform ist, so ist die Menschlichkeit und Natürlichkeit seines Ursprungs und Inhalts außer allen Zweifel gestellt; denn dazu, daß der Mensch seine Triebe befriedigt, bedarf es keiner besondern Offenbarung, auch nicht dazu, daß er diese Triebe verklärt, veredelt, vergeistigt und ihre Befriedigung durch politische, ästhetische oder moralische Gesetze beschränkt; denn zur Natur des Menschen gehört nicht nur das Fleisch, sondern auch und zwar vor Allem der Geist. Aber die Darstellung dieses, des modernen Christenthums lag außer oder vielmehr unter meiner Aufgabe, obgleich das Princip dazu enthalten und deutlich genug ausgesprochen ist in der Lehre von der ewigen Glückseligkeit, welche die alten Christen in das Jenseits nur verlegten, die modernen aber schon hienieden realisiren, in der Lehre von der Auferstehung der Körper und der Wiederherstellung aller Dinge nur in einer schönern, von allen Beschwerlichkeiten der Gegenwart gereinigten Gestalt, in der Lehre von Gott als dem das zeitliche und ewige, d. i. sinnliche und geistige Wohl des Menschen bezweckenden Wesen, in der Lehre von Gott als dem gemeinsamen Vater der Menschen, welcher nichts anderes ist, als der mystische Gattungsbegriff der Menschheit, namentlich von Christus, welcher bestimmt wird als das religiöse Bewußtsein von der Identität des Menschengeschlechts. Meine Aufgabe war — an sich eine unnöthige, denn die Geschichte hat sie schon gelöst — ein psychologisches Räthsel aufzulösen. Ein solches ist aber nicht das moderne Christenthum, denn hier liegt der menschliche Inhalt und Ursprung auf platter Hand. Ein solches ist nur das alte Christenthum; denn hier wurde Gott wirklich — wirklich, sage ich, denn die moderne Vorstellung von Gott als einem andern als menschlichen Wesen ist nur noch eine vage, illusorisch-consolatorische Vorstellung, keine praktische Wahrheit — hier wurde Gott als ein vom Menschen unterschiednes und nicht nur unterschiednes, sondern ihm entgegengesetztes, kurz als ein **nicht menschliches** Wesen angeschaut; hier hatte daher auch der Mensch in der praktischen Realisirung dieser religiösen Anschauung, in der Moral kein andres Ziel, als nicht Mensch, mehr als Mensch zu sein. Der übermenschliche Gott bewährt sich nur in einer übermenschlichen Moral. Die Moral ist das einzige Criterium, ob eine religiöse Vorstellung noch eine Wahrheit oder nur eine Lüge ist.

Jetzt können wir auf das antworten, was der Rec. S. 232 mir vorwirft. „Seine Belege nimmt er vornehmlich von einigen Theologen des Mittelalters, besonders natürlich von den Mystikern, am liebsten von Bernhard und Pseudobernhard, wobei denn jeder Ausbruch des mystischen Affects sogar zum Dogma gemacht wird." Lächerlich, ja wahrhaft lächerlich! Glaubt denn mein scharfsichtiger Rec., daß ich meinen ganzen Vorrath verschossen, daß ich weiter nichts gelesen, als was ich citire? Habe ich eine Geschichte der Theologie oder Dogmatik schreiben wollen? Gehören übrigens zu den Theologen des Mittelalters auch Tertullian, Salvian, Ambrosius, Hieronymus, Augustin, Cyprian, Clemens A., Origenes, Gregor v. N., Minucius Felix? Und wenn ich den Petrus Lombardus so oft citirte, warum geschah es? Weil er ein frommer Sammler ist von den Aussprüchen der angesehensten Kirchenlehrer über die Glaubensmaterien. Und was den heil. Bernhard betrifft, wurde er nicht als ein Zeuge der christlichen Wahrheit auch von den Reformatoren hochgeschätzt? Finden sich nicht auch in der Apol. der Augsb. Confession Citate aus ihm? Und wie? er findet es natürlich, daß ich so oft aus den Mystikern citire? Wie leicht wäre es mir gewesen, aus den Dogmatikern den wesentlichen Grundgedanken meiner Schrift nachzuweisen! Denn in den Dogmatikern, wo sogar von Verheißungen, von Absichten und Institutionen Gottes, von der Gloria Dei, von den Aemtern Christi und dergleichen empirischen Dingen die Rede ist, in den Dogmatikern, sage ich, zeigt sich Gott nicht als ein tief, sondern als ein gemein, ein empirisch menschliches Wesen. Von allen diesen Dingen weiß der wahre Mystiker nichts. In der Mystik verschwindet der Begriff der göttlichen, aber eben damit auch der Begriff der menschlichen Persönlichkeit; in der Mystik löst sich der Mensch in seinem Wesen auf. Die Dogmatik ist durchaus anthropomorphistisch, die Mystik nicht; die Mystik ist Begeisterung. In der Begeisterung tritt das Wesen des Menschen an die Stelle des Ich, ist das Wesen das Thätige, das Selbst das Leidende, aber das Wesen des Menschen ist der Gott des Menschen. Die Mystik allein ist das psychologische Räthsel auf dem Gebiete der Religion; sie allein ist ein der Philosophie würdiges Object, eben weil sie am schwierigsten zu erklären, und allerdings nicht in den praktischen, moralischen, aber eigentlich theologischen, speculativen Materien unendlich tiefer und großartiger und geistreicher ist, als die heilige Schrift. Uebrigens gehört der h. Bernhard nicht einmal zu den tiefern speculativen, sondern zu den praktischen, asketischen Mystikern. Ich muß daher meinem Rec. gegenüber vielmehr nur darüber mein Bedauern ausdrücken, daß ich mir so manchen seltnen Mystiker nicht verschaffen konnte.

Der Rec. fährt fort: „In der Theologie unserer Kirche dagegen, namentlich der neuern (auch der katholischen, so weit sie ihm bekannt) sieht er nichts als Halbheit, versteckten Unglauben, Lüge und Heuchelei." Allerdings, und das kann nur der läugnen, der selbst in dieser Halbheit, in diesem gläubigen Unglauben, in dieser Lüge, dieser Heuchelei mitten drinnen steckt. Wenn ich indeß von Heuchelei spreche, so verstehe ich darunter natürlich nicht die gemeine. Mit dieser besudle ich nicht meinen Geist, meine Feder. Heuchelei ist mir, wenn man, auch selbst wider Wissen und Willen, eine Bestimmung z. B. vom Wunder, von der Offenbarung gibt, welche, indem sie dieselbe bejahen soll, in der That aufhebt, verneint. Und wenn ich vom Widerspruch des Lebens mit dem Glauben rede, so verstehe ich darunter natürlich nicht das Privatleben, welches ein des Wissens unwürdiges Object ist, sondern das objective Lebensprincip, die moralische Lebensanschauung, die nicht nur die Basis des individuellen, sondern auch öffentlichen oder allgemeinen Lebens ist. „Dem Protestantismus kann er es nicht verzeihen, daß er nicht an die Continuität der Wunder in der Kirche glaubt, daß er nicht überall Gotteserscheinungen sieht *)." Wo steht das geschrieben? Ich finde es vielmehr sehr löblich und vernünftig, daß er die Wunder in das Schattenreich der Vergangenheit verstoßen hat. Nur halte ich den Protestantismus für eine Schwachheit, welcher die Wunder nicht weiter zurück- und endlich ganz vertreibt. Die Nothwendigkeit zu Wundern ist immer vorhanden. Namentlich als die Kirche gegründet war, die Kirche zu einem Weltreich, die Christen wieder zu Helden wurden, wären Wunder, wenigstens die sogenannten miracula restitutionis ganz am Platz gewesen. „Er verhöhnt ihn (nämlich den Protestantismus), daß er im Gegensatz gegen die Verehrung des himmlischen Weibes das irdische Weib mit offnen Armen in sein Herz aufgenommen." Ich sollte den Protestantismus deswegen verhöhnen? Ich lobe, ich preise ihn gerade deswegen (s. meinen P. Bayle), daß er so viel Muth, so viel Natur, so viel praktischen Verstand hatte, ein imaginäres, supranaturalistisches Weib mit dem wirklichen Weibe zu vertauschen. „Mit Verachtung wendet er sich von dem modernen Christen-

---

*) Wie jede Behauptung von mir, so entstellt der Rec. auch das über das Wunder Gesagte. Siehe S. 262 meiner Schrift. Dem Glauben sind die natürlichen Wirkungen Wirkungen der göttlichen Allmacht, Wunder — also ist es gar nicht nöthig, daß immer besondere Wunder geschehen. Und dennoch lebt und webt der Glaube nur im Wunderglauben.

thum ab." Mit Verachtung, ja mit tiefster Verachtung. Ein welthistorisches, darum philosophisches, ein denkwürdiges Object ist ihm das Christenthum nur da, wo es antike Charakterkraft, wie in den Kirchenvätern, oder reiner Affect, pure Seele, enthusiastische Liebe war, wie in den Mystikern des Mittelalters. Im (religiösen) Protestantismus findet er nur eine welthistorische Gestalt — den Urheber der Reformation, Luther, und zwar deswegen, weil er in der Geschichte der christlichen Religion der erste Mensch war. Die Kirchenväter und Mystiker wollten nur Christen sein. Luther ist Christ und Mensch. Die welthistorische Frucht und Bedeutung des Protestantismus ist nicht die Religion, sondern die Wissenschaft. Mit andern Worten: im Protestantismus hat sich das productive Genie nicht auf die Religion, sondern die Poesie und Wissenschaft geworfen. Wahrhaft lächerlich ist es aber wieder, wenn der Rec. bemerkt: „im Gebiete des Protestantismus nimmt der Verf. am meisten Notiz von den Productionen der Brüdergemeinde, sehr begreiflich, weil in ihnen eben Gemüth und Phantasie ganz unbeschränkt herrschen." Gemüth und Phantasie bewegen sich übrigens in dem Gesangbuch der Brüdergemeinde innerhalb der Schranken des christlichen Glaubens; sie drücken sich nur sinnlich, unverhohlen, aber eben deswegen bezeichnend aus. Gewöhnlich bilden die daraus angeführten Stellen den Schluß von Citaten aus anderen Autoren; und wo ich sie allein anführe, da hätte ich eben so gut auch andere religiöse oder theologische Schriften citiren können, wenn ich gewollt hätte. Meine Citate sollen überhaupt nur Beispiele sein, nur zeigen, daß, was die Analyse sagt, selbst in das religiöse Bewußtsein, natürlich in seiner Weise, gefallen ist. Ob ein Schwärmer oder Orthodoxer, ob ein simpler Herrnhuter oder ein aus Citaten componirter Professor der Theologie, das ist mir ganz eins. Nein! nicht eins; der religiöse Affect hat weit mehr Geist und Autorität als eine verschmitzte Dogmatik, die weder kalt noch warm, weder religiös noch vernünftig, weder gläubig noch ungläubig ist.

S. 235 kommt der Rec. auf meine Entwicklung der Ehe. Er läßt hier natürlich, wie überall, alle wesentlichen Begrenzungen und vermittelnden Bestimmungen meiner Ansicht weg, um seinen Amtsbrüdern und allen Denen, die meine Schrift nicht lesen, sie als eine durchaus crasse, grundlose hinzustellen. Nachdem ich vorausgeschickt und mit Citaten belegt habe, daß in der übernatürlichen Abkunft des Heilands die unbefleckte Jungfräulichkeit als das Princip des Christenthums hingestellt werde, daß die Erbsünde nichts anderes sei als die Lust der Sexualfunction, in der alle Menschen gezeugt und empfangen werden, sage ich: „es erhellt hieraus, daß die Ehe, inwiefern sie auf den Geschlechtstrieb sich gründet, d. h. also auf das Bedürfniß und die Lust der Sexualfunction, ehrlich herausgesagt, ein Product des Teufels sei." Allerdings stark, sehr stark ausgedrückt, aber doch wahr: die natürliche, die fleischliche Lust ist ja ein Product des Teufels. Wer nicht das Bedürfniß derselben empfindet, verheirathet sich nicht. Und die Ehe gründet sich daher auf ein Bedürfniß, auf ein Verlangen, welches der noch nicht verführte, der paradiesische Mensch, dessen Wiederherstellung der christliche ist, nicht empfand. Wären die Menschen nicht gefallen, so würden sie sich, wie Augustin sagt, ohne alle sinnliche Begierde vermischt und fortgepflanzt haben. Dieser meiner Behauptung setzt nun der Rec. den Ausspruch des Apostels entgegen, daß es eine Teufelslehre sei, wenn Jemand die Ehe verbiete*), als stünde er im Gegensatz zu meiner Behauptung, als hätte ich nicht dasselbe gesagt. Ausführlich habe ich diese Materie und noch dazu an der Hand des heiligen Ambrosius und Tertullian entwickelt. Freilich ist das Verbot der Ehe Teufelslehre; die sich nicht enthalten können, sollen heirathen. Die Ehe ist, sage ich selbst, „gut, löblich, heilig selbst als das beste

---

*) Vortrefflich sagt Tertullian diese Materie entwickelnd: Non propterea appetenda sunt quaedam, quia non vetantur: etsi *quodammodo vetantur, cum alia illis* praeferuntur. ad uxorem l. I. c. 3.

Arzneimittel gegen die Fornicatio." Aber sie ist eben so heilig als unheilig, eben so christlich als unchristlich — unchristlich, inwiefern sie sich auf einen antiparadiesischen Trieb, ein Verlangen des unenthaltsamen Fleisches gründet, christlich, inwiefern sie diesen Trieb beschränkt, die Sünde der Fornicatio verhütet. „Besser ist freien, denn Brunst leiden." „Aber wie viel besser ist, sagt Tertullian, diesen Spruch erörternd, weder freien, noch Brunst leiden." Der Rec. fährt fort: „Doch der Verf. beweist seine Behauptung damit, daß wir Alle" „von Natur Kinder des Zornes Gottes sind." „Keineswegs; wir waren Kinder des Zorns." „Die Natur ist an sich gut." Mit dieser Stelle aus Paulus sollte ich meine Behauptung beweisen? Wie kann mir der Rec. eine solche Beschränktheit, ja Albernheit zutrauen! Die durch meine ganze Schrift hindurch geführte Anschauung des Christen vom Menschen, von Gott, vom Jenseits ist der Beweis. Das Ideal des Christen ist der geschlechtslose Mensch, der Mensch, wie er im Jenseits existirt. Das Geschlechtsgefühl ist ein dem christlichen Ideal widersprechendes. Und was will denn der Rec. mit seinem Imperfect in jener aus Ephes. 2, 13 citirten Stelle? Indem der Apostel sagt: wir waren Kinder des Zornes Gottes, so lange wir Kinder der Natur, nicht des Glaubens waren, so ist ja damit ausgesprochen, daß wir von Natur aus Kinder des Zornes Gottes sind. So haben es auch die Dogmatiker verstanden. So sagt z. B. J. Fr. Buddeus in der oben schon citirten Schrift I. III. c. II. §. 24: Unde et omnes natura filii irae sunt. Ephes. II. 13. Und in der Anmerkung nochmals: Unde et omnes homines *natura filii irae dicuntur*. Merkt's Euch!

So widerlegt der Theolog! Was ferner den Satz betrifft, daß die Natur an sich gut sei, so habe ich ihn gleichfalls nur mit andern Worten angeführt; aber diese an sich gute Natur ist ja nur eine Hypothese; sie existirt nicht. Oder hat etwa das Christenthum diese verlorne Natur wieder hergestellt? Aber hat es denn die Natur verändert? Verdanken nicht auch wir Christen noch dem vitium concupiscentiae unsere

Existenz? Haben die Christen nicht die wahre, vollständige Aufhebung der Folgen des Sündenfalls in das Jenseits verlegt? Als ein Beispiel von meinen Eingriffen in das Privilegium der Theologie, d. h. der Willkür, die ich mir in der Auslegung der Schrift erlaube, führt der Rec. an, daß „ich die Matthäi 19 enthaltene Stelle über die Ehe nur auf das Alte Test. beziehe." Was verstehe ich denn hier unter dem A. T.? Allerdings bezieht sich diese Stelle nicht nur auf das A. T., denn der Apostel Paulus beruft sich selbst auf diesen Ausspruch; aber gleichwohl bezieht sie sich auf die Ehe als ein alttestamentarisches Institut. Die Ehe war selbst bei den Heiden heilig — die Ehe ist kein christliches, kein specifisch christliches Institut. Die sich verehelichen, bleiben auf dem Standpunkt des A. T. stehen, zu schwach, das Geheimniß des Christenthums in dieser Beziehung zu fassen, oder zu bethätigen. Denn das Neue, das Besondere, das, wodurch sich das Christenthum vom Heidenthum und Judenthum unterscheidet, das specifisch Christliche also ist das Geheimniß des freiwilligen religiösen Cölibats, welches erst V. 11 und 12 ausgesprochen wird. Non omnes sufficiunt huic rei, non ita sunt comparati, ut hoc praestare nempe uxore carere possint. (J. G. Rosenmüller Scholia in N. T.) Und so faßten diese Stelle einstimmig die Kirchenväter. (S. die Bemerkungen des Hugo Grotius zu dieser Stelle.) Wäre im religiösen, im specifisch christlichen Princip des Christenthums die Natur, die Ehe geheiligt gewesen, warum hätten sich die Christen gegen den Gedanken einer natürlichen oder ehelichen Abkunft ihres Heilands gesträubt?

Finis coronat opus. Der Rec. schließt diese Materie mit den Worten: „Was der Verf. hier noch weiter sagt über die nothwendige Rivalität zwischen der Liebe zu Gott und der ehelichen Liebe nach christlichen Begriffen, so wie über die nothwendige Ausschließung der letzteren von der Erde, weil sie ja durch Lucas 20, 35. 36. vom Himmel ausgeschlossen sei, ist so erstaunlich haltlos, daß wir kein Wort darüber verlieren mögen." Also ist auch erstaunlich haltlos, was der Apostel

Paulus sagt, wenn er uns die Rivalität zwischen ehelicher und religiöser Liebe also schildert: „Wer ledig ist, der sorget, was dem Herrn angehöret, wie er dem Herrn gefalle. Wer aber freiet, der sorget, was der Welt angehöret, wie er dem Weibe gefalle. Es ist ein Unterschied zwischen einem Weibe und einer Jungfrau. Welche nicht freiet, die sorget, was dem Herrn angehört, daß sie heilig sei, beides am Leibe und auch am Geiste; die aber freiet, die sorget, was der Welt angehöret, wie sie dem Manne gefalle*)." Erstaunlich haltlos! Höchst bezeichnend für so eine matte moderne Christenseele, die alles Wahrheitssinnes ledig, keiner ungetheilten Empfindung mehr fähig, der jeder unbedingte, große Gedanke eine „rohe Abstraction," eine „Uebertreibung" ist! Höchst charakteristisch für so einen modernen Theologen, dessen Herz zwischen Himmel und Erde, Christus und Belial, Gott und Mensch haltungslos hin und her baumelt, daß er Argumente, die selbst die eiserne Nothwendigkeit der Weltgeschichte unterstützt, in dünkelhafter Beschränktheit für erstaunlich haltlos erklärt! Und ein solches Argument unwiderstehlicher, freilich höchst bittrer und niederschlagender Wahrheit ist das vom Himmel herab geholte. Der Himmel ist „die wahre Meinung, das offne Herz, der letzte Wille einer Religion." „Was der Mensch von seinem Himmel ausschließt, das schließt er von seinem Wesen aus." Wer will diesen Satz läugnen? Jede Religion bestätigt ihn. Der Muhamedaner schließt von seinem Paradies alle Schranken und Widerwärtigkeiten aus, welche hier mit dem sinnlichen Genuß verknüpft sind; er erklärt dadurch unbeschränkten sinnlichen Genuß für sein höchstes Ideal, für sein höchstes Wesen. Und dieses Ideal realisirt er schon hienieden so viel er kann. Ein Jenseits, das nicht activ, nicht bestimmend

---

*) Natürlich wird mir der Rec. auch bei diesem Citat wieder den Vorwurf einer schrankenlosen, willkürlichen Verdrehung machen. Ist es ja von meiner Seite schon ein willkürlicher Eingriff in das Privateigenthum der theologischen Professionisten, wenn ich, der Profane, auch nur die Bibel citire.

schon in dieses Leben eingreift, ist eine Chimäre; denn die Vorstellung des Jenseits ist nichts Anderes, als die Vorstellung dessen, was der Mensch sein soll und sein will. Wenn also das Christenthum die Geschlechtsdifferenz vom Himmel ausschließt, so heißt das gerade so viel als: der Christ schließt die Geschlechtsdifferenz von seinem Wesen aus und seine practische Tendenz ist daher in dieser Beziehung die Negation des Geschlechtstriebes. Das Leben im Diesseits bestimmt das Schicksal im Jenseits. Wer in den Himmel kommen will, muß hier schon himmlisch leben. Eo dirigendus est spiritus, sagt selbst ein frommer protestantischer Theologe, den ich in meiner Schrift citire, quo aliquando est iturus. Ist unsere Bestimmung, einst Engel zu sein, so ist unser Bestreben hienieden, Engel zu werden. Das Jenseits ist ein realisirter Wunsch — so ist das Jenseits des Muhamedaners der realisirte Wunsch desselben, frei zu sein von allen Schranken des sinnlichen Triebes und Genusses. Glaubt der Christ daher einst frei zu sein von dem Geschlechtstrieb, so glaubt er dies nur, weil er es wünscht. Wünscht er es aber, so wünscht er es nur deswegen, weil er in dem Geschlechtstrieb eine Schranke, etwas Negatives, einen Widerspruch mit seinem Wesen findet. Was man aber im Widerspruch mit seinem Wesen empfindet, das ist zum Tode verurtheilt, zu einem Object der moralischen Negation herabgesetzt. Die Moral einer Religion hängt ab von der Vorstellung ihres Jenseits. Tota vita pii Christiani, sagt Augustin, *sanctum desiderium* est. Nur in dem Glauben an das himmlische Jenseits, an die Engels-Natur des Menschen ist der theoretische Ursprung des klösterlichen, überhaupt asketischen Lebens im Christenthum zu suchen. Aber warum, könnte man einwenden, haben denn die Christen nicht Essen und Trinken aufgegeben, da sie doch einst als Engel auch nicht essen und trinken werden? Weil die Natur hier, wie anderwärts, der Transcendenz des Glaubens eine unübersteigliche Grenze, die er folglich unwillkürlich einhalten mußte, entgegengesetzt hat. Essen und Trinken kann man nicht aufgeben, ohne das Leben aufzugeben; aber wohl die Sexualfunction. Zudent ist die Function des Essens und Trinkens eine weit indifferentere, als die Serualfunction. Uebrigens bestimmt gleichwohl der Glaube an ein himmlisches Leben, wo man nicht mehr dem Bedürfnisse des Essens und Trinkens unterworfen ist, auch das irdische Leben in dieser Beziehung, wie der entgegengesetzte Glaube, daß man im Himmel in unaufhörlichen sinnlichen Genüssen schwelgt, gleichfalls, nur im entgegensetzten Sinne, das Leben des Menschen determinirt. Die entzückende Vorstellung der überirdischen, himmlischen Genüsse benimmt dem Menschen den Geschmack an den armseligen, beschränkten Genüssen der Erde. So hatte der heilige Bernhard förmlich seinen Geschmackssinn verloren: er aß Schmeer für Butter, trank Oel für Wasser. Ja, er hatte sich durch die überschwengliche Fülle der himmlischen Speisen so den Magen verdorben, daß er durch den Mund die irdischen Speisen wieder von sich gab. Ekel an der Erde ist die nothwendige Folge von der Vorstellung des Himmels, wenn diese Vorstellung noch eine lebendige ist.

Aber freilich für einen modernen Theologen ist der christliche Himmel ein erstaunlich haltloses Argument gegen die Christlichkeit der Serualfunction, aus dem einfachen Grunde, weil der christliche Himmel keinen Halt und Bestand mehr in ihm hat. Wie die modernen Christen nur noch in der Imagination, aber nicht mehr in ihrem Wesen die Uebermenschlichkeit Gottes festhalten; so ist auch die Ueberirdischkeit des Himmels nur noch eine imaginäre, keine reelle Vorstellung mehr. So wenig ihnen Gott ein nicht-, ein übermenschliches Wesen, so wenig ist ihnen das Jenseits ein nicht-, ein übermenschlicher Zustand. Die Differenz zwischen Dießeits und Jenseits ist aufgehoben; wie sollte also der Glaube an das Jenseits sie im Dießeits geniren, wie in ihnen von den Wirkungen des Glaubens an das Dießeits unterschiedene Wirkungen hervorbringen*)? Das wesentliche Interesse in ihrem Glauben an

---

*) Die vollständige Identität des Jenseits und Dießeits und folglich die indirecte Aufhebung des Jenseits zeigt sich bei den modernen Christen besonders in der Vordas Jenseits ist, daß sie Sich selbst und die Ihrigen und was sie eben sonst lieb und gern auf der Erde haben, im Himmel wieder finden. Ein Beispiel. At nescio quanta me voluptas capiat dum cogito, me non modo ad *parentis* et *conjugis* et *liberorum* et *propinquorum societatem*, sed ad *viros probos*, quos *diligo* et quorum a doctrina vel benevolentia amplos fructus capere contigit, sed quibus per absentiam et mortem non licuit beneficiorum referre gratiam, profecturum et opportunitatem habiturum, declarandi his animi mei pietatem . . . . . Neque me ab hac spe dejicit servator optimus (natürlich nicht, denn die Bibel accommodirt sich den Bedürfnissen der Zeit), cum negat, post resurrectionem conjugum commercia locum habere Matth. 22, 23, nam illa sexus diversitas et copulatio omnino tolli potest, quamvis amicitiae, quae proprie conjugii et propinquitatis vinculum est, firmitas non tollatur. *Döderlein* Instit. Theol. Christ. l. II. p. II. c. II. s. II. §. 302. obs. 4. Den heroischen Gedanken der alten christlichen Mystik, daß einst nur Gott und die fromme Seele allein ist, capirt und verträgt nicht mehr das moderne Christengeschlecht. Auch mein moderngläubiger Rec. drückt sich mit wahrer Indignation über die Zumuthung aus, daß sich einst die Seele nur mit Gott begnügen soll. Er sagt: „auch die Seligkeit der Vollendeten ist im Sinne des Christenthums keineswegs als ein unverwandtes Hineinstarren in die Sonne des göttlichen Wesens (das wäre viel zu langweilig, Gott ist ja ein leeres Wesen, denn nur in das Leere starrt man hinein), als ein Zustand, wo nichts außer Gott und der Seele, wie der Verf. es darstellt, zu denken: die heilige Schrift führt nicht von fern auf diese Vorstellungen." Aber eben deswegen ist auch die Bibel kein Object der philosophischen Kritik; ihre Vorstellungen sind zu ungebildet, zu populär, zu beschränkt, zu sinnlich, zu anthropomorphistisch; und eben deswegen anerkenne ich

---

stellung, daß auch das dortige Leben ein actives, fortschreitendes, rühriges ist, dort also der Tanz wieder von Neuem angeht.

auch kein Argument, das nur aus der Bibel hergeholt wird*); denn ich stehe nicht auf dem unglaublich beschränkten und willkürlichen Standpunkt eines protestantischen Theologen, welcher die Bibel zur einzigen, zur absoluten Norm der christlichen Religion macht. Die Apostel hatten keine Zeit, sich in das Wesen der Religion zu vertiefen. Ihre Aufgabe war eine durchaus praktische. Ihre Lehren selbst entwickelten sie nur im Kampfe gegen die interesselosesten rohesten Vorstellungen und Vorurtheile. Erst als die Christen nicht mehr an das Praeputium der Juden und dergleichen Allotria zu denken brauchten, konnten sie sich in sich sammeln, concentriren in das Wesen des Christenthums. Und nothwendig sind die Gesinnungen, Vorstellungen und Aussprüche des in sich concentrirten, des sich in sich vertiefenden Christenthums energischer, unbedingter rücksichtsloser, aber auch intensiver, bestimmter und entscheidender, als die Aussprüche des sich ausbreitenden und nur mit seinem Gegensatze beschäftigten Christenthums. Aber nur da, wo Etwas, um mich so auszudrücken, rücksichtslose Leidenschaft, unbedingter Affect wird, erst da erhebt es sich zu einem Gegenstand wie der Poesie, so der Philosophie, denn nur das Unbedingte in jeder Sphäre ist Gegenstand der Philosophie. Also: nicht die Liebe des Christen zum Weibe, die in demselben nur die Braut oder Schwester Christi liebt, sondern die Liebe, die ihren Gegenstand um sein selbst willen liebt, die ihn anbetet; nicht die Liebe zu Gott, welche das Herz zwischen Gott und den Menschen theilt, welche sich mit der Gatten-, Eltern-, Verwandtenliebe verschwägert, sondern nur die Liebe, welche die Energie besitzt, Gott den Men-

---

*) Deswegen habe ich auch z. B. ganz unberücksichtigt gelassen die Meinung derjenigen Exegeten, welche die Vorstellung von der übernatürlichen, überehelichen Abkunft des Heilands für eine später erst entstandne erklären. Eine Vorstellung, welche durch die ganze Geschichte des Christenthums hindurch für einen heiligen, unantastbaren Glaubensartikel galt, hat keinen zufälligen Ursprung, sondern sie hängt mit dem Wesen des Christenthums zusammen, sonst würde sie nicht einstimmig von den Christen als eine christliche anerkannt worden sein.

schen aufzuopfern, oder umgekehrt, dem Menschen Gott aufzuopfern, den Menschen als Gott zu lieben, kurz nur Das überhaupt, was in den Augen der Mittelmäßigkeit und Halbheit Abstraction — alles Große, Wahre ist, weil unbedingt, abstract — Uebertreibung ist, nur Das bietet wie ein poetisches, so ein philosophisches Interesse dar.

S. 248 tadelt der Rec., daß ich schon im Satze: Gott ist die Liebe, den Widerspruch zwischen Glaube und Liebe ausgedrückt finde. „Diese Stelle, wonach, wenn Gott noch etwas Andres ist als die Liebe, dies nothwendig die Negation der Liebe sein muß, ist eine der merkwürdigsten Proben der abstrakten Dialektik, durch welche der Verf. die Religion in lauter Abstraction aufzulösen sucht." Wie sonderbar! wie komisch! Der Hegelianismus hat mir immer den Vorwurf gemacht, daß ich in Abstractionen mich herumtreibe, weil ich die Dinge stets in ihrer schärfsten Charakterbestimmtheit zu erfassen bestrebt bin, abhold aller dialektischen Spiegelfechterei, die nie bis zum Gegenstand selbst dringt. Und hie muß ich aus einem theologischen Munde denselben Vorwurf hören — aus einem Munde, der mir zugleich vorwirft, daß ich den mystischen Affect zum Dogma erhebe. Demnach wäre also auch der religiöse Affect eine merkwürdige Probe abstracter Dialektik. Möge doch der scharfsinnige Rec. ein wesentliches Bedürfniß unserer Literatur befriedigen und eine Schrift de Hegolianismo ante Hegelium schreiben und darin beweisen, daß auch schon der heilige Augustin, der heilige Ambrosius, der heilige Hieronymus, der heilige Bernhard, ja selbst der heilige Apostel Paulus von dem zerstörenden Gifte der modernen Dialektik angesteckt waren! Denn alle meine Argumente sind nichts weiter als in Gedanken umgesetzte und in Verbindung gebrachte Thatsachen des religiösen Wesens.

Doch zur Sache! Ist dieses Andere, was Gott, abgesehen von der Liebe, ist, ein unbestimmtes Andere? Nein! es ist im Sinne meiner Schrift und im Sinne des Glaubens Gott als Subject, als Selbst, als Person, kurz Gott als ein für sich seiendes Wesen, mit dessen Vorstellung sich nothwendig, wie die Geschichte und die Vernunft beweist, die Vorstellung der Ehre, der Beleidigung, der Lästerung Gottes, die Vorstellung des *crimen* laesae Majestatis Dei verbindet. Darauf beruht auch, um gleich hier die spätern Vorwürfe des Rec. zu anticipiren, das Hauptargument in dem Abschnitt über den Widerspruch zwischen Glaube und Liebe, wo der Rec. mir auch vorwirft, daß nach mir jede Besonderung eine Negation des Allgemeinen wäre, als wenn es nicht auch eine mit der Vernunft übereinstimmende Bestimmung des Allgemeinen gäbe. Der Rec. sagt in Betreff dieser Materie: „Wenn aber der Verf. jene Verirrungen (?) (die religionsgeschichtlichen Gräuel, sage die religionsgeschichtlichen, also nur die, welche wirklich aus Glaubenseifer entsprangen, wie die Hinrichtung des Servet) dem Wesen des Christenthums selbst als nothwendige Consequenz desselben zur Last legt, so müssen wir dies so lange für eine aller Wahrheit ermangelnde Blasphemie halten, bis er seine Beschuldigung z. B. mit Lucas 9, 55. 56 in Einklang gebracht. Freilich dürfte ihm auch dies nicht schwer werden bei der schrankenlosen Willkür der Exegese, mit der er z. B. von dem Gebote der Feindesliebe sagt, es beziehe sich nur auf Privatfeindschaften unter Christen, nicht auf ungläubige Feinde." Der Rec. entstellt hier wieder meinen Satz, denn unter ungläubigen Feinden sind nur persönliche Feinde zu verstehen. Es heißt aber bei mir: „Der Satz, liebet eure Feinde, bezieht sich nur auf Privatfeindschaften unter Christen (richtiger ausgedrückt, auf persönliche Feinde, wie aus dem Gegensatz erhellt), aber nicht auf die öffentlichen Feinde, die Feinde Gottes, die Feinde des Glaubens, die Ungläubigen." Das Christenthum lehrt allerdings im Gegensatze zum Judenthum, welches die Liebe nur auf den Israeliten beschränkte, allgemeine Menschenliebe, was ich ja selbst ausspreche; daher ich sage: die religionsgeschichtlichen Gräuel widersprechen dem Christenthum, inwiefern es die Liebe gebietet, die Liebe selbst zu einem Prädicate Gottes macht. Aber es beschränkt sogleich wieder diese Liebe durch den Glauben. „Also hat Gott die Welt geliebt, daß er seinen eingebornen Sohn gab, auf daß Alle, die an ihn glauben, nicht verloren werden, sondern das ewige Leben haben. Denn Gott hat seinen Sohn nicht gesandt in die Welt, daß er die Welt richte, sondern daß die Welt durch ihn selig werde. Wer an ihn glaubet, der wird nicht gerichtet; wer aber nicht glaubet, der ist schon gerichtet, denn er glaubet nicht an den Namen des eingebornen Sohnes Gottes." Ev. Joh. 3, 16—18. Non homini, sed Dei filio, ipsi Deo denegat fidem, quod est facinus maxime indignum. „Das ist aber der Wille deß, der mich gesandt hat, daß, wer den Sohn stehet und glaubet an ihn, habe das ewige Leben und Ich werde ihn auferwecken am jüngsten Tage." Ebend. 6, 40. Die Seligkeit, das ewige Leben, die Gnade, das Wohlgefallen, die Liebe Gottes wird abhängig gemacht vom Glauben. Wer nicht glaubt, ist schon dadurch, daß er nicht glaubt, gerichtet, verdammt, untheilhaftig der Seligkeit, ein Gegenstand des göttlichen Mißfallens, des göttlichen Zornes, denn von Natur, d. h. ohne Glauben, sind wir Alle Kinder des Zorns; „ohne Glauben ist es unmöglich, Gott zu gefallen." Wer nicht glaubt, verläugnet Gott; wer aber Gott negirt, wird von Gott negirt. „Verläugnen wir, so wird er uns auch verläugnen" (2. Timoth. 2, 12). Qui Christum negat, negatur a Christo (Cyprian). „Ein jeglicher Geist, der da nicht bekennet, daß Jesus Christus ist in das Fleisch gekommen, der ist nicht von Gott. Und das ist der Geist des Widerchrists." Wer also nicht an Gott glaubt, wenigstens so, wie es in der Bibel gelehrt wird, der ist nicht vom Geiste Gottes, sondern vom Geiste des Antichrists, des bösen Wesens, des Satans beseelt. Scimus . . . . schreibt z. B. Melanchthon an den Senat von Venedig, *Diabolum*, cum sit *hostis Christi*, in hoc praecipue intentum fuisse ab initio, ut sereret *impias opiniones* ac obrueret *gloriam Christi*. Ac incitat *Diabolus* curiosa et prava ingenia, ut corrumpant aut convellant vera dogmata. Wie ist es nun aber möglich, daß der Christ den Antichristen oder einen vom Teufel besessenen Menschen liebt? wie möglich, daß ein Gegenstand des göttlichen

Zorns ein Gegenstand menschlicher Liebe sei? wie möglich, daß der Mensch bejaht, was sein Gott verneint, verwirft? wie möglich, daß ich die Liebe vom Glauben sondere, wenn aller göttlicher Segen auf dem Glauben ruht, daß die Liebe sich über die Schranken des Glaubens erstrecke? Ich werde daher so lange die Beschuldigung des Rec. als eine dreiste Negation einer evidenten, welthistorischen Wahrheit betrachten, so lange man nicht beweist, daß die z. B. von Cyprian und anderen von mir citirten Kirchenvätern ausgesprochnen Gesinnungen über und gegen die Ketzer nicht nothwendige Consequenzen, nicht adäquate Ausdrücke des biblischen Christenthums sind. Um nicht die schon in meiner Schrift aus Cyprian mitgetheilte Stelle zu wiederholen, stehe hier eine andere aus der 73 Epist. Nr. XV. (Edit. cit.): Si autem *quid apostoli de haereticis senserint* consideremus, inveniemus, *eos in omnibus epistolis suis exsecrari et detestari haereticorum sacrilegam pravitatem.* Nam cum dicant, sermonem eorum ut cancer serpere (2. Timoth. 2, 17), quomodo potest is sermo (es handelt sich hier von der Gültigkeit der Ketzertaufe) dare remissam peccatorum, qui ut cancer serpit ad aures audientium? Et cum dicant, nullam participationem esse justitiae et iniquitati, nullam communionem lumini et tenebris (2. Cor. 6, 14), quomodo possunt aut tenebrae illuminare aut iniquitas justificare? Et cum dicant, *de Deo eos non* esse, sed esse *de antichristi spiritu,* quomodo gerunt spiritalia et divina, qui sunt *hostes Dei* et quorum *pectora obsederit spiritus antichristi?* Quare si rejectis humanae contentionis erroribus ad *evangelicam auctoritatem* atque ad *apostolicam traditionem sincera et religiosa fide* revertamur, intelligemus, nihil eis ad gratiam ecclesiasticam et salutarem licere, qui spargentes atque impugnantes ecclesiam Christi *a Christo ipso adversarii, ab apostolis vero ejus antichristi nominantur.* Wer, außer ein befangener Theologe, kann läugnen, daß diese hier ausgesprochne Gesinnung gegen die Antichristen eine der Bibel conforme, eine christliche Gesinnung ist? wer läugnen, daß der Christ nur christlich gesinnt ist, wenn er gegen den Antichristen antichristlich gesinnt ist?

Aber in dieser Vorstellung von den Ketzern, in dieser Gesinnung gegen dieselben haben wir das subjective Princip zu den antiketzerischen Handlungen, welche sich die glaubenseifrigen Christen erlaubten. Wer einmal vom Glauben, der Quelle alles Heils, aller Gottwohlgefälligkeiten, aller religiösen Rechte und Güter ausgeschlossen ist, der wird in der weitern Entwicklung nothwendig auch vom Genusse politischer Rechte ausgeschlossen. Was die höchste Autorität, die Macht des Glaubens zum geistlichen Tode verurtheilt, warum sollte das die weltliche Macht, welche sich auf diese Autorität stützt, nicht zum leiblichen Tode verurtheilen? Ob es übrigens bis zu dieser äußersten That kommt oder nicht, ist gleichgültig. Es genügt, daß in den Augen des Glaubens der Häretiker ein Gott mißfälliges, ja ein von Gott negirtes, der ewigen Pein bestimmtes Subject ist. Mit diesen Gesinnungen des Glaubens gegen die Ketzer steht nun keineswegs das Gebot der Feindesliebe im Widerspruch; denn es ist (wenigstens im Sinne der Bibel, verglichen mit den Stellen, welche die dogmatischen Feinde betreffen) nur ein moralisches Gebot*), wie dies aus dem ganzen Zusammenhang hervorgeht, in welchem es ausgesprochen wird, und bezieht sich offenbar nur auf persönliche Feinde. „Liebet eure Feinde, segnet, die euch fluchen, thut wohl denen, die euch hassen, bittet für die, so euch beleidigen und verfolgen." „Denn so ihr liebet, die euch lieben, was wer-

---

*) „Glaube und Hoffnung handelt allein mit Gott, aber die Liebe gehet auf Erden unter den Leuten um und thut viel Gutes mit trösten, lehren, unterrichten, helfen, rathen, heimlich und öffentlich. Doch lassen wir zu, daß Gott und den Nächsten lieben die höchste Tugend sei, denn dies ist das höchste Gebot: Du sollt Gott lieben von ganzem Herzen. Daraus folgt nur nicht, daß die Liebe uns gerecht macht." Apol. der Augsburg. Confess. Art. 3, d. h. also: die Liebe versöhnt uns nicht mit Gott, macht uns nicht Gott angenehm, d. h. sie gilt nur in der Moral, aber nicht in der Dogmatik, nicht vor Gott.

bet ihr für Lohn haben? Thun nicht daſſelbe auch die Zöllner? Und so ihr euch nur zu euren Brüdern freundlich thut, was thut ihr Sonderliches? Thun nicht die Zöllner auch also?" Was sind im Gegensatze zu denen, die uns lieben, zu unsern Brüdern, Wohlthätern, die, welche uns hassen, verfolgen, verfluchen, beleidigen anders, als unsere persönlichen Feinde? Aber die Häretiker und Antichristen hassen nicht uns, verfolgen und beleidigen nicht uns (wenigſtens nicht direct), sondern sie sind Gottesläſterer, Blasphemiſten, kurz nicht unsre Feinde, sondern die Feinde Gottes, die Feinde des Glaubens. Obgleich Calvin den Servet auf den Scheiterhaufen brachte, so sagte er doch ausdrücklich von ſich, me nunquam *privatas injurias* fuisse persecutum, und schied von ihm mit bibelfester Gesinnung *secundum Pauli praeceptum*. Er konnte sich also rühmen, das Gebot der Feindesliebe nicht verletzt zu haben, denn er brachte den Servet nicht als seinen Feind, also nicht aus persönlichem Hasse, sondern als einen Feind des wahren Glaubens, als einen Antichristen, also aus dogmatischen Gründen auf den Scheiterhaufen. Selber der sanftmüthige Melanchthon billigte die Hinrichtung Servets. *Judico etiam senatum Genevensem recte fecisse, quod hominem pertinacem et non omissurum blasphemias sustulit. Ac miratus sum, esse, qui severitatem illam improbent.* Was aber die Stelle im Lucas betrifft, auf die mich der Rec. verweist, so iſt hier nichts enthalten, als eine Zurechtweisung der beschränkten Jünger, welche die auch zum Heile berufenen Samaritaner mit dem himmlischen Feuer des Elias vertilgt wissen wollten. Die Stelle aber, „des Menschen Sohn ist nicht gekommen, der Menschen Seelen zu verderben, sondern zu erhalten," erhält ihre Erklärung durch die oben aus Joh. 3, 17. 18. mitgetheilte. Zu bemerken ist noch, daß die Bibel zum Behufe des Gebots der Feindesliebe die Vollkommenheit (Matth. 5, 48) oder die Barmherzigkeit (Luc. 6, 36) des himmlischen Vaters als Vorbild aufstellt. Aber der biblische Gott ist nicht ein nur barmherziger Gott, der indifferent „läſſet seine Sonne aufgehen über die Bösen und über die Guten und lässet regnen über Gerechte und Ungerechte;" er ist vielmehr in der biblischen Dogmatik ein aufs Strengste zwischen Gläubigen und Ungläubigen unterscheidender, die Gläubigen nur zu Gnaden annehmender, die Ungläubigen verdammender Gott.

S. 248 gibt nun der Rec. noch weitere Proben meiner angeblich „abstracten Dialektik," wobei jedoch die fromme Seele den Kniff wieder anwendet, überall den Terminus medius wegzulassen, um durch das unmittelbare Aneinanderstoßen der Prämisse und der Conclusion bei den gläubigen Brüdern den beabsichtigten Effect hervorzubringen. „Das Christenthum bejaht die Existenz Gottes, also verneint es die Welt, denn Gott als Gott ist das Nichtsein der Welt." Weiter nichts? Hier würde also aus der Existenz des Nichtseins der Welt das Nichtsein derselben gefolgert. Wie scharfsinnig! Der Terminus medius zwischen der Bejahung Gottes und der Verneinung der Welt ist die Allmacht des Willens, welcher die Welt aus dem Nichtsein ins Sein gerufen und einst — und dieses Einst ist dem Glauben ein sehr nahes — aus dem Sein wieder ins Nichtsein rufen wird — obgleich nachher wieder die negirte Welt in einer neuen Gestalt gesetzt wird. Die Welt ist ein bloßes Willensproduct, heißt: die Welt ist nicht nothwendig, sie hat den Grund, warum sie ist, nicht in sich. Was aber den Grund, warum es ist, nicht in sich hat, ist ein an sich wesenloses Ding. Daher ist es eins, wie ich schon in meinen frühern Schriften gezeigt, ob man sagt: die Welt ist aus Nichts geschaffen, oder: sie ist durch den bloßen Willen hervorgebracht. Das Gemüth ist das Verlangen, daß keine Materie, keine Naturnothwendigkeit sei. Dieses Verlangen realisirt die Allmacht, für welche es keine Schranke, keine Nothwendigkeit gibt. Den modernen Christen freilich ist es ein „rechter Ernst" mit der Welt und darum natürlich meint es nun auch ihr Gott, der nichts ausdrückt als ihr eignes Wesen, ein weltlicher Gott ist, recht ernstlich mit derselben. Doch, beunruhigt und verfolgt zugleich noch von dem Geist des alten Christenthums, capituliren sie zwischen der Bejahung und Verneinung der Welt und behelfen sich zu diesem Zwecke mit der Einschränkung, daß die antikosmische Tendenz des Christenthums sich nur auf die „gegenwärtige Weltgestalt" beziehe. Aber abgesehen davon, daß die alten Christen, mit Ausnahme der Engel und Menschen, die Welt selbst, das Universum, Sonne, Mond und Sterne untergehen ließen, wenn sie gleich selbst wieder wenigstens nach Petrus und nach der Apokalypse einer neuen Erde und eines neuen Himmels warteten*) — der Glaube an das Ende dieser gegenwärtig existirenden Welt ist nur dann ein wahrer, ein lebendiger, ein religiöser, wenn er der Glaube an die nahe Gegenwart dieses Endes ist, wie es der Glaube der alten Christen war. Was nicht das Gemüth afficirt, hat keine religiöse Bedeutung und Wahrheit; was ich aber in die Ferne der Vergangenheit oder Zukunft hinausschiebe, das tangirt mich nicht. Oder glauben vielleicht die modernen Polemiker gegen die Dauer der gegenwärtigen Welt an einen demnächst bevorstehenden Untergang derselben? Sind sie auch hierin wieder zur Reinheit der biblischen Lehre zurückgekehrt? Glauben sie aber nur an eine einstige Umgestaltung der Erde, so differiren sie auch in diesem Punkte nicht von den modernen Heiden, welche die Naturanschauung überzeugt, daß die Erde nicht ewig so bleiben wird, wie sie gegenwärtig ist.

„Das Christenthum hat es ganz mit Bedürfnissen des Geistes zu thun, also will es die möglichste Annihilirung des Leibes durch Askese und ist aller materiellen Cultur entgegengesetzt." Wo habe ich gesagt, daß das Christenthum es nur mit Bedürfnissen des Geistes zu thun hat? Ist das Bedürfniß einer fleischlichen Auferstehung und Unsterblichkeit, das Bedürfniß eines spiritualistischen Körpers, das Bedürfniß des Himmels ein Bedürfniß des Geistes? Das Christenthum hat es mit übersinnlich sinnlichen Bedürfnissen und Vorstellungen zu thun.

---

*) Uebrigens waren allerdings auch schon die früheren Christen darüber uneinig, ob der Welt eine völlige Vernichtung oder nur eine Umwandlung bevorstehe.

Das Christenthum ist der Glaube an den Himmel als den wahren Bestimmungsort des Menschen; dort sind wir in unsrer Heimath; hier in der Fremde. Der Trieb zur materiellen Cultur geht aber aus dem, dem christlichen Glauben entgegengesetzten, Glauben hervor, daß hier unser Wohnort, hier unser Vaterland ist. Himmel und Erde sind Gegensätze. Willst du die Seligkeit des Himmels genießen, so ist es deine verdammte Schuldigkeit, deine einzige ethische Aufgabe, auf die Freuden und Schätze der Erde zu verzichten, durch Leiden, durch Selbstkreuzigung, aber nicht durch materielle Cultur dich der himmlischen Genüsse würdig zu machen. So haben einstimmig alle wahren Christen der Vergangenheit gedacht, geschlossen und darnach gelebt. Allerdings hat das Christenthum auch materielle Cultur befördert — übrigens mehr noch gehemmt und bekämpft. Aber diese Beförderung verdanken wir nicht dem Princip des christlichen (natürlich altchristlichen) Glaubens, sondern den Schranken, welche die Vernunft und Natur der himmlischen Transcendenz des Christenthums entgegensetzten. Die Mönche konnten nicht immer beten, Psalter singen und meditiren über ihre himmlische Bestimmung; sie mußten sich daher auch mit der Cultur der Materie beschäftigen. Aber diese Schranke, daß sie nicht immer sich mit Gott beschäftigen konnten, diese Nothwendigkeit der materiellen Cultur war ja gerade ein Grund, warum sie an ein himmlisches Leben glaubten, wo sie von dieser Schranke, dieser ihrer Tendenz widersprechenden Nothwendigkeit erlöst sein würden.

„Der Theismus will die Natur nicht angebetet wissen, also will er sie auch nicht angeschaut wissen," wozu citirt wird S. 149 meiner Schrift. Hier heißt es: „die Anbetung ist nur die kindliche, die religiöse Form der Anschauung." „Naturstudium ist Naturdienst, und Götzendienst nichts als die erste befangne, unfreie Naturanschauung des Menschen." Hier sträubt sich der Rec. in seiner theologischen Beschränktheit gleichfalls wieder gegen ein welthistorisches Argument, eine welthistorische Wahrheit. Nicht den Juden, nicht den Christen — nur den Völkern, welchen die Natur zuerst ein Gegenstand der religiösen, dann der **philosophischen** Anschauung war, verdanken wir die ersten naturwissenschaftlichen Wahrheiten und Entdeckungen. Anschauung ist Bewunderung, Enthusiasmus, Entzückung in den Gegenstand; in der Anschauung verhält sich der Mensch zum Gegenstand um des Gegenstandes willen — ästhetisch, nicht teleologisch. Der Theismus aber betrachtet die Natur nur vom Standpunkt der Teleologie; er hat also keine ästhetische, überhaupt keine Anschauung von ihr. Der Theismus erlaubt sich die Anschauung der Natur nur unter der Bedingung, daß er den Schöpfer derselben, seine Güte, Macht und Weisheit, nicht die Natur selbst bewundert. Einer Naturanschauung erfreuen sich daher auch die modernen Völker erst, seitdem sie den Standpunkt der **theistischen Teleologie** aufgaben.

„Das Christenthum glaubt an eine Vorsehung, also negirt es den natürlichen Zusammenhang." Der, natürlich religiöse, Glaube an die Vorsehung ist dieser, daß allein der an keinen natürlichen Zusammenhang, an keine Nothwendigkeit, kein Gesetz gebundne Wille Gottes herrscht und regiert. Ja für den ungebrochnen, ursprünglichen Glauben existirt gar kein natürlicher Zusammenhang. Der Regen, der heute meine Felder erquickt hat, war nicht die Folge einer natürlichen Ursache — die Religion in ihrem ursprünglichen Wesen weiß nichts von Physik — sondern die Wirkung des barmherzigen und allmächtigen Willens. Erst wenn sich der Mensch entzweit in den Glauben an Gott und den Glauben an die Natur, verfällt er auf die rohe, mechanische Vorstellung, daß sich die Vorsehung dem natürlichen Zusammenhang accomodirt, denselben veranlaßt, eine von ihr beabsichtigte Wirkung auf natürlichem Wege hervorzubringen. Aber diese dem natürlichen Zusammenhang accomodirte Vorsehung ist nichts Andres als der dem Unglauben accomodirte Glaube.

Dies sind also die Proben von meiner abstracten Dialektik. Nun zum Ersatz noch eine ergötzliche Probe theologischer Studien und

Kritiken. S. 207 sagt der Rec.: „Nicht egoistisch ist nur der Verstand, weil er, wie der Verf. mit Jacobi will, seinem Wesen nach atheistisch, der Verstand, der mit demselben Enthusiasmus den Floh, die Laus betrachtet, als das Ebenbild Gottes, den Menschen, der von Allem wissen will, nur nichts von Gott." Wie witzig und spitzig! Nur nichts von Gott! Und doch handle ich ausdrücklich auch von dem Gott des Verstandes. Und doch ist es eine nothwendige Folge von den Principien meiner Schrift (freilich nur dann, wenn sie verstanden werden), daß auch der Verstand einen Gott hat — einen Gott natürlich, der nicht die Negation, sondern die Position des Verstandes, sein Wesen ausdrückt, nichts ist, als das vergötterte Wesen des Verstandes selbst; denn Religion, oder, was eins ist, Gott haben heißt den Principien meiner Religionsphilosophie zufolge sein Wesen heilig halten, sein Wesen behaupten vergegenständlichen, verehren, verherrlichen. Aber allerdings gehört der Atheismus, der Materialismus, der Skepticismus, der Indifferentismus der Naturwissenschaft, welche pflichtgemäß mit demselben Interesse oder derselben Interesselosigkeit den Floh, die Laus, als den Menschen betrachtet, wesentlich zur Charakteristik des Verstandes — insbesondere da, wo im Gegensatz zum Herzen oder Gemüthe der Verstand bestimmt wird. Eben so oberflächlich oder vielmehr grundlos ist die Behauptung des Rec., daß nach mir nur der Verstand und zwar der Verstand, welcher den Menschen mit den Flöhen und Läusen identificirt, nicht egoistisch sei. Also wäre es nach mir Egoismus, wenn der Mensch dem Menschen aus Liebe sich opfert. Und doch ist dies gerade der wesentliche Grundsatz meiner Schrift, daß allein die unbedingte, die ungetheilte Liebe des Menschen zum Menschen, die Liebe, welche in sich selbst ihren Gott und Himmel hat, die wahre Religion — wesentlicher, ausgesprochner Grundsatz meiner Schrift, daß das höchste Wesen, welches der Mensch glauben, fühlen, denken kann, das Wesen des Menschen, seine höchste (theoretische) Aufgabe also das $\Gamma\nu\tilde{\omega}\vartheta\iota\ \sigma\alpha\upsilon\tau\acute{o}\nu$ ist — wesentlicher, nothwendiger Folgesatz also, daß nicht der Verstand, welcher bei den Sternen, Thieren, Pflanzen, Steinen stehen bleibt und den Menschen mit ihnen amalgamirt (denn ohne sich zu diesen Wesen und Dingen hingezogen zu fühlen, ohne sich mit ihnen zu identificiren, versteht man sie nicht), sondern vielmehr der Verstand, welcher das Wesen des Menschen zu seinem Object hat, der höchste Verstand ist. Die Natur ist nach meiner Schrift das erste Princip, die Basis der Ethik und Philosophie, der Anfang zu einem neuen Leben der Menschheit, die Grundbedingung ihrer Wiedergeburt, das unerläßliche Antidotum gegen das grundverderbliche Gift des theologischen, supranaturalistischen Dünkels und Lügengeistes; aber sie ist nicht das höchste, das letzte Princip. Dieses ist vielmehr die Einheit von Ich und Du. „Ich ist Verstand, Du ist Liebe. Liebe aber mit Verstand und Verstand mit Liebe ist Geist" (S. 75). Die Natur ist aber nur deswegen die Basis der Ethik, weil der Wille nicht dem Wesen der Natur, die Natur nicht dem Wesen des Willens widerspricht — in der erhabnen und abgesonderten Stellung, die sie dem Haupte im Gegensatze zum Thorax und Unterleib gegeben, hat sie dem Willen und Verstande die Oberherrschaft über den Trieb eingeräumt.

Dies Wenige gnüge zur Berichtigung der Consequenzen, welche der Rec. aus einigen Stellen, besonders dem Schlusse meines Buches zieht. Einer besonderen Beleuchtung sind sie nicht werth. Ich bemerke nur noch, daß man es einem befangnen, beschränkten Theologen nicht verargen kann, wenn er glaubt, daß alle sittlichen Bande, die ja für ihn keinen Grund in der Natur des Menschen haben, sich auflösen, daß das Weltgebäude selbst einstürzt, so wie seine theologische Baracke zusammenfällt.

Zur Beurtheilung der Schrift: „das Wesen des Christenthums."

1842.

Die über meine Schrift: „das Wesen des Christenthums," bisher erschienenen Urtheile sind so grenzenlos oberflächlich, daß ich mich genöthigt sehe, selbst einige Data zu einer richtigen Beurtheilung derselben dem Leser an die Hand zu geben. Ein Correspondent aus Frankfurt a. M. in der Augsburger Allgemeinen Zeitung ist in seiner indiscreten Urtheilslosigkeit sogar so weit gegangen, daß er sich nicht gescheut hat, öffentlich zu behaupten, man brauche nur „einige Seiten" in meiner Schrift zu lesen, um sich zu überzeugen, daß der Verfasser dieser Schrift mit dem Verfasser „der Posaune des jüngsten Gerichts" identisch oder doch wenigstens nicht von ihm zu unterscheiden sei. Hätte derselbe statt einiger Seiten lieber nur eine einzige Seite meiner Schrift richtig gelesen, so würde er gefunden haben, daß zwischen Hegel's Methode und meiner Denkweise, zwischen der Hegelschen und meiner Religionsphilosophie, folglich auch zwischen der Posaune, welche die Resultate der „negativen Religionsphilosophie" direct aus Hegel, als hätte er Dasselbe gesagt, ableiten will, und meiner Schrift ein wesentlicher Unterschied stattfindet.

Meine Religionsphilosophie ist so wenig eine Explication der Hegelschen, wie der Verfasser der Posaune will glauben machen, daß sie vielmehr nur aus der Opposition gegen die Hegelsche entstanden ist, nur aus dieser Opposition gefaßt und beurtheilt werden kann. Was nämlich bei Hegel die Bedeutung des Secundären, Subjectiven, Formellen hat, das hat bei mir die Bedeutung des Primitiven, des Objectiven, Wesentlichen. Nach Hegel ist z. B. die Empfindung, das Gefühl, das Herz die Form, in die sich der wo andersher stammende Inhalt der Religion versenken soll, damit sie das Eigenthum des Menschen werde; nach mir ist der Gegenstand, der Inhalt des religiösen Gefühls selbst nichts Anderes als das Wesen des Herzens. Dieser wesentliche Unterschied tritt auf eine höchst deutliche Weise schon in der Art hervor, wie Hegel und wie ich gegen Schleiermacher, den letzten Theologen des Christenthums, polemisire. Ich table Schleiermacher nicht deswegen, wie Hegel, daß er die Religion zu einer Gefühlssache machte, sondern nur deswegen, daß er aus theologischer Befangenheit nicht dazu kam und kommen konnte, die nothwendigen Consequenzen seines Standpunkts zu ziehen, daß er nicht den Muth hatte, einzusehen und einzugestehen, daß objectiv Gott selbst nichts Anderes ist, als das Wesen des Gefühls, wenn subjectiv das Gefühl die Hauptsache der Religion ist. Ich bin in dieser Beziehung so wenig gegen Schleiermacher, daß er mir vielmehr zur thatsächlichen Bestätigung meiner aus der Natur des Gefühls gefolgerten Behauptungen dient. Hegel ist eben deswegen nicht in das eigenthümliche Wesen der Religion eingedrungen, weil er als abstracter Denker nicht in das Wesen des Gefühls eingedrungen ist.

Was nach Hegel Bild, ist nach mir Sache. Nach Hegel sind z. B. die Personen der Trinität nur Vorstellungen, Vater und Sohn unangemeßne, dem organischen, natürlichen Leben entnommene Bilder. Nach meiner Schrift ist gerade dies das Wesen der Trinität, daß Gott in Beziehung auf sich selbst Vater und Sohn, ein Bund sich innigst liebender Personen ist.

Hegel identificirt die Religion mit der Philosophie, ich hebe ihre specifische Differenz hervor; Hegel betrachtet die Religion nur im Gedanken, ich in ihrem wirklichen Wesen; Hegel findet die Quintessenz der Religion nur im Compendium der Dogmatik, ich schon im einfachen Acte des Gebets; Hegel objectivirt das Subjective, ich subjectivire das Objective; Hegel stellt die Religion dar als das Bewußtsein eines andern, ich als das Bewußtsein des eignen Wesens des Menschen; Hegel setzt darum das Wesen der Religion in den Glauben, ich in die Liebe, weil die Liebe nichts Andres ist, als das religiöse Selbstbewußtsein des Menschen, das religiöse Verhältniß des Menschen zu sich selbst; Hegel verfährt willkürlich, ich nothwendig; Hegel unterscheidet, ja trennt den Inhalt, den Gegenstand der Religion von der Form, von dem Organ, ich identificire Form und Inhalt, Organ und Gegenstand; Hegel geht vom Unendlichen, ich vom Endlichen aus; Hegel setzt das Endliche in das Unendliche, weil er noch den alten metaphysischen Standpunkt des Absoluten, Unendlichen zu seinem Ausgangspunkt hat, und zwar so, daß er im Unendlichen die Nothwendigkeit der Begrenzung, Bestimmung, Endlichkeit aufzeigt, ich setze das Unendliche in das Endliche; Hegel setzt das Unendliche dem Endlichen, das „Speculative" dem Empirischen entgegen, ich finde, eben weil ich schon im Endlichen das Unendliche, schon im Empirischen das Speculative finde, das Unendliche mir nichts Anderes ist, als das Wesen des Endlichen, das Speculative nichts Andres, als das Wesen des Empirischen, auch in den „speculativen Geheimnissen" der Religion nichts Andres, als empirische Wahrheiten, wie z. B. in dem „speculativen Mysterium" der Trinität keine andre Wahrheit als diese, daß nur gemeinsames Leben Leben ist — also keine aparte, transcendente, supranaturalistische, sondern eine allgemeine, dem Menschen immanente, populär ausgedrückt, natürliche Wahrheit.

Es ist daher nichts verkehrter, als die Gedanken meiner Schrift, die gerade aus der Opposition gegen die abstracte, d. i. von dem wirklichen Wesen der Dinge abgesonderte Speculation entstanden sind, für Producte einer „abstracten Dialektik"*) zu erklären. Sind diese Gedanken Producte der abstracten oder Hegelschen Dialektik, so ist auch ihr Verfasser mit Haut und Haaren, mit Fleisch und Blut, mit Knochen und Nerven ein Product der abstracten Dialektik; denn diese seine Gedanken sind sein Wesen. Es ist überhaupt nichts thörichter, als unangenehme Wahrheiten sich dadurch vom Halse schaffen zu wollen, daß man ihnen einen zufälligen Ursprung vindicirt, wie dies der oberflächliche Verfasser des Aufsatzes: Strauß und F. in der Leipz. Deutschen Monatsschrift thut. Anerkennt ihr eine Nothwendigkeit in den Dingen unter dem Monde; nun so dehnt auch diese Nothwendigkeit auf die Gedanken des Menschen aus, denn sie lassen sich nicht vom Wesen des Menschen abtrennen. Und wollt ihr daher ein Radicalmittel gegen das immer tiefer und weiter um sich greifende Uebel der Vernunft anwenden, so bleibt euch kein andres Mittel, als sämmtlichen Ungläubigen die Köpfe abzuschlagen. Welch ein lächerlicher Wahn, daß nur mit den Bedürfnissen des Magens, nicht mit den Bedürfnissen des Kopfs die Macht der Nothwendigkeit, das Schicksal der Dinge im Bunde stehe! Welch ein thörichtes Bestreben, die Dampfmaschinen und Runkelrübenzuckerfabriken in Bewegung, aber die große Denkmaschine, den Kopf in ewigen Stillstand versetzen zu wollen! Welch ein Einfall, die religiösen Wirren dadurch schlichten zu wollen, daß man über die Religion plötzlich nicht mehr denkt, d. h. daß man sich zum Besten der deutschen Rationalinteressen, d. h. der Dampfmaschinen und Runkel-

---

*) Ueber das Wort abstract herrscht übrigens die größte Confusion. So gilt jetzt sehr vielen Leuten die unbehagliche Scheidung des Lichts und der Finsterniß, der Wahrheit und Lüge, der Vernunft und Albernheit, des Unglaubens und Glaubens für die That einer abstracten Dialektik. Aber nur auf dieser abstracten Dialektik, nur auf dieser kritischen Scheidung beruht die Wiederherstellung unsrer geistigen und leiblichen Gesundheit.

rübenzuckerfabriken in religiösen Dingen stante pede zur Bestie begra:
birt! Und welch ein verwerflicher Gedanke, daß man die Religion,
weil sie Sache des Gefühls sei, nicht vor das Forum der philosophi=
schen Kritik ziehen solle! Gerade das Gegentheil. So weit unser
Verstand reicht, so weit geht unser Beruf, unser Recht, unsre Pflicht.
Was wir erkennen können, das sollen wir erkennen. Die theoretische
Aufgabe der Menschheit ist identisch mit ihrer sittlichen. Nur der ist ein
wahrhaft sittlicher, ein wahrhaft menschlicher Mensch, der seine religiösen Gefühle und Bedürfnisse zu durchschauen den Muth hat. Wer ein
Knecht seiner religiösen Gefühle ist, der verdient auch politisch nicht anders denn als Knecht behandelt zu werden. Wer nicht sich selbst in der
Gewalt hat, hat auch nicht die Kraft, nicht das Recht, sich vom mate=
riellen und politischen Druck zu befreien. Wer sich in sich selbst von
dunkeln, fremden Wesen beherrschen läßt, der bleibe auch äußerlich im
Dunkel der Abhängigkeit von fremden Mächten sitzen. Und wer daher
dem religiösen Gefühle im Gegensatze zur Freiheit des Denkens das
Wort redet, der ist ein Feind der „Aufklärung" und Freiheit, der
redet dem Obscurantismus das Wort, denn Alles ohne Unterschied sanctionirt der Obscurantismus des religiösen Gefühls. Selbst den Lastern, selbst dem Schrecken, der Furcht, selbst
einem Deus crepitus huldigte das religiöse Gefühl der frommen Helden.
Und war es bei den Christen wesentlich anders? Hing einst nicht auch
das religiöse Gefühl der Christen ebenso fest an den Gespenstern, den
Teufeln, den Hexen, als an Gott? War nicht einst Alles, selbst der
Lauf der Erde vom religiösen Gefühle und Glauben in Beschlag genommen? War darum eben nicht jeder Fortschritt in der Philosophie, in
den Naturwissenschaften eine Negation, ein Frevel gegen das religiöse
Gefühl? Und geht dasselbe nicht auch in die politische „That" über?
Widersprach es dem religiösen Gefühl und Glauben unsrer Reformatoren, den Servet im Feuer zu Tode zu martern? Hat sich nicht auch
in unsern Tagen wieder das religiöse Gefühl auf eine höchst arrogante

Weise in die Politik eingemischt? Und ist es nicht überall, wo es Charakter gezeigt, absolut negativ gegen das menschliche Wesen aufgetreten? Ja wahrlich, purer Hohn ist das Wort Freiheit, das Wort Aufklärung im Munde dessen, der die Finsterniß des religiösen Gefühls in Schutz nimmt.

Es ist demnach eine moralische Nothwendigkeit, eine heilige Pflicht des Menschen, das dunkle, lichtscheue Wesen der Religion ganz in die Gewalt der Vernunft zu bringen; und diese Pflicht ist um so dringender, je größer der Widerspruch ist, in welchem die Vorstellungen, Gefühle und Interessen der Religion mit den anderweitigen Vorstellungen, Gefühlen und Interessen der Menschheit stehen, wie dies gegenwärtig der Fall ist, was Niemand wird läugnen können und wollen, außer wer selbst in diesen Widerspruch verwickelt ist. Denn wo die Religion im Widerspruch steht mit den wissenschaftlichen, politischen, socialen, kurz geistigen und materiellen Interessen, da befindet sich die Menschheit in einem grundverdorbnen, unsittlichen Zustand — im Zustand der Heuchelei.

Wie häßlich stellt sich nicht z. B. in den Naturforschern des vielgepriesnen Englands diese Heuchelei dar! Sie wollen ihre naturwissenschaftlichen Ansichten und Ueberzeugungen mit dem Bibelglauben in Harmonie bringen — wie fromm, wie christlich! — und gleichwohl erklären sie — o wie unchristlich, wie frivol! — z. B. den Glauben, daß alle Wesen und Dinge um des Menschen willen seien, für einen unerträglichen Hochmuth, als wenn nicht eben dieser, ja ein noch weit stärkerer, hochmüthigerer Glaube in der Bibel enthalten wäre, nicht in der Bibel die Sonne selbst um des Menschen willen stille stünde, nicht in der Bibel die ganze Natur um Israels willen ihre Beschaffenheit änderte. Ja dieser Glaube war in der Christenheit ein so heiliger, daß man selbst noch im vorigen Jahrhundert wegen der entgegengesetzten Ansicht in den Verdacht der Irreligiosität, der Freigeisterei kam. Die Christen sagten zwar, daß die Welt nicht allein um des Menschen, sondern auch der Engel willen erschaffen sei. Aber was sind die Engel andres als die religiösen Dienstboten des Menschen? Soll nun dieser Zustand des Widerspruchs, der Heuchelei, der sich schon im Macchiavelli, im Vanini, im Leibnitz, hier nur in einer andern Weise, mehr noch im Cartesius, im Bayle auf das Widerwärtigste darstellte, in der sogenannten „positiven Philosohie" aber seinen tragi-komischen Schluß- und Culminationspunct gefunden hat, soll dieser Zustand nicht aufgehoben werden, soll er ein dauernder sein? Nein! er muß überwunden werden; dieser Widerspruch ist der faulste Fleck, der Schandfleck unsrer neuern Geschichte, unsrer Gegenwart.

Aber wodurch soll er, wodurch kann er überwunden werden? Dadurch, daß man die Menschheit gewaltsam auf den Zustand des ersten Christenthums oder einen analogen Zustand wieder zurückversetzt? Wie albern! Solche repetitoria kommen wohl im Kopf eines theologischen Repetenten vor, aber in natura finden sie nicht statt. Dadurch, daß man Altes und Neues pêle-mêle unter einander mischt? Nichts ist widerlicher, nichts unausstehlicher, als solcher Mischmasch. Oder dadurch, daß man dem alten Glauben ein modernes Kleid gibt? Das ist eben so lächerlich, als wenn man einen alten Mann dadurch wieder jung machen wollte, daß man ihn in das Kleid eines Jünglings steckt. Wodurch also? Nur dadurch, daß wir uns ehrlich und redlich eingestehen, daß das Todte todt ist, alle Wiederbelebungsversuche also eitel und vergeblich sind, nur dadurch, daß wir uns daher eine neue, lebensfrische, aus unserm eignen Fleisch und Blut erzeugte Anschauung der Dinge schaffen. Selbsttäuschung ist es, diese Geistesrichtung, welche einen Zustand des Widerspruchs, der Heuchelei rücksichtslos negirt, als eine negative zu bezeichnen. Sie allein ist gerade die positive, die sittliche Geistesrichtung, denn sie ist nur negativ gegen Etwas, was bereits selbst ein Nichts in sich ist, aber sich noch immer stellt und geberdet, als wäre es Etwas. Positiv ist allein, was wahr und gut ist. Aber ist nicht der sogenannte positive Glaube längst und gerade am meisten in denen, die nichts Andres als eben dieses Wort im Munde führen, zur Caricatur, zur Lüge, zur Heuchelei, zur Selbsttäuschung geworden? Allerdings sollen wir conservativ sein, aber nota bene nur gegen das, was in sich selbst noch Lebens- und Selbsterhaltungskraft besitzt. Ein gesundes Glied tödten ist Frevel, Barbarei; aber ein krankes Glied amputiren, Wohlthat und Weisheit. Die Conservation des Guten ist gut und vernünftig, aber die des Schlechten selbst eine Schlechtigkeit und Thorheit.

Was nun aber das Verhältniß der Hegelschen Philosophie zu diesem Zustande einer welthistorischen Heuchelei betrifft, so kann ihr keineswegs die Ehre vindicirt werden, denselben entlarvt und wahrhaft überwunden zu haben. Er ist vielmehr eben so viel in ihr überwunden als nicht überwunden. Es gehört wesentlich zur Charakteristik seiner Philosophie, daß sich eben so gut die Orthodoxie, als die Heterodoxie auf ihn stützen kann und sich wirklich gestützt hat, daß sich eben so gut die Töne der „Posaune" aus ihr hervorbringen lassen, als die süßen einschmeichelnden Flötentöne der Harmonie des Glaubens und Unglaubens. Hegel ist die Aufhebung des abgelebten Alten im Alten, die Aufhebung der supranaturalistischen Transcendenz des Christenthums in selbst supranaturalistischer und transcendenter Weise.

Meine Schrift ist nun gerade hervorgegangen aus dem Bestreben, die bisher trotz ihrer gepriesnen „Immanenz" immer noch so transcendente und deswegen so widerspruchvolle und complicirte Philosophie „zunächst auf dem Gebiete der speculativen Religionsphilosophie" auf ihre einfachsten, dem Menschen immanenten Elemente zu reduciren, zu simplificiren. Aber eben diese Tendenz begründet einen wesentlichen Unterschied zwischen der Hegelschen und meiner Religionsphilosophie. Daher ist mir der Mittelpunct der Religion, die Incarnation Gottes, der Theanthropos nicht, wie dem Hegel, ein widerspruchvolles Compositum von Gegensätzen, kein synthetisches, sondern analytisches Urtheil — die sinnliche Consequenz einer Prämisse, die dasselbe nur auf unsinnliche Weise sagt. Daher ist der Grund und das Resultat meiner Schrift nicht die Identität des menschlichen und eines andern Wesens, sondern die Identität des Wesens des Menschen mit sich selbst. Die Hegelsche Religionsphilosophie schwebt in der Luft, meine steht mit zwei Beinen auf dem heimathlichen Boden der Erde fest. Die Hegelsche Religionsphilosophie hat kein Pathos in sich, kein leibendes Wesen, kein Bedürfniß, kurz keine Basis; bei mir ist die Basis der Religion die Anthropologie.

Ein wesentlicher Unterschied endlich zwischen Hegel und meiner Wenigkeit besteht darin, daß Hegel Professor der Philosophie war, ich aber kein Professor, kein Doctor bin, Hegel also in einer akademischen Schranke und Qualität, ich aber als Mensch, als purer blanker Mensch lebe, denke und schreibe — kein Wunder, daß ich daher im Gegensatz zur Hegelschen Religionsphilosophie auch nichts weiter aus der Religion herausbringe, als eben den Menschen. Die wesentliche Tendenz der philosophischen Thätigkeit kann überhaupt keine andre mehr sein, als die, den Philosophen zum Menschen, den Menschen zum Philosophen zu machen. Der wahre Philosoph ist der universelle Mensch — der Mensch, der für alles wesentlich Menschliche Sinn und Verstand, also den Sinn und Verstand der Gattung hat. Die Philosophie soll nicht die Wissenschaft einer besondern Facultät, keine abstracte Qualität sein; sie soll das ganze Wesen des Menschen, alle Facultäten in sich fassen. Zum Philosophen gehört daher nicht nur der Actus purus des Denkens, sondern auch der Actus impurus oder mixtus der Leidenschaft, der sinnlichen Receptivität, die uns allein in den universalen Conflur der wirklichen Dinge versetzt. Die Philosophie als Sache einer besondern Facultät, als Sache des bloßen abgesonderten Denkens isolirt und entzweit den Menschen; sie hat daher die übrigen Facultäten nothwendig zu ihrem Gegensatze. Nur dann erst wird die Philosophie von diesem Gegensatze frei, wenn sie den Gegensatz zur Philosophie in sich selbst aufnimmt. Darum stimme ich dem Verfasser der Posaune auch hierin nicht bei, wenn er über das gegenwärtige Schicksal der Philosophie in Deutschland klagt. Es ist allerdings eine Thatsache, daß es bereits so weit gekommen ist bei uns, daß Philosophie und Professur der Philosophie absolute Widersprüche sind, daß es ein specifisches Kennzeichen eines Philosophen ist, kein Professor der Philosophie zu sein, umgekehrt ein specifisches Kennzeichen eines Professors der Philosophie, kein Philosoph zu sein. Aber der Philosophie gereicht diese humoristische Thatsache nur zum Vortheil. Dadurch, daß die Philosophie vom Katheder herabgestiegen, ist sie eben äußerlich, factisch schon über die armseligen Schranken einer Facultätswissenschaft erhoben, ist sie nicht mehr zu einer bloßen Professoralangelegenheit, sondern zur Sache des Menschen, des ganzen, freien Menschen gemacht. Mit dem Austritt der Philosophie aus der Facultät beginnt daher eine neue Periode der Philosophie. Erst mit Wolf wurde die neuere Philosophie zu einer förmlichen Facultätswissenschaft. Leibnitz, Spinoza, Cartesius, G. Bruno, Campanella waren keine Professoren der Philosophie. Die Universitäten sträubten sich vielmehr aus allen Kräften gegen das Licht der neuern Philosophie; die Universitäten hatten es überhaupt von jeher, mit Ausnahme weniger, schnell vorübergeeilter Lichtmomente in ihrer Geschichte, nur mit dem todten, abgemachten, nicht dem lebendigen, schaffenden Wissen zu thun. In Leipzig waren die Professoren der Philosophie einst förmlich verbunden, nicht von der Lehre des Aristoteles abzuweichen, selbst nicht einmal in der Dialektik. (H. ab Elswich de varia Aristotelis in Scholis Protestantium Fortuna. 1720. p. 73. p. 68.) Und die österreichischen Universitäten wurden unter Ferdinand III. sogar eidlich verpflichtet, die Lehre von der unbefleckten Empfängniß der Mutter Gottes zu vertheidigen (Jöcher Gelehrtenlexikon Art. Jo. Gans). Stehen unsre heutigen Universitäten auf einem höhern, freiern Standpunct? Dank darum, lauten aufrichtigen Dank den Reactionen gegen die Philosophie! Sie haben die Philosophie wieder auf ihren ursprünglichen Boden ver-

setzt, auf den antediluvianischen und folglich ante= und antitheo=
logischen Boden des Paradieses, wo mit dem ersten Menschen auch
der erste Philosoph geboren wurde. Die neue Periode der Philoso=
phie beginnt mit der Incarnation der Philosophie. Hegel gehört in
das alte Testament der neuen Philosophie. Hegel überwindet das
Wesen der Philosophie als einer abstracten Facultät, aber selbst nur in
abstracto; es ist nicht überwunden; er ist selbst noch im Scholastici=
mus befangen. Die menschgewordne Philosophie ist allein die po=
sitive, d. i. wahre Philosophie. Die einfachsten Wahrheiten sind es
gerade, auf die der Mensch immer erst am spätesten kommt. So ging
dem einfachen Copernicanischen System das verwickelte Ptolemäische
System voraus.

Das Wesen des Glaubens im Sinne Luther's.

1844.

Keine Religionslehre widerspricht, und zwar mit Wissen und Willen, mehr dem menschlichen Verstand, Sinn und Gefühl, als die lutherische. Keine scheint daher mehr als sie den Grundgedanken vom „Wesen des Christenthums" zu widerlegen, keine mehr als sie einen außer- und übermenschlichen Ursprung ihres Inhalts zu beweisen; denn wie könnte der Mensch von selbst auf eine Lehre kommen, welche den Menschen auf's Tiefste entwürdigt und erniedrigt, welche ihm, wenigstens vor Gott, d. h. in der höchsten, aber eben deswegen allein entscheidenden Instanz, alle Ehre, alles Verdienst, alle Tugend, alle Willenskraft, alle Gültigkeit und Glaubwürdigkeit, alle Vernunft und Einsicht unbedingt abspricht? So scheint es; aber der Schein ist noch nicht das Wesen.

Gott und Mensch sind Gegensätze. „Wenn wir Menschen uns recht abmalen, wie wir sein für und gegen Gott, so werden wir befinden, daß zwischen Gott und uns Menschen ein großer Unterschied ist und größer, denn zwischen Himmel und Erden, ja es kann keine Vergleichung gegeben werden. — Gott ist ewig, gerecht, heilig, wahrhaftig und in Summa Gott ist alles gutes. Dagegen aber der Mensch ist sterblich, ungerecht, lügenhaftig, voll Untugend, Sünde und Laster. Bei Gott ist alles guts, bei den Menschen ist Tod, Teufel und höllisch Feuer. Gott ist von Ewigkeit und bleibet in Ewigkeit. Der Mensch stecket in Sünden und lebet mitten im Tode alle Augenblicke. Gott ist voll Gnade; der Mensch ist voll Ungnade und unter Gottes Zorn. Das ist der Mensch gegen Gott zu rechnen." (Luther's Schriften und Werke. Leipzig 1729. Th. XVI. S. 536. *) Jedem Mangel im Menschen steht eine Vollkommenheit in Gott gegenüber: Gott ist und hat gerade das, was der Mensch nicht ist und hat. Was man Gott beilegt, wird dem Menschen abgesprochen, und umgekehrt, was man dem Menschen gibt, entzieht man Gott. Ist z. B. der Mensch Autodidakt und Autonom (Selbstgesetzgeber), so ist Gott kein Gesetzgeber, kein Lehrer oder Offenbarer; ist es dagegen Gott, so fehlt dem Menschen die Fähigkeit eines Lehrers und Gesetzgebers. Je weniger Gott ist, desto mehr ist der Mensch; je weniger der Mensch, desto mehr Gott.

Willst du daher Gott haben, so gib den Menschen auf; willst du den Menschen haben, so verzichte auf Gott — oder du hast keinen von beiden. Die Nichtigkeit des Menschen ist die Voraussetzung der Wesenhaftigkeit Gottes; Gott bejahen heißt: den Menschen verneinen, Gott verehren: den Menschen verachten, Gott loben: den Menschen schmähen. Die Herrlichkeit Gottes gründet sich nur auf die Erbärmlichkeit des Menschen, die göttliche Seligkeit nur auf das menschliche Elend, die göttliche Weisheit nur auf die menschliche Thorheit, die göttliche Macht nur auf die menschliche Schwachheit.

„Gottes Natur ist, daß er seine göttliche Majestät und Kraft erzeiget durch Nichtigkeit und Schwachheit. Er spricht selbst zu

---

*) Diese Ausgabe in 23 Foliobänden von 1729 bis 1740 ist immer gemeint, wenn von nun an nur der Theil und die Seitenzahl angegeben werden.

Paulo 2 Cor. 12: „Meine Kraft ist in denen Schwachen mäch=
tig." (Th. VI. S. 60.) „Meine Kraft kann nicht mächtig sein denn
nur in eurer Schwachheit. Wo Du nicht schwach sein wirst, so hat
meine Kraft an Dir nichts zu thun. Wenn ich Dein Christus sein
soll und Du wiederum mein Apostel, so wirst Du Deine Schwach=
heit mit meiner Kraft, Deine Thorheit mit meiner Weisheit,
mein Leben mit Deinem Tode zusammenreimen müssen." (Th.
III. S. 284.) „Gott allein gehöret zu die Gerechtigkeit, die
Wahrheit, die Weisheit, die Kraft, die Heiligkeit, die Selig=
keit und alles Gute. Uns aber gehört zu die Ungerechtigkeit,
die Thorheit, die Lügen, die Schwachheit und alles Böse, wie
dieses alles in der Schrift überflüssig bewiesen wird. Denn die Men=
schen sind Lügner, heißt es Psalm 116, 11. und Hos. 13: Israel,
das Verderben ist Dein. Daher mangeln wir alle des Ruhms, den
wir vor Gott haben sollten, auf daß sich vor ihm kein Fleisch rühme,
wie Paulus Röm. 3 spricht ꝛc. Derowegen kann die Ehre Gottes
nicht erzählet werden, wo nicht zugleich mit die Schande derer
Menschen erzählet wird. Und Gott kann nicht vor wahrhaftig
und gerecht und barmherzig gerühmt werden, wo wir nicht vor
Lügner und Sünder und elende Leute öffentlich ausgegeben
werden." (Th. V. S. 176.)

Entweder — Oder. Entweder ein Teufel gegen den Menschen
— „alle Menschen außer Christo sind Teufelskinder" (Th. XVI.
S. 326) — aber ein Engel gegen Gott — „Christus und Adam
(d. i. Gott und Mensch) sind gegen einander zu halten, wie Engel und
Teufel" (Th. IX. S. 461.) -- oder ein Teufel gegen Gott, aber ein
Engel gegen den Menschen. Ist der Mensch frei, wahr, gut, so ist
Gott umsonst gut, wahr und frei; es ist keine Nothwendigkeit,
kein Grund da, daß Gott es sei. Die Nothwendigkeit Gottes über=
haupt beruht ja nur darauf, daß er ist und hat, was wir nicht sind
und haben. Sind wir, was er ist, wozu ist er? Ob er ist oder nicht

ist — es ist einerlei; wir gewinnen nichts durch sein Sein und verlieren nichts durch sein Nichtsein; denn wir haben an Gott nur eine Wiederholung von uns selbst. Nur, wenn Das, was in Gott ist und Gott zu Gott macht, nicht ist, wenn Gott selbst nicht ist, nur dann ist sein Sein für den Kopf eine Nothwendigkeit, für das Herz ein Bedürfniß. Dieß ist aber nur der Fall, wenn die wesentlichen, d. h. die Gott zu Gott machenden Eigenschaften, wie z. B. Weisheit, Güte, Gerechtigkeit, Wahrheit, Freiheit, nicht auch in uns sind; denn sind sie auch in uns, so bleiben sie, Gott mag sein oder nicht sein, und es ist daher an die Annahme eines Gottes kein wesentliches Interesse geknüpft. Nur dann also, wenn ein herber, durchdringender Unterschied oder vielmehr Gegensatz zwischen uns und Gott besteht, ist die Gleichgültigkeit, ob er ist oder nicht ist, aufgehoben.

Wir heben den Unterschied Gottes von uns nicht auf — höre ich die Mittelmäßigen einwerfen — wenn wir auch dem Menschen Güte, Freiheit und andere Eigenschaften Gottes zuschreiben, denn wir legen diese Eigenschaften dem Menschen nur in einem beschränkten, niedrigen, Gott aber im höchsten Grade bei. Allein ein Vermögen, eine Kraft oder Eigenschaft, die wirklich, ihrer Natur nach einer Steigerung fähig ist — denn nicht alle Eigenschaften sind einer Steigerung natur- oder vernunftmäßig fähig — die verdient erst da als solche anerkannt und mit ihrem eigenthümlichen Namen benannt zu werden, wo sie den höchsten Grad erreicht. Der Superlativ ist hier erst der wahre Positiv. Die höchste Freiheit ist erst Freiheit — ausgemachte, entschiedne, wahre, dem Begriffe der Freiheit entsprechende Freiheit. Was einer Steigerung fähig ist, das schwankt noch zwischen sich und seinem Gegentheil, zwischen Sein und Nichtsein. So schwankt z. B. ein Künstler niedrigen, folglich steigerungsfähigen Rangs zwischen Künstler sein und Nicht-Künstler sein. Erst ein Künstler ersten Rangs ist unbedingt, unbestritten ein Künstler; nur der letzte, äußerste Grad — nur das Extrem ist überall erst Wahrheit. Ist also Gott der höchst Gute, der höchst Freie — nun so bekennt, daß Er auch allein erst gut und frei ist, und laßt eure mittelmäßige Freiheit, eure mittelmäßige Güte zum Teufel fahren.

„Der Namen freier Wille sich zum Menschen nicht reimet, sondern ist ein göttlicher Titel und Name, den Niemand führen soll noch mag, denn allein die hohe göttliche Majestät, denn Gott der Herr allein thut (wie der Psalm 115 sagt), was und wie er will, im Himmel, auf Erden, im Meer und allen Tiefen. Wenn ich das von einem Menschen sage, ist's gleich, als wenn ich sagte: Ein Mensch hat göttliche Gewalt und Kraft; das wäre die höchste Gotteslästerung auf Erden und ein Raub göttlicher Ehre und Namens."
„Derhalben, wenn man die Gnade und die Hülfe der Gnade preiset, so wird auch zugleich gepredigt, daß der freie Wille nichts vermag. Und ist eine gute, starke, feste, gewisse Folge, wenn ich sage: die Schrift preiset allein Gottes Gnade, darum ist der freie Wille nichts." (Th. XIX. S. 28. S. 121.)

Was aber vom freien Willen oder der Gnade Gottes — denn die Gnade ist nichts andres als der göttliche Wille — gilt, Dasselbe gilt von allen andern Eigenschaften Gottes, gilt von Gott selbst. Die Göttlichkeit, die Preis- und Anbetungswürdigkeit Gottes beruht eben nur darauf, daß Er das hat, was wir nicht haben; denn was man selbst hat, schätzt und preist man nicht. Wenn der Mensch selig wäre — selig in dem überschwänglichen Sinne, als es der Christ verlangt —; wie käme er dazu, ein anderes Wesen außer sich als ein seliges Wesen sich vorzustellen und ob dieser Eigenschaft zum Gegenstand seiner Verehrung und Anbetung zu machen? Selig preist nur der Gefangene den Freien, der Kranke den Gesunden. Seligkeit existirt nur in der Phantasie, nicht in der Wirklichkeit, nur in der Vorstellung vom Besitze, nicht im Besitze selbst. Nur als Gegenstand der Vorstellung, nur in der Entfernung, der Trennung wird das Triviale zum Idealen, das Irdische Himmlisches, das Menschliche Göttliches. Heilig ist uns vergangnes, nicht gegenwärtiges Glück, heilig der Todte, nicht der Lebendige, kurz heilig nur ein Gegenstand, so lange er ein Gegenstand in der Vorstellung, nicht in der Wirklichkeit ist. Alle Naturkörper waren eben deswegen Gegenstände religiöser Verehrung, so lange sie nur Gegenstände der Vorstellung, der Phantasie, nicht der wirklichen Naturanschauung, folglich nicht als Das, was sie in Wirklichkeit sind, den Menschen Gegenstand waren. So waren den Griechen die Gestirne Gegenstände religiöser Verehrung, d. h. sie sahen die Gestirne nicht als Gestirne an, sie stellten sie sich vor als überirdische lebendige Wesen. Aber einige griechische Philosophen stürzten diese Götter vom Throne, d. h. sie versetzten die Gestirne aus dem Himmel der Phantasie auf die Erde der Naturanschauung, erkannten ihre Ununterschiedenheit von dem profanen Erdkörper. Wer daher dem Menschen Eigenschaften Gottes beilegt, d. h. die göttlichen Eigenschaften aus Gegenständen der Vorstellung zu Gegenständen der Wirklichkeit, des Besitzes macht, der hebt nicht nur den himmlischen Zauber der Religion, sondern auch das Bedürfniß eines Gottes, das Fundament der Religion auf. Die Religion ist nämlich das Band zwischen Gott und dem Menschen; aber wie jedes Band, beruht auch dieses nur auf Bedürfniß, auf Mangel. Habe ich aber, was Gott hat, so fehlt nichts, wenn Gott fehlt. Aber nur wenn mir Etwas fehlt, wenn Gott fehlt, ist mir Gott ein Bedürfniß. Nur dem Unseligen ist die Seligkeit, nur dem Sklaven die Freiheit ein Bedürfniß. Auf die Freiheit Gottes reimt sich nur die Knechtschaft des Menschen; bin ich dagegen frei, nun so bin ich vor allen Dingen auch frei von Gott. Die Huldigungen, die vom Standpunkt der Freiheit Gott dargebracht werden, sind höchstens nur noch Höflichkeitsbezeugungen, Galanterien, Complimente. Nur in dem Munde der Noth, des Elends, des Mangels hat das Wort: Gott Gewicht, Ernst und Sinn; aber auf den Lippen der religiösen Freiherren — freilich auch der politischen — klingt das Wort: Gott nur wie Spott.

Was also Gott ist, das kann unmöglich der Mensch sein, wenn

Gott nicht ein bloßer Luxusartikel sein soll. Diese Unmöglichkeit, diese Nothwendigkeit, daß jede Bejahung in Gott eine Verneinung im Menschen voraussetzt, ist die Grundlage, worauf Luther sein Gebäude aufgeführt und die römisch-katholische Kirche zertrümmert hat. Ist Gott gut, so ist der Mensch böse, so ist es folglich Gotteslästerung, Gottesverläugnung, wenn der Mensch sich gute Handlungen, gute Werke zuschreibt; denn Gutes kommt nur aus Gutem, „gute Früchte setzen einen guten Baum voraus;" wer sich daher gute Werke zutraut, legt sich gutes Wesen bei, maßt sich eine göttliche Eigenschaft an, macht sich in der That selbst zu Gott. Ist Gott selbst der Versöhner des Menschen mit Gott, Gott der Heiland, der Sündentilger, der Seligmacher der Menschen; so kann nicht der Mensch der Tilger seiner Sünden, der Heiland von sich selbst sein — und folglich sind alle sogenannten verdienstlichen Werke, die der Mensch thut, alle Leiden und Martern, die er sich auferlegt, um seine Sünden abzutilgen, sich mit Gott zu versöhnen, sich die göttliche Huld und Seligkeit zu erwerben, eitel und nichtig — eitel und nichtig also der Rosenkranz, die Fastenspeise, die Wallfahrt, die Messe, der Ablaßkram, die Mönchskappe, der Nonnenschleier.

„Können wir eine Sünde mit Werken vertilgen und Gnad erlangen, so ist Christus Blut ohne Noth und Ursach vergossen*)." (Th. XVIII. S. 491.) „Jüdischer Glaube ist durch Werk und Selbstthun Gottes Gnade erlangen, Sünde büßen und selig werden. Damit muß Christus ausgeschlossen werden, als der nicht noth oder je nicht groß noth sei. — Sie sagen, durch das strenge Leben wollen sie ihre Sünde büßen und selig werden, geben das den Werken

---

*) Unter Werken versteht L. keineswegs nur die äußerlichen, ceremoniellen, gottesdienstlichen Werke, sondern auch die moralischen Werke. S. L.'s Briefe, Sendschreiben und Bedenken von de Wette Th. I. S. 40 und L.'s Werke z. B. Th. XXI S. 283. Th. XVII. 144—15.

und geistlichen Stande, das allein Christo und dem Glauben eignet. Was ist denn das andres, denn Christum verläugnen?" (Ebend. S. 45.) „Wohin führen diesen Glauben die Papisten? Eigentlich auf sich selbst. Denn sie lehren die Menschen vertrauen auf ihre Verdienste — der Papisten und Mönche nennet sich keiner mit dem Namen Christus, ihr keiner spricht, ich heiße und will geheißet und genennet seyn Christus; aber sie sprechen dennoch allesamt: Ich bin Christus. Des Namens enthalten sie sich wohl, aber des Amts, des Werkes und Person maßen sie sich an". (Ebend. S. 75.) „Was vergiebet Gott, wenn wir für alle Sünde genug thun?" (Th. XVII. S. 328.) „Wenn nun um unser Reu willen die Sünden vergeben würden, so wäre die Ehre unser und nicht Gottes." (Ebend. S. 356.) „Die zwey leiden sich nicht zugleich und können nicht beisammen seyn, glauben, daß wir um Christi willen ohne unser Verdienst Gottes Gnade haben, und halten, daß wir es auch durch Werke erlangen müssen. Denn so es möchte durch uns verdienet werden, so dürften wir Christi nichts darzu." (Th. XIII. S. 656.) „Es muß der zwey eines untergehen; stehe ich auf Gottes Gnade und Barmherzigkeit, so stehe ich nicht auf meinem Verdienst und Werke; also wiederum stehe ich auf meinen Werken und Verdienste, so stehe ich nicht auf Gottes Gnade." (Ebend. S. 639.)

Gnade oder Verdienst; Gnade hebt Verdienst, Verdienst Gnade auf. Aber die Gnade gehört dem Glauben an, das Verdienst dem Werk, und der Glaube gehört Gott an, das Werk dem Menschen; denn im Glauben bethätige ich Gott, im Werke mich, den wirkenden Menschen. Also mußt Du es entweder mit Gott oder mit dem Menschen halten, entweder an Gott glauben und am Menschen verzweifeln, oder an den Menschen glauben und an Gott verzweifeln. Zugleich kannst Du nicht an Gott glauben und an Gott verzweifeln, zugleich nicht um gnädige Unterstützung betteln und eignes Vermögen besitzen, zugleich nicht Knecht und Herr, zugleich nicht Lutheraner und Papist sein. Ganz für Gott und wider den Menschen, oder ganz für den Menschen und wider Gott.

Luther nun entscheidet sich ganz, unbedingt — L. ist ein ganzer Mann — für Gott wider den Menschen — Gott ist ihm, wie wir gesehen, Alles, der Mensch Nichts*); Gott die Tugend, die Schönheit, die Anmuth, die Kraft, die Gesundheit, die Liebenswürdigkeit; der Mensch das Laster, die Widerlichkeit, die Häßlichkeit, die Nichtswürdigkeit und Nichtsnutzigkeit in Person. Luthers Lehre ist göttlich, aber unmenschlich, ja barbarisch, eine Hymne auf Gott, aber ein Pasquill auf den Menschen.

Aber sie ist nur unmenschlich im Eingang, nicht im Fortgang, in der Voraussetzung, nicht in der Folge, im Mittel, nicht im Zwecke.

Die Wohlthat des Tranks empfindet nur der Durstige, die Wohlthat der Speise nur der Hungrige. Keine Befriedigung, kein Genuß ohne Bedürfniß. Wohl ist Pein und Qual der Hunger für sich selbst, der Hunger ohne Speise; aber der Hunger ist ja nicht um seinetwillen, sondern um der Speise willen gegeben; er soll nicht bleiben, sondern vorübergehen; er hat seinen Endzweck nicht in sich, sondern in seinem Gegensatz — in der Befriedigung. Ist also ein Wesen deswegen elend und nichtig, weil es dem Hungerleiden unterworfen ist? Mit Nichten; denn dieses Leiden ist ein Leiden zu seinem Heile, ein Wehe zum Wohle, eine Noth zum Genuß. Nur dann wäre es wahrhaft elend und nichtig, wenn es zum Hunger und folglich zum Nichtsein verdammt wäre, denn unbefriedigter Hunger endet nur im Ende des Menschen. Aber diese Annahme ist — mit Ausnahme regelwidriger Fälle, die nicht zu rechnen sind — widersinnig, hebt sich selbst auf; denn der Sinn des Hungers ist der Genuß der Speise; der Hunger ist ja nichts weiter als das Verlangen der Speise.

---

*) Der Ausdruck, daß der Mensch oder die Creatur gegen Gott Nichts ist, weil sie von ihm aus Nichts geschaffen, findet sich öfter bei Luther z. B. Th. II. S. 206.

Und eben so ist es mit der lutherischen Lehre. Sie versetzt dich in den Zustand des Hungers, wo dem Menschen alle seine Kräfte versagen, sein Muth sinkt, sein Selbstgefühl schwindet, wo er verzweiflungsvoll ausruft: ach! wie so gar nichts ist doch der Mensch ohne Speise; aber sie versetzt dich nur in diesen unmenschlichen Zustand, um dir durch den Hunger den Genuß der Speise zu würzen: „Der Herr Christus schmecket Niemand, denn einer hungrigen und durstigen Seele. — Die Speise gehört nicht für eine satte Seele". (Th. III. S. 545.) „Die schmecken es aber am besten, die in Todesnöthen liegen oder die das böse Gewissen drückt: da ist der Hunger ein guter Koch, wie man spricht, der machet, daß die Speise wohl schmecket. — Aber jene verstockten Leute, so da in eigner Heiligkeit leben, auf ihre Werke bauen und ihre Sünde und Unglück nicht fühlen, die schmecken das nicht. Wer am Tische sitzt und hungrig ist, dem schmecket alles wohl; der aber vorhin satt ist, dem schmecket nichts, sondern hat auch ein Grauen über der allerbesten Speise". (Th. XI. S. 502 — 3.) Keine Speise ohne Hunger — so keine Gnade ohne Sünde*), keine Erlösung ohne Noth, kein Gott, der Alles ist, ohne einen Menschen, der Nichts ist. Was der Hunger nimmt, ersetzt die Speise. Was Luther im Menschen dir nimmt, das ersetzt er in Gott dir hundertfältig wieder.

Luther ist nur inhuman gegen den Menschen, weil er einen humanen Gott hat und weil die Humanität Gottes den Menschen der eignen Humanität überhebt. Hat der Mensch, was Gott hat, so ist Gott überflüssig, der Mensch ersetzt die Stelle Gottes; aber eben so umgekehrt: hat Gott, was an sich der Mensch hat, so ersetzt Gott die Stelle des Menschen; so ist es nicht nothwendig, daß der Mensch

---

*) „Dieweil sie das nicht wollen lassen Sünde und böse seyn, das wahrhaftig Sünde und böse ist, so lassen sie auch das nicht Gnade seyn, das Gnade ist, von welcher die Sünde sollte vertrieben werden. Als wer nicht will krank seyn, der läßt auch die Arznei ihm keine Arznei seyn". (Th. XVII. S. 374.)

Mensch ist. Denkt Gott für den Menschen — das thut er aber, indem er sich offenbart, sich ausspricht, d. h. dem Menschen vorsagt, was er ihm nachsagen, was er von ihm denken soll — so braucht der Mensch nicht Selbstdenker zu sein; ist Gott ein für den Menschen und dessen Heil und Seligkeit thätiges Wesen, so ist die Thätigkeit des Menschen für sich selbst überflüssig: Gottes Thun hebt mein Thun auf. „So es Christus thut, so muß ich's nicht thun. Eins muß heraus: entweder Christus oder mein eigen Thun." (Th. XXII. S. 124.) Hat Gott Sorge für dich, Liebe zu dir, so ist deine Selbstsorge, deine Selbstliebe unnöthig; trägt Gott dich auf den Händen, so brauchst du nicht auf deinen eignen Beinen zu stehen und gehen. Und du kommst eben so gut, ja noch besser auf den Händen eines Andern an das Ziel deiner Wünsche, als auf deinen eignen Beinen.

„Ey so heb dich du leidiger Teufel! Du willst mich dahin treiben, daß ich soll für mich sorgen, so doch Gott allenthalben spricht: Ich soll ihn lassen für mich sorgen und sagt: Ich bin dein Gott, d. i.: Ich sorge für dich, halt mich dafür und lasse mich sorgen, wie S. Peter spricht: Werfet alle eure Sorge auf ihn, denn er sorget für euch. Und David: Wirf dein Anliegen auf den Herrn, der wird dich versorgen. Der leidige Teufel, der Gott und Christo feind ist, der will uns — auf uns selbst und auf unsre Sorge reißen, daß wir uns sollen Gottes Amt (welches ist für uns sorgen und unser Gott seyn) unterwinden". (Th. XXII. S. 517.) „Wo Christi Jünger sind, die dürfen für sich und für ihre Sünde und zu ihrer Seligkeit nichts thun, sondern das hat Christus Blut schon gethan und alles ausgerichtet, und sie geliebt, daß sie sich selbst nicht mehr dürfen lieben oder suchen oder etwas guts wünschen". (Th. XVIII. S. 488.) „Deine Augen sollen zu seyn über dich, dieweil meine Augen offen sind über dich". (Th. V. S. 376.)

Gott und Mensch sind gegen einander, wie Mann und Weib — ein von Luther und überhaupt den Christen häufig gebrauchtes Gleichniß. Wenn das Weib für mich kocht, wäscht, spinnt, so brauche ich nicht selbst zu kochen, zu spinnen, zu waschen; wo das Weib thätig ist, bin ich unthätig, wo es Etwas ist, da bin ich Nichts. Was ich überhaupt an dem Weibe habe, das brauche ich nicht an mir selbst zu haben; denn was des Weibes ist, ist doch des Mannes, wenn gleich das Weib ein anderes Wesen, ein Wesen außer dem Manne ist. Will daher der Mann selber sein und thun, was ihm das Weib ist und thut, will er selbst das Weib sich ersetzen, so vergeht er sich schmählich. Wenn ich nun aber dem Manne die Selbstbefriedigung verwehre, bin ich deswegen ein unmenschlicher Barbar gegen ihn? Durchaus nicht; denn ich verbiete ihm nicht die Befriedigung; ich verbiete ihm nur, daß er selbst sich befriedige, daß er in sich selbst suche, was er nur außer sich suchen soll und nur außer sich naturgemäß finden kann.

Gerade so ist es nun mit Gott. Was du in Gott hast, das hast du allerdings nicht in und an dir selbst, aber gleichwohl hast du es — es ist Dein, zwar nicht so, wie dein Arm, dein Bein Dein ist, aber so, wie dein Weib Dein ist. Es ist Dein nicht als Eigenschaft von Dir, sondern als Gegenstand, aber als ein Gegenstand, der nicht zufällig, sondern wesentlich ein Gegenstand für Dich ist, denn er hat, was Dir fehlt, gehört also zu Dir selbst. Gott ist, was Du nicht bist; aber gerade deswegen ist er Dir eben so unentbehrlich, als die Speise dem Hunger, der Trank dem Durste, das Weib dem Manne. Und Er ist, was Du nicht bist, eben deswegen, weil Du es nicht bist. Gott ist wahrhaftig, weil wir Lügner, gut, weil wir böse, human, menschlich, weil wir wilde Bestien sind. In Gott ergänzt, befriedigt sich der Mensch; in Gott ist des Menschen mangelhaftes Wesen vollkommenes Wesen. Suchet, so werdet ihr finden. Was ihr bei Luther im Menschen vermißt, das findet ihr in Gott. Was uns als Gegenstand der Selbstthätigkeit, des Willens in Nichts verschwunden ist: das menschliche Wesen — das strahlt uns als Gegenstand des Glaubens selbst als göttliches Wesen entgegen. In sich ist und vermag der Mensch Nichts, aber in Gott, d. h. im Glauben ist und vermag er Alles — selbst über Gott. „Gott thut den Willen des Gläubigen" *).

Oberflächlich betrachtet, unterscheidet sich der lutherische Glaube seinem wesentlichen Gegenstand und Inhalt nach nicht von dem katholischen Glauben. Gott ist, wie es im Nicenischen Symbolum heißt, „um uns Menschen und um unsrer Seligkeit willen Mensch worden, für uns gekreuzigt, gelitten, begraben und auferstanden" — das ist der Grundartikel des lutherischen, dasselbe der Grundartikel des katholischen Glaubens. Luther hat ja so nichts weiter gethan, als daß er das Glaubenssystem Augustins, des einflußreichsten Kirchenvaters der katholischen Kirche, wieder ans Licht gezogen hat. Woher sollte also dem wesentlichen Inhalt nach ein erheblicher Unterschied zwischen Luther und der katholischen Kirche kommen? Allein Luther weicht dadurch sogleich von der alten Leier ab, daß er auf das „*um uns Menschen willen*", auf das „*für uns*" alles Gewicht legt, daß er nicht die Menschwerdung, die Auferstehung, das Leiden Christi an und für sich selbst, sondern das *für uns* Menschwerden, das *für uns* Leiden Christi zum wesentlichen Inhalt und Gegenstand des Glaubens macht, während die Katholiken sich mehr nur an die bloße *Thatsache*, an den Gegenstand für sich selbst hielten.

So beherzigten die Katholiken nur, daß Christus gelitten, aber nicht, daß er *für uns* gelitten. Allerdings war es für sie auch eine rührende, ja entzückende Vorstellung, daß Gott um der Menschen willen gelitten, aber keine praktische, erfolgreiche Wahrheit; sonst würden sie nicht aus dem Leiden Christi die Nothwendigkeit des eignen Leidens zur Erlangung der Seligkeit und Versöhnung mit Gott gefolgert haben. Denn hat Christus wirklich für uns gelitten, so ist eben unser Leiden

---

*) Die Stellen mit bloßen Anführungszeichen sind solche, die auch im „Wesen des Christenthums", dort mit Angabe ihres Orts, angeführt werden.

überflüssig und eitel; was durch unser Leiden erreicht werden soll, ist bereits erreicht durch Christi Leiden — oder — ein erschreckliches Oder! — Christus hat umsonst gelitten. Aber nein! sein Leiden ist genug, sein Leiden hebt unser Leiden auf; sein Leiden ist unser Leiden. Hat er für uns gelitten, so haben wir ja bereits in ihm gelitten; wenn ich für Andere handle, so handle ich ja an ihrer statt und überhebe sie daher der Nothwendigkeit, für sich selbst zu thun, was ich für sie gethan. Wenn ich aber das Leiden Christi nur zu einem Exempel mache, welches ich durch eignes Leiden nachahmen und repetiren soll, so mache ich das Leiden für sich selbst zum Gegenstand, gebe ihm selbständige Bedeutung. Allein nicht das Leiden war Gegenstand und Zweck des Leidens Christi, sondern unser Heil, unsre Erlösung. Er hat gelitten für uns, d. h. er hat uns befreit, erlöst vom Leiden. Allerdings sollen wir nach Luther, so lange wir hier in diesem Jammerthal weilen, wo die Folgen der Erlösung Christi keineswegs sich vollständig verwirklichen, das Leiden Christi auch als ein Exempel, geduldig und ergeben gleich ihm zu leiden, uns vorhalten. Aber dieses unser Leiden ist nicht Leiden zum Zweck der Versöhnung und Erlösung, hat nur moralische, nicht mehr religiöse Kraft und Bedeutung, wie im Katholicismus. Nicht also außer uns, nicht im Gegenstande, sondern in uns liegt der Zweck und Sinn des Glaubensgegenstandes. Nicht daß Christus Christus, daß er Dir Christus, nicht daß er gestorben, daß er gelitten, daß er Dir gestorben, Dir gelitten — Das ist die Hauptsache.

„Was haben wir im Pabstthum angerichtet? Bekennet haben wir, daß Er (Christus) Gott und Mensch sey, aber daß er unser Heiland, als für uns gestorben und erstanden ꝛc., das haben wir mit aller Macht verläugnet". (Th. XXII. S. 105.) „Ein Weib, das ohne Ehe lebt, kann wohl sagen: das ist ein Mann, aber das kann sie nicht sagen, daß er ihr Mann sey: also könnten (können) wir alle wohl sagen, daß dieß ein Gott sey, aber das sagen wir nicht alle, daß er unser Gott sey". (Th. XI. S. 548.) „Darum so ists nicht genug, daß einer glaubt, es sey Gott, Christus habe gelitten u. dgl., sondern er muß festiglich glauben, daß Gott ihm zu der Seligkeit ein Gott sey, daß Christus für ihn gelitten habe u. s. w." (Th. XVIII. S. 489.) „Christus ist Gott und Mensch und ist also Gott und Mensch, daß er nicht ihm selbst Christus ist, sondern Uns". (Th. XXII. S. 193.) „Alles, was wir im Glauben erzählen, ist für uns geschehen und kommet uns heim". (Ebend. S. 116.) „Obwohl diese Worte, daran sich der Glaube halten muß, für uns gebohren, gelitten u. s. w. nicht ausgedrückt dastehen (im apostolischen Symbolum), so muß mans doch aus andern hernach nehmen und durch alle diese Stücke ziehen, denn in dem dritten Artikel, da wir sagen: Ich glaube die Vergebung der Sünden, glossirt er sich selbst, da er die Ursach und Nutz dieses Stücks setzt, warum er gebohren, gelitten und alles gethan hat. Und rühret's zwar auch hie im Text, da wir sprechen: Unsern Herrn, damit wir bekennen, daß alles was der Mann ist und thut, uns geschehen ist, als der darum gebohren, gelitten, gestorben, auferstanden ist, zu Trost, daß er unser Herr sey". (Ebend. S. 125.)

Hier haben wir den Unterschied des lutherischen Glaubens vom alten Glauben mit Luthers eignen Worten ausgesprochen. Wohl ist, was Luther sagt, schon enthalten im alten Glauben, aber noch nicht ausgesprochen, ausgedrückt, wenigstens nicht so entschieden, so greiflich, so populär — L. erst hat das Geheimniß des christlichen Glaubens ausgeplaudert. Das Wort, was im alten Glauben nur eine Glosse ist, macht L. zum Text, das Licht, welches jener unter dem Scheffel, stellt er auf den Scheffel, daß es Jedermann in die Augen leuchte. In Uns liegt der Schlüssel zu den Glaubensmysterien, in uns ist das Räthsel des christlichen Glaubens aufgelöst. Nicht nur Uns ist Gott Mensch geworden, nicht nur Uns hat er gelitten, wie es im Nicenischen Symbolum heißt, sondern Uns ist er Gott, Uns allmächtiger Schöpfer, Uns heiliger Geist, kurz Uns ist er, was er ist — das „Uns" zieht sich durch alle Artikel hindurch; das „Uns" umfaßt und begreift alle Artikel in sich. Der alte Glaube spricht auch: Unser Herr, Unser Gott, aber er unterstreicht Gott, Luther dagegen unterstreicht Unser, d. h. er macht dieß, daß er der Unsrige, zu einer wesentlichen Eigenschaft Gottes selbst. Gott ist nicht Gott, wenn er nicht unser Gott ist. Wir sind das Salz nicht nur der Erde, sondern auch des Himmels. „Wenn Gott allein für sich im Himmel säße, sagt Luther, wie ein Klotz, so wäre er nicht Gott." Gott ist ein Wort, dessen Sinn nur der Mensch ist.

Das Wesen des Glaubens im Sinne Luthers besteht daher in dem Glauben an Gott als ein sich wesentlich auf den Menschen beziehendes Wesen — in dem Glauben, daß Gott nicht ein für sich selbst oder gar wider uns, sondern vielmehr ein für uns seiendes, ein gutes und zwar uns Menschen gutes Wesen ist. „Gott haben, ist alle Gnade, alle Barmherzigkeit haben und alles, was man gut nennen kann." (Th. XI. S. 648.) „Göttliche Natur ist nichts anders, denn eitel Wohlthätigkeit und als hier Sct. Paulus sagt, Freundlichkeit und Leutseligkeit — Philanthropie" — (Th. XIII. S. 118.) „Was heißt einen Gott haben; oder was ist Gott? Antwort. Ein Gott heißet Das, dazu man sich versehen soll alles guten und Zuflucht haben in allen Nöthen; also daß ein Gott haben nichts anders ist, denn ihm von Herzen glauben und trauen, wie ich oft gesagt habe, daß allein das Trauen und Glauben des Herzens machet beide Gott und Abgott. Worauf Du nun Dein Herz hängest und verlässest, das ist eigentlich Dein Gott. — Gott alleine Der ist, von dem man alles guts empfähet und alles Unglücks los wird. Daher auch achte ich, wir Deutschen Gott eben mit dem Namen von Alters her nennen (feiner und artiger denn kein andere Sprach) nach dem Wörtlein: Gut, als der ein ewiger Quellbrunn ist, der sich mit eitel Güte übergeußet und von dem alles, was gut ist und heißet, ausfleußt." (Th. XXII. S. 55—56.) „Die

Werke und Gottesdienste aller Völker bezeugen das auch, daß ein Gott sein anders nichts sei, denn den Menschen gutes thun. Denn darum rufet einer Jovem, der andere Martem an, aus keiner andern Meinung, denn alleine darum, daß sie ihnen wollen geholfen haben. Wiewohl sie nun in der Person Gottes irren um der Abgötterei willen, so ist doch gleichwohl der Dienst da, der dem rechten Gott gebühret, das ist, die Anrufung und daß sie alles Gutes und Hülfe von ihm gewarten." (Th. II. S. 722.) Das, was mich also von allen Uebeln sowohl moralischen als physischen erlösen kann, worauf ich folglich unbedingt in allen Nöthen mich verlassen kann, das ist Gott. Um aber Das, also ein Gegenstand unbedingten Glaubens und Vertrauens, folglich Gott zu sein oder vielmehr sein zu können, muß es ein bedürfnißloses Wesen sein, denn ein bedürftiges Wesen hat genug für sich selbst zu thun; es muß wahrhaft und unveränderlich (gut) sein, sonst ist es kein zuverläßiges Wesen; allgegenwärtig, sonst kann es mir nur an dem Orte, wo es sich gerade befindet, aber nicht an entfernten Orten helfen; wissend und zwar allwissend, denn hat es keine Augen und Ohren, wie die heidnische Götterstatue, so vernimmt es nicht meine Leiden; allmächtig und unbeschränkt, denn die Schranke seiner Macht, seines Wesens überhaupt ist auch die Schranke meines Vertrauens; selbständig und unabhängig von allen Dingen, ja mächtig aller Dinge, denn ist es nicht Herr aller Dinge, so ist es auch nicht Herr aller Uebel. Alle göttlichen Eigenschaften sind daher nur Mittel zum Zweck der Güte. Gott ist nur allmächtig, um allmächtig gut, unbeschränkt, um unbeschränkt gut, bedürfnißlos, um uneigennützig gut zu sein. Alle diese Eigenschaften für sich selbst, sie mögen nun einzeln genommen oder zusammengefaßt werden, machen noch nicht Gott zu Gott. Allmächtig, allwissend kann auch ein teuflisches Wesen sein. Auf das Herz nur kommt es an; das Herz macht Gott; Gutsein heißt erst Gottsein; aber Gutsein im höchsten uneingeschränktesten Sinn, Gutsein ohne die Schranken, die im menschlichen Individuum dem Gutsein entgegenstehen. Denn was ist und hilft der gute Wille ohne die Mittel und Kräfte, diesen Willen durchzusetzen? Wille ohne Vermögen ist nichts als ein ohnmächtiger Wunsch. Was ist die Güte ohne Allwissenheit? Nur zu oft eine das Gegentheil von dem, was sie will, bewirkende, und folglich nur verderbliche Güte. Um also absolut gut sein zu können, muß man ein Gott, d. h. ein in jeder Rücksicht unbeschränktes, vollkommenes Wesen sein. Alle Wünsche kann nur Der erfüllen, der alle Macht hat, alle Uebel nur Der heilen, der im Besitze aller Güter ist, Alles geben nur Der, der Alles hat.

Aber Gott ist nicht für sich selbst gut. Um gut zu sein, muß überhaupt etwas Andres sein, dem man gut ist. Ein ganz allein für sich selbst gedachtes Wesen ist weder gut, noch böse. Böse ist, was wider, gut, was für Anderes ist. Ein guter Mensch ist nur Der, der Andern gut ist, Gutes thut; dadurch daß er Andern gut ist, ist er für sich selbst gut. Was für den Andern eine Wohlthat, ist in Beziehung auf mich, den Wohlthäter, eine moralisch gute That, gleichwie was für den Andern ein Uebel, in Beziehung auf mich, den Uebelthäter, eine böse That ist. Verstand, Macht habe ich für mich, Güte nur für Andere; Güte ist keine stehende, sondern fließende, übergehende Eigenschaft. Gutsein heißt Lieben — Liebe nur ist Güte — aber ist Liebe denkbar ohne Anderes, das man liebt? Der Sinn der Liebe ist ja nur der Gegenstand der Liebe. Gott ist aber Uns gut; in Uns also liegt erst der Sinn der Güte Gottes; Uns nur zu gute ist Gott gut. Aber alle göttlichen Eigenschaften sind nur als Eigenschaften eines guten — nicht bösen, teuflischen — Wesens göttliche Eigenschaften — vermittelst der Güte sind daher alle göttlichen Kräfte und Eigenschaften Eigenschaften Uns zu gute, Uns zum Besten, strömen sie alle auf Uns über.

Gott ist allmächtiger Schöpfer, Schöpfer des Himmels und der Erden. Diese Eigenschaft ist die erste, die vornehmste unter den göttlichen Eigenschaften; diese unterscheidet ihn am allermeisten von allen andern Wesen; diese kommt nur ihm allein zu. Was daher von dieser, gilt auch von den andern Eigenschaften und zwar um so mehr, je weniger sie Gott vom Menschen unterscheiden. Allein Gott ist nicht nur Schöpfer des Himmels und der Erden; er ist auch unser Schöpfer, und darin, daß er unser Schöpfer, ist erst der Sinn und Grund enthalten, warum er Schöpfer des Himmels und der Erden ist. Denn erst im Menschen ist die Schöpfung vollendet, und Himmel und Erden sammt allem ihrem Inhalt sind dem christlichen Glauben zufolge nicht für sich selbst, sondern für den Menschen geschaffen. Gott ist also nicht Schöpfer für sich selbst oder Schöpfer der Natur für die Natur, sondern Schöpfer für den Menschen. Er schafft, damit wir sind; wir sind der Zweck, der Gegenstand seiner schöpferischen Thätigkeit. Uns meint, uns will Gott, indem er die Welt will. Die erste göttliche Eigenschaft ist auch der erste Beweis der Güte Gottes gegen uns. Gott ist daher in Beziehung auf uns nicht nur Schöpfer, sondern auch Vater, und er ist nur Schöpfer, weil er nicht unser Vater sein kann, ohne Schöpfer zu sein. Der gute Wille setzt Macht, die Liebe physisches Vermögen voraus. Wie kann ich einem Wesen gut, d. h. Etwas sein, wenn ich Nichts bin? Wie Vater sein, wenn ich keine Kinder machen kann? wie die Quelle alles Guten sein, wenn ich nicht die Quelle des ersten Gutes, des Lebens, des Daseins bin?

Allerdings ist die Schöpfungskraft der Ausdruck einer Macht, die „alles aus nichts und alles wieder zu nichte machen kann." (Th. XXI. S. 419.) „Ist es nicht also, wenn er spricht, so ist und bestehet die Welt? Wiederum, wenn er spricht, so ist die Welt nichts, sondern fällt plötzlich dahin." (Th. VI. S. 20.) Die Macht für sich selbst betrachtet kann allerdings vernichten, was sie geschaffen, gleichwie auch der menschliche Vater sein eignes Kind wieder vernichten kann. Aber wie im menschlichen Vater an der Menschheit, so findet in Gott an der Gottheit, d. i. an der Güte diese vernichtende Allgewalt ihre Grenze und Schranke. Gott ist nur böse gegen das Böse, um gegen das Gute gut sein zu können. Wie kann Gott die Gesundheit schaffen, wenn er die Krankheit nicht wegschaffen, wie beleben, wenn er nicht den Tod tödten, wie überhaupt für den Menschen sein, wenn er nicht wider Das sein kann, was wider den Menschen ist? Aber was ist nicht wider den Menschen oder kann wenigstens nicht in einzelnen Fällen wider ihn sein? Alles, was außer dem Menschen ist, ja auch er selbst; denn wie oft ist der Mensch, sei's nun mit oder ohne Wissen und Willen, nicht nur wider den andern Menschen, sondern auch wider sich selbst? So oft er sündigt; und wie leicht sündigt der Mensch, aber wie schwer sind die Folgen der Sünde: — der Verlust der Gesundheit, der Heiterkeit, der Gewissensruhe, in den Augen des Religiösen noch überdies der Gnade Gottes, des ewigen Lebens! Um Dich daher allseitig zu sichern, Dich unzugänglich zu machen allen Feinden, die nur immer sei's nun von Innen oder Außen Dich bedrohen, mußt Du Dich unter die Botmäßigkeit einer Allmacht begeben, aber einer Allmacht, die selbst der Güte unterthan ist. Die Folgen hast Du nur in Deiner Gewalt, wenn Du die Ursache in Deiner Gewalt hast. Der nur kann wollen und machen, daß Du selbst mitten im Feuer nicht verbrennst, der will und macht, daß das Feuer brennt. Gott hat vermöge seines allmächtigen Willens mit dem Feuer die Eigenschaft zu verbrennen verbunden; er kann sie ihm daher wieder nehmen, wenn er will. Gott ist der Herr aller Dinge, aber dieser Herr ist Dein Herr. Alle Dinge sind von Gott — das heißt also: alle Dinge sind in Gottes und vermittelst Gottes als des Deinigen in Deiner Macht; kein Ding ist und vermag Etwas gegen Gott — das heißt: Nichts ist und vermag etwas wider Dich, denn Gott ist ein Wesen für Dich.

Die Richtigkeit dieser Erklärung der Schöpfung und Allmacht mögen folgende Stellen aus Luther bestätigen. „Gott vermag Alles, aber will nur das Gute." (Th. XVIII. S. 304.) „Gott ist allmächtig, derowegen will er, daß wir alles bitten sollen, was uns nützlich ist." (Th. XI. S. 607.) „So er (Gott) denn allmächtig ist, was mag mir gebrechen, das er mir nicht geben und thun möge?

So er Schöpfer Himmels und der Erden ist und aller Dinge ein Herr, wer will mir etwas nehmen oder schaden? Ja wie wollen mir nicht alle Dinge zu gut kommen, und dienen, wenn der mir gutes gan*) (gönnt?), dem sie alle gehorsam und unterthan sind." (Th. XXII. S. 35.) „Wer einen gnädigen Fürsten hat, der fürchtet kein Ding, das unter demselbigen Fürsten ist, trotzt darauf, rühmet und bekennet seines Herrn Gnade und Macht. Wie viel mehr trotzt und rühmet ein Christenmensch wider die Pein, Tod, Hölle, Teufel und spricht tröstlich zu ihm: was magst Du mir thun? bist Du nicht unter den Füßen meines Herrn? — Alle Dinge sind unter seinen Füßen, wer will denn wider mich sein?" (Th. XIII. S. 312.) „Der Schnee, Reif, Frost ist sein (spricht er). Er schaffet sie selber und stehen nicht in des Teufels oder Feindes Hand: Er ist ihrer gewaltig, darum müssen sie auch nicht weiter kalt sein, noch mehr uns kälten, denn er will und wir wohl erleiden können. Wenn der Teufel den Frost in der Hand hätte, so müßte nicht allein eitel Winter und ewiger Frost bleiben und kein Sommer mehr werden, sondern es müßte so hart frieren, daß alle Menschen auf einen Tag erfrören und eitel Eisschollen würden." (Th. VI. S. 565.) „Ich glaube an Gott den Vater, Schöpfer Himmels und der Erden. Das zeiget uns hier das Wörtlein Vater, daß er zugleich will Vater und allmächtiger Schöpfer sein. Die Thiere können ihn nicht Vater nennen, aber wir sollen ihn Vater nennen und seine Kinder heißen. Das beten und bekennen wir, wenn wir hier im Glauben sprechen: Ich glaube an Gott Vater, daß gleichwie er Vater und ewig lebet, wir auch als seine Kinder ewig leben und nicht sterben sollen. So sind wir denn nun viel eine höhere und schönere Schöpfung, denn andere Creaturen." (Th. XXII. S. 115.) „Weil Gott aus Wasser bauen und herfürbringen kann den Himmel und die Erde, item weil er aus einem

---

*) In der Walch'schen Ausgabe (Th. X. S. 200) steht: gann.

Tröpflein Wassers kann schaffen Sonne und Mond, sollte er denn nicht können meinen Leib entweder wider die Feinde und den Teufel schützen oder, wenn er gleich in die Erde verscharret ist, zu einem neuen Leben wieder erwecken? Darum sollen wir hieraus Gottes allmächtige Kraft und Gewalt erkennen lernen und gar nicht zweifeln, es sei alles wahr, was Gott in seinem Worte zugesaget und verheißen hat. Denn hier ist gegründet eine vollkömmliche Bestätigung aller göttlichen Zusagungen, nämlich daß nichts entweder so schwer oder unmöglich ist, das Gott mit seinem Worte nicht könnte ausrichten." (Th. I. S. 315.)

Die Allmacht bestätigt die göttlichen Verheißungen, d. h. sie sagt Dasselbe, was die Verheißung der Sündenvergebung, die Verheißung der Gebetserhörung, die Verheißung des ewigen Lebens sagt. Aber worin liegt der Sinn der Verheißung z. B.: Du wirst nicht sterben? Darin, daß ich nicht zu sterben wünsche. Was wäre eine Zusage von Etwas, was ich nicht wünsche, nicht begehre? Zusagen heißt Ja sagen, setzt also nothwendig eine Bitte, einen Wunsch, ein Verlangen in mir voraus. Wenn also die Allmacht die Bestätigung der göttlichen Verheißungen ist, so muß sie auch einen Wunsch, ein Verlangen in uns zur Voraussetzung, zur Grundlage haben. Und so ist es auch wirklich. Nur stützt sich die Allmacht nicht auf einen bestimmten Wunsch, wie sich z. B. die Zusage des ewigen Lebens auf diesen bestimmten Wunsch von mir bezieht, daß kein Tod, keine Grenze meiner Dauer ist; sie stützt sich nur auf den unbestimmten, allgemeinen Wunsch, daß überhaupt keine Naturnothwendigkeit, keine Schranke, kein Gegensatz des menschlichen Wesens, der menschlichen Wünsche ist — auf den Wunsch, daß Alles nur für den Menschen, Nichts wider den Menschen ist. Die bestimmten göttlichen Verheißungen finden daher nur in der Allmacht ihre Bestätigung; denn damit diese und jene Schranke des menschlichen Wesens nicht ist, muß überhaupt keine Schranke desselben sein. Diese Verheißung nimmt diese Schranke weg — wie die Verheißung des ewigen Lebens die Schranken der Zeit — die Allmacht aber nimmt alle Schranken hinweg. Jedes Verlangen, jeder Wunsch hat etwas wider sich, denn ich wünsche, daß Etwas, was ist, nicht sei, und ein Andres dagegen, was nicht ist, sei. So, wenn ich zu essen wünsche, habe ich den Hunger gegen mich, und wünsche eben, daß der Hunger, welcher ist, nicht sei, die Sättigung dagegen, welche nicht ist, sei. Jeder Wunsch will aus Sein Nichtsein und aus Nichtsein Sein machen. Jeder Wunsch ist der Wunsch einer Allmacht, einer Schöpfung aus Nichts, denn was ich wünsche, das wünsche ich auch zugleich unmittelbar, ohne Bedingungen, ohne Werkzeuge zu können. Aber jeder bestimmte Wunsch ist noch beschränkt und gebunden an einen bestimmten Gegenstand — das Wesen des Wunsches überhaupt ist daher erst in dem Wesen der Allmacht frei und unbedingt ausgesprochen. Die Allmacht kann, was ich nur wünsche, was ich nur vorstelle; folglich versteht es sich von selbst, daß sie auch diese und jene bestimmten Wünsche erfüllen kann. Unbeschränktes Können setzt unbeschränktes Wünschen voraus; Können ohne Wünschen ist sinnlos. Das Können aber hat Gott, das Wünschen der Mensch. Die Allmacht geht über die Grenzen der Natur und Vernunft; sie kann, was der Vernunft nach Unsinn, der Natur nach Unmöglichkeit ist; aber sie geht nur über diese Grenzen hinaus, weil das menschliche Wünschen über die Grenzen der Natur und Vernunft geht — versteht sich der Vorstellung und Einbildung, nicht der Wahrheit und Wirklichkeit nach.

Bemerkt werde noch, daß der entwickelte Sinn der Allmacht und Schöpfung besonders deutlich auch aus dem Glauben hervorleuchtet, daß die Natur so, wie sie ist, nicht ursprünglich aus Gott kam. Denn in der Welt, wie sie ist, da ist allerlei Uebel, physisches und moralisches, Krankheit und Sünde, Tod und „Teufel." Aber in der Welt, wie sie noch nicht durch ein gottwidriges Wesen, die Sünde, den Teufel entstellt und verdorben, wie sie noch reines Werk, reiner Abdruck des göttlichen Wesens war, „im Paradies waren nicht brennende Nessein, noch stachlichte Dornen und Disteln, noch schädliche Kräuter, Würmer, noch Thiere, sondern schöne, edle Rosen und wohlriechende Kräuter; alle Bäume im Garten waren lustig anzuschauen und gut zu essen. Nach Adams Fall ward die Erde verflucht. Daher sind gekommen so viel schädliche Creaturen, die wider uns streiten und uns martern und plagen, auch wir Menschen unter einander selbst." (Th. VI. S. 64.) Was also wider uns Menschen ist, das ist nicht von Gott. Warum? weil Gott nur ein Wesen für uns, und was daher wider uns, wider Gott ist. Allerdings besteht nun diese Welt dennoch mit Gottes Willen. Und dieser Wille ist gleichwohl ein dem Menschen guter Wille. Alle Uebel und Leiden, die den Menschen treffen, kommen nicht aus Haß und Feindschaft, sondern aus Liebe Gottes zum Menschen, bezwecken nur sein Wohl, wenn auch nicht sein zeitliches, doch sein ewiges, und sind daher auch im Glauben an diesen wohlwollenden Zweck und Grund vom Menschen als keine Uebel aufzunehmen, nicht mit Aerger und Unmuth, sondern freudigem Herzen zu ertragen. Aber ungeachtet dieser Vorspiegelungen des Glaubens widerspricht diese Welt den menschlichen, respective christlichen Wünschen*), und sie wird daher von der Allmacht aufgehoben, um wieder Platz zu machen jener ursprünglichen, oder vielmehr einer noch herrlichern, wahrhaft göttlichen Welt, in welcher Nichts wider den Menschen ist.

Gott ist ein für uns Menschen seiendes, uns gutes Wesen — was heißt das aber anders als: Gott ist ein menschlich gesinntes Wesen?

---

*) „Wer aber glaubet, daß ein Gott sei, der muß bald schließen, daß es mit diesem Leben hier auf Erden nicht gar sey ausgerichtet, sondern daß ein anders und ewiges Leben da vornen sey. Denn das sehen wir in der Erfahrung, daß Gott dieses zeitlichen Lebens sich fürnemlich nicht annimmt. — Aber Gott sagt uns zu nach diesem Leben ein ewiges. — Und liegt nichts dran, ob er uns schon in diesem zeitlichen Leben läßt umwalten, als hätten wir keinen Gott, der uns helfen wollte oder könnte. Denn seine Hülfe soll eine ewige Hülfe seyn." (Th. XV. S. 77. S. auch Th. XVI. S. 90.)

Wie kann ich einem Wesen gut sein, wenn ich ihm nicht in seinem Sinne gut bin? Wenn ich einer Blume gut sein will, so muß ich ihren Willen thun; ich muß ihr geben das Licht, die Wärme, das Wasser, die Erde, die sie verlangt. Behandle ich sie nicht nach ihrem, sondern meinem willkürlichen Sinne, so bin ich, statt gut, böse gegen sie. Will ich daher den Blumen gut sein, so muß ich Blumist; will ich dem Menschen gut sein, so muß ich ein im menschlichen Sinne gutes, ein menschlich gesinntes Wesen sein. Böse und Unmenschlich, Gut und Menschlich ist einerlei — darum eben auch der Mensch das höchste Gut des Menschen, denn kein Wesen ist dem Menschen so gut, als der Mensch. Für den Menschen gibt es nun einmal kein andres Maß des Guten, als den Menschen*). Und dieses Maß — versteht sich aber nur, wenn es nicht im Sinne des Einzelnen, sondern im Sinne der Gattung, die aber, wenigstens als solche, kein Gegenstand des Christenthums ist, genommen wird — ist keineswegs ein egoistisches, ein beschränktes, selbst nicht im physikalischen Sinne, denn der Mensch existirt eben so gut unter dem Aequator, als unter den Polarkreisen. Was der Tod des Menschengeschlechts wäre, das wäre auch der Tod der Pflanzen- und Thierwelt, wenigstens der gegenwärtigen. Eine absolut unmenschliche Hitze oder Kälte könnten auch die Thiere und Pflanzen nicht ertragen. Das Maß der Gattung ist ein absolutes, kein relatives, wie das der Individuen und Arten, denn was der einen Art gut und zuträglich, ist der andern nicht gut und unerträglich; aber die Gattung faßt alle diese relativen Maße in sich. Was daher dem Menschen im Sinne der Gattung gut ist, das ist auch der Thier- und Pflanzenwelt gut, das ist an sich selbst gut.

---

*) Wenn daher der oberste Grundsatz der christlichen Moral lautet: Thue das Gute um Gottes willen, der oberste Grundsatz der philosophischen Moral: Thue das Gute um des Guten willen; so lautet dagegen der oberste Grundsatz der auf den Menschen gegründeten Moral: Thue das Gute um des Menschen willen.

Aber was gibt uns denn nun die Gewißheit, die untrügliche, unumstößliche Gewißheit, daß Gott wirklich ein Wesen für uns, ein gutes, ein menschlich gesinntes Wesen ist? — Die Erscheinung Gottes als Menschen in Christo, die keineswegs eine vorübergegangene Erscheinung ist, denn heute noch ist in Christo Gott Mensch. In Christo hat sich Gott geoffenbart, d. h. gezeigt, bewiesen als ein menschliches Wesen. In der Menschheit Christi ist die Menschlichkeit Gottes außer allen Zweifel gesetzt. Das Zeichen, daß Gott gut, das ist erst, daß er Mensch ist. Gut sein heißt Mensch sein. Gut bin ich nur, wenn ich die Leiden Andrer mitfühle, auf mich nehme; aber fühlen mit Andern, fühlen für Andere, das eben heißt Mensch sein. Aber kein Gefühl, am wenigsten Mitgefühl, Mitleiden, Theilnahme, Barmherzigkeit ohne Sinnlichkeit. Wo kein Ohr, ist auch keine Klage, wo kein Auge, auch keine Thräne, wo keine Lunge, auch kein Seufzer, wo kein Blut, auch kein Herz. Wie kann ich Eingang finden bei einem Wesen, dem die Sinne fehlen? Wer soll mein Vertreter und Fürsprecher sein, wenn kein Auge und kein Ohr da ist? Die Bürgschaft und Wahrheit der Güte und Barmherzigkeit, d. i. Menschlichkeit Gottes liegt daher nur in Christo als dem sinnlichen Wesen Gottes. „Gott ohne Fleisch ist nichts nütze." (Luther Th. VII. S. 61.) Ja er ist, wie eben daselbst und an vielen andern Orten L. sagt, ein „Schreckbild des Zorns und Todes;" denn der Gott ohne Fleisch ist auch der Gott wider das Fleisch, wider den Menschen. Denn was nicht in Gott gilt, das gilt auch nicht vor Gott, was Gott nicht an sich selbst leiden kann, das kann er auch überhaupt, auch an andern Wesen nicht leiden. Was von Gott verneint, von Gott ausgeschlossen ist, das ist ja eben damit für etwas Gottloses, Gottwidriges, Nichtiges erklärt. Ist daher kein Fleisch in Gott, so ist das Fleisch vor Gott nichts. Nur der Mensch ist für den Menschen, nur Fleisch für Fleisch. Was nicht meines Wesens, ist auch nicht meines Sinnes; was also kein Wesen von Fleisch, hat auch keinen Sinn, kein Gefühl für Fleisch.

Alle Menschen, sagt mehrmals Luther, denken sich unter Gott ein gutes, wohlthätiges Wesen, denn wie sollten sie sonst Gott um Hülfe in ihren Nöthen anrufen? Weil jedoch dieses gute Wesen für sie nur ein Gedanke von ihnen ist, so gerathen sie in Zweifel, ob Gott auch wirklich gut ist, und durch diesen Zweifel in Abgötterei. Aber die Christen haben nicht ihre Meinung, sie haben das Wort Gottes selbst für sich, denn ihnen hat sich Gott selbst in Christo als ein gutes Wesen geoffenbart. Was heißt Das? Nichts andres als: was für die andern Menschen, die Heiden, ein gemeintes, nur gedachtes und eben deswegen bezweifelbares Wesen, das ist für die Christen ein sinnliches und eben deswegen gewisses Wesen.

Ist Gott für den Menschen, so muß er auch für die Sinne des Menschen sein. Was meinen Augen, meinen Ohren, meinem Gefühl sich entzieht, wie soll das ein gutes Wesen für mich sein? Nein! was wider die Sinne, ist wider den Menschen. Ist Gott ein geistiges, d. h. unsinnliches, nur gedachtes, nur denkbares Wesen, so muß ich mich verstümmeln, mich meiner Sinne berauben, um dieses nackte Wesen zu erreichen; ein Wesen aber, das mich entleibt, entsinnlicht, entmenscht, ist ein böses, unmenschliches und noch dazu ein unzuverlässiges, ungewisses Wesen; denn es wird nur dadurch gewiß, daß ich die allernächste Gewißheit, die Gewißheit der Sinne aufgebe. Aber ein Wesen, das mir nur im Widerspruch mit dem Gewissesten gewiß wird, dessen Existenz nur auf die Spitze des von den Sinnen abgesonderten Gedankens gestellt ist und daher stets auf dem Spiel des Zweifels steht, ist ein Wesen nur dem Menschen zur Qual und Pein. Nur ein sinnliches Wesen ist ein den Menschen beglückendes und befriedigendes, ein wohlthätiges Wesen, denn es ist ein unwidersprechliches, ein gewisses Wesen; aber Gewißheit nur ist Wohlthat. Selbst die Gewißheit des Schrecklichsten ist nur so lange erschrecklich, so lange sie noch keine unmittelbare, sinnliche, sondern nur eine Gewißheit für die Vorstellung ist. Die Vorstellung ist der Affe der Wirklichkeit, aber je mehr sie die Wirklichkeit erreichen will, desto mehr verfehlt sie sie. Alles für die Vorstellung und Einbildung Maß- und Grenzenlose hat in der Wirklichkeit sein gewisses Ziel und Maß. Das größte, schrecklichste Uebel für die Vorstellung, der Tod ist gerade das gewisse, das sinnfällige Ende aller Schrecken und Uebel. Schrecklich ist allerdings der Kampf mit dem Tode, aber da ist eben auch der Tod noch keine unmittelbare, keine sinnliche Gewißheit — der Moment der sinnlichen Gewißheit ist auch der Moment der Versöhnung und Erlösung. Folge den Sinnen, aber unterbreche sie nicht durch eigenmächtige Vorstellungen, laß sie ihr Thema bis ans Ende ausspielen — und Du findest gewiß, wenn auch erst am Schlusse, Befriedigung. Was dem Leibe die Quelle, das ist dem Kopf, dem Geiste der Sinn; Heilkraft liegt in den Sinnen; Kopf und Herz reinigen und befreien die Sinne. Was Dich drückt und beängstigt, reizt und befleckt, mache es aus einem Gegenstand der Vorstellung, des Gedankens, zu einem Gegenstand des Sinnes — und Du wirst sicherlich frei. Die Vorstellung benebelt, aber die Sinne machen nüchtern; die Vorstellung macht trübselig, feig, menschenfeindlich, aber die Anschauung heiter, muthig, menschenfreundlich; aus der Vorstellung der That kommt das Verbrechen, aber aus der sinnlichen Gewißheit der That das Gewissen. Wohl entzünden auch die Sinne das Feuer der Begierde; ihr Feuer ist jedoch ein belebendes, wohlthätiges Feuer, aber die Vorstellung, aber der bloße Gedanke ist ein „verzehrendes Feuer" wie „die göttliche Majestät," die nur ein vorgestelltes, gedachtes, geglaubtes, kein wirkliches, kein sinnliches Wesen ist.

Der Grundsatz des Christenthums: Gott hat sich den Menschen geoffenbart, d. h. ist Mensch geworden, denn die Menschwerdung Gottes war ja die Offenbarung Gottes, hat also keinen andern Sinn als den: Gott ist im Christenthum aus einem Gedankenwesen ein sinnliches Wesen geworden. Ein sinnliches Wesen kommt nicht aus meinem Kopfe; es kommt von Außen an mich; es wird mir gegeben; die Sinne haben es mir geoffenbart. Es ist kein Product der menschlichen Vernunft, wie der Gott der Philosophen, aber auch kein Product der menschlichen Hände, wie der Jupiter des Phidias; es ist ein selbständiges Wesen, das folglich nicht durch mich, sondern durch sich selbst mir gegeben wird. Ich sehe nur, was sich sehen läßt. Das sinnliche Wesen ist ein sich hingebendes Wesen; dem sinnlichen Wesen gegenüber bin ich nur leidend; es ist kein Gegenstand der Werkthätigkeit, sondern nur ein Gegenstand der Anschauung. Was ich sehe, ist kein Verdienst von mir, ist ein Geschenk, ein Glück für mich. Die Offenbarung gibt, was nie einem Menschen in den Kopf gekommen wäre; aber nur die Sinne geben dem Menschen, was alle seine Erwartungen und Vorstellungen übersteigt, worauf er nie von selbst gekommen wäre. Kurz: Alles was von der Offenbarung Gottes ausgesagt wird, das gilt nur von der Sinnlichkeit: das Wesen der Offenbarung ist das Wesen der Sinnlichkeit im Unterschiede von der menschlichen Selbstthätigkeit, sie sei nun eine moralische oder künstlerische oder philosophische oder religiöse, gottesdienstliche, wie die der Juden und Papisten.

Christus ist also die Menschlichkeit Gottes als Mensch, das göttliche, d. h. das uns gute Wesen — denn nicht die Natur, sondern Gott ist das uneingeschränkt, ausschließlich, unvermischt gute Wesen — als untrügliches, als gewisses, d. h. sinnliches Wesen. Und die Sinnlichkeit ist keineswegs nur Form, Erscheinung, Einkleidung, nur ein populärer Ausdruck eines an sich unpopulären Gedankens, sie ist Sache, sie ist Wesen selber; denn ein allseitig und folglich wahrhaft gutes Wesen ist, wie gezeigt, nur das, was ein Wesen für die Sinne ist. Was ein Wesen für die Sinne, ist auch ein Wesen für den Verstand, aber nicht umgekehrt, was für den Verstand, ist auch für die Sinne ein Wesen. Mit einem Worte: was für die Sinne, ist für den ganzen Menschen, aber nur, was dem ganzen Menschen ein Gut, ist auch an sich selbst ein ganzes, vollkommnes Gut.

Nun möge Luther selbst reden und bezeugen, daß die Offenbarung Gottes in Christo keinen andern Sinn, als den ausgesprochnen hat.

„Haben doch die Heiden solches erfahren und bezeugen müssen, daß man mit keinem Gedanken, noch Forschen der Vernunft Gott gewiß erlangen möge. — Darum laß Dir diesen Spruch wohl eingebildet seyn: Was sagst Du? Zeige uns den Vater. (Joh. 14, 8. 9.) Lieber, flabbere nicht mit den Gedanken — Du aber höre und bleibe an dem: Wer mich siehet, der siehet auch den Vater." (Th. X. S. 38.) „Aus einem Gott, der nicht geoffenbaret ist, will ich ein geoffenbarter Gott werden und will doch derselbige Gott bleiben. Ich will Mensch werden oder will meinen Sohn senden — und also will ich deine Begierde erfüllen und dem genug thun, auf daß Du wissen mögest, ob Du versehen (zur Seligkeit vorausbestimmt) seyest oder nicht. Siehe das ist mein Sohn, den sollst Du hören, den siehe an — da wirst Du mich gewißlich ergreifen. Denn wer mich siehet, spricht Christus Joh. 14, der siehet auch den Vater selbst. Niemand hat Gott je gesehen. Und dennoch hat sich Gott uns aus großer Gnade (d. i. Güte, Liebe) geoffenbaret. Er hat uns ein sichtlich Ebenbild dargestellt und saget: Siehe da hast Du meinen Sohn, wer den höret und wird getaufet, der ist in das Buch des Lebens eingeschrieben: das offenbare ich Dir durch meinen Sohn, welchen Du mit den Händen kannst angreifen und mit den Augen sehen." „Und das beweiset und bestätigt er nicht mit geistlichen, sondern mit greiflichen Argumenten und Wahrzeichen. Denn ich sehe ja das Wasser (in der Taufe), ich sehe das Brot und Wein (im Abendmahle), ich sehe den Diener des Worts, welches ja alles leiblich ist, in welchen leiblichen Figuren oder Bildern er sich offenbaret." „Ja er hat dieses alles darum eingesetzet, daß er Dich damit wollte ganz gewiß machen und aus Deinem Herzen den großen Mangel und Fehler des Zweifels wegnehmen, auf daß Du nicht allein im Herzen glauben, sondern auch mit leiblichen Augen sehen und darzu mit den Händen greifen möchtest. Warum verwirfst Du nun dieses alles und klagest, daß Du nicht wissen könnest, ob Du zur Seligkeit versehen seyst?" (Th. II. S. 479—482.) „Darum saget nun Petrus: wir haben euch verkündigt und kund gethan den Christum, daß er ein Herr sei und herrsche über alle Dinge u. s. w. Solches haben wir nicht selbst erdacht, sondern durch Gottes Offenbarung gesehen und gehöret." (Th. XI. S. 553.) „Er wohnete unter uns. Er ist nicht erschienen, wie der Engel Gabriel, denn Engel wohnen nicht sichtbar unter den Leuten, sondern er ist bei uns (spricht der Evangelist) in seiner menschlichen Natur, die nach seiner Menschwerdung unzertrennlich mit der göttlichen vereinigt ist, blieben, mit uns gessen, getrunken, gezürnet, gebetet, traurig, gewesen, geweinet u. s. w." „Er war kein Gespenst, sondern ein wahrhaftiger Mensch." — „Die Ketzer Manichäi ärgerten sich daran, daß der Sohn Gottes sollte Mensch worden sein. Es ist erschrecklich zu hören, daß sie fürgaben, Christus hätte nichts gessen, noch getrunken, die Juden hätten auch den wahren Christum nicht gekreuzigt, sondern ein Gespenst." „So ist nun der edelste Schatz und höheste Trost, den wir Christen haben, daß das Wort, der wahre, natürliche Sohn Gottes ist Mensch worden, der allerding Fleisch und Blut hat, wie ein ander Mensch, und um unsertwillen Mensch worden, daß wir zu der großen Herrlichkeit kommen, damit unser Fleisch und Blut, Haut und Haar, Hände und Füße, Bauch und Rücken oben im Himmel Gott gleich sitzen. Daß wir kühnlich trotzen können wider den Teufel und was uns sonst anficht. Denn da sind wir gewiß, daß die (wir) in Himmel gehören und des Himmelreichs Erben sind." (Th. IX. S. 457, 458.) „Und wir sahen seine Herrlichkeit. Was ist das? Er hat sich nicht allein erzeiget mit Gebährden, daß er wahrer Mensch ist, — sondern auch sehen lassen seine Herrlichkeit und Kraft, daß er Gott sei. Das haben ausgewiesen seine Lehre, Predigt, Mirakel und Wunderthaten. Also daß gleich wie Gott durchs Wort (d. i. durch ihn) Himmel und Erden geschaffen, eben so hat er, was er gewollt, ausgerichtet und gethan, nur ein Wort gesprochen als: Mägdlein stehe auf. Item: Jüngling stehe auf. Lazare komme heraus. Zum Gichtbrüchigen: stehe auf, sei los von deiner Krankheit; item zu den Aussätzigen: seid gereinigt, item mit fünf Broten und zween Fischen gespeiset fünftausend Mann, daß die, so solche Zeichen sahen, sprachen: Dieser ist wahrlich der Prophet, der in die Welt kommen soll. Also auch da groß Ungestüm im Meer sich erhob und der Herr das Meer bedräuete, und es stille ward, da verwunderten sich die im Schiffe waren und sprachen: Wer ist dieser, dem Wind und Meer gehorsam sind? Item: er gebot den Teufeln, so mußten sie ausfahren. Das konnte er alles durch ein einig Wort ausrichten." (Ebend. S. 469.)*)

Aber was sind denn die Wunder? sichtbare, augenfällige Beweise allmächtiger, ungebundner, durch keine Schranke der Natur gehemmter Güte und Barmherzigkeit — augenfällige, handgreifliche „Gutthaten," Wohlthaten. Aber was sind Wohlthaten? Befriedigungen menschlicher Bedürfnisse, Erfüllungen menschlicher Wünsche. Wer nichts bedarf, nichts begehrt, nichts wünscht, dem kann man keine Wohlthat erweisen. Der Wunsch des Kranken ist die Gesundheit, des Hungrigen die Speise u. s. w. Wer mir gibt, was ich nicht habe, aber gleichwohl haben will oder wenigstens haben möchte, — vorausgesetzt natürlich, daß es nichts Böses, Schlechtes, Unrechtes ist — der nur ist gut. Die Wunder Christi oder Gottes unterscheiden sich eben dadurch von den — eben deswegen auch an Macht beschränkten, nur oberflächlichen — Wundern des bösen, gottwidrigen Wesens, des Teufels, daß diese dem Menschen zum Schaden und Verderben, jene aber zum Wahl, sowohl zeitlichem als ewigem, gereichen. (S. hierüber L. z. B. Th. X. S. 40.)

Aber wie die That, so der Thäter. Wohlthun setzt wohlthätiges

---

*) „Die Evangelien sagen nichts von der Gottheit Christi." Mag sein; aber was sie nicht mit Worten sagen, das sagen sie mit Thaten. Worte sind prosaisch, Thaten poetisch.

Wesen voraus; und wohlthätiges, gutes Wesen macht das Wesen Gottes aus. Also ist Christus das unsichtbare Wesen Gottes als sichtbares, sinnfälliges Wesen. „Denn wo er (Gott) Lust hätte zu zürnen, verdammen, strafen und plagen, würde er nicht durch Christum Sünde vergeben und die Strafen derselbigen wegnehmen an den Gichtbrüchigen, Aussätzigen und andern. Item wo er Lust hätte zum Tode, würde er nicht die Todten auferwecken und lebendig machen: — Also werden wir gewiß nicht allein des Artikels, daß Christus wahrhaftiger Gott ist mit dem Vater, sondern auch daß er ein barmherziger Gott und Heiland und können in allen Werken des Herrn Christi (— „so ihr vor Augen sehet" —) des Vaters Herz und Willen ergreifen zu rechtem seligen Trost." (Th. X. S. 38. 39.)

Was ihr in Gott denkt, das seht ihr in Christo, was Gott nur in Gedanken, das ist Christus in Wirklichkeit. Wenn ihr Christus nicht als Gott erkennt, so kommt das nur her von dem Unterschied, der überhaupt zwischen einem Wesen, wie es gedachtes, und eben demselben, wie es wirkliches ist, stattfindet; denn das gedachte Wesen ist ein allgemeines, das wirkliche oder sinnliche Wesen ein individuelles. Aber ungeachtet dieses Unterschieds oder vielmehr Widerspruchs habt ihr in Christo nur vor euren Augen, was ihr euch unter Gott (Gott wenigstens im christlichen Sinne) denkt. Gott und Christus unterscheiden sich nur, wie das Gemeinte oder Gedachte und das Gesagte sich unterscheiden. Der Meinung ist das Wort immer zu enge, wie euerm Gott der Mensch; die Meinung will sich nicht beim Wort nehmen lassen; sie hat immer noch etwas im Rückhalt, was sie nicht gesagt haben will; sie dünkt sich unendlich mehr, als das Wort und will sich daher nicht durch dasselbe beschränken lassen. Diese Meinung kommt aber nur daher, daß, was ich meine oder denke, noch in meiner Macht steht, was ich aber ausspreche, außer dem Bereich meiner Macht ist, daß die Meinung oder der Gedanke, weil abhängig von mir, veränderlich, das Wort aber, weil bereits unabhängig von mir, unveränderlich ist. Deswegen erschrickt der

Mensch vor seinem eigenen ausgesprochenen Worte, wie vor einer fremden Macht, wie vor der Macht der unabänderlichen Nothwendigkeit, und zieht sich scheu hinter das Bollwerk seiner unaussprechlichen Meinung zurück. Aber gleichwohl ist zwischen dem Worte und Gedanken kein Unterschied dem Wesen, sondern nur dem Zustande nach — kein andrer Unterschied, als der in der Natur zwischen dem gasförmigen oder flüssigen und dem festen Zustand stattfindet. Es ist derselbe Inhalt, dasselbe Wesen, was ich denke und was ich sage, — wenn ich es anders richtig, treffend sage — aber im Gedanken befindet es sich im ungebundnen, im gasförmigen, im flüssigen, im Worte aber im festen Zustand. So ist es nun auch mit Gott und Christus. Der Gott in eurem Kopfe ist Gas, Luft, der Gott in Christo fixer, fester Körper.

Wie kann das große, umfassende Wesen in den kleinen Körper des Menschen hinein? Als Gas kann es freilich nicht hinein, denn das Gas ist nicht greifbar und nimmt einen größern Raum ein, als der feste Körper. Um fester Körper zu werden, muß es aufhören, Gas zu sein, um zu reden, muß ich aufhören, blos zu denken, eben so, um ein sinnliches, faßliches Wesen zu werden, aufhören, ein unsinnliches zu sein. Gas kann nicht zugleich fester Körper, Gedachtes nicht zugleich Gesagtes sein; denn ist es Gesagtes, so ist es nicht mehr Gedachtes, und ist es Gedachtes, so ist es noch nicht Gesagtes; Eines schließt das Andere aus. Und diesem zufolge sagt ihr ganz richtig: ist es Gott, so ist es nicht Mensch und umgekehrt. Aber indem Gott Mensch wird, hört er eben auf, das zu sein, was er in euerm Gedanken ist: Gott, d. h. unsichtbares, unfaßliches, unbegrenztes, unmenschliches, ungegenständliches Wesen. Bringt ihr freilich den Gott in euerm Sinne nicht aus euch heraus, so ist ein gekreuzigter Gott ein eben so lächerlicher Widerspruch*), als ein

---

*) Der Glaube, d. h. die christliche Religion kommt allerdings nicht über diesen Widerspruch hinaus; denn Christus soll zugleich Mensch und Gott, d. i. Wort und Gedankenwesen, fester Körper und himmlisches Gas sein. Aber wir sehen hier von die-

peinlich bestrafter Gedanke; denn nur, was ich sage, was ich von mir gebe, was ich außer mich hinausstelle, aber nicht, was ich meine, was ich denke, ist ein Gegenstand des Criminalrechts. Die Frage: wie kann Gott gekreuzigt werden? ist daher die Frage: wie kann der Gedanke, die Meinung bestraft werden? Und die Antwort darauf ist: wenn Du den Gedanken zu einem, auch Andern außer Dir wahrnehmbaren, gegenständlichen, d. i. sinnlichen Wesen machst. Der bloße Gedanke freilich ist unbelangbar und unwiderleglich, erhaben über alle Angriffe und Schranken, eine göttliche unantastbare Majestät; aber der aus der festen Burg des Kopfs auf die schlüpfrige Zunge herabgleitende, der sich zum Wort erniedrigende, herablassende Gedanke nimmt alle Schmach und Noth des menschlichen Lebens auf sich. So ist denn auch der Gott in euerm Kopfe, der Gott, welcher nur ein gedachtes, innerliches Wesen, d. h. nur Gedanke ist, freilich kein Gegenstand des Spottes und Gelächters, wohl aber der Gott in Christo, d. h. der ausgesprochne Gott; denn sich aussprechen heißt sich verrathen, sich veräußern, sich preisgeben. Und doch ist in Christo nichts andres ausgesprochen, als was in Gott gedacht ist, nur mit dem Unterschiede, daß, was in Gott noch ungewiß ist, weil bloße Meinung, in Christo unbezweifelbar gewiß ist; denn das Wort ist die Gewißheit des Gedankens. Der bloße Gedanke ist unstät, flatterhaft; kaum ist er da, so ist er schon wieder weg; aber der ins Wort gefaßte Gedanke ist gebannt — das Wort ist beständig, fest, gewiß. Aber Christus ist ja das Wort Gottes, d. h. eben, wie es ausgedrückt wurde, der sichtbare, sinnliche und eben deswegen unbezweifelbare, gewisse Gott.

Was? — höre ich mir trotz der bereits gelieferten Beweise einwenden — sinnliches, sichtbares Wesen wäre der Gegenstand der christlichen Offenbarung, des christlichen Glaubens? Heißt es nicht ausdrücklich:

---

sem, wie allen andern heillosen Widersprüchen des Christenthums ab, welche im zweiten Theil des Wesens des Christenthums behandelt sind.

„Der Glaube stehet auf das Unsichtbare — der Glaube ist nicht derer Dinge, so man siehet, sondern derer, die man nicht siehet Ebr. 11, 1." (L. Th. III. S. 123.) Sagt nicht Luther, daß Christus kein Gegenstand der Sinne ist, um ein Gegenstand des Glaubens zu sein*)? Ist also hier nicht ausdrücklich als der Gegenstand der Offenbarung — denn was andres ist Gegenstand des Glaubens, als das Wort Gottes? — das Unsichtbare ausgesprochen? Allerdings ist jetzt Gott, Christus für uns kein Gegenstand der Sinne, aber er war es einst und wird es einst wieder. Jetzt ist nur sein Wort in unsern Ohren, aber einst sein Wesen vor unsern Augen. Abraham ist das Vorbild des Glaubens. Abraham glaubte der Verheißung Gottes. Aber was war der Gegenstand dieser Verheißung, dieses Glaubens? Ein Sohn — also ein nur jetzt unsichtbares, aber später sichtbares Wesen. „So scharfe Augen hat der Glaube, daß er im Dunkeln sehen kann, da doch nichts überall scheinet, siehet, da nichts zu sehen ist, fühlet, da nichts zu fühlen ist. Also glauben wir auch an den Herrn Christum, daß er droben sitzet zur rechten Hand des Allmächtigen Vaters und regieret also, daß er alle Creaturen in Händen hat und alles in uns wirket. Das sehen wir nicht, fühlen es auch nicht; doch siehet das Herze durch den Glauben so gewiß, als wenn es mit Augen sähe." (Th. I. S. 92.) Der Glaube ist das geistige Auge — das Auge der Einbildungskraft; er sieht, was er nicht sieht, d. h. nicht gegenwärtig vor Augen hat — der Glaube haftet nicht am Gegenwärtigen — er sieht, wie ich ein durch den Tod oder den Raum von mir getrenntes, entferntes Wesen sehe. Der Glaube ist hier getrennt von dem Gegenstand seiner Verehrung; die „Mauer" dieser gegenwärtigen sinnlichen Welt ist zwischen ihm und Gott; aber der Glaube durchbricht diese Mauer: er ist getrennt nicht getrennt, er ist da mit der Seele, wo er nicht mit dem Leibe ist.

---

*) S. z. B. L.'s Briefe von de Wette II. B. S. 196 und hiezu als Erklärung die im „Wesen des Christenthums" II. Aufl. S. 301 aus L. citirte Stelle.

Dem Glauben ist das Ferne nahe, aber eben deswegen das Nächste das Fernste. Der Glaube ist „sinnlos" und „widersinnig," „blind und taub," denn er ist wo anders mit seinem Sinne, wo anders mit seinen Sinnen. Wer Abwesendes sieht, sieht das Gegenwärtige nicht. Aber von einem Wesen dem Leibe nach getrennt und doch dem Herzen nach mit ihm verbunden zu sein, das ist ein Zustand der Zerrissenheit, des Zwangs, denn mein Herz reißt sich mit Gewalt von den Banden meiner Sinne los — ein schmerzlicher Zwiespalt. Einst hebt sich daher dieser Zwiespalt auf; einst verwandelt sich der Glaube in Schauen; einst ist Gott für den Gläubigen, was er jetzt nur an sich ist: sinnliches Wesen. „Reich Christi jetzt auf Erden — ist ein Reich des Glaubens, darinnen er regieret durch das Wort, nicht in sichtlichen öffentlichen Wesen, sondern ist gleich wie man die Sonne siehet durch eine Wolke." — „Du sollst es nicht sehen, sondern glauben, nicht mit den fünf Sinnen fassen, sondern dieselben zugethan (mit geschloßnen Sinnen) allein hören, was Dir Gottes Wort sagt, bis so lange das Stündlein kommt, da Christus wird des ein Ende machen und sich öffentlich (offenbar, sichtbar) darstellen in seiner Majestät und Herrschaft; da wirst Du sehen und fühlen, was Du jetzt glaubest." (Th. X. S. 371.)

Christus ist die sinnliche Gewißheit der Liebe Gottes zum Menschen; er ist selbst der den Menschen liebende Gott als sinnlicher Gegenstand, sinnliche Wahrheit. Aber die Untrüglichkeit, die Zuverlässigkeit dieser Liebe liegt eben, wie gesagt, nur in seiner Menschheit; denn den Menschen kann auch nur ein selbst, ein wirklich menschliches Wesen — wenigstens auf eine dem Menschen genügende und entsprechende Weise — lieben. Die Liebe im Sinne eines nicht oder über-menschlichen *),

---

*) Eines wirklich übermenschlichen, denn das übermenschliche Wesen des Glaubens ist nichts andres als das überschwänglich, das übermenschlich menschliche Wesen.

unsinnlichen, unleiblichen Gottes oder Wesens ist eine offenbare Lüge; denn mit der Menschheit fällt auch die Liebe weg. Der Sinn der Erlösung und Versöhnung des Menschen mit Gott durch Christus liegt daher auch nicht in der Stellvertretung, der Genugthuung, der Rechtfertigung, der Blutvergießung für sich selbst — er liegt nur in der Liebe, oder, was eins ist, in der Menschheit Christi oder Gottes. Der durch das Blut Christi gestillte, aufgehobne Zorn oder Haß Gottes gegen die Menschen ist der durch den Menschen und im Menschen getilgte, aufgehobne unmenschliche Gott. Gott ist nicht Gott, d. h. nicht unmenschliches, unsinnliches Wesen; er ist Liebe, er ist Mensch — dadurch ist aller Zwiespalt zwischen Gott und Mensch aufgehoben, dadurch die Sünde des Menschen vergeben, der Mensch gerechtfertigt.

„Es sind viel Lieben, aber keine ist also brünstig und hitzig als die Brautliebe. — Eine solche rechte Brautliebe hat uns fürgetragen Gott in Christo, in dem, daß er den für uns hat Mensch werden lassen und vereiniget mit der menschlichen Natur, daß wir in dem seinen freundlichen Willen gegen uns spüren und erkennen. — Das muß ja eine große unergründliche und unaussprechliche Liebe sein Gottes gegen uns, daß sich die göttliche Natur also mit uns verbindet und senket in unser Fleisch und Blut, daß Gottes Sohn wahrhaftig wird mit uns ein Fleisch und Leib und sich so hoch unser annimmt, daß er nicht allein will unser Bruder, sondern auch unser Bräutigam sein und an uns wendet und zu eigen gibt alle seine göttliche Güter, Weisheit, Gerechtigkeit, Leben, Stärke, Gewalt, daß wir sollen in ihm auch theilhaftig sein der göttlichen Natur, wie Sct. Petrus spricht. — Und wie eine Braut sich mit herzlicher Zuversicht auf ihren Bräutigam verläßt und hält des Bräutigams Herz für ihr eigen Herz; also sollst Du auch von Grund des Herzens auf die Liebe Christi Dich verlassen und keinen Zweifel haben, daß auch er nicht anders gegen Dir gesinnet ist, denn wie Dein Herz." (Th. XIV. S. 353^b. — 355^a.) „Ich darf sagen, daß ich in der Schrift nicht lieblichere Worte habe gelesen von Gottes Gnaden geredet, denn diese zwei Worte Chrestotes (Freundlichkeit) und Philanthropia (Menschenliebe) Tit. 3, 4, darinnen die Gnade also abgemalet ist, daß sie nicht allein Sünde vergebe, sondern auch bei uns wohne, freundlich mit uns umgehe, willig ist zu helfen und erbietig zu thun alles was wir begehren mögen, als von einem willigen Freunde, zu dem sich ein Mensch alles Gutes versiehet und sich ganz wohl vermag." (Th. XIII. S. 118.) „Dieß ist mein lieber Sohn, an welchem ich Wohlgefallen habe. — Wenn ich das weiß und gewiß bin, daß der Mensch Christus Gottes Sohn ist und dem Vater wohlgefället — so bin ich auch gewiß — daß solch Reden, Thun und Leiden Christi, so für mich geschieht, wie er sagt, müsse Gott herzlich wohlgefallen. Nun wie könnte sich Gott mehr ausschütten und lieblicher oder süßer darbieten, denn daß er spreche, es gefalle ihm vom Herzen wohl, daß sein Sohn Christus so freundlich mit mir redet, so herzlich mich meinet und so mit großer Liebe für mich leidet, stirbt und alles thut. — Weil denn Christus in solchem Wohlgefallen und im Herzen Gottes gefasset, mit alle seinem Reden und Thun Dein ist und Dir damit dienet, wie er selbst saget, so bist Du gewißlich auch in demselbigen Wohlgefallen und eben so tief im Herzen Gottes als Christus." (Th. XIV. S. 543—44.)

„Außer Christo ist kein Wohlgefallen Gottes am Menschen;" „nur in Christo liebt Gott die Menschen," wie eben daselbst L. sagt. Warum? weil Gott den Menschen nicht lieben, kein Wohlgefallen an ihm haben kann, wenn er nicht in und an sich selbst Mensch ist. Nur in Christo, nicht in sich selbst, ohne Christo, außer Christo gedacht, vergibt er die Sünden der Menschen — Vergebung ist aber ein Act der Liebe. Warum? weil ein Wesen, das die Menschheit von sich ausschließt, ein unmenschliches Wesen ist, nothwendig auch die Sünden der Menschen verdammt. Dem unmenschlichen Gesetzgeber steht der seine Gebote übertretende Mensch nicht als Mensch, sondern nur als

Uebertreter, als Sünder vor Augen: er verurtheilt daher unbarmherzig, d. h. ohne Unterscheidung mit dem Sünder auch den Menschen zum Tode. Um den Sünder zu begnadigen, muß ich den Menschen ansehen, den Menschen als Fürsprecher, als Mittler zwischen dem Richter und dem Sünder aufstellen, muß ich im Blute des Menschen meinen kalten, absprechenden Verstand erwärmen. Aber wie kann ich das, wenn ich selbst nur ein blutloses Gespenst bin? Ich muß also vor allen Dingen selbst wirklicher, voller, ganzer Mensch sein, um im Sünder noch den Menschen erkennen und durch den Menschen den Sündiger reinigen und begnadigen zu können. Nur der Mensch kann dem Menschen die Sünde vergeben. Daß der Mensch Christus zugleich Gott ist, so daß es heißt: nicht der Mensch, sondern Gott nur kann die Sünde vergeben, die Sünde tilgen, versteht sich hier von selbst, denn — abgesehen von andern Gründen — wenn der Mensch Christus nicht Gott ist, so bleibt ja das vom Menschen unterschiedene, das über- oder unmenschliche Wesen als das höchste, das göttliche Wesen und folglich die Sünde als ein untilgbarer, himmelschreiender Widerspruch mit demselben bestehen. Aber gleichwohl vergibt Gott nur als Mensch die Sünde. Nur das Blut Christi, als das sichtbare Zeichen der Blutsverwandtschaft des göttlichen Wesens mit dem menschlichen, nur dieses „Blut der Liebe," wie es Luther an mehreren Orten nennt, ist ja die Vergebung der Sünde und zugleich die Bürgschaft derselben, denn wie sollte Gleiches Gleiches, Blut Blut verdammen? „Wer in seinem Herzen dieses Bild wohl gefasset hätte, daß Gottes Sohn ist Mensch worden, der sollt ja sich zum Herrn Christo nichts Böses, sondern alles Guten versehen können. Denn ich weiß ja wohl, daß ich nicht gern mit mir selbst zürne, noch arges mir begehre zu thun. Nun aber ist Christus eben der ich bin, ist auch ein wahrhaftiger Mensch. Wie kann Ers denn mit ihm selbst, das ist: mit uns, die wir sein Fleisch und Blut sind, übel meinen?" (Th. XV. S. 44.) Nein! wer Fleisch und Blut auf sich nimmt, der nimmt auch die Sünde auf sich, denn die Sünde kommt nur aus Fleisch und Blut. Wenn er auch die Sünde an sich selbst haßt und verwirft, so läßt er sie sich doch um des Wesens des Sünders willen gefallen, rechnet sie nicht an. Er sieht wohl mit seinem infallibeln Blick die Sünden und Fehler, aber er stellt die Sünden nicht vor das Wesen, so daß er vor lauter Bäumen den Wald nicht sieht, sondern hinter das Wesen, d. h. in den Schatten, nicht in das Licht — er legt als ein selbst menschliches Wesen die Sünden der Menschen in menschlichem, in gutem Sinne aus. „Gott thut wie ein Vater gegen seinem Sohne. Wenn man spricht: Siehe dein Sohn schielet, so spricht der Vater: Er liebäugelt. Item das Wärtzlein stehet ihm also wohl, daß es genug ist. Also thut Christus auch: Ach! es ist nicht Sünde, es ist nur Schwachheit in dem armen Sünder." (Th. XII. S. 602.) „Aber die Sünde, sagst du, die wir täglich thun, beleidigt und erzürnet Gott, wie können wir denn heilig sein? Antwort: Mutterliebe ist viel stärker, denn der Dreck und Grind am Kinde. Also Gottes Liebe gegen uns ist viel stärker denn unser Unflat oder Unreinigkeit. Derhalb, ob wir wohl Sünder sind, verlieren wir drum die Kindschaft nicht unsers Unflats halben." (Tischreden, Eisleben 1566, S. 186.)

Die Sünde raubt dem Menschen Gewissensfrieden, Freudigkeit, Muth, Selbstgefühl; sie zerknirscht, vernichtet den Menschen — namentlich den Gläubigen, für den die Sünde den Zorn Gottes, den Verlust der Gnade, der ewigen Seligkeit zur Folge hat. Aber die Menschwerdung, d. i. Vermenschlichung Gottes ist ja zugleich die „Vergottung des Menschen;" indem Gott Mensch ist, so ist ja zugleich der Mensch Gott. Was mir daher das Bewußtsein der Sünde raubt, das stellt mir Christus, in dem mir die göttliche Natur des Menschen Gegenstand ist, wieder zurück. Ja die Ehre, die mir in Christo zu Theil wird, macht mich ganz fühllos gegen den Schimpf, den mir die Sünde anthut. Was kümmert mich das Gebelfer der Tagesblätter, wenn ich im Buche der Unsterblichkeit meinen Namen eingezeichnet lese? was der Tadel meines ängstlichen, befangnen Gewissens*), wenn die Himmel selbst wegen der mir in der Menschwerdung Gottes widerfahrnen Auszeichnung von meinem Lobe wiederhallen? was der Schlangenbiß des Teufels in meine Ferse (Th. I. S. 38—39.), wenn mir das Gift nicht ins Blut, nicht ins Herz bringt? was der Fleck an meinen Füßen im Gassenkoth, wenn mein Haupt im Himmel als ein Stern erster Größe strahlet? was der Schatten hinter meinem Rücken, wenn ich das Licht vor meinen Augen habe? Wenn das Wesen für mich ist, wie kann das Unwesen wider mich sein? „Wo das Herz rein ist, so ist alles rein, und schadet nicht, obgleich alles auswendig unrein, ja obgleich der Leib voll Schwären, Blattern und eitel Aussatz wäre." (Th. IX. S. 203.)

Die oben erwähnten rohen und widerlichen theologischen Vorstellungen der Vertretung, Rechtfertigung, Genugthuung, selbst auch der Vermittlung und Versöhnung kommen also nur daher, daß hinter dem menschlichen, sinnlichen Gott zugleich noch der alte zornige Gott, vor dem die Menschen als Sünder nichts sind, weil ihm die Sünder nicht als Menschen Gegenstand sind, der „abgesonderte" „bloße" Gott, d. h. der unmenschliche, unsinnliche Gott als ein Wesen bestehen bleibt; denn ein menschlicher Gott ist von selbst der Vertreter und Rechtfertiger des Menschen, braucht keinen Mittler zwischen sich und dem Menschen. Aber daß hinter dem menschlichen Gott der unmenschliche noch sein Wesen oder vielmehr Unwesen forttreibt, das ist eben ein Widerspruch; denn mit der Menschwerdung Gottes ist ja an sich das unmenschliche Wesen aufgehoben, — so gut, so nothwendig aufgehoben, als das

---

*) „Was kann uns betrüben, denn vielleicht unsere Sünde und bös Gewissen; aber das hat Christus für uns weggenommen, ob wir gleich täglich sündigen." L.'s Briefe de Wette Th. V. S. 37. S. auch daselbst den sehr interessanten Brief an H. Weller Th. IV. S. 188.

das aufgehoben ist, wenn es ein fester Körper geworden — und an seine Stelle ein neues, anderes Wesen, der menschliche Gott, das menschliche Wesen getreten. Tritt der menschliche Gott nicht an die Stelle des unmenschlichen, ist er nur der Mittelsmann zwischen dem unmenschlichen und menschlichen Wesen; so ist die Versöhnung zwischen diesen beiden Wesen nur eine oberflächliche, scheinbare, ja trügerische; denn es wird nur der Zorn Gottes aufgehoben, aber nicht der Grund des Zorns, nicht das Wesen, welches zürnt und seiner Natur nach nothwendig dem Menschen zürnt; denn es hat ja kein menschliches Herz, kein menschliches Wesen in sich. Seine Versöhnung mit dem Menschen ist, streng genommen, nur eine Verstellung, nur ein Zwang, den es sich anthut; denn es bewahrt seinen Groll im Gemüthe, nur äußert es ihn nicht, weil ihm der Mittler die Hände gebunden. „Wie könnte denn nun der Vater auf uns zornig sein? Ja selbst der Vater wird ein Sohn und wegen des Sohnes gezwungen in gewisser Maße (daß ich so reden mag) zum Kinde zu werden, mit uns zu spielen, uns zu liebkosen." (Th. VII. S. 120.) „Das ist denn der rechte Christus, daß er dort unsers Herrgotts mächtig ist." (Th. XII. S. 568.) Der menschliche Gott — und vermittelst desselben jeder Mensch selbst, wie L. häufig sagt — ist mächtig des unmenschlichen; aber doch ist zugleich der unmenschliche Gott noch eine selbstständige Macht, eine Person, die daher nothwendig auch sich selbst geltend machen will, und zwar um so mehr, als sie die Person ersten Ranges ist. Wie sollte es also zu einem wahren, gründlichen Frieden kommen, so lange nicht das über- oder, was eins ist, unmenschliche Wesen ganz und gar beseitigt wird?

Aber ungeachtet dieses — innerhalb des Glaubens, innerhalb des Christenthums unauflöslichen — Widerspruchs, daß der Glaube in der Furcht seines Herzens und in der Beschränktheit seines Verstandes hinter dem guten, dem menschlichen Wesen ein böses, unmenschliches Wesen im Rückhalt hat, so macht er doch zugleich den menschlichen Gott zum ganzen, alleinigen, wahren Gott. „Sprechet, daß ihr von keinem andern Gott wisset, noch wissen wollt, denn welcher in dem Schooß der Jungfrauen Mariä gelegen und ihre Brüste gesogen hat. Wo der Gott Jesus Christus ist, da ist Gott selbst und die ganze Gottheit, da findet man auch Gott den Vater und Gott den heiligen Geist; außerhalb dieses Gottes, des Herrn Christi ist nirgend kein Gott." (Th. V. S. 558.) Alle Eigenschaften Gottes gehen daher auf Christus über und zwar als Menschen — ein Uebergang, der eben deswegen die Existenz eines von Christo unterschiednen Gottes aufhebt oder doch überflüssig macht — wie umgekehrt alle Eigenschaften des Menschen auf Christus als Gott übertragen werden, um so aus dem Gott in Christo einen wahren Menschen und aus dem Menschen in ihm einen wahren Gott zu machen, so „daß man ihn als Gott nicht anbeten kann, wenn man ihn nicht auch als einen Menschen anbetet." (Th. VII. S. 385.) *) Nichts ist in Gott, was nicht in Christo ist — Christus ist der offenbare, d. h. der offne, rückhaltslose Gott. In Christo hat sich Gott, wie Luther sagt, (Th. XXII. S. 79.) ganz und gar ausgeschüttet, also nichts mehr für sich behalten. Wie kann also Luther von diesem Gott, der sich uns ganz, wie er ist, gegeben, ganz ausgesprochen hat, noch einen Gott an sich unterscheiden, ein unbegreifliches, unmenschliches Wesen, das sich nur „kleidet" und „stellt" wie ein Mensch, um — ein guter Einfall! — unter der Firma der Humanität seine Inhumanität dem Menschen zu insinuiren? Nur im Widerspruch mit seinem wahrem Sinn und Glauben. Ein Gott, der nicht so für mich, wie er an sich ist, der erwecket und verdient statt Glauben und Vertrauen

---

*) Ueber diesen Gegenstand, die sogenannte Communicatio Idiomatum siehe außerdem noch z. B. Th. XXI. S. 277—280. Th. XI. S. 574. Th. IV. S. 313. 335—36. Daß es aber auch hier zu keiner wahren, aufrichtigen Einheit kommt, darüber siehe „Wesen des Christenthums" S. 513.

nur Zweifel und Mißtrauen; denn ich weiß nicht, ob er nicht für sich das gerade Gegentheil von dem ist, was er für mich ist, ob er nicht hinter meinem Rücken auf mich flucht, während er mir ins Gesicht hinein schön thut. Aber nur Das, was Glauben erwecket und Glauben verdient, ist Gott.

Glaube ist Seligkeit, Unglaube Unseligkeit; Glaube Einigkeit *), Unglaube Zwietracht; Glaube Gewißheit, Unglaube Zweifel; aber auf der Gewißheit ruht der Segen des Lichts, auf dem Zweifel der Fluch der Nacht, die keines Menschen Freund ist. Der Zweifel steht auf dem Spiel des Zufall — heute macht mir dieser Fall, morgen ein andrer einen Strich durch die Rechnung — der Glaube auf dem unerschütterlichen Boden der Nothwendigkeit — es ist unmöglich, daß dieses Wesen mich täuscht und betrügt, unmöglich, daß ein wahrhaftiges Wesen lügt, es kann nicht anders als wahrhaftig, es kann nicht auch nicht wahrhaftig sein. Der Glaube ist die Wurzel der Liebe — Glaube, Vertrauen erweckt Liebe — der Zweifel die Wurzel des Hasses — Zweifel, Mißtrauen entzweit den Menschen mit dem Menschen — der Zweifel stößt ab, Vertrauen zieht an; der Zweifel ist unfreundlich, der Glaube leutselig. Der Unglaube ist die Hölle der Eifersucht; der Glaube der Himmel gewisser Liebe. Der Unglaube opfert dem Schein das Wesen auf, der Glaube aber läßt sich durch keinen Schein des Gegentheils an dem Wesen irre machen, dem er einmal sein Vertrauen geschenkt; denn er ist gewiß, daß kein Wesen das Gegentheil von sich selbst sein kann. Der Unglaube, der Argwohn traut seinem Gegenstande nicht weiter, als er sieht, denn er traut ihm nur Böses zu; der Glaube aber ist

---

*) Der Glaube wird hier, obwohl auf Grund Luthers, nur nach seinem allgemeinen, wahren, menschlichen Sinn charakterisirt. Nur von dem Glauben in diesem Sinne gelten die Eigenschaften der Einigkeit, Entschiedenheit und Seligkeit; denn in wiefern sich der Glaube auf „den Sinnen, dem Gefühl, der Vernunft" widersprechende Dinge oder vielmehr Undinge erstreckt, ist der Glaube die größte, unausstehlichste Tortur, die sich nur immer der Mensch anthun kann.

seines Gegenstandes auch in der Trennung, in der Entfernung gewiß, denn er traut ihm nur Gutes zu, weil er selbst nur Gutes im Sinne hat, wie umgekehrt der Unglaube nur Schlimmes. Glauben heißt eben: Gutes glauben, nicht glauben: nichts Gutes glauben. Der Glaube ist die Ueberzeugung, daß überall das Gute nicht dem Schlechten, sondern das Schlechte dem Guten unterliegen muß — die Ueberzeugung, daß die Wahrheit, auch wenn sie ganz allein und verlassen dasteht, doch unendlich mehr ist und vermag, als die Lüge, und wenn ihr auch Millionen Kaiser und Päbste zur Seite stehen. Der Glaube verläßt sich nicht, wie der Unglaube, auf die Macht der Polizei und peinlichen Halsgerichtsordnung, nicht auf Personen („Menschen"), auf Verbindungen („Rotten"), auf Zahlen, auf Massen, auf Mittel und Titel; er verläßt sich nur auf seine gute und gerechte Sache; er ist daher selbst in Ketten seines Siegs gewiß. Der Glaube ist die frohe Aussicht, daß der heutige Tag nicht der letzte Tag unter der Sonne ist, daß vielmehr auf Heute Morgen kommt und was daher heute nicht ist, morgen ist; der Unglaube aber bricht die Geschichte mit der Gegenwart ab; er wähnt, daß Heute Immer, daß das Hippokratische Gesicht der Gegenwart der bleibende, charakteristische Ausdruck der Menschheit ist. Der Unglaube opfert der Zeitung die Geschichte, einem augenblicklichen Siege, einer ephemerischen Ehre die Ehre der Zukunft, die Ehre der Geschichte auf; der Glaube aber verzichtet auf den Genuß und Besitz der Gegenwart, in der Gewißheit, daß die Zukunft sein ist. „Der Glaube, sagt Luther (Th. XVII. S. 717.), hat niemals zu thun mit vergangenen Dingen, sondern allein mit zukünftigen. Denn man glaubet nicht denen Dingen, die geschehen sind, sondern denen Verheißungen Gottes, der die Dinge thun will." Der Unglaube schränkt den Umfang des Möglichen nur auf den engen Kreis seiner bisherigen Erfahrung ein; aber der Glaube bindet sich nicht an die Schranken der Vergangenheit und Gegenwart; er glaubt an die Möglichkeit des (bisher) Unmöglichen. „Dem

Glauben ist nichts unmöglich." Der Unglaube ist daher kleinmüthig, klug, ja überklug, bedingt, umständlich, philisterhaft, befangen, zaghaft; der Glaube hochgesinnt, unbedingt, laconisch, resolut, kühn, frei, sorglos.

Aber Sorglosigkeit, Freiheit, Sicherheit, Unbedingtheit, Nothwendigkeit, Unwandelbarkeit, Einigkeit, Entschiedenheit, Gewißheit, Seligkeit, Liebe, Freundlichkeit, Leutseligkeit — die Eigenschaften und Wahrzeichen des Glaubens sind auch die Eigenschaften und Wahrzeichen der Gottheit selbst. Wie kannst Du also in Gott einen Gott an sich und einen Gott für Dich unterscheiden? Das, worin die Gültigkeit und selbst Möglichkeit dieses Unterschieds aufgehoben ist, Das gerade, Das allein ist Gott. Kannst Du an das Licht die Frage stellen, ob es Licht oder auch nicht Licht ist? Hebst Du mit dieser Frage nicht das Wesen des Lichts auf? Kannst Du bei einem leutseligen Wesen fragen, ob es für Dich nur, ob es auch an sich wohl leutselig ist? Was ist denn ein gutes, Glauben, Vertrauen erweckendes Wesen anders als ein Wesen, das so für Dich, wie es für sich ist? Gutsein heißt eben nichts für sich sein und haben, was man nicht auch für Andere ist und hat. Kann also ein offnes Wesen zugleich ein verschloßnes, ein mittheilendes zugleich ein rückhaltiges, ein Gegenstand des Glaubens zugleich ein Gegenstand des Zweifels, des Mißtrauens sein? Aber Gutsein im höchsten Sinne heißt eben Gottsein; hebst Du daher das gute Wesen auf, so hebst Du das göttliche Wesen auf. Aber das thust Du, indem Du im Unterschiede von dem Gott für Dich, d. h. dem guten Wesen noch einen Gott an sich, d. h. also ein nicht gutes und folglich nicht göttliches Wesen annimmst. Was nicht gut, ist allerdings nicht sogleich böse; aber ein Gott, welcher Dir nur in den Kopf kommt, wenn Du das gute Wesen aufgibst, welcher Dir den Glauben an das Gute als das wahre, letzte, d. i. göttliche Wesen raubt, das Gute nur zu einem Anthropomorphismus, einem bloßen Bilde, einer bloßen Erscheinung herabsetzt, ein solcher Gott ist in der That kein Gott, sondern ein böses Wesen. „Gott an sich, Gott außer Christo, sagt Luther, ist ein erschrecklicher, furchtbarer Gott;" aber was nur Furcht und Schrecken einflößt, das ist eben ein böses Wesen. Der Gott an sich, „die Majestät" unterscheidet sich daher nur in der Vorstellung, nur dem Namen nach, aber nicht in der That, nicht seinem Wesen nach von dem Wesen des Teufels. Der „Trotz wider den Teufel" (d. h. das böse, dem Menschen feindliche Wesen) ist der Glaube, daß Gott Mensch, der Mensch Gott ist. Diesen Glauben sucht darum „der Feind des Menschen," der Teufel auf alle nur mögliche Weise anzufechten; aber wider eben diesen Glauben streitet auch der Gott an sich; denn er will nicht sich, das „bloße," reine Wesen mit dem zusammengeflickten, lumpigen und schmutzigen Wesen des Menschen in Verbindung gesetzt wissen. Beide fallen in ihren Wirkungen zusammen; wie sollten sie also in ihrem Wesen aus einander fallen? Der Teufel soll zwar das unmenschliche, der Gott an sich nur das übermenschliche Wesen sein, aber die Uebermenschlichkeit ist nur ein Vorwand der Unmenschlichkeit, gleichwie die Uebervernünftigkeit nur ein Vorwand der Unvernunft, die Uebernatürlichkeit nur ein Vorwand der Unnatur ist. Bemerkt werde übrigens noch im Vorbeigehen, daß der Gott an sich eigentlich nichts ist, als Gott als metaphysisches Wesen, d. i. als reines, affectloses Gedankenwesen. L. war ein Feind der Metaphysik, ein Feind der Abstraction, ein Feind der Affectlosigkeit — „Gott hasset und verachtet, sagt L. z. B. Th. III. S. 266, die harte Apathie." Aber was die Leute außer der Religion verabscheuen und verwerfen, das lassen sie sich in der Religion gefallen.

Der wahre Gott, der wahre Gegenstand des lutherischen, überhaupt christlichen, Glaubens ist nur Christus, und zwar nur deswegen, weil sich in ihm nicht mehr ein Christus an sich von dem Christus für uns unterscheiden läßt, und daher in ihm alle Bedingungen der Gottheit erfüllt, alle Geheimnisse der göttlichen Natur aufgelöst, alle Anstände und Zweifel gehoben, alle Gründe des Mißtrauens und

Argwohns beseitigt sind. „Derowegen muß man sich zuerst und vor allen Dingen dahin bemühen, daß wir lernen der Güte Gottes vertrauen, die er uns in Christo, seinem Sohne, den er vor unsere Sünden und den Tod gegeben, erzeiget hat. Denn sonst entstehet daher eine Gewohnheit und Neigung zum Mißtrauen gegen Gott, welches hernach unüberwindlich ist." (Th. VII. S. 211.) „Die Gedanken von seiner (Gottes) Majestät (d. h. wie sich Luther einige Zeilen vorher ausdrückt von „Gott, insofern er ein absolutes Wesen") sind sehr gefährlich. Denn es kann sich ein böser Geist in die Gestalt der Majestät verstellen; in die Gestalt aber des Kreuzes kann er sich nicht verstellen." (Ebend. S. 163.)*) Das heißt: Christi Wesen ist ein evidentes, lichtes, durchsichtiges Wesen; Christus ist nichts an sich oder für sich, was er nicht für uns ist. Sein göttliches Wesen ist unser göttliches Wesen, seine Geburt als Mensch unsere Heilsgeburt, sein Sieg unser Sieg, kurz alles, was sein, ist unser. Was ist denn die Auferstehung Christi wohl für sich selbst? Nichts; denn sie bedeutet nur unsere Auferstehung, ist nur die sinnliche Gewißheit unsrer Auferstehung, unsrer Unsterblichkeit. Was der Gottmensch für sich selbst? Nichts; denn der Mensch Christus ist nur darum Gott, daß er für uns Gott, und darum Mensch, daß er für uns Mensch sei. Was ist überhaupt Gott für sich? Nichts; denn Gott ist nur Anderen Gott, existirt nur für das, was nicht Gott ist. Wo kein Bedürfniß überhaupt, ist auch kein Bedürfniß Gottes, und wo kein Bedürfniß Gottes, da ist kein Gott. Der „Grund" Gottes liegt außer Gott, liegt im Menschen: Gott setzt den Menschen voraus. Gott ist „das nothwendige Wesen," aber nicht sich oder an sich, Andern ist er nothwendig, — denen, die ihn als nothwendig

---

*) Uebrigens hatte Luther solche Gemüthszustände — Anfechtungen — wo sich der böse Geist, der Geist des Unglaubens, der Satan allerdings auch selbst in die Gestalt Christi verstellte. L.'s Briefe v. de Wette Th. III. S. 226.

fühlen oder denken. Ein Gott ohne Mensch ist ein Gott ohne Noth, aber ohne Noth ist ohne Grund, ist Tand, Luxus, Eitelkeit. „Gott ist nicht ein Gott der Todten, sondern der Lebendigen Matth. 22, 32. Gott ist desjenigen Gott nicht, das an ihm selbst nicht ist; Nullus (Keiner) und Nemo (Niemand) beten Gott nicht an, und Gott regiert über sie nicht. — Wo Abraham einen Gott hat, so folget nothwendig wiederum das auch, daß Gott und Abraham zugleich leben müssen, denn diese Zwey stehen und fallen mit einander, sintemal Gott mit den Todten nichts zu thun hat". (Th. II. S. 494—95.) Das heißt: kein Mensch — kein Gott. Gott ist wesentlich Jemands Gott. Aber dieser Jemand ist für uns der Mensch. Gott ist wesentlich Herr; aber der Herr ist nicht ohne den Diener. „Ein eigen Volk zu haben, gehöret zu einem wahren Gott". (Th. XIII. S. 157.) Gott ist wesentlich Vater, aber der Vater ist nicht ohne das Kind. „Die Gottheit nicht ohne die Creatur ist". (Th. XIX. S. 619.)

Gott ist nichts an sich selber. Wie spricht dieß aber der Glaube aus, da er ein vom Menschen unabhängiges Bestehen Gottes voraussetzt? Durch die Gnade, die Huld, die Barmherzigkeit, die Güte, mit einem Worte: die Liebe Gottes. Die Unselbständigkeit eines selbständigen, das nichts für sich Sein eines gleichwohl für sich seienden oder als solches vorgestellten Wesens ist die Liebe. Lieben heißt nichts an sich selber sein können und wollen, heißt sein Wesen außer sich setzen. Der Satz: „Gott ist die Liebe", d. h. die Liebe ist das Wesen Gottes sagt also nichts weiter aus als: Gott ist nichts an sich. Aber dieses Wesen Gottes, nichts an sich selbst zu sein, ist nur in Christo offenbar, wirklich, sinnfällig und Christus nur der wahre, wesentliche Gegenstand des Glaubens. Das Wesen des Glaubens ist daher nichts andres als die Gewißheit, die unerschütterliche, zweifellose Gewißheit, daß die Menschenliebe das Wesen Gottes, das höchste Wesen ist.

Der Glaube „verstehet sich keines Gerichts, sondern lauter

Gnade, Gunst, Huld, Barmherzigkeit" — „er muß aus dem Blute, Wunden und Narben Christi quellen und fließen, in welchem Du stehest, daß Dir Gott so hold ist, daß er auch seinen Sohn für Dich giebet". (Th. XVII. S. 400. 401.) „Der Glaube wäre nichts, ob er schon glaubte, daß Christus allmächtig wäre, alle Dinge vermöchte und wüßte. Denn das ist der lebendige Glaube, der nicht zweifelt, Gott sey auch gütig und gnädiges Willens solches zu thun, das wir bitten". „Der Glaube gegen Christo — bildet ihm schlechts nicht für denn die bloße Gnade und Güte Christi". (Th. XIII. S. 355. 356.) „So oft die Schrift von Glauben redet, meinet sie den Glauben, der auf lauter Gnade („Güte, Barmherzigkeit, misericordia") bauet". (Th. XX. S. 41.) „Wenn unsere Herzen in Trübsal, Angst und Noth stehen, so meinen, empfinden und fühlen sie nichts anders, denn daß Gott mit uns zürne, unserer nichts achte, uns feind sey. Alsdenn soll der Glaube das Gegenspiel halten, nemlich, daß bei Gott kein Zorn, kein Haß, keine Strafe, keine Schuld nicht sey". (Th. V. S. 572.) „Daran bleibe ja fest hangen, daß der Glaube an Gottes Hulden gewiß sey, denn der Glaube nichts andres ist, denn eine beständige, unzweifelhaftige, unwankende Zuversicht zu göttlicher Gnade". (Th. XIII. S. 63.) „Gleichwie Gott durch die Liebe Geber ist: also sind wir durch den Glauben Nehmer. — Also wird dieser Schatz (Christus) von Gott gegeben durch die Liebe und von uns angenommen und empfangen durch den Glauben, d. i. wenn wir glauben, wie wir hier hören, Gott sey gnädig und barmherzig und beweise solche Barmherzigkeit und Liebe gegen uns damit, daß er seinen eingebornen Sohn läßt Mensch werden und auf ihn wirft alle unsre Sünde". (Th. XVI. S. 327.) „Glauben und lieben oder Wohlthat von Gott empfahen und Wolthat dem Nächsten erzeigen, wie denn die ganze Schrift die zwey treibet und eines ohne das andere nicht seyn mag". (Th. XIII. S. 117.) „Der Glaube empfähet die guten

Werke Christi; die Liebe thut gute Werke dem Nächsten". (Ebend. S. 75.)

Der Unterschied zwischen dem Lutheranismus und Katholicismus besteht daher auch nur darin, daß dort die Liebe Gottes gewiß, hier ungewiß, zweifelhaft ist. (S. hierüber Th. XIX. S. 26. Th. IX. S. 671. Th. X. S. 106.) Aber Gewißheit ist das Wesen der Güte, der Liebe; Zweifel hebt die Liebe auf. Der Gott des Katholicismus ist daher auch in der That nicht nur ein Gott von zweifelhafter Güte, sondern ein wirklich ungnädiger, zorniger, inhumaner Gott; denn der Katholik will durch Werke, Opfer, selbstthätiges Leiden Gott mit sich versöhnen, Gott sich gut machen. Aber wie Glaube Sein, so setzt Thun Nichtsein voraus: Gott ist dem Menschen gut, das ist Sache des Glaubens; Gott soll dem Menschen gut sein, das ist Sache des Thuns, des Opfers; aber was erst sein soll, das ist nicht. Der Glaube ist mit Gott im Reinen und fertig, er hat darum Raum und Zeit zu menschennützlicher Thätigkeit; aber der Werkthätigkeit läßt der Zorn Gottes keine Ruhe und keine Zeit dazu. Immerwährender Zorn erheischt auch immerwährende Opfer. (S. hierüber z. B. Th. XVIII. S. 160.) Kurz dem Glauben ist Gott nur ein Wesen für den Menschen — ein Wesen, das daher dem Menschen den Menschen gibt, den Menschen auf sich selbst zurückführt; der Werkthätigkeit ist Gott ein Wesen für sich, ein andres als ein menschliches Wesen — ein Wesen, das daher den Menschen von sich abzieht, dem Menschen den Menschen nimmt. Der Katholicismus läßt wohl dem Menschen Kraft zum Guten, Willen, Freiheit, er erscheint insofern human, aber er läßt sie ihm nur dazu, um gegen sich zu sein und wirken — sich zu opfern, zu peinigen, zu fesseln durch willkürliche Satzungen, — und durch dieses Gegensichselbstsein Gott für sich zu gewinnen. Denn ich kann ein Wesen nur durch das gewinnen, was mit seinem Wesen übereinstimmt: einen Gott also, der nicht für mich, ja wider mich ist, nur dadurch für mich stimmen, daß ich wider mich selbst, daß ich mir böse bin. Der „Papismus" oder

Katholicismus ist nur human, um inhuman, wie umgekehrt der Lutheranismus nur inhuman ist, um human sein zu können. Im Katholicismus sind wir nur Menschen, um keine Menschen zu sein; im Protestantismus dagegen sind wir nur keine Menschen Gott gegenüber — vor Gott sind wir „stinkendes Aas, Madensäcke, Klötze" — um Menschen zu sein im Leben; wir räumen hier im Glauben Alles Gott ein, um im Leben Alles dem Menschen einräumen zu können. Im Glauben haben wir es nur mit Gott; im Leben aber dafür auch nur mit dem Menschen zu thun. „Siehe da hat Paulus klärlich ein christliches Leben dahin gestellet, daß alle Werke sollen gericht seyn dem Nächsten zu gute, dieweil ein jeglicher für sich selbst genug hat an seinem Glauben, und alle andere Werke und Leben ihm übrig sind, seinem Nächsten damit aus freier Liebe zu dienen". (Th. XVII. S. 390.)

Ein anderes Wesen also: — Gott — ist Gegenstand des Glaubens; ein anderes — der Mensch — Gegenstand der Liebe, d. i. der praktischen Thätigkeit, des Lebens.

Aber ist das wirklich der Fall? Nein! der Gegenstand des Glaubens ist, wie wir gesehen, die Liebe — der höchste, der allein entscheidende, der Alles umfassende Artikel des Glaubens der Satz: Gott ist die Liebe. Aber wessen Liebe? — denn Liebe für sich, Liebe ohne einen Gegenstand ist eine Chimäre — die Liebe des Menschen. Also ist in Wahrheit auch der Gegenstand des Glaubens der Mensch — auch das Geheimniß des Glaubens die Philanthropie, die Menschenliebe; nur mit dem Unterschiede von der Liebe, daß in dieser der andere Mensch, im Glauben Ich selbst der Gegenstand der Liebe bin, dort liebe, hier geliebt bin. Aber Lieben bemüthigt mich; denn ich unterordne, unterwerfe mich hier einem andern Wesen; Geliebtsein erhebt mich. Was ich im Lieben verliere, bekomme ich im Geliebtsein reichlich wieder zurück. Das Bewußtsein, geliebt zu sein, ist Selbstbewußtsein, Selbstgefühl; und je höher das Wesen, von dem ich mich geliebt weiß, desto höher das Selbstgefühl. Sich vom höchsten Wesen geliebt zu wissen, ist daher der Ausdruck des höchsten, der Ausdruck göttlichen Selbstgefühls. Der Unterschied des Glaubens von der Liebe besteht demnach nur darin, daß im Glauben der Mensch ein himmlisches, göttliches, unendliches, in der Liebe aber ein irdisches, endliches, menschliches Wesen ist. „Durch den Glauben, sagt Luther, wird der Mensch zu Gott", „im Glauben sind wir Götter, in der Liebe aber Menschen"*). Denn in der Liebe bin ich relatives Wesen, nütze Anderem, bin nur Mittel; aber im Glauben bin ich absolutes Wesen, bin ich Selbstzweck. In der Liebe vergöttere ich ein anderes Wesen; aber im Geliebtsein bin Ich das vergötterte Wesen. Wer mich liebt, der ruft mir zu: Liebe Dich selbst, denn Ich liebe Dich; ich zeige, vergegenständliche Dir nur, was Du bist und thun sollst; meine Liebe berechtigt, ja verpflichtet Dich zur Selbstliebe. Geliebtsein ist das Gesetz der Selbstliebe. Der Gegenstand der Liebe ist daher die eigentliche, die „profane", ja wohl profane, tagtäglich tausend und abermal tausend Mal mit Füßen getretne Philanthropie, aber der Gegenstand des Glaubens das unantastbare Heiligthum der Selbstliebe. Die Liebe ist das Herz, das für Andere, aber der Glaube das Herz, das nur für sich selbst schlägt. Die Liebe macht unselig, denn sie ist das Gefühl, die Sorge für Andere; aber „selig der Glaube", selig das Gefühl: ich bin geliebt, selig das Selbstgefühl, denn hier verschwindet alles Andere außer mir. „Der Glaube führt die Leute von den Leuten (d. h. von den Menschen weg) hinein zu Gott. — Darum heißt es aus den Augen der Leute gehen, da man Niemand siehet noch fühlet denn Gott": (Th. XIV. S. 373.)

---

*) Auch in der Liebe, sagt anderwärts wieder Luther, ist der Mensch Gott, aber in der Liebe ist er Andern Gott — Das für sie, was Christus für uns ist, Wohlthäter, Helfer, Heiland — im Glauben ist er Gott für sich, Gott an sich. In der Liebe habe ich daher nichts von meiner Gottheit, ich entäußere mich vielmehr derselben; aber im Glauben bin ich im Vollgenusse derselben.

das heißt: Sich selbst. Ueber der Liebe stehet der Glaube, d. h. über der Nächstenliebe stehet die Selbstliebe. „Wenn man aber von dem Glauben recht reden und lehren will, so übertrifft er weit die Liebe. Denn man sehe allein, womit der Glaube umgehet und zu thun hat, als nämlich, daß er allein für Gott wider den Satan ficht, welcher uns ohne Unterlaß plaget und zermartert. Solcher Kampf aber geschiehet nicht um geringe Sache, sondern betrifft den Tod, das ewige Leben, die Sünde, das Gesetz, so uns beschuldigt, die Gnade, durch welche uns die Sünden vergeben werden. Wenn man gegen diese trefflichen Sachen die Liebe hält, welche mit geringen Sachen zu thun und schaffen hat, als daß man denen Leuten diene, ihnen mit Rath und That helfe, sie tröste, wer siehet denn nicht, daß der Glaube viel höher, denn die Liebe sey und ihr billig vorgezogen werden soll? Denn was ist für ein Unterschied zwischen Gott und dem Menschen? zwischen dem, daß man einem Menschen hilft und räth, und dem, durch welches man den ewigen Tod überwindet?" (Th. V. S. 571.) Mangelhaft, schwach sind wir in der Liebe zu Andern, aber stark, unübertrefflich, vollkommen in der Selbstliebe; die Liebe hat alle Gebrechen der Menschheit an sich, aber der Glaube, die Selbstliebe alle Vollkommenheiten der Gottheit. Weich, nachgiebig, duldsam, leidend, bedürftig, abhängig ist die Liebe, aber über Alles hinaus und weg, hoffärtig, selbstisch, herrisch, intolerant, wie die Gottheit, ist der Glaube. „Gott leidet nichts, weichet Niemand, denn er ist unwandelbar. Eben so muß auch der Glaube seyn". (Th. XI. S. 74.) „Das ist es, was ich nun oft gesagt habe, wie der Glaube mache uns zu Herren, die Liebe zu Knechten, ja durch den Glauben werden wir Götter. — Aber durch die Liebe werden wir den allerärmsten gleich; nach dem Glauben dürfen wir nichts und haben volle Genüge; nach der Liebe dienen wir jedermann." (Th. XIII. S. 356. Siehe auch Th. XIV. S. 286. Th. XI. S. 516.) „Die Liebe soll nicht fluchen, sondern immer segnen; der Glaube hat Macht und soll fluchen. Denn Glaube macht Gottes Kinder und stehet an Gottes statt; aber Liebe macht Menschendiener und stehet an Knechtes statt." (Th. XIII. S. 345.) Erst der Glaube, dann die Liebe; „die Liebe folgt auf den Glauben"; aber das Erste ist die Selbstliebe, das Zweite die Nächstenliebe — eine Ordnung, die allerdings nicht nur einen schlimmen, egoistischen, sondern auch einen guten, richtigen Sinn hat. Denn wie will ich Andere beglücken, wenn ich selbst unglücklich bin, wie Andere befriedigen, wenn der Wurm der Unzufriedenheit an mir nagt, wie überhaupt Andern Gutes thun, wenn ich an mir selbst nichts Gutes habe? Erst muß ich daher für mich selbst sorgen, ehe ich für Andere sorgen, erst besitzen, ehe ich mittheilen, erst wissen, ehe ich lehren, überhaupt erst mich selbst zum Zweck machen, ehe ich mich zum Mittel für Andere machen kann. Kurz: der Gegenstand der Liebe (der Nächstenliebe) ist das Wohl Anderer; der Gegenstand des Glaubens aber mein eignes Wohl, meine eigne Seligkeit.

Gott, der Gegenstand des christlichen Glaubens, ist nichts andres als der befriedigte Glückseligkeitstrieb, die befriedigte Selbstliebe des christlichen Menschen. Was Du begehrst und wünschst, das ist in Gott erfüllt, erreicht, verwirklicht. Aber was ist Dein Wunsch, was Dein Verlangen? Freiheit von allen Uebeln, Freiheit von der Sünde, denn sie ist das allergrößte und noch dazu das allernächste Uebel, Freiheit von der unwiderstehlichen Macht und Nothwendigkeit der sinnlichen Triebe, Freiheit von dem Drucke der Materie, die Dich mit den Fesseln der Schwere an den Boden der Erde bindet, Freiheit vom Tode, Freiheit überhaupt von den Schranken der Natur, mit einem Worte: Seligkeit. Aber diese Seligkeit nicht als ein bloßer trostloser Gedanke, nicht als eine gegenstandlose Hoffnung, d. h. nicht als eine Eigenschaft, die einst erst, wenn Du selig wirst, an Dir einen Halt bekommt, gegenwärtig aber keinen Grund und Boden hat — diese Seligkeit als wirkliches Wesen ist Gott. „Gott ist selig, aber er will nicht, wie Luther sagt (Th. XVII. S. 407.) für sich allein selig seyn." Nein! seine Seligkeit ist nur die Zuversichtlichkeit, die Gewißheit, die Existenz unsrer eignen Seligkeit. Gott ist, was er ist, für uns — selig, damit wir selig sind. Soll die Seligkeit kein bloßer Traum, kein leerer Wunsch sein, so muß sie Wesen und zwar höchstes Wesen, Gott sein; denn steht das selige Wesen andern Wesen nach, so gibt es auch denselben nach, kann nicht Dem widerstehen, was wider die Seligkeit streitet. Den höchsten Wunsch, den Wunsch, der sich über Alles hinwegsetzt, kann auch nur ein höchstes, über Alles erhabnes Wesen erfüllen und befriedigen. Gott ist das selige Wesen, weil die Seligkeit der höchste Gedanke, das höchste Wesen des, wenigstens christ‑gläubigen*), Menschen ist. Der Grund, die Nothwendigkeit des seligen Wesens ist das Verlangen, selig zu sein — der Glückseligkeitstrieb und zwar der unbeschränkte, d. h. der von allen bestimmten Materien, bestimmten Gegenständen der Wirklichkeit abgesonderte, übernatürliche Glückseligkeitstrieb. Wie daher der Glaube: Christus ist auferstanden, im Sinne Luthers und der Sache, des Gegenstands selbst nur der Glaube, die Gewißheit ist: Ich werde auferstehen, der Glaube: Christus ist der Erlöser von der Sünde und ihren Strafen nur die Gewißheit ist, daß Ich erlöst bin von der Sünde und dem Tode; so ist der Glaube an die Seligkeit oder, was eins ist, die Gottheit überhaupt nur die Gewißheit meiner eignen Seligkeit und Gottheit.

„Allenthalben, wo die Schrift von Werken und Geboten der ersten Tafel (d. h. von Gott) handelt, da wird verdeckt auch angezeigt die Auferstehung der Todten. — Also beschleußt eigentlich Gottes Dienst, Glaube, Gebete in sich den Artikel der Auferstehung

---

*) Also nicht aller Menschen oder des Menschen schlechtweg? Nein! das Verlangen der Seligkeit (versteht sich in dem überschwänglichen Sinn, in welchem hier dieses Wort genommen wird) ist ein Produkt nur des Christenthums. Wohl ist der Mensch stets bestrebt, von allen Widerwärtigkeiten, allen Hemmungen seines Selbst‑ und Lebensgefühles sich frei zu machen; aber dieses Bestreben ist stets zugleich an bestimmte, wirkliche Gegenstände, an bestimmte menschliche Zwecke gebunden.

und ewigen Lebens." (VI. Th. S. 289.) "Denn darinnen ist die Lehre vom Glauben und Auferstehung der Todten begriffen, da Gott spricht: Ich, der allmächtige Schöpfer Himmels und der Erden, bin Dein Gott." Das ist so viel gesagt: Du sollst leben in dem Leben, darinnen ich auch lebe." (Th. II. S. 327.) "Das Evangelium von der Auferstehung Christi — das ist das Hauptstück unsers Glaubens." (Th. XI. S. 485.) "Wo man das zukünftige Leben leugnet, nimmt man Gott schlecht hinweg." (Th. II. S. 401.) "Denn wo kein ander Leben wäre, denn nur dieses zeitliche, leibliche, wozu dürften wir denn Gottes? .... Aber Moses zeigt an, daß nach diesem Leben ein ander Leben sei, weil er in dieser Nothdurft zu dem Gott betet, der außerhalb dieser Welt und unsichtbar ist. Daraus erfolgt, daß auch die Gnade und das Leben, so wir von ihm bitten, unsichtbar sei und zum andern Leben gehöre, uns und nicht den Ochsen zugehörig. Denn Gott sorgt nicht für die Ochsen, wie Sct. Paulus spricht." (Th. VI. S. 309.) "Wo Du in dem Glauben bist, darin Pabst, Cardinäle und Bischoffe sind, daß nach diesem Leben kein ander Leben sei, so wollte ich um Deinen Gott nicht einen Pfifferling geben." (Th. XVI. S. 89.) "Wenn wir der Auferstehung nicht warten oder hoffen dürffen, so ist auch kein Glaube und kein Gott nicht." (Th. III. S. 129.) "Dis ist der fürnehmste Artikel der ganzen christlichen Lehre, nemlich wie wir selig werden. Auf diesen sollen alle Theologische Disputationes sehen und gerichtet werden, den haben alle Propheten am meisten getrieben ... Denn wenn dieser Artikel von unserer Seelen Seligkeit mit gewissem und festem Glauben gefaßt und behalten wird, so kommen und folgen die andern Artikeln alle gemächlich (gemehlich) hernach, als von der Dreifaltigkeit. Auch hat uns Gott keinen Artikel so offentlich und deutlich erkläret, als diesen, nämlich daß wir allein durch Christum selig werden. Es ist auch wohl an den andern viel gelegen, aber an diesem ist am allermeisten gelegen." (Tischreden S. 194.) "Das haben wir (sagt S. Petrus) durch die Kraft des Glaubens, daß wir theilhaftig sind und Gesellschaft oder Gemeinschaft mit der göttlichen Natur haben. — Was ist aber Gottes Natur? Es ist ewige Wahrheit, Gerechtigkeit, Weisheit, ewig Leben, Friede, Freude und Lust, und was man gut nennen kann. Wer nun Gottes Natur theilhaftig wird, der überkommt das alles, daß er ewig lebt und ewigen Frieden, Lust und Freude hat und lauter, rein, gerecht und allmächtig ist wider Teufel, Sünde und Tod. — Wer einen Christen unterdrücken will, der muß Gott unterdrücken." (XI. Th. S. 549.) „Du bist eben so wohl ein König, als Christus ein König ist, wenn Du an ihn glaubest. — Er ist ein König über alle Könige, der über alle Dinge Gewalt hat und dem alles muß zu Füßen liegen. Wie der ein Herr ist, also bin ich auch ein Herr, denn was Er hat, das habe ich auch." (Ebend. S. 509.)

Glauben heißt nichts andres als das: Es ist ein Gott, ein Christus in das: Ich bin ein Gott, ein Christ, verwandeln. Der bloße Glaube: es ist ein Gott oder Gott ist Gott, ist ein todter, eitler, nichtiger Glaube; ich glaube nur, wenn ich glaube, daß Gott mein Gott ist. Ist aber Gott mein, so sind auch alle göttlichen Güter mein Eigenthum, d. h. alle Eigenschaften Gottes Eigenschaften von mir. Glauben heißt Gott zum Menschen und den Menschen zu Gott machen. Der Gegenstand des Glaubens ist nur Veranlassung, Mittel, Bild, Zeichen, Fabel — die Lehre, der Sinn, der Zweck, die Sache bin Ich selbst. Gott ist die Speise des Menschen — Luther vergleicht sogar Christus mit einem „Braten, einem gespickten Kapaun" — allein der Zweck der Speise ist ja nur der, daß ich sie esse. Was ist ein Braten für sich selbst? Glauben heißt Essen, aber im Essen hebe ich den Gegenstand auf, verwandle ich seine Eigenschaften in Eigenschaften von mir, in Fleisch und Blut. So werden von dem Genuß der Färberröthe die Knochen der Thiere roth.

Hierin haben wir den Sinn von den so oft von Luther ausgesprochenen Gedanken: „Wie Du glaubſt, ſo geſchieht Dir;" „glaubſt Du es, ſo haſt Du es, glaubſt Du es nicht, ſo haſt Du es nicht;" „glaubſt Du es, ſo iſt es, glaubſt Du es nicht, ſo iſt es nicht;" „glaubſt Du z. B., daß Dir Gott gut iſt, ſo iſt er Dir gut; glaubſt Du das Gegentheil, ſo iſt er das Gegentheil." Das Weſen des Gegenſtandes des Glaubens iſt der Glaube, aber das Weſen des Glaubens bin Ich, der Gläubige. Wie ich bin, ſo iſt mein Glaube, und wie mein Glaube, ſo mein Gott. „Wie Dein Herz, ſagt Luther, ſo Dein Gott." Gott iſt eine leere Tafel, auf der nichts weiter ſteht, als was Du ſelbſt darauf geſchrieben.

Gott ſagt nur dem Menſchen, was der Menſch ſelbſt im Stillen von ſich denkt, aber für ſich ſelbſt ſich nicht getraut, zu ſagen. Was ich ſelbſt nur von mir ſage und denke, iſt — möglicher Weiſe wenigſtens — Einbildung; was aber auch der Andere von mir ſagt, iſt Wahrheit. Der Andere hat in den Sinnen, was ich nur in der Vorſtellung habe. Ihm ſagen ſeine Augen, ob ich Das wirklich bin oder nicht bin, was ich mir einbilde zu ſein. Beſtätigt daher der Andere, was ich denke, ſo bin ich deſſen gewiß. Und je zaghafter ein Menſch iſt, je weniger er Selbſtbewußtſein, Selbſtvertrauen hat, deſto mehr muß er ſich von Andern ſagen, zureden laſſen. Sagen ſagt ſehr viel; Sagen macht aus Nichts Etwas. Die Schöpfung aus Nichts iſt nicht umſonſt die Allmacht des Wortes. Noch mehr als Kleider machen Worte Leute. Gar Viele, die Nichts ſind, glauben Etwas zu ſein und ſind wirklich Etwas, aber nur deswegen, weil Andere ſagen, daß ſie Etwas ſind; Andere dagegen, die Zeug genug haben, Etwas der Anlage, der Fähigkeit nach ſind, glauben für ſich ſelbſt Nichts zu ſein und ſind auch wirklich in Folge dieſes niederſchlagenden Glaubens ſo lange Nichts, bis ihnen eine Stimme von Außen zuruft, daß ſie Etwas ſind; Viele aber haben bereits durch die That vor aller Welt Augen bewieſen, daß ſie Etwas ſind, aber gleichwohl ſind ſie noch Nichts für Andere, bis dieſen wieder Andere ſagen, daß ſie Etwas ſind. Einer glaubt und redet dem Andern nach), und so wird man von Pontio bis zu Pilato geschickt, bis man endlich einmal an einen Mann kommt, der den Muth und Geist hatte, Etwas Andern nicht nach-, sondern vorzusagen. Der Glaube kommt aus dem Gehör; der Glaube stützt sich auf das Wort. Leichtgläubige Leute glauben daher Alles, was ihnen nur immer gesagt wird, und zwar aus keinem andern Grunde, als weil es eben gesagt wird.

Woher aber diese Macht des von einem andern Menschen ausgesprochenen Wortes, wenn es gleich dasselbe sagt, was ich mir selbst sage oder wenigstens sagen kann? Lediglich eben nur daher, daß es das Wort eines außer mir existirenden, andern, gegenständlichen Wesens ist. Was aber im Leben, in der Wirklichkeit der andere Mensch, das ist im Glauben, in der Religion Gott für mich. Im Leben ist das Du der Gott des Ich, im Glauben ist Gott das Du des Menschen. Gott ist das Wesen des Menschen, aber als ein von ihm unterschiedenes, d. i. als gegenständliches Wesen. Gott ist der Vater des Menschen. Der Vater ist Das, was das Kind nicht ist — Das für das Kind, was das Kind nicht für sich selbst ist. Das Kind ist unselbständig, unfrei, unfähig, sich selbst zu versorgen und zu beschirmen; aber was es nicht in sich selbst ist, Das ist es im Vater — frei und selbständig. Das Kind braucht nicht zu betteln, hängt nicht ab von der Willkür fremder Personen, ist nicht blos gestellt den Angriffen feindlicher Mächte; es ist versorgt, gedeckt. Es geht an der Hand des Vaters eben so getrost durch alle Gefahren hindurch als der Mann, der sich nur auf seine eigne Kraft und Einsicht verläßt. Die Kraft des Vaters ist des Kindes Kraft. Das Kind kann nicht für sich erreichen, was es wünscht; aber vermittelst des Vaters ist es mächtig, Herr der Dinge, die es will. Das Kind fühlt sich daher auch nicht abhängig vom Vater — abhängig fühle ich mich nur von einem despotischen, aber nicht einem mich liebenden Wesen; abhängig bin ich widerwillig, im Widerspruch mit meinem Freiheitstrieb; aber das Kind ist mit Freuden Kind, hat im Vater sein Selbstgefühl — die Kinder sind stolz auf ihre Eltern —

das Gefühl, daß der Vater kein Wesen für sich selbst, sondern ein Wesen für das Kind ist*). Der Vater hat nur die physische Macht; aber die wahre, das physische Vermögen erst zur That bestimmende und beherrschende Macht, das Vaterherz hat das Kind in seinen Händen. Als Mann, als vollkommenes Wesen, d. h. an Macht und Verstand steht der Vater über dem Kinde, aber nur um als Vater, d. h. im Herzen unter dem Kinde zu stehen; er ist nur der Herr desselben, um der Diener seiner Bedürfnisse und Wünsche sein zu können. Das Herz ist der Regent des irdischen, wie des himmlischen Vaters. Worin besteht denn nun aber der eigentliche Unterschied zwischen Vater und Kind? Nur darin: im Vater ist als Gegenstand vorhanden, was im Kinde als Anlage, dort Sein, was hier Ziel des Werdens, dort ein Gegenwärtiges, was hier ein Zukünftiges, dort Wirklichkeit, was hier Wunsch und Streben. Das Kind bestimmt sich nach dem Vater; der Vater ist sein Vorbild, sein Ideal. Kurz das Kind hat im Vater Dasselbe, was es als reifer Mensch besitzt, nur daß es im Vater Das außer sich hat, was es als reifer Mensch in sich hat, nur daß im Vater als ein vom Kinde unterschiedenes Wesen dargestellt ist, was später, was an sich des Kindes eignes Wesen ist. Der Vater ist, sagt, was das Kind sein soll, sein kann, sein wird. Der Vater ist der natürliche Wahrsager des Kindes; er ist die an ihm bereits erfüllte Verheißung der dem Kinde bevorstehenden und in der Hoffnung und Vorstellung bereits vorschwebenden Zukunft.

Gott ist der Gegenstand des Menschen, der ihm sein eignes Wesen vorhält, der dem Menschen nur zuruft, was er selbst ist, zwar nicht den Sinnen, dem Leibe, der Wirklichkeit, aber seinem

---

*) Das religiöse Abhängigkeitsgefühl bezieht sich nur auf Gott, inwiefern er nichts andres ausdrückt, als das Wesen der Natur im Unterschiede vom menschlichen Wesen. Aber von Gott als dem Wesen der Natur abstrahire ich hier, wie im Wesen des Christenthums, seine Darstellung einer besondern Abhandlung vorbehaltend.

Wünschen, seinem Verlangen nach, nämlich ein über alle Schranken der Natur erhabnes, allmächtiges, unsterbliches, göttliches, d. i. seliges Wesen; denn alle göttliches Eigenschaften, alle Glaubensartikel lösen sich zuletzt in der Seligkeit auf. Das, was den Menschen von allen Uebeln erlöst, was ihn selig macht, Das nur ist Gott. Christus heißt ausdrücklich der Seligmacher. Was heißt aber: er macht selig? Es heißt: er macht wahr, was wir wünschen, er erfüllt, er verwirklicht unsre Wünsche. Was ist also Gott? — die Seligkeit des Menschen als erfülltes, wirkliches, d. i. gegenständliches Wesen. Gott ist die Zusage, die Verheißung und zwar die bereits bestätigte, nicht mehr bezweifelbare Verheißung Deiner Seligkeit. Sinnlos, in den Wind geredet, wesenloser Schall ist daher dieses Wort, wenn Du es nicht glaubst, denn es gilt nur Dir, hat daher nur Verstand, wenn Du es verstehst, wenn Du es auf Dich deutest, auf Dich beziehst.

Nichts andres also ist Gott oder das göttliche Wesen, als das die menschlichen oder vielmehr christlichen Wünsche, deren Brennpunkt der Wunsch der Seligkeit ist, aussprechende, zusagende, verwirklichende Wesen — nichts andres also, als das sich als höchstes, wahrstes, wirklichstes Wesen gegenständliche Wesen des menschlichen Herzens oder vielmehr Gemüthes. „Nimm Dir für alles was Du gern hättest, so wirst Du nichts beßers noch liebers finden zu wünschen, denn Gott selbst zu haben, welcher ist das Leben und ein unausschöpflicher Abgrund alles Guten und ewiger Freuden. Nun ist kein edler Ding auf Erden, denn das Leben und alle Welt kein Ding mehr fürchtet, denn den Tod und nichts höher begehret, denn das Leben. Den Schatz sollen wir über alle Maaß und ohne Aufhören in ihm haben." (Th. X. S. 381.) „Was begehren alle Menschen hitziger, denn daß sie des Todes los werden? Nun ist dieser Gott uns zu einem solchen Herrn und Gott worden, aus dem Tode zu gehen und selig zu werden, wie alle Menschen begehren und sein Regiment nichts andres ist, denn selig zu machen und ein Herr Gott zu sein vom Tode auszugehen." (Th. VI. S. 264.) „Alle Gewalt, spricht er Matth. 28, 18, im Himmel und auf Erden ist mir gegeben. Also werden wir erlangen, was wir begehren und unser Herz wird nicht zweifeln, wie derer Türken und Jüden Herze müssen zweifeln." (Ebend. S. 31.) „Was könnten oder wollten wir, so wir selbst wünschen sollten, größers und bessers begehren, denn einen solchen Mittler und Fürbitter gegen Gott zu haben? — Denn wie kann oder sollte er diesen Priester, seinen einigen, lieben Sohn nicht hören? Wie kann er ihm versagen oder fehlen lassen, was er bittet? Nun bittet er ja nichts andres, denn für uns u. s. w." (Ebend. S. 447.) „Gott — gibt uns mehr denn wir können verstehen, noch bitten und begehren. — Derohalben übertrifft die große und überschwengliche Erlösung weit unser Bitten und Begehren. Von deswegen hat uns auch der Herr Christus selbst die Weise zu bitten und beten fürgestellt, welcher so er sie selbst nicht gestellet hätte, wer wollte so große und treffliche Dinge von Gott zu bitten so kühne sein?" (Th. V. S. 673.) „Darum ist es ja ein tröstlicher, freundlicher, lieblicher Herr, als wir immer mehr wünschen sollten," d. h. wie wir ihn nur immer wünschen können, ganz entsprechend unsern Wünschen. (Th. XXII. S. 127.) „Christus für Dich gethan hat und gegeben alles, was Du für Dich suchen oder begehren magst, hie und dort, es sei Vergebung der Sünde, Verdienst der Seligkeit oder wie es mag genennet werden. — Frei von ihm selber aus lauter Liebe kommt er, daß er nur gut thue, nützlich und hülflich sei. — Da stehe nun, ob er nicht das Gesetz halte: was ihr wollt daß euch die Leute thun sollen, das thut ihr auch ihnen. Ists nicht wahr, ein jeglicher wollte aus Herzensgrund, daß ein anderer für seine Sünde trete, nehme sie auf sich und vertilgete sie, daß sie das Gewissen nicht mehr beiße, dazu hülfe ihm von dem Tod und erlösete ihn von der Hölle? Was begehret jederman tiefer, denn daß er des Todes und der Hölle möchte los sein? Wer wollte nicht gerne ohne Sünde sein und ein gut fröhlich Gewissen haben zu Gott? Sehen wir nicht, wie alle Menschen mit Beten, Fasten, Wallen, Stiften, Möncherei und Pfafferei darnach streben? Was dringet sie? nämlich die Sünde, der Tod und die Hölle, dafür wären sie gerne sicher. Und wenn ein Arzt wäre am Ende der Welt, der dazu helfen könnte, alle Länder würden wüst werden und jedermann würde zu dem Arzt laufen, Gut, Leib und Seel an die Reise wagen. Und wenn Christus selbst mit Tod, Sünde und Hölle wie wir umfangen wäre, so würde er auch wollen, daß ihm Jemand heraushülfe, seine Sünde von ihm nähme und ihm ein gut Gewissen machte. Darum weil er Dasselbige wollte von andern ihm gethan haben, so fähret er zu und thut auch Dasselbige den andern, wie das Gesetz sagt, und tritt in unsre Sünde, gehet in den Tod und überwindet für uns beide, Sünde, Tod und Hölle, daß hinfort alle, die an ihn glauben und seinen Namen anrufen, sollen gerecht und selig sein, ohne Sünde und Tod." (Th. XIII. S. 20.)

Aber frei von der Sünde und vom Tode — selig kann Jeder nur für sich selbst sein. Wie Keiner für den andern glauben (Th. XVIII. S. 161.), so kann auch Keiner für den Andern selig sein. Zur Sünde gehört Etwas außer mir, ein Gegenstand; aber zur Seligkeit gehört nichts weiter als Ich selbst. Sündigen kann man nur in der menschlichen Gesellschaft, aber selig kann man mutterseligallein sein. Sünde knüpft Bande, aber Seligkeit löst alle Bande auf — Seligkeit nimmt alle Bedürfnisse hinweg. Die Sünde ist Noth — und „die Noth hält alle Dinge zusammen" — aber die Seligkeit Ueberfluß. Die Sünde zeugt Menschen — alle Menschen verdanken dem Christenthum zufolge der Sünde ihren Ursprung, „wir haben von Natur eine unflätige, sündliche Empfängniß und Geburt" — die Sünde gibt also andern

Wesen das Glück der Existenz, aber die Seligkeit ist unfruchtbar, bringt nichts aus sich heraus und hervor. Die Seligen bilden zwar auch einen Verein, aber es fehlt die Nothwendigkeit, das Bedürfniß eines Vereins. Seligkeit wünsche ich zwar auch Andern, aber nur, weil sie für mich selbst das Höchste ist, und ich in Andern dieselbe Gesinnung voraussetze. Kurz in der Seligkeit beziehe ich mich nicht auf andere Wesen, sondern auf mich selbst; die Seligkeit ist unablösbar, ununterscheidbar von mir selbst, denn sie ist ja nichts andres als mein von aller Abhängigkeit, aller Nothwendigkeit, allen Verbindlichkeiten und Lasten erlöstes, mein vergöttertes Ich selbst. Seligkeit ist der höchste Wunsch, das höchste Wesen der — christlichen, d. i. übernatürlichen Selbstliebe; aber Seligkeit ist der Endzweck, der wesentliche Gegenstand oder vielmehr das höchste Wesen des christlichen Glaubens — also ist das Wesen des Glaubens in seinem Unterschiede von der Liebe und nach seiner Endabsicht betrachtet, nichts andres als das Wesen der Selbstliebe.

Allerdings opfert der Glaube Gut und Blut, Leib und Leben mit Freuden auf. Aber er opfert das zeitliche Wohl und Leben nur dem ewigen Wohl und Leben, nur vergängliche Güter unvergänglichen Gütern, nur beschränkte, endliche Freuden unendlichen, maß- und ziellosen Freuden auf. „Wie köstlich und edel ist allein dies leibliche Leben; und wer wollte dasselbe geben für alle Königreiche, Geld und Gut auf Erden? Nun ist aber das gegen dem ewigen Leben und Gütern viel weniger denn ein Augenblick." (Th. XIII. S. 725.) „Ich wollte nicht einen Augenblick im Himmel für aller Welt Gut und Freude geben, ob es gleich tausend und aber tausend Jahre währte." (Th. X. S. 380.) Der wahrhaft Gläubige hat daher auch — natürlich, wenn er nur den Inspirationen des Glaubens allein Gehör gibt — keinen andern Wunsch, als zu sterben (s. z. B. Th. XIV., S. 373. Th. XI. S. 484.), d. h. keinen andern Wunsch, als alle weltlichen und socialen Bande, alle

Bande der Menschheit und Liebe, deren Gegenstand nur das zeitliche, aber nicht ewige Leben ist (Th. XV. S. 425. Th. XVI. S. 459.), leiblich abzustreifen, gleichwie er sie schon geistig abgestreift hat, denn „der Geist ist schon im Himmel durch den Glauben." (Th. XI. S. 484.)

Der Unterschied der heidnischen und christlichen Menschenvergötterung.

1844.

Das Christenthum betet Gott im Menschen an. „Sct. Paulus sagt, daß in Christo die ganze Fülle der Gottheit leiblich wohne. Darum wirst du Gott nicht finden weder in der Sonne, oder im Monde, noch in andern Creaturen; allein wird er im Sohn, der aus Maria der Jungfrauen geboren ist, gefunden. — Was man auſſer diesem von Gott gedenkt, das sind lauter unnütze Gedanken und eitel Abgötterei". (Luther Th. VI. S. 47. Leipz. A.) Aber die Anbetung oder Verehrung Gottes im Menschen ist Anbetung und Verehrung des Menschen als Gottes. „Die Juden, Türken und alle Heiden halten es für ein ungereimt, schändlich Ding, daß wir Christen einen Menschen anbeten, der allerlei gemeine Anliegen und Anfechtungen des Fleisches hat, welche andere Menschen haben und leiden". (Luther Ebend. S. 48.) Denn das, worin ich ein Wesen verehre, ist in Wahrheit nicht nur der Grund, sondern auch der Gegenstand der Verehrung. So ist die Verehrung Gottes in der Vernunft nichts andres, als die Verehrung Gottes als eines Vernunftwesens, folglich der Vermunft selbst, die Verehrung Gottes in der Kunst nichts anders, als die Verehrung des Kunstwesens als des höchsten Wesens — so also auch die Verehrung Gottes im Menschen nichts andres, als die Verehrung des Menschen selbst. Ist Gott wirklich ein andres Wesen, als der Mensch, ein nicht- oder unmenschliches Wesen, wie kann ich ihn denn im Menschen verehren? Im Menschen ist ja nichts andres, als menschliches Wesen; der Mensch drückt ja nur sich selbst, nur sein eignes Wesen aus. Versenke ich daher Gott in den Menschen, so hebe ich, wenn auch nicht mit dem Mund, doch mit der That seinen Unterschied vom Menschen auf, so gut als ich den Unterschied Gottes von der Sonne aufhebe, wenn ich Gott in die Sonne versetze, in der Sonne anbete; denn wenn ich wirklich unter Gott etwas Andres dächte, als das Sonnen- oder Lichtwesen, wie könnte ich auch nur auf den Einfall kommen, Gott mit der Sonne in Verbindung zu bringen? Nein! ich bete Gott nur im Lichte an, weil das Licht selbst mir als das herrlichste, höchste, mächtigste Wesen erscheint. Freilich später in der Reflexion, wenn der Mensch bereits über das Licht hinausgeht, die Gottheit des Lichts oder der Sonne bezweifelt, in der Theologie macht er das Erste zum Zweiten, den ursprünglichen Gott zum abgeleiteten, d. h. die Sache zu einem bloßen Bilde. Aber diese Unterscheidung der theologischen Reflexion hebt überall und immer der einfache religiöse Sinn des Volks auf. Das Volk kehrt immer wieder zum ursprünglichen Gott zurück, d. h. es macht das Bild wieder zu dem, was es ursprünglich gewesen, zur Sache.

Eben so ist es auch mit dem Gott im Menschen. Selbst wenn man sich gedankenloser Weise den Menschen nur als das „Kleid" Gottes vorstellt, so kommt man doch nicht über das Wesen des Menschen hinaus, denn ein menschliches Kleid kann ich nicht der Luft oder dem Lichte oder dem Elephanten oder einem gestaltlosen Gedankenwesen, sondern immer nur dem menschlichen Wesen anziehen. Kurz in und hinter einem Gotte, dessen Form, Kleid oder Bild der Mensch ist, steckt nun und nimmermehr ein anderer Inhalt, ein anderer Sinn, ein andres Wesen, als ein menschliches.

Aber wenn das Christenthum „Selbstvergötterung", „Selbstanbetung" des Menschen ist, wie unterscheidet es sich denn vom Heidenthum? Ist nicht Menschenvergötterung das charakteristische Merkmal des Heidenthums? Hebst du also nicht den Unterschied zwischen Christenthum und Heidenthum auf? O nein! das Heidenthum betet die Eigenschaften, das Christenthum das Wesen des Menschen an. Der Helde vergöttert diesen Kaiser, diesen Weisen, diesen Helden, diesen Künstler, diesen Erfinder, aber er vergöttert diesen Menschen nicht deswegen, weil er Mensch ist, sondern dieser Eigenschaft wegen, daß er ein großer Kaiser, Künstler, Erfinder ist; er vergöttert ihn nur zufällig auch als Menschen, weil sich der Künstler, der Kaiser, der Erfinder nicht für sich, nicht ohne den Menschen darstellen und verehren läßt. Aber der Christ betet den Menschen als solchen an, den Menschen schlechtweg, abgesehen von allen diesen besondern Eigenschaften, Qualitäten und Bestimmungen des Menschenwesens, welche den Heiden fesselten und bezauberten. Nicht daß du schön, gescheut, reich, mächtig, nicht daß du Philosoph, Künstler, Kaiser oder König — daß du Mensch bist, das allein ist das Wesentliche. Ueber dem Philosophen, über dem Künstler, über dem König steht der Mensch. „Wir sehen es nicht für eine sonderliche Ehre an, daß wir Gottes Creatur sind; aber daß einer ein Fürst und großer Herr ist, da sperret man Augen und Maul auf, so doch dasselbige nur eine menschliche Creatur ist, wie es Sct. Petrus nennt 1 Pet. 2. und ein nachgemacht Ding. Denn wenn Gott nicht zuvorkäme mit seiner Creatur und machte einen Menschen, würde man keinen Fürsten machen können, und dennoch klammern alle Menschen darnach, als sey es ein köstlich groß Ding, so doch dieses viel herrlicher und größer ist, daß ich Gottes Werk und Creaturlein bin. Darum sollten Knechte und Mägde und jedermann sich solcher hohen Ehre annehmen und sagen: Ich bin ein Mensch, das ist ja ein höher Titel denn ein Fürst sein. Ursach: den Fürsten hat Gott nicht gemacht, sondern den Menschen, daß ich aber ein Mensch bin, hat Gott allein gemacht. (Luther Th. XXII. S. 114.)

Der Mensch ist der König der Könige. Der Mensch hängt nicht vom König oder Kaiser ab, aber der König hängt vom Menschen ab. Der König kann nicht sein ohne den Menschen, aber der Mensch kann recht gut ohne Könige sein. Ein Individuum, das auf dem Throne geboren ist, also nach göttlichem Rechte zum Thronfolger bestimmt ist, wird nach menschlichem Rechte vom Throne ausgeschlossen, wenn es kein vollkommner Mensch, sondern ein Simpel ist. Aber auch der Künstler, auch der Philosoph, auch der Gesetzgeber, auch der Erfinder hängt vom Menschen, nicht umgekehrt der Mensch von ihnen ab. Der Kaiser, der Philosoph, kurz jede bestimmte Individualität, Qualität und Eigenschaft ist nur ein besonderes, endliches Wesen, aber der Mensch ist nicht Dieses oder Jenes ausschließlich; er ist Alles zusammen; er ist allgemeines, unerschöpfliches, uneingeschränktes Wesen.

Der Heide ist daher ein Abgötter, denn er erhebt sich nicht wie der Christ zu dem Wesen des Menschen als solchen; er vergöttert bestimmte Eigenschaften, bestimmte Individualitäten — nur Bilder des menschlichen Wesens. Der Heide ist Polytheist, denn die Eigenschaften, wegen welcher er ein menschliches Individuum vergöttert, sind nicht auf dieses einzige beschränkt, sondern kommen auch vielen andern Individuen zu; aber der Christ ist Monotheist, denn das Wesen des Menschen ist nur Eines. Der Heide hat geschlechtliche und nationelle Götter; aber vor dem Gott der Christen gilt weder Jude, noch Heide, weder Mann, noch Weib: vor Gott sind alle Menschen gleich. Aber dieser Gott ist eben der Mensch, vor dem alle Unterschiede der Menschen, d. h. der Personen, der Nationen, des Geschlechts und Standes verschwinden; denn der Bettler ist so gut, als der Kaiser, der Barbar so gut, als der Grieche, das Weib so gut, als der Mann, Mensch.

Der Mensch ist die absolute Identität und Indifferenz aller Unterschiede und Gegensätze*).

Allerdings verehrt und betet das Christenthum den Menschen im Individuum an, und zwar in diesem ausschließlichen, einzelnen Individuum: „Dieser Mensch (Jesus Christus) ist Gott selbst." Aber dieses Individuum ist kein Einzelwesen in demselben Sinne, als es ein vergöttertes Individuum des Heidenthums ist, welchem als einem Einzelnen unbestimmt viele andere vergötterte Einzelwesen nachfolgen; dieses Individuum hat allgemeine Bedeutung, es bedeutet Dich, Mich — „in Jesu Christo unserm Herrn ist eines Jeden unter uns Portion Fleisch und Blut. Darum wo mein Leib (d. h. mein Wesen, der Mensch) regiert, da glaube ich, daß ich selbst regiere" (Luther) — es bedeutet den Menschen überhaupt, den Menschen schlechtweg. Der Heide beweist durch seine Vergötterung menschlicher Individuen gerade das Gegentheil von dem, was ihm die Christen zum Vorwurf machen, nämlich, daß ihm nicht der Mensch Gott ist. Der Heide will zwar durch seine Vergötterungen den Menschen zu Gott machen, aber er kommt nicht ans Ziel, weil er die Sache verkehrt anfängt, statt von Gott vom Menschen, d. h. statt vom Wesen oder der Natur des Menschen von einem bestimmten, einzelnen Individuum ausgeht, und daher die Lücke, den Mangel im Wesen mit einer endlosen Menge von Individualitäten auszufüllen suchen muß. Der Christ dagegen vergöttert nur deswegen keine Menschen mehr, weil ihm die Gottheit des Menschen eine abgemachte Sache ist, weil ihm das alle Menschen besassende Wesen: der Mensch Gott ist. Er braucht also nicht mehr den Einzelnen unter die Gottheit unterzubringen, weil er schon untergebracht ist, wenn er gleich nicht namentlich angeführt wird.

---

*) Der Mensch in dieser Bedeutung ist freilich nur ein abstractes Wesen, aber nur, weil der Gegenstand der Analyse und Uebersetzung, der Gott, vor dem alle Unterschiede der Menschen verschwinden, es gleichfalls ist.

Im Christenthum erwerben die Menschen den Adel der Gottheit von ihrem Vater, dem Menschen*), aber im Heidenthum erwerben sie ihn durch ihre Verdienste. Daher die Demuth des Christenthums im Unterschiede vom Hochmuth des Heidenthums. Was ich durch mein Wesen bin, macht mich nicht stolz; im Gegentheil, ich beuge mich vor ihm in heiligem Schauer, wie vor einem andern Wesen; aber was ich durch mich selbst, durch mein persönliches Verdienst bin, das bläht mich auf. Der Heide dünkt sich, ein Gott zu sein, der Christ nicht, aber nur, weil er es in Wahrheit ist. Die Einbildung ersetzt dem Heiden den Mangel an Wahrheit, an Wirklichkeit. Die Einbildung steht überhaupt im umgekehrten Verhältniß zur Wahrheit. Je mehr ein Mensch ist, desto weniger bildet er sich ein, und umgekehrt. Je mehr er im Wesen ist, desto weniger ist er in seiner Vorstellung von sich — daher auch der Mensch oft gerade dazu am schwersten kommt, wozu er bestimmt, berufen, d. h. befähigt ist. Was ich mir nur einbilde zu sein, das stelle ich mir vor die Augen hin, um mich recht daran zu weiden, um mich im Glauben zu bestärken, daß ich es sei; was ich aber bin, das mache ich eben deswegen, weil ich es bin, nicht zum Gegenstand meiner Vorstellung und wohlgefälligen Betrachtung. Sein macht anspruchlos; Nichtsein dünkelhaft. Was man ist, das ist man für sich, auch wenn Niemand etwas davon weiß; Sein ist in sich selbst befriedigt; was man aber nur ist in der Einbildung, das ist man auch nur zum Scheine für Andere. Im Heidenthum ist daher der Mensch nur Gott für Andere, Gott nur aus Eitelkeit, im Christenthum ist er Gott für sich, Gott aus innerer Nothwendigkeit. Was man ist, damit prunkt und prahlt man nicht, ja man scheut sich, es zu offenbaren, zu

---

*) Christus ist das Urbild des (Christ-) Menschen. „Was der Mensch ist, sagt Cyprian, wollte Christus sein, damit auch der Mensch sein könnte, was Christus ist." Christus ist das Symbol von der Gottheit des Menschen. Dieß zur Verständigung der folgenden symbolischen Darstellung.

zeigen; man verbirgt es so lange in sich, bis man endlich durch eine äußerliche Veranlassung gezwungen wird, ans Licht hervorzutreten. Die heidnischen Menschenvergötterungen gehen daher am hellen lichten Tage vor aller Welt Augen unter glänzenden Festlichkeiten vor sich; aber die Christen vergöttern den Menschen in der Nacht, in tiefster Stille und Verborgenheit. Was man ist, das wird man von Unten auf; was der Mann ist, das lag schon im Kinde verborgen. Im Christenthum ist der Mensch schon als Kind, als bewußtloses Wesen Gott; im Heidenthum steigt er nur von der Höhe des Selbstbewußtseins zu göttlicher Würde empor, seine Gottheit hat also nur einen zeitlichen, „menschlichen" d. h. willkürlichen, keinen ewigen, d. h. bewußtlosen, unwillkürlichen Grund und Anfang. Der Heide ist Gott durch einen bloßen Senatsbeschluß oder durch seinen eignen Willen*), er ist also ein gemachter, der Christ dagegen ein geborner Gott. Was man ist, das kostet Schweiß und Blut; denn man ist es durch sein Wesen, seine Natur, nicht durch seinen bloßen Willen; aber sein Wesen hat man nicht an der Schnur, wie einen abgerichteten Vogel. Im Gegentheil; gerade das, was des Menschen Wesen ist, kommt ihm oft gänzlich abhanden; aber es wird nur deswegen stockfinstere Nacht in ihm, damit er die Wohlthat des Lichts um so stärker empfinde. Wer kein Wesen hat, der kann auch keins verlieren; wer sich nie als Nichts gefühlt, der ist auch nicht Etwas; wer nie Zustände hat, wo er nicht dichten kann, wo es ihm vorkommt, „als habe er nie ein Gedicht gemacht und würde auch nie mehr eines machen," der ist auch kein Dichter; wer also nicht ausrufen kann: „Mein Gott, mein Gott, warum hast Du mich verlassen?" der ist auch kein Gott.

Kurz: die Heiden waren nur illusorische, seichte, oberflächliche Menschenvergötterer, die Christen sind tiefe, gründliche,

---

*) So erwiederten die Lacedämonier auf Alexanders Befehl, ihn unter die Götter zu rechnen: Alexander will ein Gott sein; gut, er sei's.

radicale Menschenvergötterer. Im Heldenthum war die Gottheit nur ein Privilegium, nur eine Anmaßung der Aristokratie; im Christenthum ist sie wohlbegründetes, rechtliches Gemeingut: nicht einige Menschen, jeder Mensch als Mensch ist Gott. Wie der Mensch Christus das Ende aller Menschenopfer ist, weil sein Opfertod ein für alle Mal geschehen ist — d. h. weil sein Opfer nicht die Bedeutung eines einzelnen, folglich zu wiederholenden, nachzuäffenden Falls, sondern allgemeine Bedeutung hat — so ist Er auch das Ende aller Menschenvergötterungen, weil dieser Mensch Gott für Alle, Gott im Namen und Interesse aller Menschen ist *).

---

*) Die heidnischen Menschenvergötterungen, die und wie sie hier gemeint sind, fanden allerdings erst in den Zeiten des Verfalls der heidnischen Religionen statt. Aber auch im Verfall kommt noch — ja kann erst recht — das Wesen einer Sache zum Vorschein. Die Heiden vergötterten nur deswegen bestimmte menschliche Individuen, weil ihre Götter selbst den Charakter bestimmter menschlicher Individualitäten hatten. Hätten sie nicht die Götter als Menschen gedacht, so hätten sie sich auch später nicht bestimmte Menschen als Götter denken können. Nur weil es nicht weit von den Göttern bis zu den Menschen herab war, eben deswegen war es auch nicht weit von den Menschen zu den Göttern hinauf. Hieraus rechtfertigt sich auch die Euhemeristische Ansicht. Allerdings waren die Götter keine historischen Personen, aber daß sie als solche angesehen werden konnten, das lag in ihrem Wesen.

Merkwürdige Aeußerungen Luthers nebst Gloſſen.

1844.

„Er (Chriſtus) iſt gleich ein Menſch geweſen, als wir ſind. Allhier haben wir nun Stärke und Troſt an Chriſto, auf daß wir ihn für einen ſolchen Menſchen erkennen, als wir ſind und nicht für ihm fliehen mögen oder Scheu für ihn tragen, denn es iſt keine lieblichere Creatur denn ein Menſch. Wie denn derjenige fühlet, der alleine iſt; denn wenn er des Nachts wandert, ſo iſt nicht ſo lieblich einen Hund oder Pferd hören, als wenn man einen Menſchen höret; denn zu dem Menſchen verſiehet man ſich mehr gutes, denn wenn man einen Engel hörete, dafür man erſchrecken und ſich entſetzen würde, wie die Exempel der Schrift vielmal bezeugen. Und obwohl zuweilen die Menſchen unter ſich arg und böſe ſind, ſo iſt es doch allhier die rechte Art und Natur des Menſchen in Chriſto, daß wir in Anfechtungen und allen Nöthen zu ihm Zuflucht haben ſollen, als zu dem der da helfen kann." (Lpz. A. Th. III. S. 545.)

Hörſt Du, was Chriſtus iſt? — Ein Bild des Menſchen iſt er — nicht ein Bild Gottes, eines vom Menſchen unterſchiednen, dem

Menschen entgegengesetzten Wesens. Die Menschen sind bisweilen, ja leider! nur zu häufig sich feind und böse; aber diese Feindschaft, diese Bosheit ist nicht die rechte Art und Natur des Menschen. Nein! die rechte Art und Natur des Menschen ist, daß der Mensch dem Menschen gut ist; denn nur der meinet es wahrhaft gut mit sich selbst, der es mit den andern gut meint. Haß ist verzehrendes Gift, Liebe belebendes Labsal; Uebelthun macht Uebelsein, Wohlthun Wohlsein. Und diese rechte Art und Natur des Menschen ist Dir eben in Christo fürgebildet. Die Lehre Christi ist, aufgelöst in ihre Wahrheit, die Lehre des Menschen. Christus ist der allgemeine Mensch: er ist, was jedes menschliche Individuum sein soll, und wenigstens seiner allgemeinen menschlichen Natur nach sein kann, versinnlicht als ein wirklicher Mensch. Sei, was Christus ist, heißt: sei Mensch.

"Und ist merklich gesaget, daß er (Sct. Stephanus) nicht einen Engel, nicht Gott selber, sondern den Menschen Christum gesehen habe, das die lieblichste und gleicheste Natur ist und dem Menschen allertröstlichst. Denn ein Mensch siehet einen Menschen lieber für Engeln und allen Creaturen, sonderlich in den Nöthen." (Th. XIII. S. 170.)

Ja wohl! die lieblichste und tröstlichste Natur für den Menschen sonderlich in Nöthen ist die ihm gleiche Natur: die menschliche; denn nur ein menschliches Herz hat Gefühl für menschliche Leiden, nur ein selbst leidendes Wesen überhaupt Gefühl für Leiden Anderer. Aber ist nicht die Macht des Menschen unendlich beschränkt? Sie ist es allerdings; aber die Schranken seiner Macht sind nicht auch die Schranken seines Herzens, seiner Liebe. Wo du auch nicht mehr helfen kannst, da kannst Du wenigstens immer noch lieben; wo Dir die Natur keine Mittel mehr bietet — eine Quelle versiegt Dir nimmer —: die Quelle herzlicher Theilnahme, innigen Mitgefühls. Und diese Quelle ist auch noch eine, wenn gleich nur ätherische Heilquelle. Aber gibt Dir die Religion, gibt Dir Dein Gott andere erfolgreichere Mittel und Heilquellen in die Hand? Hilft Dir Gott, wenn Du an die Gränze der physischen Macht gekommen bist? Kannst Du mit religiösen Trostgründen Todte erwecken, Kranke heilen, Hungernde speisen, Nackte kleiden?

„Es ist die Natur (ohne dieß) allzusehr geneigt von Gott und Christo zu fliehen und auf Menschen zu trauen. Ja es wird aus der Maaßen schwer, daß man lerne auf Gott und Christum trauen, wie wir doch gelobet haben und schuldig sind." (Th. XX. S. 236.)

Geneigt ist die menschliche Natur, von Gott zum Menschen zu fliehen? Warum unterdrückst Du also diese Neigung? Warum vertauschst Du das Natürliche mit dem Unnatürlichen, das Leichte mit dem Schweren, das Nahe mit dem Fernen? Ist Dein Vertrauen zu einem Wesen, gegen welches Du eine natürliche Abneigung empfindest, nicht ein erkünsteltes, erzwungnes, folglich unwahres?

„Wir müssen uns kehren mit dem Angesichte ad invisibilia gratiae et non apparentia solatii, derselben hoffen und warten; den Rücken aber von den Visibilibus (den sichtbaren Dingen), daß wir gewohnen dieselbigen zu lassen und davon abzuscheiden, wie St. Paulus sagt ... Es thut aber wehe uns Ungewöhnten, und der alte Adam zeucht wieder zurücke ad Visibilia, da er will auch ruhen und bleiben, und es thuts doch ja nicht. Denn ea quae videntur temporalia sunt (das Sichtbare ist das Zeitliche) spricht St. Paulus und halten nicht." (Th. XXII. S. 520.)

Der neue Adam, d. h. der Christ, zeucht dich in den Himmel zu den unsichtbaren Dingen hinauf, aber der alte Adam, d. h. der Mensch zeucht Dich wieder zurück auf die Erde zu den sichtbaren Dingen. Unglückseliger Christ! was bist Du für ein zwiespältiges, zerrißnes Wesen! Weil das Sichtbare das Zeitliche, willst Du von ihm Dich nicht nicht fesseln lassen, willst Du Dein Herz nicht daran hängen? Also weil die Blume im Herbste verwelkt, willst Du im Frühling an ihrer Anschauung Dich nicht weiden, weil der Tag nicht immer währt, willst Du Dich nicht an dem Lichte der Sonne erfreuen, willst Du lieber in ewiger Finsterniß Dein Auge vor den Herrlichkeiten dieser Welt verschließen? O Du Thor! Bist Du denn nicht selbst ein zeitliches Wesen? warum willst Du also nicht bei dem bleiben, was Deines Gleichen, Deines Wesens ist? Und was bleibt Dir denn übrig, wenn Du das Zeitliche, das Sichtbare hinwegnimmst? Nichts bleibt Dir übrig als — das Nichts. Ewig, Thor! ist nur der Tod, aber zeitlich das Leben.

„Wenn Du Dich also schwach befindest, so bleib nicht allein, sondern . . . . nimm einen Bruder zu Dir, den laß mit Dir von Gott und seinem Willen reden, so heißt es denn: Wo zween oder drey in meinem Namen versammelt sind, so will ich mitten unter ihnen sein. Und ist gewißlich wahr, einer allein ist ihm zu schwach, wie ich selber befinde, denn es kommet oft, daß ich bedarf, daß ein kleines Kind mit mir redet." (Th. XXII. S. 520.)

Wie? die Religion, Gott — der persönliche, lebendige, gegenwärtige Gott — Gott, Dein Seelenfreund, Dein Vater, Dein Bruder, Dein Eins und Alles für sich allein genügt Dir nicht, gibt Dir nicht Kraft und Stärke genug, der Kleinmüthigkeit und andern Anfechtungen des Teufels zu widerstehen? Du bedarfst zu Deiner Aufrichtung und Stärkung noch eines menschlichen Freundes, eines menschlichen Bruters? Des Bedürfnisses menschlicher Hülfe, menschlichen Trostes willst Du Dich ja gerade in der Religion überheben, und doch ist das Wort Gottes nicht stark genug, die Stimme der menschlichen Natur, und wäre es auch nur die Stimme eines Kindes zu übertäuben? Gestehst Du nicht damit thatsächlich ein, daß nur im **Menschen** der **Mensch** Trost und Stärkung findet? Denn wer ist denn dieser Heiland, der, wenn zwei oder drei in seinem Namen versammelt sind, mitten unter ihnen ist? Täusche Dich nicht! Es ist nur der religiöse Esprit de corps, es ist überhaupt nur der Geist **menschlicher Gemeinschaft**, nicht ein außer dieser Gemeinschaft und unabhängig von ihr bestehender Geist, der mitten unter ihnen ist und sie tröstet und aufrichtet.

„Es nimmt aber auch die Schrift den Namen Gottes und theilet den auch mit den Gottseligen, Frommen und allen Gotteskindern, der Obrigkeit, den Fürsten und Richtern und nennt sie Götter..... Also David und die andern Fürsten sind Götter gewesen, denn sie haben ihren Ländern **wohlgethan**, ihren Unterthanen **geholfen**, wenn sie in Nöthen gewesen sind. Darum hat man sie auch angebetet und ist ihnen göttliche Ehre erzeiget, von wegen des göttlichen Werkes, daß sie haben den Leuten wohlgethan und geholfen..... Also sind Prediger, Eltern, und Zuchtmeister **Götter** gegen ihren Zuhörern, Kindern, Gesinde und Schülern zu rechnen; denn sie treiben Werke, welche Gott eigentlich zugehören, unterweisen sie das Beste, lehren und wehren, helfen und rathen, nachdem es die Noth erfordert, sie geben und thun wohl oder gutes." (Th. IV. S. 237.)

Wohlthun heißt Gottsein. Aber was ist dem Menschen das tröstlichste, lieblichste, wohlthuendste Wesen? Der Mensch. Warum suchst Du also, thörichter Christ! noch nach einem Gotte außer und über dem Menschen? Ist denn nicht der Mensch als Richter ein Wesen über und außer den streitenden Parteien, nicht der Mensch als Vater ein Wesen über und außer dem Kinde, nicht der Lehrer ein Wesen über und außer dem Schüler? Findest Du also nicht schon innerhalb des menschlichen Lebens und Wesens, was Du außerhalb desselben in ein besonderes Wesen versetzen zu müssen glaubst? „Ja die irdischen, menschlichen Götter sind nur die Mittel, durch die der höchste, der himmlische Gott auf uns wirkt." So nur Mittel! Aber wozu bedarf denn das allwirkende, allmächtige Wesen Mittel? Und warum sind denn die Mittel so unendlich verschiedenartig, wenn ihre Wirkungen nicht ihre eignen, sondern nur Wirkungen des einen und selben Wesens sind? Wozu ist überhaupt eine Welt, wenn ihr Wesen und Wirken nicht ihr eignes, sondern das Wesen und Wirken eines außer- und überweltlichen Wesens ist? Ist ihr Dasein nicht ein bloßer Luxus? Kann Gott, was er durch die Welt thut, nicht auch durch sich selbst, d. h. ohne die Welt thun, wofern er nur will? Und wenn die Wesen, die mir Gutes thun, wie z. B. meine Eltern, bloße Mittel Gottes sind, wie kannst Du von mir verlangen, daß ich sie lieben und ehren soll? Dankst Du dem Bedienten, der Dir im Namen seines Herrn ein Geschenk bringt?

„Willst Du nicht glauben, daß ein ander und zukünftig Leben sei, so hast Du Heilandes genug am Kaiser, an Deiner Obrigkeit, an Vater und Mutter, die werden Dir wohl helfen, was Leib Geld und Gut betrifft..... Zu diesem zeitlichen Leben bedarf Niemand Gottes..... Aber wenns mit diesem zeitlichen Leben will ein Ende haben und man sterben soll, wenn das Gewissen seine Sünden für Gottes Gericht nicht leugnen kann und derhalben in Sorgen und Gefahr der ewigen Verdammniß stehen muß, da ist die rechte Zeit, daß dieser Heiland Jesus komme..... Wenn da gleich alle Kaiser, Könige, Fürsten, Väter, Mütter, Aerzte, Weisen und Klugen stünden und helfen wollten, so könnten sie doch nicht helfen . . . . . denn es ist beschlossen, daß wider die Sünde und den Tod kein ander Heiland sein solle, auch Niemand anders helfen könne . . . . denn Jesus." (Th. XVI. S. 89.)

Nicht für das Leben, nur für oder vielmehr wider den Tod bedürfen wir also einen Gott. In der That ist der Tod — als der empfindlichste Ausdruck unsrer Endlichkeit und Abhängigkeit von einem Wesen außer uns, nämlich der Natur — der einzige letzte Grund der Religion; die Aufhebung des Todes, die Unsterblichkeit der einzige letzte Zweck der Religion, wenigstens der christlichen, und das Mittel dieser Aufhebung eben Gott*). Aber warum bedarf der Christ eines übernatürlichen Mittels wider den Tod? weil er von einer unnatürlichen Voraussetzung ausgeht, von der Voraussetzung, daß der Tod eine Folge der Sünde, eine Strafe — das Verhängniß eines zornigen, bösen Gottes ist, zu dessen Beschwichtigung er daher wieder einen andern, einen guten, gnädigen Gott von nöthen hat. Aber entspricht dieses Mittel seinem Zwecke? Nein! Wider die Schrecken eines unnatürlichen, gewaltsamen Todes vermag auch ein übernatürliches Gnadenmittel Nichts. Die Erfahrung beweist es — und diese traurige Erfahrung hat selbst Luther noch zu seiner Zeit machen müssen. Er sagt nämlich in einem Briefe an N. Amsdorf, daß „die Todesfurcht im Volke um so mehr überhandnehme, je mehr das Leben in Christo gepredigt werde, daß man sich jetzt weit mehr vor dem Tode fürchte, als im Pabstthum, wo die Menschen in Sicherheit und Unwissenheit über die Bedeutung des Todes und Zornes Gottes dahin gelebt hätten. Doch, hoffe ich, setzt er hinzu, daß auch Du die

---

*) Inwiefern Gott nichts andres ist, als die personificirte Seligkeit und Unsterblichkeit, so ist er freilich Zweck; inwiefern er aber von der Seligkeit und Unsterblichkeit unterschieden wird, so ist er nur das Mittel derselben. Gott ist Seligmacher, Heiland, Helfer, Arzt. Aber der Arzt ist als Arzt nur das Mittel meiner Genesung. Nur insofern ist der Ausdruck: Mittel unpassend, wenigstens der religiösen Vorstellung widersprechend, als Gott als ein persönliches Wesen gedacht wird. Aber gleichwohl ist er der Sache, der Wahrheit nach nichts andres als das Mittel, wodurch der Mensch seine Seligkeit realisirt.

nämliche Erfahrung, wie ich, machen wirst, daß die Sterbenden fromm und im Glauben Christi sterben werden .... Im Leben fürchten sie sich wohl und sind schwach, aber so wie es zum Sterben kommt, werden sie alsbald andere Menschen und sterben muthig im Herrn. Und das ist auch ganz billig und recht, daß die Lebenden sich fürchten, die Sterbenden aber in Christo sich stärken, d. h. daß die Lebenden fühlen, daß sie sterben, die Sterbenden aber fühlen, daß sie leben werden?" (L.'s Briefe. Th. V. S. 134—35.)

Welch eine gräßliche Lehre, die ein acutes Uebel, um es zu heilen, in ein chronisches Uebel verwandelt, die, um uns in den letzten Momenten des Lebens einen Trost wider den Tod zu verschaffen, uns das ganze Leben hindurch in Schrecken und Furcht vor dem Tode erhält!

Ueber das

„Wesen des Christenthums*)"

in Beziehung auf den

„Einzigen und sein Eigenthum."

1845.

„Feuerbach, sagt der Einzige, gibt uns nur eine theologische Befreiung von der Theologie und Religion; er hebt nur Gott, das Subject, auf, aber läßt das Göttliche, läßt die Prädicate Gottes unangefochten bestehen." Allerdings läßt er sie bestehen, aber er muß sie auch bestehen lassen, sonst könnte er ja nicht einmal die Natur und den Menschen bestehen lassen; denn Gott ist ein aus allen Realitäten, d. i. Prädicaten der Natur und Menschheit zusammengesetztes Wesen: Gott

---

*) Ich bemerke bei dieser Ueberschrift, daß ich hier, wie anderwärts, nicht meine Schrift als Schrift im Auge habe und in Schutz nehme. Ich stehe in einem höchst kritischen Verhältniß zu meiner Schrift; ich habe es immer nur mit ihrem Gegenstande, ihrem Wesen, ihrem Geiste zu thun. Die Beschäftigung mit ihrem Buchstaben überlasse ich den Kindern Gottes oder des Teufels.

ist Licht, Leben, Kraft, Schönheit, Wesen, Verstand, Bewußtsein, Liebe, kurz Alles. Was bleibt also übrig, wenn nicht einmal mehr die Prädicate Gottes bleiben sollen? Aber warum soll denn überhaupt Etwas übrig bleiben? Das ist ja eben ein Zeichen von der Religiosität, von der „Gebundenheit" F.'s, daß er noch in einen „Gegenstand" vernarrt ist, daß er noch Etwas will, Etwas liebt — ein Zeichen, daß er sich noch nicht zum absoluten Idealismus des „Egoismus" emporgeschwungen hat. „Ich hab' mein Sach auf Nichts gestellt" singt der Einzige. Aber ist denn nicht auch das Nichts ein Prädicat Gottes, nicht auch der Satz: Gott ist Nichts, ein Ausspruch des religiösen Bewußtseins*)? So hat also der „Egoist" doch auch noch seine Sache auf Gott gestellt! So gehört also auch Er noch zu den „frommen Atheisten!"

Wie läßt F. die Prädicate bestehen? Darauf allein kommt es an. So, wie sie Prädicate Gottes sind? Nein! so wie sie Prädicate der Natur und Menschheit — natürliche, menschliche Eigenschaften sind. Werden sie aus Gott in den Menschen versetzt, so verlieren sie eben den Character der Göttlichkeit, d. h. der Ueberschwänglichkeit, der ihnen nur zukommt in der Entfernung vom Menschen — in der Abstraction, in der Phantasie; sie werden durch diese Versetzung aus dem mystischen Dunkel des religiösen Gemüths an das helle Tageslicht des menschlichen Bewußtseins populär, „gemein," „profan." Worauf beruht die Macht der irdischen Majestät? Lediglich auf der Macht der Meinung, der Einbildung, daß die Person der Majestät ein ganz besonderes Wesen ist. Setze ich dagegen die Person oder das Subject der Majestät

---

*) Der Satz: Gott ist Nichts oder das Nichts findet sich bekanntlich nicht nur in orientalischen Religionen, sondern auch bei christlichen Mystikern und Schwärmern.

in Gedanken oder noch besser in der sinnlichen Anschauung auf gleichen Fuß mit mir, vergegenwärtige ich mir, daß dasselbe eben so gut Mensch ist, als irgend ein andrer gemeiner Mensch, so verschwindet mir auch die Majestät selbst in Nichts. Mit der himmlischen Majestät ist es nun eben so. Nur Gott als Subject ist der Status quo aller religiösen Prädicate; nur als Prädicate eines höchsten, d. i. übertriebenen, überspannten Wesens, folglich nur als selbst auf den höchsten Grad gesteigerte, überspannte, hyperbolische Prädicate sind sie andere Prädicate, als die meinigen, Prädicate über mir, d. h. über dem Menschen. Wer daher das Subject aufhebt, hebt eo ipso auch die Prädicate auf (versteht sich: als theologische Prädicate), denn das Subject ist ja in der That nichts anders, als das als Subject gedachte, vorgestellte Prädicat.

„F. sagt aber selbst, es handle sich bei ihm nur um die Vernichtung einer Illusion," ja; aber einer Illusion, mit der alle Illusionen, alle Vorurtheile, alle — unnatürlichen — Schranken des Menschen wegfallen, wenn auch nicht auf den ersten Augenblick; denn die Grundillusion, das Grundvorurtheil, die Grundschranke des Menschen ist Gott als Subject. Wer aber seine Zeit und Kraft auf die Auflösung der Grundillusion und Grundschranke verwendet, dem kann man nicht zumuthen, zugleich auch die abgeleiteten Illusionen und Schranken aufzulösen.

Was heißt: „der Mensch ist der Gott des Menschen?" Heißt Das so viel als: er ist Gott im Sinne eines vom Menschen unterschiedenen, über dem Menschen stehenden Wesens, kurz in dem Sinne, in welchem es für die Religion, Theologie und speculative Philosophie einen Gott gibt? F. zeigt ja eben, daß die Religion sich nicht selbst versteht, die speculative Philosophie und Theologie aber sie falsch verstehen; er zeigt, daß der Glaube an Gott — in Wahrheit natürlich, nicht in der Einbildung und Reflexion des Gottesgläubigen — nur der Glaube des Menschen an sich ist, er zeigt also, daß das Göttliche nicht Göttliches, Gott nicht Gott, sondern nur das, und zwar im höchsten Grade, sich selbst liebende, sich selbst bejahende und anerkennende menschliche Wesen ist; denn der Mensch anerkennt nur einen Gott, welcher den Menschen anerkennt und zwar so, als er, der Mensch, sich selbst anerkennt. Anerkenne ich z. B. nicht den Leib, trenne ich ihn ab von mir, fühle ich die leiblichen Bedürfnisse und Verrichtungen als Schranken, als Widerspruch mit mir, verwerfe ich mit einem Worte den Leib, so sehne ich mich nach der Entleibung und preise das leiblose Wesen als das wahre, selige, herrliche, höchste, d. i. göttliche Wesen. Was ich nicht bin, aber zu sein wünsche und zu werden mich bestrebe, das ist mein Gott. Gott, sagt daher F., ist nichts andres, als das die Wünsche des Menschen erfüllende, das seine Bedürfnisse — sie seien nun welcher Art sie wollen — befriedigende Wesen. Wenn Du also einen Kranken oder auch nur einen von „firen Ideen Besessenen" heilst, wenn Du einen Hungrigen mit Speise erquickst, so bist Du ihm, prosaisch ausgedrückt, ein Wohlthäter oder wohlthätiger Mensch, poetisch ausgedrückt: — ein Gott, denn was dem Menschen wohlgefällt (Wesen des Christenthums S. 93) und wohlthut (S. 520), das nennt er panegyrisch Gott. Religion ist Affect, ist Poesie; voilà tout. Der Satz: der Mensch ist der Gott, das höchste Wesen des Menschen, ist daher identisch mit dem Satz: es ist kein Gott, kein höchstes Wesen im Sinne der Theologie. Aber dieser letzte Satz ist nur der atheistische, d. i. negative, jener der praktische und religiöse, d. i. positive Ausdruck.

F.'s „theologische Ansicht" besteht darin, daß er „Uns in ein wesentliches und unwesentliches Ich spaltet" und „die Gattung, den Menschen, ein Abstractum, eine Idee als unser wahres Wesen im Unterschiede von dem wirklichen individuellen Ich als dem unwesentlichen hinstellt." „Einziger!" hast Du das Wesen des Christenthums ganz gelesen? Unmöglich; denn was ist gerade das Thema, der Kern dieser Schrift? Einzig und allein die Aufhebung der Spaltung in ein wesentliches und unwesentliches Ich — die Vergötterung, d. h. die Position, die Anerkennung des ganzen Menschen vom Kopfe bis zur Ferse. Wird denn nicht ausdrücklich am Schlusse die Gottheit des Individuums als das aufgelöste Geheimniß der Religion ausgesprochen? Heißt es nicht sogar: „Essen und Trinken ist ein göttlicher Act?" Ist aber Essen und Trinken ein Act einer Idee, eines Abstractum? Die einzige Schrift, in welcher das Schlagwort der neuern Zeit, die Persönlichkeit, die Individualität aufgehört hat, eine sinnlose Floskel zu sein, ist gerade das Wesen des Christenthums, denn nur die Negation Gottes (des abstracten, unendlichen Wesens als des wahren Wesens) ist die Position des Individuums, und nur die Sinnlichkeit der wohlgetroffne Sinn der Individualität. Dadurch eben unterscheidet sich auch diese Schrift F.'s wesentlich von allen seinen frühern Schriften, daß er erst in ihr zur Wahrheit der Sinnlichkeit vorgedrungen ist, erst in ihr das absolute Wesen als sinnliches Wesen, das sinnliche Wesen als absolutes Wesen erfaßt hat. Um sich hiervon zu überzeugen, vergleiche man nur z. B. die Bedeutung des Wunders im Bayle mit der im Wesen des Christenthums. Allerdings wird auch hier, wie dort, was sich von selbst versteht, die Ungereimtheit des Wunders im Sinne der Theologie nachgewiesen, aber während es im Bayle als widersprechend mit dem göttlichen Wesen, wird es hier als übereinstimmend mit demselben dargestellt, weil dort Gott noch als abstractes, vom Menschen unterschiednes Vernunftwesen, hier aber als das in seiner Totalität sich selbst befriedigende menschliche Wesen gefaßt und die wahre Bedeutung des Wunders eben darein gesetzt wird, nichts weiter als die — freilich nur supranaturalistische und sofern unvernünftige — Befriedigung eines menschlichen, sinnlichen Wunsches oder Bedürfnisses zu sein.

F. hat sich in seiner Schrift keine andere Aufgabe gestellt, als Gott oder die Religion auf ihren menschlichen Ursprung zurückzuführen und durch diese Reduction im Menschen theoretisch und praktisch aufzulösen. Die Religion stellt aber des Menschen eignes Wesen oder das vom Menschen abstrahirte Wesen als ein außer- und übermenschliches Wesen vor. F. mußte also diese Zerspaltung in Gott und Mensch auf innerhalb des Menschen selbst stattfindende Unterschiede zurückführen; — wie wäre auch die Religion erklärbar, wenn gar kein Unterschied zwischen Ich oder Selbstbewußtsein und Wesen oder Natur im Menschen stattfände? — er mußte daher die psychologischen Zustände, welche eben den Menschen bestimmen, sein Wesen, seine Eigenschaften als göttliche Mächte von sich zu unterscheiden und über sich zu setzen, die Zustände der Begeisterung, der Leidenschaft, der Versenkung, des Außersichseins zum Ausgangspunkt seines Themas nehmen. Der wohlweise Kritiker beachte also, daß die Einleitung zum Wesen des Christenthums, wo insbesondere die Mächte „im Menschen über dem Menschen" hervorgehoben werden, nicht eine Einleitung ist zu einer philosophischen Abhandlung über das Verhältniß der menschlichen Prädicate zum menschlichen Subject oder des menschlichen Wesens zum menschlichen Ich, sondern eben eine Einleitung zum Wesen des Christenthums, d. h. zum Wesen der Religion. Kann man aber der Ouvertüre zur Zauberflöte deswegen einen Vorwurf machen, daß sie nur die Ouvertüre zur Zauberflöte, nicht auch zum Don Juan ist?

Das Individuum ist dem F. das absolute, d. i. wahre, wirkliche Wesen. Warum sagt er aber nicht: dieses ausschließliche Individuum? Darum, weil er dann nicht wüßte, was er will — auf den Standpunkt, welchen er negirt, den Standpunkt der Religion zurücksinken würde. Darin besteht eben gerade, wenigstens in dieser Beziehung, das Wesen der Religion, daß sie aus einer Klasse oder Gattung ein einziges Individuum auswählt und als heilig, unverletzlich den übrigen Individuen gegenüberstellt. Dieser Mensch, dieser „Einzige," „Unvergleichliche," dieser Jesus Christus ausschließlich und allein ist Gott, diese Eiche, dieser Ort, dieser Hain, dieser Stier, dieser Tag ist heilig, nicht die übrigen. Eine Religion aufheben heißt darum nichts andres, als die Identität ihres geheiligten Gegenstands oder Individuums mit den andern profanen Individuen derselben Gattung nachweisen. Diesen Beweis lieferte schon der h. Bonifacius unsern Vorfahren, als er die göttliche Eiche zu Geißmar fällte. Und so kannst Du denn auch den Standpunkt des Christenthums, dessen Wesen sich in dem Satze erschöpft: Ich, dieses ausschließliche, unvergleichliche Individuum bin, wenn auch nicht jetzt, doch meiner himmlischen Bestimmung nach, Gott — gleichgültig, wie Gott bestimmt wird: ob abstract als vollkommenes moralisches oder mystisch als phantastisch sinnliches Wesen — nur dadurch aufheben, daß Du dieses unvergleichliche Individuum aus dem blauen Dunst seines supranaturalistischen Egoismus in die profane sinnliche Anschauung versetzest, welche Dir zwar seinen individuellen Unterschied, aber auch zugleich unverkennbar, unverläugbar seine Identität mit den andern Individuen, seine Gemeinheit vergegenwärtigt. Gib dem einzelnen Individuum nicht weniger, als ihm gebührt, aber auch nicht mehr. So nur befreist Du Dich von den Ketten des Christenthums. Individuum sein heißt zwar allerdings „Egoist" sein, es heißt aber auch zugleich und zwar nolens volens Communist sein. Nimm die Dinge, wie sie sind, d. h. nimm Dich selbst, wie Du bist, denn wie Du die Dinge nimmst, so nimmst Du

Dich und umgekehrt. Schlage Dir den „Einzigen" im Himmel, aber schlage Dir auch den „Einzigen" auf Erden aus dem Kopfe!

Folge den Sinnen! Wo der Sinn anfängt, hört die Religion und hört die Philosophie auf, aber Du hast dafür die schlichte, blanke Wahrheit. Hier steht vor Deinen Augen eine weibliche Schönheit; Du rufst entzückt aus: sie ist unvergleichlich schön. Aber siehe! dort steht zugleich vor denselben Augen eine männliche Schönheit. Wirst Du nun nicht nothwendig beide mit einander vergleichen? Und wenn Du es nicht thust, um auf Deiner Unvergleichlichkeit hartnäckig zu bestehen, werden sich die beiden Schönheiten nicht selbst mit einander vergleichen, werden sie sich nicht wundern über ihre Gleichheit trotz des Unterschieds, über ihren Unterschied trotz der Gleichheit? werden sie nicht unwillkürlich einander zurufen: Du bist, „was" ich bin, und endlich im Namen des Menschen ihre Ausschließlichkeit durch gegenseitige Umschließungen widerlegen? „Ich liebe nur diese Einzige," sagt der Einzige; Ich auch, ob ich gleich ein ganz communer Mensch bin. Aber ist dieses einzige Weib, das Du liebst, eine Aeffin, eine Eselin, eine Hündin, ist es nicht ein menschliches Weib? „Ich bin mehr als Mensch" sagt der Einzige. Bist Du aber auch mehr als Mann? Ist Dein Wesen oder vielmehr — denn das Wort: Wesen verschmäht der „Egoist," ob es gleich dasselbe sagt — Dein Ich nicht ein männliches? Kannst Du die Männlichkeit absondern selbst von dem, was man Geist nennt? Ist nicht Dein Hirn, das heiligste, höchstgestellte Eingeweide des Leibes ein männlich bestimmtes? sind Deine Gefühle, Deine Gedanken unmännliche? Bist Du aber ein thierisches Männchen, ein Hund, ein Affe, ein Hengst? Was anders ist also Dein, „einziges, unvergleichliches," Dein folglich geschlechtsloses Ich, als ein unverdauter Rest des alten christlichen Supranaturalismus?

Folge den Sinnen! Du bist durch und durch Mann — das Ich, das Du in Gedanken von Deinem sinnlichen, männlichen Wesen absonderst, ist ein Product der Abstraction, das eben so viel oder so wenig Realität hat, als die platonische Tischheit im Unterschiede von den wirklichen Tischen. Aber als Mann beziehst Du Dich wesentlich, nothwendig auf ein andres Ich oder Wesen — auf das Weib. Wenn ich also Dich als Individuum anerkennen will, so muß ich meine Anerkennung nicht nur auf Dich allein beschränken, sondern zugleich über Dich hinaus auf Dein Weib ausdehnen. Die Anerkennung des Individuums ist nothwendig die Anerkennung von wenigstens zwei Individuen. Zwei hat aber keinen Schluß und Sinn; auf Zwei folgt Drei, auf das Weib das Kind. Aber nur ein einziges, unvergleichliches Kind? Nein! die Liebe treibt Dich unaufhaltsam über dieses Eine hinaus. Selbst schon der Anblick des Kindes ist so lieblich, so mächtig, daß er das Verlangen nach mehreren seines Gleichen unwiderstehlich in Dir erzeugt. Eines will überhaupt nur der Egoismus, aber Vieles die Liebe. Allerdings entzieht nun die Liebe durch die Vielheit der Kinder dem Erstgebornen den göttlichen, monotheistischen Rang und Titel der Einzigkeit und Unvergleichlichkeit, aber wäre die Liebe, die sich nur auf dieses Einzige beschränken wollte, nicht Filzigkeit und Lieblosigkeit gegen andere mögliche Kinder? nicht sogar Lieblosigkeit gegen dieses einzige Kind, welches doch selbst bald seine Einzigkeit satt bekommen und sich nach einem Schwesterchen oder Brüderchen sehnen würde? Wie kannst Du also einem Schriftsteller den Vorwurf machen, daß er das Individuum nicht anerkennt, wenn er es so anerkennt, wie die Liebe es anerkennt? wie ihn der Abstraction beschuldigen, wenn er nach dem Vorbild der Liebe, welche, ob sie gleich die höchste und tiefste Anerkennung des Individuums ausdrückt, doch nicht bei diesem einzigen Individuum mit Ausschluß aller anderen stehen bleibt, auch nicht auf dieses einzige und unvergleichliche Individuum sich beschränkt, sondern seine Gedanken und Gesinnungen auf die Gattung, d. h. die anderen Individuen austehnt? Die Gattung bedeutet nämlich bei F. nicht ein Abstractum, sondern nur dem einzelnen für sich selbst fixirten Ich gegenüber das Du, den Andern, überhaupt die außer mir existirenden menschlichen Individuen. Wenn es daher bei F. z. B. heißt: das Individuum ist beschränkt, die Gattung unbeschränkt, so heißt das nichts anders als: die Schranken dieses Individuums sind nicht auch die Schranken der Andern, die Schranken der gegenwärtigen Menschen deswegen noch nicht die Schranken der zukünftigen Menschen *).

Der Gedanke der Gattung in diesem Sinne ist für das einzelne Individuum, und Jeder ist ein Einzelner, ein nothwendiger, unentbehrlicher. „Wir sind allzumal vollkommen" sagt der Einzige wahr und schön; aber gleichwohl fühlen wir uns beschränkt und unvollkommen, weil wir uns nothwendig — nothwendig, denn wir sind nun einmal reflectirende Wesen — nicht nur mit Andern vergleichen, sondern auch mit uns selbst, indem wir das, was wir geworden sind, mit dem, was wir werden konnten, unter andern Verhältnissen vielleicht wirklich geworden wären, zusammenhalten. Wir fühlen uns aber nicht nur moralisch, wir fühlen uns selbst auch sinnlich, räumlich und zeitlich beschränkt; wir, diese Individuen, sind ja nur an diesem bestimmten Orte, in dieser beschränkten Zeit. Wo sollen wir uns nun von diesem Beschränktheitsgefühl erlösen, wenn nicht in dem Gedanken der unbe-

---

*) Relativ, für mich als diesen Menschen ist allerdings, und zwar nothwendig, die Gattung nur ein Abstractum, nur ein Gedanke, obwohl sie an sich selbst sinnliche Existenz hat. So sind z. B. die vergangnen Menschen, obwohl an sich selbst einst wirkliche, sinnliche Wesen, für mich nur Gedankenwesen oder Wesen der Vorstellung. Doch über diesen Gegenstand bei einer andern Gelegenheit. Uebrigens verstehe ich unter Gattung auch die Natur des Menschen; eine Bedeutung, die mit der andern aber aufs innigste zusammenhängt, denn die Natur des Menschen existirt ja nur in dem Gegensatz von Ich und Du, Mann und Weib.

schränkten Gattung, d. h. in dem Gedanken anderer Menschen, anderer
Orte, anderer glücklicherer Zeiten? Wer die Gattung daher nicht an die
Stelle der Gottheit setzt, der läßt in dem Individuum eine Lücke, die sich
nothwendig wieder durch die Vorstellung eines Gottes d. h. des personificirten Wesens der Gattung ausfüllt. Nur die Gattung ist im
Stande, die Gottheit, die Religion aufzuheben zugleich und zu ersetzen.
Keine Religion haben, heißt: nur an sich selbst denken; Religion
haben: an Andere denken. Und diese Religion ist die allein bleibende,
wenigstens so lange als nicht ein „einziger" Mensch nur auf Erden ist;
denn so wie wir nur zwei Menschen, wie Mann und Weib, haben,
so haben wir auch schon Religion. Zwei, Unterschied ist der Ursprung
der Religion — das Du der Gott des Ich, denn Ich bin nicht ohne
Dich; Ich hänge vom Du ab; kein Du — kein Ich.

———

Der Mann ist die Vorsehung des Weibes, das Weib die Vorsehung des Mannes, der Wohlthäter die Vorsehung des Nothleidenden,
der Arzt die Vorsehung des Kranken, der Vater die Vorsehung des
Kindes. Der Helfer muß mehr sein und mehr haben — wenigstens in
der Beziehung, worin er Hülfe leistet — als der Hülfsbedürftige. Wer
selbst Noth leidet, wie kann er andern Nothleidenden helfen? nein! wer
mich aus dem Moraste herausziehen will oder soll, der muß über dem
Morast, muß „über mir" stehen. Was ist denn nun aber dieses
über mir stehende Wesen? Ist es ein andres, fremdes Wesen? Ist es
mir im Gegentheil nicht so nahe, als mein eignes Herz, mein eignes
Auge, mein eigner Arm? Ist es nicht im strengsten Sinne mein „anderes Ich?" Es thut ja nur, was ich selbst thun will, im Zustande
der Freiheit, Gesundheit, Selbständigkeit auch wirklich selbst thue, aber
jetzt nur nicht thun kann. Bin ich lahm, so sind des Andern Arme und
Beine meine Bewegungsorgane; bin ich blind, so sind seine Augen meine

Führer; bin ich Kind, so ist des Vaters Wille und Verstand mein Wille und Verstand, mein Fürmichsein, denn als Kind bin ich in tausend Fällen wider und ohne Wissen und Willen wider mich selbst. So ist der Mensch der Gott des Menschen! Und nur durch diesen menschlichen Gott kannst du den un- und außermenschlichen überflüssig machen.

Was heißt die „Gattung realisiren?" Eine Anlage, eine Fähigkeit, eine Bestimmung überhaupt der menschlichen Natur verwirklichen. Die Raupe ist ein Insekt, aber noch nicht das ganze Insekt; in Beziehung auf sich ist sie wohl vollkommen, ist sie, was sie sein soll und sein kann; aber gleichwohl steckt trotz ihres selbstgenügsamen Egoismus noch Etwas „in ihr über ihr," was erst werden soll und kann — der Schmetterling. Erst der Schmetterling ist das erschöpfte, vollständig verwirklichte Insekt. Aehnliche Metamorphosen finden wie im Leben der Menschheit, so im Leben des einzelnen Menschen statt. Wenn daher der Mensch aus dem Knabenalter in's Jünglingsalter, aus der Schule zum Leben, aus dem Sklavenzustand zur Freiheit, aus der Indifferenz gegen das Geschlecht zur Liebe übergeht, so ruft er unwillkürlich bei allen diesen und ähnlichen Uebergängen aus: jetzt erst bin ich Mensch geworden, weil er jetzt erst vollständiger Mensch geworden ist, jetzt erst einen wesentlichen, bisher unbekannten oder gewaltsam unterdrückten Trieb seiner Natur befriedigt hat.

So nothwendig die Unterscheidung zwischen Ich und Du, zwischen Individuum und Gattung ist, so nothwendig ist selbst innerhalb eines und desselben Individuums die Unterscheidung zwischen dem Nothwendigen und Veräußerlichen, Individuellen im Sinne des Zufälllgen, dem Wesentlichen und Unwesentlichen, dem Nähern und Entfernteren, dem Höhern und Niedern. Folge den Sinnen! Das räumlich Höchstgestellte ist auch das qualitativ Höchste am Menschen, das ihm Nächste, das nicht mehr von ihm Unterscheidbare — dieses ist der Kopf. Wenn ich den Kopf eines Menschen sehe, so sehe ich ihn selbst; wenn ich aber nur seinen Rumpf sehe, so sehe ich eben nichts weiter als seinen Rumpf. Wenn ich meine Hände und Füße verliere, so bin ich allerdings ein unvollständiger, mangelhafter, unglücklicher Mensch, allein ich kann doch noch ohne sie als Mensch existiren; wenn ich aber meinen Kopf verliere, so bin Ich selbst weg. Es gibt also einen wesentlichen Unterschied zwischen Mein und Mein: — anders ist das Meinige, welches weg sein kann, ohne daß Ich weg bin, anders das Meinige, welches nicht weg sein kann, ohne daß Ich zugleich weg bin — einen Unterschied, den man nicht aufheben kann, ohne seinen Kopf zu verlieren. Wenn daher der „Einzige" deswegen den F. tadelt, daß er mit dem theologischen, supranaturalistischen „Ueber" nicht auch zugleich das selbst organisch begründete Ueber und Unter im Menschen aufgehoben habe, so tadelt er ihn nur deswegen, daß er nicht, wie der „Einzige" und Andre aus Desperation über den unersetzlichen Verlust der Theologie seinen Kopf verloren hat.

Wenn ich heute in meinen Ausgaben und Genüssen mich beschränke, um morgen auch noch Etwas zu leben zu haben, bin Ich nicht selbst die Vorsehung, die „über mir," diesem heutigen Egoisten, welcher dem andern, dem morgigen Menschen aus Genußsucht so gerne nichts übrig lassen möchte, maßgebend wacht und waltet? Und wenn ich auf das Krankenlager thatlos dahin gestreckt bin, setze ich nicht, sei's nun in der Erinnerung an die verlorne Gesundheit oder in der Hoffnung der Wiedergenesung mich, den Gesunden, so hoch über mich, den Kranken, als nur immer die unsterblichen Götter über den sterblichen Menschen stehen? Und wenn ich vergehe vor Gram und Aerger über einer leidenschaftlichen, unheilvollen Handlung, stehe ich als Kritiker, als Richter nicht über mir, dem Thäter, dem „armen Sünder?" Und wenn ich in der Schöpfung eines Werks begriffen bin, verwende ich nicht alle mir zu Gebote stehenden Kräfte auf dasselbe, glaube ich nicht daher, daß dieses Werk mein Testament ist, daß ich in ihm mein ganzes Vermögen der Welt vermache, daß ich hier an der Grenze meiner Entwickelung, meiner Zeugungskraft stehe? Wenn ich nun aber fertig bin mit dem Werke, habe ich nicht jetzt mich, den Schöpfer dieses Werkes, welcher vor Kurzem noch mein Höchstes, mein Non plus ultra war, bereits hinter und unter mir? Blicke ich jetzt nicht vielleicht sogar mit Geringschätzung auf das Werk und dessen Verfasser herab? So besteht das menschliche Leben selbst innerhalb eines und desselben Individuums in einem beständigen Wechsel, der bald das Unterste zu oberst, bald das Oberste zu unterst kehrt! Bin ich hungrig und durstig, so geht mir nichts über den Genuß von Speise und Trank, nach der Mahlzeit nichts über die Ruhe, nach der Ruhe nichts über die Bewegung oder Thätigkeit, nach dieser nichts über die Unterhaltung mit Freunden, nach vollbrachtem Tagwerk endlich feiere ich den Bruder des Todes, den Schlaf als das höchste, wohlthätigste Wesen. So hat also jeden Augenblick des Lebens der Mensch etwas, aber Nota bene! Menschliches über sich. Nur wo er aufhört zu sein, oder, was eins ist, sein Bewußtsein verliert, hört er auch auf, Etwas über sich zu setzen. Was vor mir ist, setze ich über mich, was hinter mir, unter mich; vor mir aber ist, und zwar jeden Augenblick, die noch unerschöpfte, unverbrauchte, hinter mir die bereits verbrauchte, entäußerte Denk- und Lebenskraft. Was ich aber sein und thun kann, steht mir als ein noch Unerreichtes nothwendig über dem, was ich bereits bin und thue — daher die Menschen immer mehr sein und haben wollen, als sie sind und haben. Selbst die kommenden, während einer Arbeit nothwendig hervorzubringenden Gedanken schweben so lange über mir, wie die Wolken am Himmel, bis sie sich unter meinen Augen als tropfbare Flüssigkeiten niedergeschlagen haben.

„F. flüchtet aus dem Glauben in die Liebe." O wie falsch! F. begibt sich mit festen, sichern Schritten aus dem Reich der speculativen und religiösen Träume in das Land der Wirklichkeit, aus dem abstracten Wesen des Menschen in das wirkliche ganze Wesen desselben, aber die Liebe allein für sich erschöpft nicht das ganze Wesen des Menschen. Zum Lieben gehört auch Verstand, das „Gesetz der Intelligenz;" eine verstandlose Liebe unterscheidet sich in ihren Wirkungen und Handlungen nicht vom Haße, denn sie weiß nicht, was nützlich oder schädlich, zweckmäßig oder zweckwidrig ist. Warum hebt aber F. so die Liebe hervor? Weil es keinen andern practischen und organischen, durch den Gegenstand selbst dargebotnen Uebergang vom Gottesreich zum Menschenreich gibt, als die Liebe, denn die Liebe ist der practische Atheismus, die Negation Gottes im Herzen, in der Gesinnung, in der That. Das Christenthum nennt sich die Religion der Liebe, ist aber nicht die Religion der Liebe, sondern die Religion des supranaturalistischen, geistlichen Egoismus, gleichwie das Judenthum die Religion des weltlichen, irdischen Egoismus ist. F. mußte daher das Christenthum beim Wort nehmen, d. h. das Wort zur Sache, den Schein zum Wesen machen.

Nimmt F. die Liebe in einem der wirklichen Liebe widersprechenden, phantastischen, supranaturalistischen Sinne — in dem Sinne, in welchem sie von aller Selbstliebe frei sein soll? Nein! „Kein Wesen, sagt er z. B., kann sich selbst negiren." „Sein heißt sich selbst lieben." „Indem ich das Elend des Andern erleichtere, erleichtere ich zugleich mein eigenes, Elend des Andern fühlen ist selbst ein Elend" u. s. w. Jede Liebe ist insofern egoistisch, denn ich kann nicht lieben, was mir widerspricht; ich kann nur lieben, was mich befriedigt, was mich glücklich macht; d. h. ich kann nichts Andres lieben, ohne eben damit zugleich mich selbst zu lieben. Aber gleichwohl ist ein begründeter Unterschied zwischen dem, was man selbstsüchtige, eigennützige und dem, was man uneigennützige Liebe nennt. Welcher? In Kürze dieser: in der eigennützigen Liebe ist der Gegenstand deine Hetäre, in der uneigennützigen deine Geliebte. Dort befriedige ich mich, wie hier, aber dort unterordne ich das Wesen einem Theil, hier aber den Theil, das Mittel, das Organ dem Ganzen, dem Wesen, dort befriedige ich eben deswegen auch nur einen Theil von mir, hier aber mich selbst, mein volles, ganzes Wesen. Kurz: in der eigennützigen Liebe opfere ich das Höhere dem Niederen, einen höhern Genuß folglich einem niedrigeren, in der uneigennützigen aber das Niedere dem Höhern auf.

―――

„F. macht eben die Religion zur Ethik, die Ethik zur Religion." Allerdings im Gegensatz zum Christenthum*), worin die Ethik, als die Beziehung des Menschen auf den Menschen gegenüber der Beziehung des Menschen auf Gott nur eine untergeordnete Stellung hat. Aber F. setzt den Menschen über die Moral: „Indem Gott als ein sündenvergebendes Wesen gesetzt wird, so wird er zwar nicht als ein unmoralisches, aber doch als ein mehr als moralisches, d. i. menschliches Wesen gesetzt." Diese Worte bilden den Uebergang vom Wesen des Moralgesetzes zum eigentlichen Wesen des Christenthums, d. h. zum

―――

*) Aber zugleich auch auf Grund des Christenthums, was deutlich genug entwickelt wird.

Wesen des Menschen, welches an und für sich eben so wenig ein unmoralisches, als moralisches ist. F. macht also nicht die Moral zum Maßstab des Menschen, sondern umgekehrt den Menschen zum Maßstab der Moral: gut ist, was dem Menschen gemäß ist, entspricht; schlecht, verwerflich, was ihm widerspricht. Heilig sind ihm also die ethischen Verhältnisse, keineswegs „um ihrer selbst willen" — außer nur im Gegensatze zum Christenthum, zu dem: um Gottes willen — heilig nur um des Menschen willen, heilig nur, weil und wiefern sie Verhältnisse des Menschen zum Menschen — also Selbstbejahungen, Selbstbefriedigungen des menschlichen Wesens sind. Allerdings macht also F. die Ethik zur Religion, aber nicht für sich selbst in abstracto, nicht als Zweck, sondern nur als Folge, nicht, weil ihm wie dem „aufgeklärten Protestantismus," dem Rationalismus, Kantianismus, das moralische Wesen, d. h. das Wesen der Moral, sondern weil ihm das wirkliche, sinnliche, individuelle menschliche Wesen das religiöse, d. i. höchste Wesen ist.

„F. bekleidet seinen Materialismus mit dem Eigenthum des Idealismus." O wie aus der Luft gegriffen ist diese Behauptung! F. „Einziger!" ist weder Idealist, noch Materialist. Dem F. sind Gott, Geist, Seele, Ich bloße Abstractionen, aber eben so gut sind ihm der Leib, die Materie, der Körper bloße Abstractionen. Wahrheit, Wesen, Wirklichkeit ist ihm nur die Sinnlichkeit. Hast Du aber je einen Leib, eine Materie gefühlt, gesehen? Du hast ja nur gesehen und gefühlt dieses Wasser, dieses Feuer, diese Sterne, diese Steine, diese Bäume, diese Thiere, diese Menschen: immer und immer nur ganz bestimmte, sinnliche, individuelle Dinge und Wesen, aber nimmer weder Leiber noch Seelen, weder Geister noch Körper. Aber noch weniger ist F. Identist im Sinne der absoluten Identität, welche die beiden Abstractionen in einer dritten Abstraction vereinigt. Also weder Materialist, noch Idealist, noch Identitätsphilosoph ist F. Nun was denn? Er ist mit Gedanken, was er der That nach, im Geiste, was er im Fleische, im Wesen, was er in den Sinnen ist — Mensch; oder vielmehr, da F. nur in die Gemeinschaft das Wesen des Menschen versetzt —: Gemeinmensch, Communist.

Ergänzungen und Erläuterungen

zum

„Wesen der Religion."

1845.

Nicht Dein Kopf, aber Dein „Gewissen verbietet es Dir, die Fahne des Unglaubens zu ergreifen, Gott zu negiren," d. h. Gott zu erkennen als das Wesen der Natur und des Menschen. Ach! Dein Gewissen ist nichts andres, als die Furcht vor der Autorität der Meinung und Gewohnheit, nichts andres, als Dein eignes, unfreies, befangnes Ich. Welches Herzklopfen, welche Gewissensangst mochten die Protestanten anfangs empfinden, als sie den Stellvertreter Gottes auf Erden, den Pabst und seine Heiligen aufgaben! Ohne Gewissensbisse kommt nichts Neues in die Welt; denn die Gewohnheit ist das Gewissen der Gewohnheitsmenschen, deren Anzahl Legion. So machten sich einst die Karthager daraus sogar ein Gewissen, daß sie den grausamen und unsinnigen Gottesdienst ihrer Väter etwas gemildert, statt der eignen Kinder wenigstens fremde ihren Göttern geopfert hatten. Sie machten sich also daraus ein Gewissen, Menschen zu sein. O Gewissen, welche Gräuelthaten hast Du auf dem Gewissen!

„Es ist ein allgemeines Bedürfniß des Menschen, höhere, übermenschliche Wesen anzunehmen und zu verehren," gewiß; aber ein eben so allgemeiner Trieb des Menschen ist es, Alles unter sich zu bringen, Alles seinen Bedürfnissen zu unterwerfen. Und gerade Das, was er in der Theorie, d. h. in der Vorstellung, der Einbildung über sich setzt, das setzt er in der Praxis, d. h. in Wahrheit und Wirklichkeit unter sich. In der Theorie sind die Götter die Herren des Menschen; aber nur, um in der Praxis die Diener desselben zu sein. Der Mensch in den Händen Gottes ist wohl der Anfang, aber der Gott in den Händen des Menschen das Finale, der Endzweck der Religion. „Die Gläubigen," sagt Luther, „sind Fürsten und Herren Gottes,"*) und der Psalmist: „Er (Gott) thut, was die Gottesfürchtigen begehren." Aber nur in ihrem Endzweck offenbart sich der wahre Grund und Ursprung der Religion. Die Götter sind nur die übermenschlichen Mächte in zweiter Instanz, aber die übermenschliche Macht in erster Instanz, die Macht, vor der zuerst der Mensch die Kniee beugt, ist die Macht der Noth — die Macht über Tod und Leben.

Die Existenz, das Leben ist das höchste Gut, das höchste Wesen — der ursprüngliche Gott des Menschen. „Das Leben ist etwas

---

*) Sowohl diese „Ergänzungen" als „das Wesen der Religion" behandeln einen Gegenstand, der keiner Gelehrtenzunft insbesondere angehört. Aus diesem Grunde sind alle Citate weggelassen.

an sich, etwas absolut Gutes und Angenehmes" sagt Aristoteles, „das Verlangen zu existiren das vorzüglichste und mächtigste Verlangen" Plutarch; „das köstlichste Gut ist das Leben" Luther. Und Odysseus sagt zur Nausikaa: „wie der Göttinnen eine will ich Dich anflehn jeglichen Tag, weil Du das Leben mir rettetest Jungfrau!" Das heißt: ich verehre Dich nur deswegen mit Bewußtsein als eine Göttin, weil ich ohne Bewußtsein, unwillkührlich das Leben als das höchste, göttlichste Ding und Gut verehre. Der unbewußte Gott ist der Grund, die Voraussetzung des bewußten. Und diese unbewußte Gottheit ist eben die Lebensliebe*), die Selbstliebe, der Egoismus des Menschen. Der Mensch will sein und zwar selig, unabhängig, unbeschränkt, allmächtig; er will mit einem Worte: Gott sein; aber er ist es nicht — wenigstens nicht in dem Grade, als er es wünscht und sein zu können sich einbildet. So wird Das, was er selbst sein will, zu einem von ihm unterschiednen und im Gegensatz gegen sein wirkliches Sein und Wesen nur idealen, nur in der Vorstellung, im Glauben existirenden Wesen. Der Sinn der Religion ist daher auch erst da getroffen, wo die Götter keine neidischen, die Gottheit für sich selbst behaltenten Wesen sind, sondern sie dem Menschen mittheilen — die Menschen also am Ende selbst zu Göttern oder gottgleichen Wesen werden.

Leben heißt andere Wesen als Mittel zu seinem Besten verwenden, heißt andern Wesen zum Trotz sich geltend machen, heißt ein sich nur auf sich selbst beziehendes, ein absolutes Wesen sein. Leben ist Egois-

---

*) Die Lebensliebe ist nur dann etwas Tadelnswerthes, Schlechtes, wenn der Mensch auf Kosten Anderer sein Leben erhält oder ein des Menschen unwürdiges, schimpfliches, sklavisches Leben dem Tode vorzieht; aber an sich ist sie eben so etwas Gutes, Preiswürdiges, als ihr Gegenstand, das Leben.

mus. Wer keinen Egoismus will, der will, daß kein Leben sei. Nur der Todte ist ohne Egoismus. Wodurch unterscheidet sich aber der religiöse Egoismus von dem natürlichen? Nur durch den Namen. In der Religion liebt sich der Mensch in Gottes Namen, außer der Religion in seinem eignen Namen.

Wie unterscheidet sich der Cultus eines gebildeten Volks von dem Götzendienst eines wilden? Nicht anders, als sich das Gastmahl eines Atheniensers von dem Fraß eines Eskimos, Samojeden oder Ostjaken unterscheidet. Wo der Mensch auf den Standpunkt der Cultur sich erhebt, da will er sich nicht einseitig, sondern allseitig, nicht nur seinen Bauch, sondern auch seinen Kopf, nicht nur seinen Magen, sondern auch seine Sinne befriedigen, da soll der Gegenstand des Bedürfnisses zugleich ein Gegenstand des Wohlgefallens (d. h. eines höhern Bedürfnisses, des theoretischen Bedürfnisses), das Nöthige zugleich ein Schönes sein. Wo aber die Aesthetik dem Menschen zum Bedürfniß, zur Nothwendigkeit wird, da werden natürlich auch seine Götter ästhetische Wesen, Gegenstände eines ästhetischen Cultus. Der Neger speit die zerkauten Speisen seinen Götzen als Opfer ins Gesicht und der Ostjake beschmiert seine Götzen mit Blut und Fett und stopft ihnen die Nase mit Schnupftabak voll. Wie häßlich, wie schmutzig sind diese Opfer gegen die Opfer der Griechen! Aber wer waren denn die Götter, denen die Griechen, zwar nicht in ihrer religiösen Einbildung, aber in Wahrheit und Wirklichkeit, die köstlichen Augen- und Ohrenschmäuse ihrer Opferfeste bereiteten und so verschwenderisch Weihrauch streuten? Diese Götter waren die gebildeten Sinne der Griechen. Sich, sich nur dient der Mensch, indem er Gott dient; seiner Prachtliebe nur, seinem Hang zur Verschwendung, zum Luxus opfert er Hekatomben.

Dieß ist das Ziel der Religion, daß das, was man von Gott ersieht und verlangt, nichts mehr von Gott selbst Unterschiedenes ist, daß also Gott selbst als das höchste Gut, als das Erfülltsein aller Wünsche, als die Seligkeit des Menschen erfaßt wird. Je mehr der menschliche Egoismus das Wesen einer Religion ist, desto weniger hat sie den Schein des Egoismus.

—

Das „religiöse Gefühl" und der menschliche „Vortheil oder Egoismus," die Verehrung Gottes um seinetwillen, und die Verehrung Gottes um des Menschen, des Nutzens willen können und dürfen nicht in der Betrachtung und Beurtheilung der Religionen von einander abgesondert werden. Das nützlichste Wesen ist eben als das nützlichste auch das an sich selber herrlichste und verehrungswürdigste Wesen. „Das ist keine christliche Predigt, sagt Luther, wenn Du Christum nur historisch predigst, und seine Geschichte in der Predigt hererzählest, das heißt nicht die Ehre Gottes predigen, sondern wenn Du lehrest und zeigest, die Historie von Christo habe dieses Absehen, daß sie uns, die wir glauben, nütze sei zur Gerechtigkeit und Seligkeit, daß er nicht sich, sondern uns zu gute alles gethan habe." Die Eigenschaften, die Andern zum Nutzen, gereichen mir zum Ruhme, zur Ehre. Je mehr ich Andern sein will, desto mehr muß ich auch für mich selbst sein. Wie kann ich Andere beschenken, wenn ich bettelarm bin? Je mehr daher der Mensch von Gott hat, desto mehr ist auch Gott und umgekehrt. Der Wilde hat von seinem Gotte einen Bären, einen Seehund, einen Wallfisch, aber der Christ das ewige Leben, das himmlische Freudenreich. Von einem beschränkten, endlichen Wesen oder Gott habe ich auch nur einen beschränkten, endlichen, aber von einem unendlichen Wesen nothwendig einen unendlichen Nutzen.

Wo der Mensch auf physischen Genuß und Schönheit, Reichthum und Macht keinen Werth mehr legt, wo vielmehr die moralischen Güter, Weisheit und Tugend, ihm für die höchsten Lebensgüter gelten, da werden auch seine Götter moralische Wesen, die daher nicht mehr um eines bestimmten äußerlichen Glücksguts willen verehrt und angebetet werden. Der Gewinn und Lohn der Verehrung liegt hier in der Verehrung selbst, denn ich kann ein Wesen nur durch das ehren, was es selbst ist und ehrt, was seinem Sinne und Wesen gemäß ist — gute, wohlwollende, leidenschaftslose, freie Wesen nur durch die entsprechenden Gesinnungen, also die Gesinnungen, in welche ich selbst mein höchstes Glück und Wesen setze. Alles gewähren die Götter dem, der denkt, wie die Götter, denn er verlangt von ihnen nichts mehr, was außer ihm selbst liegt, was abhängig ist von der Laune des Glücks und Zufalls.

Die modernen Idealisten und Romantiker haben die Religion zu einer Sache bedürfnißloser Liebäugelei und Galanterie, zu einem unnützen schwelgerischen Gefühl, oder zu einem Kaleidoscop „speculativer Gedanken" gemacht. Die alten Atheisten und Theisten dagegen behaupteten fast ohne Ausnahme, daß die Menschen die ihnen nützlichen Wesen und Dinge, wie z. B. Sonne, Wasser und Feuer, Bäume und Thiere, hauptsächlich nur dieser ihrer Nützlichkeit wegen als göttliche Wesen verehrt hätten. Und sie hatten vollkommen Recht; nur das, was Nutzen, was praktischen Einfluß auf das Leben hat, eignet sich zum Gegenstand religiöser Verehrung, wenigstens zum Gegenstand eines eigentlichen Cultus. Nur ist die Nützlichkeit ein irreligiöser Ausdruck. Das nützliche Wesen ist dem religiösen Sinn ein wohlthätiges Wesen. Das Nützliche weist über sich, weist auf Andres hin, aber das Wohlthätige fesselt das Auge, bindet den Sinn an sich und erhebt sich eben dadurch zu einem religiösen Gegenstand. Aber haben die Menschen nicht

Dinge und Wesen verehrt, die offenbar an sich gar keinen Nutzen und Schaden für den Menschen haben? Müssen also nicht noch andere Eigenschaften, wie z. B. im Cultus der Thiere ihr räthselhaftes Wesen, ihre seltsamen Gestalten, ihre eigenthümlichen Bewegungen, ihre sonderbaren Farben, ihre merkwürdigen Kunst- und Naturtriebe in Anschlag gebracht werden? Ohne Zweifel; aber was das Auge des Menschen frappirt und blendet, damit verknüpft er auch in seiner Einbildung allerlei wunderbare, abergläubische Wirkungen. Welche miraculöse Kräfte und Wirkungen schrieb man nicht sonst den Edelsteinen zu!

— — — — —

„Das Opfer ist die Negation des Endlichen," aber nur die Negation dieses Endlichen, dieser Art, dieses Individuums, um dadurch anderes Endliche oder die Gattung dieses Endlichen zu erhalten. Der Mensch bricht sich z. B. die Vorderzähne aus, wie der Bewohner der Sandwichsinseln, oder schneidet sich den kleinen Finger ab, wie die Bewohner der freundschaftlichen Inseln und mehrere andere Völker, aber nur um durch diese freiwillige Vernichtung eines Theiles seines Leibes die unfreiwillige Vernichtung seines ganzen Leibes, seines Lebens von sich abzuwenden. Er opfert diesen Menschen, dieses Kind, diesen Verwandten, diesen Hohenpriester, aber er opfert sie nur zum Besten des Staats, des Volks, d. h. anderer Menschen. Er opfert dieses Leben auf, er stürzt sich, wie der Nordgermane, in sein Schwerdt, aber nur, um durch diesen gewaltsamen Tod das Leben in Walhall zu gewinnen; er opfert die Glückseligkeit dieser Welt auf, wie der Christ und Brahmine, aber er opfert nicht die Glückseligkeit überhaupt, nicht die Glückseligkeit der Zukunft auf — gleichgültig, ob diese nun in ewiges Sein oder Nichtsein, wie in orientalischen Vorstellungen, gesetzt wird. Die Gegenstände, die den Göttern geopfert werden, sind ihnen angenehme, ihrem Wesen, ihren Eigenschaften entsprechende, d, h. die Götter sind selbst nichts anders, als die personificirten Gattungsbegriffe der ihnen geopferten Gegenstände. So opferte man dem wilden Kriegsgott wilde Thiere, dem Gott der Hirten Milch und Honig, den Göttinnen der Liebe und Fruchtbarkeit die jungfräuliche Keuschheit, den finstern, unterirdischen Göttern schwarze, den himmlischen Göttern helle, weiße Thiere. Allerdings opferte man den Göttern auch solche Thiere, deren Tod ihnen angenehm war, die sie also haßten. Aber die Götter haßten ja nur diese Thiere, weil die Menschen selbst sie haßten. In dem Hasse der Götter vergötterten, befriedigten, vergegenständlichten sie also nur ihren eignen Haß.

———

Warum stellt sich denn der Mensch sein Wesen außer sich vor, warum vergegenständlicht er es? Ich frage: warum dichtet denn der Mensch? warum personificirt er seine eignen Empfindungen? warum stellt er Lehren in Handlungen dar? warum läßt er in der Fabel von Thieren und Blumen sich sagen, was doch nur er selbst sich sagt? warum verkörpert er Gedanken und Grundsätze in sinnlichen Zeichen und Bildern? Er hat sie ja im Kopfe; warum stellt er sie also außer sich dar?

———

Die Religion ist ein Dialog, ein Gespräch des Menschen mit sich selbst, aber in gebundner, nicht ungebundner Rede. Die Philosophie ist später, als die Religion, d. h. die Prosa ist später, weil schwerer, als die Poesie. Eher sagt der Mensch: „Sage mir Muse," als er sagt: Ich schreibe oder „Herodot schreibt diese Geschichte." Die Poesie setzt außer den Menschen, was die Prosa in den Menschen setzt. Der poetische Wunsch beim Abschied von einem geliebten Wesen: „Gott sei mit Dir!" lautet in Prosa übersetzt: mein Herz ist mit Dir. Wo ich mit meinem Leibe nicht mehr sein kann, da bin ich doch noch mit meinem Herzen; wo ich ein Wesen auch nicht mehr mit meinen Augen und Händen beschirmen kann, da umschwebe ich es doch noch schützend mit meinen Wünschen. Aber was im schlichten Gewande der Prosa nur himmlische Wünsche des Menschen sind, das sind im Staate der Poesie himmlische Mächte, himmlische Wesen: Schutzgeister, Genien, Götter.

„Selbst die rohsten Völker glauben noch an eine Gottheit" — zum deutlichsten Beweise, daß der Mensch um so leichter „übermenschliche" Wesen annimmt, je tiefer er selbst noch unter dem Menschen steht, daß er eher zu Gott, als zu sich selbst, eher zu „Geistern," als zu Geist, eher zum „Uebersinnlichen," als zum Sinnlichen, eher zur Religion, als zur Humanität kommt.

„Es ist so wahr, daß das Unbekannte der Kreis der Verehrung ist, daß in dem Zeitpunkte, in welchem der Mensch fast alle Thiere verehrt, er niemals (?) seines Gleichen Verehrung weiht. Der Mensch ist das, was er am Besten kennt." Oder vielmehr zu kennen sich einbildet; denn da, wo der Mensch die Thiere verehrt, da steht er den Thieren noch näher, als dem Menschen, ja da ist ihm gerade das entfernteste, das seiner Vorstellung nach zwar bekannteste, in Wahrheit aber unbekannteste Wesen der Mensch.

Was ist das Unsichtbare der Religionen? Die aus Mangel an Erfahrung und Erkenntniß der Natur den Menschen nicht gegenständliche, aber gleichwohl an sich selber sinnliche Ursache sinnlicher Erscheinungen. Was das Uebersinnliche? Das Sinnliche, wie es Gegenstand der Phantasie und des Gemüths ist. Daher wird der Mensch, wenigstens in der Regel, erst nach dem Tode, erst dann, wenn er aus einem sinnlichen Wesen ein übersinnliches, d. h. eben ein Wesen nur der Phantasie und des Gemüths geworden ist, vergöttert, ein Gegenstand religiöser Verehrung. So ist das Grab der Menschen die Geburtsstätte der Götter.

Ihr sucht zur Bestätigung eures Glaubens an Unsterblichkeit die Spuren desselben selbst bei den Wilden auf. Auch sie glauben an ein „anderes Leben." Aber gibt es denn für die Wilden kein anderes Leben, als das Leben nach dem Tode? Ist das gebildete menschliche Leben kein andres und höheres Leben, als das der Wilden? Haben sie aber von diesem Leben eine Vorstellung oder Ahnung? Ist also nicht das, was diesseits des menschlichen Lebens und Wesens fällt, für sie das wahre Jenseits? Ist es aber nicht eben so mit ihren Göttern? Ist der gebildete Mensch nicht ein unendlich edleres und höheres Wesen, als der Gott der Wilden? O ihr Kurzsichtigen! ihr sucht nach übermenschlichen Wesen, und seht nicht, daß das Wesen, welches über euch und allen euren übermenschlichen religiösen Götzen steht, einzig — der Mensch ist. Blickt doch in die Geschichte! Wachsen die Kinder nicht ihren Vätern über den Kopf? erheben sie sich nicht mit Lächeln selbst über die Götter derselben? Ist nicht überhaupt die Gegenwart das Jenseits der Vergangenheit? bringt sie nicht Werke hervor, die nicht nur die physischen Kräfte, sondern selbst auch das Vorstellungs- und Ahnungsvermögen der Vergangenheit übersteigen? Fällt also nicht in die menschliche Gattung, das menschliche Wesen, was für die Menschheit eines bestimmten, wenn auch tausendjährigen Zeitraums jenseits des Menschen liegt? Wißt ihr, was einst noch der Mensch sein und leisten wird? Glaubt ihr also, indem ihr über den gegenwärtigen und vergangnen Menschen hinausgeht, auch schon über die menschliche Natur, über den Menschen überhaupt, den Menschen der Zukunft hinaus zu sein? Ist der heutige Tag der jüngste Tag der Menschheit? O ihr Kurzsichtigen!

— —

„Die Religion ist die Sehnsucht nach einer besseren Welt, und diese Sehnsucht regt sich in allen Menschen, selbst die rohsten, irreligiösesten Seelen verrathen sie widerwillig durch ihre Unzufriedenheit mit dieser Welt, als in welcher kein reines Glück zu finden." Und dennoch scheiden die Menschen, wenn es wirklich zum Abschied kommen soll, so ungern von dieser schlechten Welt; dennoch scheuen und fliehen sie — abnorme Fälle abgerechnet — den Tod als das größte Uebel. Wie erklärt sich dieser Widerspruch? Durch die ganz gemeine Erfahrung, daß wir den Werth der Dinge und Wesen erst dann erkennen, wenn wir sie verloren haben oder im Begriffe stehen, sie zu verlieren. Jedes Gut hat seine Uebel, jede auch die angenehmste Existenz ihre Unannehmlichkeiten, jede Individualität, auch die edelste Eigenschaften oder Eigenheiten, die einer andern Individualität zuwider sind. Aber diese Eigenheiten, Unannehmlichkeiten und Uebel fallen uns gerade nur dann auf und zur Last, wenn wir im Genuß einer Person, eines Glücks, eines Gutes sind. Wir haben des Guten zu viel; der Ueberfluß macht uns heikel und übermüthig; in diesem Uebermuthe schütten wir das Kind mit dem Bade aus, vergessen und verwerfen über dem Ueblen das Gute, über den Nebendingen die Hauptsache, d. h. über dem Unkraut unter unserm Weizen den Weizen, über den Blattläusen das Blatt, über den Sommersprossen und Leberflecken des Gesichts das Gesicht selbst, über den Schnacken und Bremsen des Sommers die Herrlichkeit der Sommerzeit. Wie anders ist es aber, wenn wir das, was wir im Uebermuthe des Besitzes und Genusses verächtlich wegwerfen, wirklich verlieren sollen oder bereits verloren haben! Ach! dann verschwinden uns alle diese einst so anstößigen Nebendinge in Nichts; dann vergessen wir über dem Wesen die Accidenzen, über den Vollkommenheiten die Mängel; dann blicken wir sehnsuchtsvoll auf die Herrlichkeiten der Vergangenheit zurück und erkennen schmerzlich enttäuscht, daß die Gefühle der Unbehaglichkeit und Unzufriedenheit nur oberflächliche Schnacken- und Bremsenstiche, daß wir im Herzen, im Wesen vollkommen heil, einig und befriedigt mit dem entschwundnen Gegenstand waren, daß das verlorne Gut ein wahres, wirkliches Gut war. O ihr „edlen," nach dem Jenseits schmachtenden Seelen nehmt euch in Acht, daß es nicht euch mit der besseren Welt eben so geht, daß nicht die bessere Welt, wenn sie wirklich geworden, euch als die schlechte, und diese schlechte Welt, wenn sie entschwunden, als die bessere erscheint, daß also nicht dort die Sehnsucht nach dieser Welt euere Religion ist! Hütet euch die Stimme der Sehnsucht und Unzufriedenheit für die Stimme der Wahrheit und Natur zu nehmen, aus den Aeußerungen der gereizten und gekränkten Liebe auf Haß und Feindschaft zu schließen, wenn ihr euch einer bittern Enttäuschung in der besseren Welt überheben wollt!

Bewohner nördlicher, kalter, unfreundlicher Gegenden hoffen im Jenseits auf ein milderes Klima; Bewohner heißer, dürrer, wasserloser Länder dagegen hoffen im Jenseits auf kühlende Schatten, Winde und Quellen. So hebt der Mensch in der Vorstellung des Jenseits die örtlichen Schranken, Unannehmlichkeiten und Beschwerlichkeiten seiner Existenz auf. Weil aber der beschränkte Mensch, d. h. das Individuum an diesem Orte seinen localen Standpunkt für den universalen, seinen Wohnort für die ganze Erde oder Welt nimmt, so versetzt er in ein anderes Leben, in eine andere Welt, was gleichwohl in diese Welt im

Ganzen fällt. So existirt das Jenseits der Kamtschadalen, wo es „weniger Sturmwinde, Regen und Schnee, als auf Kamtschatka" gibt, an genug Orten dieser Erde, die aber freilich jenseits Kamtschatka liegen; so findet selbst der stets heitre Himmel des nordamerikanischen Jenseits und der ewige Tag, den so viele, selbst cultivirte Völker in das Jenseits versetzen, schon auf der Erde statt, wenn wir auch die andere Hälfte der Erde, wenn wir die ganze Erde überhaupt ins Auge fassen; so ist sogar die religiöse Idiosynkrasie und Antipathie der alten Perser gegen alles Dunkle, ihre Hoffnung auf eine Welt, wo die Körper der Menschen ohne Schatten sein werden, auch schon hier verwirklicht, indem bekanntlich die Bewohner der heißen Zone zwischen den Wendekreisen, an gewissen Tagen wenigstens, in senkrechter Stellung keinen Schatten werfen und deswegen ausdrücklich Unschattichte heißen. Aber wie der Mensch in eine andere Welt verlegt, was in diese Welt fällt, weil er einen Theil derselben zur ganzen Welt macht, eben so versetzt der Mensch in ein anderes Wesen, was in sein eignes Wesen fällt, weil er Theile des Menschen zum ganzen Menschen, bestimmte Arten des menschlichen Wesens zur Gattung desselben, bestimmte Menschen zur Menschheit selbst macht. So machen die Menschen die unabsichtlichen und unwillkürlichen Aeußerungen und Erscheinungen des menschlichen Wesens zu Wirkungen von Wesen einer eignen, vom Menschen unterschiednen Gattung — zu Gottes-, Geister-, Dämonen- oder Teufelswirkungen, weil sie das nur in bewußten, absichtlichen, willkürlichen Handlungen sich äußernde menschliche Wesen zum ganzen Wesen des Menschen machen, was gerade so ist, als wenn man nur die Organe der willkürlichen Bewegung, aber nicht den Magen, die Lunge, das Herz zu Gliedern des menschlichen Leibes, zu menschlichen Organen machen wollte. So haben die Protestanten die willkürlichen und absichtlichen, politischen Satzungen des Pabstthums, wie z. B. das Gebot des Cölibats, als eine „menschliche" Satzung bezeichnet und verworfen, die Ehe dagegen als ein „göttliches" Institut und Gebot gepriesen, als wäre nicht gerade das

Cölibat ein unmenschliches, der menschlichen Natur widersprechendes, die Ehe dagegen als die Befriedigung der Geschlechtsliebe das wahrhaft menschliche Institut. So haben die Christen den religiösen und philosophischen Lehren und Vorstellungen der Griechen und Römer als den menschlichen Lehren ihre Lehre als die göttliche, als das Wort Gottes entgegengesetzt, als wenn das heidnische Wesen das absolute Wesen des Menschen gewesen wäre, als wenn die Griechen und Römer den unerschöpflichen Born der menschlichen Natur bis auf den letzten Tropfen erschöpft gehabt hätten, so daß nur vermittelst eines Mirakels, wie einst aus der Zahnhöhle eines Eselskinnbackenknochens, aus dem hohlen Kopf der Menschheit ein Quell neuen Lebens hätte entspringen können. So machen wir überhaupt, namentlich im Affect — aber wie oft kommen wir nicht in Affect! — locale Zustände zu universellen, individuelle Fälle zu Kategorien, particuläre, vorübergehende Zeiterscheinungen zu den bleibenden, classischen Ausdrücken des Menschengeistes, unsere kurze Carriere zur Laufbahn der Menschheit — weiter als ich bringt es doch kein Anderer auch — unsern beschränkten Kreis von Lebenserfahrungen — und wessen wenn auch noch so umfangreicher Lebenskreis wäre nicht im Vergleich zur Menschheit ein beschränkter? — zur absoluten Norm des Menschlichen, die Eigenschaften dieser Individuen oder Menschenclassen zu Eigenschaften der ganzen „Rasse" selbst — kein Wunder daher, daß wir über die Gattung des Menschen, d. h. über die menschliche Natur selbst hinaussetzen, was doch in Wahrheit nur über diese Menschenclasse, diese Individuen, diesen Erfahrungskreis, diese Laufbahn, diese Zeit, diesen Ort hinaus liegt.

———

Warum ging Rom, warum Griechenland zu Grunde? weil sie das Unendliche dem Endlichen, d. h. die Gattung der Art, den Menschen dem Römer und Griechen subordinirten und aufopferten. Jeder Staat überhaupt beruht auf bestimmten Gesetzen und Maximen, Sitten und

Gewohnheiten, d. i. auf gewissen, nur zeitlich nothwendigen, aber an sich willkürlichen Beschränkungen des menschlichen Wesens, und steht nur so lange in voller Kraft da, als diese Beschränkungen nicht für Schranken, sondern vielmehr für die dem Menschen entsprechenden Bestimmungen gelten. Aber die Zeit des Verfalls, d. h. eben die Zeit, wo diese Beschränkungen als Schranken empfunden und folglich überschritten werden, tritt nothwendig ein; denn der Mensch strebt unaufhaltsam nach unbeschränkter Entfaltung seines Wesens, nach Formen des Daseins, die seinem vollen Wesen entsprechen, und zerstört daher unerbittlich jede einseitige, beschränkte Existenz, jeden Weltzustand, der sich nur durch Unterdrückung irgend eines wesentlichen menschlichen Triebes behaupten kann, jeden Staat, der in dünkelhafter Beschränktheit die Grenzen seines Reichs zu Grenzen der Menschheit, die Bedingungen seines Bestehens zu Gesetzen der menschlichen Natur macht. Das Wesen über den Staaten und Völkern, das ihr Schicksal bestimmende und entscheidende Wesen — das ist das eigne Wesen des Menschen, aber das Wesen hinter seiner Willkür, hinter seinem absichtlichen Thun und Treiben — die Natur des Menschen. Was der menschlichen Natur entspricht, das bleibt; was ihr widerspricht oder nur unter gewissen Bedingungen entspricht, das vergeht. Aber die menschliche Natur äußert sich nur in den menschlichen Bedürfnissen: nur das menschliche Bedürfniß, nur die menschliche Noth ist daher die Macht, welche das Schicksal der Staaten in ihren Händen hat. Die Noth gründet die Staaten und die Noth zerstört die Staaten. Vor der Noth weicht jede Macht. Wenn Euch daher schlechterdings ein Wesen noth thut, dem ihr fußfällig eure Verehrung darbringen könnt, o! so fallt nur nieder vor der Macht der Noth, der allernächsten und allergemeinsten, der allerempfindlichsten und allerwirksamsten Macht, und bedenkt, daß das höchste Attribut der göttlichen Majestät, das Privilegium, Alles zu binden und zu lösen, Gesetze zu geben und aufzuheben, das Privilegium, Wunder zu thun, das Privilegium der Noth ist — Wunder geschehen ja nur in den Fällen außerordentlicher Noth — und betrachtet daher die Stimme der Noth als Gottesstimme und die Stillung der menschlichen Noth als den einzig wahren Gottesdienst. Res est sacra miser, sagt ein römischer Philosoph und nach ihm ein deutscher Dichter:

> Auch ein verdienter Fall flöß' uns Erbarmung ein!
> Ein Unglückseliger sollt' unverletzlich sein.

———

Als einst Melanchthon aus Betrübniß über seine Einwilligung zur Doppelehe eines deutschen Fürsten in Schwermuth und Krankheit gefallen war, flößte ihm Luthers Kraft wieder Muth und Leben ein. „Alldar, sagte hernach Luther, mußte mir unser Herr Gott herhalten. Denn ich warf ihm den Sack für die Thür und rieb ihm die Ohren mit allen Verheißungen des Gebets, das da müßte erhöret werden, die ich in der h. Schrift zu erzählen wußte, daß er mich erhören mußte, wenn ich anders seinen Verheißungen trauen sollte." So weicht vor der Macht der Noth selbst die göttliche Majestät und Macht. Kein Wunder, daß der Heide seine handgreiflichen Götter selbst prügelt und wegwirft, wenn sie ihm nicht helfen. Verwarfen doch auch die Juden und Christen deswegen die Götter der Heiden, ihre Bilder und Statuen, weil sie als leb- und machtlose Machwerke den Menschen nichts helfen könnten. „Sie können, heißt es in der Bibel, einem Menschen in der Noth nicht helfen; sie erbarmen sich der Wittwen nicht und helfen den Waisen nicht, sie geben den Menschen nicht Regen, denn sie sind hölzern, mit Gold und Silber gezieret, den Steinen gleich, die man aus dem Berge hauet. Darum soll man sie nicht für Götter halten oder so heißen; denn sie können weder strafen, noch helfen." Was also hilft, Noth aufhebt, das ist Gott; aber die Noth geht der Hülfe voran; die Nothwendigkeit der Hülfe ist ja eben die Noth. Wollt ihr also noch leugnen, daß Gott nicht, wie ihr euch einbildet, das erste, unbedingte, nur durch sich selbst gesetzte und denkbare Wesen ist, sondern etwas Andres voraussetzt, im Gegensatz zu dem er erst Gott ist? Allerdings muß schon Wasser sein, wenn ich Wassernoth empfinde; aber das Wasser, das der Durst voraussetzt, ist nicht Wasser überhaupt, nicht mit unassimilirbaren, lebensfeindlichen Stoffen geschwängertes, sondern trinkbares Wasser. So wie daher in der Entwicklung der Erde das Wasser trinkbar wurde, so entstanden auch sogleich pflanzliche Zellen und thierische Schläuche, die dieses Wasser begierig in sich aufsogen. Das trinkbare Wasser mündet direct in den thierischen Schlauch, findet nur in ihm sein Bett und Gleichgewicht — trinkbares Wasser setzt durstige Seelen voraus.

Der uncultivirte Mensch verlangt von seinen Göttern unbeschränkte, unverzügliche Erfüllung aller seiner Wünsche; er fragt sich nicht, ob diese Wünsche recht oder unrecht, vernünftig oder thöricht, ihre Erfüllung daher für ihn heilsam oder verderblich ist. Er berücksichtigt nur die Begierde, nicht die Vernunft, nur den Genuß, nicht die Folgen, nur die Gegenwart, nicht die Zukunft; er hat, wie das Kind, keine Geduld, keine beständige, ausdauernde Seele; er hat vielmehr, wie der Caraibe, so viele Seelen, als er Pulsschläge zählt, von denen also keine die Dauer eines Augenblicks überlebt, gleichwohl jede sein ganzes Wesen in sich verschlingt und um so ungestümer die Befriedigung ihrer Begierde verlangt, je kürzer ihre Dauer ist. Der uncultivirte Mensch wird daher seinen Göttern bös und ungetreu, so wie sie ihm etwas versagen, was er selbst sich nicht versagen kann. Der Mensch von Cultur oder Verstand dagegen weiß aus Erfahrung, daß, was für den Augenblick ein Uebel oder Glück, in der Folge oft gerade das Gegentheil ist, und zieht daraus die Regel, daß man sich nicht alles gewähren dürfe, was man gerade wünscht und begehrt, daß man vielmehr, um glücklich zu sein, um also den Wunsch aller Wünsche zu erreichen, diesen oder jenen speciellen Wunsch aufopfern, daß man folglich sich selbst oft böse sein müsse, wenn man es wirklich gut mit sich meint, weil ja nur im Gegensatz gegen das Unangenehme das Angenehme als solches empfunden wird, nur der Hunger die Würze des Mahls, nur die Beschränkung die Bedingung der Freiheit, nur die Entsagung die Bedingung des Genusses ist. Wo aber der Mensch also denkt, da denkt natürlich auch sein Gott so; der Mensch wird daher hier seinem Gott nicht bös und ungetreu, er verliert nicht den Glauben an seine Güte, wenn er ihm diesen oder jenen Wunsch nicht erfüllt, dieses oder jenes Gut nicht gewährt, weil er die göttliche Güte durch die göttliche Weisheit, d. h. seine Wünsche durch seinen Verstand beschränkt. Aber deswegen gibt doch auch hier nicht der Mensch die Erfüllung der menschlichen Wünsche als die wesentliche Bedingung und Eigenschaft der Gottheit auf; deswegen ist noch keineswegs, wie die speculativen Träumer und theologischen Heuchler uns weis machen wollen, die Verzichtung auf das „Endliche" der Charakter der Religion auf diesem Standpunkt; denn der Mensch verzichtet auch hier, eben so wie im Opfer der heidnischen Religionen, nur auf dieses Endliche, aber nicht auf das Endliche überhaupt, nur auf diesen speciellen Wunsch, aber nicht auf andere Wünsche, geschweige auf den Wunsch aller Wünsche. „Es geschieht, sagt Luther, was wir nur bitten, ob wir gleich nicht wissen, auf was vor Art und Weise. Gott steckt uns in Unglück, das bisweilen größer ist, auf daß er eines andern Unglücks ein Ende mache. Und also erhöret er unsere Bitte." „Der Glaube zweifelt nicht, daß Gott guten Willen habe zur Person, wolle und gönne derselben alles Gute. Aber dasjenige, was der Glaube bittet und fürgibt, ist uns nicht bewußt, ob's uns gut und nütze sei." Der Gott des Wilden oder überhaupt Rohen ist ein veränderliches, launenhaftes Wesen, heute gut, morgen böse, heute daher ein Gegenstand der Verehrung, morgen der Verachtung, denn das, was er gewähren soll, ist ein bestimmter, einzelner, vom Zufall abhängiger Gegenstand. Der cultivirte Mensch dagegen subordinirt seinem Wohle, dem Wesen und Endzweck aller Wünsche, die speciellen Wünsche; er reducirt seine Wünsche auf das Allgemeine und Nothwendige; er verlangt nicht ein Kleid von diesem oder jenem kostbaren Stoffe, nicht diese oder jene Sorte Brot, nicht diese oder jene angenehme Lebensart; er ist zufrieden, wenn er nur das Leben, wenn er nur sein tägliches Brot, es sei nun schwarzes oder weißes, wenn er nur ein Kleid überhaupt hat. Das Allgemeine ist aber nicht so, wie das Besondere und Einzelne, der Laune des Zufalls preis gegeben. Dieses schöne weiße Brot kann mir freilich der liebe Gott nur an diesem Orte, nur vermittelst dieses Bäckers bescheeren; aber Brot überhaupt, abgesehen von seinen besondern Eigenschaften, kann ich überall bekommen. Wo aber der Mensch nur das Allgemeine und Nothwendige zum Gegenstand seiner Wünsche macht, seine Wünsche also selbst **allgemeine und nothwendige** sind, da bekommt natürlich auch das diese Wünsche erfüllende, das göttliche Wesen den **Charakter der Allgemeinheit und Nothwendigkeit**, da ist Gott nicht mehr nur aus Laune gut, nicht mehr ein Wesen, das man daher auch erst durch Geschenke, Opfer gut gelaunt machen muß, sondern ein wesentlich, nothwendig, beständig und zuverlässig gutes Wesen, da ist er daher auch der Gegenstand einer beständigen, sich gleich bleibenden Verehrung, nicht mehr den injuriösen Vorwürfen getäuschter Hoffnungen und Erwartungen preis gegeben. Weil aber gleichwohl oft selbst nicht einmal die allgemeinsten und nothwendigsten, die gerechtesten und billigsten Wünsche der Menschen erfüllt werden, also alle Anhaltspunkte und Gründe zu einer Rechtfertigung der göttlichen Güte und Weisheit in diesem Leben verschwinden; so hilft sich die Religion mit der Vorstellung eines **andern Lebens**, wo die hier unerfüllt gebliebenen Wünsche erfüllt, die Widersprüche also der Erfahrung mit dem Glauben an einen Gott gelöst werden sollen. Das Jenseits aufheben und doch Gott bestehen lassen, wie gewisse Speculanten thun, das heißt den Namen ohne die Sache, das Wort ohne Sinn bestehen lassen.

. .   -

Wer die Götter wie Sternschnuppen aus dem nächtlichen Himmel seiner bodenlosen Speculation oder mystischen Träumerei auf die Erde herabfallen läßt, und daher die Abkunft der nothlosen Wesen von der menschlichen Noth zu despectirlich oder gar unbegreiflich findet, der wisse, daß die Theisten der frühern Zeiten in dem Ach! Gott! oder Hülf Gott! Geschrei des nothleidenden Menschen die Stimme Gottes selbst vernommen, d. h. den unmittelbaren, natürlichen Beweis von der Existenz eines den Menschen aus aller Noth erretten könnenden und erretten wollenden, allmächtigen und allgütigen Wesens gefunden, also aus der Noth des Menschen die Nothwendigkeit Gottes gefolgert haben. Hilft ihm auch diese Bemerkung nichts, so lasse er sich noch folgende Recepte aus Luther verschreiben. „Außer der Anfechtung, sagt er in seinen Tischreden, kann kein Gebet geschehen. Darum saget David wohl: Rufe mich an in der Noth, sonst ohne die ist's ein kalt Geplepper und gehet nicht von Herzen, wie man sagt: Noth lehrt beten." Und über die Allmacht der Noth in physischer Beziehung äußert er sich in seinen Werken an einer Stelle also: „Ein Mensch der von schwerer Anfechtung oder aber von großen Schrecken bestürzet ist, thut das wohl, was ihm sonst außerhalb der Anfechtung zu thun unmöglich ist;" über dieselbe in religiöser und moralischer Beziehung aber also: „Liebe und Noth meistern alle Gesetze" „heben alle Gesetze auf" — auch die Naturgesetze — Wunder. Uebrigens ist nicht zu vergessen, daß die Noth als die Quelle aller Leiden, zugleich auch die Quelle aller Freuden ist. Jeder Genuß setzt ja Mangel, Bedürfniß, Noth voraus. Was ist qualvoller, als ein geliebtes Wesen leiden zu sehen und nicht helfen zu können; aber was ist seliger, als die Gewißheit: es ist gerettet? Das Gefühl der überstandnen Noth ist daher ein ganz andres, als das der bestehenden; dort beziehe ich mich auf den Gegenstand, hier beziehe ich den Gegenstand auf mich; dort singe ich Lobgesänge, hier Klagelieder; dort danke, hier bitte ich. Das Nothgefühl ist praktisch, teleologisch, aber das Dankgefühl poetisch, ästhetisch. Das Nothgefühl ist vorübergehend, aber das Dankgefühl dauernd; es knüpft die Bande der Liebe und Freundschaft. Das Nothgefühl ist ein gemeines, das Dankgefühl ein edles Gefühl; jenes verehrt seinen Gegenstand nur im Unglück, dieses auch im Glück. „Um die Götter im Unglück zu Freunden zu haben, muß man sie auch im Glück verehren."

———————

Wie kommt es, daß gerade Zeus, der höchste und mächtigste Gott der Griechen, der Gott der furchtbarsten Naturmächte, der „Leitenden Rächer," ist „der Hort der Fremdlinge und Darbenden," welcher „am eifrigsten rächt die Gewaltthat?" Was ist für ein Zusammenhang zwischen dem Donnergepolter und der Klage des Nothleidenden, zwischen dem zerschmetternden Blitzstrahl und der Empfindung des Mitleids? Ein sehr natürlicher. Vor der höchsten Naturmacht verschwinden alle menschlichen Unterschiede und mit ihnen der menschliche (oder vielmehr unmenschliche) Uebermuth und Hochmuth, womit der Reiche auf den Armen, der Mächtige auf den Schwachen, der Glückliche auf den Unglücklichen theilnahmlos herabblickt. Wenn ich daher als Unglücklicher hülfesuchend einem Glücklichen, Reichen, Mächtigen mich nahe, so erinnere ich ihn, um ihn weich und mürb zu machen, an die Macht, welche mit einem einzigen Blitzstrahl ihn sammt allem seinem Glück und Reichthum zu Nichts machen kann, an die Macht überhaupt, deren Vorstellung dem Bevorzugten das demüthigende, d. i. religiöse Bewußtsein oder Gefühl der Gleichheit aller Menschen einflößt. Aber woher hat denn nun eigentlich Vater Zeus seine Macht? nur von der Macht der menschlichen Noth und Furcht. Er ist das höchste und mächtigste, weil das allernöthigste Wesen. Luxus ist Pallas Athene, Luxus Hephästos, Luxus Apollo; aber schlechterdings unentbehrlich ist Vater Zeus: er ist der Gott, das Wesen der nothwendigsten physikalischen Bedürfnisse, der nothwendigsten menschlichen Bande, der Ausdruck und Sammelpunkt der höchsten menschlichen Noth. An Gottes Segen ist Alles gelegen. Aber diesen Segen hat eben Zeus als der Herr des Regens, des Himmels, der Atmosphäre überhaupt in seinen Händen. Beregne, beteten die Athener, beregne, guter Zeus, die Felder und Fluren der Athener! Und die Erde war in Athen in einer den Zeus um Regen anflehenden Stellung abgebildet. Erbarme Dich meiner im Namen des Zeus heißt daher: erbarme Dich meiner im Namen des menschlichen Elends, im Namen insbesondre des unsäglichen Unheils, das Wassermangel, Hagelschläge, Schneegestöber, Wolkenbrüche, Sturmwinde, Ungewitter über den Menschen verhängen und jeden Augenblick auch über Dich verhängen können. Wie thöricht ist darum die Besorgniß, daß mit den Göttern der Menschen auch die Bande der Menschheit verschwinden! Es ist nur Prahlerei, wenn Vater Zeus sagt, seine goldene Kette sei der Zusammenhang des Weltalls; es ist vielmehr nur die eiserne Kette der Noth, die alle Dinge und Wesen, so auch die Menschen zusammenbindet. Und dieses Bindemittel bleibt, wenn auch längst die goldene Kette der Götter zum Besten der nothleidenden Menschheit in currente Münzen umgeschmelzt ist.

———

Vom politischen und socialen Standpunkt aus betrachtet, gründet sich die Religion, gründet sich Gott nur auf die Schlechtigkeit der Menschen oder menschlichen Zustände und Verhältnisse. Weil die Tugend nicht immer belohnt wird und glücklich ist, weil es überhaupt so viel Widerspruch, Uebel und Elend im menschlichen Leben gibt, darum muß ein Himmel, darum ein Gott sein. Aber das meiste und größte Elend der Menschen kommt von den Menschen selbst. Nur auf dem Mangel der menschlichen Gerechtigkeit, Liebe und Weisheit beruht also die Nothwendigkeit und Existenz Gottes; Gott ist, was sich die Menschen nicht sind — wenigstens nicht alle, wenigstens nicht immer — aber sein sollen — und an sich auch sein können; Gott nimmt die Sünden der Menschen auf sich; er ist ihr Stellvertreter; er überhebt sie der Pflicht, das selbst einander zu sein, was er an ihrer Statt ist; denn wenn ein Wesen ist, welches die Uebel wieder gut macht, die ich Andern zufüge, oder wenigstens im Vertrauen auf die göttliche Entschädigung bestehen lasse, warum soll ich aus meinen Mitteln diese Uebel aufheben? Gott ist der Trost der Noth, aber auch die Sicherheit des Ueberflusses, das Almosen der Darbenden, aber auch die Hypothek der Wucherer, der Zufluchtsort der Unrecht Leidenden, aber auch der Ruhesitz der Unrecht Thuenden, mögen sie nun direct oder indirect, mit Unrecht oder von Rechtswegen Andern Unrecht thun. Allerdings ist die Religion höchst tröstlich für mich, aber höchst untröstlich für Andere, denn sie lehrt mich nicht nur meine eignen Leiden, sondern auch die Leiden Anderer mit christlicher Geduld zu ertragen, zumal wenn ich den christlichen Glauben habe, daß die Uebel und Leiden der Menschen Schickungen, Willensbestimmungen Gottes sind, denn wie sollte ich das nicht wollen, nicht mir gefallen lassen, was Gott will*)? Das schlechteste

---

*) Glücklicher Weise negiren jedoch die Menschen in der Praxis ihre religiösen Meinungen und Glaubensartikel; widrigenfalls würde sich die Religion nicht als das Band, wofür sie in der Einbildung gilt, sondern als die Auflösung aller menschlichen Verhältnisse erweisen. Denn wozu ist eine menschliche Gerechtigkeit, wenn eine göttliche ist, wozu eine menschliche Vorsorge und Vorsehung, wenn eine göttliche ist? So ist der Gottesglaube nur ein theoretischer Glauben; in der Praxis sind alle Menschen — ausgenommen die Schwärmer — zu ihrem eignen und Anderer Glück Atheisten;

Compliment, das der Religion gemacht werden kann, machen ihr daher die Politiker, wenn sie behaupten, daß kein Staat noch ohne Religion bestanden habe und ohne sie bestehen könne; denn in dem bisherigen Staat, in dem Staat im Sinne der gewöhnlichen Politiker, welche den Status quo für das Non plus ultra des menschlichen Wesens halten, stützte sich immer nur das Recht auf Unrecht, die Freiheit auf Knechtschaft, der Reichthum auf Elend, die Bildung auf Roheit, die Ehre des Bürgers auf die Infamie des Menschen, der Uebermuth der Fürsten auf die religiöse Demuth der Völker.

Du anerkennst die Schlechtigkeit der Menschen, und doch willst Du Dich im Menschen befriedigen, willst nicht zu einem Gott Deine Zuflucht nehmen? Nein! denn die Schlechtigkeit des einen Menschen macht die Tugend des andern wieder gut. Dieser beraubt mich aus Habsucht meines Vermögens, aber jener opfert dafür aus Freigebigkeit mir sein eignes Vermögen auf; jener strebt mir aus Bosheit nach dem Leben, aber dieser errettet aus Liebe mit Lebensgefahr mich vom Tode. Von den Menschen, von welchen wir den Spruch haben: homo homini lupus est, der Mensch ist dem Menschen ein feindliches, verderbliches Wesen, von denselben haben wir den Spruch: homo homini Deus est, der Mensch ist dem Menschen ein wohlthätiges, göttliches Wesen. Aber welcher von diesen beiden Sprüchen drückt die Ausnahme, welcher die Regel aus? Offenbar nur der letzte, denn wie wäre auch nur irgend ein geselliger oder staatlicher Verband zwischen den Menschen möglich, wenn der entgegengesetzte Spruch die Regel ausdrückt? Aber überall können wir uns nur nach der Regel richten und urtheilen, wenn an-

---

sie widerlegen — freilich nicht für ihr Bewußtsein, für ihre Vorstellung — durch die That ihren Glauben.

ders unser Urtheil nicht selbst ein regelwidriges, abnormes, verkehrtes sein soll.

„Gott regiert die Welt," ja wohl, aber dieser die Welt regierende Gott ist nur Das, was in der Meinung der Menschen für Gott, überhaupt für erlaubt, recht, heilig, gut, schicklich gilt — ist mit einem Worte nur die Meinung, welche die öffentliche, herrschende, geheiligte Meinung, d. i. der Glaube einer Zeit oder eines Volkes ist. Wo der Mensch meint oder glaubt, daß sein Leben nicht von einer Vorhersehung, sondern von einer Vorherbestimmung, einem blinden, unvermeidlichen Schicksal abhänge, gleichgültig ob nun dieses für sich oder als Willensbeschluß Gottes gedacht wird, da hängt auch wirklich sein Leben von keiner Vorsehung ab, denn er fragt nicht die Vernunft um Rath, ob er etwas thun oder lassen soll, er ergreift keine Vorsichtsmaaßregeln, er stürzt sich blindlings in die Gefahr. Wo, wie im 17. Jahrhundert „in den Burgen der Ritter, in den Palästen der Großen, in den Bibliotheken der Gelehrten, auf jedem Blatt in der Bibel, in den Kirchen, auf dem Rathhaus, in den Stuben der Rechtsgelehrten, in den Officinen der Aerzte und Naturlehrer, in dem Kuh- und Pferdestall, in der Schäferhütte, überall und überall der Teufel war, wo jedes Donnerwetter, jeder Hagel, jede Feuersbrunst, Dürre, Viehseuche dem Teufel und den Hexen Schuld gegeben wurden," da war wirklich der die Welt regierende, der über das Schicksal der Menschen entscheidende Gott — der Teufel, aber dieser Teufel der Menschheit war nur der Glaube der Christenheit an den Teufel. Wo, wie in den Zeiten der Barbarei und noch heute bei den rohen oder wilden Völkern Gewalt für Recht, der Mann daher wegen seiner physischen Uebermacht für den unumschränkten Herrn des Weibes, das Weib nur für seine Sclavin, sein Lastthier oder gar nur für eine Waare gilt, die er selbst für eine Blase Thran, wie der Einwohner von Unalaschka, verkauft, oder gegen einen geringen Lohn oder auch umsonst aus bloßer Gefälligkeit einem Gaste, wie eine Pfeife Tabak, zum Genuß anbietet und überläßt, da waltet auch über dem Weibe kein liebendes Auge, da bestimmt sein Loos nur die rohe, physische Macht. Und wo der Kindermord für ein religiöses Opfer gilt, oder doch wenigstens, es sei nun aus welchen Gründen es wolle, in gewissen Fällen Sitte ist, wo die neugebornen weiblichen Kinder lebendig begraben werden, wie von den Guanas am Paraguay geschehen soll, wo man die Kinder dem Hungertod oder den wilden Thieren aussetzt, wie die Madegassen thun, wenn sie in, nach ihrer Meinung, unglücklichen Monaten, Tagen oder Stunden geboren wurden, wo man ihnen mit Kamtschadalischer Rohheit und Grausamkeit schon im Mutterleib Arme und Beine zerbricht, wo die Geburt von Zwillingen für unnatürlich und schimpflich gilt, wie in Guiana, und daher immer ein Kind getödtet wird, wo also kein menschlicher Verstand, kein menschliches Gesetz und Herz die Kinder beschützt, da beschirmt sie auch kein himmlischer Vater. Die Vorsehung der Menschheit ist einzig die Cultur, die Bildung der Menschheit. Weisheit, Güte, Gerechtigkeit regeln nur da das menschliche Leben, wo der Mensch selbst weise, gut und gerecht wird. „Die Vorsehung accommodirt sich dem jedesmaligen Standpunkt und Bildungsgrad der Menschheit" — das heißt: die Grenze der Bildung ist immer auch die Grenze der Vorsehung; wo die Cultur ausgeht, da geht auch die Vorsehung aus, da ist der Mensch wehr- und schutzlos den ungestümen Mächten der Natur und Leidenschaft preis gegeben. Daher kann man auch nur bei den Völkern, welche eine wirkliche Culturgeschichte haben, auf den Gedanken einer Vorsehung verfallen; aber bei den culturlosen Völkern verschwindet jeder Anlaß und Grund zu der für den Menschen so schmeichelhaften Vorstellung einer göttlichen Vorsehung.

Was ist die specielle Vorsehung, die Vorsehung, die über mir, diesem Individuum wacht? Der wesentliche Charakter meiner Individualität, welcher unwillkürlich Alles nach seiner Art bestimmt und modelt, Alles sich assimilirt, allen meinen Schicksalen, Leiden und Handlungen seine eigenthümliche Farbe aufdrückt, alle Kleinigkeiten und Zufälligkeiten selbst noch in einen sinnvollen Zusammenhang bringt und dadurch meinem Leben den Anstrich eines durchdachten Planes gibt — mein instinctartiger Selbsterhaltungstrieb, wie wenn ich durch eine unwillkürliche Wendung und Stellung meines Körpers einem lebensgefährlichen Fall ausweiche — kurz mein unwillkürlicher Egoismus, der Alles auf sich bezieht und deutet, olles meiner Individualität Widersprechende beseitigt, Alles, selbst auch die unabänderlichen Uebel und Widerwärtigkeiten noch zu meinem Besten dreht und wendet. Insofern kann man allerdings sagen, daß nichts im Leben des Individuums Zufall ist, denn auch das Zufällige, das mir begegnet, ist immer durch die Art meiner Individualität bestimmt. Ein Ziegelstein schlägt mich todt; aber er hätte mich nicht todt geschlagen, wenn mich nicht irgend ein individueller Grund, vielleicht nur eine Grille, eine Idiosynkrasie, die aber gleichwohl von meiner Individualität unabsonderlich ist, gerade zu dieser Zeit an diesen Ort hingeführt hätte. Aber gleichwohl gibt es genug Zufälle in unserm Leben, d. h. Vorfälle, die ihren Grund nur in dem Zusammentreffen von Dingen haben, die an sich in gar keinem Zusammenhang mit einander stehen, die weiter nichts mit einander gemein haben, als daß sie an demselben Orte und zur selben Zeit existiren, die daher zusammentreffen, ohne daß ein innerer Grund, eine Nothwendigkeit dieses Zusammentreffens vorhanden ist, aber gerade um so mehr uns in Verwunderung versetzen, je weniger sich ein bestimmter Grund und Zusammenhang entdecken läßt. Allein wir bemerken gewöhnlich nur dann diese Zufälle in dem Tagebuch unsers Lebens, wenn unser Egoismus, unser Selbsterhaltungs- und Glückseligkeitstrieb dabei betheiligt ist, und betrachten sie daher als ganz außerordentliche Fälle, als Wunder, als sichtbare Beweise einer göttlichen Vorsehung. Wenn ein Rabe ein Stück Fleisch vor mich hinfallen läßt, wenn ich eben nach gesegneter Mahlzeit meinen Spaziergang mache, so gehe ich mit größter Gleichgültigkeit über diesen Fall hinweg, ob es gleich höchst merkwürdig ist, daß der Rabe gerade vor meiner Nase, gerade zu dieser Zeit, gerade an diesem Orte das Stück fallen ließ; er hätte ja an unzähligen andern Orten es fallen lassen können. Wenn aber dem Raben das Fleisch entfällt in dem Moment, wo ich gerade Hungersnoth leide, so ist natürlich dieser Fall kein gleichgültiger, kein grund- und sinnloser mehr; dieser Fall hatte die Absicht, den Zweck, meinen Hunger zu stillen, mich am Leben zu erhalten, seine zufällige Folge für mich, der ich so gescheut war, diesen Fall mir zu Nutzen zu ziehen, war der Grund selbst, warum er geschah; dieser Fall ist daher ein Werk Gottes, der den verstand- und willenlosen Raben nur zum Mittel seiner wohlwollenden Absichten und Gesinnungen gegen mich gebraucht hat. Wenn, um ein andres Beispiel zu geben, ein vor vielen Jahren schon verlorner Gegenstand aus irgend einer zufälligen Veranlassung uns plötzlich einmal wieder ins Gedächtniß kommt und in demselben Moment, wo er uns einfällt, Jemand denselben uns bringt, wie es mir einmal begegnet ist, so nennen wir dennoch ohne Bedenken dieses seltsame, „wunderbare" Zusammentreffen des Gedankens mit dem wirklichen Ding einen puren Zufall, wenn uns nicht viel an diesem Dinge gelegen ist; wenn es aber eine Quittung ist oder sonst ein Document von höchster Wichtigkeit, ein Document, das uns oder die Unsrigen aus der Pein eines Criminalprozesses erlöst, ja dann ist derselbe Fall ein ganz anderer, ein ganz besonderer, ein göttlicher Fall. Wir sind entzückt, außer uns vor Freude über diesen glücklichen Fund; kein Wunder, daß, wenn uns kein sichtbares Wesen entgegentritt, das als die Ursache dieses Glücks unser Dankgefühl vergöttern kann, wir diesen himmlischen Fall auch einem himmlischen Wesen zuschreiben; kein Wunder, daß das göttliche Gefühl, erhalten, errettet zu sein, auch nur in einem göttlichen Wesen seinen entsprechenden Ausdruck und Gegenstand findet. So ist es also nur der Zusammenhang mit menschlicher Noth, menschlichem Bedürfniß, der Zusammenhang mit unserm, übrigens vollkommen berechtigten, Selbsterhaltungstrieb, welcher einem von unzähligen andern, aber wegen ihrer Gleichgültigkeit für uns im Strome des Lebens unbemerkt verschwindenden Fällen an sich nicht unterschiednen Falle das Siegel einer göttlichen Schickung ausdrückt.

Eine wahrhaft fromme, nur dem lieben Gott ergebne Seele betrachtet Alles als ein Geschenk des Herrn. „Erhalten durch die Gnade des Herrn" schrieb so eine fromme Seele in ihre Bücher, selbst solche, die sie sich gekauft hatte. Nicht gekauft, nein! geschenkt — geschenkt! und rathe nur: von Wem? von dem König der Könige, von dem Herrn aller Dinge, von dem Allerhöchsten. Welch ein Glück, welche Gnade, welche Ehre! O ihr unglückseligen Ungläubigen! was seid ihr für Thoren! wie wenig versteht ihr euch auf euern Vortheil! Wie beraubt ihr euch durch euren Unglauben der süßesten, der geistlichen Vergnügungen, der erhebendsten, der gottseligen Selbstgefühle! Was für euch ein kalter, gefühlloser Sonnenstrahl ist, das ist für uns ein Liebesblick der Gottheit; was auf euch den Eindruck eines materiellen Stoßes macht, das empfinden wir als einen Kuß des himmlischen Bräutigams; was euch ein Joch der Nothwendigkeit, das ist für uns das Gängelband des himmlischen Vaters; was für euch nur natürliches Wasser ist, das trinken wir für Traubensaft vom Weinberge des Herrn; was euern Sinnen für Mist, aber gleichwohl euerm Verstande für die Seele der Oeconomie gilt, das ist für uns der belebende und wohlriechende Odem des Herrn; was ihr für schweres Geld von den Bauern, Müllern und Bäckern als gemeines Kornbrod beziehst, das empfangen wir gratis von den lieben Engelein als himmlisches Manna; was ihr mit euren Händen mühselig aus dem Borne der Natur schöpft, das schüttet uns die Munificenz unseres allerhöchsten Gönners aus goldenen Pocalen in den Mund; was bei euch ein Resultat langwieriger Processe und Untersuchungen ist, das thut bei uns ein einziger Gedankenstrich der göttlichen Gnade; worüber ihr euch die Köpfe zerbrecht, worüber ihr räsonnirt, disputirt und perorirt, ohne am Ende doch ans Ziel zu kommen, das fertigen wir mit dem bloßen Kindergelall: „Abba, Abba lieber Vater" ab. Ihr ungläubigen Thoren! ihr werft uns Erniedrigung des Menschen vor und seht nicht ein, daß wir dem Menschen die höchste Ehre anthun, die nur immer denkbar ist. Wißt ihr denn nicht, daß der Günstling auf seinen Gönner, der Bediente auf seinen Herrn stolz ist? wißt ihr nicht, daß mit dem Range des Herrn auch der Rang und das Selbstgefühl des Bedienten sich steigert? Nennen sich die Bedienten vornehmer Herrn nicht unter einander selbst bei dem Namen ihrer Herrn? Spiegelt sich nicht in der mit Gold und Silber gestickten Livree des Bedienten der Glanz seines Herrn ab? Ist das Gefühl, ein königlicher Diener zu sein, nicht auch ein Königsgefühl? Spielt der königliche Diener dem Untergebnen oder gar dem blanken Menschen gegenüber nicht auch einen König? steht er nicht ausdrücklich im Namen des Königs da? O ihr Thoren! ihr wollt dem Menschen die höchste Ehre erweisen und thut ihm den größten Schimpf an, indem ihr ihn seines himmlischen Staats entkleidet. Schlägt denn unter der nackten Brust des Menschen dasselbe Herz, als unter einer von der königlichen Gnade mit Sternen decorirten Brust? Ist das menschliche Herz nicht schwach? nicht einer Unterstützung bedürftig? Ist aber nicht der stärkste Hebel desselben die Eitelkeit? Legt der Geistliche mit dem geistlichen Staat nicht auch die Geistlichkeit, der Soldat mit der glänzenden Uniform nicht auch seinen Soldatenmuth ab? O ihr ungläubigen Thoren, ihr kennt die Menschen nicht; ihr wißt nicht, was sie bedürfen, und seht in eurem fanatischen Eifer wider die Religion nicht ein, daß gerade sie die mächtigste Stütze der menschlichen Eitelkeit und Schwachheit ist, daß das höchste Wesen nichts andres ist, als die höchste Einbildung des Menschen von sich und seinem Wesen, daß die Elogen, die wir in tiefster Demuth dem Allerhöchsten machen, nur indirecte Complimente gegen uns selbst, die Geschenke, die wir von der Gnade unsers Herrn in allerunterthänigster Devotion empfangen, nur Opfer sind, die wir unserer Eitelkeit darbringen. Nein! ihr kennt die Menschen nicht; ihr seid hohle Theoretiker. Ihr erklärt aus der theoretischen Beschränktheit des Menschen, aus seiner Unwissenheit von der Natur, daß er seinen Ursprung nicht von der Natur, sondern von Gott ableitet. Ihr seht nicht, ihr Thoren! daß dieser Genealogie ein praktisches Bedürfniß, ein aristokratisches Motiv, das Motiv der menschlichen Eitelkeit und Selbstliebe zu Grunde liegt, daß der Mensch nur deswegen von Gott sein Dasein ableitet, weil, um so höher und vornehmer das Wesen ist, von dem er abstammt, um so höher und vornehmer er selbst ist, daß er nur deswegen einen übernatürlichen Ursprung sich zuschreibt, um sich selbst ein übernatürliches, göttliches, unsterbliches Wesen und Leben zu vindiciren und garantiren; ihr seht also nicht, daß die Lehre von dem ersten Ding oder Wesen nur in der Lehre von den letzten Dingen ihren Sinn und Aufschluß findet, kurz ihr seht nicht, daß nur die Anthropologie der Schlüssel zu den verborgensten Geheimnissen der Theologie ist.

— · — · —

In Athen war die Würde eines Staatsbeamten an „die Verehrung des Apollo als seines Ahnherrn," als des Stammvaters der Attiker, die häusliche Niederlassung an den Cultus des Zeus Herkeios, die Aufnahme in die Phratrien an den Cultus des Zeus Phratrios als nothwendige Bedingung, somit „die Civität an die vaterländische Gottesverehrung geknüpft, und indem man die äußere Verbindung des bürgerlichen Gemeinwesens in das unsichtbare, überweltliche (?!) Gebiet des religlösen Glaubens versetzte, wurde das politische Element durch ein geistiges Princip gesteigert und veredelt," „die irdischen, weltlichen Verhältnisse durch die Religion geheiligt." Aber nur deswegen, weil die Religion selbst irdisch gesinnt, die Götter selbst weltliche Wesen waren. Zeus Herkeios ist nichts andres, als die Heiligkeit und Göttlichkeit des Hofraums, Zeus Hephestios nichts andres, als die Heiligkeit und Göttlichkeit des Heerdes, Zeus Phratrios nichts andres, als die Heiligkeit und Göttlichkeit der Brüderschaft. „Religion und Politik waren innig verbunden" das heißt das Politische hatte selbst die Bedeutung des Religiösen, die Religion keinen andern Inhalt und Zweck, als einen politischen oder weltlichen. Dem Griechen — überhaupt dem Alterthum — waren die im Sinne oder Munde der Christenheit irdischen Dinge und Verhältnisse gemüthliche, schöne, himmlische, poetische, oder, was eins ist, religiöse. Der Christ, der sein Gemüth, seine Phantasie, kurz seine Seele bei Gott im Himmel, seinen Leib oder Cadaver aber bei den Menschen auf der Erde hat, erblickt in dem Feuer auf seinem Heerde nichts weiter als sein Küchen- und Ofenfeuer, aber der Grieche, der mit Leib und Seele auf Erden war, erblickte in diesem Feuer zugleich ein sein Auge erleuchtendes, seine Phantasie erregendes, sein Herz erwärmendes, den Menschen zur Vertraulichkeit, Geselligkeit, Häuslichkeit und Friedfertigkeit entflammendes — ein leiblich und geistlich wohlthätiges — ein göttliches Wesen. Und der Grieche sah richtiger als der Christ, der sich mit dem Glauben an ein übernatürliches Licht um das Licht der Natur betrügt, über dem blendenden Glanz seines himmlischen Staates seine irdische Sehkraft verliert.

Eine schwärmerisch fromme Katholikin gab mir einmal ein „geistliches" und ein „weltliches" Buch in die Hände, um durch das Uebergewicht von jenem über dieses mir die Kraft der Religion auf eine handgreiflichе Weise fühlen zu lassen. Das „geistliche" Buch wog auch wirklich bedeutend schwerer, aber aus dem natürlichen Grunde, den aber die fromme Thörin übersah, weil es bedeutend größer und dicker war, als das weltliche Buch. Ihr hochweisen Gottesgelehrten und Gottesgläubigen überhaupt erkennt in dieser Schwärmerin Euch selbst! Auch ihr macht zur Kraft Gottes, was nur die Kraft der Natur ist; auch ihr setzt auf Rechnung der Religion, was nur in materiellen, irreligiösen, wenigstens in euren Augen, aber deswegen natürlich noch nicht in eurem Herzen irreligiösen Motiven seinen Grund und Bestand hat; auch ihr glaubt von Gott regiert zu werden, während ihr doch nur von eurem natürlichen Selbsterhaltungs- und Glückseligkeitstrieb, auf den ihr im Dünkel eurer frommen Illusion und theologischen Heuchelei so verächtlich herabblickt, regiert und beherrscht werdet. Glaubt nicht, daß eure frommen Vorstellungen und die an sie geknüpften Gefühle die Norm der Wahrheit und Natur sind; bedenkt, daß auf dem Auge des Menschen sich alle Gegenstände umgekehrt darstellen, daß die Vorstellung die verkehrte Welt ist; daß also das, was ihr in eurer Vorstellung zum Wesen macht, in Wahrheit nur Schein, wenn auch ein heiliger ist, Das, was ihr als die Ursache, als das erste Wesen vorstellt, in Wahrheit und Wirklichkeit das allerletzte Wesen ist.

Wer ehrlich und frei heraussagt: ich bin ein Egoist — wenigstens ein Egoist in dem Sinne, in welchem es jedes lebendige, wirkliche, selbständige Wesen ist und sein muß, wenn es anders existiren, sich behaupten will, in welchem jedes Wesen das begehrt, was seiner Natur gemäß und folglich ihm gut und wohlthuend ist, das aber vermeidet, was seiner Natur zuwider und deswegen für es ein Uebel ist — der ist in Wahrheit kein Egoist; wer aber es läugnet, wer sich und Andern weiß machen will, er sei kein Egoist, wie der religiöse Glaube, den gerade erkennt als den wahren Egoisten. Die Religion ist daher so wenig ein Besserungsmittel des Menschen, daß sie vielmehr ihn zur Verstellung vor sich selbst, zum Selbstbetrug verführt, indem sie seinem Glauben und Handeln andere Motive unterlegt, als in Wahrheit zu Grunde liegen. Es gibt nur ein Reinigungsmittel des menschlichen Herzens und dieses ist die Taufe mit dem einfachen, lautern Wasser der Natur, aber nicht im Namen des Vaters, des Sohnes und des heiligen Geistes, sondern im Namen des Menschen, in welchem wir offen bekennen, daß aus demselben Stoffe, woraus wir selbst zusammengesetzt sind, auch alle unsre Handlungen und Glaubensartikel bestehen, daß wir überall nicht aus göttlichen, sondern aus höchst menschlichen, nicht aus himmlischen, sondern irdischen Gründen glauben und handeln, daß also nicht nur die Menschen, sondern auch selbst die Götter der Menschen sündigen Wesens sind, dieweil sie aus menschlichem d. i. sündlichem Geblüt stammen, oder mit andern deutlicheren Worten, daß wir in und mit der Religion dieselben Sünder sind, die wir außer der Religion und ohne sie sind.

Der Christ will nicht Mensch; er will unendlich mehr; er will ein göttliches, ein moralisch vollkommnes Wesen, d. h. ein ideales, gedachtes, kein wirkliches, ein abstractes, kein sinnliches Wesen sein; denn das moralisch vollkommne Wesen, der Gott, den der Christ als sein Urbild, als das Ziel seines Strebens sich vorsetzt, ist nichts andres als das abgezogene Wesen der Moral, das Wesen des Menschen, inwiefern er ein moralisches Wesen ist, aber gedacht ohne alle „menschliche Schwachheiten" und Mängel, gereinigt von den Blutflecken der Sinnlichkeit, befreit von den Schranken überhaupt, die den Menschen verhindern, ein vollkommen moralisches Wesen zu sein. Der Christ befindet sich daher deswegen auch in fortwährendem Zwiespalt und Widerspruch mit sich als Mensch, als sinnlichem Wesen, und sieht sich daher zur Annahme eines andern Lebens genöthigt, wo dieser Widerspruch gelöst, das Ideal realisirt, das Gedankenwesen wirkliches Wesen sein wird. Aber gerade dadurch, daß der Christ sich ein Ziel setzt, das er nicht erreichen kann, denn ein wirkliches, ein sinnliches Wesen kann unmöglich einem bloßen Gedankenwesen, einem moralischen Ens rationis gleich werden, daß er mehr als Mensch sein will, gerade dadurch ist er weniger, als er sein kann, ist er kein wirklicher, ganzer, vollkommner, wahrer Mensch. Wie die übervernünftigen und übernatürlichen Lehren der Dogmatik nur zur Unvernunft und Unnatur, so führen auch die übernatürlichen und übermenschlichen Forderungen der Moral nur zur Unmenschlichkeit, Unnatur und Unwahrheit. Der Mensch wird ein aufgeblasnes, affectirtes Wesen, denn er studirt sich in eine Rolle ein, die für ihn nicht paßt; er ahmt einem Wesen nach, das seiner Natur widerspricht; er macht das wirkliche, nur sich selbst ausdrückende Wesen zu einer Metapher, einem bildlichen Ausdruck des moralischen Urbilds; er ist ein Schauspieler, der nicht sich, sondern ein andres Wesen vorstellt, im Namen und Sinne eines andern Wesens spricht und handelt, und daher jede eigne, natürliche, menschliche Regung, die mit diesem Ideal der moralischen Vollkommenheit in Widerspruch steht, gewaltsam unterdrückt. Aber der Mensch läßt sich nicht verläugnen, die Natur nicht unterdrücken; sie macht sich trotz der Unterdrückung geltend, aber jetzt freilich nicht in natürlicher, sondern unnatürlicher Weise. So waren die Teufel, welche die christlichen Heiligen so peinigten, nichts andres, als die von dem christlichen Ideal der moralischen Vollkommenheit unterdrückten sinnlichen Triebe der menschlichen Natur, die sich aber unter diesem Drucke nur in den häßlichsten, naturwidrigsten Gestalten Platz machen konnten. Der Protestantismus hat das Verdienst, die Rechte der „sündlichen Natur" des Menschen gegen die augenfällige, plumpe, schamlose Affectation und Heuchelei der katholischen Heiligkeit und Keuschheit geltend gemacht zu haben. Aber er hat nur das Symptom, nicht die Ursache des Uebels, nur die sinnfällige, exoterische, aber nicht die geheime, innerliche Affectation des christlichen Moralprincips aufgehoben; denn er hat dem Menschen dasselbe phantastische Ziel gesetzt, wie der Katholicismus, nur daß er es nicht zu einem Gegenstand der Praxis in diesem Leben, sondern zu einem Gegenstande jenes Lebens, damit nur des Glaubens machte: dort werden wir sein, was wir hier nur im Glauben sind, aber in der That nicht sein können. Wie der Katholik in der Praxis, so unterdrückt und verläugnet der Protestant im Glauben den Menschen. Aber wie sich im Katholicismus der unterdrückte Geschlechtstrieb in schrankenlosen, unnatürlichen Ausschweifungen, so macht sich im Protestantismus, im Christenthum überhaupt die unterdrückte und verläugnete Natur des Menschen in dem ausschweifenden, alle Grenzen der Natur und Vernunft übersteigenden Verlangen himmlischer Seligkeit Luft.

> Im Himmel wird sich Niemand kränken,
> Im Himmel wird nur Wonne sein,
> Im Himmel wird uns Jesus schenken,
> Freud ohne Leid, Lust ohne Pein;
> Im Himmel ist kein Jammer mehr;
> Ach, wann ich nur im Himmel wär!

„Alle andere Liebe suchet etwas anders, denn den sie liebt; diese allein (die eheliche Liebe) will den Geliebten eigen selbst ganz haben. Wenn Adam nicht gefallen wäre, so wäre es das lieblichste Ding gewesen, Braut und Bräutigam. Aber nun ist die Liebe auch nicht rein. Denn wiewohl ein ehelich Gemahl das andere haben will, so sucht doch ein jegliches seine Lust an dem andern, und das fälscht diese Liebe." Warum nicht gar? Das macht sie gerade zu einer wahren, wirklichen Liebe; denn die wirkliche Liebe befriedigt ein wirkliches Bedürfniß, die Befriedigung eines Bedürfnisses ist aber mit dem Gefühl der Lust verbunden. Ich kann nicht lieben ohne Verlangen nach dem Gegenstand meiner Liebe, und ich kann ihn nicht erlangen, nicht erfassen, meine Liebe also nicht äußern, nicht bewahrheiten, ohne mein Verlangen zu stillen, also ohne Lust zu empfinden. Ich kann folglich die Geliebte nicht um ihrer selbst willen verlangen, ohne zugleich — nolens volens — die Befriedigung meines Verlangens zu verlangen, nicht suchen, ohne zugleich, selbst unwillkürlich, meine Lust zu suchen. Eine absolut reine und uninteressirte Liebe ist nichts weiter, als eine erheuchelte Liebe. Was Du liebst ohne Bedürfniß und folglich ohne Interesse, das liebst Du, ohne daß ein Grund zu dieser Liebe in Dir vorhanden ist, ohne Drang, ohne Noth, das liebst Du nur aus Willkür und Eitelkeit, das bildest Du Dir nur ein, zu lieben, aber Du liebst es nicht wirklich. Der reinen, d. i. bedürfnißlosen Liebe den Vorzug vor der unreinen, d. i. bedürfnißvollen Liebe geben, das heißt dem Confect den Vorzug vor dem Brode geben. Wenn wir daher das Brod, dessen Heiligkeit bekanntlich in den heidnischen Mysterien gefeiert wurde, als das characteristische Symbol der alten, naturgetreuen, nur an reelle, natürliche Bedürfnisse sich anschließenden Religionen betrachten können; so haben wir dagegen an dem Confect das characteristische Symbol der christlichen Theologie, denn das Brod ist der Gegenstand eines natürlichen Bedürfnisses, das Confect aber nur der Gegenstand eines überschwänglichen, supranaturalistischen Gelüstes; jenes esse ich, um meinen Hunger zu stillen, also aus Interesse, dieses aber nur aus Luxus, aus reiner, interesseloser Confectliebhaberei.

Im Himmel der christlichen Theologie bekommen wir unsern Körper wieder, und zwar vollständig; denn der himmlische Körper ist der vollkommne Körper, also muß er Alles haben, was der irdische: Haut und Haare, Magen und Leber, Nieren und Zeugungsorgane. Aber seine

Zeugungsorgane sondern keinen Zeugungsstoff mehr ab, seine Nieren keinen Urin, seine Leber keine Galle, seine Haut keinen Schweiß, sein Magen keinen die Speisen zersetzenden Magensaft. Er hat also alle Organe, aber ohne ihre physiologischen Verrichtungen und Wirkungen, denn er ist ein bedürfnißloser, ein göttlicher Körper. Ist diese Vorstellung eine zufällige, particuläre? Nein! in diesem himmlischen Körper verkörpert, veranschaulicht sich das innerste und höchste Wesen der christlichen Theologie. Wie hier die Theologie einem **phantastischen Leibe** den Vorzug vor dem wirklichen Leib gibt, einem Körper, der nur ein Körper zu sein scheint, aber nicht ist, den wahren Körper, der eingebildeten Vollkommenheit eines übernatürlichen Leibes die wirkliche Vollkommenheit des natürlichen Leibes aufopfert; so opfert die Theologie überhaupt dem Himmel die Erde, der Gottheit die Menschheit, das heißt: dem Scheine das Wesen, der Einbildung die Wahrheit, der Vorstellung die Wirklichkeit auf. Wie der himmlische Körper ein Körper ist ohne Körperlichkeit, so ist das himmlische, göttliche Wesen ein persönliches Wesen ohne Persönlichkeit, ein wirkliches ohne Wirklichkeit, ein lebendiges ohne Lebendigkeit; wie der himmlische Körper alle Organe hat, aber ohne Zweck, Noth und Grund, so hat das göttliche Wesen alle wesentliche Eigenschaften des Menschen: Geist, Verstand, Wille, Liebe, aber ohne Geist, Verstand, Wille, Liebe nöthig zu haben, denn Geist setzt Fleisch, Verstand Unverstand, Wollen Nichtwollen, Liebe Mangel, Verlangen voraus — Voraussetzungen, die aber alle bei dem vollkommnen, nichts voraussetzenden Wesen wegfallen; wie also der himmlische Körper ein bloßer Luxusartikel, ein überflüssiger Körper ist, so ist auch das himmlische Wesen der Theologie überhaupt das allerüberflüssigste Wesen von der Welt — ein Wesen, das daher auch nur überflüssige, eingebildete Bedürfnisse stillen kann. Wirkliche Bedürfnisse stillt nur ein selbst bedürftiges Wesen. Bedürfte das Weib des Mannes nicht, so könnte es auch nicht des Mannes Bedürfniß stillen. Nur dadurch befriedigt es den Mann, daß es in seiner Befriedigung sich selbst befriedigt. Wer kein Gefühl für sich, hat auch kein Gefühl für Andres. Die Liebe beglückt ein andres Wesen, aber wie kann ich es beglücken, wenn ich ihm nicht das Gefühl, das Bewußtsein gebe, daß ich, indem ich in seinem Interesse, zugleich in meinem eigensten Interesse handle, indem ich ihm wohlthue, mir selbst die größte Wohlthat erweise? Vollkommenheit ist nicht Bedürfnißlosigkeit — Vollkommenheit ist Befriedigung des Bedürfnisses. Die Vollkommenheit der Welt hat ihren Grund nicht in einem vollkommnen Wesen außer und über der Welt, welches nur in Gedanken, in der Einbildung oder Vorstellung existirt; sie hat ihren Grund darin, daß alle weltlichen, wirklichen Wesen einander bedürfen und ergänzen.

Sind wohl die Menschen, die keinen Gott, keine Unsterblichkeit glauben, auch aufopfernder Handlungen fähig? O gewiß; aber nur solcher Opfer sind sie fähig, die aus Lust und Liebe entspringen, also keine Opfer sind. Was Du aber nur thun kannst mit Selbstverläugnung, also mit Zwang, Widerwillen, Unnatur — wenn gleich diese Unnatur Dir zur andern Natur geworden sein mag, so daß Du keinen Widerwillen mehr empfindest — das unterlasse; denn es verfehlt doch seinen Zweck, wenn Du es thust. Eine lustige Sünde ist besser — besser für Dich und für Andere, als eine unlustige Tugend. Ja was den Schein der Liebe, aber nicht das Wesen der Liebe hat, das wirkt verderblicher, als offenbarer Haß, weil seine Wirkungen nicht so in die Augen fallen und die Natur daher nicht zu energischer Reaction aufreizen. Eine Frau z. B., die Alles ihrem Manne thut, was nur immer die Liebe thun kann, aber nicht aus Liebe, wenigstens wirklicher Liebe, denn man kann sich sogar die Liebe anmoralisiren, sondern aus Pflicht, aus religiöser oder moralischer Selbstverläugnung, die mischt, auch ohne

Wissen und Willen, in jeden Liebestrank, den sie ihrem Manne reicht, Gift. Handlungen der Liebe ohne Liebe, ohne Neigung, ohne Lust sind Handlungen der Heuchelei. Die Selbstverläugnung — wohl zu unterscheiden von Selbstbeherrschung — zum Princip der Moral machen, heißt die theologische Heuchelei zum Princip der Moral machen.

———

Es gibt allerdings Gefühle, die wir im Unterschiede von den gewöhnlichen, alltäglichen religiöse nennen können. Es sind die Gefühle, die in uns entstehen z. B. bei der Vorstellung von unserm einstigen Nichtmehrsein, bei der Erinnerung an geliebte Todte, bei dem Gedanken an das Leben und die Thaten großer Menschen, bei dem Blick in die Vergangenheit der Menschheit, oder in die schauerlichen, todtstillen Tiefen der Natur, oder in den unbegrenzten Sternenhimmel. Aber es ist verkehrt, auf diese stillen, anonymen, anspruchlosen Gefühle die weltberühmten Namen eines Allah, Jehova, Jupiter, Christus gründen, mit diesen Gefühlen die Sache der Religion im geltenden, herrschenden Sinne verfechten zu wollen, da sie gerade unabhängig sind vom Glauben an einen Gott, ja, wie die angeführten Beispiele beweisen, sich auf Gegenstände beziehen, die im Sinne der eigentlichen Religiosität, der Gottesgläubigkeit ungöttliche, unheilige sind.

———

Die Griechen, sagt Apulejus, verehren ihre Götter durch Tänze, die Aegypter durch Wehklagen. Diese wenigen Worte geben uns mehr Aufschlüsse über die Religion der Griechen und Aegypter, als dickleibige gelehrte Werke über ihre Mythologieen. Der Cultus allein ist das offenbare Wesen einer Religion, eines Gottes. Nur was die Kraft hat, in die Sinne überzuströmen, nur was einer sinnlichen Darstellung und Aeußerung fähig ist, nur das kann auf die Bedeutung eines wirklichen, wahren Wesens Anspruch machen — was jenseits der Sinne bleibt, das ist eine wesenlose Vorstellung oder wesenlose Abstraction. Folgt den Sinnen auch auf den Gebieten, wo bisher die Sinnlosigkeit privilegirt war! Die Sinne sind untrügliche Lichter und sie breiten ihr Licht überall hin, sie beleuchten selbst die tiefsten Tiefen der Religion und Gottheit. So werden in der katholischen Kirche, im katholischen Cultus alle Sinne des Menschen befriedigt, das Auge mit Bildern, das Ohr mit Wohlklängen, der Geruchsinn mit Wohlgerüchen, das Gefühl mit Besprengungen, Einsalbungen, Berührungen, der Gaumen mit der Hostie. Ist diese sinnliche Fülle nur Schein, Form, Mittel, Accidenz? nein! sie ist das offenbare, das realisirte Wesen selbst der katholischen Gottheit und Kirche, deren Haupt, deren Centralpunkt der Pabst ist. Der Pabst ist der Stellvertreter Gottes oder Christi auf Erden, d. h. er ist der irdische, der gegenwärtige, wirkliche Gott. Aber der Pabst ist nicht ein abstract, ein nur in der Vorstellung, sondern ein wirklich, ein unmittelbar und vollständig sinnliches Wesen. In der protestantischen Kirche dagegen ist zum Cultus, wenigstens zum wesentlichsten und characteristischsten Act desselben nur ein Sinn erforderlich: das Gehör. Woher diese sinnliche Beschränktheit und Armuth? Weil der wirkliche, reale Gott des Protestantismus die heilige Schrift, das Wort Gottes ist. Was die Bibel sagt, was der Geistliche im Namen und Geiste der Bibel sagt, das sagt Gott selbst. Aber das Wort vernehme ich nur durch das Ohr. Das Wesen des Wortes offenbart das Wesen des Protestantismus. Das Wesen im Worte ist nicht mehr das Wesen in Fleisch und Bein, sondern das Wesen in abstracto, das geistige Wesen. Wer für mich nur noch in seinen Worten und in Thaten lebt, die gleichfalls nur noch im Worte, folglich nicht für meine Sinne existiren, sich auch nicht gegenwärtig mehr vor meiner Anschauung in ähnlichen oder denselben Thaten, wie in den Wunder der katholischen Heiligen, wiederholen, der existirt für mich, obgleich an sich oder einst ein sinnliches Wesen, nur noch als Geist, nur noch als Object des Gedankens, des Glaubens, der Vorstellung, der Einbildung. Aber das Mark der That ist die Gegenwart. Die überlieferte That ist todt, hat nur historische Bedeutung und Kraft; lebendig, unvergänglich, ewig jung und sich selbst gleich ist nur das Wort, die Lehre. Ueber dem Wunder steht also die Lehre, über der That das Wort. Aber vom Worte ist nicht weit bis zum Verstande des Wortes, d. h. vom Protestantismus nicht weit bis zum Rationalismus, bis zu dem Gotte, der ein reines, vollkommen abstractes und sinnloses Verstandeswesen ist. Aber ein Gott, der nicht einmal mehr durch den Donner des Worts sein Dasein verkündet, keine Existenz für die Sinne, selbst nicht für den geistigsten Sinn, das Gehör, also überhaupt keine äußere, gegenständliche Existenz mehr hat, der hat bald gar keine Existenz mehr. Von einem Wesen, das nur ein Vernunftwesen, ist nicht weit bis zur Vernunft selbst, d. h. bis zum Schlusse aller, auch der Vernunfttheologie.

Wie hängt das Priesterthum mit der Religion zusammen? So nothwendig, wie das Wort mit dem Gedanken, die Handlung mit der Gesinnung, die Erscheinung mit dem Wesen. Der Gegenstand der Religion ist ein Wesen im Sinne und Interesse des Menschen, ein Wesen, das ihn erhören soll und doch nicht erhört, ein Wesen, das im Glauben existirt und doch nicht in der Wirklichkeit existirt. Welch ein unerträglicher Widerspruch! Wer hebt ihn auf? Nur der Priester. Er ist „der Vermittler zwischen Gott und dem Menschen" das heißt: der Vermittler zwischen dem Sein Gottes in der Vorstellung, im Glauben und dem Nichtsein Gottes in der Wirklichkeit — er ist der unwirkliche Gott als wirkliches Wesen, der Stellvertreter Gottes. Der Priester ist ein wirklicher Mensch, aber er stellt nicht den Menschen, sondern den Gott vor; er repräsentirt, versinnlicht das Wesen Gottes, das Wesen der Religion. Wie der Inhalt der Religion ein nicht göttlicher, d. i. natürlicher oder menschlicher ist, aber als ein göttlicher, d. i. übernatürlicher oder übermenschlicher erscheint oder vorgestellt wird, so scheint der Priester ein andres Wesen zu sein, als er in Wahrheit ist. Schein ist das Wesen des Priesters. Er muß daher — und diese Nothwendigkeit legt ihm nicht etwa die Klugheit nur auf, sondern die Religion selbst, der Glaube — selbst schon äußerlich, schon der Lebensart, der Kleidung, der Haltung, den Gebährden nach sich von den übrigen Menschen absondern und unterscheiden, um einen heiligen Schein, den Schein, daß er ein ganz besonderes, ein übernatürliches und übermenschliches Wesen ist, um sich zu verbreiten. Nur dadurch, daß er nicht zu sein scheint, was er wirklich ist, nur durch die Verneinung oder wenigstens Verhüllung seines Menschseins bekommt das Wesen, das nicht ist, den Schein eines wirklichen. Fromme, unwillkürliche, unbewußte Illusion ist die Religion, politische, bewußte, raffinirte Illusion das Priester- und Pfaffenthum, wenn auch nicht gleich im Anfang, doch immer im Verlaufe einer Religion. Die Religion glaubt Geister, aber der Priester oder Jongleur beschwört die Geister; die Religion glaubt Wunder, aber der Priester oder Jongleur thut Wunder. Was der Mensch einmal glaubt, das will er auch sehen; was einmal für ihn ein Wesen in der Vorstellung ist, das muß ihm auch als wirkliches Wesen vor die Augen treten.

Wie hängt die Religion mit der Politik zusammen? ist sie der Freiheit oder dem Despotismus günstig? Die Religion ist ein sehr vieldeutiges, unbestimmtes, widerspruchvolles Wort und Ding, denn Gott ist der chaotische Inbegriff aller Realitäten oder wesentlichen Eigenschaften der Natur und Menschheit. Gott ist die Liebe, der Vater, die Einheit der Menschen; vor ihm sind alle gleich. Wie kann unter dem Schutze des alle Menschen mit gleicher Liebe umfassenden Vaterherzens der Despotismus gedeihen? Gewiß nicht. Aber Gott ist nicht nur Vater, sondern auch Herr, nicht nur Liebe, sondern auch Macht. Alle Macht und Gewalt, folglich auch die politische, ist also ein Ausfluß und Abdruck der Gottheit, als der höchsten Macht. Wie sollte also der himmlische Herr nicht die irdischen Herren zu herrschischen Gesinnungen und Maßregeln auctorisiren? Selbst wenn wir Gott auch nicht als den höchsten Potentaten oder Souverain uns denken, wenn wir bei der Vorstellung des Vaters bleiben, so gehört doch zum Vater die väterliche Auctorität und Gewalt, die patria potestas, der wir als folgsame Kinder unsern eignen Willen und Verstand unterwerfen müssen. Warum sollte also nicht unter dem heiligen Schutz und Vorwand der väterlichen Gewalt im Himmel, die ja keine unmittelbare ist, ein geistlicher Pater oder ein Landesvater sich meines Willens und Verstandes zu seinen Zwecken bemächtigen? Kann ich ein religiöses Kind und zugleich ein politischer Mann sein? Wenn ich einmal einem andern Wesen meinen Willen und Verstand unterwerfe und aufopfere, gebe ich mir nicht dadurch eine Blöße, die jeder Schlaukopf zu seinem Vortheil benutzen kann? Und sind denn alle Menschen gleich? Ist nicht der Eine vor dem Andern ausgezeichnet? Muß ich aber nicht aus diesen sei es nun natürlichen Vorzügen oder politischen Vorrechten auf eine besondere Gunst, auf eine Vorliebe des himmlischen Vaters schließen? Warum sollte er nun aber seinen Günstlingen nicht auch seine väterliche Gewalt über mich anvertraut haben? Weiß ich die Absichten meines himmlischen Vaters? Muß ich nicht blindlings seinen Fügungen mich ergeben? Steht nicht der Vater anstatt des Kindes? Wozu habe ich denn einen Willen, einen Verstand, ein Auge über mir im Himmel, als dazu, daß ich selbst keinen Willen, keinen Verstand, kein Auge habe? Ist also nicht auch die süße Vorstellung eines himmlischen Vaters ein geschicktes Mittel, den Menschen zu entwaffnen, als ein willen- und verstandloses Werkzeug den Absichten des geistlichen und weltlichen Despotismus zu unterwerfen? Ist nicht der heilige Vater in Rom eine Consequenz von dem himmlischen Vater?

Bei den Israeliten durften nur die Priester das Allerheiligste sehen. Fünfzig tausend und siebenzig[*)] Bethsemiten kamen ums Leben, weil sie unglücklicher Weise die Bundeslade angeschaut und angerührt hatten. Bei den Griechen traf der gräßlichste Fluch und die Todesstrafe selbst den in die Mysterien Eingeweihten, wenn er Uneingeweihten etwas von ihrem Inhalt mitgetheilt hatte. Bei den Germanen versenkte der Priester die bei dem Abwaschen ihres heiligen Götterbildes oder Symbols mitwirkenden Knechte in den See, damit sie nicht verrathen könnten, was sie gesehen. So macht die Religion — die Religion, sage ich, nicht das Priesterthum, denn die Macht des Priesterthums beruht nur auf der Macht der Religion, wenn es gleich dieselbe nur zu seinem Vortheil gebrauchen mag — das Sichtbare nur dadurch zu etwas Unsichtbarem, daß sie es nicht sehen läßt, das an sich Gemeine nur dadurch zu einem Geheimniß, daß sie es geheim hält, nicht gemein macht, das an sich Profane nur dadurch zu einem Heiligthum, daß sie es heilig spricht, das an sich höchst Begreifliche oder gar Unvernünftige nur dadurch zum Uebervernünftigen und Unbegreiflichen, daß sie es dem Lichte der prüfen-

---

[*)] Diese enorme Zahl wird übrigens von den Exegeten beanstandet. Schon Josephus sagt nur: 70; andere: 70 aus 50,000; neuere nehmen die Zahl voll an, lassen es aber unentschieden, ob sie diese Größe einem Irrthum oder der orientalischen Uebertreibung verdanke.

ten Vernunft entzieht, dem Gewissen als einen unantastbaren, unbezweifelbaren Glaubensartikel aufdringt. Die Religion macht es daher gerade so, wie der willkürliche, formelle Staat. Die Religion sagt: Heilig sei Dir dieser Gegenstand, obgleich in ihm selbst kein Grund der Heiligkeit liegt; der Staat sagt: Dein sei dieses, Mein dieses, obgleich beides an sich ein Gleiches und Gemeines ist; jene sagt: Dieses ist rein, Dieses unrein, Dieses religiös, Dieses irreligiös, obgleich an sich kein Unterschied stattfindet; dieser sagt: Dieses ist erlaubt, Dieses verboten, Dieses Recht, Dieses Unrecht, obgleich an sich Dieses eben so wenig Unrecht, als das Andere Recht ist. Die Religion opfert ihren willkürlichen Glaubenssatzungen die natürliche Vernunft und der Staat opfert dem willkürlichen positiven Recht — Jus civile — das gemeine natürliche Recht — das Jus gentium; die Religion macht das ewige Heil von feierlichen Ceremonien und der Staat das zeitliche Heil von juristischen Formalitäten abhängig; die Religion setzt die Pflichten gegen die Götter und der Staat die Pflichten gegen die Fürsten über die Pflichten gegen den Menschen; die Religion rechtfertigt ihre Barbareien mit den unerforschlichen Gründen der göttlichen Weisheit und der Staat seine Brutalitäten mit unsagbaren Gründen von höchster politischer Wichtigkeit; die Religion straft den, der aus einem geheiligten Hain, und der Staat den, der aus einem Staatswald einen grünen Zweig abbricht; die Religion gibt ihren göttlichen Krokodillen, Schlangen und Stieren das Leben des Menschen, und der Staat dem Wohl seiner Hasen, Hirsche und Schweine das Wohl seiner Unterthanen preis. So mußten z. B. „unter dem frommen Herzog Wilhelm von Baiern die Bauern in den Zäunen ihrer Felder vier Lücken nach den vier Hauptwinden offen lassen, damit das Wild recht bequem auf den Feldern des Landmanns sein Futter suchen konnte." „Gegen Menschen, sagt mein Vater in Beziehung auf ein baierisches Jagdgesetz, das erst im Jahr 1806 abgeschafft wurde, gibt es ein Recht der Nothwehr; gegen Hasen, Hirsche und Schweine ... nicht! Jedem andern, als ihrem

Jagdherrn gegenüber, sind diese Thiere gleichsam hochheilige Geschöpfe (sacro sancti), denen bei schwerer Ahndung nicht Leides geschehen darf."

Die christlichen Criminalisten haben mit Gott das Criminalrecht begonnen, Gott an die Spitze der peinlichen Halsgerichtsordnung gestellt, das Verbrechen gegen Gott zum ersten, höchsten Verbrechen gemacht. Da aber Gott kein sinnliches Wesen, wenigstens kein individuell, handgreiflich sinnliches, also kein Wesen ist, an dem eine Verletzung seiner Freiheit oder seines Eigenthums oder Lebens begangen werden kann, da er vielmehr nur ein im Glauben, in der Meinung existirendes Wesen ist; so bleibt für ihn kein andres Verbrechen, als das der Injurie — der Blasphemie. Die spätern rationellen und humanisirten Criminalisten dagegen behaupteten und erkannten, daß Gott auch nicht einmal als Gegenstand einer Ehrenverletzung gedacht, nicht beleidigt werden könne, und verwandelten daher die Injurie gegen Gott in eine Injurie gegen die Gottesverehrer. So haben wir selbst im Criminalrecht die Bestätigung von dem Satze, daß, was zuerst in Gott, im Verlauf in den Menschen gesetzt, was zuerst für etwas Gegenständliches gilt, zuletzt für etwas Subjectives erkannt wird. Aber auch da, wo es für das Bewußtsein eine wirkliche Beleidigung Gottes gibt, wird die Blasphemie doch nur deswegen als ein Verbrechen bestimmt und bestraft, weil unbewußt die Beleidigung Gottes die Beleidigung seiner Verehrer ist; denn der Gegenstand der Verehrung ist eine Ehrensache. Wer Schimpfliches verehrt, beschimpft sich selbst. Was ich verehre, setze ich über mich, aber nur, weil ich in ihm den classischen Ausdruck meines eignen Wesens, mein Ideal, mein Muster finde. Warum verehre ich Göthe als den höchsten Dichter? weil ich in ihm meine Forderungen an den Dichter erfüllt finde, aber diese Forderungen hängen aufs innigste mit meinem ganzen Wesen zusammen, also nur, weil ich in ihm mein eignes Wesen ausgesprochen finde. Wer daher Göthe'n das Prädicat eines großen Dichters oder gar eines Dichters überhaupt abspricht, der beleidigt mich, weil er mir selbst dadurch dichterisches Gefühl und Urtheil abspricht. Mit der Würde des Gegenstands meiner Verehrung steigt daher meine eigne Würde. Wer Gott als ein über Sonne, Mond und Sterne erhabnes Wesen verehrt, der erhebt sich selbst über Sonne, Mond und Sterne. Die Christen warfen darum den Heiden Erniedrigung des Menschen vor, weil sie der Natur, die doch unter dem Menschen, die nur zu seinem Nutzen und Gebrauch da wäre, göttliche Verehrung geweiht hatten. „Ich, sagt z. B. Clemens A., habe gelernt, die Erde mit Füßen zu treten, aber nicht, sie anzubeten." Was ich Gott zuschreibe, das schreibe ich indirect, mittelbar mir selbst zu. Wer einen allmächtigen Gott glaubt, der glaubt auch ein allmächtiges Gebet, und wer einen ewigen Gott hat, der hat auch ein ewiges Leben. Wer daher die Ehre Gottes angreift, wer Gott etwas zuschreibt, was seinem Wesen, seiner Würde widerspricht, oder abspricht, was seinem Wesen, seiner Würde zukommt, der greift mich an meiner eignen und zwar höchsten, meiner göttlichen Würde und Ehre an. Wer den Namen des christlichen Gottes verunglimpft, der verunglimpft meinen eignen Namen und zwar meinen höchsten, theuersten Namen, den Namen, an den alle meine irdischen und himmlischen Rechte und Würden geknüpft sind, den Namen: Christ. Der Dieb nimmt mir nur ein äußerliches Gut, der Injuriant nur meine bürgerliche Ehre, der Plagiar nur meine Freiheit, der Mörder nur meinen Körper, aber der Blasphemist nimmt mir meinen Gott, meinen Himmel, meine Seele. Die Blasphemie ist das größte Verbrechen. Wie daher die Kirche nichts andres ist, als der realisirte, der wirkliche Gott als gutes, gnädiges Wesen, der realisirte Himmel — denn die Kirche hat die Macht der Begnadigung, sie entbindet von der Sünde, sie spendet die Mittel der Seligkeit, schließt den Himmel auf, — so ist das christliche Criminalrecht nichts andres, als der realisirte Gott als böses, zürnendes, strafendes Wesen — die realisirte christliche Hölle. Der Himmel ist das Gefühl von der Seligkeit des Glaubens, der Religiosität, der Gottesfurcht, die Hölle das Gefühl von der Unseligkeit des Unglaubens, der Gottlosigkeit überhaupt. Aber die Seligkeit des Glaubens fühle ich selbst; die Unseligkeit des Unglaubens lasse ich Andern — den Ungläubigen nämlich — fühlen. Wie im Himmel der Kirche die Eigenschaften Gottes als des Schöpfers oder Wesens des zweiten, des himmlischen Adams, als Stifters des übernatürlichen Reichs der Gnade, als Herrn des ewigen Lebens zu Eigenschaften des Menschen werden, d. h. sich erweisen als Eigenschaften des menschlichen Wesens; so werden in der Hölle des christlichen Staates die Eigenschaften Gottes als Schöpfers des leiblichen, irdischen, weltlichen Wesens, als Gesetzgebers, als Richters, als Herren über Leben und Tod zu Eigenschaften des Menschen. Wenn daher in der Kirche, wenigstens ihrer ursprünglichen Idee nach, wornach sie nichts andres als die auf die Liebe gegründete Vereinigung der Menschen ist, sich der Mensch auf positive, wohlthätige Weise als der Gott des Menschen erweist; so erweist er sich dagegen im Criminalrecht als solcher auf negative, peinliche Weise, indem hier sich der Mensch auf Grund seiner Gott vertretenden, Gott verwirklichenden Würde, seiner göttlichen, über Leben und Tod gebietenden Willkür das Recht, die Macht vindicirt, den Gotteslästerer — den vorsätzlichen, wohlbedächtigen wenigstens — „mit glühenden Zangen zu zerreißen, Riemen aus seinem Leib zu schneiden, ihn zur Richtstatt zu schleifen, die Hand, welche er etwa hierzu gereicht, abzuhauen, die gotteslästerlichen Zungen, so weit sie aus dem Munde zu bringen, abzuschneiden, und den Leib lebendig zu Staub und Aschen zu verbrennen," wie es „die unter glorwürdigster Regierung Leopoldi I. auf ein neues herausgegebne

N. O. L. G. O. art. 59 klar statuirt." So beweist der christliche Staat, daß das Feuer der Hölle kein Phantasma, die ewigen Höllenstrafen keine Illusion sind, denn Denen, welche die Martern des christlichen Criminalrechts ausstanden, dauerten sicherlich diese eine Ewigkeit. Kurz erscheinen ja überhaupt dem Menschen nur seine Lustgefühle, aber ewig dauernd seine Schmerzgefühle.

Das Wesen der Religion*).

1846.

1.

Das vom menschlichen Wesen oder Gott, dessen Darstellung „das Wesen des Christenthums" ist, unterschiedene und unabhängige Wesen, — das Wesen ohne menschliches Wesen, menschliche Eigenschaften, menschliche Individualität ist in Wahrheit nichts andres, als die Natur**).

---

*) Diese Arbeit ist die „Abhandlung", auf die ich im Luther hingewiesen habe, aber nicht in der Form einer Abhandlung, sondern freier, selbständiger Gedanken. Das Thema derselben oder wenigstens ihr Ausgangspunkt ist die Religion, inwiefern ihr Gegenstand die Natur ist, von welcher ich im Christenthum und Luther abstrahirte und meinem Gegenstande gemäß abstrahiren mußte, denn der Kern des Christenthums ist nicht der Gott in der Natur, sondern im Menschen.

**) Natur ist für mich, eben so wie „Geist", nichts weiter, als ein allgemeines Wort zur Bezeichnung der Wesen, Dinge, Gegenstände, welche der Mensch von sich und seinen Producten unterscheidet und in den gemeinsamen Namen Natur zusammenfaßt, aber kein allgemeines, von den wirklichen Dingen abgezogenes und abgesondertes, personifiirtes und mystificirtes Wesen.

2.

Das Abhängigkeitsgefühl des Menschen ist der Grund der Religion; der Gegenstand dieses Abhängigkeitsgefühles, Das, wovon der Mensch abhängig ist und abhängig sich fühlt, ist aber ursprünglich nichts andres, als die Natur. Die Natur ist der erste, ursprüngliche Gegenstand der Religion, wie die Geschichte aller Religionen und Völker sattsam beweist.

3.

Die Behauptung, daß die Religion dem Menschen eingeboren, natürlich sei, ist falsch, wenn man der Religion überhaupt die Vorstellungen des Theismus, d. h. des eigentlichen Gottesglaubens unterschiebt, vollkommen wahr aber, wenn man unter Religion nichts weiter versteht, als das Abhängigkeitsgefühl — das Gefühl oder Bewußtsein des Menschen, daß er nicht ohne ein andres, von ihm unterschiednes Wesen existirt und existiren kann, daß er nicht sich selbst seine Existenz verdankt. Die Religion in diesem Sinne liegt dem Menschen so nahe, als das Licht dem Auge, die Luft der Lunge, die Speise dem Magen. Die Religion ist die Beherzigung und Bekennung dessen, was ich bin. Vor Allem bin ich aber ein nicht ohne Licht, ohne Luft, ohne Wasser, ohne Erde, ohne Speise existirendes, ein von der Natur abhängiges Wesen. Diese Abhängigkeit ist im Thier und thierischen Menschen nur eine unbewußte, unüberlegte; sie zum Bewußtsein erheben, sie sich vorstellen, beherzigen, bekennen heißt sich zur Religion erheben. So ist alles Leben abhängig vom Wechsel der Jahreszeiten; aber nur der Mensch feiert diesen Wechsel in dramatischen Vorstellungen, in festlichen Acten. Solche Feste aber, die nichts weiter ausdrücken und darstellen, als den Wechsel der Jahreszeiten oder der Lichtgestalten des Mondes, sind die ältesten, ersten, eigentlichen Religionsbekenntnisse der Menschheit.

4.

Der bestimmte Mensch, dieses Volk, dieser Stamm hängt nicht von der Natur im Allgemeinen ab, nicht von der Erde überhaupt, sondern von diesem Boden, diesem Lande, nicht vom Wasser überhaupt sondern von diesem Wasser, diesem Strome, dieser Quelle. De Aegyptier ist nicht Aegyptier außer Aegypten, der Indier nicht Indie außer Indien. Mit vollem Rechte, mit demselben Rechte, mit welchem der universelle Mensch sein universelles Wesen als Gott verehrt beteten daher die alten, beschränkten, an ihrem Boden mit Leib un Seele haftenden, nicht in ihre Menschheit, sondern in ihre Volks- un Stammsbestimmtheit ihr Wesen sezenden Völker die Berge, die Bäume die Thiere, die Flüsse und Quellen ihres Landes als göttliche Wesen an denn ihre ganze Existenz, ihr ganzes Wesen gründete sich ja nur auf di Beschaffenheit ihres Landes, ihrer Natur.

5.

Es ist eine phantastische Vorstellung, daß der Mensch nur durch die Vorsehung, den Beistand „übermenschlicher" Wesen, als da sind Götter, Geister, Genien, Engel, sich über den Zustand der Thierheit habe erheben können. Allerdings ist der Mensch nicht für sich und durch sich selbst allein Das geworden, was er ist; er bedurfte hierzu der Unterstützung anderer Wesen. Aber diese Wesen waren keine supranaturalistischen, eingebildeten Geschöpfe, sondern wirkliche, natürliche Wesen, keine Wesen über, sondern unter dem Menschen, wie denn überhaupt Alles, was den Menschen in seinem bewußten und willkürlichen, dem gewöhnlich allein menschlich genannten Thun und Treiben unterstützt, alle gute Gabe und Anlage nicht von Oben herab, sondern von Unten herauf, nicht aus der Höhe, sondern aus der Tiefe der Natur kommt. Diese hülfreichen Wesen, diese Schutzgeister des Menschen waren insbesondre die Thiere. Nur vermittelst der Thiere erhob sich der Mensch über das Thier; nur unter ihrem Schutz und Beistand konnte die Saat der menschlichen Cultur gedeihen. „Durch den Verstand des Hundes," heißt es im Zend Avesta und zwar im Vendidad, dem anerkannt ältesten und echtesten Theil desselben*), „besteht die Welt. Behütete er nicht die Straßen, so würden Räuber und Wölfe alle Güter rauben." Aus dieser Bedeutung der Thiere für den Menschen, namentlich in den Zeiten der beginnenden Cultur, rechtfertigt sich vollkommen die religiöse Verehrung derselben. Die Thiere waren dem Menschen unentbehrliche, nothwendige Wesen; von ihnen hing seine menschliche Existenz ab; Das aber, wovon das Leben, die Existenz des Menschen abhängt, das ist ihm Gott. Wenn die Christen nicht mehr die Natur als Gott verehren, so kommt das nur daher, daß ihrem Glauben zufolge ihre Existenz nicht von der Natur, sondern dem Willen eines von der Natur unterschiednen Wesens abhängt, aber gleichwohl betrachten und verehren sie dieses Wesen nur deswegen als göttliches, d. i. höchstes Wesen, weil sie es für den Urheber und Erhalter ihrer Existenz, ihres Lebens halten. So ist die Gottesverehrung nur abhängig von der Selbstverehrung des Menschen, nur eine Erscheinung derselben. Verachte ich mich oder mein Leben — ursprünglich und normal unterscheidet der Mensch nicht zwischen sich und seinem Leben — wie sollte ich das lobpreisen, verehren, wovon dieses erbärmliche, verächtliche Leben abhängt? In dem Werthe, den ich auf die Ursache des Lebens lege, wird daher nur Gegenstand des Bewußtseins der Werth, den ich unbewußt auf mein Leben, auf mich selbst lege. Je höher darum der Werth des Lebens steigt, desto höher steigen auch natürlich an Werth und Würde die Spender der Lebensgaben, die Götter. Wie könnten auch die Götter in Gold und Silber strahlen, so lange nicht der Mensch

---

*) Wenn gleich auch dieser „erst in späterer Zeit abgefaßt worden ist."

den Werth und Gebrauch von Gold und Silber kennt? Welch ein Unterschied zwischen der griechischen Lebensfülle und Lebensliebe und der indianischen Lebensöde und Lebensverachtung; aber auch welch ein Unterschied zwischen der griechischen Mythologie und der indianischen Fabellehre, zwischen dem olympischen Vater der Götter und Menschen und der großen indianischen Beutelratze oder der Klapperschlange, dem Großvater der Indianer!

6.

Die Christen freuen sich des Lebens eben so sehr, wie die Helden, aber sie schicken ihre Dankgebete für die Lebensgenüsse empor zum himmlischen Vater; sie machen eben deswegen den Helden den Vorwurf des Götzendienstes, daß sie mit ihrem Danke, ihrer Verehrung bei der Creatur stehen bleiben, sich nicht zur ersten Ursache, der allein wahren Ursache aller Wohlthaten erheben. Allein verdanke ich dem Adam, dem ersten Menschen meine Existenz? Verehre ich ihn als meinen Vater? Warum soll ich nicht bei der Creatur stehen bleiben? Bin ich nicht selbst eine Creatur? Ist nicht für mich, der ich selbst nicht weit her bin, für mich, als dieses bestimmte, individuelle Wesen, die nächste, diese gleichfalls bestimmte, individuelle Ursache die letzte Ursache? Ist diese meine, von mir selbst und meiner Existenz unabtrennbare, ununterscheidbare Individualität nicht abhängig von der Individualität dieser meiner Eltern? Verliere ich nicht, wenn ich weiter zurückgehe, zuletzt alle Spuren von meiner Existenz? Gibt es hier nicht einen nothwendigen Halt- und Grenzpunkt im Rückgang? Ist nicht der erste Anfang meiner Existenz ein absolut individueller? Bin ich in demselben Jahre, derselben Stunde, derselben Stimmung, kurz unter denselben innern und äußern Bedingungen gezeugt und empfangen, wie mein Bruder? Ist also nicht, wie mein Leben ein unwidersprechlich eignes ist, auch mein Ursprung ein eigner, individueller? Soll ich also bis auf den Adam meine Pietät ausdehnen? Nein! ich bleibe mit vollem

Rechte bei den mir nächsten Wesen, diesen meinen Eltern, als den Ursachen meiner Existenz, mit religiöser Verehrung stehen.

7.

Die ununterbrochne Reihe der sogenannten endlichen Ursachen oder Dinge, welche die alten Atheisten als eine endlose, die Theisten als eine endliche bestimmten, existirt eben so wie die Zeit, in der sich ohne Absatz und Unterschied ein Augenblick an den andern reiht, nur im Gedanken, in der Vorstellung des Menschen. In der Wirklichkeit wird das langweilige Einerlei dieser Causalreihe unterbrochen, aufgehoben durch den Unterschied, die **Individualität** der Dinge, welche etwas Neues, Selbständiges, Einziges, Letztes, Absolutes ist. Allerdings ist das im Sinne der Naturreligion göttliche Wasser ein zusammengesetztes, vom Wasser- und Sauerstoff abhängiges, aber doch zugleich ein neues, nur sich selbst gleiches, originelles Wesen, in welchem die Eigenschaften der beiden Stoffe für sich selbst verschwunden, aufgehoben sind. Allerdings ist das Mondlicht, das der Helde in seiner religiösen Einfalt als ein selbständiges Licht verehrt, ein abgeleitetes, aber doch zugleich ein von dem unmittelbaren Sonnenlicht unterschiednes, eignes, durch den Widerstand des Monds verändertes Licht — ein Licht also, das nicht wäre, wenn der Mond nicht wäre, dessen Eigenthümlichkeit nur in ihm seinen Grund hat. Allerdings ist der Hund, den der Parse wegen seiner Wachsamkeit, Dienstfertigkeit und Treue als ein wohlthätiges und deswegen göttliches Wesen in seinen Gebeten anruft, ein Geschöpf der Natur, das nicht aus und durch sich selbst ist, was es ist; aber gleichwohl ist es doch nur der Hund selbst, dieses und kein andres Wesen, welches jene verehrungswürdigen Eigenschaften besitzt. Soll ich wegen dieser Eigenschaften zur ersten und allgemeinen Ursache aufblicken und dem Hund den Rücken kehren? Allein die allgemeine Ursache ist ohne Unterschied eben so gut die Ursache des menschenfreundlichen Hundes, als des menschenfeindlichen Wolfes, dessen Dasein ich der allgemeinen Ursache zum Trotz aufheben muß, wenn ich mein eignes, höher berechtigtes Dasein behaupten will.

8.

Das göttliche Wesen, das sich in der Natur offenbart, ist nichts andres, als die Natur selbst, die sich dem Menschen als ein göttliches Wesen offenbart, darstellt und aufdringt. Die alten Merikaner hatten unter ihren vielen Göttern auch einen Gott*) des Salzes. Dieser Salzgott enträthsele uns auf fühlbare Weise das Wesen des Gottes der Natur überhaupt. Das Salz (Steinsalz) repräsentirt uns in seinen ökonomischen, medicinischen und technologischen Wirkungen die von den Theisten so sehr gepriesene Nützlichkeit und Wohlthätigkeit der Natur, in seinen Wirkungen auf Auge und Gemüth, seinen Farben, seinem Glanze, seiner Durchsichtigkeit ihre Schönheit, in seiner crystallinischen Structur und Gestalt ihre Harmonie und Regelmäßigkeit, in seiner Zusammensetzung aus entgegengesetzten Stoffen die Verbindung der entgegengesetzten Elemente der Natur zu einem Ganzen — eine Verbindung, welche die Theisten von jeher als einen unumstößlichen Beweis für die Existenz eines von der Natur unterschiednen Regenten derselben ansahen, weil sie aus Unkenntniß der Natur nicht wußten, daß gerade die entgegengesetzten Stoffe und Wesen sich anziehen, sich durch sich selbst zu einem Ganzen verbinden. Was ist denn nun aber der Gott des Salzes? der Gott, dessen Gebiet, Dasein, Offenbarung, Wirkungen und Eigenschaften im Salze enthalten sind? Nichts andres, als das Salz selbst, welches dem Menschen wegen seinen Eigenschaften und Wirkungen als ein göttliches, d. h. wohlthätiges, herrliches, preis- und bewundrungswürdiges Wesen erscheint. Homer nennt

---

*) Oder vielmehr Göttin, aber es ist hier eins.

ausdrücklich das Salz göttlich. Wie also der Gott des Salzes nur der Ein- und Ausdruck von der Gottheit oder Göttlichkeit des Salzes ist, so ist auch der Gott der Welt oder Natur überhaupt nur der Ein- und Ausdruck von der Gottheit der Natur.

9.

Der Glaube, daß in der Natur ein andres Wesen sich ausspreche, als die Natur selbst, daß die Natur von einem von ihr unterschiednen Wesen erfüllt und beherrscht sei, ist im Grunde eins mit dem Glauben, daß Geister, Dämonen, Teufel durch den Menschen, wenigstens in gewissen Zuständen, sich aussprechen, den Menschen besitzen, ist in der That der Glaube, daß die Natur von einem fremden, geisterhaften Wesen besessen sei. Allerdings ist auch wirklich die Natur auf dem Standpunkte dieses Glaubens von einem Geiste besessen, aber dieser Geist ist des Menschen Geist, seine Phantasie, sein Gemüth, das sich unwillkürlich in die Natur hineinlegt, die Natur zu einem Symbol und Spiegel seines Wesens macht.

10.

Die Natur ist nicht nur der erste, ursprüngliche Gegenstand, sie ist auch der bleibende Grund, der fortwährende, wenn auch verborgne, Hintergrund der Religion. Der Glaube, daß Gott, selbst wenn er als ein von der Natur unterschiednes, übernatürliches Wesen vorgestellt wird, ein außer dem Menschen existirendes, ein objectives Wesen ist, wie die Philosophen sich ausdrücken, hat seinen Grund nur darin, daß das außer dem Menschen existirende, gegenständliche Wesen, die Welt, die Natur ursprünglich selbst Gott ist. Die Existenz der Natur gründet sich nicht, wie der Theismus wähnt, auf die Existenz Gottes, nein! umgekehrt: die Existenz Gottes oder vielmehr der Glaube an seine Existenz gründet sich nur auf die Existenz der Natur. Du bist nur deswegen genöthigt, Gott als ein existirendes Wesen zu denken, weil Du von der Natur selbst genöthigt wirst, Deiner Existenz und Deinem Bewußtsein die Existenz der Natur vorauszusetzen, und der erste Grundbegriff Gottes kein andrer ist als eben der, daß er die Deiner Existenz vorangehende, vorausgesetzte Existenz ist. Oder: in dem Glauben, daß Gott außer dem Herzen, außer der Vernunft des Menschen existirt, schlechtweg existirt, gleichgültig, ob der Mensch ist oder nicht ist, und ihn denkt oder nicht denkt, wünscht oder nicht wünscht, in diesem Glauben oder vielmehr in dem Gegenstande desselben spukt kein andres Wesen Dir im Kopfe, als die Natur, deren Existenz sich nicht auf die Existenz des Menschen, geschweige auf Gründe des menschlichen Verstandes und Herzens stützt. Wenn daher die Theologen, besonders die rationalistischen, die Ehre Gottes hauptsächlich darein setzen, daß er ein vom Denken des Menschen unabhängig existirendes Wesen ist, so mögen sie doch bedenken, daß die Ehre dieser Existenz auch den Göttern der blinden Heiden, den Sternen, Steinen, Bäumen und Thieren zukommt, daß also die gedankenlose Existenz ihres Gottes sich nicht von der Existenz des ägyptischen Apis unterscheidet.

11.

Die den Unterschied des göttlichen Wesens vom menschlichen Wesen oder wenigstens vom menschlichen Individuum begründenden und ausdrückenden Eigenschaften sind ursprünglich oder der Grundlage nach nur Eigenschaften der Natur. Gott ist das mächtigste oder vielmehr allmächtige Wesen — d. h. er vermag, was der Mensch nicht vermag, was vielmehr die menschlichen Kräfte unendlich übersteigt und daher dem Menschen das demüthigende Gefühl seiner Beschränktheit, Ohnmacht und Nichtigkeit einflößt. „Kannst Du, spricht Gott zu Hiob, die Bande der sieben Sterne zusammenbinden? Oder das Band des Orion auflösen? Kannst Du die Blitze auslassen, daß sie hinfahren und sprechen: hier sind wir? Kannst Du dem Rosse Kräfte geben? Flieget der Habicht durch Deinen Verstand? Hast Du einen Arm wie Gott und kannst mit gleicher Stimme donnern als er thut?" Nein! das kann der Mensch nicht; mit dem Donner läßt sich die menschliche Stimme nicht vergleichen. Aber was ist die Macht, die sich in der Gewalt des Donners, in der Stärke des Rosses, im Fluge des Habichts, im unaufhaltsamen Laufe des Siebengestirns äußert? Die Macht der Natur*). Gott ist das ewige Wesen. Aber in der Bibel selbst steht geschrieben: „Ein Geschlecht vergeht, das andre kommt, die Erde aber bleibt ewig." Im Zend Avesta heißen ausdrücklich Sonne und Mond wegen ihrer beständigen Fortdauer „Unsterbliche". Und ein peruanischer Inka sagte zu einem Dominicaner: „Du betest einen Gott an, der am Kreuze gestorben ist, ich aber bete die Sonne an, die nie stirbt." Gott ist das allgütige Wesen „denn er lässet seine Sonne aufgehen über die Bösen und über die Guten und lässet regnen über Gerechte und Ungerechte"; aber das Wesen, das nicht zwischen Guten und Bösen, Gerechten und Ungerechten unterscheidet, nicht nach moralischen Verdiensten die Güter des Lebens austheilt, das überhaupt deswegen auf den Menschen den Eindruck eines guten Wesens macht, weil seine Wirkungen, wie z. B. das erquickende Sonnenlicht und Regenwasser, Quellen der wohlthuendsten Empfindungen sind, das ist eben die Natur. Gott ist

---

*) Sokrates verwarf die Physik als eine übermenschliche und nutzlose Beschäftigung, weil, wenn man auch wüßte, wie z. B. der Regen entsteht, man deswegen doch keinen Regen machen könnte, und beschäftigt sich daher nur mit menschlichen, moralischen Gegenständen, die man durch das Wissen hervorbringen kann. Das heißt: was der Mensch machen kann, ist Menschliches, was er nicht machen kann, Uebermenschliches, Göttliches. So sagte auch ein König der Kaffern, „sie glaubten an eine unsichtbare Gewalt, die ihnen bald Gutes, bald Böses zufüge, Wind, Donner und Blitz errege und alles hervorbringe, was sie nicht nachzuahmen vermöchten." Und ein Indianer zu einem Missionär: „Kannst Du das Gras wachsen lassen? Ich glaube nicht und Niemand kann es außer dem großen Manitto." So ist der Grundbegriff Gottes als eines vom Menschen unterschiednen Wesens kein andrer, als die Natur.

das allumfassende, universelle, das eine und selbe Wesen, aber es ist eine und dieselbe Sonne, die allen Menschen und Wesen der Erde oder Welt — denn die Erde ist ursprünglich und in allen Religionen die Welt selbst — leuchtet, ein und derselbe Himmel, der sie alle umspannt, eine und dieselbe Erde, die sie alle trägt. Daß ein Gott ist, sagt Ambrosius, bezeugt die gemeine Natur, denn es ist nur eine Welt. Wie Sonne, Mond, Himmel, Erde und Meer Allen gemein sind, sagt Plutarch, aber bei den Einen so, bei den Andern anders heißen, so ist auch Ein das Universum lenkender Geist, aber er hat verschiedene Namen und Culte. Gott ist „kein Wesen, das in Tempeln wohnt, die von Menschenhänden gemacht sind;" aber auch nicht die Natur. Wer kann das Licht, wer den Himmel, wer das Meer in begrenzte menschliche Räume einschließen? Die alten Perser und Germanen verehrten nur die Natur, aber sie hatten keine Tempel. Dem Naturverehrer ist es zu eng, zu schwül in den gemachten, abgezirkelten Räumen eines Tempels oder einer Kirche; es ist ihm nur wohl unter dem freien, unbegrenzten Himmel der sinnlichen Anschauung. Gott ist das nicht nach menschlichem Maßstab bestimmbare, das unermeßliche, große, unendliche Wesen; aber er ist es nur, weil die Welt, sein Werk, groß, unermeßlich, unendlich ist oder wenigstens so dem Menschen erscheint. Das Werk lobt seinen Meister: die Herrlichkeit des Schöpfers hat ihren Grund nur in der Herrlichkeit des Geschöpfs. „Wie groß ist die Sonne, aber wie groß ist erst der, der die Sonne gemacht hat!" Gott ist das überirdische, übermenschliche, höchste Wesen; aber auch dieses höchste Wesen ist seinem Ursprung und seiner Grundlage nach nichts andres, als das räumlich oder optisch höchste Wesen: der Himmel mit seinen glänzenden Erscheinungen. Alle Religionen von nur einiger Schwungkraft versetzen ihre Götter in die Region der Wolken, in den Aether oder in Sonne, Mond und Sterne, alle Götter verlieren sich zuletzt in den blauen Dunst des Himmels. Selbst der spiritualistische

Gott der Christen hat seinen Sitz, seine Basis oben im Himmel. Gott ist das geheimnißvolle, unbegreifliche Wesen, aber nur weil die Natur dem Menschen, namentlich dem religiösen, ein geheimnißvolles, unbegreifliches Wesen ist. „Weißt Du, sagt Gott zu Hiob, wie sich die Wolken ausstreuen? Bist Du in den Grund des Meeres gekommen? Hast Du vernommen wie breit die Erde sei? Hast Du gesehen, wo der Hagel herkommt?" Gott endlich ist das übermenschliche Willkür erhabne, von menschlichen Bedürfnissen und Leidenschaften unberührte, das ewig sich selbst gleiche, nach unwandelbaren Gesetzen waltende, das was es einmal festgesetzt, für alle Zeiten unabänderlich festsetzende Wesen. Aber auch dieses Wesen, was ist es anders, als die bei allem Wechsel sich selbst gleich bleibende, gesetzmäßige, unerbittliche, rücksichtslose, unwillkürliche Natur*)?

12.

Gott als Urheber der Natur wird zwar als ein von der Natur unterschiednes Wesen vorgestellt, aber Das, was dieses Wesen enthält und ausdrückt, der wirkliche Inhalt desselben ist nur die Natur. „Aus ihren Früchten sollt ihr sie erkennen" heißt es in der Bibel und der Apostel Paulus verweist uns ausdrücklich auf die Welt als das Werk hin, woraus Gottes Existenz und Wesen zu erkennen sei, denn Das, was einer hervorbringt, enthält ja sein Wesen, zeigt uns, was er ist und vermag. Was wir in der Natur haben, das haben wir

---

*) Alle diese ursprünglich nur von der Anschauung der Natur abstammenden Eigenschaften werden später zu abstracten, metaphysischen Eigenschaften, wie die Natur selbst zu einem abstracten Vernunftwesen. Auf diesem Standpunkt, wo der Mensch den Ursprung Gottes aus der Natur vergißt, wo Gott kein Wesen der Anschauung, der Sinnlichkeit, sondern nur ein gedachtes Wesen ist, heißt es: der vom eigentlichen menschlichen Gott unterschiedne, anthropomorphismenlose Gott ist nichts andres als das Wesen der Vernunft. So viel über das Verhältniß dieser Arbeit zu meinem Luther und Wesen des Christenthums. Sat sapienti!

daher in Gott gedacht nur als Urheber oder Ursache der Natur — also kein moralisches, geistiges, sondern nur ein natürliches, physisches Wesen. Ein Gottesdienst, der sich auf Gott nur als Urheber der Natur gründete, ohne anderweitige aus dem Menschen geschöpfte Bestimmungen mit ihm zu verknüpfen, ohne ihn zugleich als politischen und moralischen, d. i. menschlichen Gesetzgeber zu denken, wäre reiner Naturdienst. Zwar wird der Urheber der Natur mit Verstand und Willen belegt; aber Das, was eben dieser Wille will, dieser Verstand denkt, ist gerade das, wozu kein Wille, kein Verstand erfordert wird, wozu bloße mechanische, physische, chemische, vegetabilische, animalische Kräfte und Triebfedern hinreichen.

13.

So wenig die Bildung des Kindes im Mutterleib, die Bewegung des Herzens, die Verdauung und andre organische Functionen Wirkungen des Verstandes und Willens sind, so wenig ist die Natur überhaupt die Wirkung eines geistigen, d. i. wollenden und wissenden oder denkenden Wesens. Ist die Natur ursprünglich ein Geistesproduct und folglich eine Geistererscheinung, so sind auch die gegenwärtigen Naturwirkungen geistige Wirkungen, Geistererscheinungen. Wer A sagt, muß B sagen; ein supranaturalistischer Anfang fordert nothwendig eine supranaturalistische Fortsetzung. Da nur macht ja der Mensch Wille und Verstand zur Ursache der Natur, wo die Wirkungen unter dem Willen und Verstand über den Verstand des Menschen gehen, wo er Alles sich nur aus sich, aus menschlichen Gründen erklärt, wo er nichts versteht und weiß von den natürlichen Ursachen, wo er daher auch die besondern, gegenwärtigen Naturerscheinungen von Gott, oder, wie z. B. die ihm unerklärlichen Bewegungen der Gestirne, von untergeordneten Geistern ableitet. Ist aber gegenwärtig der Stützpunkt der Erde und Gestirne nicht das allmächtige Wort Gottes, das Motiv ihrer Bewegung kein geistiges oder englisches, sondern ein mechanisches, so ist nothwendig auch die Ursache und zwar erste Ursache dieser Bewegung eine mechanische oder überhaupt natürliche. Von Wille und Verstand, überhaupt vom Geiste die Natur ableiten, das heißt die Rechnung ohne den Wirth machen, das heißt aus der Jungfrau ohne Erkenntniß des Mannes blos durch den heiligen Geist den Heiland der Welt gebären, das heißt aus Wasser Wein machen, das heißt mit Worten Stürme beschwören, mit Worten Berge versetzen, mit Worten Blinde sehend machen. Welche Schwachheit und Beschränktheit, die untergeordneten Ursachen, die causas secundas des Aberglaubens, die Wunder, die Teufel, die Geister als Erklärungsgründe von Naturerscheinungen zu beseitigen, aber die prima causa, die erste Ursache alles Aberglaubens unangetastet stehen zu lassen!

14.

Mehrere Kirchenväter behaupteten, daß der Sohn Gottes keine Wirkung des Willens, sondern des Wesens, der Natur Gottes, daß das Naturproduct früher sei, als das Willensproduct und daher der Zeugungsact, als ein Wesens- oder Naturact, dem Act der Schöpfung, als einem Willensact vorangehe. So hat sich selbst inmitten des übernatürlichen Gottes, obwohl im größten Widerspruch mit seinem Wesen und Willen, die Wahrheit der Natur geltend gemacht. Dem Willensact ist der Zeugungsact vorausgesetzt, eher als die Thätigkeit des Bewußtseins, des Willens ist die Thätigkeit der Natur. Vollkommen wahr. Erst muß die Natur sein, ehe das ist, was sich von der Natur unterscheidet, die Natur als einen Gegenstand des Wollens und Denkens sich gegenübersetzt. Von der Verstandlosigkeit zu Verstand kommen, das ist der Weg zur Lebensweisheit, aber von Verstand zur Verstandlosigkeit kommen, das ist der directe Weg ins Narrenhaus der Theologie. Den Geist nicht auf die Natur, sondern umgekehrt die Natur auf den Geist setzen, das heißt den Kopf nicht auf den Unterleib, den

Bauch, sondern den Bauch auf den Kopf stellen. Das Höhere setzt das Niedere, nicht dieses jenes voraus*), aus dem einfachen Grunde, weil das Höhere etwas unter sich haben muß, um höher zu stehen. Und je höher, je mehr ein Wesen ist, desto mehr setzt es auch voraus. Nicht das erste Wesen, sondern das späteste, letzte, abhängigste, bedürftigste, zusammengesetzteste Wesen ist eben deswegen das höchste Wesen, gleich wie in der Bildungsgeschichte der Erde nicht die ältesten, ersten Gesteine, die Schiefer- und Granitgesteine, sondern die spätesten, jüngsten Producte, die Basalte und dichten Laven die schwersten, die gewichtigsten sind. Ein Wesen, das die Ehre hat, Nichts vorauszusetzen, das hat auch die Ehre, Nichts zu sein. Aber freilich die Christen verstehen sich auf die Kunst, aus Nichts Etwas zu machen.

15.

Alle Dinge kommen und hängen von Gott ab, sagen die Christen im Einklang mit ihrem gottseligen Glauben, aber, setzen sie sogleich hinzu im Einklang mit ihrem gottlosen Verstande, nur mittelbar: Gott ist nur die erste Ursache, aber dann kommt das unübersehbare Heer der subalternen Götter, das Regiment der Mittelursachen. Allein die sogenannten Mittelursachen sind die allein wirklichen und wirksamen, die allein gegenständlichen und fühlbaren Ursachen. Ein Gott, der nicht mehr mit den Pfeilen Apollos den Menschen zu Boden streckt, nicht mehr mit dem Blitz und Donner Jupiters das Gemüth erschüttert, nicht mehr mit Kometen und andern feurigen Erscheinungen den verstockten Sündern die Hölle heiß macht, nicht mehr mit allerhöchster „selbsteigenster" Hand das Eisen an den Magnet heranzieht, Ebbe und Fluth bewirkt und das feste Land gegen die übermüthige, stets eine neue Sündfluth drohende Macht der Gewässer schirmt, kurz ein aus

---

*) Logisch wohl auch, aber nimmermehr seiner realen Genesis nach.

dem Reiche der Mittelursachen vertriebener Gott ist nur eine Titulaturursache, ein unschädliches, höchst bescheidenes Gedankending — eine bloße Hypothese zur Lösung einer theoretischen Schwierigkeit, zur Erklärung des ersten Anfangs der Natur oder vielmehr des organischen Lebens. Denn die Annahme eines von der Natur unterschiedenen Wesens zur Erklärung ihres Daseins stützt sich, wenigstens in letzter Instanz, nur auf die — übrigens nur relative, subjective — Unerklärlichkeit des organischen, insbesondere menschlichen Lebens aus der Natur, indem der Theist sein Unvermögen, das Leben sich aus der Natur zu erklären, zu einem Unvermögen der Natur, das Leben aus sich zu erzeugen, die Schranken seines Verstandes also zu Schranken der Natur macht.

16.

Schöpfung und Erhaltung sind unzertrennlich. Ist daher ein von der Natur unterschiedenes Wesen, ein Gott unser Schöpfer, so ist er auch unser Erhalter, so ist es also nicht die Kraft der Luft, der Wärme, des Wassers, des Brodes, sondern die Kraft Gottes, die uns erhält. „In ihm leben, weben und sind wir." „Nicht das Brodt, sagt Luther, sondern das Wort Gottes nähret auch den Leib natürlich, wie es alle Dinge schaffet und erhält; Ebr. 1." „Weil es fürhanden ist, so nähret er (Gott) dadurch und drunter, daß man es nicht sehe und meyne, das Brodt thue es. Wo es aber nicht fürhanden ist, da nähret er ohne Brodt allein durchs Wort, wie er thut unter dem Brodt." „Summa alle Creaturen sind Gottes Larven und Mummereyen, die er will lassen mit ihm würken und helfen allerley schaffen, das er doch sonst ohne ihr Mitwürken thun kann und auch thut." Ist aber nicht die Natur, sondern Gott unser Erhalter, so ist die Natur ein bloßes Versteckspiel der Gottheit und folglich ein überflüssiges Scheinwesen, gleichwie umgekehrt Gott ein überflüssiges Scheinwesen ist, wenn uns die Natur erhält. Nun ist es aber offenbar und unläugbar, daß wir nur den eigenthümlichen Wirkungen, Eigenschaften und Kräften der natürlichen Wesen unsere Erhaltung verdanken; wir sind daher zu dem Schlusse nicht nur berechtigt, sondern auch gezwungen, daß wir auch nur der Natur unsere Entstehung verdanken. Wir sind mitten in die Natur hineingestellt und doch sollte unser Anfang, unser Ursprung außer der Natur liegen? Wir leben in der Natur, mit der Natur, von der Natur, und gleichwohl sollten wir nicht aus ihr sein? Welch ein Widerspruch!

17.

Die Erde ist nicht immer so gewesen, wie sie gegenwärtig ist; sie ist vielmehr nur nach einer Reihe von Entwickelungen und Revolutionen auf ihren gegenwärtigen Standpunkt gekommen, und es ist durch die Geologie ermittelt, daß in diesen verschiedenen Entwickelungsstufen auch verschiedene, jetzt oder schon in frühern Perioden nicht mehr vorhandene Pflanzen und Thiere existirten*). So gibt es keine Trilobiten mehr, keine Enkriniten, keine Ammoniten, keine Pterodaktylen, keine Ichthyo- und Plesiosauren, keine Mega- und Dinotherien u. s. w. Warum aber? offenbar deswegen, weil die Bedingungen ihrer Existenz nicht mehr vorhanden sind. Wenn aber das Ende eines Lebens mit dem Ende seiner Bedingungen, so fällt auch der Anfang, die Entstehung eines Lebens mit der Entstehung seiner Bedingungen zusammen. Selbst gegenwärtig, wo die Pflanzen und Thiere, wenigstens unbestritten die höhern, nur durch organische Zeugung entstehen, sehen wir auf eine

---

*) Mit der Ansicht übrigens, daß sich das organische Leben in einem förmlichen Stufengang, also entwickelt habe, daß zu gewissen Zeiten nur Schnecken, Muscheln und andere noch niedrigere Thiere, nur Fische, nur Amphibien existirt hätten, kann ich mich nicht befreunden. Auch ist diese Ansicht bereits bis auf die Grauwackenformation zurückgedrängt, wenn anders sich die Entdeckung von Knochen und Zähnen von Landsäugethieren in der Steinkohlenformation bestätigt hat.

höchst merkwürdige, noch unerklärte Weise überall, so wie nur ihre eigenthümlichen Lebensbedingungen gegeben sind, auch unverzüglich dieselben in zahlloser Menge zum Vorschein kommen. Die Entstehung des organischen Lebens ist daher naturgemäß nicht als ein isolirter Act zu denken, als ein Act nach der Entstehung der Lebensbedingungen, sondern vielmehr der Act, der Moment, wo die Temperatur, die Luft, das Wasser, die Erde überhaupt solche Beschaffenheiten annahm, der Sauerstoff, Wasserstoff, Kohlenstoff, Stickstoff solche Verbindungen eingingen, welche die Existenz des organischen Lebens bedingen, ist auch als der Moment zu denken, wo zugleich diese Stoffe sich zur Bildung organischer Körper vereinigten. Wenn daher die Erde kraft ihrer eigenen Natur im Laufe der Zeit sich so entwickelt und cultivirt hat, daß sie einen mit der Existenz des Menschen verträglichen, dem menschlichen Wesen angemessenen, also, so zu sagen, selbst **menschlichen** Charakter annahm, so konnte sie auch aus eigner Kraft den Menschen hervorbringen.

18.

Die Macht der Natur ist keine unbeschränkte, wie die göttliche Allmacht, d. h. die Macht der menschlichen Einbildungskraft; sie kann nicht Alles beliebig zu jeder Zeit und unter jeden Umständen; ihre Hervorbringungen, ihre Wirkungen sind an Bedingungen geknüpft. Wenn daher jetzt die Natur keine Organismen mehr durch ursprüngliche Erzeugung hervorbringen kann oder hervorbringt; so folgt daraus nicht, daß sie dies auch einst nicht konnte. Der Charakter der Erde ist gegenwärtig der der Stabilität; die Zeit der Revolutionen ist vorüber; sie hat ausgetobt. Die Vulkane sind nur noch einzelne unruhige Köpfe, die auf die Masse keinen Einfluß haben und daher die bestehende Ordnung nicht stören. Selbst die großartigste vulkanische Begebenheit seit Menschengedenken, die Erhebung des Jorullo in Mexico war nichts weiter als ein localer Aufstand. Aber wie der Mensch nur in unge=

wöhnlichen Zeiten ungewöhnliche Kräfte entwickelt, nur in Zeiten der höchsten Aufregung und Bewegung vermag, was ihm außerdem schlechterdings unmöglich ist, wie die Pflanze nur in gewissen Epochen, in den Epochen des Keimens, der Blüthe und Befruchtung Wärme producirt, Kohlenstoff und Wasserstoff verbrennt, also eine ihrer gewöhnlichen pflanzlichen Verrichtung geradezu entgegengesetzte, eine thierische Function ausübt (se fait animal: Dumas); so entfaltete auch die Erde nur in den Zeiten ihrer geologischen Revolutionen, in den Zeiten, wo alle ihre Kräfte und Stoffe in der höchsten Gährung, Wallung und Spannung begriffen waren, ihre zoologische Productionskraft. Wir kennen die Natur nur in ihrem gegenwärtigen Status quo; wie können wir also schließen, daß, was jetzt nicht von der Natur geschieht, auch überhaupt nicht, auch in ganz andern Zeiten, unter ganz andern Bedingungen und Verhältnissen nicht geschehen könne*).

19.

Die Christen haben sich nicht genug darüber verwundern können, daß die Helden entstandene Wesen als göttliche verehrten; sie hätten sie aber vielmehr deswegen bewundern sollen, denn dieser Verehrung lag eine ganz richtige Naturanschauung zu Grunde. Entstehen heißt sich individualisiren; entstanden sind die individuellen Wesen, dagegen unentstanden die allgemeinen, individualitätslosen Grundstoffe oder

---

*) Es versteht sich von selbst, daß ich mit diesen wenigen Worten das große Problem von der Entstehung des organischen Lebens nicht will abgefertigt wissen; aber sie genügen für mein Thema; denn ich gebe hier nur den indirecten Beweis, daß das Leben keinen andern Ursprung haben könne, als die Natur. Was die directen, naturwissenschaftlichen Beweise betrifft, so sind wir zwar noch lange nicht am Ziele, aber doch im Verhältniß zu frühern Zeiten, namentlich durch die in neuester Zeit nachgewiesene Identität der unorganischen und organischen Erscheinungen weit genug, wenigstens so weit, daß wir von dem natürlichen Ursprung des Lebens überzeugt sein können, wenn uns gleich die Art und Weise dieses Ursprungs noch unbekannt ist, oder selbst auch unbekannt bleiben sollte.

Grundwesen der Natur, unentstanden die Materie. Aber das individualisirte Wesen ist der Qualität nach ein höheres, göttlicheres Wesen, als das individualitätslose. Schmachvoll ist allerdings die Geburt und schmerzlich der Tod; aber wer nicht anfangen und enden will, verzichte auf den Rang eines lebendigen Wesens. Ewigkeit schließt Lebendigkeit, Lebendigkeit Ewigkeit aus. Wohl setzt das Individuum ein anderes, es hervorbringendes Wesen voraus; aber das hervorbringende steht deswegen nicht über, sondern unter dem hervorgebrachten. Das hervorbringende Wesen ist zwar die Ursache der Existenz und in so fern erstes Wesen, aber es ist auch zugleich bloßes Mittel und Stoff, Grundlage der Existenz eines andern Wesens und in so fern ein untergeordnetes Wesen. Das Kind verzehrt die Mutter, verwendet ihre Kräfte und Säfte zu seinem Besten, schminkt seine Wangen mit ihrem Blute. Und das Kind ist der Stolz der Mutter, sie setzt es über sich, unterordnet ihre Existenz, ihr Wohl der Existenz, dem Wohl des Kindes; selbst die thierische Mutter opfert das eigene Leben dem Leben ihrer Jungen auf. Die tiefste Schmach eines Wesens ist der Tod, aber der Grund des Todes die Zeugung. Zeugen heißt sich wegwerfen, sich gemein machen, sich unter die Menge verlieren, anderen Wesen seine Einzigkeit und Ausschließlichkeit aufopfern. Nichts ist widerspruchvoller, verkehrter und sinnloser, als von einem höchsten, vollkommensten geistigen Wesen die natürlichen Wesen hervorbringen zu lassen. Dieser Procedur zufolge müßten consequenter Weise, denn das Geschöpf ist ja ein Abbild des Schöpfers, auch die Menschenkinder nicht aus dem niedrigen, so tiefgestellten Organ der Gebärmutter, sondern aus dem höchsten organischen Wesen, dem Kopf entspringen.

20.

Die alten Griechen leiteten alle Quellen, Brunnen, Ströme, Seen, Meere von dem Okeanos, dem Weltstrom oder Weltmeer ab, und die alten Perser ließen alle Berge der Erde aus dem Berge Alborbsch entspringen. Ist die Ableitung aller Wesen von einem vollkommenen Wesen besseren Sinnes, anderer Art? Nein! sie beruht ganz auf derselben Denkart. Wie der Alborby ein Berg ist so gut, als die aus ihm entstandenen Berge, so ist auch das göttliche Wesen als der Urquell der abgeleiteten Wesen so gut ein Wesen wie diese, der Gattung nach nicht von ihnen unterschieden; wie aber der Berg Alborby dadurch sich von allen andern Bergen auszeichnet, daß er die Eigenschaften derselben im eminenten Sinn, d. h. in einem von der Phantasie aufs Höchste, bis in den Himmel, über Sonne, Mond und Sterne hinauf gesteigerten Grade besitzt, so unterscheidet sich auch das göttliche Urwesen von allen andern Wesen dadurch, daß es die Eigenschaften derselben im allerhöchsten Grade, in schrankenlosem, unendlichem Sinne besitzt. So wenig aber ein uranfängliches Wasser der Quell der vielen verschiedenen Gewässer, ein uranfänglicher Berg der Ursprung der vielen verschiedenen Berge ist, so wenig ist ein uranfängliches Wesen der Urquell der vielen verschiednen Wesen. Unfruchtbar ist die Einheit, fruchtbar nur der Dualismus, der Gegensatz, der Unterschied. Was die Berge erzeugt, ist nicht nur ein von den Bergen Unterschiedenes, sondern in sich selbst sehr Verschiedenartiges, desgleichen was das Wasser erzeugt, sind nicht nur vom Wasser selbst, sondern auch unter einander verschiedene, ja entgegengesetzte Stoffe. Wie sich Geist, Witz, Scharfsinn, Urtheil nur am Gegensatz, nur im Conflict entwickelt und erzeugt, so erzeugte sich auch das Leben nur im Conflict unterschiedener, ja entgegengesetzter Stoffe, Kräfte und Wesen.

21.

"Wer das Ohr gemacht hat, wie sollte der nicht hören? wer das Auge gemacht, wie sollte der nicht sehen?" Diese biblische oder theistische Ableitung des hörenden und sehenden Wesens von einem sehenden und hörenden Wesen, in unserer modernen, philosophischen Sprache ausgedrückt: des geistigen, subjectiven Wesens von einem selbst wieder geistigen, subjectiven Wesen beruht auf demselben Fundament, sagt ganz dasselbe, als die biblische Erklärung des Regens aus himmlischen, über oder in den Wolken aufgehäuften Wassersammlungen, als die persische Ableitung der Berge von dem Urberge Alborby, als die griechische Erklärung der Quellen und Flüsse aus dem Okeanos. Wasser vom Wasser, aber einem unendlich großen, allumfassenden Wasser, Berge vom Berge, aber einem unendlichen, allumfassenden Berge; so Geist vom Geist, Leben vom Leben, Auge vom Auge, aber einem unendlichen, allumfassenden Auge, Leben und Geiste.

22.

Den Kindern gibt man auf die Frage, woher die Kindlein kommen, bei uns diese „Erklärung", daß sie die Amme aus einem Brunnen holt, wo die Kindlein wie Fische herumschwimmen. Nicht anders ist die Erklärung, die uns die Theologie von dem Ursprung der organischen oder überhaupt natürlichen Wesen gibt. Gott ist der tiefe oder schöne Brunnen der Phantasie, in dem alle Realitäten, alle Vollkommenheiten, alle Kräfte enthalten sind, alle Dinge folglich schon fertig wie Fischlein herumschwimmen; die Theologie ist die Amme, die sie aus diesem Brunnen hervorholt, aber die Hauptperson, die Natur, die Mutter, die mit Schmerzen die Kindlein gebiert, die sie neun Monate lang unter ihrem Herzen trägt, bleibt bei dieser ursprünglich kindlichen, jetzt aber kindischen Erklärung ganz außer dem Spiele. Allerdings ist diese Erklärung schöner, gemüthlicher, leichter, faßlicher und den Kindern Gottes einleuchtender, als die natürliche, die nur allmälig durch unzählige Hindernisse hindurch aus dem Dunkel zum Lichte emporbringt. Aber auch die Erklärung unserer frommen Väter von Hagelschlag, Viehseuchen, Dürre und Donnerwettern durch Wettermacher, Zauberer, Hexen ist weit „poetischer", leichter und noch heute ungebildeten Menschen einleuchtender, als die Erklärung dieser Erscheinungen aus natürlichen Ursachen.

23.

„Der Ursprung des Lebens ist unerklärlich und unbegreiflich;" es sei; aber diese Unbegreiflichkeit berechtigt Dich nicht zu den abergläubischen Consequenzen, welche die Theologie aus den Lücken des menschlichen Wissens zieht, berechtigt Dich nicht, über das Gebiet der natürlichen Ursachen auszuschweifen, denn Du kannst nur sagen: ich kann nicht aus diesen mir bekannten natürlichen Erscheinungen und Ursachen oder aus ihnen, wie sie mir bis jetzt bekannt sind, das Leben erklären, aber nicht: es ist schlechterdings, überhaupt nicht aus der Natur erklärbar, ohne Dir anzumaßen, den Ocean der Natur bereits bis auf den letzten Tropfen erschöpft zu haben, berechtigt Dich nicht, durch die Annahme erdichteter Wesen das Unerklärliche zu erklären, berechtigt Dich nicht, durch eine nichts erklärende Erklärung Dich und Andere zu täuschen und zu belügen, berechtigt Dich nicht, Dein Nichtwissen natürlicher, materieller Ursachen in ein Nichtsein solcher Ursachen zu verwandeln, Deine Ignoranz zu vergöttern, zu personificiren, zu vergegenständlichen in einem Wesen, welches diese Ignoranz aufheben soll, und doch nichts anders ausdrückt, als die Natur dieser Deiner Ignoranz, als den Mangel positiver, materieller Erklärungsgründe. Denn was ist das immaterielle, un- oder nicht körperliche, nicht natürliche, nicht weltliche Wesen, woraus Du Dir das Leben erklärst, anders als eben der präcise Ausdruck von der intellectuellen Abwesenheit materieller, körperlicher, natürlicher, kosmischer Ursachen? Aber statt so ehrlich und bescheiden zu sein, schlechtweg zu sagen: ich weiß keinen Grund, ich kann es nicht erklären, mir fehlen die Data, die Materialien, verwandelst Du diese Mängel, diese Negationen, diese Leerheiten, Deines Kopfs vermittelst der Phantasie in positive Wesen, in Wesen, die immaterielle, d. h. keine materiellen, keine natürlichen Wesen sind, weil Du keine materiellen, keine natürlichen Ursachen weißt.

Die Ignoranz begnügt sich übrigens mit immateriellen, unkörperlichen, nicht natürlichen Wesen, aber ihre unzertrennliche Gefährtin, die üppige Phantasie, die es immer nur mit höchsten und allerhöchsten und überhöchsten Wesen zu thun hat, erhebt sogleich diese armen Geschöpfe der Ignoranz in den Rang von übermateriellen, übernatürlichen Wesen.

24.

Die Vorstellung, daß die Natur selbst, die Welt überhaupt, das Universum einen wirklichen Anfang habe, daß also einst keine Natur, keine Welt, kein Universum gewesen, ist eine kleinliche Vorstellung, die nur da dem Menschen einleuchtet, wo er eine kleinliche, beschränkte Vorstellung von der Welt hat, — ist eine sinn- und bodenlose Einbildung — die Einbildung, daß einst nichts Wirkliches gewesen ist, denn der Inbegriff aller Realität, Wirklichkeit ist eben die Welt oder Natur. Alle Eigenschaften oder Bestimmungen Gottes, die ihn zu einem gegenständlichen, wirklichen Wesen machen, sind selbst nur von der Natur abstrahirte, die Natur voraussetzende, die Natur ausdrückende Eigenschaften — Eigenschaften also, die wegfallen, wenn die Natur wegfällt. Allerdings bleibt Dir auch dann noch, wenn Du von der Natur abstrahirst, wenn Du in Gedanken oder in der Einbildung ihre Existenz aufhebst, d. h. Deine Augen zudrückst, alle bestimmten sinnlichen Bilder von den Naturgegenständen in Dir auslöschest, die Natur also nicht sinnlich (nicht in concreto, wie die Philosophen sagen) vorstellst, ein Wesen, ein Inbegriff von Eigenschaften, wie Unendlichkeit, Macht, Einheit, Nothwendigkeit, Ewigkeit übrig; aber dieses nach Abzug aller sinnfälligen Eigenschaften und Erscheinungen übrig bleibende Wesen ist eben nichts anders, als das abgezogne Wesen der Natur oder die Natur in abstracto, in Gedanken. Und Deine Ableitung der Natur oder Welt von Gott ist daher in dieser Beziehung nichts anders, als die Ableitung des sinnlichen, wirklichen Wesens der Natur von ihrem abstracten, gedachten, nur in der Vorstellung, nur im Gedanken existirenden Wesen — eine Ableitung, die Dir deswegen vernünftig erscheint, weil Du im Denken stets das Abstracte, Allgemeine als das dem Denken Nähere, folglich dem Gedanken nach Höhere und Frühere dem Einzelnen, Wirklichen, Concreten voraussetzest, obgleich es in der Wirklichkeit gerade umgekehrt, die Natur früher als Gott d. h. das Concrete früher als das Abstracte, das Sinnliche früher als das Gedachte ist. In der Wirklichkeit, wo es nur natürlich zugeht, folgt die Copie auf das Original, das Bild auf die Sache, der Gedanke auf den Gegenstand; aber auf dem übernatürlichen, wunderlichen Gebiet der Theologie folgt das Original auf die Copie, die Sache auf das Bild. „Es ist wunderlich, sagt der heilige Augustin, aber doch wahr, daß diese Welt uns nicht bekannt sein könnte, wenn sie nicht wäre, aber nicht sein könnte, wenn sie Gott nicht bekannt wäre." Das heißt eben: die Welt wird eher gewußt, gedacht, als sie wirklich ist; ja sie ist nur, weil sie gedacht wurde, das Sein ist eine Folge des Wissens oder Denkens, das Original eine Folge der Copie, das Wesen eine Folge des Bildes.

25.

Wenn man die Welt oder Natur auf abstracte Bestimmungen reducirt, wenn man sie zu einem metaphysischen Ding, also zu einem bloßen Gedankending macht, und diese abstracte Welt nun für die wirkliche Welt nimmt, so ist es eine logische Nothwendigkeit, sie als endlich zu denken. Die Welt ist uns nicht gegeben durch das Denken, wenigstens das meta- und hyperphysische, von der wirklichen Welt abstrahirende, in diese Abstraction sein wahres, höchstes Wesen setzende Denken; sie ist uns gegeben durch das Leben, durch die Anschauung, durch die Sinne. Für ein abstractes, nur denkendes Wesen existirt kein Licht, denn es hat keine Augen, keine Wärme, denn es hat kein Gefühl, existirt überhaupt keine Welt, denn es hat keine Organe für sie, existirt eigentlich gar Nichts. Die Welt ist also nur dadurch uns gegeben, daß wir keine logischen oder metaphysischen Wesen, daß wir andre Wesen, daß wir mehr sind, als nur Logiker und Metaphysiker. Aber gerade dieses Plus erscheint dem metaphysischen Denker als ein Minus, diese Negation des Denkens als absolute Negation. Die Natur ist für ihn nichts weiter, als das Entgegengesetzte, das „Andre des Geistes." Diese nur negative und abstracte Bestimmung macht er zu ihrer positiven, zu ihrem Wesen. Es ist daher ein Widerspruch, das Ding oder vielmehr Unding, das nur die Negation des Denkens, das ein gedachtes, seiner Natur nach aber sinnliches, dem Denken, dem Geiste widersprechendes Ding ist, als ein positives Wesen zu denken. Das Denkwesen ist dem Denker das wahre Wesen; es versteht sich also von selbst, daß das Wesen, welches kein Denkwesen ist, auch kein wahres, ewiges, ursprüngliches Wesen ist. Es ist schon ein Widerspruch für den Geist, nur das Andre seiner selbst zu denken; er ist nur in Harmonie mit sich, nur in seinem Esse, wenn er nur sich selbst — Standpunkt der Speculation — oder wenigstens — Standpunkt des Theismus — ein Wesen denkt, welches nichts andres ausdrückt, als das Wesen des Denkens, welches nur durch das Denken gegeben, also an sich selbst nur ein, wenigstens passives, Denkwesen ist. So verschwindet die Natur in Nichts. Aber gleichwohl ist sie, trotz dem, daß sie nicht sein kann und nicht sein soll. Wie erklärt sich also der Metaphysiker ihr Dasein? durch eine scheinbar freiwillige, in Wahrheit aber seinem innersten Wesen widersprechende, nur aufgenöthigte Selbstentäußerung, Selbstnegation, Selbstverläugnung des Geistes. Allein, wenn die Natur auf dem Standpunkt des abstracten Denkens in Nichts verschwindet, so verschwindet dagegen auf dem Standpunkt der wirklichen Weltanschauung dieser weltschöpferische Geist in Nichts. Auf diesem Standpunkt erweisen sich alle Deductionen der Welt aus Gott, der Natur aus dem Geiste, der Physik aus der Metaphysik, des Wirklichen aus dem Abstracten als logische Spiele.

26.

Die Natur ist der erste und fundamentale Gegenstand der Religion, aber sie ist selbst da, wo sie unmittelbarer Gegenstand religiöser Verehrung ist, wie in den Naturreligionen, nicht Gegenstand als Natur, d. h. in der Weise, in dem Sinne, in welchem wir sie auf dem Standpunkt des Theismus oder der Philosophie und Naturwissenschaft anschauen. Die Natur ist vielmehr dem Menschen ursprünglich — da eben, wo sie mit religiösen Augen angeschaut wird — Gegenstand als das, was er selbst ist, als ein persönliches, lebendiges, empfindendes Wesen. Der Mensch unterscheidet sich ursprünglich nicht von der Natur, folglich auch nicht die Natur von sich; er macht daher die Empfindungen, die ein Gegenstand der Natur in ihm erregt, unmittelbar zu Beschaffenheiten des Gegenstands selbst. Die wohlthuenden, guten Empfindungen und Affecte verursacht das gute, wohlthuende Wesen der Natur; die schlimmen, wehethuenden Empfindungen, Hitze, Kälte, Hunger, Schmerz, Krankheit ein böses Wesen, oder wenigstens die Natur im Zustande des Böseseins, des Uebelwollens, des Zorns. So macht der Mensch unwillkürlich und unbewußt — d. i. nothwendig, obwohl diese Nothwendigkeit nur eine relative, historische ist — das Naturwesen zu einem Gemüthswesen, einem subjectiven, d. i. menschlichen Wesen. Kein Wunder, daß er sie dann auch ausdrücklich, mit Wissen und Willen zu einem Gegenstande der Religion, des Gebets, d. h. zu einem durch das Gemüth des Menschen, seine Bitten, seine Dienstleistungen bestimmbaren Gegenstand macht. Der Mensch hat ja schon dadurch die Natur sich willfährig gemacht, sich unterworfen, daß er sie seinem Gemüthe assimilirt, seinen Leidenschaften unterworfen hat. Der ungebildete Naturmensch legt übrigens der Natur nicht nur menschliche Beweggründe, Triebe und Leidenschaften unter; er erblickt sogar in den Naturkörpern wirkliche Menschen. So halten die Indianer am Orenoko die Sonne, Mond und Sterne für Menschen

— „diese da oben, sagen sie, sind Menschen wie wir" — die Patagonier die Sterne für „ehemalige Indianer", die Grönländer Sonne, Mond und Sterne für „ihre Vorfahren, die bei einer besondern Gelegenheit in den Himmel versetzt wurden". So glaubten auch die alten Mexikaner, daß Sonne und Mond, die sie als Götter verehrten, einst Menschen gewesen wären. Seht! so bestätigen den im Wesen des Christenthums ausgesprochenen Satz, daß der Mensch in der Religion nur zu sich selbst sich verhält, sein Gott nur sein eigenes Wesen ist, selbst die rohsten, untersten Arten der Religion, wo der Mensch die dem Menschen fernsten, unähnlichsten Dinge, Sterne, Steine, Bäume, ja sogar Krebsscheeren, Schneckenhäuser verehrt, denn er verehrt sie nur, weil er sich selbst in sie hineinlegt, sie als solche Wesen oder wenigstens von solchen Wesen erfüllt denkt, wie er selbst ist. Die Religion stellt daher den merkwürdigen, aber sehr begreiflichen, ja nothwendigen Widerspruch dar, daß, während sie auf dem theistischen oder anthropologischen Standpunkt das menschliche Wesen deswegen als göttliches verehrt, weil es ihr als ein vom Menschen unterschiedenes, als ein nicht menschliches Wesen erscheint, sie umgekehrt auf dem naturalistischen Standpunkt das nicht menschliche Wesen deswegen als göttliches Wesen verehrt, weil es ihr als ein menschliches erscheint.

27.

Die Veränderlichkeit der Natur, namentlich in den Erscheinungen, welche am meisten den Menschen seine Abhängigkeit von ihr fühlen lassen, ist der Hauptgrund, warum sie dem Menschen als ein menschliches, willkürliches Wesen erscheint und von ihm religiös verehrt wird. Wenn die Sonne immer am Himmel stände, so würde sie nie das Feuer des religiösen Affects im Menschen entzündet haben. Erst als sie ihm aus den Augen entschwunden war, und den Schrekken der Nacht über ihn verhängt hatte, und dann wieder am Himmel sich zeigte, erst da sank er auf die Kniee vor ihr nieder, überwältigt von der Freude über ihre unerwartete Wiederkunft. So begrüßten die alten Apalachiten in Florida mit Lobgesängen die Sonne beim Auf- und Untergang, und baten sie zugleich, daß sie zur gehörigen Zeit wiederkehren und sie mit ihrem Lichte erfreuen möchte. Wenn die Erde immerfort Früchte trüge, wo wäre ein Grund zu religiösen Saat- und Erndtefesten? Nur dadurch, daß sie bald ihren Schooß öffnet, bald wieder verschließt, erscheinen ihre Früchte als freiwillige, zu Dank verpflichtende Gaben. Nur der Wechsel der Natur macht den Menschen unsicher, bemüthig, religiös. Es ist ungewiß, ob das Wetter mir morgen zu meinem Unternehmen günstig ist, ungewiß, ob ich erndte, was ich säe; ich kann also nicht auf die Gaben der Natur wie auf einen schuldigen Tribut oder eine unausbleibliche Folge rechnen und pochen. Wo aber die mathematische Gewißheit ausgeht, da hebt — selbst heutigen Tags noch in schwachen Köpfen — die Theologie an. Religion ist Anschauung des Nothwendigen — im Besondern Zufälligen — als eines Willkürlichen, Freiwilligen. Die entgegengesetzte Gesinnung, die Gesinnung der Irreligiosität und Gottlosigkeit stellt dagegen der Cyclop des Euripides dar, wenn er sagt: „die Erde muß, sie mag wollen oder nicht, Gras zur Ernährung meiner Heerde hervorbringen."

28.

Das Gefühl der Abhängigkeit von der Natur in Verbindung mit der Vorstellug der Natur als eines willkürlich thätigen, persönlichen Wesens ist der Grund des Opfers, des wesentlichsten Actes der Naturreligionen. Die Abhängigkeit von der Natur empfinde ich besonders im Bedürfniß derselben. Das Bedürfniß ist das Gefühl und der Ausdruck meines Nichtseins ohne die Natur; aber unzertrennlich vom Bedürfniß ist der Genuß, das entgegengesetzte Gefühl, das Gefühl meines Selbstseins, meiner Selbständigkeit im Unterschiede von der Natur. Das Bedürfniß ist daher gottesfürchtig, bemüthig, religiös, aber der Genuß hochmüthig, gottvergessen, respectlos, frivol. Und diese Frivolität oder wenigstens Respectlosigkeit des Genusses ist eine practische Nothwendigkeit für den Menschen, eine Nothwendigkeit, auf die sich seine Existenz gründet — eine Nothwendigkeit, die aber im directen Widerspruch steht mit seinem theoretischen Respect vor der Natur als einem im Sinne des Menschen lebendigen, egoistischen, empfindlichen Wesen, das sich eben so wenig Etwas will gefallen und nehmen lassen, als der Mensch. Die Aneignung oder Benützung der Natur erscheint daher dem Menschen gleichsam als eine Rechtsverletzung, als eine Aneignung fremden Eigenthums, als eine Frevelthat. Um daher sein Gewissen und den in seiner Vorstellung beleidigten Gegenstand zu beschwichtigen, um ihm zu zeigen, daß er aus Noth, nicht aus Uebermuth ihn beraubt hat, schmälert er sich den Genuß, gibt er dem Gegenstand Etwas von seinem entwendeten Eigenthum wieder zurück. So glaubten die Griechen, daß, wenn ein Baum gefällt würde, die Seele desselben, die Dryade wehklage und das Schicksal um Rache gegen den Frevler anrufe. So traute sich kein Römer auf seinem Acker einen Hain umzuhauen, ohne ein junges Schwein zur Versöhnung des Gottes oder der Göttin dieses Hains zu opfern. So hängen die Ostiaken, wenn sie einen Bären erlegt haben, das Fell auf einen Baum, erweisen demselben allerlei Ehrenbezeugungen und entschuldigen sich aufs beste bei dem Bären, daß sie ihn getödtet haben. „Sie glauben dadurch den Schaden, den ihnen der Geist dieses Thieres zufügen könnte, auf eine höfliche Art abzuwenden." So versöhnen nordamerikanische Stämme durch ähnliche Ceremonien die Manen der getödteten Thiere. So war „unseren Vorfahren der Ellhorn ein heiliger Baum, wo sie aber denselben unterhauen mußten, pflegten sie vorher das Gebet zu thun: „Frau Ellhorn gib mir was von Deinem Holz, dann will ich Dir von meinem auch was geben, wenn es wächst im Walde." So baten die Philippinen die Ebenen und Berge um Erlaubniß, wenn sie über selbige reisen wollten, und hielten es für ein Verbrechen, irgend einen alten Baum umzuhauen. Und der Brahmine traut sich kaum, Wasser zu trinken und die Erde mit seinen Füßen zu betreten, weil mit jedem Fußtritt, jedem Schluck Wasser empfindenden Wesen, Pflanzen und Thieren Schmerz und Tod bereitet wird, und muß daher Buße thun, „um den Tod der Geschöpfe auszusöhnen, die er wider sein Wissen bei Tag oder bei Nacht vernichten möchte*)."

29.

Im Opfer versinnlicht und concentrirt sich das ganze Wesen der Religion. Der Grund des Opfers ist das Abhängigkeitsgefühl — die Furcht, der Zweifel, die Ungewißheit des Erfolgs, der Zukunft, die Gewissenspein über eine begangne Sünde — aber das Resultat, der Zweck des Opfers ist das Selbstgefühl — der Muth, der Genuß, die Gewißheit des Erfolgs, die Freiheit und Seligkeit. Als Knecht der Natur schreite ich zum Opfer; aber als Herr der Natur scheide ich vom Opfer. Das Gefühl der Abhängigkeit von der Natur ist daher wohl der Grund; aber die Aufhebung dieser Abhängigkeit, die Freiheit von der Natur ist der Zweck der Religion. Oder: die Gottheit der Natur ist wohl die Basis, die Grundlage der Religion und zwar aller Religion, auch der christlichen, aber die Gottheit des Menschen ist der Endzweck der Religion.

30.

Die Religion hat zu ihrer Voraussetzung den Gegensatz oder Widerspruch zwischen Wollen und Können, Wünschen und Erreichen, Absicht und Erfolg, Vorstellung und Wirklichkeit,

---

1) Es gehören hierher auch die vielen Anstandsregeln, die in den alten Religionen der Mensch der Natur gegenüber beobachten muß, um sie nicht zu verunreinigen und zu verletzen. So durfte z. B. kein Ormuzddiener die Erde mit bloßen Füßen betreten, weil die Erde heilig war, kein Grieche mit ungewaschenen Händen durch einen Fluß gehen.

Denken und Sein. Im Wollen, Wünschen, Vorstellen ist der Mensch unbeschränkt, frei, allmächtig — Gott; aber im Können, Erreichen, in der Wirklichkeit bedingt, abhängig, beschränkt — Mensch — Mensch im Sinne eines endlichen, Gott entgegengesetzten Wesens. „Der Mensch denkts, Gott lenkts." „Der Mensch entwirft und Zeus vollendet es anders." Das Denken, das Wollen ist mein; aber das, was ich will und denke, ist nicht mein, ist außer mir, hängt nicht von mir ab. Die Aufhebung dieses Widerspruchs oder Gegensatzes ist die Tendenz, der Zweck der Religion; und das Wesen eben, worin er aufgehoben ist, worin das meinen Wünschen und Vorstellungen nach Mögliche, meinen Kräften nach aber für mich Unmögliche möglich oder vielmehr wirklich ist — das ist das göttliche Wesen.

31.

Das vom menschlichen Willen und Wissen Unabhängige ist die ursprüngliche, eigentliche, charakteristische Sache der Religion — die Sache Gottes. „Ich habe gepflanzet, sagt der Apostel Paulus, Apollo hat begossen, aber Gott hat das Gedeihen gegeben. So ist nun weder der da pflanzet, noch der da begießet etwas, sondern Gott, der das Gedeihen gibt." Und Luther: „Wir sollen ... Gott loben und danken, daß er Korn wachsen läßt, und erkennen, daß es nicht unsere Arbeit, sondern seines Seegens und seiner Gaben ist, daß Korn und Wein und allerlei Früchte wachsen, davon wir essen und trinken und alle Nothdurft haben." Und Hesiod sagt, daß der fleißige Landmann reichlich erndten wird, wenn Zeus ein gutes Ende gewährt. Das Ackern, das Säen und Begießen der Saat hängt also von mir ab, aber nicht das Gedeihen. Dieses steht in Gottes Hand; darum heißet es: „an Gottes Segen ist Alles gelegen." Aber was ist Gott? Ursprünglich nichts andres, als die Natur oder das Wesen der Natur, aber als ein Gegenstand des Gebetes, als ein erbittliches, folglich wollendes Wesen. Zeus ist die

Urſache oder das Weſen der meteorologiſchen Naturerſcheinungen; aber darin liegt noch nicht ſein göttlicher, ſein religiöſer Charakter; auch der Nichtreligiöſe hat eine Urſache des Regens, des Donnerwetters, des Schnees. Dadurch und darin erſt iſt er Gott, daß er der Herr der meteorologiſchen Naturerſcheinungen iſt, daß dieſe Naturwirkungen von ſeinem Gutdünken abhängen, Willensacte ſind. Das vom Willen des Menſchen Unabhängige macht alſo die Religion auf Seiten des Gegenſtandes (objectiv) abhängig vom Willen Gottes; auf Seiten des Menſchen (ſubjectiv) aber abhängig vom Gebete, denn was vom Willen abhängt, iſt Gegenſtand des Gebetes, etwas Abänderliches, Erbittliches. „Lenkſam ſind ſelber die Götter. Dieſe vermag durch Räuchern und demuthsvolle Gelübbe, durch Weinguß und Gedüft ein Sterblicher umzulenken.‟

32.

Gegenſtand der Religion iſt, wenigſtens da, wo ſich der Menſch einmal über die unbeſchränkte Wahlfreiheit, Rathloſigkeit und Zufälligkeit des eigentlichen Fetiſchismus erhoben hat, nur oder doch hauptſächlich das, was Gegenſtand menſchlicher Zwecke und Bedürfniſſe iſt. Die dem Menſchen nothwendigſten Naturweſen genoſſen eben darum auch die allgemeinſte und vorzüglichſte religiöſe Verehrung. Was aber ein Gegenſtand menſchlicher Bedürfniſſe und Zwecke, iſt eben damit auch ein Gegenſtand menſchlicher Wünſche. Regen und Sonnenſchein iſt mir noth, wenn meine Saat gedeihen ſoll. Bei anhaltender Trockniß wünſche ich daher Regen, bei anhaltendem Regen Sonnenſchein. Der Wunſch iſt ein Verlangen, deſſen Befriedigung — wenn auch nicht immer an und für ſich ſelbſt, doch in dieſem Augenblick, in dieſen Umſtänden, dieſen Verhältniſſen, wenn auch nicht abſolut, doch ſo, wie es der Menſch auf dem Standpunkt der Religion wünſcht — nicht in meiner Gewalt iſt, ein Wille, aber ohne die Macht, sich durchzusetzen. Allein was mein Leib, meine Kraft überhaupt nicht vermag, das vermag eben der Wunsch selbst. Was ich verlange, wünsche, das bezaubere, begeistere ich durch meine Wünsche*). Im Affect — und nur im Affect, im Gefühl wurzelt die Religion — setzt der Mensch sein Wesen außer sich, behandelt er das Leblose als Lebendiges, das Unwillkürliche als Willkürliches, beseelt er den Gegenstand mit seinen Seufzern, denn es ist ihm unmöglich, im Affect an ein gefühlloses Wesen sich zu wenden. Das Gefühl bleibt nicht auf der Mensur, die ihm der Verstand vorschreibt; es übersprudelt den Menschen; es ist ihm zu enge im Brustkasten; es muß sich der Außenwelt mittheilen, und dadurch das fühllose Wesen der Natur zu einem mitfühlenden Wesen machen. Die vom menschlichen Gefühl bezauberte, dem Gefühl entsprechende, assimilirte, also selbst gefühlvolle Natur ist die Natur, wie sie Gegenstand der Religion, göttliches Wesen ist. **Der Wunsch ist der Ursprung, ist das Wesen selbst der Religion — das Wesen der Götter nichts anderes, als das Wesen des Wunsches****). Die Götter sind übermenschliche und übernatürliche Wesen; aber sind nicht auch die Wünsche übermenschliche und übernatürliche Wesen? Bin ich z. B. in meinem Wunsche, und meiner Phantasie noch ein Mensch, wenn ich ein unsterbliches, den Fesseln des irdischen Leibes entbundnes We-

---

*) „Wünschen heißt in der alten (teutschen) Sprache zaubern."

**) Die Götter sind die Segen verleihenden Wesen. Der Segen ist der Erfolg, die Frucht, der Zweck einer Handlung, der von mir unabhängig ist, aber gewünscht wird. „Segnen, sagt Luther, heißt eigentlich etwas Gutes wünschen." „Wenn wir segnen, so thun wir nichts mehr, denn daß wir Gutes wünschen, können aber das nicht geben, was wir wünschen, aber Gottes Segen klinget zur Mehrung und ist bald kräftig." Das heißt: die Menschen sind die wünschenden, die Götter die wunscherfüllenden Wesen. So ist selbst im gemeinen Leben das unzählige Mal vorkommende Wort: Gott, nichts anderes als der Ausdruck eines Wunsches. Gott gebe dir Kinder, d. h. ich wünsche dir Kinder, nur ist hier der Wunsch subjectiv, nicht religiös, pelagianisch, dort objectiv, darum religiös, augustinisch ausgedrückt.

sen zu sein wünsche? Nein! wer keine Wünsche hat, der hat auch keine Götter. Warum betonten die Griechen so sehr die Unsterblichkeit und Seligkeit der Götter? weil sie selbst nicht sterblich und unselig sein wollten. Wo Du keine Klagelieder über die Sterblichkeit und das Elend des Menschen vernimmst, da hörst Du auch keine Lobgesänge auf die unsterblichen und seligen Götter. Das Thränenwasser des Herzens nur verdunstet im Himmel der Phantasie in das Wolkengebilde des göttlichen Wesens. Aus dem Weltstrom Okeanos leitet Homer die Götter ab; aber dieser götterreiche Strom ist in Wahrheit nur ein Erguß der menschlichen Gefühle.

33.

Die irreligiösen Erscheinungen der Religion enthüllen am populärsten den Ursprung und das Wesen der Religion. So ist es eine irreligiöse, eben deswegen selbst schon von den frommen Heiden mit dem bittersten Tadel bemerkte Erscheinung der Religion, daß die Menschen insgemein nur im Unglück zu ihr ihre Zuflucht nehmen, an Gott sich wenden und denken, aber gerade diese Erscheinung führt uns an die Quelle der Religion selbst. Im Unglück, in der Noth, sei sie nun seine eigne oder die Noth Anderer, macht der Mensch die schmerzliche Erfahrung, daß er nicht kann, was er will, daß ihm seine Hände gebunden sind. Aber die Lähmung der Bewegungsnerven ist nicht zugleich auch die Lähmung der Empfindungsnerven, die Fessel meiner Leibeskräfte nicht zugleich auch die Fessel meines Willens, meines Herzens. Im Gegentheil: je mehr mir die Hände gebunden sind, desto ungebundener sind meine Wünsche, desto heftiger meine Sehnsucht nach Erlösung, desto energischer mein Trieb nach Freiheit, mein Wille, nicht beschränkt zu sein. Die von der Macht der Noth auf den höchsten Grad gesteigerte, überreizte, übermenschliche Macht des menschlichen Herzens oder Willens ist die Macht der Götter, für die es keine Noth und Schranken gibt. Die Götter können, was die Menschen wünschen,

d. h. sie vollziehen die Gesetze des menschlichen Herzens. Was die Menschen nur der Seele nach sind, das sind die Götter dem Leibe nach; was jene nur im Willen, nur in der Phantasie, nur im Herzen, also nur geistig vermögen, z. B. im Nu an einem entfernten Orte zu sein, das vermögen diese physisch. Die Götter sind die wohlbeleibten, verkörperten, verwirklichten Wünsche des Menschen — die aufgehobenen Naturschranken des menschlichen Herzens und Willens, Wesen des unbeschränkten Willens, Wesen, deren Leibeskräfte gleich sind den Willenskräften. Die irreligiöse Erscheinung von dieser übernatürlichen Macht der Religion ist die Zauberei der uncultivirten Völker, wo auf eine augenfällige Weise der bloße Wille des Manschen der über die Natur gebietende Gott ist. Wenn aber der Gott der Israeliten auf das Gebot Josuas der Sonne Stillstand gebietet, auf das Gebet des Elias regnen läßt, der Gott der Christen zum Beweis seiner Gottheit, d. h. seiner Macht, alle Wünsche des Menschen erfüllen zu können, durch sein bloßes Wort die stürmische See beruhigt, Kranke heilt, Todte erweckt, so ist hier eben so gut wie in der Zauberei der bloße Wille, der bloße Wunsch, das bloße Wort als eine die Natur beherrschende Macht ausgesprochen. Der Unterschied ist nur der, daß der Zauberer den Zweck der Religion auf irreligiöse, der Jude, der Christ auf religiöse Weise verwirklicht, indem jener in sich verlegt, was diese in Gott versetzen, jener zum Gegenstand eines ausdrücklichen Willens, eines Befehls macht, was diese zum Gegenstand eines stillen, ergebenen Willens, eines frommen Wunsches machen, kurz jener durch und für sich selbst thut, was diese durch und mit Gott thun. Aber der gemeine Spruch: quod quis per alium fecit, ipse fecisse putatur, d. h. was einer durch den Andern thut, das wird ihm als eigne That angerechnet, findet auch hier seine Anwendung: was einer durch Gott thut, das thut in Wahrheit er selbst..

34.

Die Religion hat — wenigstens ursprünglich und in Beziehung auf die Natur — keine andere Aufgabe und Tendenz, als das unpopuläre und unheimliche Wesen der Natur in ein bekanntes, heimliches Wesen zu verwandeln, die für sich selbst unbeugsame, eisenharte Natur in der Gluth des Herzens zum Behufe menschlicher Zwecke zu erweichen — also denselben Zweck, als die Bildung oder Cultur, deren Tendenz eben auch keine andere ist, als die Natur theoretisch zu einem verständlichen, praktisch zu einem willfährigen, den menschlichen Bedürfnissen entsprechenden Wesen zu machen, nur mit dem Unterschiede, daß was die Cultur durch Mittel und zwar der Natur selbst abgelauschte Mittel, die Religion ohne Mittel oder, was eins ist, durch die übernatürlichen Mittel des Gebetes, des Glaubens, der Sacramente, der Zauberei bezweckt. Alles daher, was im Fortgang der Cultur des Menschengeschlechts Sache der Bildung, der Selbstthätigkeit, der Anthropologie wurde, war anfänglich Sache der Religion oder Theologie, wie z. B. die Jurisprudenz (Ordalien, Bahrrecht, Rechtsorakel der Germanen), die Politik (Orakel der Griechen), die Arzneikunde, die noch heute bei den uncultivirten Völkern eine Sache der Religion ist*). Freilich bleibt die Cultur stets hinter den Wünschen der Religion zurück; denn sie kann nicht die im Wesen begründeten Schranken des Menschen aufheben. So bringt es die Cultur z. B. wohl zur Makrobiotik, aber nimmer zur Unsterblichkeit. Diese verbleibt als ein schrankenloser, unrealisirbarer Wunsch der Religion.

35.

In der Naturreligion wendet sich der Mensch an einen Gegenstand, der dem eigentlichen Willen und Sinn der Religion geradezu

---

*) In rohen Zeiten und rohen Völkern gegenüber ist daher die Religion wohl ein Bildungsmittel der Menschheit, aber in Zeiten der Bildung vertritt die Religion die Sache der Rohheit, der Alterthümlichkeit, ist sie die Feindin der Bildung.

widerspricht; denn er opfert hier seine Gefühle einem an sich gefühl= losen, seinen Verstand einem an sich verstandlosen Wesen auf; er setzt über sich, was er unter sich haben möchte; er dient dem, was er be= herrschen will, verehrt, was er im Grunde verabscheut, fleht das ge= rade um Hülfe an, wogegen er Hülfe sucht. So opferten die Griechen in Titane den Winden, um ihre Wuth zu besänftigen; so weihten die Römer dem Fieber einen Tempel, um es unschädlich zu machen; so bitten die Tungusen zur Zeit einer Epidemie andächtig und mit feier= lichen Verbeugungen die Krankheit, sie möchte an ihren Jur= ten vorübergehen (Pallas); so opfern die Widahér in Guinea dem stürmischen Meer, um es zu bewegen, sich zu beruhigen und sie nicht am Fischen zu verhindern; so wenden sich die Indianer bei der Annäherung eines Sturms oder Ungewitters an den Mannitto (Geist, Gott, Wesen) der Luft, bei einer Fahrt über das Wasser an den Man= nitto der Gewässer, damit er alle Gefahr von ihnen abwenden möge; so verehren überhaupt viele Völker ausdrücklich nicht das gute, sondern das böse, wenigstens ihnen als bös erscheinende Wesen der Natur*). In der Naturreligion macht der Mensch seine Liebeserklärungen einer Bildsäule, einer Leiche; kein Wunder daher, daß er, um sich Gehör zu verschaffen, zu den verzweifelsten, wahnsinnigsten Mitteln seine Zu= flucht nimmt, kein Wunder, daß er sich entmenscht, um die Natur menschlich zu machen, daß er selbst Menschenblut vergießt, um ihr menschliche Empfindungen einzuflößen. So glaubten die Nordgermanen ausdrücklich, „Blutopfer könnten hölzernen Götzen menschliche Sprache und Empfindung, desgleichen den in den Blutopferhäusern verehrten Steinen Sprache und die Gabe der Orakelertheilung verleihen." Aber vergeblich sind alle Belebungs= versuche: die Natur antwortet nicht auf die Klagen und Fragen des Menschen; sie schleudert unerbittlich ihn auf sich selbst zurück.

---

*) Hierher gehört auch die Verehrung der schädlichen Thiere.

36.

So wie die Schranken, welche oder wenigstens wie sie der Mensch auf dem Standpunkt der Religion als Schranken sich vorstellt und fühlt, wie z. B. die Schranke, daß er nicht das Zukünftige weiß, nicht ewig lebt, nicht ununterbrochen und beschwerdelos glücklich ist, nicht einen Körper hat ohne Schwere, nicht wie die Götter fliegen, nicht wie Jehovah donnern, nicht seine Gestalt beliebig vergrößern oder unsichtbar machen, nicht, wie ein Engel, ohne sinnliche Bedürfnisse und Triebe leben kann, kurz nicht vermag, was er will oder wünscht, nur Schranken für die Vorstellung und Phantasie, in Wahrheit aber keine Schranken sind, weil sie nothwendig im Wesen, begründet sind, in der Natur der Sache liegen; so ist auch das von diesen Schranken freie, das unbeschränkte göttliche Wesen nur ein Wesen der Vorstellung, der Phantasie und des von der Phantasie beherrschten Gefühles oder Gemüthes. Was daher auch nur immer Gegenstand der Religion ist, sei es auch selbst ein Schneckenhaus oder Kieselstein, es ist der Religion nur Gegenstand als ein Wesen des Gemüths, der Vorstellung, der Phantasie. Hierin hat die Behauptung ihren Grund, daß die Menschen nicht die Steine, Thiere, Bäume, Flüsse selbst, sondern nur die Götter in ihnen, die Mannittus, die Geister derselben verehren. Aber diese Geister der Naturwesen sind nichts anders, als die Vorstellungen, die Bilder von ihnen, oder sie als vorgestellte Wesen, als Wesen der Einbildungskraft im Unterschied von ihnen als wirklichen, sinnlichen Wesen, gleichwie die Geister der Todten nichts andres sind, als die aus der Erinnerung sich nicht verwischenden Vorstellungen und Bilder der Todten — die einst wirklichen Wesen als vorgestellte Wesen, die aber dem religiösen, d. h. ungebildeten, zwischen dem Gegenstande und der Vorstellung von ihm nicht unterscheidenden Menschen für wirkliche, selbstbestehende Wesen gelten. Die fromme, unwillkürliche Selbsttäuschung des Menschen in der Religion ist daher in der Naturreligion eine sichtbare, augenfällige Wahrheit, denn der Mensch macht hier seinem religiösen Gegenstande Augen und Ohren, er weiß, er sieht es, daß sie gemachte, steinerne oder hölzerne Augen und Ohren sind, und doch glaubt er, daß es wirkliche Augen und Ohren sind. So hat der Mensch in der Religion die Augen nur dazu, um nicht zu sehen, um stockblind, die Vernunft nur dazu, um nicht zu denken, um stockdumm zu sein. Die Naturreligion ist der sinnfällige Widerspruch zwischen der Vorstellung und Wirklichkeit, zwischen der Einbildung und Wahrheit. Was in der Wirklichkeit ein todter Stein oder Klotz, ist in ihrer Vorstellung ein lebendiges Wesen, sichtbar kein Gott, sondern etwas ganz Andres, aber unsichtbar, dem Glauben nach ein Gott. Die Naturreligion ist deswegen auch stets in Gefahr, aufs bitterste enttäuscht zu werden, denn es gehört nichts weiter dazu als ein Axthieb, um sie z. B. zu überzeugen, daß kein Blut aus ihren verehrten Bäumen fließt, also kein lebendiges, göttliches Wesen in ihnen wohnt. Wie entzieht sich nun aber die Religion diesen groben Widersprüchen und Enttäuschungen, denen sie sich in der Verehrung der Natur aussetzt? Nur dadurch, daß sie ihren Gegenstand selbst zu einem unsichtbaren, überhaupt unsinnlichen macht, zu einem Wesen, das nur ein Gegenstand des Glaubens, der Vorstellung, Phantasie, kurz des Geistes, also an sich selbst ein geistiges Wesen ist.

37.

So wie der Mensch aus einem nur physikalischen Wesen ein politisches, überhaupt ein sich von der Natur unterscheidendes, und auf sich selbst sich concentrirendes Wesen wird, so wird auch sein Gott aus einem nur physikalischen Wesen ein politisches, von der Natur unterschiedenes Wesen. Zur Unterscheidung seines Wesens von der Natur und folglich zu einem von der Natur unterschiedenen Gott kommt daher der Mensch zunächst nur durch seine Vereinigung mit andern Menschen zu einem Gemeinwesen, wo ihm von den Naturmächten u.....schiedene, nur im Gedanken oder in der Vorstellung existirende Mächte, politische, moralische, abstracte Mächte, die Macht des Gesetzes, der Meinung*), der Ehre, der Tugend Gegenstand seines Bewußtseins und Abhängigkeitsgefühles, die physikalische Existenz des Menschen seiner menschlichen, bürgerlichen oder moralischen Existenz untergeordnet, die Naturmacht, die Macht über Tod und Leben zu einem Attribut und Werkzeug der politischen oder moralischen Macht herabgesetzt wird. Zeus ist der Gott des Blitzes und Donners, aber er hat diese furchtbaren Waffen nur dazu in seinen Händen, um die Frevler an seinen Geboten, die Meineidigen, die Gewaltthätigen niederzuschmettern. Zeus ist der Vater der Könige, „von Zeus sind die Könige.'' Mit Blitz und Donner unterstützt also Zeus die Macht und Würde der Könige**). „Der König, heißt es in Menus Gesetzbuch, verbrennt gleichwie die Sonne Augen und Herzen, deswegen kann kein menschliches Geschöpf auf Erden ihn nur ansehn. Er ist Feuer und Luft, er ist Sonne und Mond, er ist der Gott der peinlichen Gesetze. Das Feuer verzehrt nur einen Einzigen, der aus Sorglosigkeit ihm zu nahe gekommen ist, aber das Feuer eines Königs, wenn er zornig ist, verbrennt eine ganze Familie mit all ihren

---

*) Bei Hesiod heißt es ausdrücklich: auch die Pheme (Ruf, Gerücht, öffentliche Meinung) ist eine Gottheit.

**) Die ursprünglichen Könige sind übrigens wohl zu unterscheiden von den legitimen. Diese sind, ungewöhnliche Fälle abgerechnet, gewöhnliche, für sich selbst bedeutungslose, jene aber waren ungewöhnliche, ausgezeichnete, geschichtliche Individuen. Die Vergötterung ausgezeichneter Menschen, namentlich nach ihrem Tode, ist daher die natürliche Uebergangsstufe von den eigentlichen naturalistischen Religionen zu den mythe- und anthropologischen, obwohl sie auch gleichzeitig mit der Naturverehrung stattfinden kann. Die Verehrung ausgezeichneter Menschen als Götter fällt übrigens keineswegs nur in fabelhafte Zeiten. So vergötterten die Schweden noch zur Zeit des Christenthums ihren König Erich und brachten ihm nach seinem Tode Opfer dar.

Vieh und Gütern.... In seinem Muthe wohnt Eroberung und in seinem Zorne Tod." Eben so gebietet der Gott der Israeliten mit Blitz und Donner seinen Auserwählten, zu wandeln in allen Wegen, die er ihnen geboten hat, „auf daß sie leben mögen und es ihnen wohl gehe und sie lange leben im Lande." So verschwindet die Macht der Natur als solcher und das Gefühl der Abhängigkeit von ihr vor der politischen oder moralischen Macht! Während den Sklaven der Natur der Glanz der Sonne so verblendet, daß er wie der katschsinische Tartar täglich zu ihr betet: „Schlag mich nicht todt," verblendet dagegen den politischen Sklaven der Glanz der königlichen Würde so sehr, daß er vor ihr als einer göttlichen, weil über Tod und Leben gebietenden Macht nieder=fällt. Die Titel der römischen Kaiser selbst unter den Christen noch waren: „Eure Gottheit," „Eure Ewigkeit." Ja selbst heutigen Tags noch sind bei den Christen Heiligkeit und Majestät, die Titel und Eigen=schaften der Gottheit, Titel und Eigenschaften der Könige. Die Christen entschuldigen zwar diesen politischen Götzendienst mit der Vorstellung, der König sei nur der Stellvertreter Gottes auf Erden, Gott sei der König der Könige. Allein diese Entschuldigung ist nur Selbsttäuschung. Abgesehen davon, daß die Macht des Königs eine höchst empfindliche, unmittelbare, sinnliche, sich selbst vertretende, die Macht des Königs der Könige nur eine mittelbare, vorgestellte ist — Gott wird nur da als Regent der Welt, als königliches oder überhaupt politisches Wesen be=stimmt und betrachtet, wo das königliche Wesen so den Menschen ein=nimmt, bestimmt und beherrscht, daß es ihm für das höchste We=sen gilt. „Brahma, sagt Menu, bildete in Anfang der Zeit zu seinem Gebrauche den Genius der Strafe mit einem Körper von reinem Lichte als seinen eigenen Sohn, ja als den Urheber der peinlichen Gerechtigkeit, als den Beschützer aller erschaffenen Dinge. Aus Furcht vor der Strafe ist dieses Weltall im Stande sein Glück zu genießen." So macht der Mensch selbst die Strafen seines peinli=chen Rechts zu göttlichen, weltbeherrschenden Mächten, die peinliche

Halsgerichtsordnung zur Ordnung des Weltalls, den Criminalcodex zum Codex der Natur. Kein Wunder, daß er die Natur den wärmsten Antheil an seinen politischen Leiden und Leidenschaften nehmen läßt, ja selbst den Bestand der Welt von dem Bestand eines königlichen Throns oder päbstlichen Stuhls abhängig macht. Was für ihn von Wichtigkeit ist, das ist natürlich auch von Wichtigkeit für alle andern Wesen, was sein Auge trübt, das trübt auch den Glanz der Sonne, was sein Herz bewegt, das setzt auch Himmel und Erde in Bewegung — sein Wesen ist ihm das universale Wesen, das Wesen der Welt, das Wesen der Wesen.

38.

Woher kommt es, daß der Orient keine solche lebendige, fortschreitende Geschichte hat, wie der Occident? weil im Orient der Mensch nicht über dem Menschen die Natur, nicht über dem Glanz des menschlichen Auges den Glanz der Sterne und Edelsteine, nicht über dem rhetorischen „Blitz und Donner" den meteorologischen Blitz und Donner, nicht über dem Lauf der Tagesbegebenheiten den Lauf der Sonne und Gestirne, nicht über dem Wechsel der Mode den Wechsel der Jahreszeiten vergißt. Wohl wirft sich der Orientale selbst in den Staub nieder vor dem Glanz der königlichen, politischen Macht und Würde, aber dieser Glanz ist doch selbst nur ein Abglanz der Sonne und des Mondes; der König ist ihm nicht als ein irdisches, menschliches, sondern als ein himmlisches, göttliches Wesen Gegenstand. Neben einem Gotte aber verschwindet der Mensch; erst wo die Erde sich entgöttert, die Götter in den Himmel emporsteigen, aus wirklichen Wesen zu nur vorgestellten Wesen werden, erst da haben die Menschen Platz und Raum für sich, erst da können sie ungenirt als Menschen sich zeigen und geltend machen. Der Orientale verhält sich zum Occidentalen, wie der Landmann zum Städter. Jener ist abhängig von der Natur, dieser vom Menschen, jener richtet sich nach dem Stande des Barometers, dieser nach dem Stande der Papiere, jener nach den sich immer gleich bleibenden Zeichen des Thierkreises, dieser nach den immer wechselnden Zeichen der Ehre, Mode und Meinung. Nur die Städter machen darum Geschichte; nur die menschliche „Eitelkeit" ist das Princip der Geschichte. Nur wer die Macht der Natur der Macht der Meinung, sein Leben seinem Namen, seine Existenz im Leibe seiner Existenz im Munde und Sinne der Nachwelt aufzuopfern vermag, nur der ist fähig zu geschichtlichen Thaten.

39.

Die Anrede des griechischen Komikers Anaxandrides bei Athenäus an die Aegypter: „In Euere Gesellschaft taug ich nicht, nicht sind einstimmig unsere Sitten und Gesetze, Ihr betet an den Ochsen, den ich den Göttern opfere, ein großer Gott ist Euch der Aal, doch mir ein großer Leckerbissen, Ihr scheuet euch vor Schweinefleisch, ich schmaus' es mit Vergnügen, Ihr ehrt den Hund, ich schlage ihn, wenn er mir wegschnappt einen Bissen, Ihr seid bestürzt, wenn einer Katz' was fehlt, ich freue mich, und zieh ihr ab das Fell, Ihr macht Euch aus der Spitzmaus was, ich aber nichts" — diese Anrede charakterisirt vortrefflich den Gegensatz zwischen der gebundenen und ungebundenen, d. i. der religiösen und irreligiösen, freien, menschlichen Anschauung der Natur. Dort ist die Natur ein Gegenstand der Verehrung, hier des Genusses, dort ist der Mensch für die Natur, hier die Natur für den Menschen, dort Zweck, hier Mittel, dort über, hier unter dem Menschen*). Dort ist eben deswegen der Mensch excentrisch, außer sich,

---

*) Ich setze hier die Griechen auf denselben Standpunkt mit den Israeliten, während ich sie im Wesen des Christenthums diesen entgegensetze. Welch ein Widerspruch! Mit Nichten; Dinge, die, mit sich verglichen, ungleich sind, fallen gegen ein Drittes gehalten zusammen. Uebrigens gehört zum Genuß der Natur vor Allem auch der ästhetische, theoretische Genuß.

außer der Sphäre seiner Bestimmung, die ihn nur auf sich selbst verweist, hier dagegen besonnen, nüchtern, bei sich, selbstbewußt. Dort erniedrigt sich consequent der Mensch zum Beweis seiner naturreligiösen Demuth selbst bis zur Begattung mit den Thieren (Herodot); hier dagegen erhebt sich der Mensch im Vollgefühl seiner Kraft und Würde zur Vermischung mit den Göttern zum schlagenden Beweise, daß auch selbst in den himmlischen Göttern kein anderes als menschliches Blut rollt, daß das eigenthümliche ätherische Götterblut nur eine poetische Vorstellung ist, die in der Wirklichkeit, in der Praxis nicht Stich hält.

40.

Wie die Welt, die Natur dem Menschen erscheint, so ist sie, scilicet für ihn, nach seiner Vorstellung; seine Gefühle, seine Vorstellungen sind ihm unmittelbar und unbewußt das Maß der Wahrheit und Wirklichkeit, und sie erscheint ihm eben so, wie er selbst ist. Sowie der Mensch zum Bewußtsein kommt, daß trotz Sonne und Mond, Himmel und Erde, Feuer und Wasser, Pflanzen und Thieren zum Leben des Menschen die Anwendung und zwar die richtige der eignen Kräfte nothwendig ist, daß „mit Unrecht klagen die Sterblichen wider die Götter, sie selber schaffen durch Unverstand auch gegen Geschick sich das Elend," daß Laster und Thorheit Krankheit, Unglück, Tod, Tugend und Weisheit dagegen Gesundheit, Leben und Glück zur Folge haben, folglich die das Schicksal des Menschen bestimmenden Mächte Verstand und Wille sind, so wie also der Mensch nicht mehr wie der Wilde ein nur vom Zufall augenblicklicher Eindrücke und Affecte beherrschtes, sondern durch Grundsätze, Weisheitsregeln, Vernunftgesetze sich bestimmendes, ein denkendes, verständiges Wesen wird, so erscheint, so ist ihm auch die Natur, die Welt ein von Verstand und Wille abhängiges bestimmtes Wesen.

41.

Wo sich der Mensch mit Wille und Verstand über die Natur erhebt, Supranaturalist wird, da wird auch Gott ein supranaturalistisches Wesen. Wo sich der Mensch zum Herrscher aufwirft „über die Fische im Meer und über die Vögel unter dem Himmel und über das Vieh und über die ganze Erde und über alles Gewürm, das auf Erden kriechet," da ist ihm die Herrschaft über die Natur die höchste Vorstellung, das höchste Wesen, der Gegenstand seiner Verehrung, seiner Religion daher der Mensch und Schöpfer der Natur, denn eine nothwendige Folge oder Voraussetzung vielmehr der Herrschaft ist die Schöpfung. Ist der Herr der Natur nicht zugleich ihr Urheber, so ist sie ja ihrem Ursprung und Dasein nach von ihm unabhängig, seine Macht beschränkt und mangelhaft — denn wenn er sie hätte machen können, warum sollte er sie nicht gemacht haben? — seine Herrschaft über sie nur eine usurpirte, keine angestammte, keine rechtmäßige. Nur was ich hervorbringe, mache, habe ich ja vollständig in meiner Gewalt. Erst aus der Autorschaft folgt das Eigenthumsrecht. Mein ist das Kind, weil ich sein Vater. Erst in der Schöpfung also bewahrheitet, verwirklicht, erschöpft sich die Herrschaft. Die Götter der Heiden waren wohl auch schon Herren der Natur, aber keine Schöpfer derselben, darum nur constitutionelle, beschränkte, in bestimmte Grenzen eingeschlossene, nicht absolute Monarchen der Natur, d. h. die Heiden waren noch nicht absolute, unbedingte, radicale Supranaturalisten.

42.

Die Theisten haben die Lehre von der Einheit Gottes für eine ihrem Ursprunge nach übernatürliche, geoffenbarte Lehre erklärt, ohne zu bedenken, daß der Mensch die Quelle des Monotheismus in sich selbst hat, daß der Grund der Einheit Gottes die Einheit des menschlichen Bewußtseins und Geistes ist. In unendlicher Vielheit und Verschiedenheit breitet sich die Welt vor meinen Augen aus, aber gleichwohl umspannt alle diese zahllosen und verschiedenen Dinge, Sonne, Mond und Sterne, Himmel und Erde, Nahes und Fernes, Gegenwärtiges und Abwesendes mein Geist, mein Kopf. Dieses für den religiösen, d. i. ungebildeten Menschen wunderbare, übernatürliche, dieses an keine Schranken der Zeit und des Orts gebundene, auf keine bestimmte Gattung der Dinge eingeschränkte, alle Dinge, alle Wesen, ohne selbst ein Ding oder sichtbares Wesen zu sein, umfassende Wesen des menschlichen Geistes oder Bewußtseins ist es, was der Monotheismus an die Spitze der Welt stellt und zu ihrer Ursache macht. Gott spricht, Gott denkt die Welt, so ist sie; Gott sagt, sie sei nicht, Gott denkt und will sie nicht, so ist sie nicht, d. h. ich kann in meinem Denken, meiner Vorstellungs- oder Einbildungskraft alle Dinge, folglich auch die Welt selbst nach Willkür kommen und verschwinden, entstehen und vergehen lassen. Der Gott, der die Welt aus Nichts geschaffen, und, wenn er will, wieder ins Nichts verstößt, ist nichts andres, als das Wesen der menschlichen Abstractions- und Einbildungskraft, in welcher ich beliebig mir die Welt als seiend oder nicht seiend vorstellen, ihr Sein setzen oder aufheben kann. Dieses subjective Nichtsein, dieses Nichtsein der Welt in der Vorstellung macht der Monotheismus zu ihrem objectiven, wirklichen Nichtsein. Der Polytheismus, die Naturreligion überhaupt macht die wirklichen Wesen zu vorgestellten Wesen, zu Wesen der Einbildung, der Monotheismus vorgestellte Wesen, Einbildungen, Gedanken zu wirklichen Wesen, oder vielmehr das Wesen der Vorstellungs-, Denk- und Einbildungskraft zum wirklichsten, absoluten, höchsten Wesen. Die Macht Gottes, sagt ein Gottesgelehrter, erstreckt sich so weit, als sich das Vorstellungsvermögen des Menschen erstreckt, aber wo ist die Grenze des Vorstellungsvermögens? was ist der Einbildungskraft unmöglich? Alles, was ist, kann ich mir als nicht seiend, alles was nicht ist, als wirklich denken; so kann ich mir „diese" Welt als nicht seiend, unzählige andere Welten als wirklich vorstellen. Das als wirklich Vorgestellte ist das Mögliche. Gott aber ist das Wesen, dem nichts unmöglich ist, der Kraft nach der Schöpfer unzähliger Welten, der Inbegriff aller Möglichkeiten, aller Vorstellbarkeiten, d. h. eben er ist nichts andres, als das verwirklichte, vergegenständlichte, als wirkliches und zwar als das allerwirklichste, als das absolute Wesen gedachte oder vorgestellte Wesen des menschlichen Einbildungs-, Denk- und Vorstellungsvermögens.

43.

Der eigentliche Theismus oder Monotheismus entspringt nur da, wo der Mensch die Natur deswegen, weil sie sich nicht nur zu seinen nothwendigen, organischen Lebensverrichtungen, sondern auch zu seinen willkürlichen, bewußten Zwecken, Verrichtungen und Genüssen willen- und bewußtlos verwenden läßt, nur auf sich bezieht und diese Beziehung zu ihrem Wesen, sich also zum Endzweck, zum Central- und Einheitspunkt*) der Natur macht. Wo die Natur ihren Zweck außer sich hat, da hat sie auch nothwendig ihren Grund und Anfang außer sich; wo sie nur für ein andres Wesen ist, da ist sie auch nothwendig von einem andern Wesen, und zwar einem Wesen, dessen Absicht oder Zweck bei der Hervorbringung derselben der Mensch als das die Natur genießende und zu seinem Besten verwendende Wesen war. Der Anfang der Natur fällt daher nur da in Gott, wo das

---

*) Ein Kirchenvater nennt ausdrücklich den Menschen, weil Gott in ihm das Universum in eine Einheit zusammenfassen wollte und daher Alles in ihm als seinem Zweck sich vereinige, Alles seinen Nutzen bezwecke, das Band aller Dinge, συνδέσμον ἁπάντων. Allerdings ist auch der Mensch, als das individualisirte Wesen der Natur, der Schluß derselben, aber nicht in dem anti- und supranaturalistischen Sinne der Teleologie und Theologie.

Ende derselben in den Menschen fällt, oder die Lehre: Gott ist der Schöpfer der Welt, hat ihren Grund und Sinn nur in der Lehre: der Mensch ist der Zweck der Schöpfung. Schämt ihr Euch des Glaubens, daß die Welt für den Menschen geschaffen, gemacht ist, o! so schämt Euch auch des Glaubens, daß sie überhaupt geschaffen, gemacht ist. Wo geschrieben steht: „Am Anfang schuf Gott Himmel und Erde," eben dort steht auch geschrieben: „Gott machte zwei große Lichter und dazu auch Sterne und setzte sie an die Veste des Himmels, daß sie schienen auf die Erde und den Tag und die Nacht regierten." Bezeichnet ihr den Glauben an den Menschen als Zweck der Natur als menschlichen Hochmuth, o! so bezeichnet doch auch den Glauben an einen Schöpfer der Natur als menschlichen Hochmuth. Nur das Licht, das um des Menschen willen leuchtet, ist das Licht der Theologie, nur das Licht, das lediglich wegen des sehenden Wesens da ist, setzt auch als Ursache ein sehendes Wesen voraus.

44.

„Das geistige Wesen", welches der Mensch über die Natur und als das sie begründende, schaffende Wesen ihr voraussetzt, ist nichts andres, als das geistige Wesen des Menschen selbst, das ihm aber deswegen als ein andres, von ihm unterschiedenes und unvergleichliches Wesen erscheint, weil er es zur Ursache der Natur macht, zur Ursache von Wirkungen, welche der menschliche Geist, der menschliche Wille und Verstand nicht hervorbringen kann, weil er also mit diesem geistigen, menschlichen Wesen zugleich das vom menschlichen Wesen unterschiedene Wesen der Natur verbindet*).

---

*) Diese Verbindung oder Vermischung des „moralischen" und „physischen", des menschlichen und nicht menschlichen Wesens erzeugt ein drittes Wesen,

Der göttliche Geist ist es, der das Gras wachsen läßt, das Kind im Mutterleibe bildet, die Sonne in ihrer Laufbahn hält und bewegt, die Berge aufthürmt, den Winden gebietet, das Meer in seine Grenzen einschließt. Was ist gegen diesen Geist der menschliche Geist! wie klein, wie beschränkt, wie nichtig! Wenn daher der Rationalist die Menschwerdung Gottes, die Vereinigung der göttlichen und menschlichen Natur verwirft, so kommt das hauptsächlich nur daher, daß ihm hinter seinem Gotte nichts Andres im Kopfe spukt, als die Natur, namentlich die Natur, wie sie durch das Teleskop der Astronomie dem menschlichen Auge aufgeschlossen wurde. Wie sollte, ruft er entrüstet aus, jenes große, unendliche, universale Wesen, das nur in dem großen, unendlichen Universum seine entsprechende Darstellung und Wirkung hat, um des Menschen willen auf die Erde kommen, die doch vor der unermeßlichen Größe und Fülle des Weltalls in Nichts verschwindet? Welche unwürdige, kleinliche, „menschliche" Vorstellung! Gott auf die Erde concentriren, Gott in den Menschen versenken, heißt den Ocean in einen Tropfen, den Saturnusring in einen Fingerring fassen wollen. Allerdings ist es eine beschränkte Vorstellung, daß das Wesen der Welt nur auf die Erde oder den Menschen beschränkt, die Natur nur um seinet willen ist, die Sonne nur um des menschlichen Auges willen leuchtet. Aber Du siehst nicht, kurzsichtiger Rationalist, daß das, was sich in Dir wider die Vereinigung Gottes mit dem Menschen sträubt, was Dir diese Vereinigung als einen unsinnigen Widerspruch erscheinen läßt, nicht die Vorstellung Gottes, sondern der Natur oder Welt ist; Du siehst nicht, daß der Vereinigungspunkt, das Tertium comparationis zwischen Gott und Mensch nicht das Wesen ist, dem Du die Macht und Wirkungen der Natur, seis nun mittelbar oder

---

welches weder Natur, noch Mensch ist, aber an beiden amphibienartig Theil hat, und eben wegen dieser seiner Sphinxnatur der Abgott der Mystik und Speculation ist.

unmittelbar, zuschreibst, sondern vielmehr das Wesen, welches sieht, und hört, weil Du siehst und hörst, Bewußtsein, Verstand und Willen hat, weil Du sie hast, das Wesen also, welches Du von der Natur unterscheidest, weil und wie Du Dich selbst von ihr unterscheidest. Was kannst Du also dagegen haben, wenn Dir dieses menschliche Wesen endlich als wirklicher Mensch vor die Augen tritt? wie kannst Du die Consequenz verwerfen, wenn Du das Princip derselben festhältst? wie den Sohn verläugnen, wenn Du den Vater anerkennst? Ist Dir der Gottmensch ein Geschöpf der menschlichen Phantasie und Selbstvergötterung, so erkenne auch in dem Schöpfer der Natur ein Geschöpf der menschlichen Einbildungskraft und Selbsterhebung über die Natur. Willst Du ein Wesen ohne alle Anthropomorphismen, ohne alle menschliche Zusätze, sie seien nun Zusätze des Verstandes oder Herzens oder der Phantasie, so sei so muthig und consequent, Gott überhaupt aufzugeben und Dich nur auf die pure, blanke, gottlose Natur als die letzte Basis Deiner Existenz zu berufen und zu stützen. So lange Du einen Unterschied Gottes von der Natur bestehen läßt, so lange läßt Du einen menschlichen Unterschied bestehen, so lange verkörperst Du in Gott nur Deinen eignen Unterschied, so lange vergötterst Du in dem Urwesen nur Dein eigenes Wesen; denn wie Du zum Unterschiede vom menschlichen Wesen kein anderes Wesen hast und kennst, als die Natur, so hast und kennst Du umgekehrt zum Unterschiede von der Natur kein anderes Wesen, als das menschliche.

45.

Die Anschauung des menschlichen Wesens als eines vom Menschen unterschiedenen, gegenständlichen Wesens, oder kurzweg: die Vergegenständlichung des menschlichen Wesens hat zur Voraussetzung die Vermenschlichung des vom Menschen unterschiedenen, gegenständlichen Wesens oder die Anschauung der Natur als eines menschlichen Wesens*). Wille und Verstand erscheinen daher dem Menschen nur deswegen als die Grundkräfte oder Ursachen der Natur, weil ihm die unabsichtlichen Wirkungen der Natur im Lichte seines Verstandes als absichtliche, als Zwecke, die Natur also als ein selbst verständiges Wesen oder doch wenigstens als eine reine Verstandessache erscheint. Wie Alles gesehen wird von der Sonne — der Sonnengott, „Helios hört und sieht Alles" — weil der Mensch im Sonnenlichte Alles sieht, so ist Alles an sich selbst ein Gedachtes, weil der Mensch es denkt, ein Verstandeswerk, weil für ihn ein Verstandesobject. Weil er die Sterne und ihre Abstände von einander ausmißt, so sind sie ausgemessen; weil er zur Erkenntniß der Natur Mathematik anwendet, so ist sie auch zur Hervorbringung derselben angewandt worden; weil er das Ziel einer Bewegung, das Resultat einer Entwickelung, die Verrichtung eines Organs voraussieht, so ist sie auch per se eine vorhergesehene; weil er von der Lage oder Richtung eines Weltkörpers sich das Gegentheil, ja unzählig andere Richtungen vorstellen kann, aber bemerkt, daß, wenn diese Richtung wegfiele, auch zugleich eine Reihe fruchtbarer, wohlthätiger Folgen wegfiele, und daher diese Folgenreihe als den Grund denkt, warum gerade diese und keine andere Richtung ist, so ist sie auch wirklich und ursprünglich lediglich aus Rücksicht ihrer wohlthätigen Folgen aus der Menge anderer Richtungen, die gleichwohl nur im Kopfe des Menschen existiren, mit bewundernswürdiger Weisheit ausgewählt worden. So ist dem Menschen und zwar unmittelbar, ohne Unterscheidung, das Princip des Erkennens

---

*) Von diesem Standpunkte aus betrachtet, ist daher der Schöpfer der Natur nichts anderes, als das vermittelst der Abstraction von der wirklichen Natur, von der Natur, wie sie Gegenstand der Sinne, unterschiedene und abgesonderte, vermittelst der Einbildungskraft in ein menschliches oder menschenähnliches Wesen verwandelte, popularisirte, anthropomorphosirte, personificirte Wesen der Natur.

das Princip des Seins, das gedachte Ding das wirkliche Ding, der Gedanke vom Gegenstand das Wesen des Gegenstandes, das a Posteriori das a Priori. Der Mensch denkt die Natur anders als sie ist, kein Wunder, daß er ihr auch ein anderes Wesen, als sie selbst ist, ein Wesen, daß nur in seinem Kopfe existirt, ja nur das Wesen seines eigenen Kopfes ist, als Grund und Ursache ihrer Wirklichkeit voraussetzt. Der Mensch kehrt die natürliche Ordnung der Dinge um: er stellt die Welt im eigentlichsten Sinne auf den Kopf, er macht die Spitze der Pyramide zu ihrer Basis — das Erste im Kopf oder für den Kopf, den Grund, warum Etwas ist, zum Ersten in der Wirklichkeit, zur Ursache, wodurch es ist. Der Grund einer Sache geht im Kopfe der Sache selbst voran. Dies ist der Grund, warum dem Menschen das Vernunft- oder Verstandeswesen, das Denkwesen das — nicht nur logisch, sondern auch physisch — erste Wesen, das Grundwesen ist.

46.

Das Geheimniß der Teleologie beruht auf dem Widerspruche zwischen der Nothwendigkeit der Natur und der Willkür des Menschen, zwischen der Natur, wie sie wirklich ist, und zwischen der Natur, wie sie der Mensch vorstellt. Wenn die Erde wo anders, wenn sie z. B. da stände, wo der Merkur steht, so würde vor unmäßiger Hitze alles zu Grunde gehen. Wie weise ist also die Erde gerade dahin placirt, wohin sie vermöge ihrer Beschaffenheit paßt! Aber worin besteht diese Weisheit? Lediglich im Widerspruche, im Gegensatze zu der menschlichen Thorheit, welche willkürlich in Gedanken die Erde an einen andern Ort stellt, als sie in der Wirklichkeit hat. Wenn Du erst aus einander reißest, was in der Natur unzertrennlich ist, wie der astronomische Standpunkt eines Weltkörpers und seine physikalische Beschaffenheit, so muß Dir natürlich hintendrein die Einheit in der Natur als Zweckmäßigkeit, die

Nothwendigkeit als Plan, der wirkliche, nothwendige, mit seinem Wesen identische Ort eines Weltkörpers im Gegensatze zu dem unpassenden, den Du gedacht und gewählt hast, als der vernünftige, richtig ausgedachte, mit Weisheit ausgewählte Ort erscheinen. „Wenn der Schnee eine schwarze Farbe hätte, oder die letztere in den Polarländern vorherrschte … so wären die gesammten Polargegenden der Erde eine mit organischem Leben unverträgliche, finstere Einöde.… So gibt die Anordnung der Farben der Körper … einen der schönsten Beweise für die zweckmäßige Einrichtung der Welt." Ja wohl, wenn der Mensch nicht Schwarz aus Weiß machte, wenn nicht die menschliche Thorheit mit der Natur nach Belieben schaltete, so waltete auch keine göttliche Weisheit über der Natur.

47.

„Wer hat dem Vogel gesagt, daß er nur seinen Schwanz zu erheben, wann er niederfliegen oder ihn niederzudrücken braucht, wann er höher steigen will? Der muß völlig blind sein, welcher beim Fluge der Vögel keine höhere Weisheit gewahrt, die statt ihrer gedacht hat." Allerdings muß er blind sein, aber nicht für die Natur, sondern für den Menschen, der sein Wesen zum Urbild der Natur, die Verstandeskraft zur Urkraft erhebt, der von der Einsicht in die Mechanik des Fliegens den Flug der Vögel abhängig, seine von der Natur abstrahirten Begriffe zu Gesetzen macht, welche die Vögel im Fluge anwenden, wie der Reiter die Regeln der Reitkunst, der Schwimmer die Regeln der Schwimmkunst, nur mit dem Unterschied, daß den Vögeln die Anwendung der Fliegkunst eine angeborene, angeschaffene ist. Allein der Flug der Vögel beruht auf keiner Kunst. Kunst ist nur dort, wo auch das Gegentheil der Kunst ist, wo ein Organ eine Verrichtung ausübt, die nicht unmittelbar, nicht nothwendig mit demselben verbunden ist, nicht sein Wesen erschöpft, nur eine besondere ist neben vielen andern wirklichen oder möglichen Verrichtungen desselben Organs. Der Vogel kann aber nicht anders fliegen, als er fliegt, und nicht auch nicht fliegen; er muß fliegen. Das Thier kann immer nur dieses Einzige, was es kann, sonst schlechterdings nichts, und es kann eben deswegen dieses Eine so meisterhaft, so unübertrefflich, weil es alles Andere nicht kann, weil in dieser einen Verrichtung sein ganzes Vermögen erschöpft, diese eine Verrichtung mit seinem Wesen selbst identisch ist. Wenn Du daher die Handlungen und Verrichtungen der Thiere, namentlich der niedern, mit sogenannten Kunsttrieben begabten, nicht ohne Voraussetzung eines Verstandes, der statt ihrer gedacht hat, Dir erklären kannst, so kommt das nur daher, daß Du denkst, die Gegenstände ihrer Thätigkeit seien ihnen so Gegenstand, wie sie Gegenstand Deines Bewußtseins und Verstandes sind. Denkst Du einmal die Werke der Thiere als Kunstwerke, als willkürliche Werke, so mußt Du natürlich auch den Verstand als ihre Ursache denken, denn ein Kunstwerk setzt Auswahl, Absicht, Verstand voraus, und folglich, da Dir zugleich die Erfahrung doch wieder zeigt, daß die Thiere selbst nicht denken, ein anderes, Wesen statt ihrer denken lassen*). „Wisset ihr der Spinne Rath zu

---

*) So ist überhaupt in allen Schlüssen von der Natur auf einen Gott die Prämisse, die Voraussetzung eine menschliche, kein Wunder, daß dann das Resultat ein menschliches oder menschenähnliches Wesen ist. Ist die Welt eine Maschine, so muß natürlich ein Baumeister derselben sein. Sind die Naturwesen so gleichgültig gegen einander, wie die menschlichen Individuen, die sich zu irgend einem willkürlichen Staatszweck, z. B. zum Kriegsdienst nur durch eine höhere Gewalt verwenden und vereinigen lassen, so muß natürlich auch ein Regent, ein Gewalthaber, ein General en chef der Natur — ein „Kapitain der Wolken" — sein, wenn sie nicht in „Anarchie" sich auflösen soll. So macht der Mensch zuerst unbewußt die Natur zu einem menschlichen Werk, d. h. sein Wesen zum Grundwesen derselben, da er aber doch hernach oder zugleich den Unterschied gewahrt zwischen den Werken der Natur und den Werken der menschlichen Kunst, so erscheint ihm dieses sein eignes Wesen als ein anderes, aber analoges, ähnliches. Alle Beweise vom Dasein Gottes haben daher nur logische oder vielmehr anthropologische Bedeutung, sintemal und alldieweil auch die logischen Formen Formen des menschlichen Wesens sind.

geben, wie sie die Fäden von einem Baume zum andern, von einer Spitze des Hauses zur andern, von einer Höhe diesseits des Wassers zu einer andern jenseits des Wassers hinüberbringen und anheften soll?" Nimmermehr; aber glaubst Du denn, daß hier Rath von nöthen, daß die Spinne in derselben Lage sich befindet, in der Du Dich befändest, wenn Du diese Aufgabe aus dem Kopfe lösen solltest, daß es für sie wie für Dich ein Diesseits und Jenseits gibt? Zwischen der Spinne und dem Gegenstand, woran sie die Fäden ihres Netzes befestigt, ist ein so nothwendiger Zusammenhang, als zwischen Deinem Knochen und Muskel; denn der Gegenstand außer ihr ist für sie nichts anderes als der Anhaltspunkt ihres Lebensfadens, die Stütze ihres Fangwerkzeugs. Sie sieht nicht, was Du siehst; alle die Trennungen, Unterschiede, Abstände, die oder wenigstens wie sie Dein Verstandesauge macht, existiren gar nicht für sie. Was daher für Dich ein unauflösliches theoretisches Problem ist, das thut die Spinne ohne Verstand und folglich ohne alle die Schwierigkeiten, die nur für Deinen Verstand existiren. „Wer hat den Blattläusen gesagt, daß sie im Herbst ihre Nahrung am Zweige, an der Knospe reichlicher finden als am Blatte? Wer hat ihnen den Weg zur Knospe, zum Zweige bezeichnet! Für die Blattlaus, die auf dem Blatte geboren wurde, ist die Knospe nicht nur eine ferne, sondern auch völlig unbekannte Provinz. Ich bete den Schöpfer der Blattlaus und der Schildlaus an und schweige." Freilich mußt Du schweigen, wenn Du die Blatt- und Schildläuse zu Predigern des Theismus machst, wenn Du ihnen Deine Gedanken unterschiebst, denn nur für die anthropomorphisirte Blattlaus ist die Knospe eine ferne und unbekannte Provinz, aber nicht für die Blattlaus an sich, welcher das Blatt nicht als Blatt, die Knospe nicht als Knospe, sondern nur als assimilirbarer, gleichsam chemisch verwandter Stoff Gegenstand ist. Es ist daher nur der Wiederschein Deines Auges, der Dir die Natur als das Werk eines Auges erscheinen läßt, der Dich nöthigt, die

Fäden, die die Spinne aus ihrem Hintern hervorzieht, aus dem Kopfe eines denkenden Wesens abzuleiten. Die Natur ist Dir nur ein Schauspiel, ein Augenfest; Du glaubst daher, was Dein Auge entzückt, bewege und regiere auch die Natur; so machst Du das himmlische Licht, in dem sie Dir erscheint, zu dem himmlischen Wesen, das sie erschaffen, den Strahl des Auges zum Hebel der Natur, den Sehnerven zum Bewegungsnerven des Weltalls. Die Natur von einem weisen Schöpfer ableiten, heißt mit dem Blicke Kinder zeugen, mit dem Wohlgeruch der Speisen den Hunger stillen, mit dem Wohlklang der Töne Felsen bewegen. Wenn der Grönländer den Haifisch aus menschlichem Urin entspringen läßt, weil er in der Nase des Menschen nach Urin riecht, so ist diese zoologische Genesis eben so begründet, als die kosmologische Genesis des Theisten, wenn er die Natur deswegen aus dem Verstande entspringen läßt, weil sie auf den Verstand des Menschen den Eindruck der Verständigkeit und Absichtlichkeit macht. Wohl ist die Erscheinung der Natur für uns Vernunft, aber die Ursache dieser Erscheinung ist so wenig Vernunft, als die Ursache des Lichtes Licht ist.

48.

Warum macht die Natur Mißgeburten? weil ihr das Resultat einer Bildung nicht im Voraus als Zweck Gegenstand ist. Warum z. B. sogenannte Katzenköpfe? weil sie bei der Bildung des Hirns nicht an den Schädel denkt, nicht weiß, daß ihr zur Bedeckung desselben Knochensubstanz fehlt. Warum überzählige Glieder? weil sie nicht zählt. Warum links, was in der Regel rechts, oder rechts, was in der Regel links liegt? weil sie nicht weiß was rechts oder links ist. Die Mißgeburten sind daher populäre, eben deswegen schon von den alten Atheisten und selbst solchen Theisten, welche die Natur von der Vormundschaft der Theologie emancipirten, hervorgehobene Beweise, daß die Naturbildungen unvorhergesehene, unabsichtliche, unwillkürliche

Producte sind, denn alle Gründe, die man zur Erklärung der Mißbildungen anführt, selbst die der neuesten Naturforscher, daß sie nur Folgen von Krankheiten des Fötus sind, würden ja wegfallen, wenn mit der schöpferischen oder bildenden Macht der Natur zugleich Wille, Verstand, Voraussicht, Bewußtsein verbunden wäre. Aber obgleich die Natur nicht sieht, so ist sie deswegen doch nicht blind, obgleich sie nicht lebt (im Sinne des menschlichen, überhaupt subjectiven, empfindenden Lebens), doch nicht todt, und ob sie gleich nicht nach Absichten bildet, so sind ihre Bildungen doch keine zufälligen; denn wo der Mensch die Natur als todt und blind, ihre Bildungen als zufällige bestimmt, da macht er sein (und zwar subjectives) Wesen zum Maß der Natur, da bestimmt er sie nur nach dem Gegensatz gegen sich, da bezeichnet er sie als ein mangelhaftes Wesen, weil sie nicht hat, was er hat. Die Natur wirkt und bildet überall, nur in und mit Zusammenhang — ein Zusammenhang, der für den Menschen Vernunft ist, denn überall wo er Zusammenhang wahrnimmt, findet er Sinn, Denkstoff, „zureichenden Grund," System — nur aus und mit Nothwendigkeit. Aber auch diese Nothwendigkeit der Natur ist keine menschliche, d. h. keine logische, metaphysische oder mathematische, überhaupt keine abstracte; denn die Naturwesen sind keine Gedankenwesen, keine logischen oder mathematischen Figuren, sondern wirkliche, sinnliche, individuelle Wesen; sie ist eine sinnliche, darum excentrische, exceptionelle, irreguläre, in Folge dieser Anomalien der Phantasie des Menschen selbst als Freiheit oder wenigstens als ein Product der Freiheit erscheinende Nothwendigkeit. Die Natur ist überhaupt nur durch sich selbst zu fassen; sie ist das Wesen, dessen „Begriff von keinem andern Wesen abhängt;" sie ist es allein, bei der der Unterschied zwischen dem, was ein Ding an sich und dem, was es für uns ist, gültig ist, sie allein, an die kein „menschlicher Maßstab" angelegt werden darf und kann, ob wir gleich ihre Erscheinungen mit analogen menschlichen Erscheinungen vergleichen und bezeichnen, um sie uns verständlich zu machen, überhaupt menschliche Ausdrücke und Begriffe, wie Ordnung, Zweck, Gesetz, auf sie anwenden, und in Gemäßheit der Natur unserer Sprache, die nur auf den subjectiven Schein der Dinge gegründet ist, auf sie anwenden müssen.

49.

Die religiöse Bewunderung der göttlichen Weisheit in der Natur ist nur ein Moment der Begeisterung; sie bezieht sich nur auf die Mittel, aber erlischt in der Reflexion auf die Zwecke der Natur. Wie wunderbar ist das Netz der Spinne, wie wunderbar der Trichter des Ameisenlöwen im Sande! Aber worauf zwecken diese weisen Anstalten ab? Auf die Ernährung — ein Zweck, den der Mensch an sich zu einem bloßen Mittel herabsetzt. "Andere, sagte Sokrates — diese Andern sind aber die Thiere und thierischen Menschen — leben, um zu essen, ich aber esse, um zu leben." Wie prächtig ist die Blume, wie bewundernswürdig ihr Bau! Aber wozu dient dieser Bau, diese Pracht? Nur zur Verherrlichung und Beschützung der Geschlechtsorgane, welche der Mensch an sich aus Scham verbirgt oder gar aus Religionseifer verstümmelt. "Der Schöpfer der Blatt- und Schildläuse," den der Naturforscher, der Theoretiker anbetet und bewundert, der nur das natürliche Leben zu seinem Zwecke hat, ist daher nicht der Gott und Schöpfer im Sinne der Religion. Nein! nur der Schöpfer des Menschen erst, und zwar des Menschen, wie er sich von der Natur unterscheidet, über die Natur sich erhebt, der Schöpfer, in welchem der Mensch das Bewußtsein seiner selbst besitzt, in welchem er die seine Natur im Unterschiede von der äußern Natur begründenden Eigenschaften und zwar so, wie er sie sich in der Religion vorstellt, repräsentirt findet, ist der Gott und Schöpfer, wie er Gegenstand der Religion. "Das Wasser, sagt Luther, so in der Taufe geschöpft und über das Kind gegossen wird, ist auch Wasser, nicht des Schöpfers, sondern Gottes des Heilandes." Das natürliche Wasser habe ich mit den Thieren und Pflanzen gemein, aber nicht das Taufwasser; jenes amalgirt mich mit, dieses unterscheidet mich von den übrigen Naturwesen. Gegenstand der Religion ist aber nicht das natürliche, sondern das Taufwasser; folglich ist auch nicht der Schöpfer oder Urheber des Natur= sondern des Taufwassers Gegenstand der Religion. Der Schöpfer des natürlichen Wassers ist nothwendig selbst ein natürliches, also kein religiöses, d. i. übernatürliches Wesen. Das Wasser ist ein den Sinnen gegenständliches, sichtbares Wesen, dessen Eigenschaften und Wirkungen uns daher auf keine über=sinnliche Ursache führen; aber das Taufwasser ist nicht den „fleisch=lichen Augen" Gegenstand, es ist ein geistliches, unsichtbares, über=sinnliches, d. i. nur für den Glauben vorhandenes, nur in der Vor=stellung, in der Einbildungskraft existirendes und wirksames Wesen — ein Wesen, daß zu seiner Ursache also auch ein geistliches, nur im Glau=ben, in der Einbildung existirendes Wesen erfordert. Das natürliche Wasser reinigt mich nur von meinen leiblichen, aber das Taufwasser von meinen moralischen Flecken und Uebeln; jenes löscht meinen Durst nur nach diesem zeitlichen, vergänglichen Leben, aber dieses befriedigt mein Verlangen nach dem ewigen Leben; jenes hat nur begrenzte, be=stimmte, endliche Wirkungen, aber dieses unendliche, allmächtige Wir=kungen, Wirkungen, die über die Natur des Wassers hinausgehen, Wir=kungen also, welche das an keine Schranke der Natur gebundene Wesen des göttlichen Wesens, das an keine Schranke der Erfahrung und Ver=nunft gebundene, das unbeschränkte Wesen des menschlichen Glaubens= und Einbildungsvermögens vergegenwärtigen und vergegenständlichen. Aber ist denn nicht auch der Schöpfer des Taufwassers der des natürli=chen Wassers? wie verhält sich also dieser zu dem Schöpfer der Natur? Gerade so, wie sich das Taufwasser zum Naturwasser verhält; jenes kann nicht sein, wenn dieses nicht ist; dieses ist seine Bedingung, sein Mittel. So ist der Schöpfer der Natur nur die Bedingung für den

Schöpfer des Menschen. Wer das natürliche Wasser nicht in seiner Hand hat, wie kann der übernatürliche Wirkungen mit demselben verbinden? Wie kann der das ewige Leben geben, der nicht über das zeitliche Leben gebietet? wie der meinen zu Staub verfallenen Leib wiederherstellen, dem nicht die Elemente der Natur gehorchen? Aber wer ist Herr und Gebieter der Natur, außer der die Macht und Kraft hatte, sie blos durch seinen Willen aus Nichts hervorzubringen? Wer daher die Verknüpfung des übernatürlichen Wesens der Taufe mit dem natürlichen Wasser für einen unsinnigen Widerspruch erklärt, der erkläre auch die Verknüpfung des übernatürlichen Wesens des Schöpfers mit der Natur für einen solchen; denn zwischen den Wirkungen des Tauf- und des gemeinen Wassers ist eben so viel oder so wenig Zusammenhang, als zwischen dem übernatürlichen Schöpfer und der so natürlichen Natur. Der Schöpfer entspringt aus derselben Quelle, aus welcher das übernatürliche, wunderbare Taufwasser hervorquillt. In dem Taufwasser hast Du nur das Wesen des Schöpfers, das Wesen Gottes in einem sinnlichen Beispiel vor Augen. Wie kannst Du also das Wunder der Taufe und andere Wunder verwerfen, wenn Du das Wesen des Schöpfers, d. h. das Wesen des Wunders stehen läßt? mit andern Worten: wie die kleinen Wunder verwerfen, wenn Du das große Wunder der Schöpfung annimmst? Doch freilich es geht in der Welt der Theologie gerade so zu, wie in der Welt der Politik: die kleinen Diebe hängt man, die großen läßt man laufen.

50.

Die Vorsehung, die sich in der natürlichen Ordnung, Zweck- und Gesetzmäßigkeit ausspricht, ist nicht die Vorsehung der Religion. Diese beruht auf Freiheit, jene auf Nothwendigkeit, diese ist unbeschränkt und unbedingt, jene beschränkt, abhängig von tausenderlei Bedingungen, diese ist eine specielle, individuelle, jene erstreckt sich nur auf das Ganze, die Gattung, aber das Einzelne, das Individuum überläßt sie dem Zufall. „Viele (Viele? Alle, welchen Gott mehr als der mathematische, fingirte Anfangspunkt der Natur war) sagt ein theistischer Naturforscher, haben sich die Erhaltung der Welt, auch insonderheit der Menschen, als unmittelbar, als speciell vorgestellt, als regiere Gott die Handlungen aller Geschöpfe, lenke sie nach seinem Wohlgefallen..... Wir können aber diese specielle Regierung und Aufsicht über die Handlungen der Menschen und übrigen Geschöpfe nach der Betrachtung der Naturgesetze unmöglich annehmen..... Wir erkennen dieses aus der geringen Sorgfalt der Natur für die einzelnen Glieder*). Tausende derselben werden bei dem Reichthum der Natur ohne Bedenken, ohne Reue aufgeopfert.... Selbst bei den Menschen geht es auf dieselbige Art. Nicht die Hälfte des menschlichen Geschlechts erreicht das zweite Jahr ihres Alters, sondern sie sterben fast ohne gewußt zu haben, daß sie jemalen gelebt. Wir erkennen eben dieses aus den Unglücksfällen und Verdrießlichkeiten aller Menschen, sowohl guten als bösen, welches alles nicht wohl mit der speciellen Erhaltung oder Mitwirkung des Schöpfers bestehen kann." Allein eine Regierung, eine Vorsehung, die keine specielle ist, entspricht nicht dem Zweck, dem Wesen, dem Begriff einer Vorsehung; denn die Vorsehung soll den Zufall aufheben, aber diesen läßt eben eine nur allgemeine Vorsehung bestehen, und ist daher so viel, als gar keine Vorsehung. So ist es z. B. ein „Gesetz der

---

*) Die Natur „sorgt" übrigens eben so wenig für die Gattung oder Art. Die Art erhält sich aus dem natürlichen Grunde, weil die Art nichts anders ist, als der Inbegriff der durch Begattung sich fortpflanzenden, vervielfältigenden Individuen. Den zufälligen zerstörenden Einflüssen, denen das einzelne Individuum ausgesetzt ist, entgehen daher die andern. Die Vielheit erhält. Aber gleichwohl oder vielmehr aus denselben Gründen, aus welchen das einzelne Individuum zu Grunde geht, sterben auch selbst Arten aus. So ist die Dronte verschwunden, so der irische Riesenhirsch, so verschwinden noch jetzt viele Thierarten in Folge der Nachstellungen der Menschen und der sich immer weiter ausbreitenden Cultur aus Gegenden, wo sie einst oder vor Kurzem noch in großer Menge vorhanden waren, wie z. B. die Seehunde aus den Süd-Schottlands-Inseln, und werden mit der Zeit gänzlich von der Erde verschwinden.

göttlichen Ordnung" in der Natur, d. h. eine Folge natürlicher Ursachen, daß je nach der Zahl der Jahre auch der Tod der Menschen in bestimmten Zahlen erfolgt, daß z. B. im ersten Jahre ein Kind von 3 bis 4 Kindern, im fünften Jahre eins von 25, im siebenten eins von 50, im zehnten eins von 100 stirbt, aber gleichwohl ist es zufällig, nicht durch dieses Gesetz bestimmt, von andern zufälligen Gründen abhängig, daß gerade dieses eine Kind stirbt, diese drei oder vier andern Kinder aber am Leben bleiben. So ist der „Ehestand eine Ordnung Gottes," ein Gesetz der natürlichen Vorsehung zur Vermehrung des Menschengeschlechts, folglich für mich eine Pflicht. Aber ob ich diese heirathen soll, ob diese nicht vielleicht in Folge eines zufälligen organischen Fehlers untauglich oder unfruchtbar ist, darüber sagt sie mir nichts. Aber eben deswegen, weil mich gerade in der Anwendung des Gesetzes auf den bestimmten einzelnen Fall, gerade in dem kritischen Moment der Entscheidung, in dem Drange der Noth die natürliche Vorsehung, die in Wahrheit nichts anders ist, als die Natur selbst, im Stiche läßt, so appellire ich von ihr an eine höhere Instanz, an die übernatürliche Vorsehung der Götter, deren Auge gerade da auf mich leuchtet, wo das Licht der Natur ausgeht, deren Regiment gerade da beginnt, wo das Regiment der natürlichen Vorsehung zu Ende ist. Die Götter wissen und sagen mir, sie bestimmen, was die Natur im Dunkel der Unbestimmtheit läßt, dem Zufall preisgibt. Das Gebiet des sowohl im gewöhnlichen, als philosophischen Sinne Zufälligen, „Positiven", Individuellen, Unvoraussichtlichen, Unberechenbaren ist das Gebiet der Götter, das Gebiet der religiösen Vorsehung. Und das Orakel und Gebet sind die religiösen Weisen, wie der Mensch das Zufällige, Dunkle, Ungewisse zu einem Gegenstande der Vorsehung, der Gewißheit oder doch der Zuversicht macht*).

---

*) Man vergleiche hierüber Sokrates Aeußerungen bei Xenophon in Betreff der Orakel.

61.

Die Götter, sagt Epikur, existiren in den Zwischenräumen der Welt. Vortrefflich*); sie existiren nur in dem leeren Raum, in der Kluft, die zwischen der Welt der Wirklichkeit und der Welt der Vorstellung, zwischen dem Gesetze und der Anwendung des Gesetzes, zwischen der Handlung und dem Erfolg der Handlung, zwischen der Gegenwart und Zukunft sich befindet. Die Götter sind vorgestellte Wesen, Wesen der Vorstellung, der Einbildung, Wesen, die daher auch ihre Existenz, streng genommen, nicht der Gegenwart, sondern nur der Zukunft und Vergangenheit verdanken. Die Götter, die der letztern ihre Existenz verdanken, sind die nicht mehr Existirenden, die Todten, die nur noch im Gemüth und in der Vorstellung lebenden Wesen, deren Cultus bei manchen Völkern die ganze Religion, bei den meisten ein wichtiger, wesentlicher Theil der Religion ist. Aber unendlich mächtiger als die Vergangenheit wirkt die Zukunft auf das Gemüth; die Vergangenheit läßt nur die stille Empfindung der Erinnerung zurück, aber die Zukunft steht uns mit den Schrecknissen der Hölle oder den Seligkeiten des Himmels bevor. Die Götter, die aus den Gräbern emporsteigen, sind daher selbst nur Schatten von Göttern; die wahren, lebendigen Götter, die Gebieter über Regen und Sonnenschein, Blitz und Donner, Leben und Tod, Himmel und Hölle verdanken ihre Existenz auch nur den über Leben und Tod gebietenden Mächten der Furcht und Hoffnung, welche den dunkeln Abgrund der Zukunft mit Wesen der Vorstellung illuminiren. Die Gegenwart ist höchst prosaisch, fertig, determinirt, nimmer zu ändern, erfüllt, ausschließend; in der Gegenwart fällt die Vorstellung mit der Wirklichkeit zusammen; in ihr haben daher die Götter keinen Platz, keinen Spielraum; die Gegenwart ist gottlos.

---

*) Der wahre Sinn der Intermundien Epikur's ist hier natürlich gleichgültig.

Aber die Zukunft ist das Reich der Poesie, das Reich der unbeschränkten Möglichkeit und Zufälligkeit — das Zukünftige kann so oder so sein, so, wie ich es wünsche, oder so, wie ich es fürchte; es ist noch nicht dem harten Loos der Unabänderlichkeit verfallen; es schwebt noch zwischen Sein und Nichtsein hoch über der „gemeinen" Wirklichkeit und Handgreiflichkeit; es gehört noch einer andern, „unsichtbaren" Welt an, einer Welt, die nicht von den Gesetzen der Schwere, die nur von den Empfindungsnerven in Bewegung gesetzt wird. Diese Welt ist die Welt der Götter. Mir gehört die Gegenwart, aber den Göttern die Zukunft. Ich bin jetzt; diesen gegenwärtigen, aber freilich auch sogleich vergangenen Augenblick können mir die Götter nicht mehr nehmen; Geschehenes kann auch die göttliche Allmacht, wie schon die Alten sagten, nicht ungeschehen machen. Aber werde ich den nächsten Augenblick sein? hängt der nächste Augenblick meines Lebens von meinem Willen ab, oder steht er mit dem gegenwärtigen in nothwendigem Zusammenhang? Nein? ein zahlloses Heer von Zufälligkeiten; der Boden unter meinen Füßen, die Decke über meinem Haupte, ein Blitz, eine Flintenkugel, ein Stein, eine Weinbeere sogar, die ich statt in die Speise- in die Luftröhre bringe, kann jeden Augenblick auf ewig den kommenden Augenblick von dem gegenwärtigen abreißen. Doch die gütigen Götter verhüten diesen gewaltsamen Riß; sie füllen mit ihren ätherischen, unverwundbaren Leibern die allen möglichen verderblichen Einflüssen zugänglichen Poren des menschlichen Leibes aus; sie knüpfen an den vergangenen den kommenden Augenblick; sie vermitteln die Zukunft mit der Gegenwart; sie sind und haben in ununterbrochenem Zusammenhang, was die Menschen — die porösen Götter — nur in Zwischenräumen, nur mit Unterbrechungen sind und haben.

52.

Güte ist die wesentliche Eigenschaft der Götter; aber wie können sie gütig sein, wenn sie nicht allmächtig, wenn sie nicht frei sind von den Gesetzen der natürlichen Vorsehung, d. h. den Ketten der Naturnothwendigkeit, wenn sie nicht in den individuellen, über Tod und Leben entscheidenden Fällen sich als die Herren der Natur, aber die Freunde und Wohlthäter der Menschen beweisen, wenn sie also keine Wunder thun? Die Götter oder vielmehr die Natur hat den Menschen ausgestattet mit leiblichen und geistigen Kräften, um sich selbst erhalten zu können. Aber reichen diese natürlichen Selbsterhaltungsmittel immer aus? komme ich nicht sehr oft in Lagen, wo ich rettungslos verloren bin, wenn nicht eine übernatürliche Hand den rücksichtslosen Lauf der natürlichen Ordnung aufhält? Die natürliche Ordnung ist gut; aber ist sie immer gut? Dieser anhaltende Regen, diese anhaltende Dürre z. B. ist ganz in der Ordnung, aber muß nicht ich, muß nicht meine Familie, muß nicht dieses Volk selbst in Folge derselben zu Grunde gehen, wenn die Götter nicht helfen, nicht diese Dürre aufheben*)? Wunder sind daher unzertrennlich von der göttlichen Regierung und Vorsehung, ja sie sind die einzigen Beweise, Offenbarungen und Erscheinungen der Götter, als von der Natur unterschiedener Mächte und Wesen; die Wunder aufheben, heißt die Götter selbst aufheben. Wodurch unterscheiden sich die Götter von den

---

*) Auch die Christen beten eben so, wie die Griechen zum Zeus, zu ihrem Gott um Regen und glauben an die Erhörung solcher Gebete. „Es war, heißt es in den Tischreden Luther's, ein groß Dürre, also daß lange nicht hatte geregnet, und das Getreide auf dem Felde begunnte zu verderren, da betete Dr. M. L. immerdar und endlich sprach er mit großen Seufzen: Ach Herr siehe doch unser Gebet an um deiner Verheißung willen..... Ich weiß, daß wir von Herzen zu Dir schreien und sehnlich seufzen, worum erhörst du uns denn nicht? Eben dieselbige folgende Nacht darnach kam ein sehr guter fruchtbarer Regen."

Menschen? Nur dadurch, daß sie ohne Schranken sind, was diese mit Schranken sind, daß sie namentlich immer sind, was diese nur zeitweise, momentan sind*). Die Menschen leben — Lebendigkeit ist Göttlichkeit, Lebendigkeit wesentliche Eigenschaft, Grundbedingung der Gottheit —, aber leider! nicht immer, sie sterben, die Götter dagegen sind die Unsterblichen, die immer Lebenden; die Menschen sind auch glücklich, nur nicht ununterbrochen, wie die Götter; die Menschen sind auch gut, aber nicht immer, und darin besteht eben nach Sokrates der Unterschied der Gottheit von der Menschheit, daß sie immer gut ist; die Menschen genießen auch, nach Aristoteles, die göttliche Seligkeit des Denkens, aber bei ihnen wird die geistige Thätigkeit durch andere Verrichtungen und Thätigkeiten unterbrochen. Die Götter und Menschen haben also dieselben Eigenschaften, dieselben Lebensregeln, nur jene ohne, diese mit Einschränkungen und Ausnahmen. Wie das jenseitige Leben nichts anderes ist, als die durch den Tod nicht unterbrochene Fortsetzung dieses Lebens, so ist das göttliche Wesen nichts anderes, als die durch die Natur überhaupt nicht unterbrochene Fortsetzung des menschlichen Wesens — das ununterbrochene, unbeschränkte Wesen des Menschen. Wie unterscheiden sich nun aber die Wunder von den Wirkungen der Natur? gerade so, wie sich die Götter von den Menschen unterscheiden. Das Wunder macht eine Wirkung oder Eigenschaft der Natur, die in diesem speciellen Fall nicht gut ist, zu einer guten oder wenigstens unschädlichen; es macht, daß ich im Wasser nicht untersinke und ertrinke, wenn ich das Unglück habe, hineinzufallen, daß das Feuer mich nicht verbrennt, der auf meinen Kopf herabfallende Stein mich nicht erschlägt, kurz es macht das bald wohlthätige, bald verderbliche, bald menschenfreundliche, bald

---

*) Freilich hat die Weglassung der Schranken Steigerung und Veränderung zur Folge, aber sie hebt nicht die Identität des Wesens auf.

menschenfeindliche Wesen zu einem immer guten Wesen. Nur den Ausnahmen von der Regel verdanken die Götter und Wunder ihre Existenz. Die Gottheit ist die Aufhebung der Mängel und Schranken im Menschen, welche eben die Ausnahmen von der Regel verursachen, das Wunder die Aufhebung der Mängel und Schranken in der Natur. Die Naturwesen sind bestimmte und folglich beschränkte Wesen. Diese ihre Schranke ist in abnormen Fällen der Grund ihrer Verderblichkeit für den Menschen; aber sie ist im Sinne der Religion keine nothwendige, sondern willkürliche, von Gott gesetzte, also aufhebbare, wenn es die Noth, d. h. das Wohl des Menschen erheischt. Die Wunder unter dem Vorwande verwerfen, daß sie sich nicht für die Würde und Weisheit Gottes schickten, kraft welcher er von Anfang an Alles so, wie es am besten sei, für ewige Zeiten festgesetzt und vorausbestimmt habe, das heißt der Natur den Menschen, dem Verstande die Religion aufopfern, das heißt im Namen Gottes den Atheismus predigen. Ein Gott, der nur solche Bitten und Wünsche des Menschen erfüllt, die sich auch ohne ihn erfüllen lassen, deren Erfüllung innerhalb der Grenzen und Bedingungen der natürlichen Ursachen liegt, der also nur so lange hilft, als die Kunst und Natur helfen, aber aufhört zu helfen, so wie die materia medica zu Ende ist, ein solcher Gott ist nichts anderes als die hinter den Namen Gottes versteckte, personificirte Naturnothwendigkeit.

53.

Der Glaube an einen Gott ist entweder der Glaube an die Natur (an das objective Wesen) als ein menschliches (subjectives) Wesen, oder der Glaube an das menschliche Wesen als das Wesen der Natur. Jener Glaube ist Naturreligion, Polytheismus*), dieser Geist-Mensch-

---

*) Die Bezeichnung des Polytheismus überhaupt und schlechtweg als Naturreligion ist nur relativ, nur antithetisch gültig.

religion, Monotheismus. Der Polytheist opfert sich der Natur auf, er gibt der Natur ein menschliches Auge und Herz; der Monotheist opfert die Natur sich auf, er gibt dem menschlichen Auge und Herzen die Macht und Herrschaft über die Natur; der Polytheist macht das menschliche Wesen von der Natur, der Monotheist die Natur vom menschlichen Wesen abhängig; jener sagt, wenn die Natur nicht ist, so bin Ich nicht; dieser aber sagt umgekehrt: wenn Ich nicht bin, so ist die Welt, die Natur nicht. Der erste Grundsatz der Religion lautet: Ich bin nichts gegen die Natur, Alles ist gegen mich Gott, Alles flößt mir das Gefühl der Abhängigkeit ein, Alles kann mir, wenn auch nur zufällig, aber der Mensch unterscheidet anfänglich nicht zwischen Ursache und zufälliger Veranlassung, Glück und Unglück, Heil und Verderben bringen; Alles ist daher ein Gegenstand der Religion. Die Religion auf dem Standpunkt dieses kritiklosen Abhängigkeitsgefühles ist der sogenannte Fetischismus, die Grundlage des Polytheismus. Der Schlußsatz der Religion dagegen lautet: Alles ist nichts gegen mich, alle Herrlichkeit der Himmelsgestirne, der obersten Götter des Polytheismus verschwindet vor der Herrlichkeit der menschlichen Seele, alle Macht der Welt vor der Macht des menschlichen Herzens, alle Nothwendigkeit der todten, bewußtlosen Natur vor der Nothwendigkeit des menschlichen, des bewußten Wesens, denn Alles ist nur Mittel für mich. Aber die Natur wäre nicht für mich, wenn sie von sich selbst, wenn sie nicht von Gott wäre. Wenn sie von sich selbst wäre, also den Grund ihrer Existenz in sich selbst hätte, so hätte sie ja eben damit auch ein selbstständiges Wesen, ein ursprüngliches, ohne Beziehung auf mich, unabhängig von mir bestehendes Sein und Wesen. Die Bedeutung der Natur, nichts für sich selbst, nur ein Mittel für den Menschen zu sein, datirt sich daher nur von der Schöpfung; aber diese Bedeutung offenbart sich vor Allem in den Fällen, wo der Mensch, wie in der Noth, in Todesgefahr, in Collision mit der Natur kommt, diese aber dem Wohle des Menschen geopfert wird — in den Wundern. Also ist die Prämisse des Wunders die Schöpfung; das Wunder die Conclusio, die Folge, die Wahrheit der Schöpfung. Die Schöpfung verhält sich zum Wunder, wie die Gattung oder Art zum einzelnen Individuum; das Wunder ist der Schöpfungsact in einem besondern, einzelnen Fall. Oder: die Schöpfung ist die Theorie; die Praxis, die Anwendung davon ist das Wunder. Gott ist die Ursache, der Mensch der Zweck der Welt, d. h. Gott ist das erste Wesen in der Theorie, aber der Mensch ist das erste Wesen in der Praxis. Die Natur ist Nichts für Gott — nichts als ein Spielwerkzeug seiner Allmacht — aber nur damit sie im Nothfall, damit sie überhaupt Nichts gegen den Menschen ist und vermag. Im Schöpfer läßt der Mensch die Schranken seines Wesens, seiner „Seele," im Wunder die Schranken seiner Existenz, seines Leibes fallen, dort macht er sein unsichtbares, denkendes und gedachtes, hier sein sichtbares, praktisches individuelles Wesen zum Wesen der Welt, dort legitimirt er das Wunder, hier führt er es nur aus. Im Wunder ist daher der Zweck der Religion auf sinnliche, populäre Weise erfüllt — die Herrschaft des Menschen über die Natur, die Gottheit des Menschen eine sinnfällige Wahrheit. Gott thut Wunder, aber auf Bitten des Menschen, und wenn auch nicht auf ein ausdrückliches Gebet, doch im Sinne des Menschen, im Einklang mit seinen geheimsten, innersten Wünschen. Sara lachte, als ihr in ihren alten Tagen noch der Herr ein Söhnlein verhieß, aber gewiß war auch jetzt noch Nachkommenschaft ihr höchster Gedanke und Wunsch. Der geheime Wunderthäter ist daher der Mensch, aber im Fortgang der Zeit — die Zeit enthüllt jedes Geheimniß — wird er und muß er werden der offenbare, sichtbare Wunderthäter. Erst empfängt der Mensch Wunder, endlich thut er selbst Wunder; erst ist er Gegenstand Gottes, endlich selbst Gott; erst Gott nur im Herzen, im Geiste, in Gedanken, zuletzt Gott im Fleische. Aber der Gedanke ist verschämt, die Sinnlichkeit unverschämt, der Gedanke verschwiegen und rückhaltig, die Sinnlichkeit spricht sich offen und unumwunden aus, ihre Aeußerungen sind daher dem Gelächter ausgesetzt, wenn sie der Vernunft widersprechen, weil hier der Widerspruch ein augenfälliger, unläugbarer ist. Dieß ist der Grund, warum sich die modernen Rationalisten schämen, an den fleischlichen Gott, d. h. an das sinnliche, augenfällige Wunder zu glauben, aber sich nicht schämen, an den unsinnlichen Gott, d. h. an das unsinnliche, versteckte Wunder zu glauben. Doch kommen wird die Zeit, wo Lichtenberg's Prophezeiung erfüllt, wo der Glaube an einen Gott überhaupt, also auch an einen rationalistischen Gott eben so gut für Aberglauben gelten wird, als jetzt bereits der Glaube an den fleischlichen, wunderthätigen, d. i. christlichen Gott für Aberglauben gilt, wo also statt des Kirchenlichtes des simpeln Glaubens und statt des Zwielichts des Vernunftglaubens das reine Licht der Natur und Vernunft die Menschheit erleuchten und erwärmen wird.

54.

Wer für seinen Gott keinen andern Stoff hat, als den ihm die Naturwissenschaft, die Weltweisheit oder überhaupt die natürliche Anschauung liefert, wer ihn also nur mit natürlichen Materialien ausfüllt, unter ihm nichts anderes denkt, als die Ursache oder das Princip von den Gesetzen der Astronomie, Physik, Geologie, Mineralogie, Physiologie, Zoologie und Anthropologie, der sei auch so ehrlich, sich des Namens Gottes zu enthalten, denn ein Naturprincip ist immer ein Naturwesen, nicht das, was einen Gott constituirt*). So wenig eine Kirche, die man zu einem Naturaliencga-

---

*) Grenzenlos ist die Willkür im Gebrauch der Worte. Aber doch werden keine Worte so willkürlich gebraucht, keine in so widersprechenden Bedeutungen genommen, als die Worte: Gott und Religion. Woher diese Willkür, diese Verwirrung? Weil

binet gemacht hat, noch ein Gotteshaus ist und heißt, so wenig ist ein Gott, dessen Wesen und Wirkungen nur in astronomischen, geologischen, zoologischen, anthropologischen Werken sich offenbaren, ein Gott; Gott ist ein religiöses Wort, ein religiöses Object und Wesen, kein physikalisches, astronomisches, kurz kein kosmisches Wesen. „Deus et Cultus, sagt Luther in den Tischreden, sunt Relativa, Gott und Gottesdienst gehören zusammen, eines kann ohn das andere nicht sein, denn Gott muß je eines Menschen oder Volkes Gott sein und ist allzeit in Praedicamento Relationis, referirt und ziehet sich auf einander. Gott will etliche haben, die ihn anrufen und ehren, denn einen Gott haben und ihn ehren, gehören zusammen, sunt Relativa, wie Mann und Weib im Ehestand, keines kann ohn das andere sein." Gott setzt also Menschen voraus, die ihn verehren und anbeten; Gott ist ein Wesen, dessen Begriff oder Vorstellung nicht von der Natur, sondern von dem und zwar religiösen Menschen abhängt; ein Gegenstand der Anbetung ist nicht ohne ein anbetendes Wesen, d. h. Gott ist ein Object, dessen Dasein nur mit dem Dasein der Religion, dessen Wesen nur mit dem Wesen der Religion gegeben ist, das also nicht außer der Religion, nicht unterschieden, nicht unabhängig von ihr existirt, in dem objectiv nicht mehr enthalten ist, als was subjectiv in der Religion*). Der Schall ist das

---

man aus Furcht oder Scheu, durch ihr Alter geheiligten Meinungen zu widersprechen, die alten Namen — denn es ist nur der Name, nur der Schein, der die Welt, selbst auch die gottesgläubige Welt regiert — beibehält, aber ganz andere, erst im Laufe der Zeit gewonnene Begriffe damit verbindet. So war es mit den griechischen Göttern, welche im Laufe der Zeit die widersprechendsten Bedeutungen erhielten, so mit dem christlichen Gott. Der Atheismus, der sich Theismus nennt, ist die Religion, das Antichristenthum, das sich Christenthum nennt, das wahre Christenthum der Gegenwart. Mundus vult decipi.

*) Ein Wesen also, das nur ein philosophisches Princip, also nur ein Gegenstand der Philosophie, aber nicht der Religion, der Verehrung, des Gebetes, des Gemüthes ist, ein Wesen, das keine Wünsche erfüllt, keine Gebete erhört, das ist auch nur ein Gott dem Namen, aber nicht dem Wesen nach.

gegenständliche Wesen, der Gott des Ohres, das Licht das gegenständliche Wesen, der Gott des Auges; der Schall existirt nur für das Ohr, das Licht nur für das Auge; im Ohre hast Du, was Du im Schalle hast, erzitternde, schwingende Körper, ausgespannte Häute, gallertartige Substanzen; im Auge dagegen hast Du Lichtorgane. Gott zu einem Gegenstande oder Wesen der Physik, Astronomie, Zoologie machen, ist daher gerade so viel, als wenn man den Ton zu einem Gegenstande des Auges machen wollte. Wie der Ton nur im Ohr und für das Ohr, so existirt Gott nur in der Religion und für sie, nur im Glauben und für den Glauben. Wie der Schall oder Ton als der Gegenstand des Gehörs nur das Wesen des Ohrs, so drückt Gott als ein Gegenstand, der nur Gegenstand der Religion, des Glaubens ist, auch nur das Wesen der Religion, des Glaubens aus. Was macht aber einen Gegenstand zu einem religiösen Gegenstand? Wie wir gesehen haben: nur die menschliche Phantasie oder Einbildungskraft und das menschliche Herz. Ob Du den Jehovah oder den Apis, ob Du den Donner oder den Christus, ob Du Deinen Schatten, wie die Neger der Goldküste, oder Deine Seele, wie der alte Perser, ob Du den Flatus Ventris oder Deinen Genius, kurz ob Du ein sinnliches oder geistiges Wesen anbetest — es ist eins; Gegenstand der Religion ist nur Etwas, in wiefern es ein Object der Phantasie und des Gefühls, ein Object des Glaubens ist; denn eben weil der Gegenstand der Religion, wie er ihr Gegenstand, nicht in der Wirklichkeit existirt, mit dieser vielmehr im Widerspruch steht, ist er nur ein Object des Glaubens. So ist z. B. die Unsterblichkeit des Menschen oder der Mensch als unsterbliches Wesen ein Gegenstand der Religion, aber eben deswegen nur ein Gegenstand des Glaubens, denn die Wirklichkeit zeigt gerade das Gegentheil, die Sterblichkeit des Menschen Glauben heißt sich einbilden, daß Das ist, was nicht ist, heißt sich z. B. einbilden, daß dieses Bild lebendiges Wesen, dieses Brot Fleisch, dieser Wein Blut d. h. ist, was er nicht ist. Es verräth daher die größte Unkenntniß der Religion, wenn Du Gott mit dem Teleskop am Himmel der Astronomie, oder mit der Loupe in einem botanischen Garten, oder mit dem mineralogischen Hammer in den Bergwerken der Geologie, oder mit dem anatomischen Messer und Mikroskop in den Eingeweiden der Thiere und Menschen zu finden hoffst — Du findest ihn nur im Glauben, nur in der Einbildungskraft, nur im Herzen des Menschen; denn er ist selbst nichts anderes als das Wesen der Phantasie oder Einbildungskraft, das Wesen des menschlichen Herzens.

65.

"Wie Dein Herze, so Dein Gott." Wie die Wünsche der Menschen, so sind ihre Götter. Die Griechen hatten beschränkte Götter — das heißt: sie hatten beschränkte Wünsche. Die Griechen wollten nicht ewig leben, sie wollten nur nicht altern und sterben, und sie wollten nicht absolut nicht sterben, sie wollten nur jetzt noch nicht — das Unangenehme kommt dem Menschen immer zu früh — nur nicht in der Blüthe der Jahre, nur nicht eines gewaltsamen, schmerzhaften Todes sterben*); sie wollten nicht selig, sie wollten nur glücklich sein, nur beschwerdelos, nur leichthin leben; sie seufzten noch nicht darüber, wie die Christen, daß sie der Nothwendigkeit der Natur, den Bedürfnissen des Geschlechtstriebs, des Schlafs, des Essens und

---

*) Während daher in dem Paradies der christlichen Phantastik der Mensch nicht sterben konnte und nicht gestorben wäre, wenn er nicht gesündigt hätte; so starb dagegen bei den Griechen selbst auch in dem glückseligen Zeitalter des Kronos der Mensch, aber so sanft, als schliefe er ein. In dieser Vorstellung ist der natürliche Wunsch des Menschen realisirt. Der Mensch wünscht sich kein unsterbliches Leben; er wünscht sich nur ein langes leiblich und geistig gesundes Leben und einen naturgemäßen, schmerzlosen Tod. Um daher den Glauben an die Unsterblichkeit aufzugeben, dazu gehört nichts weniger als eine unmenschliche stoische Resignation; es gehört nichts weiter dazu, als sich zu überzeugen, daß die christlichen Glaubensartikel nur auf supranaturalistische, phantastische Wünsche gegründet sind, und zur einfachen, wirklichen Natur des Menschen zurückzukehren.

Trinkens unterworfen waren; sie fügten sich in ihren Wünschen noch in die Grenzen der menschlichen Natur; sie waren noch keine Schöpfer aus Nichts, sie machten noch nicht aus Wasser Wein, sie reinigten, sie destillirten nur das Wasser der Natur und verwandelten es auf organischem Wege in den Saft der Götter; sie schöpften den Inhalt des göttlichen, glückseligen Lebens nicht aus der bloßen Einbildung, sondern aus den Stoffen der bestehenden Welt; sie bauten den Götterhimmel auf den Grund dieser Erde. Die Griechen machten nicht das göttliche, d. i. mögliche Wesen zum Urbild, Ziel und Maß des wirklichen, sondern das wirkliche Wesen zum Maß des möglichen. Selbst als sie vermittelst der Philosophie ihre Götter verfeinert, vergeistigt hatten, blieben ihre Wünsche auf dem Boden der Wirklichkeit, auf dem Boden der menschlichen Natur stehen. Die Götter sind realisirte Wünsche, aber der höchste Wunsch, das höchste Glück des Philosophen, des Denkers als solchen ist, ungestört zu denken. Die Götter des griechischen Philosophen — wenigstens des griechischen Philosophen κατ' ἐξοχήν, des philosophischen Zeus, des Aristoteles — sind daher ungestörte Denker; die Seligkeit, die Gottheit besteht in der ununterbrochenen Thätigkeit des Denkens. Aber diese Thätigkeit, diese Seligkeit ist ja selbst eine innerhalb dieser Welt, innerhalb der menschlichen Natur — wenn gleich hier mit Unterbrechungen — wirkliche, eine bestimmte, besondere, im Sinne der Christen daher beschränkte, armselige, dem Wesen der Seligkeit widersprechende Seligkeit; denn die Christen haben keinen beschränkten, sondern unbeschränkten, über alle Naturnothwendigkeit erhabenen, übermenschlichen, außerweltlichen, transcendenten Gott, das heißt: sie haben unbeschränkte transcendente, über die Welt, über die Natur, über das menschliche Wesen hinausgehende, d. i. absolut phantastische Wünsche. Die Christen wollen unendlich mehr und glücklicher sein, als die Götter des Olymp; ihr Wunsch ist ein Himmel, in dem alle Schranken, alle Nothwendigkeit der

Natur aufgehoben, alle Wünsche erfüllt sind*), ein Himmel, in dem keine Bedürfnisse, keine Leiden, keine Wunden, keine Kämpfe, keine Leidenschaften, keine Störungen, kein Wechsel von Tag und Nacht, Licht und Schatten, Lust und Schmerz, wie im Himmel der Griechen stattfindet. Kurz der Gegenstand ihres Glaubens ist nicht mehr ein beschränkter, bestimmter Gott, ein Gott mit dem bestimmten Namen eines Zeus oder Poseidons oder Hephästos, sondern der Gott schlechtweg, der namenlose Gott, weil der Gegenstand ihrer Wünsche nicht ein namhaftes, endliches, irdisches Glück, ein bestimmter Genuß, der Liebesgenuß, oder der Genuß schöner Musik, oder der Genuß der moralischen Freiheit, oder der Genuß des Denkens, sondern ein alle Genüsse umfassender, aber eben deswegen überschwänglicher, alle Vorstellungen, alle Begriffe übersteigender Genuß, der Genuß unendlicher, unbegrenzter, unaussprechlicher, unbeschreiblicher Seligkeit ist. Seligkeit und Gottheit ist eins. Die Seligkeit als Gegenstand des Glaubens, der Vorstellung, überhaupt als theoretisches Object ist die Gottheit, die Gottheit als Gegenstand des Herzens, des Willens**), des Wunschts,

---

*) „Wo aber Gott ist (nämlich im Himmel), da müssen, sagt z. B. Luther, alle Güter mit sein, so man nur immer wünschen kann." Eben so heißt es von den Bewohnern des Paradieses im Koran nach Savary's Uebersetzung: Tous leurs desirs seront comblés. Nur sind ihre Wünsche anderer Art.

**) Der Wille namentlich im Sinne der Moralisten, gehört übrigens nicht zum specifischen Wesen der Religion; denn was ich durch meinen Willen erreichen kann, dazu brauche ich keine Götter. Die Moral zur wesentlichen Sache der Religion machen, heißt den Namen der Religion behalten, aber das Wesen der Religion fallen lassen. Moralisch kann man ohne Gott sein, aber selig — selig im supranaturalistischen, christlichen Sinn — kann man nicht ohne Gott sein, denn die Seligkeit in diesem Sinne liegt außer den Grenzen, außer der Macht der Natur und Menschheit, sie setzt daher zu ihrer Verwirklichung ein supranaturalistisches Wesen voraus, ein Wesen, das ist und kann, was der Natur und Menschheit unmöglich ist. Wenn daher Kant die Moral zum Wesen der Religion machte, so stand er in demselben oder doch einem ähnlichen Verhältniß zur christlichen Religion, als Aristoteles zur griechischen, wenn

als praktisches Object überhaupt ist die Seligkeit. Oder vielmehr: die Gottheit ist eine Vorstellung, deren Wahrheit und Wirklichkeit nur die Seligkeit ist. So weit das Verlangen der Seligkeit geht, so weit — nicht weiter geht die Vorstellung der Gottheit. Wer keine übernatürlichen Wünsche mehr hat, der hat auch keine übernatürlichen Wesen mehr.

---

er die Theorie zum Wesen der Götter macht. So wenig ein Gott, der nur ein speculatives Wesen, nur Intelligenz ist, noch ein Gott ist, so wenig ist ein nur moralisches Wesen, oder „personificirtes Moralgesetz" noch ein Gott. Allerdings ist auch schon Zeus ein Philosoph, wenn er lächelnd vom Olymp auf die Kämpfe der Götter herabschaut, aber er ist noch unendlich mehr; allerdings auch der christliche Gott ein moralisches Wesen, aber noch unendlich mehr; die Moral ist nur die Bedingung der Seligkeit. Der wahre Gedanke, welcher der christlichen Seligkeit namentlich im Gegensatz zum philosophischen Heidenthum zu Grunde liegt, ist übrigens kein andrer, als der, daß nur in der Befriedigung des ganzen Wesens des Menschen wahre Seligkeit zu finden, daher das Christenthum auch den Leib, das Fleisch an der Gottheit, oder, was eins ist, Seligkeit Theil nehmen läßt. Doch die Entwicklung dieses Gedankens gehört nicht hierher, gehört dem „Wesen des Christenthums" an.

Bei **Otto Wigand**, Verlagsbuchhändler in Leipzig, sind erschienen und in allen Buchhandlungen zu haben:

Feuerbach, L., über Philosophie und Christenthum in Beziehung auf den der Hegel'schen Philosophie gemachten Vorwurf der Unchristlichkeit. gr. 8. 1839. Broschirt   15 Ngr.

— — das Wesen des Christenthums. gr. 8. 1841. Broschirt.
2 Thlr. 10 Ngr.

— — — — 2. vermehrte Auflage. gr. 8. 1843. Broschirt.
2 Thlr. 25 Ngr.

— — das Wesen des Glaubens im Sinne Luther's. Ein Beitrag zum „Wesen des Christenthums". gr. 8. 1844. Br.
16 Ngr.

Feuerbach, L., Geschichte der neueren Philosophie von Bacon von Verulam bis Benedict Spinoza. Zweite Ausgabe. 8. 1844. Br.   2 Thlr.

— — Darstellung, Entwicklung und Kritik der Leibnitz'schen Philosophie. Zweite Ausgabe. 8. 1844. Broschirt.
1 Thlr. 15 Ngr.

— — Kritik des Anti-Hegels. Zur Einleitung in das Studium der Philosophie. Zweite Ausgabe. 8. 1844. Broschirt.
12 Ngr.

— — Abälard und Heloïse oder der Schriftsteller und der Mensch. Eine Reihe humoristisch-philosophischer Aphorismen. Zweite Ausgabe. 8. 1844. Broschirt.   20 Ngr.

— — Pierre Bayle nach seinen für die Geschichte der Philosophie und Menschheit interessantesten Momenten dargestellt und gewürdigt. Zweite Ausgabe. 8. 1844. Br.   1 Thlr. 15 Ngr.

Druck von Otto Wigand in Leipzig.